SCRIPTORVM CLASSICORVM
BIBLIOTHECA OXONIENSIS

OXONII

E TYPOGRAPHEO CLARENDONIANO

THUCYDIDIS

HISTORIAE

ITERUM RECOGNOVIT
BREVIQUE ADNOTATIONE CRITICA INSTRUXIT

HENRICUS STUART JONES

APPARATUM CRITICUM CORREXIT ET AUXIT
JOHANNES ENOCH POWELL

TOMUS POSTERIOR

OXONII
E TYPOGRAPHEO CLARENDONIANO

OXFORD
UNIVERSITY PRESS

Great Clarendon Street, Oxford OX2 6DP

Oxford University Press is a department of the University of Oxford.
It furthers the University's objective of excellence in research, scholarship,
and education by publishing worldwide in

Oxford New York

Auckland Cape Town Dar es Salaam Hong Kong Karachi
Kuala Lumpur Madrid Melbourne Mexico City Nairobi
New Delhi Shanghai Taipei Toronto

With offices in

Argentina Austria Brazil Chile Czech Republic France Greece
Guatemala Hungary Italy Japan Poland Portugal Singapore
South Korea Switzerland Thailand Turkey Ukraine Vietnam

Oxford is a registered trade mark of Oxford University Press
in the UK and in certain other countries

Published in the United States
by Oxford University Press Inc., New York

Copyright Oxford University Press

First published 1902

ISBN 978-0-19-814551-6

30

Printed in Great Britain on acid-free paper by
CPI Antony Rowe, Chippenham, Wiltshire

CONSPECTUS SIGLORUM

I. Codices medii aevi :

A = Parisinus suppl. gr. 255 — saeculi xi–xii
B = Vaticanus 126 — xi
C = Laurentianus LXIX 2 — x
E = Palatinus (Heidelbergensis) 252 — xi
F = Monacensis 430 — xi
G = Monacensis 228 — xiii

(G) = verba in codice G exesa sed auxilio recentiorum
restituta ; v. praef. pp. vii sq.

M = Britannicus (Londinensis) add. 11727 — xi

II. Papyri et membranae Aegyptiacae :

Π¹ = PWess. (Hudii W) *	continens libri 8, c. 91 sq. saeculi p.C.		v
Π² = POxy. 16 + 696 (Hudii O)	4, cc. 28–41		i
Π³ = „ 17	2, cc. 7 sq.		ii–iii
Π⁴ = „ 225	2, cc. 90 sq.		i
Π⁵ = „ 451	2, cc. 73 sq		iii
Π⁶ = „ 452	4, c. 87		ii–iii
Π⁷ = „ 453	6, c. 32.		i–ii
Π⁸ = „ 853	scholia in l. 2, cc. 1–45		ii
Π⁹ = „ 878	libri 2, cc. 22–5		i
Π¹⁰ = „ 879	3, cc. 58 sq.		iii
Π¹¹ = „ 880	5, cc. 32–4, 39–40, 96–8, 103–5, 111		ii
Π¹² = PGenav. 2 †† + PRyl. 548	2, cc. 2–5, 13, 15		iii
Π¹³ = POxy. 1180	5, cc. 60–3		iii
Π¹⁴ = PGiss. 12 ‡	2, cc. 59 sq.		iv–v
Π¹⁵ = POxy. 1245	1, cc. 139–41		iv
Π¹⁶ = „ 1246	7, c. 38		ii
Π¹⁷ = „ 1247	8, cc. 8–11		ii
Π¹⁸ = „ 1376	7, cc. 54–68, 72 sq., 78–82		ii–iii
Π¹⁹ = „ 1620	1, cc. 11–14		ii–iii
Π²⁰ = „ 1621	2, cc. 11, 35		iv
Π²¹ = „ 1622	2, cc. 65, 67		ii
Π²² = „ 1623	3, cc. 7–9		v–vi

---

* C. Wessely, *Stud. Vind.* vii. (1885) 116 sqq.
† J. Nicole, *Textes gr. inédits de Genève*, (1909) 13 sqq.
‡ F. Fischer, *Thucyd. reliquiae in pap. et membr. Aeg. servatae*, (1913) 27 sqq.

Π²³ = PRainer. 29847 * continens scholia in l. 1, cc. 1-9   saeculi iii

Π²⁴ = POxy. 2100   libri 4, cc. 15 sq.; l. 5, cc. 4, 18,
                                           42 sq., 72 sq.; l. 8, cc.
                                           6, 23-5, 52-4, 96, 103   ii

Π²⁵ = PBerol. 13236 †   2, cc. 65, 67 sq., 79-82   iv

Π²⁶ = PCair. 47993 **   1, c. 3   i

Π²⁷ = PSI. 1195   1, cc. 71-3   ii

Π²⁸ = PLund. 2 ‡   1, cc. 49-50   ii

Π²⁹ = PHarr. 41   1, cc. 52-4   ii-iii

Π³⁰ = PMich. 141   7, c. 57   ii

Π³¹ = PAnt. ined. §   8, cc. 80-2   iii

III. Aliae notae :

    A¹B¹ etc. = scriptura a prima manu correcta

     a b etc. = scriptura a manu recentiore substituta vel adscripta

  [A] [B] etc. = scriptura in codice olim exarata hodie deperdita

      γρ. = scriptura signo γρ(άφεται) addito adscripta

    codd. = consensus codicum ABCEFGM

    recc. = unus vel plures e codicibus recentioribus

    m. 1 = manu prima

---

* H. Gerstinger, *Acta Acad. Vind. phil.-hist.* lxvii. (1925) 2.

† A. H. Salonius, *Soc. Scient. Fenn. Comm. Hum. Litt.* ii. (1927) 2.

** W. G. Waddell, *Études de papyrologie*, i. (1932) 15.

‡ A. Wifstrand, *Bulletin de la société royale des lettres de Lund*, ii. 934-51.

§ Fragmento nondum publici iuris facto ut uterer, benigne mihi permisit Societas Aegypto Explorandae.

ΙΣΤΟΡΙΩΝ Ε

Τοῦ δ' ἐπιγιγνομένου θέρους αἱ μὲν ἐνιαύσιοι σπονδαὶ **1**
διελέλυντο μέχρι Πυθίων, καὶ ἐν τῇ ἐκεχειρίᾳ Ἀθηναῖοι
Δηλίους ἀνέστησαν ἐκ Δήλου, ἡγησάμενοι κατὰ παλαιάν
τινα αἰτίαν οὐ καθαροὺς ὄντας ἱερῶσθαι, καὶ ἅμα ἐλλιπὲς
5 σφίσιν εἶναι τοῦτο τῆς καθάρσεως, ᾗ πρότερόν μοι δεδήλωται
ὡς ἀνελόντες τὰς θήκας τῶν τεθνεώτων ὀρθῶς ἐνόμισαν
ποιῆσαι. καὶ οἱ μὲν Δήλιοι Ἀτραμύττιον Φαρνάκου δόντος
αὐτοῖς ἐν τῇ Ἀσίᾳ ᾤκησαν, οὕτως ὡς ἕκαστος ὥρμητο.

Κλέων δὲ Ἀθηναίους πείσας ἐς τὰ ἐπὶ Θρᾴκης χωρία **2**
10 ἐξέπλευσε μετὰ τὴν ἐκεχειρίαν, Ἀθηναίων μὲν ὁπλίτας ἔχων
διακοσίους καὶ χιλίους καὶ ἱππέας τριακοσίους, τῶν δὲ ξυμ-
μάχων πλείους, ναῦς δὲ τριάκοντα. σχὼν δὲ ἐς Σκιώνην **2**
πρῶτον ἔτι πολιορκουμένην καὶ προσλαβὼν αὐτόθεν ὁπλίτας
τῶν φρουρῶν, κατέπλευσεν ἐς τὸν Κωφὸν λιμένα τῶν Τορω-
15 ναίων ἀπέχοντα οὐ πολὺ τῆς πόλεως. ἐκ δ' αὐτοῦ, αἰσθό- **3**
μενος ὑπ' αὐτομόλων ὅτι οὔτε Βρασίδας ἐν τῇ Τορώνῃ οὔτε
οἱ ἐνόντες ἀξιόμαχοι εἶεν, τῇ μὲν στρατιᾷ τῇ πεζῇ ἐχώρει ἐς
τὴν πόλιν, ναῦς δὲ περιέπεμψε δέκα ⟨ἐς⟩ τὸν λιμένα περι-
πλεῖν. καὶ πρὸς τὸ περιτείχισμα πρῶτον ἀφικνεῖται, ὃ **4**
20 προσπεριέβαλε τῇ πόλει ὁ Βρασίδας ἐντὸς βουλόμενος
ποιῆσαι τὸ προάστειον, καὶ διελὼν τοῦ παλαιοῦ τείχους μίαν
αὐτὴν ἐποίησε πόλιν. βοηθήσαντες δὲ ἐς αὐτὸ Πασιτελίδας **3**

2 post ἐκεχειρίᾳ add. οἱ B   7 Φαρνάκους C E F G M   14 Κωφὸν
Pluygers : Κολοφωνίων codd.   16 ὑπ'] ἀπ' Krüger   prius οὔτε
Haacke : οὐδὲ codd.   18 περιέπεμψαν A B C E G   ἐς add. Bekker

I

τε ὁ Λακεδαιμόνιος ἄρχων καὶ ἡ παροῦσα φυλακὴ προσβα-
λόντων τῶν Ἀθηναίων ἠμύνοντο. καὶ ὡς ἐβιάζοντο καὶ αἱ
νῆες ἅμα περιέπλεον ⟨αἱ⟩ ἐς τὸν λιμένα περιπεμφθεῖσαι,
δείσας ὁ Πασιτελίδας μὴ αἵ τε νῆες φθάσωσι λαβοῦσαι
ἐρῆμον τὴν πόλιν καὶ τοῦ τειχίσματος ἁλισκομένου ἐγκατα- 5
2 ληφθῇ, ἀπολιπὼν αὐτὸ δρόμῳ ἐχώρει ἐς τὴν πόλιν. οἱ δὲ
Ἀθηναῖοι φθάνουσιν οἵ τε ἀπὸ τῶν νεῶν ἑλόντες τὴν Τορώνην
καὶ ὁ πεζὸς ἐπισπόμενος αὐτοβοεὶ κατὰ τὸ διῃρημένον τοῦ
παλαιοῦ τείχους ξυνεσπεσών. καὶ τοὺς μὲν ἀπέκτειναν τῶν
Πελοποννησίων καὶ Τορωναίων εὐθὺς ἐν χερσί, τοὺς δὲ 10
3 ζῶντας ἔλαβον, καὶ Πασιτελίδαν τὸν ἄρχοντα. Βρασίδας
δὲ ἐβοήθει μὲν τῇ Τορώνῃ, αἰσθόμενος δὲ καθ' ὁδὸν ἑαλωκυῖαν
ἀνεχώρησεν, ἀποσχὼν τεσσαράκοντα μάλιστα σταδίους μὴ
4 φθάσαι ἐλθών. ὁ δὲ Κλέων καὶ οἱ Ἀθηναῖοι τροπαῖά τε
ἔστησαν δύο, τὸ μὲν κατὰ τὸν λιμένα, τὸ δὲ πρὸς τῷ 15
τειχίσματι, καὶ τῶν Τορωναίων γυναῖκας μὲν καὶ παῖδας
ἠνδραπόδισαν, αὐτοὺς δὲ καὶ Πελοποννησίους καὶ εἴ τις
ἄλλος Χαλκιδέων ἦν, ξύμπαντας ἐς ἑπτακοσίους, ἀπέπεμψαν
ἐς τὰς Ἀθήνας· καὶ αὐτοῖς τὸ μὲν Πελοποννήσιον ὕστερον
ἐν ταῖς γενομέναις σπονδαῖς ἀπῆλθε, τὸ δὲ ἄλλο ἐκομίσθη 20
5 ὑπ' Ὀλυνθίων, ἀνὴρ ἀντ' ἀνδρὸς λυθείς. εἷλον δὲ καὶ
Πάνακτον Ἀθηναίων ἐν μεθορίοις τεῖχος Βοιωτοὶ ὑπὸ τὸν
6 αὐτὸν χρόνον προδοσίᾳ. καὶ ὁ μὲν Κλέων φυλακὴν κατα-
στησάμενος τῆς Τορώνης ἄρας περιέπλει τὸν Ἄθων ὡς ἐπὶ
τὴν Ἀμφίπολιν.   25

4   Φαίαξ δὲ ὁ Ἐρασιστράτου τρίτος αὐτὸς Ἀθηναίων πεμπόν-
των ναυσὶ δύο ἐς Ἰταλίαν καὶ Σικελίαν πρεσβευτὴς ὑπὸ τὸν
2 αὐτὸν χρόνον ἐξέπλευσεν. Λεοντῖνοι γὰρ ἀπελθόντων Ἀθη-
ναίων ἐκ Σικελίας μετὰ τὴν ξύμβασιν πολίτας τε ἐπεγρά-
ψαντο πολλοὺς καὶ ὁ δῆμος τὴν γῆν ἐπενόει ἀναδάσασθαι. 30
οἱ δὲ δυνατοὶ αἰσθόμενοι Συρακοσίους τε ἐπάγονται καὶ

---

3 αἱ add. Haacke (recc.)   8 τείχους τοῦ παλαιοῦ ABEF
corr. F¹   18 post ἄλλος add. τῶν B   24 περιέπλει C: περιπλεῖ
cett.

ἐκβάλλουσι τὸν δῆμον. καὶ οἱ μὲν ἐπλανήθησαν ὡς ἕκαστοι,
οἱ δὲ δυνατοὶ ὁμολογήσαντες Συρακοσίοις καὶ τὴν πόλιν ἐκλι-
πόντες καὶ ἐρημώσαντες Συρακούσας ἐπὶ πολιτείᾳ ᾤκησαν.
καὶ ὕστερον πάλιν αὐτῶν τινὲς διὰ τὸ μὴ ἀρέσκεσθαι ἀπολι- 4
5 πόντες ἐκ τῶν Συρακουσῶν Φωκαίας τε τῆς πόλεώς τι τῆς
Λεοντίνων χωρίον καλούμενον καταλαμβάνουσι καὶ Βρικιν-
νίας ὃν ἔρυμα ἐν τῇ Λεοντίνῃ. καὶ τῶν τοῦ δήμου τότε
ἐκπεσόντων οἱ πολλοὶ ἦλθον ὡς αὐτούς, καὶ καταστάντες ἐκ
τῶν τειχῶν ἐπολέμουν. ἃ πυνθανόμενοι οἱ Ἀθηναῖοι τὸν 5
10 Φαίακα πέμπουσιν, εἴ πως πείσαντες τοὺς σφίσιν ὄντας
αὐτόθι ξυμμάχους καὶ τοὺς ἄλλους, ἢν δύνωνται, Σικελιώτας
κοινῇ ὡς Συρακοσίων δύναμιν περιποιουμένων ἐπιστρατεῦσαι,
διασώσειαν τὸν δῆμον τῶν Λεοντίνων. ὁ δὲ Φαίαξ ἀφικό- 6
μενος τοὺς μὲν Καμαριναίους πείθει καὶ Ἀκραγαντίνους, ἐν
15 δὲ Γέλᾳ ἀντιστάντος αὐτῷ τοῦ πράγματος οὐκέτι ἐπὶ τοὺς
ἄλλους ἔρχεται, αἰσθόμενος οὐκ ἂν πείθειν αὐτούς, ἀλλ᾽
ἀναχωρήσας διὰ τῶν Σικελῶν ἐς Κατάνην καὶ ἅμα ἐν τῇ
παρόδῳ καὶ ἐς τὰς Βρικιννίας ἐλθὼν καὶ παραθαρσύνας
ἀπέπλει. ἐν δὲ τῇ παρακομιδῇ τῇ ἐς τὴν Σικελίαν καὶ πάλιν 5
20 ἀναχωρήσει καὶ ἐν τῇ Ἰταλίᾳ τισὶ πόλεσιν ἐχρημάτισε περὶ
φιλίας τοῖς Ἀθηναίοις, καὶ Λοκρῶν ἐντυγχάνει τοῖς ἐκ
Μεσσήνης ἐποίκοις ἐκπεπτωκόσιν, οἳ μετὰ τὴν τῶν Σικε-
λιωτῶν ὁμολογίαν στασιασάντων Μεσσηνίων καὶ ἐπαγα-
γομένων τῶν ἑτέρων Λοκροὺς ἔποικοι ἐξεπέμφθησαν, καὶ
25 ἐγένετο Μεσσήνη Λοκρῶν τινὰ χρόνον. τούτοις οὖν ὁ Φαίαξ 2
ἐντυχὼν τοῖς κομιζομένοις οὐκ ἠδίκησεν· ἐγεγένητο γὰρ τοῖς
Λοκροῖς πρὸς αὐτὸν ὁμολογία ξυμβάσεως πέρι πρὸς τοὺς
Ἀθηναίους. μόνοι γὰρ τῶν ξυμμάχων, ὅτε Σικελιῶται 3
ξυνηλλάσσοντο, οὐκ ἐσπείσαντο Ἀθηναίοις, οὐδ᾽ ἂν τότε, εἰ
30 μὴ αὐτοὺς κατεῖχεν ὁ πρὸς Ἱππωνιᾶς καὶ Μεδμαίους πόλεμος

6 καταλ[αμβάνουσι . . . 9 τ[ῶν Π³⁴   7 ὃν om. Π³⁴   18 παρα-
θρασύνας C   22 τῶν recc. : om. codd.   26 τοῖς κομιζομένοις secl.
Classen   28 ὅτε] οὔτε A B E F M   30 Ἱππωνίας (sic) Beloch :
Ἰτωνίας codd.   Μεδμαίους Weidner : Μελαίους codd.

ὁμόρους τε ὄντας καὶ ἀποίκους.   καὶ ὁ μὲν Φαίαξ ἐς τὰς
Ἀθήνας χρόνῳ ὕστερον ἀφίκετο.

6   Ὁ δὲ Κλέων ὡς ἀπὸ τῆς Τορώνης τότε περιέπλευσεν ἐπὶ
τὴν Ἀμφίπολιν, ὁρμώμενος ἐκ τῆς Ἠιόνος Σταγίρῳ μὲν
προσβάλλει Ἀνδρίων ἀποικίᾳ καὶ οὐχ εἷλε, Γαληψὸν δὲ τὴν 5
2 Θασίων ἀποικίαν λαμβάνει κατὰ κράτος.   καὶ πέμψας ὡς
Περδίκκαν πρέσβεις, ὅπως παραγένοιτο στρατιᾷ κατὰ τὸ
ξυμμαχικόν, καὶ ἐς τὴν Θράκην ἄλλους παρὰ Πολλῆν τὸν
Ὀδομάντων βασιλέα, ἄξοντας μισθοῦ Θρᾷκας ὡς πλείστους,
3 αὐτὸς ἡσύχαζε περιμένων ἐν τῇ Ἠιόνι.   Βρασίδας δὲ πυνθα- 10
νόμενος ταῦτα ἀντεκάθητο καὶ αὐτὸς ἐπὶ τῷ Κερδυλίῳ· ἔστι
δὲ τὸ χωρίον τοῦτο Ἀργιλίων ἐπὶ μετεώρου πέραν τοῦ ποτα-
μοῦ, οὐ πολὺ ἀπέχον τῆς Ἀμφιπόλεως, καὶ κατεφαίνετο
πάντα αὐτόθεν, ὥστε οὐκ ἂν ἔλαθεν αὐτὸν ὁρμώμενος ὁ Κλέων
τῷ στρατῷ· ὅπερ προσεδέχετο ποιήσειν αὐτόν, ἐπὶ τὴν Ἀμφί- 15
πολιν, ὑπεριδόντα σφῶν τὸ πλῆθος, τῇ παρούσῃ στρατιᾷ
4 ἀναβήσεσθαι.   ἅμα δὲ καὶ παρεσκευάζετο Θρᾷκάς τε μισθω-
τοὺς πεντακοσίους καὶ χιλίους, καὶ τοὺς Ἠδῶνας πάντας
παρακαλῶν, πελταστὰς καὶ ἱππέας· καὶ Μυρκινίων καὶ
Χαλκιδέων χιλίους πελταστὰς εἶχε πρὸς τοῖς ἐν Ἀμφιπόλει. 20
5 τὸ δ᾽ ὁπλιτικὸν ξύμπαν ἠθροίσθη δισχίλιοι μάλιστα καὶ ἱππῆς
Ἕλληνες τριακόσιοι.   τούτων Βρασίδας μὲν ἔχων ἐπὶ Κερ-
δυλίῳ ἐκάθητο ἐς πεντακοσίους καὶ χιλίους, οἱ δ᾽ ἄλλοι ἐν
7 Ἀμφιπόλει μετὰ Κλεαρίδου ἐτετάχατο.   ὁ δὲ Κλέων τέως
μὲν ἡσύχαζεν, ἔπειτα ἠναγκάσθη ποιῆσαι ὅπερ ὁ Βρασίδας 25
2 προσεδέχετο.   τῶν γὰρ στρατιωτῶν ἀχθομένων μὲν τῇ ἕδρᾳ,
ἀναλογιζομένων δὲ τὴν ἐκείνου ἡγεμονίαν πρὸς οἵαν ἐμπειρίαν
καὶ τόλμαν μετὰ οἵας ἀνεπιστημοσύνης καὶ μαλακίας γενή-
σοιτο καὶ οἴκοθεν ὡς ἄκοντες αὐτῷ ξυνῆλθον, αἰσθόμενος τὸν
θροῦν καὶ οὐ βουλόμενος αὐτοὺς διὰ τὸ ἐν τῷ αὐτῷ καθη- 30

3 δς C G   τότε ante ἀπὸ habet C, post τῆς G   9 ἄξοντας
Linwood : ἄξαντα codd.   14 αὐτὸν recc.: αὐτόθεν codd.   16 ὑπερ-
ιδόντας A¹ B E F M (ὑπερδ.)   20 τοὺς C   29 ξυνεξῆλθον Dobree

4

μένους βαρύνεσθαι, ἀναλαβὼν ἦγεν. καὶ ἐχρήσατο τῷ τρόπῳ 3
ᾧπερ καὶ ἐς τὴν Πύλον εὐτυχήσας ἐπίστευσέ τι φρονεῖν· ἐς
μάχην μὲν γὰρ οὐδὲ ἤλπισέν οἱ ἐπεξιέναι οὐδένα, κατὰ θέαν
δὲ μᾶλλον ἔφη ἀναβαίνειν τοῦ χωρίου, καὶ τὴν μείζω παρα-
5 σκευὴν περιέμενεν, οὐχ ὡς τῷ ἀσφαλεῖ, ἢν ἀναγκάζηται,
περισχήσων, ἀλλ' ὡς κύκλῳ περιστὰς βίᾳ αἱρήσων τὴν
πόλιν.   ἐλθών τε καὶ καθίσας ἐπὶ λόφου καρτεροῦ πρὸ τῆς 4
Ἀμφιπόλεως τὸν στρατὸν αὐτὸς ἐθεᾶτο τὸ λιμνῶδες τοῦ
Στρυμόνος καὶ τὴν θέσιν τῆς πόλεως ἐπὶ τῇ Θρᾴκῃ ὡς ἔχοι.
10 ἀπιέναι τε ἐνόμιζεν, ὁπόταν βούληται, ἀμαχεί· καὶ γὰρ οὐδὲ 5
ἐφαίνετο οὔτ' ἐπὶ τοῦ τείχους οὐδεὶς οὔτε κατὰ πύλας ἐξῄει,
κεκλημέναι τε ἦσαν πᾶσαι.   ὥστε καὶ μηχανὰς ὅτι οὐκ
ἀνῆλθεν ἔχων, ἁμαρτεῖν ἐδόκει· ἑλεῖν γὰρ ἂν τὴν πόλιν
διὰ τὸ ἐρῆμον.   ὁ δὲ Βρασίδας εὐθὺς ὡς εἶδε κινουμένους 8
15 τοὺς Ἀθηναίους, καταβὰς καὶ αὐτὸς ἀπὸ τοῦ Κερδυλίου
ἐσέρχεται ἐς τὴν Ἀμφίπολιν.   καὶ ἐπέξοδον μὲν καὶ ἀντί- 2
ταξιν οὐκ ἐποιήσατο πρὸς τοὺς Ἀθηναίους, δεδιὼς τὴν αὑτοῦ
παρασκευὴν καὶ νομίζων ὑποδεεστέρους εἶναι, οὐ τῷ πλήθει
(ἀντίπαλα γάρ πως ἦν), ἀλλὰ τῷ ἀξιώματι (τῶν γὰρ Ἀθη-
20 ναίων ὅπερ ἐστράτευε καθαρὸν ἐξῆλθε καὶ Λημνίων καὶ
Ἰμβρίων τὸ κράτιστον), τέχνῃ δὲ παρεσκευάζετο ἐπιθησό-
μενος.   εἰ γὰρ δείξειε τοῖς ἐναντίοις τό τε πλῆθος καὶ τὴν 3
ὅπλισιν ἀναγκαίαν οὖσαν τῶν μεθ' ἑαυτοῦ, οὐκ ἂν ἡγεῖτο
μᾶλλον περιγενέσθαι ἢ ἄνευ προόψεώς τε αὐτῶν καὶ μὴ
25 ἀπὸ τοῦ ὄντος καταφρονήσεως.   ἀπολεξάμενος οὖν αὐτὸς 4
πεντήκοντα καὶ ἑκατὸν ὁπλίτας καὶ τοὺς ἄλλους Κλεαρίδᾳ
προστάξας ἐβουλεύετο ἐπιχειρεῖν αἰφνιδίως πρὶν ἀπελθεῖν
τοὺς Ἀθηναίους, οὐκ ἂν νομίζων αὐτοὺς ὁμοίως ἀπολαβεῖν
αὖθις μεμονωμένους, εἰ τύχοι ἐλθοῦσα αὐτοῖς ἡ βοήθεια.

---

5 περιέμεινεν C   9 τὴν Θρᾴκην C G   12 οὐκ ἀνῆλθεν Haacke:
οὐ κατῆλθεν codd.   13 ἁμαρτάνειν C G   17 αὐτοῦ f: αὑτοῦ codd.
22 δείξειε C(G): δείξοιεν cett.   23 ἑαυτῶν A B F   28 ὁμοίως
αὐτοὺς C G   29 αὖθις recc.: αὖτις codd.

ξυγκαλέσας δὲ τοὺς πάντας στρατιώτας καὶ βουλόμενος
παραθαρσῦναί τε καὶ τὴν ἐπίνοιαν φράσαι, ἔλεγε τοιάδε.

9 ''Ἄνδρες Πελοποννήσιοι, ἀπὸ μὲν οἵας χώρας ἥκομεν, ὅτι
αἰεὶ διὰ τὸ εὔψυχον ἐλευθέρας, καὶ ὅτι Δωριῆς μέλλετε Ἴωσι
μάχεσθαι, ὧν εἰώθατε κρείσσους εἶναι, ἀρκείτω βραχέως 5
2 δεδηλωμένον· τὴν δὲ ἐπιχείρησιν ᾧ τρόπῳ διανοοῦμαι
ποιεῖσθαι, διδάξω, ἵνα μή τῳ τὸ κατ' ὀλίγον καὶ μὴ ἅπαντας
3 κινδυνεύειν ἐνδεὲς φαινόμενον ἀτολμίαν παράσχῃ. τοὺς γὰρ
ἐναντίους εἰκάζω καταφρονήσει τε ἡμῶν καὶ οὐκ ἂν ἐλπί-
σαντας ὡς ἂν ἐπεξέλθοι τις αὐτοῖς ἐς μάχην ἀναβῆναί τε 10
πρὸς τὸ χωρίον καὶ νῦν ἀτάκτως κατὰ θέαν τετραμμένους
4 ὀλιγωρεῖν. ὅστις δὲ τὰς τοιαύτας ἁμαρτίας τῶν ἐναντίων
κάλλιστα ἰδὼν καὶ ἅμα πρὸς τὴν ἑαυτοῦ δύναμιν τὴν
ἐπιχείρησιν ποιεῖται μὴ ἀπὸ τοῦ προφανοῦς μᾶλλον καὶ
ἀντιπαραταχθέντος ἢ ἐκ τοῦ πρὸς τὸ παρὸν ξυμφέροντος, 15
5 πλεῖστ' ἂν ὀρθοῖτο· καὶ τὰ κλέμματα ταῦτα καλλίστην δόξαν
ἔχει ἃ τὸν πολέμιον μάλιστ' ἄν τις ἀπατήσας τοὺς φίλους
6 μέγιστ' ἂν ὠφελήσειεν. ἕως οὖν ἔτι ἀπαράσκευοι θαρσοῦσι
καὶ τοῦ ὑπαπιέναι πλέον ἢ τοῦ μένοντος, ἐξ ὧν ἐμοὶ φαίνονται,
τὴν διάνοιαν ἔχουσιν, ἐν τῷ ἀνειμένῳ αὐτῶν τῆς γνώμης καὶ 20
πρὶν ξυντταθῆναι μᾶλλον τὴν δόξαν, ἐγὼ μὲν ἔχων τοὺς μετ'
ἐμαυτοῦ καὶ φθάσας, ἢν δύνωμαι, προσπεσοῦμαι δρόμῳ κατὰ
7 μέσον τὸ στράτευμα· σὺ δέ, Κλεαρίδα, ὕστερον, ὅταν ἐμὲ
ὁρᾷς ἤδη προσκείμενον καὶ κατὰ τὸ εἰκὸς φοβοῦντα αὐτούς,
τοὺς μετὰ σεαυτοῦ τούς τ' Ἀμφιπολίτας καὶ τοὺς ἄλλους 25
ξυμμάχους ἄγων αἰφνιδίως τὰς πύλας ἀνοίξας ἐπεκθεῖν καὶ
8 ἐπείγεσθαι ὡς τάχιστα ξυμμεῖξαι. ἐλπὶς γὰρ μάλιστα αὐτοὺς
οὕτω φοβηθῆναι· τὸ γὰρ ἐπιὸν ὕστερον δεινότερον τοῖς πολε-
9 μίοις τοῦ παρόντος καὶ μαχομένου. καὶ αὐτός τε ἀνὴρ
ἀγαθὸς γίγνου, ὥσπερ σε εἰκὸς ὄντα Σπαρτιάτην, καὶ ὑμεῖς, 30
ὦ ἄνδρες ξύμμαχοι, ἀκολουθήσατε ἀνδρείως, καὶ νομίσατε

5 ἀρκεῖ τὸ A B E F M   7 τῳ τὸ Poppo : τό τε c G : τῷ τε cett.
13 αὐτοῦ G   21 ξυντταθῆναι Krüger : ξυνταχθῆναι codd.   23 ὁρᾷς
ἐμὲ G

⟨τρία⟩ εἶναι τοῦ καλῶς πολεμεῖν τὸ ἐθέλειν καὶ τὸ αἰσχύ-
νεσθαι καὶ ⟨τὸ⟩ τοῖς ἄρχουσι πείθεσθαι, καὶ τῇδε ὑμῖν τῇ
ἡμέρᾳ ἢ ἀγαθοῖς γενομένοις ἐλευθερίαν τε ὑπάρχειν καὶ Λακε-
δαιμονίων ξυμμάχοις κεκλῆσθαι, ἢ Ἀθηναίων τε δούλοις, ἢν
5 τὰ ἄριστα ἄνευ ἀνδραποδισμοῦ ἢ θανατώσεως πράξητε, καὶ
δουλείαν χαλεπωτέραν ἢ πρὶν εἴχετε, τοῖς δὲ λοιποῖς Ἕλλησι
κωλυταῖς γενέσθαι ἐλευθερώσεως. ἀλλὰ μήτε ὑμεῖς μαλα- 10
κισθῆτε, ὁρῶντες περὶ ὅσων ὁ ἀγών ἐστιν, ἐγώ τε δείξω οὐ
παραινέσαι οἷός τε ὢν μᾶλλον τοῖς πέλας ἢ καὶ αὐτὸς ἔργῳ
10 ἐπεξελθεῖν.'
      Ὁ μὲν Βρασίδας τοσαῦτα εἰπὼν τήν τε ἔξοδον παρε- 10
σκευάζετο αὐτὸς καὶ τοὺς ἄλλους μετὰ τοῦ Κλεαρίδα καθίστη
ἐπὶ τὰς Θρᾳκίας καλουμένας τῶν πυλῶν, ὅπως ὥσπερ εἴρητο
ἐπεξίοιεν. τῷ δὲ Κλέωνι, φανεροῦ γενομένου αὐτοῦ ἀπὸ 2
15 τοῦ Κερδυλίου καταβάντος καὶ ἐν τῇ πόλει ἐπιφανεῖ οὔσῃ
ἔξωθεν περὶ τὸ ἱερὸν τῆς Ἀθηνᾶς θυομένου καὶ ταῦτα
πράσσοντος, ἀγγέλλεται (προυκεχωρήκει γὰρ τότε κατὰ τὴν
θέαν) ὅτι ἥ τε στρατιὰ ἅπασα φανερὰ τῶν πολεμίων ἐν τῇ
πόλει καὶ ὑπὸ τὰς πύλας ἵππων τε πόδες πολλοὶ καὶ ἀνθρώπων
20 ὡς ἐξιόντων ὑποφαίνονται. ὁ δὲ ἀκούσας ἐπῆλθεν· καὶ ὡς 3
εἶδεν, οὐ βουλόμενος μάχῃ διαγωνίσασθαι πρίν οἱ καὶ τοὺς
βοηθοὺς ἥκειν καὶ οἰόμενος φθήσεσθαι ἀπελθών, σημαίνειν
τε ἅμα ἐκέλευεν ἀναχώρησιν καὶ παρήγγειλε τοῖς ἀπιοῦσιν
ἐπὶ τὸ εὐώνυμον κέρας, ὥσπερ μόνον οἷόν τ' ἦν, ὑπάγειν ἐπὶ
25 τῆς Ἠιόνος. ὡς δ' αὐτῷ ἐδόκει σχολὴ γίγνεσθαι, αὐτὸς 4
ἐπιστρέψας τὸ δεξιὸν καὶ τὰ γυμνὰ πρὸς τοὺς πολεμίους δοὺς
ἀπῆγε τὴν στρατιάν. κἀν τούτῳ Βρασίδας ὡς ὁρᾷ τὸν 5
καιρὸν καὶ τὸ στράτευμα τῶν Ἀθηναίων κινούμενον, λέγει
τοῖς μεθ' ἑαυτοῦ καὶ τοῖς ἄλλοις ὅτι 'οἱ ἄνδρες ἡμᾶς οὐ
30 μενοῦσιν. δῆλοι δὲ τῶν τε δοράτων τῇ κινήσει καὶ τῶν
κεφαλῶν· οἷς γὰρ ἂν τοῦτο γίγνηται, οὐκ εἰώθασι μένειν τοὺς

1 τρία add. Schol. et Stobaeus   2 τὸ add. Stahl   22 φθή-
σεσθαι f g M: ὀφθήσεσθαι cett.   23 παρήγγελλε C E G   τοῖς secl.
Krüger

7

ἐπιόντας.   ἀλλὰ τάς τε πύλας τις ἀνοιγέτω ἐμοὶ ἃς εἴρηται,
6 καὶ ἐπεξίωμεν ὡς τάχιστα θαρσοῦντες.'   καὶ ὁ μὲν κατὰ τὰς
ἐπὶ τὸ σταύρωμα πύλας καὶ τὰς πρώτας τοῦ μακροῦ τείχους
τότε ὄντος ἐξελθὼν ἔθει δρόμῳ τὴν ὁδὸν ταύτην εὐθεῖαν,
ᾗπερ νῦν κατὰ τὸ καρτερώτατον τοῦ χωρίου ἰόντι τροπαῖον 5
ἕστηκε, καὶ προσβαλὼν τοῖς Ἀθηναίοις πεφοβημένοις τε
ἅμα τῇ σφετέρᾳ ἀταξίᾳ καὶ τὴν τόλμαν αὐτοῦ ἐκπεπλη-
7 γμένοις κατὰ μέσον τὸ στράτευμα τρέπει.   καὶ ὁ Κλεαρίδας,
ὥσπερ εἴρητο, ἅμα κατὰ τὰς Θρᾳκίας πύλας ἐπεξελθὼν τῷ
στρατῷ ἐπεφέρετο.   ξυνέβη τε τῷ ἀδοκήτῳ καὶ ἐξαπίνης 10
8 ἀμφοτέρωθεν τοὺς Ἀθηναίους θορυβηθῆναι, καὶ τὸ μὲν
εὐώνυμον κέρας αὐτῶν τὸ πρὸς τὴν Ἠιόνα, ὅπερ δὴ καὶ
προυκεχωρήκει, εὐθὺς ἀπορραγὲν ἔφευγεν· καὶ ὁ Βρασίδας
ὑποχωροῦντος ἤδη αὐτοῦ ἐπιπαριὼν τῷ δεξιῷ τιτρώσκεται,
καὶ πεσόντα αὐτὸν οἱ μὲν Ἀθηναῖοι οὐκ αἰσθάνονται, οἱ 15
9 δὲ πλησίον ἄραντες ἀπήνεγκαν.   τὸ δὲ δεξιὸν τῶν Ἀθη-
ναίων ἔμενέ [τε] μᾶλλον, καὶ ὁ μὲν Κλέων, ὡς τὸ πρῶτον
οὐ διενοεῖτο μένειν, εὐθὺς φεύγων καὶ καταληφθεὶς ὑπὸ
Μυρκινίου πελταστοῦ ἀποθνῄσκει, οἱ δὲ αὐτοῦ ξυστραφέντες
ὁπλῖται ἐπὶ τὸν λόφον τόν τε Κλεαρίδαν ἠμύνοντο καὶ δὶς 20
ἢ τρὶς προσβαλόντα, καὶ οὐ πρότερον ἐνέδοσαν πρὶν ἥ τε
Μυρκινία καὶ ἡ Χαλκιδικὴ ἵππος καὶ οἱ πελτασταὶ περι-
10 στάντες καὶ ἐσακοντίζοντες αὐτοὺς ἔτρεψαν.   οὕτω δὴ τὸ
στράτευμα πᾶν ἤδη τῶν Ἀθηναίων φυγὸν χαλεπῶς καὶ
πολλὰς ὁδοὺς τραπόμενοι κατὰ ὄρη, ὅσοι μὴ διεφθάρησαν 25
ἢ αὐτίκα ἐν χερσὶν ἢ ὑπὸ τῆς Χαλκιδικῆς ἵππου καὶ τῶν
11 πελταστῶν, οἱ λοιποὶ ἀπεκομίσθησαν ἐς τὴν Ἠιόνα.   οἱ δὲ
τὸν Βρασίδαν ἄραντες ἐκ τῆς μάχης καὶ διασώσαντες ἐς τὴν
πόλιν ἔτι ἔμπνουν ἐσεκόμισαν· καὶ ᾔσθετο μὲν ὅτι νικῶσιν οἱ
12 μεθ' αὑτοῦ, οὐ πολὺ δὲ διαλιπὼν ἐτελεύτησεν.   καὶ ἡ ἄλλη 30
στρατιὰ ἀναχωρήσασα μετὰ τοῦ Κλεαρίδου ἐκ τῆς διώξεως

νεκρούς τε ἐσκύλευσε καὶ τροπαῖον ἔστησεν.   μετὰ δὲ ταῦτα 11
τὸν Βρασίδαν οἱ ξύμμαχοι πάντες ξὺν ὅπλοις ἐπισπόμενοι
δημοσίᾳ ἔθαψαν ἐν τῇ πόλει πρὸ τῆς νῦν ἀγορᾶς οὔσης· καὶ
τὸ λοιπὸν οἱ Ἀμφιπολῖται, περιείρξαντες αὐτοῦ τὸ μνημεῖον,
5 ὡς ἥρωί τε ἐντέμνουσι καὶ τιμὰς δεδώκασιν ἀγῶνας καὶ
ἐτησίους θυσίας, καὶ τὴν ἀποικίαν ὡς οἰκιστῇ προσέθεσαν,
καταβαλόντες τὰ Ἀγνώνεια οἰκοδομήματα καὶ ἀφανίσαντες
εἴ τι μνημόσυνόν που ἔμελλεν αὐτοῦ τῆς οἰκίσεως περι-
έσεσθαι, νομίσαντες τὸν μὲν Βρασίδαν σωτῆρά τε σφῶν
10 γεγενῆσθαι καὶ ἐν τῷ παρόντι ἅμα τὴν τῶν Λακεδαιμονίων
ξυμμαχίαν φόβῳ τῶν Ἀθηναίων θεραπεύοντες, τὸν δὲ
Ἅγνωνα κατὰ τὸ πολέμιον τῶν Ἀθηναίων οὐκ ἂν ὁμοίως
σφίσι ξυμφόρως οὐδ' ἂν ἡδέως τὰς τιμὰς ἔχειν.   καὶ τοὺς 2
νεκροὺς τοῖς Ἀθηναίοις ἀπέδοσαν.   ἀπέθανον δὲ Ἀθηναίων
15 μὲν περὶ ἑξακοσίους, τῶν δ' ἐναντίων ἑπτά, διὰ τὸ μὴ ἐκ
παρατάξεως, ἀπὸ δὲ τοιαύτης ξυντυχίας καὶ προεκφοβήσεως
τὴν μάχην μᾶλλον γενέσθαι.   μετὰ δὲ τὴν ἀναίρεσιν οἱ μὲν 3
ἐπ' οἴκου ἀπέπλευσαν, οἱ δὲ μετὰ τοῦ Κλεαρίδου τὰ περὶ τὴν
Ἀμφίπολιν καθίσταντο.

20   Καὶ ὑπὸ τοὺς αὐτοὺς χρόνους τοῦ θέρους τελευτῶντος 12
Ῥαμφίας καὶ Αὐτοχαρίδας καὶ Ἐπικυδίδας Λακεδαιμόνιοι
ἐς τὰ ἐπὶ Θρᾴκης χωρία βοήθειαν ἦγον ἐνακοσίων ὁπλιτῶν,
καὶ ἀφικόμενοι ἐς Ἡράκλειαν τὴν ἐν Τραχῖνι καθίσταντο
ὅτι αὐτοῖς ἐδόκει μὴ καλῶς ἔχειν.   ἐνδιατριβόντων δὲ 2
25 αὐτῶν ἔτυχεν ἡ μάχη αὕτη γενομένη, καὶ τὸ θέρος ἐτελεύτα.

Τοῦ δ' ἐπιγιγνομένου χειμῶνος εὐθὺς μέχρι μὲν Πιερίου 13
τῆς Θεσσαλίας διῆλθον οἱ περὶ τὸν Ῥαμφίαν, κωλυόντων
δὲ τῶν Θεσσαλῶν καὶ ἅμα Βρασίδου τεθνεῶτος, ᾧπερ ἦγον
τὴν στρατιάν, ἀπετράποντο ἐπ' οἴκου, νομίσαντες οὐδένα
30 καιρὸν ἔτι εἶναι τῶν τε Ἀθηναίων ἥσσῃ ἀπεληλυθότων καὶ
οὐκ ἀξιόχρεων αὐτῶν ὄντων δρᾶν τι ὧν κἀκεῖνος ἐπενόει.

4 περιείρξαντες recc. : περιέρξαντες codd.   8 οἰκήσεως A B F G M
16 ξυμμαχίας A B F   25 ἐτύγχανεν A   28 ὥσπερ B   30 εἶναι
ἔτι A B

2 μάλιστα δὲ ἀπῆλθον εἰδότες τοὺς Λακεδαιμονίους, ὅτε ἐξ
ἦσαν, πρὸς τὴν εἰρήνην μᾶλλον τὴν γνώμην ἔχοντας.

14 ξυνέβη τε εὐθὺς μετὰ τὴν ἐν Ἀμφιπόλει μάχην καὶ τὴν
Ῥαμφίου ἀναχώρησιν ἐκ Θεσσαλίας ὥστε πολέμου μὲν
μηδὲν ἔτι ἅψασθαι μηδετέρους, πρὸς δὲ τὴν εἰρήνην μᾶλλον 5
τὴν γνώμην εἶχον, οἱ μὲν Ἀθηναῖοι πληγέντες ἐπί τε τῷ
Δηλίῳ καὶ δι' ὀλίγου αὖθις ἐν Ἀμφιπόλει, καὶ οὐκ ἔχοντες
τὴν ἐλπίδα τῆς ῥώμης πιστὴν ἔτι, ᾗπερ οὐ προσεδέχοντο
πρότερον τὰς σπονδάς, δοκοῦντες τῇ παρούσῃ εὐτυχίᾳ καθυ-
2 πέρτεροι γενήσεσθαι· καὶ τοὺς ξυμμάχους ἅμα ἐδέδισαν 10
σφῶν μὴ διὰ τὰ σφάλματα ἐπαιρόμενοι ἐπὶ πλέον ἀποστῶσι,
μετεμέλοντό τε ὅτι μετὰ τὰ ἐν Πύλῳ καλῶς παρασχὸν οὐ
3 ξυνέβησαν· οἱ δ' αὖ Λακεδαιμόνιοι παρὰ γνώμην μὲν ἀπο-
βαίνοντος σφίσι τοῦ πολέμου, ἐν ᾧ ᾤοντο ὀλίγων ἐτῶν
καθαιρήσειν τὴν τῶν Ἀθηναίων δύναμιν, εἰ τὴν γῆν τέμνοιεν, 15
περιπεσόντες δὲ τῇ ἐν τῇ νήσῳ ξυμφορᾷ, οἵα οὔπω ἐγεγένητο
τῇ Σπάρτῃ, καὶ λῃστευομένης τῆς χώρας ἐκ τῆς Πύλου καὶ
Κυθήρων, αὐτομολούντων τε τῶν Εἱλώτων καὶ αἰεὶ προσ-
δοκίας οὔσης μή τι καὶ οἱ ὑπομένοντες τοῖς ἔξω πίσυνοι
πρὸς τὰ παρόντα σφίσιν ὥσπερ καὶ πρότερον νεωτερίσωσιν. 20
4 ξυνέβαινε δὲ καὶ πρὸς τοὺς Ἀργείους αὐτοῖς τὰς τριακοντού-
τεις σπονδὰς ἐπ' ἐξόδῳ εἶναι, καὶ ἄλλας οὐκ ἤθελον σπένδε-
σθαι οἱ Ἀργεῖοι εἰ μή τις αὐτοῖς τὴν Κυνουρίαν γῆν ἀπο-
δώσει, ὥστ' ἀδύνατα εἶναι ἐφαίνετο Ἀργείοις καὶ Ἀθηναίοις
ἅμα πολεμεῖν. τῶν τε ἐν Πελοποννήσῳ πόλεων ὑπώπτευόν 25
τινας ἀποστήσεσθαι πρὸς τοὺς Ἀργείους· ὅπερ καὶ ἐγένετο.

15   Ταῦτ' οὖν ἀμφοτέροις αὐτοῖς λογιζομένοις ἐδόκει ποιητέα
εἶναι ἡ ξύμβασις, καὶ οὐχ ἧσσον τοῖς Λακεδαιμονίοις, ἐπι-
θυμίᾳ τῶν ἀνδρῶν τῶν ἐκ τῆς νήσου κομίσασθαι· ἦσαν γὰρ
οἱ Σπαρτιᾶται αὐτῶν πρῶτοί τε καὶ †ὁμοίως† σφίσι ξυγ- 30

6 τε om. A B E F M   12 παρασχὼν A C E F M   16 γεγένητο
codd., corr. Stahl   21 τριακοντούτεις recc : τριακονταέτεις vel
similia codd.   23 Κυνοσουρίαν A B   24 ὥστ' secl. Stahl, qui post
ἀδύνατα add. δ'   30 ὁμοίοις Bekker : ὁμοῖοι Rauchenstein

γενεῖς. ἤρξαντο μὲν οὖν καὶ εὐθὺς μετὰ τὴν ἅλωσιν αὐτῶν 2
πράσσειν, ἀλλ' οἱ Ἀθηναῖοι οὔπως ἤθελον, εὖ φερόμενοι,
ἐπὶ τῇ ἴσῃ καταλύεσθαι. σφαλέντων δὲ αὐτῶν ἐπὶ τῷ
Δηλίῳ παραχρῆμα οἱ Λακεδαιμόνιοι, γνόντες νῦν μᾶλλον
5 ἂν ἐνδεξαμένους, ποιοῦνται τὴν ἐνιαύσιον ἐκεχειρίαν, ἐν ᾗ
ἔδει ξυνιόντας καὶ περὶ τοῦ πλέονος χρόνου βουλεύεσθαι.
ἐπειδὴ δὲ καὶ ἡ ἐν Ἀμφιπόλει ἧσσα τοῖς Ἀθηναίοις ἐγεγέ- 16
νητο καὶ ἐτεθνήκει Κλέων τε καὶ Βρασίδας, οἵπερ ἀμφοτέ-
ρωθεν μάλιστα ἠναντιοῦντο τῇ εἰρήνῃ, ὁ μὲν διὰ τὸ εὐτυχεῖν
10 τε καὶ τιμᾶσθαι ἐκ τοῦ πολεμεῖν, ὁ δὲ γενομένης ἡσυχίας
καταφανέστερος νομίζων ἂν εἶναι κακουργῶν καὶ ἀπιστό-
τερος διαβάλλων, τότε δὴ ἑκατέρᾳ τῇ πόλει σπεύδοντες τὰ
μάλιστα τὴν ἡγεμονίαν Πλειστοάναξ τε ὁ Παυσανίου βασι-
λεὺς Λακεδαιμονίων καὶ Νικίας ὁ Νικηράτου, πλεῖστα τῶν
15 τότε εὖ φερόμενος ἐν στρατηγίαις, πολλῷ δὴ μᾶλλον πρου-
θυμοῦντο, Νικίας μὲν βουλόμενος, ἐν ᾧ ἀπαθὴς ἦν καὶ
ἠξιοῦτο, διασώσασθαι τὴν εὐτυχίαν, καὶ ἔς τε τὸ αὐτίκα
πόνων πεπαῦσθαι καὶ αὐτὸς καὶ τοὺς πολίτας παῦσαι καὶ
τῷ μέλλοντι χρόνῳ καταλιπεῖν ὄνομα ὡς οὐδὲν σφήλας τὴν
20 πόλιν διεγένετο, νομίζων ἐκ τοῦ ἀκινδύνου τοῦτο ξυμβαίνειν
καὶ ὅστις ἐλάχιστα τύχῃ αὐτὸν παραδίδωσι, τὸ δὲ ἀκίνδυνον
τὴν εἰρήνην παρέχειν, Πλειστοάναξ δὲ ὑπὸ τῶν ἐχθρῶν
διαβαλλόμενος περὶ τῆς καθόδου, καὶ ἐς ἐνθυμίαν τοῖς Λακε-
δαιμονίοις αἰεὶ προβαλλόμενος ὑπ' αὐτῶν, ὁπότε τι πταί-
25 σειαν, ὡς διὰ τὴν ἐκείνου κάθοδον παρανομηθεῖσαν ταῦτα
ξυμβαίνοι. τὴν γὰρ πρόμαντιν τὴν ἐν Δελφοῖς ἐπῃτιῶντο 2
αὐτὸν πεῖσαι μετ' Ἀριστοκλέους τοῦ ἀδελφοῦ ὥστε χρῆσαι
Λακεδαιμονίοις ἐπὶ πολὺ τάδε θεωροῖς ἀφικνουμένοις, Διὸς
υἱοῦ ἡμιθέου τὸ σπέρμα ἐκ τῆς ἀλλοτρίας ἐς τὴν ἑαυτῶν

2 οὕτως C : οὔπω EG (rasura facta) et Schol. ad Ar. Pac. 478
(οὕπως etiam Phot. et Suid.)   5 ἐνδεξαμένους G : ἐνδεξομένους cett.
12 διαβαλῶν ABEF   δὴ recc. : δὲ codd.   13 μάλιστ' αὐτήν, secl.
ἡγεμονίαν, Stahl   15 πολλῷ F : πολλῶν cett.   21 αὐτὸν C :
αὐτὸν cett.   23 ἐνθύμιον Cobet   27 ἀδελφοῦ] Δελφοῦ Cobet

3 ἀναφέρειν, εἰ δὲ μή, ἀργυρέᾳ εὐλάκᾳ εὐλαξεῖν· χρόνῳ δὲ
προτρέψαι τοὺς Λακεδαιμονίους φεύγοντα αὐτὸν ἐς Λύκαιον
διὰ τὴν ἐκ τῆς Ἀττικῆς ποτὲ μετὰ δώρων δοκήσεως ἀνα-
χώρησιν, καὶ ἥμισυ τῆς οἰκίας τοῦ ἱεροῦ τότε τοῦ Διὸς
οἰκοῦντα φόβῳ τῷ Λακεδαιμονίων, ἔτει ἑνὸς δέοντι εἰκοστῷ 5
τοῖς ὁμοίοις χοροῖς καὶ θυσίαις καταγαγεῖν ὥσπερ ὅτε τὸ
πρῶτον Λακεδαίμονα κτίζοντες τοὺς βασιλέας καθίσταντο.

17 ἀχθόμενος οὖν τῇ διαβολῇ ταύτῃ καὶ νομίζων ἐν εἰρήνῃ
μὲν οὐδενὸς σφάλματος γιγνομένου καὶ ἅμα τῶν Λακεδαι-
μονίων τοὺς ἄνδρας κομιζομένων κἂν αὐτὸς τοῖς ἐχθροῖς 10
ἀνεπίληπτος εἶναι, πολέμου δὲ καθεστῶτος αἰεὶ ἀνάγκην
εἶναι τοὺς προύχοντας ἀπὸ τῶν ξυμφορῶν διαβάλλεσθαι,
2 προυθυμήθη τὴν ξύμβασιν. καὶ τόν τε χειμῶνα τοῦτον
ἦσαν ἐς λόγους καὶ πρὸς τὸ ἔαρ ἤδη παρασκευή τε προ-
επανεσείσθη ἀπὸ τῶν Λακεδαιμονίων περιαγγελλομένη κατὰ 15
πόλεις ὡς ⟨ἐς⟩ ἐπιτειχισμόν, ὅπως οἱ Ἀθηναῖοι μᾶλλον ἐσ-
ακούοιεν, καὶ ἐπειδὴ ἐκ τῶν ξυνόδων ἅμα πολλὰς δικαιώσεις
προενεγκόντων ἀλλήλοις ξυνεχωρεῖτο ὥστε ἃ ἑκάτεροι
πολέμῳ ἔσχον ἀποδόντας τὴν εἰρήνην ποιεῖσθαι, Νίσαιαν
δ᾽ ἔχειν Ἀθηναίους (ἀνταπαιτούντων γὰρ Πλάταιαν οἱ Θη- 20
βαῖοι ἔφασαν οὐ βίᾳ, ἀλλ᾽ ὁμολογίᾳ αὐτῶν προσχωρησάν-
των καὶ οὐ προδόντων ἔχειν τὸ χωρίον, καὶ οἱ Ἀθηναῖοι τῷ
αὐτῷ τρόπῳ τὴν Νίσαιαν), τότε δὴ παρακαλέσαντες τοὺς
ἑαυτῶν ξυμμάχους οἱ Λακεδαιμόνιοι, καὶ ψηφισαμένων πλὴν
Βοιωτῶν καὶ Κορινθίων καὶ Ἠλείων καὶ Μεγαρέων τῶν 25
ἄλλων ὥστε καταλύεσθαι (τούτοις δὲ οὐκ ἤρεσκε τὰ πρασ-
σόμενα), ποιοῦνται τὴν ξύμβασιν καὶ ἐσπείσαντο πρὸς τοὺς
Ἀθηναίους καὶ ὤμοσαν, ἐκεῖνοί τε πρὸς τοὺς Λακεδαιμονίους,
τάδε.

18 ʽΣπονδὰς ἐποιήσαντο Ἀθηναῖοι καὶ Λακεδαιμόνιοι καὶ 30
2 οἱ ξύμμαχοι κατὰ τάδε, καὶ ὤμοσαν κατὰ πόλεις. περὶ

3 δοκήσεως in recc. adscriptum : δόκησιν f M Schol. : δόκησιν ἐς g :
δοκοῦσαν ἕως cett.   5 τῶν A   ἔτι C E F M   16 ἐς ἐπιτειχισμόν
Poppo : ἐπὶ τειχισμόν codd.

μὲν τῶν ἱερῶν τῶν κοινῶν, θύειν καὶ ἰέναι καὶ μαντεύεσθαι
καὶ θεωρεῖν κατὰ τὰ πάτρια τὸν βουλόμενον καὶ κατὰ γῆν
καὶ κατὰ θάλασσαν ἀδεῶς.   τὸ δ' ἱερὸν καὶ τὸν νεὼν τὸν
ἐν Δελφοῖς τοῦ Ἀπόλλωνος καὶ Δελφοὺς αὐτονόμους εἶναι
5 καὶ αὐτοτελεῖς καὶ αὐτοδίκους καὶ αὐτῶν καὶ τῆς γῆς τῆς
ἑαυτῶν κατὰ τὰ πάτρια.   ἔτη δὲ εἶναι τὰς σπονδὰς πεντήκοντα 3
Ἀθηναίοις καὶ τοῖς ξυμμάχοις τοῖς Ἀθηναίων καὶ Λακεδαι-
μονίοις καὶ τοῖς ξυμμάχοις τοῖς Λακεδαιμονίων ἀδόλους καὶ
ἀβλαβεῖς καὶ κατὰ γῆν καὶ κατὰ θάλασσαν.   ὅπλα δὲ μὴ 4
10 ἐξέστω ἐπιφέρειν ἐπὶ πημονῇ μήτε Λακεδαιμονίους καὶ τοὺς
ξυμμάχους ἐπ' Ἀθηναίους καὶ τοὺς ξυμμάχους μήτε Ἀθη-
ναίους καὶ τοὺς ξυμμάχους ἐπὶ Λακεδαιμονίους καὶ τοὺς
ξυμμάχους, μήτε τέχνῃ μήτε μηχανῇ μηδεμιᾷ.   ἢν δέ τι
διάφορον ᾖ πρὸς ἀλλήλους, δικαίῳ χρήσθων καὶ ὅρκοις, καθ'
15 ὅτι ἂν ξυνθῶνται.   ἀποδόντων δὲ Ἀθηναίοις Λακεδαιμόνιοι 5
καὶ οἱ ξύμμαχοι Ἀμφίπολιν.   ὅσας δὲ πόλεις παρέδοσαν
Λακεδαιμόνιοι Ἀθηναίοις, ἐξέστω ἀπιέναι ὅποι ἂν βούλων-
ται αὐτοὺς καὶ τὰ ἑαυτῶν ἔχοντας· τὰς δὲ πόλεις φερούσας
τὸν φόρον τὸν ἐπ' Ἀριστείδου αὐτονόμους εἶναι.   ὅπλα δὲ
20 μὴ ἐξέστω ἐπιφέρειν Ἀθηναίους μηδὲ τοὺς ξυμμάχους ἐπὶ
κακῷ, ἀποδιδόντων τὸν φόρον, ἐπειδὴ αἱ σπονδαὶ ἐγένοντο.
εἰσὶ δὲ Ἄργιλος, Στάγιρος, Ἄκανθος, Σκῶλος, Ὄλυνθος,
Σπάρτωλος.   ξυμμάχους δ' εἶναι μηδετέρων, μήτε Λακεδαι-
μονίων μήτε Ἀθηναίων· ἢν δὲ Ἀθηναῖοι πείθωσι τὰς
25 πόλεις, βουλομένας ταύτας ἐξέστω ξυμμάχους ποιεῖσθαι
αὐτοὺς Ἀθηναίοις.   Μηκυβερναίους δὲ καὶ Σαναίους καὶ 6
Σιγγαίους οἰκεῖν τὰς πόλεις τὰς ἑαυτῶν, καθάπερ Ὀλύνθιοι
καὶ Ἀκάνθιοι.   ἀποδόντων δὲ Ἀθηναίοις Λακεδαιμόνιοι καὶ 7
οἱ ξύμμαχοι Πάνακτον.   ἀποδόντων δὲ καὶ Ἀθηναῖοι Λακε-

1 καὶ ἰέναι secl. Classen : ἐξεῖναι Kirchhoff   14 δίκαις recc.
16 post Ἀμφίπολιν lacunam statuit Stahl   παρέλαβον Kirchhoff
17 Ἀθηναίους Kirchhoff (recc.)   22 Στῶλος Kirchhoff   25 βουλο-
μένας ταύτας secl. Stahl : post ταύτας distinguit Kirchhoff   27
Σιγγίους Kirchhoff

δαιμονίοις Κορυφάσιον καὶ Κύθηρα καὶ Μέθανα καὶ Πτελεὸν
καὶ Ἀταλάντην καὶ τοὺς ἄνδρας ὅσοι εἰσὶ Λακεδαιμονίων ἐν
τῷ δημοσίῳ τῷ Ἀθηναίων ἢ ἄλλοθί που ὅσης Ἀθηναῖοι
ἄρχουσιν ἐν δημοσίῳ· καὶ τοὺς ἐν Σκιώνῃ πολιορκουμένους
Πελοποννησίων ἀφεῖναι καὶ τοὺς ἄλλους ὅσοι Λακεδαι- 5
μονίων ξύμμαχοι ἐν Σκιώνῃ εἰσὶ καὶ ὅσους Βρασίδας ἐσέ-
πεμψε καὶ εἴ τις τῶν ξυμμάχων τῶν Λακεδαιμονίων ἐν
Ἀθήναις ἐστὶν ἐν τῷ δημοσίῳ ἢ ἄλλοθί που ἧς Ἀθηναῖοι
ἄρχουσιν ἐν δημοσίῳ.   ἀποδόντων δὲ καὶ Λακεδαιμόνιοι καὶ
οἱ ξύμμαχοι οὕστινας ἔχουσιν Ἀθηναίων καὶ τῶν ξυμμάχων 10
8 κατὰ ταὐτά.   Σκιωναίων δὲ καὶ Τορωναίων καὶ Σερμυλιῶν
καὶ εἴ τινα ἄλλην πόλιν ἔχουσιν Ἀθηναῖοι, Ἀθηναίους βου-
λεύεσθαι περὶ αὐτῶν καὶ τῶν ἄλλων πόλεων ὅτι ἂν δοκῇ
9 αὐτοῖς.   ὅρκους δὲ ποιήσασθαι Ἀθηναίους πρὸς Λακεδαι-
μονίους καὶ τοὺς ξυμμάχους κατὰ πόλεις.   ὀμνύντων δὲ τὸν 15
ἐπιχώριον ὅρκον ἑκάτεροι τὸν μέγιστον ἑπτὰ καὶ δέκα ἑκά-
στης πόλεως.   ὁ δ' ὅρκος ἔστω ὅδε· "ἐμμενῶ ταῖς ξυν-
θήκαις καὶ ταῖς σπονδαῖς ταῖσδε δικαίως καὶ ἀδόλως."   ἔστω
δὲ Λακεδαιμονίοις καὶ τοῖς ξυμμάχοις κατὰ ταὐτὰ ὅρκος
10 πρὸς Ἀθηναίους, τὸν δὲ ὅρκον ἀνανεοῦσθαι κατ' ἐνιαυτὸν 20
ἀμφοτέρους.   στήλας δὲ στῆσαι Ὀλυμπίασι καὶ Πυθοῖ καὶ
Ἰσθμοῖ καὶ Ἀθήνησιν ἐν πόλει καὶ ἐν Λακεδαίμονι ἐν
11 Ἀμυκλαίῳ.   εἰ δέ τι ἀμνημονοῦσιν ὁποτεροιοῦν καὶ ὅτου
πέρι, λόγοις δικαίοις χρωμένοις εὔορκον εἶναι ἀμφοτέροις
ταύτῃ μεταθεῖναι ὅπῃ ἂν δοκῇ ἀμφοτέροις, Ἀθηναίοις καὶ 25
Λακεδαιμονίοις.

19   "Ἄρχει δὲ τῶν σπονδῶν ⟨ἐν μὲν Λακεδαίμονι⟩ ἔφορος
Πλειστόλας Ἀρτεμισίου μηνὸς τετάρτῃ φθίνοντος, ἐν δὲ
Ἀθήναις ἄρχων Ἀλκαῖος Ἐλαφηβολιῶνος μηνὸς ἕκτῃ φθί-

1 Μέθανα Stahl (Strab. ad iv. 45. 2): Μεθώνην codd.   6 ἐσέπ]ε[μψε
. . . 10 Ἀθη[ναίων Π²⁴   8 ἧς] ὅσης Stahl [Π²⁴]   16 ἑπτὰ καὶ δέκα
Ullrich: δὲ codd.   17 ἐμμενῶ F. Portus: ἐμμένω codd.   19 post
ξυμμάχοις add. καὶ A B F M   22 Ἰσθμοῖ Aem. Portus: Ἰσθμῷ codd.
Ἀθήνησιν recc.: Ἀθήναις codd.   23 ὅτου recc.: εἴ του c G: οἱ τοῦ
vel οἵ του cett.: ὁτουοῦν Kirchhoff   27 ἐν μὲν Λακεδαίμονι add.
Kirchhoff

νοντος. ὤμνυον δὲ οἵδε καὶ ἐσπένδοντο. Λακεδαιμονίων 2
μὲν ⟨Πλειστοάναξ, Ἆγις,⟩ Πλειστόλας, Δαμάγητος, Χίονις,
Μεταγένης, Ἄκανθος, Δάιθος, Ἰσχαγόρας, Φιλοχαρίδας,
Ζευξίδας, Ἄντιππος, Τέλλις, Ἀλκινάδας, Ἐμπεδίας, Μη-
5 νᾶς, Λάφιλος. Ἀθηναίων δὲ οἵδε. Λάμπων, Ἰσθμιόνικος,
Νικίας, Λάχης, Εὐθύδημος, Προκλῆς, Πυθόδωρος, Ἅγνων,
Μυρτίλος, Θρασυκλῆς, Θεαγένης, Ἀριστοκράτης, Ἰώλκιος,
Τιμοκράτης, Λέων, Λάμαχος, Δημοσθένης.'

    Αὗται αἱ σπονδαὶ ἐγένοντο τελευτῶντος τοῦ χειμῶνος 20
10 ἅμα ἦρι, ἐκ Διονυσίων εὐθὺς τῶν ἀστικῶν, αὐτόδεκα ἐτῶν
διελθόντων καὶ ἡμερῶν ὀλίγων παρενεγκουσῶν ἢ ὡς τὸ
πρῶτον ἡ ἐσβολὴ ἡ ἐς τὴν Ἀττικὴν καὶ ἡ ἀρχὴ τοῦ πολέμου
τοῦδε ἐγένετο. σκοπείτω δέ τις κατὰ τοὺς χρόνους καὶ μὴ 2
τῶν ἑκασταχοῦ ἢ ἀρχόντων ἢ ἀπὸ τιμῆς τινὸς ἐς τὰ προ-
15 γεγενημένα σημαινόντων τὴν ἀπαρίθμησιν τῶν ὀνομάτων
πιστεύσας μᾶλλον. οὐ γὰρ ἀκριβές ἐστιν, οἷς καὶ ἀρχο-
μένοις καὶ μεσοῦσι καὶ ὅπως ἔτυχέ τῳ ἐπεγένετό τι. κατὰ 3
θέρη δὲ καὶ χειμῶνας ἀριθμῶν, ὥσπερ γέγραπται, εὑρήσει,
ἐξ ἡμισείας ἑκατέρου τοῦ ἐνιαυτοῦ τὴν δύναμιν ἔχοντος,
20 δέκα μὲν θέρη, ἴσους δὲ χειμῶνας τῷ πρώτῳ πολέμῳ τῷδε
γεγενημένους.

    Λακεδαιμόνιοι δέ (ἔλαχον γὰρ πρότεροι ἀποδιδόναι ἃ 21
εἶχον) τούς τε ἄνδρας εὐθὺς τοὺς παρὰ σφίσιν αἰχμαλώτους
ἀφίεσαν καὶ πέμψαντες ἐς τὰ ἐπὶ Θρᾴκης πρέσβεις Ἰσχα-
25 γόραν καὶ Μηνᾶν καὶ Φιλοχαρίδαν ἐκέλευον τὸν Κλεαρίδαν
τὴν Ἀμφίπολιν παραδιδόναι τοῖς Ἀθηναίοις καὶ τοὺς ἄλλους
τὰς σπονδάς, ὡς εἴρητο ἑκάστοις, δέχεσθαι. οἱ δ' οὐκ 2
ἤθελον, νομίζοντες οὐκ ἐπιτηδείας εἶναι· οὐδὲ ὁ Κλεαρίδας

2 Πλειστοάναξ, Ἆγις add. Arnold   quaedam ex nominibus propriis
ad scripturam cap. 24 accommodata   12 ἡ ἐσβολὴ ἡ (om. C) ἐς
τὴν Ἀττικὴν καὶ secl. E. H. O. Müller   14, 15 τὴν ἀπαρίθμησιν
τῶν ὀνομάτων in codd. post τινὸς leguntur, transp. Arnold : τῇ ἀπαριθ-
μήσει Wilamowitz-Möllendorff, qui σημαινόντων post τινὸς transp.
ἐς secl. Classen, qui τὴν ἀπ. τῶν ὀνομ. post μὴ (l. 13) transp.
16 πιστεύσας] ποιήσας legisse Schol. censet Hude

παρέδωκε τὴν πόλιν, χαριζόμενος τοῖς Χαλκιδεῦσι, λέγων
3 ὡς οὐ δυνατὸς εἴη βίᾳ ἐκείνων παραδιδόναι. ἐλθὼν δὲ
αὐτὸς κατὰ τάχος μετὰ πρέσβεων αὐτόθεν ἀπολογησόμενός
τε ἐς τὴν Λακεδαίμονα, ἣν κατηγορῶσιν οἱ περὶ τὸν Ἰσχα-
γόραν ὅτι οὐκ ἐπείθετο, καὶ ἅμα βουλόμενος εἰδέναι εἰ 5
ἔτι μετακινητὴ εἴη ἡ ὁμολογία, ἐπειδὴ ηὗρε κατειλημ-
μένους, αὐτὸς μὲν πάλιν πεμπόντων τῶν Λακεδαιμονίων καὶ
κελευόντων μάλιστα μὲν καὶ τὸ χωρίον παραδοῦναι, εἰ δὲ
μή, ὁπόσοι Πελοποννησίων ἔνεισιν ἐξαγαγεῖν, κατὰ τάχος
ἐπορεύετο.   10

22 Οἱ δὲ ξύμμαχοι ἐν τῇ Λακεδαίμονι αὐτοὶ ἔτυχον ὄντες,
καὶ αὐτῶν τοὺς μὴ δεξαμένους τὰς σπονδὰς ἐκέλευον οἱ
Λακεδαιμόνιοι ποιεῖσθαι. οἱ δὲ τῇ αὐτῇ προφάσει ᾗπερ καὶ
τὸ πρῶτον ἀπεώσαντο οὐκ ἔφασαν δέξεσθαι, ἢν μή τινας
2 δικαιοτέρας τούτων ποιῶνται. ὡς δ' αὐτῶν οὐκ ἐσήκουον, 15
ἐκείνους μὲν ἀπέπεμψαν, αὐτοὶ δὲ πρὸς τοὺς Ἀθηναίους
ξυμμαχίαν ἐποιοῦντο, νομίζοντες ἥκιστα ἂν σφίσι τούς τε
Ἀργείους, ἐπειδὴ οὐκ ἤθελον Ἀμπελίδου καὶ Λίχου ἐλθόν-
των ἐπισπένδεσθαι νομίσαντες αὐτοὺς ἄνευ Ἀθηναίων οὐ
δεινοὺς εἶναι, καὶ τὴν ἄλλην Πελοπόννησον μάλιστ' ἂν 20
ἡσυχάζειν· πρὸς γὰρ ἂν τοὺς Ἀθηναίους, εἰ ἐξῆν, χωρεῖν.
3 παρόντων οὖν πρέσβεων ἀπὸ τῶν Ἀθηναίων καὶ γενομένων
λόγων ξυνέβησαν, καὶ ἐγένοντο ὅρκοι καὶ ξυμμαχία ἥδε.

23 ʻ Κατὰ τάδε ξύμμαχοι ἔσονται Λακεδαιμόνιοι (καὶ Ἀθη-
ναῖοι) πεντήκοντα ἔτη. ἢν [δέ] τινες ἴωσιν ἐς τὴν γῆν 25
πολέμιοι τὴν Λακεδαιμονίων καὶ κακῶς ποιῶσι Λακεδαι-
μονίους, ὠφελεῖν Ἀθηναίους Λακεδαιμονίους τρόπῳ ὁποίῳ
ἂν δύνωνται ἰσχυροτάτῳ κατὰ τὸ δυνατόν· ἢν δὲ δῃώσαντες

3 ἀπολογησόμενος G M : ἀπολογησάμενος cett.   6 κατειλημμένους
Krüger : κατειλημμένας codd.   11 αὐτοῦ Krüger, post quod ἔτι
add. Stahl   14 δέξεσθαι Markland : δέξασθαι codd.   17 ἐποιή-
σαντο C G (suprascr. ἐποιοῦντο Gʹ)   19 νομίσαντες . . . οὐ secl.
Heilmann   21 πρὸς γὰρ . . . χωρεῖν post εἶναι (l. 20) transp. Stahl
23 post ἥδε distinxit Krüger, post τάδε codd.   24 κα. Ἀθηναῖοι
add. F. Portus   25 δέ secl. Krüger   ἐς] ἐπὶ Kirchhoff

οἴχωνται, πολεμίαν εἶναι ταύτην τὴν πόλιν Λακεδαιμονίοις
καὶ Ἀθηναίοις καὶ κακῶς πάσχειν ὑπὸ ἀμφοτέρων, κατα-
λύειν δὲ ἅμα ἄμφω τὼ πόλεε. ταῦτα δ' εἶναι δικαίως καὶ
προθύμως καὶ ἀδόλως. καὶ ἤν τινες ἐς τὴν Ἀθηναίων γῆν 2
5 ἴωσι πολέμιοι καὶ κακῶς ποιῶσιν Ἀθηναίους, ὠφελεῖν Λακε-
δαιμονίους ⟨Ἀθηναίους⟩ τρόπῳ ὅτῳ ἂν δύνωνται ἰσχυροτάτῳ
κατὰ τὸ δυνατόν· ἢν δὲ δῃώσαντες οἴχωνται, πολεμίαν εἶναι
ταύτην τὴν πόλιν Λακεδαιμονίοις καὶ Ἀθηναίοις καὶ κακῶς
πάσχειν ὑπ' ἀμφοτέρων, καταλύειν δὲ ἅμα ἄμφω τὼ πόλεε.
10 ταῦτα δ' εἶναι δικαίως καὶ προθύμως καὶ ἀδόλως. ἢν δὲ ἡ 3
δουλεία ἐπανιστῆται, ἐπικουρεῖν Ἀθηναίους Λακεδαιμονίοις
παντὶ σθένει κατὰ τὸ δυνατόν. ὀμοῦνται δὲ ταῦτα οἵπερ 4
καὶ τὰς ἄλλας σπονδὰς ὤμνυον ἑκατέρων. ἀνανεοῦσθαι δὲ
⟨τὸν ὅρκον⟩ κατ' ἐνιαυτὸν Λακεδαιμονίους μὲν ἰόντας ἐς
15 Ἀθήνας πρὸς τὰ Διονύσια, Ἀθηναίους δὲ ἰόντας ἐς Λακε-
δαίμονα πρὸς τὰ Ὑακίνθια. στήλην δὲ ἑκατέρους στῆσαι, 5
τὴν μὲν ἐν Λακεδαίμονι παρ' Ἀπόλλωνι ἐν Ἀμυκλαίῳ, τὴν
δὲ ἐν Ἀθήναις ἐν πόλει παρ' Ἀθηνᾷ. ἢν δέ τι δοκῇ Λακε- 6
δαιμονίοις καὶ Ἀθηναίοις προσθεῖναι καὶ ἀφελεῖν περὶ τῆς
20 ξυμμαχίας, ὅτι ἂν δοκῇ, εὔορκον ἀμφοτέροις εἶναι.

Τὸν δὲ ὅρκον ὤμνυον Λακεδαιμονίων μὲν οἵδε, Πλει- 24
στοάναξ, Ἆγις, Πλειστόλας, Δαμάγητος, Χίονις, Μεταγένης,
Ἄκανθος, Δάιθος, Ἰσχαγόρας, Φιλοχαρίδας, Ζευξίδας, Ἄν-
τιππος, Ἀλκινάδας, Τέλλις, Ἐμπεδίας, Μηνᾶς, Λάφιλος,
25 Ἀθηναίων δὲ Λάμπων, Ἰσθμιόνικος, Λάχης, Νικίας, Εὐθύ-
δημος, Προκλῆς, Πυθόδωρος, Ἅγνων, Μυρτίλος, Θρασυκλῆς,
Θεαγένης, Ἀριστοκράτης, Ἰώλκιος, Τιμοκράτης, Λέων,
Λάμαχος, Δημοσθένης.'

Αὕτη ἡ ξυμμαχία ἐγένετο μετὰ τὰς σπονδὰς οὐ πολλῷ 2
30 ὕστερον, καὶ τοὺς ἄνδρας τοὺς ἐκ τῆς νήσου ἀπέδοσαν οἱ

4 ἐς] ἐπὶ Kirchhoff   post τὴν add. τῶν A C E F M   6 Ἀθη-
ναίους add. Ullrich   ὅτῳ] ὁποίῳ Herwerden   14 τὸν ὅρκον
add. Kirchhoff   23 Ζευξίδας A B E F M

17

Ἀθηναῖοι τοῖς Λακεδαιμονίοις, καὶ τὸ θέρος ἦρχε τοῦ ἐνδεκά-
του ἔτους. ταῦτα δὲ τὰ δέκα ἔτη ὁ πρῶτος πόλεμος ξυν-
εχῶς γενόμενος γέγραπται.

25 Μετὰ δὲ τὰς σπονδὰς καὶ τὴν ξυμμαχίαν τῶν Λακεδαι-
μονίων καὶ τῶν Ἀθηναίων, αἳ ἐγένοντο μετὰ τὸν δεκέτη 5
πόλεμον ἐπὶ Πλειστόλα μὲν ἐν Λακεδαίμονι ἐφόρου, Ἀλ-
καίου δ᾽ ἄρχοντος Ἀθήνησι, τοῖς μὲν δεξαμένοις αὐτὰς
εἰρήνη ἦν, οἱ δὲ Κορίνθιοι καὶ τῶν ἐν Πελοποννήσῳ πόλεών
τινες διεκίνουν τὰ πεπραγμένα, καὶ εὐθὺς ἄλλη ταραχὴ
2 καθίστατο τῶν ξυμμάχων πρὸς τὴν Λακεδαίμονα. καὶ ἅμα 10
καὶ τοῖς Ἀθηναίοις οἱ Λακεδαιμόνιοι προϊόντος τοῦ χρόνου
ὕποπτοι ἐγένοντο ἔστιν ἐν οἷς οὐ πριοῦντες ἐκ τῶν ξυγκει-
3 μένων ἃ εἴρητο. καὶ ἐπὶ ἐξ ἔτη μὲν καὶ δέκα μῆνας ἀπ-
έσχοντο μὴ ἐπὶ τὴν ἑκατέρων γῆν στρατεῦσαι, ἔξωθεν δὲ
μετ᾽ ἀνοκωχῆς οὐ βεβαίου ἔβλαπτον ἀλλήλους τὰ μάλιστα· 15
ἔπειτα μέντοι καὶ ἀναγκασθέντες λῦσαι τὰς μετὰ τὰ δέκα
ἔτη σπονδὰς αὖθις ἐς πόλεμον φανερὸν κατέστησαν.

26 Γέγραφε δὲ καὶ ταῦτα ὁ αὐτὸς Θουκυδίδης Ἀθηναῖος
ἑξῆς, ὡς ἕκαστα ἐγένετο, κατὰ θέρη καὶ χειμῶνας, μέχρι οὗ
τήν τε ἀρχὴν κατέπαυσαν τῶν Ἀθηναίων Λακεδαιμόνιοι καὶ 20
οἱ ξύμμαχοι, καὶ τὰ μακρὰ τείχη καὶ τὸν Πειραιᾶ κατέλαβον.
ἔτη δὲ ἐς τοῦτο τὰ ξύμπαντα ἐγένετο τῷ πολέμῳ ἑπτὰ καὶ
2 εἴκοσι. καὶ τὴν διὰ μέσου ξύμβασιν εἴ τις μὴ ἀξιώσει
πόλεμον νομίζειν, οὐκ ὀρθῶς δικαιώσει. τοῖς [τε] γὰρ
ἔργοις ὡς διῄρηται ἀθρείτω, καὶ εὑρήσει οὐκ εἰκὸς ὂν εἰρήνην 25
αὐτὴν κριθῆναι, ἐν ᾗ οὔτε ἀπέδοσαν πάντα οὔτ᾽ ἀπεδέξαντο
ἃ ξυνέθεντο, ἔξω τε τούτων πρὸς τὸν Μαντινικὸν καὶ Ἐπι-
δαύριον πόλεμον καὶ ἐς ἄλλα ἀμφοτέροις ἁμαρτήματα ἐγέ-
νοντο καὶ οἱ ἐπὶ Θρᾴκης ξύμμαχοι οὐδὲν ἧσσον πολέμιοι
3 ἦσαν Βοιωτοί τε ἐκεχειρίαν δεχήμερον ἦγον. ὥστε ξὺν τῷ 30
πρώτῳ πολέμῳ τῷ δεκέτει καὶ τῇ μετ᾽ αὐτὸν ὑπόπτῳ ἀνο-

9 post ἄλλη add. τε Stahl   14 ἑκατέραν A B E F   17 καθί-
σταντο B   22 ἐγένοντο C G   24 τε secl. Stahl

κωχῇ καὶ τῷ ὕστερον ἐξ αὐτῆς πολέμῳ εὑρήσει τις τοσαῦτα
ἔτη, λογιζόμενος κατὰ τοὺς χρόνους, καὶ ἡμέρας οὐ πολλὰς
παρενεγκούσας, καὶ τοῖς ἀπὸ χρησμῶν τι ἰσχυρισαμένοις
μόνον δὴ τοῦτο ἐχυρῶς ξυμβάν. αἰεὶ γὰρ ἔγωγε μέμνημαι, 4
5 καὶ ἀρχομένου τοῦ πολέμου καὶ μέχρι οὗ ἐτελεύτησε, προ-
φερόμενον ὑπὸ πολλῶν ὅτι τρὶς ἐννέα ἔτη δέοι γενέσθαι
αὐτόν. ἐπεβίων δὲ διὰ παντὸς αὐτοῦ αἰσθανόμενός τε τῇ 5
ἡλικίᾳ καὶ προσέχων τὴν γνώμην, ὅπως ἀκριβές τι εἴσομαι·
καὶ ξυνέβη μοι φεύγειν τὴν ἐμαυτοῦ ἔτη εἴκοσι μετὰ τὴν
10 ἐς Ἀμφίπολιν στρατηγίαν, καὶ γενομένῳ παρ' ἀμφοτέροις
τοῖς πράγμασι, καὶ οὐχ ἧσσον τοῖς Πελοποννησίων διὰ τὴν
φυγήν, καθ' ἡσυχίαν τι αὐτῶν μᾶλλον αἰσθέσθαι. τὴν οὖν 6
μετὰ τὰ δέκα ἔτη διαφοράν τε καὶ ξύγχυσιν τῶν σπονδῶν
καὶ τὰ ἔπειτα ὡς ἐπολεμήθη ἐξηγήσομαι.

15　Ἐπειδὴ γὰρ αἱ πεντηκοντούτεις σπονδαὶ ἐγένοντο καὶ 27
ὕστερον ἡ ξυμμαχία, καὶ αἱ ἀπὸ τῆς Πελοποννήσου πρε-
σβεῖαι, αἵπερ παρεκλήθησαν ἐς αὐτά, ἀνεχώρουν ἐκ τῆς
Λακεδαίμονος· καὶ οἱ μὲν ἄλλοι ἐπ' οἴκου ἀπῆλθον, Κορίνθιοι 2
δὲ ἐς Ἄργος τραπόμενοι πρῶτον λόγους ποιοῦνται πρός
20 τινας τῶν ἐν τέλει ὄντων Ἀργείων ὡς χρή, ἐπειδὴ Λακε-
δαιμόνιοι οὐκ ἐπ' ἀγαθῷ, ἀλλ' ἐπὶ καταδουλώσει τῆς Πελο-
ποννήσου σπονδὰς καὶ ξυμμαχίαν πρὸς Ἀθηναίους τοὺς
πρὶν ἐχθίστους πεποίηνται, ὁρᾶν τοὺς Ἀργείους ὅπως σω-
θήσεται ἡ Πελοπόννησος καὶ ψηφίσασθαι τὴν βουλομένην
25 πόλιν τῶν Ἑλλήνων, ἥτις αὐτόνομός τέ ἐστι καὶ δίκας ἴσας
καὶ ὁμοίας δίδωσι, πρὸς Ἀργείους ξυμμαχίαν ποιεῖσθαι
ὥστε τῇ ἀλλήλων ἐπιμαχεῖν, ἀποδεῖξαι δὲ ἄνδρας ὀλίγους
ἀρχὴν αὐτοκράτορας καὶ μὴ πρὸς τὸν δῆμον τοὺς λόγους
εἶναι, τοῦ μὴ καταφανεῖς γίγνεσθαι τοὺς μὴ πείσαντας τὸ
30 πλῆθος· ἔφασαν δὲ πολλοὺς προσχωρήσεσθαι μίσει τῶν

11 Πελοποννησίοις ΑΒΕΓΜ　16 ἡ ξυμμαχία Cobet : αἱ ξυμ-
μαχίαι codd.　αἱ καὶ ΑΒCF　17 αὐτάς Stahl　18 καὶ om.
recc.

3 Λακεδαιμονίων. καὶ οἱ μὲν Κορίνθιοι διδάξαντες ταῦτα
28 ἀνεχώρησαν ἐπ' οἴκου· οἱ δὲ τῶν Ἀργείων ἄνδρες ἀκού-
σαντες ἐπειδὴ ἀνήνεγκαν τοὺς λόγους ἔς τε τὰς ἀρχὰς καὶ
τὸν δῆμον, ἐψηφίσαντο Ἀργεῖοι καὶ ἄνδρας εἵλοντο δώδεκα,
πρὸς οὓς τὸν βουλόμενον τῶν Ἑλλήνων ξυμμαχίαν ποιεῖσθαι 5
πλὴν Ἀθηναίων καὶ Λακεδαιμονίων· τούτων δὲ μηδετέροις
2 ἐξεῖναι ἄνευ τοῦ δήμου τοῦ Ἀργείων σπείσασθαι. ἐδέξαντό
τε ταῦτα οἱ Ἀργεῖοι μᾶλλον ὁρῶντες τόν τε Λακεδαιμονίων
σφίσι πόλεμον ἐσόμενον (ἐπ' ἐξόδῳ γὰρ πρὸς αὐτοὺς αἱ
σπονδαὶ ἦσαν) καὶ ἅμα ἐλπίσαντες τῆς Πελοποννήσου 10
ἡγήσεσθαι· κατὰ γὰρ τὸν χρόνον τοῦτον ἥ τε Λακεδαίμων
μάλιστα δὴ κακῶς ἤκουσε καὶ ὑπερώφθη διὰ τὰς ξυμφοράς,
οἵ τε Ἀργεῖοι ἄριστα ἔσχον τοῖς πᾶσιν, οὐ ξυναράμενοι
τοῦ Ἀττικοῦ πολέμου, ἀμφοτέροις δὲ μᾶλλον ἔνσπονδοι
3 ὄντες ἐκκαρπωσάμενοι. οἱ μὲν οὖν Ἀργεῖοι οὕτως ἐς τὴν 15
ξυμμαχίαν προσεδέχοντο τοὺς ἐθέλοντας τῶν Ἑλλήνων,
29 Μαντινῆς δ' αὐτοῖς καὶ οἱ ξύμμαχοι αὐτῶν πρῶτοι προσ-
εχώρησαν, δεδιότες τοὺς Λακεδαιμονίους. τοῖς γὰρ Μαν-
τινεῦσι μέρος τι τῆς Ἀρκαδίας κατέστραπτο ὑπήκοον ἔτι
τοῦ πρὸς Ἀθηναίους πολέμου ὄντος, καὶ ἐνόμιζον οὐ περι- 20
όψεσθαι σφᾶς τοὺς Λακεδαιμονίους ἄρχειν, ἐπειδὴ καὶ σχολὴν
ἦγον· ὥστε ἄσμενοι πρὸς τοὺς Ἀργείους ἐτράποντο, πόλιν
τε μεγάλην νομίζοντες καὶ Λακεδαιμονίοις αἰεὶ διάφορον,
2 δημοκρατουμένην τε ὥσπερ καὶ αὐτοί. ἀποστάντων δὲ τῶν
Μαντινέων καὶ ἡ ἄλλη Πελοπόννησος ἐς θροῦν καθίστατο 25
ὡς καὶ σφίσι ποιητέον τοῦτο, νομίσαντες πλέον τέ τι εἰδότας
μεταστῆναι αὐτοὺς καὶ τοὺς Λακεδαιμονίους ἅμα δι' ὀργῆς
ἔχοντες, ἐν ἄλλοις τε καὶ ὅτι ἐν ταῖς σπονδαῖς ταῖς Ἀττικαῖς
ἐγέγραπτο εὔορκον εἶναι προσθεῖναι καὶ ἀφελεῖν ὅτι ἂν
ἀμφοῖν τοῖν πολέοιν δοκῇ, Λακεδαιμονίοις καὶ Ἀθηναίοις. 30
3 τοῦτο γὰρ τὸ γράμμα μάλιστα τὴν Πελοπόννησον διεθορύβει
καὶ ἐς ὑποψίαν καθίστη μὴ μετὰ Ἀθηναίων σφᾶς βούλωνται

8 τόν τε C : τῶν τε G : τύν τε τῶν cett.   11 ἡγήσασθαι E G

ΙΣΤΟΡΙΩΝ Ε

V. 29

Λακεδαιμόνιοι δουλώσασθαι· δίκαιον γὰρ εἶναι πᾶσι τοῖς
ξυμμάχοις γεγράφθαι τὴν μετάθεσιν. ὥστε φοβούμενοι οἱ 4
πολλοὶ ὥρμηντο πρὸς τοὺς Ἀργείους καὶ αὐτοὶ ἕκαστοι
ξυμμαχίαν ποιεῖσθαι.

5 Λακεδαιμόνιοι δὲ αἰσθόμενοι τὸν θροῦν τοῦτον ἐν τῇ 30
Πελοποννήσῳ καθεστῶτα καὶ τοὺς Κορινθίους διδασκάλους
τε γενομένους καὶ αὐτοὺς μέλλοντας σπείσεσθαι πρὸς τὸ
Ἄργος, πέμπουσι πρέσβεις ἐς τὴν Κόρινθον βουλόμενοι
προκαταλαβεῖν τὸ μέλλον, καὶ ᾐτιῶντο τήν τε ἐσήγησιν τοῦ
10 παντὸς καὶ εἰ Ἀργείοις σφῶν ἀποστάντες ξύμμαχοι ἔσονται,
παραβήσεσθαί τε ἔφασαν αὐτοὺς τοὺς ὅρκους, καὶ ἤδη
ἀδικεῖν ὅτι οὐ δέχονται τὰς Ἀθηναίων σπονδάς, εἰρημένον
κύριον εἶναι ὅτι ἂν τὸ πλῆθος τῶν ξυμμάχων ψηφίσηται,
ἢν μή τι θεῶν ἢ ἡρώων κώλυμα ᾖ. Κορίνθιοι δὲ παρόντων 2
15 σφίσι τῶν ξυμμάχων ὅσοι οὐδ' αὐτοὶ ἐδέξαντο τὰς σπονδάς
(παρεκάλεσαν δὲ αὐτοὺς αὐτοὶ πρότερον), ἀντέλεγον τοῖς
Λακεδαιμονίοις, ἃ μὲν ἠδικοῦντο οὐ δηλοῦντες ἄντικρυς, ὅτι
οὔτε Σόλλιον σφίσιν ἀπέλαβον παρ' Ἀθηναίων οὔτε Ἀνα-
κτόριον εἴ τέ τι ἄλλο ἐνόμιζον ἐλασσοῦσθαι, πρόσχημα δὲ
20 ποιούμενοι τοὺς ἐπὶ Θράκης μὴ προδώσειν· ὀμόσαι γὰρ
αὐτοῖς ὅρκους ἰδίᾳ τε, ὅτε μετὰ Ποτειδεατῶν τὸ πρῶτον
ἀφίσταντο, καὶ ἄλλους ὕστερον. οὔκουν παραβαίνειν τοὺς 3
τῶν ξυμμάχων ὅρκους ἔφασαν οὐκ ἐσιόντες ἐς τὰς τῶν
Ἀθηναίων σπονδάς· θεῶν γὰρ πίστεις ὀμόσαντες ἐκείνοις
25 οὐκ ἂν εὐορκεῖν προδιδόντες αὐτούς. εἰρῆσθαι δ' ὅτι ' ἢν
μὴ θεῶν ἢ ἡρώων κώλυμα ᾖ· ' φαίνεσθαι οὖν σφίσι κώλυμα
θεῖον τοῦτο. καὶ περὶ μὲν τῶν παλαιῶν ὅρκων τοσαῦτα 4
εἶπον, περὶ δὲ τῆς Ἀργείων ξυμμαχίας μετὰ τῶν φίλων
βουλευσάμενοι ποιήσειν ὅτι ἂν δίκαιον ᾖ. καὶ οἱ μὲν 5
30 Λακεδαιμονίων πρέσβεις ἀνεχώρησαν ἐπ' οἴκου· ἔτυχον δὲ
παρόντες ἐν Κορίνθῳ καὶ Ἀργείων πρέσβεις, οἳ ἐκέλευον

7 σπείσεσθαι g : σπείσασθαι codd.   11 τε] τι A B F   28 Ἀργείας
A B E F M

21

τοὺς Κορινθίους ἰέναι ἐς τὴν ξυμμαχίαν καὶ μὴ μέλλειν· οἱ
δὲ ἐς τὸν ὕστερον ξύλλογον αὐτοῖς τὸν παρὰ σφίσι προεῖπον
31 ἥκειν. ἦλθε δὲ καὶ Ἠλείων πρεσβεία εὐθὺς καὶ ἐποιήσατο
πρὸς Κορινθίους ξυμμαχίαν πρῶτον, ἔπειτα ἐκεῖθεν ἐς
Ἄργος ἐλθόντες, καθάπερ προείρητο, Ἀργείων ξύμμαχοι 5
ἐγένοντο. διαφερόμενοι γὰρ ἐτύγχανον τοῖς Λακεδαιμονίοις
2 περὶ Λεπρέου. πολέμου γὰρ γενομένου ποτὲ πρὸς Ἀρκάδων
τινὰς Λεπρεάταις καὶ Ἠλείων παρακληθέντων ὑπὸ Λε-
πρεατῶν ἐς ξυμμαχίαν ἐπὶ τῇ ἡμισείᾳ τῆς γῆς καὶ λυσάντων
τὸν πόλεμον Ἠλεῖοι τὴν γῆν νεμομένοις αὐτοῖς τοῖς Λε- 10
πρεάταις τάλαντον ἔταξαν τῷ Διὶ τῷ Ὀλυμπίῳ ἀποφέρειν.
3 καὶ μέχρι μὲν τοῦ Ἀττικοῦ πολέμου ἀπέφερον, ἔπειτα παυ-
σαμένων διὰ πρόφασιν τοῦ πολέμου οἱ Ἠλεῖοι ἐπηνάγκαζον,
οἱ δ᾽ ἐτράποντο πρὸς τοὺς Λακεδαιμονίους. καὶ δίκης Λακε-
δαιμονίοις ἐπιτραπείσης ὑποτοπήσαντες οἱ Ἠλεῖοι μὴ ἴσον 15
ἕξειν ἀνέντες τὴν ἐπιτροπὴν Λεπρεατῶν τὴν γῆν ἔτεμον.
4 οἱ δὲ Λακεδαιμόνιοι οὐδὲν ἧσσον ἐδίκασαν αὐτονόμους εἶναι
Λεπρεάτας καὶ ἀδικεῖν Ἠλείους, καὶ ὡς οὐκ ἐμμεινάντων
5 τῇ ἐπιτροπῇ φρουρὰν ὁπλιτῶν ἐσέπεμψαν ἐς Λέπρεον. οἱ
δὲ Ἠλεῖοι νομίζοντες πόλιν σφῶν ἀφεστηκυῖαν δέξασθαι 20
τοὺς Λακεδαιμονίους καὶ τὴν ξυνθήκην προφέροντες ἐν ᾗ
εἴρητο, ἃ ἔχοντες ἐς τὸν Ἀττικὸν πόλεμον καθίσταντό τινες,
ταῦτα ἔχοντας καὶ ἐξελθεῖν, ὡς οὐκ ἴσον ἔχοντες ἀφίστανται
πρὸς τοὺς Ἀργείους, καὶ τὴν ξυμμαχίαν, ὥσπερ προείρητο,
6 καὶ οὗτοι ἐποιήσαντο. ἐγένοντο δὲ καὶ οἱ Κορίνθιοι εὐθὺς 25
μετ᾽ ἐκείνους καὶ οἱ ἐπὶ Θρᾴκης Χαλκιδῆς Ἀργείων ξύμ-
μαχοι. Βοιωτοὶ δὲ καὶ Μεγαρῆς τὸ αὐτὸ λέγοντες ἡσύχαζον,
περιορώμενοι ὑπὸ τῶν Λακεδαιμονίων καὶ νομίζοντες σφίσι
τὴν Ἀργείων δημοκρατίαν αὐτοῖς ὀλιγαρχουμένοις ἧσσον
ξύμφορον εἶναι τῆς Λακεδαιμονίων πολιτείας.   30
32   Περὶ δὲ τοὺς αὐτοὺς χρόνους τοῦ θέρους τούτου Σκιω-

---

3 ἐποιήσαντο Duker (errore, credo, typographico)   9 καταλυσάν-
των Krüger   11 τάλαντα c (G)   12 μὲν M: om. cett.   28 ὑπὸ
τῶν Λακεδαιμονίων secl. Dobree   31 τοὺ]s . . . τά[s τε Π¹¹   τοῦ
θέρους om. Π¹¹ Dion. Hal.

ναίους μὲν Ἀθηναῖοι ἐκπολιορκήσαντες ἀπέκτειναν τοὺς
ἡβῶντας, παῖδας δὲ καὶ γυναῖκας ἠνδραπόδισαν, καὶ τὴν
γῆν Πλαταιεῦσιν ἔδοσαν νέμεσθαι, Δηλίους δὲ κατήγαγον
πάλιν ἐς Δῆλον, ἐνθυμούμενοι τάς τε ἐν ταῖς μάχαις ξυμ-
5 φορὰς καὶ τοῦ ἐν Δελφοῖς θεοῦ χρήσαντος.   καὶ Φωκῆς 2
καὶ Λοκροὶ ἤρξαντο πολεμεῖν.

   Καὶ Κορίνθιοι καὶ Ἀργεῖοι ἤδη ξύμμαχοι ὄντες ἔρχονται 3
ἐς Τεγέαν ἀποστήσοντες Λακεδαιμονίων, ὁρῶντες μέγα
μέρος ὃν καί, εἰ σφίσι προσγένοιτο, νομίζοντες ἅπασαν ἂν
10 ἔχειν Πελοπόννησον.   ὡς δὲ οὐδὲν ἂν ἔφασαν ἐναντιωθῆναι 4
οἱ Τεγεᾶται Λακεδαιμονίοις, οἱ Κορίνθιοι μέχρι τούτου προ-
θύμως πράσσοντες ἀνεῖσαν τῆς φιλονικίας καὶ ὠρρώδησαν
μὴ οὐδεὶς σφίσιν ἔτι τῶν ἄλλων προσχωρῇ.   ὅμως δὲ 5
ἐλθόντες ἐς τοὺς Βοιωτοὺς ἐδέοντο σφῶν τε καὶ Ἀργείων
15 γίγνεσθαι ξυμμάχους καὶ τἆλλα κοινῇ πράσσειν· τάς τε
δεχημέρους ἐπισπονδάς, αἳ ἦσαν Ἀθηναίοις καὶ Βοιωτοῖς
πρὸς ἀλλήλους οὐ πολλῷ ὕστερον γενόμεναι [τούτων] τῶν
πεντηκοντουτίδων σπονδῶν, ἐκέλευον οἱ Κορίνθιοι τοὺς
Βοιωτοὺς ἀκολουθήσαντας Ἀθήναζε καὶ σφίσι ποιῆσαι,
20 [ὥσπερ Βοιωτοὶ εἶχον,] μὴ δεχομένων δὲ Ἀθηναίων ἀπει-
πεῖν τὴν ἐκεχειρίαν καὶ τὸ λοιπὸν μὴ σπένδεσθαι ἄνευ
αὐτῶν.   Βοιωτοὶ δὲ δεομένων τῶν Κορινθίων περὶ μὲν τῆς 6
Ἀργείων ξυμμαχίας ἐπισχεῖν αὐτοὺς ἐκέλευον, ἐλθόντες δὲ
Ἀθήναζε μετὰ Κορινθίων οὐχ ηὕροντο τὰς δεχημέρους σπον-
25 δάς, ἀλλ' ἀπεκρίναντο οἱ Ἀθηναῖοι Κορινθίοις εἶναι σπονδάς,
εἴπερ Λακεδαιμονίων εἰσὶ ξύμμαχοι.   Βοιωτοὶ μὲν οὖν οὐδὲν 7
μᾶλλον ἀπεῖπον τὰς δεχημέρους, ἀξιούντων καὶ αἰτιω-
μένων Κορινθίων ξυνθέσθαι σφίσιν· Κορινθίοις δὲ ἀνοκωχὴ
ἄσπονδος ἦν πρὸς Ἀθηναίους.

30   Λακεδαιμόνιοι δὲ τοῦ αὐτοῦ θέρους πανδημεὶ ἐστράτευσαν, 33
Πλειστοάνακτος τοῦ Παυσανίου Λακεδαιμονίων βασιλέως

---

13 προσχωρεῖ A B E F M   14 κἀργείων A B E F M   17 τούτων
secl. Dobree   20 ὥσπερ Βοιωτοὶ εἶχον non vertit Valla, secl. Stahl

23

ἡγουμένου, τῆς Ἀρκαδίας ἐς Παρρασίους, Μαντινέων ὑπη-
κόους ὄντας, κατὰ στάσιν ἐπικαλεσαμένων σφᾶς, ἅμα δὲ
καὶ τὸ ἐν Κυψέλοις τεῖχος ἀναιρήσοντες, ἣν δύνωνται, ὃ
ἐτείχισαν Μαντινῆς καὶ αὐτοὶ ἐφρούρουν, ἐν τῇ Παρρασικῇ
2 κείμενον ἐπὶ τῇ Σκιρίτιδι τῆς Λακωνικῆς. καὶ οἱ μὲν 5
Λακεδαιμόνιοι τὴν γῆν τῶν Παρρασίων ἐδῄουν, οἱ δὲ Μαν-
τινῆς τὴν πόλιν Ἀργείοις φύλαξι παραδόντες αὐτοὶ τὴν
ξυμμαχίδα ἐφρούρουν· ἀδύνατοι δ' ὄντες διασῶσαι τό τε
ἐν Κυψέλοις τεῖχος καὶ τὰς ἐν Παρρασίοις πόλεις ἀπῆλθον.
3 Λακεδαιμόνιοι δὲ τούς τε Παρρασίους αὐτονόμους ποιή- 10
σαντες καὶ τὸ τεῖχος καθελόντες ἀνεχώρησαν ἐπ' οἴκου.

34   Καὶ τοῦ αὐτοῦ θέρους ἤδη ἡκόντων αὐτοῖς τῶν ἀπὸ
Θρᾴκης μετὰ Βρασίδου ἐξελθόντων στρατιωτῶν, οὓς ὁ Κλεα-
ρίδας μετὰ τὰς σπονδὰς ἐκόμισεν, οἱ Λακεδαιμόνιοι ἐψη-
φίσαντο τοὺς μὲν μετὰ Βρασίδου Εἵλωτας μαχεσαμένους 15
ἐλευθέρους εἶναι καὶ οἰκεῖν ὅπου ἂν βούλωνται, καὶ ὕστερον
οὐ πολλῷ αὐτοὺς μετὰ τῶν νεοδαμώδων ἐς Λέπρεον κατ-
έστησαν, κείμενον ἐπὶ τῆς Λακωνικῆς καὶ τῆς Ἠλείας, ὄντες
2 ἤδη διάφοροι Ἠλείοις· τοὺς δ' ἐκ τῆς νήσου ληφθέντας
σφῶν καὶ τὰ ὅπλα παραδόντας, δείσαντες μή τι διὰ τὴν 20
ξυμφορὰν νομίσαντες ἐλασσωθήσεσθαι καὶ ὄντες ἐπίτιμοι
νεωτερίσωσιν, ἤδη καὶ ἀρχάς τινας ἔχοντας ἀτίμους ἐποίη-
σαν, ἀτιμίαν δὲ τοιάνδε ὥστε μήτε ἄρχειν μήτε πριμένους
τι ἢ πωλοῦντας κυρίους εἶναι. ὕστερον δὲ αὖθ ς χρόνῳ
ἐπίτιμοι ἐγένοντο.   25

35   Τοῦ δ' αὐτοῦ θέρους καὶ Θυσσὸν τὴν ἐν τῇ Ἄθω Ἀκτῇ
Διῆς εἷλον, Ἀθηναίων οὖσαν ξύμμαχον.

2   Καὶ τὸ θέρος τοῦτο πᾶν ἐπιμειξίαι μὲν ἦσαν τοῖς Ἀθη-
ναίοις καὶ Πελοποννησίοις, ὑπώπτευον δὲ ἀλλήλους εὐθὺς
μετὰ τὰς σπονδὰς οἵ τε Ἀθηναῖοι καὶ οἱ Λακεδαιμόνιοι κατὰ 30

8 ξυμμαχίδα Jones: ξυμμαχίαν codd.   ἀδύ]να[τοι . . . 24 κ[υρίους
Π¹¹   18 τῇ Λακωνικ[ῇ καὶ τῇ Ἠλ]είᾳ Π¹¹   26 Ἄθω Didot: Ἄθῳ
codd.   Ἀκτῇ Διῆς Didot: Δεικτηιδιῆς, ut videtur, A: Δικτηδιῆς
Β Ε F M: Δικτιδιεῖς (ι ex η) C: Δικτυδιεῖς G: Χαλκιδῆς Poppo
30 alterum οἱ om. C G

τὴν τῶν χωρίων ἀλλήλοις οὐκ ἀπόδοσιν. τὴν γὰρ ᾿Αμφί- 3
πολιν πρότεροι λαχόντες οἱ Λακεδαιμόνιοι ἀποδιδόναι καὶ
τᾶλλα οὐκ ἀπεδεδώκεσαν, οὐδὲ τοὺς ἐπὶ Θρᾴκης παρεῖχον
ξυμμάχους τὰς σπονδὰς δεχομένους οὐδὲ Βοιωτοὺς οὐδὲ
5 Κορινθίους, λέγοντες αἰεὶ ὡς μετ᾿ ᾿Αθηναίων τούτους, ἢν
μὴ ᾿θέλωσι, κοινῇ ἀναγκάσουσιν· χρόνους τε προύθεντο ἄνευ
ξυγγραφῆς ἐν οἷς χρῆν τοὺς μὴ ἐσιόντας ἀμφοτέροις πολε-
μίους εἶναι. τούτων οὖν ὁρῶντες οἱ ᾿Αθηναῖοι οὐδὲν ἔργῳ 4
γιγνόμενον ὑπώπτευον τοὺς Λακεδαιμονίους μηδὲν δίκαιον
10 διανοεῖσθαι, ὥστε οὔτε Πύλον ἀπαιτούντων αὐτῶν ἀπεδίδο-
σαν, ἀλλὰ καὶ τοὺς ἐκ τῆς νήσου δεσμώτας μετεμέλοντο
ἀποδεδωκότες, τά τε ἄλλα χωρία εἶχον, μένοντες ἕως σφίσι
κἀκεῖνοι ποιήσειαν τὰ εἰρημένα. Λακεδαιμόνιοι δὲ τὰ μὲν 5
δυνατὰ ἔφασαν πεποιηκέναι· τοὺς γὰρ παρὰ σφίσι δεσμώτας
15 ὄντας ᾿Αθηναίων ἀποδοῦναι καὶ τοὺς ἐπὶ Θρᾴκης στρατιώτας
ἀπαγαγεῖν καὶ εἴ του ἄλλου ἐγκρατεῖς ἦσαν· ᾿Αμφιπόλεως
δὲ οὐκ ἔφασαν κρατεῖν ὥστε παραδοῦναι, Βοιωτοὺς δὲ
πειράσεσθαι καὶ Κορινθίους ἐς τὰς σπονδὰς ἐσαγαγεῖν καὶ
Πάνακτον ἀπολαβεῖν καὶ ᾿Αθηναίων ὅσοι ἦσαν ἐν Βοιωτοῖς
20 αἰχμάλωτοι κομιεῖν. Πύλον μέντοι ἠξίουν σφίσιν ἀπο- 6
δοῦναι· εἰ δὲ μή, Μεσσηνίους γε καὶ τοὺς Εἵλωτας ἐξαγαγεῖν,
ὥσπερ καὶ αὐτοὶ τοὺς ἀπὸ Θρᾴκης, ᾿Αθηναίους δὲ φρουρεῖν
τὸ χωρίον αὐτούς, εἰ βούλονται. πολλάκις δὲ καὶ πολλῶν 7
λόγων γενομένων ἐν τῷ θέρει τούτῳ ἔπεισαν τοὺς ᾿Αθη-
25 ναίους ὥστε ἐξαγαγεῖν ἐκ Πύλου Μεσσηνίους καὶ τοὺς
ἄλλους Εἵλωτάς τε καὶ ὅσοι ηὐτομολήκεσαν ἐκ τῆς
Λακωνικῆς· καὶ κατῴκισαν αὐτοὺς ἐν Κρανίοις τῆς Κεφαλ-
ληνίας. τὸ μὲν οὖν θέρος τοῦτο ἡσυχία ἦν καὶ ἔφοδοι παρ᾿ 8
ἀλλήλους.
30   Τοῦ δ᾿ ἐπιγιγνομένου χειμῶνος (ἔτυχον γὰρ ἔφοροι ἕτεροι 36

9 ὑπώπτευον Aldina : ὑπετόπτευον (in ὑπεπώπτευον correctum) C :
ὑπετόπευον cett.   21 γε Reiske : τε codd.   23 αὐτοῖς A B E F M
26 τε secl. Classen   29 ἀλλήλοις A B F

καὶ οὐκ ἐφ' ὧν αἱ σπονδαὶ ἐγένοντο ἄρχοντες ἤδη, καί τινες
αὐτῶν καὶ ἐναντίοι (ταῖς) σπονδαῖς) ἐλθουσῶν πρεσβειῶν
ἀπὸ τῆς ξυμμαχίδος καὶ παρόντων Ἀθηναίων καὶ Βοιωτῶν
καὶ Κορινθίων καὶ πολλὰ ἐν ἀλλήλοις εἰπόντων καὶ οὐδὲν
ξυμβάντων, ὡς ἀπῇσαν ἐπ' οἴκου, τοῖς Βοιωτοῖς καὶ Κοριν- 5
θίοις Κλεόβουλος καὶ Ξενάρης, οὗτοι οἵπερ τῶν ἐφόρων
ἐβούλοντο μάλιστα διαλῦσαι τὰς σπονδάς, λόγους ποιοῦνται
ἰδίους, παραινοῦντες ὅτι μάλιστα ταῦτά τε γιγνώσκειν καὶ
πειρᾶσθαι Βοιωτούς, Ἀργείων γενομένους πρῶτον αὐτοὺς
ξυμμάχους, αὖθις μετὰ Βοιωτῶν Ἀργείους Λακεδαιμονίοις 10
ποιῆσαι ξυμμάχους (οὕτω γὰρ ἥκιστ' ἂν ἀναγκασθῆναι Βοιω-
τοὺς ἐς τὰς Ἀττικὰς σπονδὰς ἐσελθεῖν· ἑλέσθαι γὰρ Λακε-
δαιμονίους πρὸ τῆς Ἀθηναίων ἔχθρας καὶ διαλύσεως τῶν
σπονδῶν Ἀργείους σφίσι φίλους καὶ ξυμμάχους γενέσθαι·
τὸ γὰρ Ἄργος αἰεὶ ἠπίσταντο ἐπιθυμοῦντας τοὺς Λακεδαι- 15
μονίους καλῶς σφίσι φίλιον γενέσθαι), ἡγούμενοι τὸν ἔξω
2 Πελοποννήσου πόλεμον ῥᾴω ἂν εἶναι. τὸ μέντοι Πάνακτον
ἐδέοντο Βοιωτοὺς ὅπως παραδώσουσι Λακεδαιμονίοις, ἵνα
ἀντ' αὐτοῦ Πύλον, ἢν δύνωνται, ἀπολαβόντες ῥᾶον καθι-
37 στῶνται Ἀθηναίοις ἐς πόλεμον. καὶ οἱ μὲν Βοιωτοὶ καὶ 20
Κορίνθιοι ταῦτα ἐπεσταλμένοι ἀπό τε τοῦ Ξενάρους καὶ
Κλεοβούλου καὶ ὅσοι φίλοι ἦσαν αὐτοῖς τῶν Λακεδαιμονίων
2 ὥστε ἀπαγγεῖλαι ἐπὶ τὰ κοινά, ἑκάτεροι ἀνεχώρουν. Ἀρ-
γείων δὲ δύο ἄνδρες τῆς ἀρχῆς τῆς μεγίστης ἐπετήρουν
ἀπιόντας αὐτοὺς καθ' ὁδὸν καὶ ξυγγενόμενοι ἐς λόγους 25
ἦλθον, εἴ πως οἱ Βοιωτοὶ σφίσι ξύμμαχοι γένοιντο ὥσπερ
Κορίνθιοι καὶ Ἠλεῖοι καὶ Μαντινῆς· νομίζειν γὰρ ἂν τούτου
προχωρήσαντος ῥᾳδίως ἤδη καὶ πολεμεῖν καὶ σπένδεσθαι
καὶ πρὸς Λακεδαιμονίους, εἰ βούλοιντο, κοινῷ λόγῳ χρω-
3 μένους, καὶ εἴ τινα πρὸς ἄλλον δέοι. τοῖς δὲ τῶν Βοιωτῶν 30

2 ταῖς add. recc.   πρεσβειῶν A B G : πρέσβεων cett.   8 ταῦτά
Reiske   11 ἥκιστ' ἂν Poppo : ἥκιστα codd.   12 ἐπελθεῖν A B E F :
ἐλθεῖν M   16 ἡγουμένους Krüger   18 post Βοιωτοὺς lacunam
statuit Stahl   παραδώσωσι F M : παραδῶσι A B

26

πρέσβεσιν ἀκούουσιν ἤρεσκεν· κατὰ τύχην γὰρ ἐδέοντο
τούτων ὧνπερ καὶ οἱ ἐκ τῆς Λακεδαίμονος αὐτοῖς φίλοι
ἐπεστάλκεσαν. καὶ οἱ τῶν Ἀργείων ἄνδρες ὡς ἤσθοντο
αὐτοὺς δεχομένους τὸν λόγον, εἰπόντες ὅτι πρέσβεις πέμ-
5 ψουσιν ἐς Βοιωτοὺς ἀπῆλθον. ἀφικόμενοι δὲ οἱ Βοιωτοὶ 4
ἀπήγγειλαν τοῖς βοιωτάρχαις τά τε ἐκ τῆς Λακεδαίμονος
καὶ τὰ ἀπὸ τῶν ξυγγενομένων Ἀργείων· καὶ οἱ βοιωτάρχαι
ἠρέσκοντό τε καὶ πολλῷ προθυμότεροι ἦσαν, ὅτι ἀμφοτέ-
ρωθεν ξυνεβεβήκει αὐτοῖς τούς τε φίλους τῶν Λακεδαιμονίων
10 τῶν αὐτῶν δεῖσθαι καὶ τοὺς Ἀργείους ἐς τὰ ὅμοια σπεύδειν.
καὶ οὐ πολλῷ ὕστερον πρέσβεις παρῆσαν Ἀργείων τὰ εἰρη- 5
μένα προκαλούμενοι· καὶ αὐτοὺς ἀπέπεμψαν ἐπαινέσαντες
τοὺς λόγους οἱ βοιωτάρχαι καὶ πρέσβεις ὑποσχόμενοι ἀπο-
στελεῖν περὶ τῆς ξυμμαχίας ἐς Ἄργος.
15   Ἐν δὲ τούτῳ ἐδόκει πρῶτον τοῖς βοιωτάρχαις καὶ Κοριν- 38
θίοις καὶ Μεγαρεῦσι καὶ τοῖς ἀπὸ Θράκης πρέσβεσιν ὀμόσαι
ὅρκους ἀλλήλοις ἦ μὴν ἔν τε τῷ παρατυχόντι ἀμυνεῖν τῷ
δεομένῳ καὶ μὴ πολεμήσειν τῳ μηδὲ ξυμβήσεσθαι ἄνευ
κοινῆς γνώμης, καὶ οὕτως ἤδη τοὺς Βοιωτοὺς καὶ Μεγαρέας
20 (τὸ γὰρ αὐτὸ ἐποίουν) πρὸς τοὺς Ἀργείους σπένδεσθαι.
πρὶν δὲ τοὺς ὅρκους γενέσθαι οἱ βοιωτάρχαι ἐκοίνωσαν ταῖς 2
τέσσαρσι βουλαῖς τῶν Βοιωτῶν ταῦτα, αἵπερ ἅπαν τὸ κῦρος
ἔχουσιν, καὶ παρῄνουν γενέσθαι ὅρκους ταῖς πόλεσιν, ὅσαι
βούλονται ἐπ' ὠφελίᾳ σφίσι ξυνομνύναι.   οἱ δ' ἐν ταῖς 3
25 βουλαῖς τῶν Βοιωτῶν ὄντες οὐ προσδέχονται τὸν λόγον,
δεδιότες μὴ ἐναντία Λακεδαιμονίοις ποιήσωσι, τοῖς ἐκείνων
ἀφεστῶσι Κορινθίοις ξυνομνύντες· οὐ γὰρ εἶπον αὐτοῖς οἱ
βοιωτάρχαι τὰ ἐκ τῆς Λακεδαίμονος, ὅτι τῶν τε ἐφόρων
Κλεόβουλος καὶ Ξενάρης καὶ οἱ φίλοι παραινοῦσιν Ἀργείων
30 πρῶτον καὶ Κορινθίων γενομένους ξυμμάχους ὕστερον μετὰ
τῶν Λακεδαιμονίων γίγνεσθαι, οἰόμενοι τὴν βουλήν, κἂν μὴ
εἴπωσιν, οὐκ ἄλλα ψηφιεῖσθαι ἢ ἃ σφίσι προδιαγνόντες

17 ἀμυνεῖν recc. : ἀμύνειν codd.   30 μετ' αὐτῶν Stahl

4 παραινοῦσιν. ὡς δὲ ἀντέστη τὸ πρᾶγμα, οἱ μὲν Κορίνθιοι
καὶ οἱ ἀπὸ Θρᾴκης πρέσβεις ἄπρακτοι ἀπῆλθον, οἱ δὲ βοιω-
τάρχαι μέλλοντες πρότερον, εἰ ταῦτα ἔπεισαν, καὶ τὴν
ξυμμαχίαν πειράσεσθαι πρὸς Ἀργείους ποιεῖν, οὐκέτι ἐσή-
νεγκαν περὶ Ἀργείων ἐς τὰς βουλάς, οὐδὲ ἐς τὸ Ἄργος 5
τοὺς πρέσβεις οὓς ὑπέσχοντο ἔπεμπον, ἀμέλεια δέ τις ἐνῆν
καὶ διατριβὴ τῶν πάντων.

39 Καὶ ἐν τῷ αὐτῷ χειμῶνι τούτῳ Μηκύβερναν Ὀλύνθιοι,
Ἀθηναίων φρουρούντων, ἐπιδραμόντες εἷλον.

2 Μετὰ δὲ ταῦτα (ἐγίγνοντο γὰρ αἰεὶ λόγοι τοῖς τε Ἀθη- 10
ναίοις καὶ Λακεδαιμονίοις περὶ ὧν εἶχον ἀλλήλων) ἐλπίζοντες
οἱ Λακεδαιμόνιοι, εἰ Πάνακτον Ἀθηναῖοι παρὰ Βοιωτῶν
ἀπολάβοιεν, κομίσασθαι ἂν αὐτοὶ Πύλον, ἦλθον ἐς τοὺς
Βοιωτοὺς πρεσβευόμενοι καὶ ἐδέοντο σφίσι Πάνακτόν τε καὶ
τοὺς Ἀθηναίων δεσμώτας παραδοῦναι, ἵνα ἀντ' αὐτῶν Πύλον 15
3 κομίσωνται. οἱ δὲ Βοιωτοὶ οὐκ ἔφασαν ἀποδώσειν, ἢν μὴ
σφίσι ξυμμαχίαν ἰδίαν ποιήσωνται ὥσπερ Ἀθηναίοις. Λακε-
δαιμόνιοι δὲ εἰδότες μὲν ὅτι ἀδικήσουσιν Ἀθηναίους, εἰρη-
μένον ἄνευ ἀλλήλων μήτε σπένδεσθαί τῳ μήτε πολεμεῖν,
βουλόμενοι δὲ τὸ Πάνακτον παραλαβεῖν ὡς τὴν Πύλον ἀντ' 20
αὐτοῦ κομιούμενοι, καὶ ἅμα τῶν ξυγχέαι σπευδόντων τὰς
σπονδὰς προθυμουμένων τὰ ἐς Βοιωτούς, ἐποιήσαντο τὴν
ξυμμαχίαν τοῦ χειμῶνος τελευτῶντος ἤδη καὶ πρὸς ἔαρ·
καὶ τὸ Πάνακτον εὐθὺς καθῃρεῖτο. καὶ ἑνδέκατον ἔτος τῷ
πολέμῳ ἐτελεύτα. 25

40 Ἅμα δὲ τῷ ἦρι εὐθὺς τοῦ ἐπιγιγνομένου θέρους οἱ Ἀργεῖοι,
ὡς οἵ τε πρέσβεις τῶν Βοιωτῶν οὓς ἔφασαν πέμψειν οὐχ ἧκον
τό τε Πάνακτον ᾔσθοντο καθαιρούμενον καὶ ξυμμαχίαν ἰδίαν
γεγενημένην τοῖς Βοιωτοῖς πρὸς τοὺς Λακεδαιμονίους, ἔδεισαν
μὴ μονωθῶσι καὶ ἐς Λακεδαιμονίους πᾶσα ἡ ξυμμαχία 30
2 χωρήσῃ· τοὺς γὰρ Βοιωτοὺς ᾤοντο πεπεῖσθαι ὑπὸ Λακεδαι-
μονίων τό τε Πάνακτον καθελεῖν καὶ ἐς τὰς Ἀθηναίων

24 ἔτος ... 29 τοῖς Π¹¹   27 ἦκον Krüger ! Π¹¹ : ἤκοντο B C E F M:
ἤκοντο A c f G

28

σπονδὰς ἐσιέναι, τούς τε Ἀθηναίους εἰδέναι ταῦτα, ὥστε
οὐδὲ πρὸς Ἀθηναίους ἔτι σφίσιν εἶναι ξυμμαχίαν ποιήσασθαι,
πρότερον ἐλπίζοντες ἐκ τῶν διαφορῶν, εἰ μὴ μείνειαν αὐτοῖς
αἱ πρὸς Λακεδαιμονίους σπονδαί, τοῖς γοῦν Ἀθηναίοις
5 ξύμμαχοι ἔσεσθαι. ἀποροῦντες οὖν ταῦτα οἱ Ἀργεῖοι, καὶ 3
φοβούμενοι μὴ Λακεδαιμονίοις καὶ Τεγεάταις, Βοιωτοῖς καὶ
Ἀθηναίοις ἅμα πολεμῶσι, πρότερον οὐ δεχόμενοι τὰς Λακε-
δαιμονίων σπονδάς, ἀλλ' ἐν φρονήματι ὄντες τῆς Πελοπον-
νήσου ἡγήσεσθαι, ἔπεμπον ὡς ἐδύναντο τάχιστα ἐς τὴν
10 Λακεδαίμονα πρέσβεις Εὔστροφον καὶ Αἴσωνα, οἳ ἐδόκουν
προσφιλέστατοι αὐτοῖς εἶναι, ἡγούμενοι ἐκ τῶν παρόντων
κράτιστα πρὸς Λακεδαιμονίους σπονδὰς ποιησάμενοι, ὅπῃ ἂν
ξυγχωρῇ, ἡσυχίαν ἔχειν. καὶ οἱ πρέσβεις ἀφικόμενοι αὐτῶν 41
λόγους ἐποιοῦντο πρὸς τοὺς Λακεδαιμονίους ἐφ' ᾧ ἂν σφίσιν
15 αἱ σπονδαὶ γίγνοιντο. καὶ τὸ μὲν πρῶτον οἱ Ἀργεῖοι ἠξίουν 2
δίκης ἐπιτροπὴν σφίσι γενέσθαι ἢ ἐς πόλιν τινὰ ἢ ἰδιώτην
περὶ τῆς Κυνουρίας γῆς, ἧς αἰεὶ πέρι διαφέρονται μεθορίας
οὔσης (ἔχει δὲ ἐν αὐτῇ Θυρέαν καὶ Ἀνθήνην πόλιν, νέμονται
δ' αὐτὴν Λακεδαιμόνιοι)· ἔπειτα δ' οὐκ ἐώντων Λακεδαιμονίων
20 μεμνῆσθαι περὶ αὐτῆς, ἀλλ', εἰ βούλονται σπένδεσθαι ὥσπερ
πρότερον, ἑτοῖμοι εἶναι, οἱ Ἀργεῖοι πρέσβεις τάδε ὅμως
ἐπηγάγοντο τοὺς Λακεδαιμονίους ξυγχωρῆσαι, ἐν μὲν τῷ
παρόντι σπονδὰς ποιήσασθαι ἔτη πεντήκοντα, ἐξεῖναι δ'
ὁποτεροισοῦν προκαλεσαμένοις, μήτε νόσου οὔσης μήτε
25 πολέμου Λακεδαίμονι καὶ Ἄργει, διαμάχεσθαι περὶ τῆς γῆς
ταύτης, ὥσπερ καὶ πρότερόν ποτε ὅτε αὐτοὶ ἑκάτεροι ἠξίωσαν
νικᾶν, διώκειν δὲ μὴ ἐξεῖναι περαιτέρω τῶν πρὸς Ἄργος καὶ
Λακεδαίμονα ὅρων. τοῖς δὲ Λακεδαιμονίοις τὸ μὲν πρῶτον 3
ἐδόκει μωρία εἶναι ταῦτα, ἔπειτα (ἐπεθύμουν γὰρ τὸ Ἄργος
30 πάντως φίλιον ἔχειν) ξυνεχώρησαν ἐφ' οἷς ἠξίουν καὶ
ξυνεγράψαντο. ἐκέλευον δ' οἱ Λακεδαιμόνιοι, πρὶν τέλος

17 Κινουρίας M : Κυνοσουρίας A B   18 αὐτῇ Stephanus : αὐτῆ
codd.   Ἀνθήνην C (G) : Ἀθήνην cett.   30 φίλιον recc. : φίλον
codd.

τι αὐτῶν ἔχειν, ἐς τὸ Ἄργος πρῶτον ἐπαναχωρήσαντας
αὐτοὺς δεῖξαι τῷ πλήθει, καὶ ἢν ἀρέσκοντα ᾖ, ἥκειν ἐς τὰ
Ὑακίνθια τοὺς ὅρκους ποιησομένους. καὶ οἱ μὲν ἀνεχώρησαν·
42 ἐν δὲ τῷ χρόνῳ τούτῳ ᾧ οἱ Ἀργεῖοι ταῦτα ἔπρασσον, οἱ
πρέσβεις τῶν Λακεδαιμονίων Ἀνδρομένης καὶ Φαίδιμος καὶ 5
Ἀντιμενίδας, οὓς ἔδει τὸ Πάνακτον καὶ τοὺς ἄνδρας τοὺς
παρὰ Βοιωτῶν παραλαβόντας Ἀθηναίοις ἀποδοῦναι, τὸ μὲν
Πάνακτον ὑπὸ τῶν Βοιωτῶν αὐτῶν καθῃρημένον ηὗρον, ἐπὶ
προφάσει ὡς ἦσάν ποτε Ἀθηναίοις καὶ Βοιωτοῖς ἐκ διαφορᾶς
περὶ αὐτοῦ ὅρκοι παλαιοὶ μηδετέρους οἰκεῖν τὸ χωρίον, ἀλλὰ 10
κοινῇ νέμειν, τοὺς δ' ἄνδρας οὓς εἶχον αἰχμαλώτους Βοιωτοὶ
Ἀθηναίων παραλαβόντες οἱ περὶ τὸν Ἀνδρομένη ἐκόμισαν
τοῖς Ἀθηναίοις καὶ ἀπέδοσαν, τοῦ τε Πανάκτου τὴν καθαί-
ρεσιν ἔλεγον αὐτοῖς, νομίζοντες καὶ τοῦτο ἀποδιδόναι·
πολέμιον γὰρ οὐκέτι ἐν αὐτῷ Ἀθηναίοις οἰκήσειν οὐδένα. 15
2 λεγομένων δὲ τούτων οἱ Ἀθηναῖοι δεινὰ ἐποίουν, νομίζοντες
ἀδικεῖσθαι ὑπὸ Λακεδαιμονίων τοῦ τε Πανάκτου τῇ καθαι-
ρέσει, ὃ ἔδει ὀρθὸν παραδοῦναι, καὶ πυνθανόμενοι ὅτι καὶ
Βοιωτοῖς ἰδίᾳ ξυμμαχίαν πεποίηνται, φάσκοντες πρότερον
κοινῇ τοὺς μὴ δεχομένους τὰς σπονδὰς προσαναγκάσειν. 20
τά τε ἄλλα ἐσκόπουν ὅσα ἐξελελοίπεσαν τῆς ξυνθήκης καὶ
ἐνόμιζον ἐξηπατῆσθαι, ὥστε χαλεπῶς πρὸς τοὺς πρέσβεις
ἀποκρινάμενοι ἀπέπεμψαν.
43 Κατὰ τοιαύτην δὴ διαφορὰν ὄντων τῶν Λακεδαιμονίων
πρὸς τοὺς Ἀθηναίους, οἱ ἐν ταῖς Ἀθήναις αὖ βουλόμενοι 25
2 λῦσαι τὰς σπονδὰς εὐθὺς ἐνέκειντο. ἦσαν δὲ ἄλλοι τε καὶ
Ἀλκιβιάδης ὁ Κλεινίου, ἀνὴρ ἡλικίᾳ μὲν ἔτι τότε ὢν νέος
ὡς ἐν ἄλλῃ πόλει, ἀξιώματι δὲ προγόνων τιμώμενος· ᾧ
ἐδόκει μὲν καὶ ἄμεινον εἶναι πρὸς τοὺς Ἀργείους μᾶλλον
χωρεῖν, οὐ μέντοι ἀλλὰ καὶ φρονήματι φιλονικῶν ἠναντιοῦτο, 30
ὅτι Λακεδαιμόνιοι διὰ Νικίου καὶ Λάχητος ἔπραξαν τὰς

---

3 ποιησαμένους C G   5 Ἀνδρομέδης A B E F M suprascr. G
12 Ἀνδρομέδην F¹ M   19 post ἰδίᾳ add. καὶ C G   21 δ]σα incipit
Π³⁴   24 δὴ] ἤδη M   27 ὢν ἔτι τότε A B

σπονδάς, ἑαυτὸν κατά τε τὴν νεότητα ὑπεριδόντες καὶ κατὰ
τὴν παλαιὰν προξενίαν ποτὲ οὖσαν οὐ τιμήσαντες, ἣν τοῦ
πάππου ἀπειπόντος αὐτὸς τοὺς ἐκ τῆς νήσου αὐτῶν αἰχμαλώ-
τους θεραπεύων διενοεῖτο ἀνανεώσασθαι.   πανταχόθεν τε 3
5 νομίζων ἐλασσοῦσθαι τό τε πρῶτον ἀντεῖπεν, οὐ βεβαίους
φάσκων εἶναι Λακεδαιμονίους, ἀλλ' ἵνα 'Αργείους σφίσι
σπεισάμενοι ἐξέλωσι καὶ αὖθις ἐπ' 'Αθηναίους μόνους ἴωσι,
τούτου ἕνεκα σπένδεσθαι αὐτούς, καὶ τότε, ἐπειδὴ ἡ διαφορὰ
ἐγεγένητο, πέμπει εὐθὺς ἐς "Αργος ἰδίᾳ, κελεύων ὡς τάχιστα
10 ἐπὶ τὴν ξυμμαχίαν προκαλουμένους ἥκειν μετὰ Μαντινέων
καὶ 'Ηλείων, ὡς καιροῦ ὄντος καὶ αὐτὸς ξυμπράξων τὰ
μάλιστα.

Οἱ δὲ 'Αργεῖοι ἀκούσαντες τῆς τε ἀγγελίας καὶ ἐπειδὴ 44
ἔγνωσαν οὐ μετ' 'Αθηναίων πραχθεῖσαν τὴν τῶν Βοιωτῶν
15 ξυμμαχίαν, ἀλλ' ἐς διαφορὰν μεγάλην καθεστῶτας αὐτοὺς
πρὸς τοὺς Λακεδαιμονίους, τῶν μὲν ἐν Λακεδαίμονι πρέσβεων,
οἳ σφίσι περὶ τῶν σπονδῶν ἔτυχον ἀπόντες, ἠμέλουν, πρὸς
δὲ τοὺς 'Αθηναίους μᾶλλον τὴν γνώμην εἶχον, νομίζοντες
πόλιν τε σφίσι φιλίαν ἀπὸ παλαιοῦ καὶ δημοκρατουμένην
20 ὥσπερ καὶ αὐτοὶ καὶ δύναμιν μεγάλην ἔχουσαν τὴν κατὰ
θάλασσαν ξυμπολεμήσειν σφίσιν, ἢν καθιστῶνται ἐς πόλε-
μον.   ἔπεμπον οὖν εὐθὺς πρέσβεις ὡς τοὺς 'Αθηναίους 2
περὶ τῆς ξυμμαχίας· ξυνεπρεσβεύοντο δὲ καὶ 'Ηλεῖοι καὶ
Μαντινῆς.

25 'Αφίκοντο δὲ καὶ Λακεδαιμονίων πρέσβεις κατὰ τάχος, 3
δοκοῦντες ἐπιτήδειοι εἶναι τοῖς 'Αθηναίοις, Φιλοχαρίδας καὶ
Λέων καὶ "Ενδιος, δείσαντες μὴ τήν τε ξυμμαχίαν ὀργιζόμενοι
πρὸς τοὺς 'Αργείους ποιήσωνται, καὶ ἅμα Πύλον ἀπαιτή-
σοντες ἀντὶ Πανάκτου καὶ περὶ τῆς Βοιωτῶν ξυμμαχίας
30 ἀπολογησόμενοι, ὡς οὐκ ἐπὶ κακῷ τῶν 'Αθηναίων ἐποιήσαντο.
καὶ λέγοντες ἐν τῇ βουλῇ περί τε τούτων καὶ ὡς αὐτοκρά- 45

1 ἑαυτῶν Α Β Ε [Π²⁴]   7 αὖθις recc. : αὖτις codd. [Π²⁴]   10 προ-
καλούμενος C G [Π²⁴]   12 μ[α]λ[ισ]τα desinit Π²⁴   23 post καὶ
add. οἱ Α Β Ε F suprascr. M¹   26 ἐπιτήδειον Α Β Ε F M

τορες ἥκουσι περὶ πάντων ξυμβῆναι τῶν διαφόρων, τὸν
᾿Αλκιβιάδην ἐφόβουν μὴ καί, ἢν ἐς τὸν δῆμον ταῦτα λέγωσιν,
ἐπαγάγωνται τὸ πλῆθος καὶ ἀπωσθῇ ἡ ᾿Αργείων ξυμμαχία.
2 μηχανᾶται δὲ πρὸς αὐτοὺς τοιόνδε τι ὁ ᾿Αλκιβιάδης· τοὺς
Λακεδαιμονίους πείθει πίστιν αὐτοῖς δούς, ἢν μὴ ὁμολογή- 5
σωσιν ἐν τῷ δήμῳ αὐτοκράτορες ἥκειν, Πύλον τε αὐτοῖς
ἀποδώσειν (πείσειν γὰρ αὐτὸς ᾿Αθηναίους, ὥσπερ καὶ νῦν
3 ἀντιλέγειν) καὶ τἄλλα ξυναλλάξειν. βουλόμενος δὲ αὐτοὺς
Νικίου τε ἀποστῆσαι ταῦτα ἔπρασσε καὶ ὅπως ἐν τῷ δήμῳ
διαβαλὼν αὐτοὺς ὡς οὐδὲν ἀληθὲς ἐν νῷ ἔχουσιν οὐδὲ 10
λέγουσιν οὐδέποτε ταὐτά, τοὺς ᾿Αργείους καὶ ᾿Ηλείους καὶ
4 Μαντινέας ξυμμάχους ποιήσῃ. καὶ ἐγένετο οὕτως. ἐπειδὴ
γὰρ ἐς τὸν δῆμον παρελθόντες καὶ ἐπερωτώμενοι οὐκ ἔφασαν
ὥσπερ ἐν τῇ βουλῇ αὐτοκράτορες ἥκειν, οἱ ᾿Αθηναῖοι οὐκέτι
ἠνείχοντο, ἀλλὰ τοῦ ᾿Αλκιβιάδου πολλῷ μᾶλλον ἢ πρότερον 15
καταβοῶντος τῶν Λακεδαιμονίων ἐσήκουόν τε καὶ ἑτοῖμοι
ἦσαν εὐθὺς παραγαγόντες τοὺς ᾿Αργείους καὶ τοὺς μετ᾿ αὐ-
τῶν ξυμμάχους ποιεῖσθαι· σεισμοῦ δὲ γενομένου πρίν τι
46 ἐπικυρωθῆναι, ἡ ἐκκλησία αὕτη ἀνεβλήθη. τῇ δ᾿ ὑστεραίᾳ
ἐκκλησίᾳ ὁ Νικίας, καίπερ τῶν Λακεδαιμονίων αὐτῶν ἠπατη- 20
μένων καὶ αὐτὸς ἐξηπατημένος περὶ τοῦ μὴ αὐτοκράτορας
ὁμολογῆσαι ἥκειν, ὅμως τοῖς Λακεδαιμονίοις ἔφη χρῆναι
φίλους μᾶλλον γίγνεσθαι, καὶ ἐπισχόντας τὰ πρὸς ᾿Αργείους
πέμψαι ἔτι ὡς αὐτοὺς καὶ εἰδέναι ὅτι διανοοῦνται, λέγων ἐν
μὲν τῷ σφετέρῳ καλῷ, ἐν δὲ τῷ ἐκείνων ἀπρεπεῖ τὸν πόλεμον 25
ἀναβάλλεσθαι· σφίσι μὲν γὰρ εὖ ἑστώτων τῶν πραγμάτων
ὡς ἐπὶ πλεῖστον ἄριστον εἶναι διασώσασθαι τὴν εὐπραγίαν,
ἐκείνοις δὲ δυστυχοῦσιν ὅτι τάχιστα εὕρημα εἶναι διακινδυ-
2 νεῦσαι. ἔπεισέ τε πέμψαι πρέσβεις, ὧν καὶ αὐτὸς ἦν,
κελεύσοντας Λακεδαιμονίους, εἴ τι δίκαιον διανοοῦνται, 30
Πάνακτόν τε ὀρθὸν ἀποδιδόναι καὶ ᾿Αμφίπολιν, καὶ τὴν

1 ἥκασι A B E F M   διαφορῶν A B E F M   2 ἢν καὶ Poppo
ταῦτα Stahl   3 ἀποστῇ C G   11 ταῦτά E F (G) M : ταῦτα cett.
19 αὐτὴ C G   30 κελεύσοντας recc. : κελεύσαντας codd.

32

Βοιωτῶν ξυμμαχίαν ἀνεῖναι, ἢν μὴ ἐς τὰς σπονδὰς ἐσίωσι,
καθάπερ εἴρητο ἄνευ ἀλλήλων μηδενὶ ξυμβαίνειν. εἰπεῖν τε 3
ἐκέλευον ὅτι καὶ σφεῖς, εἰ ἐβούλοντο ἀδικεῖν, ἤδη ἂν Ἀργείους
ξυμμάχους πεποιῆσθαι, ὡς παρεῖναί γ᾽ αὐτοὺς αὐτοῦ τούτου
5 ἕνεκα. εἴ τέ τι ἄλλο ἐνεκάλουν, πάντα ἐπιστείλαντες ἀπέ-
πεμψαν τοὺς περὶ τὸν Νικίαν πρέσβεις.

Καὶ ἀφικομένων αὐτῶν καὶ ἀπαγγειλάντων τά τε ἄλλα 4
καὶ τέλος εἰπόντων ὅτι εἰ μὴ τὴν ξυμμαχίαν ἀνήσουσι
Βοιωτοῖς μὴ ἐσιοῦσιν ἐς τὰς σπονδάς, ποιήσονται καὶ αὐτοὶ
10 Ἀργείους καὶ τοὺς μετ᾽ αὐτῶν ξυμμάχους, τὴν μὲν ξυμμαχίαν
οἱ Λακεδαιμόνιοι Βοιωτοῖς οὐκ ἔφασαν ἀνήσειν, ἐπικρα-
τούντων τῶν περὶ τὸν Ξενάρη τὸν ἔφορον ταῦτα γίγνεσθαι καὶ
ὅσοι ἄλλοι τῆς αὐτῆς γνώμης ἦσαν, τοὺς δὲ ὅρκους δεομένου
Νικίου ἀνενεώσαντο· ἐφοβεῖτο γὰρ μὴ πάντα ἀτελῆ ἔχων
15 ἀπέλθῃ καὶ διαβληθῇ, ὅπερ καὶ ἐγένετο, αἴτιος δοκῶν εἶναι τῶν
πρὸς Λακεδαιμονίους σπονδῶν. ἀναχωρήσαντός τε αὐτοῦ ὡς 5
ἤκουσαν οἱ Ἀθηναῖοι οὐδὲν ἐκ τῆς Λακεδαίμονος πεπραγμένον,
εὐθὺς δι᾽ ὀργῆς εἶχον, καὶ νομίζοντες ἀδικεῖσθαι (ἔτυχον γὰρ
παρόντες οἱ Ἀργεῖοι καὶ οἱ ξύμμαχοι) παραγαγόντος Ἀλκι-
20 βιάδου ἐποιήσαντο σπονδὰς καὶ ξυμμαχίαν πρὸς αὐτοὺς τήνδε.

Σπονδὰς ἐποιήσαντο ἑκατὸν Ἀθηναῖοι ἔτη καὶ Ἀργεῖοι 47
καὶ Μαντινῆς καὶ Ἠλεῖοι ⟨πρὸς ἀλλήλους⟩, ὑπὲρ σφῶν
αὐτῶν καὶ τῶν ξυμμάχων ὧν ἄρχουσιν ἑκάτεροι, ἀδόλους καὶ
ἀβλαβεῖς καὶ κατὰ γῆν καὶ κατὰ θάλασσαν. ὅπλα δὲ μὴ 2
25 ἐξέστω ἐπιφέρειν ἐπὶ πημονῇ μήτε Ἀργείους καὶ Ἠλείους
καὶ Μαντινέας καὶ τοὺς ξυμμάχους ἐπὶ Ἀθηναίους καὶ τοὺς
ξυμμάχους ὧν ἄρχουσιν Ἀθηναῖοι μήτε Ἀθηναίους καὶ
τοὺς ξυμμάχους ⟨ὧν ἄρχουσιν Ἀθηναῖοι⟩ ἐπὶ Ἀργείους καὶ
Ἠλείους καὶ Μαντινέας καὶ τοὺς ξυμμάχους, τέχνῃ μηδὲ
30 μηχανῇ μηδεμιᾷ. κατὰ τάδε ξυμμάχους εἶναι Ἀθηναίους 3

---

21 sqq.] fragmenta huius foederis in titulo IG. i². 86 servantur
22 πρὸς ἀλλήλους add. titulus   post ὑπὲρ add. τε Kirchhoff
23 ἕκαστοι Kirchhoff   25 ἐξέστω] ἐξεῖναι Kirchhoff   28 ὧν
ἄρχουσιν Ἀθηναῖοι add. titulus

33

καὶ Ἀργείους καὶ Μαντινέας καὶ Ἠλείους ἑκατὸν ἔτη. ἢν
πολέμιοι ἴωσιν ἐπὶ τὴν γῆν τὴν Ἀθηναίων, βοηθεῖν Ἀργείους
καὶ Μαντινέας καὶ Ἠλείους Ἀθήναζε, καθ' ὅτι ἂν ἐπαγγέλ-
λωσιν Ἀθηναῖοι, τρόπῳ ὁποίῳ ἂν δύνωνται ἰσχυροτάτῳ κατὰ
τὸ δυνατόν· ἢν δὲ δῃώσαντες οἴχωνται, πολεμίαν εἶναι ταύτην 5
τὴν πόλιν Ἀργείοις καὶ Μαντινεῦσι καὶ Ἠλείοις καὶ Ἀθη-
ναίοις καὶ κακῶς πάσχειν ὑπὸ ἀπασῶν τῶν πόλεων τούτων·
καταλύειν δὲ μὴ ἐξεῖναι τὸν πόλεμον πρὸς ταύτην τὴν πόλιν
4 μηδεμιᾷ τῶν πόλεων, ἢν μὴ ἀπάσαις δοκῇ. βοηθεῖν δὲ καὶ
Ἀθηναίους ἐς Ἄργος καὶ Μαντίνειαν καὶ Ἦλιν, ἢν πολέμιοι 10
ἴωσιν ἐπὶ τὴν γῆν τὴν Ἀργείων ἢ τὴν Μαντινέων ἢ τὴν
Ἠλείων, καθ' ὅτι ἂν ἐπαγγέλλωσιν αἱ πόλεις αὗται, τρόπῳ
ὁποίῳ ἂν δύνωνται ἰσχυροτάτῳ κατὰ τὸ δυνατόν· ἢν δὲ
δῃώσαντες οἴχωνται, πολεμίαν εἶναι ταύτην τὴν πόλιν Ἀθη-
ναίοις καὶ Ἀργείοις καὶ Μαντινεῦσι καὶ Ἠλείοις καὶ κακῶς 15
πάσχειν ὑπὸ ἀπασῶν τούτων τῶν πόλεων· καταλύειν δὲ μὴ
ἐξεῖναι τὸν πόλεμον πρὸς ταύτην τὴν πόλιν (μηδεμιᾷ τῶν
5 πόλεων), ἢν μὴ ἀπάσαις δοκῇ [ταῖς πόλεσιν]. ὅπλα δὲ μὴ
ἐᾶν ἔχοντας διιέναι ἐπὶ πολέμῳ διὰ τῆς γῆς τῆς σφετέρας
αὐτῶν καὶ τῶν ξυμμάχων ὧν ἄρχουσιν ἕκαστοι, μηδὲ κατὰ 20
θάλασσαν, ἢν μὴ ψηφισαμένων τῶν πόλεων ἀπασῶν τὴν
δίοδον εἶναι, Ἀθηναίων καὶ Ἀργείων καὶ Μαντινέων καὶ
6 Ἠλείων. τοῖς δὲ βοηθοῦσιν ἡ πόλις ἡ πέμπουσα παρεχέτω
μέχρι μὲν τριάκοντα ἡμερῶν σῖτον, ἐπὴν ἔλθωσιν ἐς τὴν
πόλιν τὴν ἐπαγγείλασαν βοηθεῖν, καὶ ἀπιοῦσι κατὰ ταὐτά· 25
ἢν δὲ πλέονα βούληται χρόνον τῇ στρατιᾷ χρῆσθαι, ἡ πόλις

1, 3 Μαντινέας καὶ Ἠλείους titulus : Ἠλείους καὶ Μαντινέας codd.
2 ἐπὶ Kirchhoff : ἐς codd.   4 Ἀθηναῖοι] fort. οὗτοι in titulo fuit
7, 16 ἀπασῶν. ut videtur, titulus : πασῶν codd.   10 post utrumque
καὶ, ut videtur, ἐς in titulo additum   11 Ἀργείων . . . Ἠλείων titulus :
Ἠλείων . . . Ἀργείων codd.   12 ἐπαγγείλωσιν B   17 μηδεμιᾷ
τῶν πόλεων add. titulus (recc.)   18 ταῖς πόλεσιν om. titulus   20
ὧν E : ὧν ἂν cett.   ἄρχουσιν B : ἄρχωσιν cett.   24 ἔλθωσιν Kirchhoff :
ἔλθῃ codd.   25 ταὐτά Aldina : ταῦτα codd.   26 βούληται
Kirchhoff : βούλωνται codd.   στρατιᾷ E : στρατείᾳ cett.

34

ἡ μεταπεμψαμένη διδότω σῖτον, τῷ μὲν ὁπλίτῃ καὶ ψιλῷ καὶ
τοξότῃ τρεῖς ὀβολοὺς Αἰγιναίους τῆς ἡμέρας ἑκάστης, τῷ δ'
ἱππεῖ δραχμὴν Αἰγιναίαν. ἡ δὲ πόλις ἡ μεταπεμψαμένη 7
⟨τῇ στρατιᾷ⟩ τὴν ἡγεμονίαν ἐχέτω, ὅταν ἐν τῇ αὑτῆς ὁ
5 πόλεμος ᾖ· ἢν δέ ποι δόξῃ ⟨ἁπάσαις⟩ ταῖς πόλεσι κοινῇ
στρατεύεσθαι, τὸ ἴσον τῆς ἡγεμονίας μετεῖναι ἁπάσαις ταῖς
πόλεσιν. ὀμόσαι δὲ τὰς σπονδὰς Ἀθηναίους μὲν ὑπέρ τε 8
σφῶν αὐτῶν καὶ τῶν ξυμμάχων, Ἀργεῖοι δὲ καὶ Μαντινῆς
καὶ Ἠλεῖοι καὶ οἱ ξύμμαχοι τούτων κατὰ πόλεις ὀμνύντων.
10 ὀμνύντων δὲ τὸν ἐπιχώριον ὅρκον ἕκαστοι τὸν μέγιστον κατὰ
ἱερῶν τελείων. ὁ δὲ ὅρκος ἔστω ὅδε· " ἐμμενῶ τῇ ξυμμαχίᾳ
κατὰ τὰ ξυγκείμενα δικαίως καὶ ἀβλαβῶς καὶ ἀδόλως, καὶ οὐ
παραβήσομαι τέχνῃ οὐδὲ μηχανῇ οὐδεμιᾷ." ὀμνύντων δὲ 9
Ἀθήνησι μὲν ἡ βουλὴ καὶ αἱ ἔνδημοι ἀρχαί, ἐξορκούντων
15 δὲ οἱ πρυτάνεις· ἐν Ἄργει δὲ ἡ βουλὴ καὶ οἱ ὀγδοήκοντα καὶ
οἱ ἀρτῦναι, ἐξορκούντων δὲ οἱ ὀγδοήκοντα· ἐν δὲ Μαντινείᾳ
οἱ δημιουργοὶ καὶ ἡ βουλὴ καὶ αἱ ἄλλαι ἀρχαί, ἐξορκούντων
δὲ οἱ θεωροὶ καὶ οἱ πολέμαρχοι· ἐν δὲ Ἤλιδι οἱ δημιουργοὶ
καὶ οἱ τὰ τέλη ἔχοντες καὶ οἱ ἑξακόσιοι, ἐξορκούντων δὲ οἱ
20 δημιουργοὶ καὶ οἱ θεσμοφύλακες. ἀνανεοῦσθαι δὲ τοὺς ὅρκους 10
Ἀθηναίους μὲν ἰόντας ἐς Ἦλιν καὶ ἐς Μαντίνειαν καὶ ἐς
Ἄργος τριάκοντα ἡμέραις πρὸ Ὀλυμπίων, Ἀργείους δὲ καὶ
Ἠλείους καὶ Μαντινέας ἰόντας Ἀθήναζε δέκα ἡμέραις πρὸ
Παναθηναίων τῶν μεγάλων. τὰς δὲ ξυνθήκας τὰς περὶ τῶν 11
25 σπονδῶν καὶ τῶν ὅρκων καὶ τῆς ξυμμαχίας ἀναγράψαι ἐν
στήλῃ λιθίνῃ Ἀθηναίους μὲν ἐν πόλει, Ἀργείους δὲ ἐν ἀγορᾷ
ἐν τοῦ Ἀπόλλωνος τῷ ἱερῷ, Μαντινέας δὲ ἐν τοῦ Διὸς τῷ
ἱερῷ ἐν τῇ ἀγορᾷ· καταθέντων δὲ καὶ Ὀλυμπίασι στήλην
χαλκῆν κοινῇ Ὀλυμπίοις τοῖς νυνί. ἐὰν δέ τι δοκῇ ἄμεινον 12

4 τῇ στρατιᾷ add. titulus   αὑτῆς (sic) Duker : αὐτῇ codd.
5 ἁπάσαις add. titulus   6 πάσαις Α Β F Μ   11 ἐμμενῶ F. Portus :
ἐμμένω codd.   post ἐμμενῶ add. ταῖς σπονδαῖς καὶ Kirchhoff
16 prius οἱ Göller (tentavit Duker): αἱ codd.   25 καὶ τῶν ὅρκων
secl. Kirchhoff

εἶναι ταῖς πόλεσι ταύταις προσθεῖναι πρὸς τοῖς ξυγκειμένοις,
ὅτι [δ'] ἂν δόξῃ ταῖς πόλεσιν ἀπάσαις κοινῇ βουλευομέναις,
τοῦτο κύριον εἶναι.'

48   Αἱ μὲν σπονδαὶ καὶ ἡ ξυμμαχία οὕτως ἐγένοντο, καὶ αἱ
τῶν Λακεδαιμονίων καὶ Ἀθηναίων οὐκ ἀπείρηντο τούτου ἕνεκα 5
2 οὐδ' ὑφ' ἑτέρων. Κορίνθιοι δὲ Ἀργείων ὄντες ξύμμαχοι οὐκ
ἐσῆλθον ἐς αὐτάς, ἀλλὰ καὶ γενομένης πρὸ τούτου Ἠλείοις
καὶ Ἀργείοις καὶ Μαντινεῦσι ξυμμαχίας, τοῖς αὐτοῖς πολεμεῖν
καὶ εἰρήνην ἄγειν, οὐ ξυνώμοσαν, ἀρκεῖν δ' ἔφασαν σφίσι
τὴν πρώτην γενομένην ἐπιμαχίαν, ἀλλήλοις βοηθεῖν, ξυνεπι- 10
3 στρατεύειν δὲ μηδενί. οἱ μὲν Κορίνθιοι οὕτως ἀπέστησαν
τῶν ξυμμάχων καὶ πρὸς τοὺς Λακεδαιμονίους πάλιν τὴν
γνώμην εἶχον.

49   Ὀλύμπια δ' ἐγένετο τοῦ θέρους τούτου, οἷς Ἀνδροσθένης
Ἀρκὰς παγκράτιον τὸ πρῶτον ἐνίκα· καὶ Λακεδαιμόνιοι τοῦ 15
ἱεροῦ ὑπὸ Ἠλείων εἴρχθησαν ὥστε μὴ θύειν μηδ' ἀγωνί-
ζεσθαι, οὐκ ἐκτίνοντες τὴν δίκην αὐτοῖς ἣν ἐν τῷ Ὀλυμ-
πιακῷ νόμῳ Ἠλεῖοι κατεδικάσαντο αὐτῶν φάσκοντες ⟨ἐς⟩
σφᾶς ἐπὶ Φύρκον τε τεῖχος ὅπλα ἐπενεγκεῖν καὶ ἐς Λέπρεον
αὐτῶν ὁπλίτας ἐν ταῖς Ὀλυμπιακαῖς σπονδαῖς ἐσπέμψαι. 20
ἡ δὲ καταδίκη δισχίλιαι μναῖ ἦσαν, κατὰ τὸν ὁπλίτην
2 ἕκαστον δύο μναῖ, ὥσπερ ὁ νόμος ἔχει. Λακεδαιμόνιοι
δὲ πρέσβεις πέμψαντες ἀντέλεγον μὴ δικαίως σφῶν κατα-
δεδικάσθαι, λέγοντες μὴ ἐπηγγέλθαι πω ἐς Λακεδαίμονα
3 τὰς σπονδάς, ὅτ' ἐσέπεμψαν τοὺς ὁπλίτας. Ἠλεῖοι δὲ τὴν 25
παρ' αὐτοῖς ἐκεχειρίαν ἤδη ἔφασαν εἶναι (πρώτοις γὰρ
σφίσιν αὐτοῖς ἐπαγγέλλουσιν), καὶ ἡσυχαζόντων σφῶν καὶ
οὐ προσδεχομένων ὡς ἐν σπονδαῖς, αὐτοὺς λαθεῖν ἀδική-
4 σαντας. οἱ δὲ Λακεδαιμόνιοι ὑπελάμβανον οὐ χρεὼν εἶναι
αὐτοὺς ἐπαγγεῖλαι ἔτι ἐς Λακεδαίμονα, εἰ ἀδικεῖν γε ἤδη 30

---

2 δ' non vertit Valla, secl. Bekker   βουλευσαμέναις Μ   4 ἡ
ξυμμαχία Herwerden : αἱ ξυμμαχίαι codd.   17, 20 Ὀλυμπικῷ,
Ὀλυμπικαῖς C G   18 ἐς add. Shilleto   19 post Λέπρεον
add. χιλίους Classen   24 πω] ποτε C   28 ὡς om. C G

ἐνόμιζον αὐτούς, ἀλλ' οὐχ ὡς νομίζοντας τοῦτο δρᾶσαι, καὶ
ὅπλα οὐδαμόσε ἔτι αὐτοῖς ἐπενεγκεῖν. Ἠλεῖοι δὲ τοῦ αὐτοῦ 5
λόγου εἴχοντο, ὡς μὲν οὐκ ἀδικοῦσι μὴ ἂν πεισθῆναι, εἰ
δὲ βούλονται σφίσι Λέπρεον ἀποδοῦναι, τό τε αὐτῶν μέρος
5 ἀφιέναι τοῦ ἀργυρίου, καὶ ὃ τῷ θεῷ γίγνεται αὐτοὶ ὑπὲρ
ἐκείνων ἐκτίσειν. ὡς δ' οὐκ ἐσήκουον, αὖθις τάδε ἠξίουν, 50
Λέπρεον μὲν μὴ ἀποδοῦναι, εἰ μὴ βούλονται, ἀναβάντας δὲ
ἐπὶ τὸν βωμὸν τοῦ Διὸς τοῦ Ὀλυμπίου, ἐπειδὴ προθυμοῦνται
χρῆσθαι τῷ ἱερῷ, ἐπομόσαι ἐναντίον τῶν Ἑλλήνων ἦ μὴν
10 ἀποδώσειν ὕστερον τὴν καταδίκην. ὡς δὲ οὐδὲ ταῦτα ἤθελον, 2
Λακεδαιμόνιοι μὲν εἴργοντο τοῦ ἱεροῦ [θυσίας καὶ ἀγώνων]
καὶ οἴκοι ἔθυον, οἱ δὲ ἄλλοι Ἕλληνες ἐθεώρουν πλὴν Λε-
πρεατῶν. ὅμως δὲ οἱ Ἠλεῖοι δεδιότες μὴ βίᾳ θύσωσι, 3
ξὺν ὅπλοις τῶν νεωτέρων φυλακὴν εἶχον· ἦλθον δὲ αὐτοῖς
15 καὶ Ἀργεῖοι καὶ Μαντινῆς, χίλιοι ἑκατέρων, καὶ Ἀθηναίων
ἱππῆς, οἳ ἐν Ἁρπίνῃ ὑπέμενον τὴν ἑορτήν. δέος δ' ἐγένετο 4
τῇ πανηγύρει μέγα μὴ ξὺν ὅπλοις ἔλθωσιν οἱ Λακεδαιμόνιοι,
ἄλλως τε καὶ ἐπειδὴ καὶ Λίχας ὁ Ἀρκεσιλάου Λακεδαι-
μόνιος ἐν τῷ ἀγῶνι ὑπὸ τῶν ῥαβδούχων πληγὰς ἔλαβεν,
20 ὅτι νικῶντος τοῦ ἑαυτοῦ ζεύγους καὶ ἀνακηρυχθέντος Βοιωτῶν
δημοσίου κατὰ τὴν οὐκ ἐξουσίαν τῆς ἀγωνίσεως προελθὼν
ἐς τὸν ἀγῶνα ἀνέδησε τὸν ἡνίοχον, βουλόμενος δηλῶσαι
ὅτι ἑαυτοῦ ἦν τὸ ἅρμα· ὥστε πολλῷ δὴ μᾶλλον ἐπεφόβηντο
πάντες καὶ ἐδόκει τι νέον ἔσεσθαι. οἱ μέντοι Λακεδαιμόνιοι
25 ἡσύχασάν τε καὶ ἡ ἑορτὴ αὐτοῖς οὕτω διῆλθεν.

Ἐς δὲ Κόρινθον μετὰ τὰ Ὀλύμπια Ἀργεῖοί τε καὶ οἱ 5
ξύμμαχοι ἀφίκοντο δεησόμενοι αὐτῶν παρὰ σφᾶς ἐλθεῖν.
καὶ Λακεδαιμονίων πρέσβεις ἔτυχον παρόντες, καὶ πολλῶν
λόγων γενομένων τέλος οὐδὲν ἐπράχθη, ἀλλὰ σεισμοῦ
30 γενομένου διελύθησαν ἕκαστοι ἐπ' οἴκου. καὶ τὸ θέρος
ἐτελεύτα.

---

7 ἀναβάντας recc. : ἀναβάντες codd.   9 ἐπομόσαι Stahl : ἀπο-
μόσαι codd.   11 εἶργον A B E F   θυσίας καὶ ἀγώνων secl. Krüger
16 Ἁρπίνῃ Michaelis : Ἄργει codd.   21 προσελθὼν A B E F

51   Τοῦ δ' ἐπιγιγνομένου χειμῶνος Ἡρακλεώταις τοῖς ἐν
Τραχῖνι μάχη ἐγένετο πρὸς Αἰνιᾶνας καὶ Δόλοπας καὶ
2 Μηλιᾶς καὶ Θεσσαλῶν τινάς.   προσοικοῦντα γὰρ τὰ ἔθνη
ταῦτα τῇ πόλει πολέμια ἦν· οὐ γὰρ ἐπ' ἄλλῃ τινὶ γῇ ἢ τῇ
τούτων τὸ χωρίον ἐτειχίσθη.   καὶ εὐθύς τε καθισταμένῃ 5
τῇ πόλει ἠναντιοῦντο ἐς ὅσον ἐδύναντο φθείροντες καὶ τότε
τῇ μάχῃ ἐνίκησαν τοὺς Ἡρακλεώτας, καὶ Ξενάρης ὁ Κνίδιος
Λακεδαιμόνιος ἄρχων αὐτῶν ἀπέθανε, διεφθάρησαν δὲ καὶ
ἄλλοι τῶν Ἡρακλεωτῶν.   καὶ ὁ χειμὼν ἐτελεύτα, καὶ δω-
δέκατον ἔτος τῷ πολέμῳ ἐτελεύτα.   10

52   Τοῦ δ' ἐπιγιγνομένου θέρους εὐθὺς ἀρχομένου τὴν Ἡρά-
κλειαν, ὡς μετὰ τὴν μάχην κακῶς ἐφθείρετο, Βοιωτοὶ παρέ-
λαβον, καὶ Ἀγησιππίδαν τὸν Λακεδαιμόνιον ὡς οὐ καλῶς
ἄρχοντα ἐξέπεμψαν.   δείσαντες δὲ παρέλαβον τὸ χωρίον
μὴ Λακεδαιμονίων τὰ κατὰ Πελοπόννησον θορυβουμένων 15
Ἀθηναῖοι λάβωσιν· Λακεδαιμόνιοι μέντοι ὠργίζοντο αὐτοῖς.
2   Καὶ τοῦ αὐτοῦ θέρους Ἀλκιβιάδης ὁ Κλεινίου στρατηγὸς
ὢν Ἀθηναίων, Ἀργείων καὶ τῶν ξυμμάχων ξυμπρασσόντων,
ἐλθὼν ἐς Πελοπόννησον μετ' ὀλίγων Ἀθηναίων ὁπλιτῶν
καὶ τοξοτῶν καὶ τῶν αὐτόθεν ξυμμάχων παραλαβὼν τά τε 20
ἄλλα ξυγκαθίστη περὶ τὴν ξυμμαχίαν διαπορευόμενος Πε-
λοπόννησον τῇ στρατιᾷ, καὶ Πατρέας τε τείχη καθεῖναι
ἔπεισεν ἐς θάλασσαν καὶ αὐτὸς ἕτερον διενοεῖτο τειχίσαι
ἐπὶ τῷ Ῥίῳ τῷ Ἀχαϊκῷ.   Κορίνθιοι δὲ καὶ Σικυώνιοι, καὶ
οἷς ἦν ἐν βλάβῃ τειχισθὲν βοηθήσαντες διεκώλυσαν.   25

53   Τοῦ δ' αὐτοῦ θέρους Ἐπιδαυρίοις καὶ Ἀργείοις πόλεμος
ἐγένετο, προφάσει μὲν περὶ τοῦ θύματος τοῦ Ἀπόλλωνος
τοῦ Πυθαέως, ὃ δέον ἀπαγαγεῖν οὐκ ἀπέπεμπον ὑπὲρ βοτα-
μίων Ἐπιδαύριοι (κυριώτατοι δὲ τοῦ ἱεροῦ ἦσαν Ἀργεῖοι)·
ἐδόκει δὲ καὶ ἄνευ τῆς αἰτίας τὴν Ἐπίδαυρον τῷ τε Ἀλκι- 30
βιάδῃ καὶ τοῖς Ἀργείοις προσλαβεῖν, ἢν δύνωνται, τῆς τε

7 Κνιδίου Meineke   13 Ἀγησιππίδαν Dindorf: Ἡγησιππίδαν
codd.   28 Πυθαίως Wesseling: Πυθέως codd. (Πιθ. Β)   βοτανῶν
Stahl

Κορίνθου ἔνεκα ἡσυχίας καὶ ἐκ τῆς Αἰγίνης βραχυτέραν
ἔσεσθαι τὴν βοήθειαν ἢ Σκύλλαιον περιπλεῖν τοῖς Ἀθηναίοις.
παρεσκευάζοντο οὖν οἱ Ἀργεῖοι ὡς αὐτοὶ ἐς τὴν Ἐπίδαυρον
διὰ τοῦ θύματος τὴν ἔσπραξιν ἐσβαλοῦντες.

5 Ἐξεστράτευσαν δὲ καὶ οἱ Λακεδαιμόνιοι κατὰ τοὺς αὐτοὺς 54
χρόνους πανδημεὶ ἐς Λεῦκτρα τῆς ἑαυτῶν μεθορίας πρὸς τὸ
Λύκαιον, Ἄγιδος τοῦ Ἀρχιδάμου βασιλέως ἡγουμένου· ᾔδει
δὲ οὐδεὶς ὅποι στρατεύουσιν, οὐδὲ αἱ πόλεις ἐξ ὧν ἐπέμφθη-
σαν. ὡς δ' αὐτοῖς τὰ διαβατήρια θυομένοις οὐ προυχώρει, 2
10 αὐτοί τε ἀπῆλθον ἐπ' οἴκου καὶ τοῖς ξυμμάχοις περιήγγειλαν
μετὰ τὸν μέλλοντα (Καρνεῖος δ' ἦν μήν, ἱερομηνία Δωριεῦσι)
παρασκευάζεσθαι ὡς στρατευσομένους. Ἀργεῖοι δ' ἀναχω- 3
ρησάντων αὐτῶν τοῦ πρὸ τοῦ Καρνείου μηνὸς ἐξελθόντες
τετράδι φθίνοντος, καὶ ἄγοντες τὴν ἡμέραν ταύτην πάντα
15 τὸν χρόνον, ἐσέβαλον ἐς τὴν Ἐπιδαυρίαν καὶ ἐδῄουν.
Ἐπιδαύριοι δὲ τοὺς ξυμμάχους ἐπεκαλοῦντο· ὧν τινὲς οἱ 4
μὲν τὸν μῆνα προυφασίσαντο, οἱ δὲ καὶ ἐς μεθορίαν τῆς
Ἐπιδαυρίας ἐλθόντες ἡσύχαζον. καὶ καθ' ὃν χρόνον ἐν τῇ 55
Ἐπιδαύρῳ οἱ Ἀργεῖοι ἦσαν, ἐς Μαντίνειαν πρεσβεῖαι ἀπὸ
20 τῶν πόλεων ξυνῆλθον, Ἀθηναίων παρακαλεσάντων. καὶ
γιγνομένων λόγων Εὐφαμίδας ὁ Κορίνθιος οὐκ ἔφη τοὺς
λόγους τοῖς ἔργοις ὁμολογεῖν· σφεῖς μὲν γὰρ περὶ εἰρήνης
ξυγκαθῆσθαι, τοὺς δ' Ἐπιδαυρίους καὶ τοὺς ξυμμάχους καὶ
τοὺς Ἀργείους μεθ' ὅπλων ἀντιτετάχθαι· διαλῦσαι οὖν
25 πρῶτον χρῆναι ἀφ' ἑκατέρων ἐλθόντας τὰ στρατόπεδα, καὶ
οὕτω πάλιν λέγειν περὶ τῆς εἰρήνης. καὶ πεισθέντες ᾤχοντο 2
καὶ τοὺς Ἀργείους ἀπήγαγον ἐκ τῆς Ἐπιδαυρίας. ὕστερον
δὲ ἐς τὸ αὐτὸ ξυνελθόντες οὐδ' ὡς ἐδυνήθησαν ξυμβῆναι,
ἀλλ' οἱ Ἀργεῖοι πάλιν ἐς τὴν Ἐπιδαυρίαν ἐσέβαλον καὶ
30 ἐδῄουν. ἐξεστράτευσαν δὲ καὶ οἱ Λακεδαιμόνιοι ἐς Καρύας, 3

4 ἐσβαλόντες Α Β Ε F Μ   11 ἱερομηνία recc. : ἱερομήνια
codd.   15 ἐσέβαλον Β C   17 προφασίσαντες C (fort.
legit Schol.)   20 παρακελευσάντων Μ   22 ὁμολογεῖν] ὁμιλεῖν Μ
25 ἐφ' g

καὶ ὡς οὐδ' ἐνταῦθα τὰ διαβατήρια αὐτοῖς ἐγένετο, ἐπανε-
4 χώρησαν. Ἀργεῖοι δὲ τεμόντες τῆς Ἐπιδαυρίας ὡς τὸ
τρίτον μέρος ἀπῆλθον ἐπ' οἴκου. καὶ Ἀθηναίων αὐτοῖς
χίλιοι ἐβοήθησαν ὁπλῖται καὶ Ἀλκιβιάδης στρατηγός·
πυθόμενος δὲ τοὺς Λακεδαιμονίους ἐξεστρατεῦσθαι, καὶ ὡς 5
οὐδὲν ἔτι αὐτῶν ἔδει, ἀπῆλθεν. καὶ τὸ θέρος οὕτω διῆλθεν.

56   Τοῦ δ' ἐπιγιγνομένου χειμῶνος Λακεδαιμόνιοι λαθόντες
Ἀθηναίους φρουρούς τε τριακοσίους καὶ Ἀγησιππίδαν ἄρ-
2 χοντα κατὰ θάλασσαν ἐς Ἐπίδαυρον ἐσέπεμψαν. Ἀργεῖοι
δ' ἐλθόντες παρ' Ἀθηναίους ἐπεκάλουν ὅτι γεγραμμένον ἐν 10
ταῖς σπονδαῖς διὰ τῆς ἑαυτῶν ἑκάστους μὴ ἐᾶν πολεμίους
διιέναι ἐάσειαν κατὰ θάλασσαν παραπλεῦσαι· καὶ εἰ μὴ
κἀκεῖνοι ἐς Πύλον κομιοῦσιν ἐπὶ Λακεδαιμονίους τοὺς Μεσ-
3 σηνίους καὶ Εἵλωτας, ἀδικήσεσθαι αὐτοί. Ἀθηναῖοι δὲ
Ἀλκιβιάδου πείσαντος τῇ μὲν Λακωνικῇ στήλῃ ὑπέγραψαν 15
ὅτι οὐκ ἐνέμειναν οἱ Λακεδαιμόνιοι τοῖς ὅρκοις, ἐς δὲ Πύλον
ἐκόμισαν τοὺς ἐκ Κρανίων Εἵλωτας λῄζεσθαι, τὰ δ' ἄλλα
4 ἡσύχαζον. τὸν δὲ χειμῶνα τοῦτον πολεμούντων Ἀργείων
καὶ Ἐπιδαυρίων μάχη μὲν οὐδεμία ἐγένετο ἐκ παρασκευῆς,
ἐνέδραι δὲ καὶ καταδρομαί, ἐν αἷς ὡς τύχοιεν ἑκατέρων τινὲς 20
5 διεφθείροντο. καὶ τελευτῶντος τοῦ χειμῶνος πρὸς ἔαρ ἤδη
κλίμακας ἔχοντες οἱ Ἀργεῖοι ἦλθον ἐπὶ τὴν Ἐπίδαυρον, ὡς
ἐρήμου οὔσης διὰ τὸν πόλεμον βίᾳ αἱρήσοντες· καὶ ἄπρακτοι
ἀπῆλθον. καὶ ὁ χειμὼν ἐτελεύτα, καὶ τρίτον καὶ δέκατον
ἔτος τῷ πολέμῳ ἐτελεύτα.   25

57   Τοῦ δ' ἐπιγιγνομένου θέρους μεσοῦντος Λακεδαιμόνιοι,
ὡς αὐτοῖς οἵ τε Ἐπιδαύριοι ξύμμαχοι ὄντες ἐταλαιπώρουν
καὶ τἆλλα ἐν τῇ Πελοποννήσῳ τὰ μὲν ἀφειστήκει, τὰ δ' οὐ
καλῶς εἶχε, νομίσαντες, εἰ μὴ προκαταλήψονται ἐν τάχει,
ἐπὶ πλέον χωρήσεσθαι αὐτά, ἐστράτευον αὐτοὶ καὶ οἱ Εἵλωτες 30
πανδημεὶ ἐπ' Ἄργος· ἡγεῖτο δὲ Ἆγις ὁ Ἀρχιδάμου Λακε-

5 πυθόμενοι B   δὲ secl. F. Portus   6 ἀπῆλθεν recc.: ἀπῆλθον
codd.   διῆλθεν] ἀπῆλθεν C   29 καταλήψονται A B F

40

δαιμονίων βασιλεύς. ξυνεστράτευον δ᾽ αὐτοῖς Τεγεᾶταί 2
τε καὶ ὅσοι ἄλλοι ᾽Αρκάδων Λακεδαιμονίοις ξύμμαχοι ἦσαν.
οἱ δ᾽ ἐκ τῆς ἄλλης Πελοποννήσου ξύμμαχοι καὶ οἱ ἔξωθεν
ἐς Φλειοῦντα ξυνελέγοντο, Βοιωτοὶ μὲν πεντακισχίλιοι ὁπλῖται
5 καὶ τοσοῦτοι ψιλοὶ καὶ ἱππῆς πεντακόσιοι καὶ ἄμιπποι ἴσοι,
Κορίνθιοι δὲ δισχίλιοι ὁπλῖται, οἱ δ᾽ ἄλλοι ὡς ἕκαστοι,
Φλειάσιοι δὲ πανστρατιᾷ, ὅτι ἐν τῇ ἐκείνων ἦν τὸ στρά-
τευμα.

᾽Αργεῖοι δὲ προαισθόμενοι τό τε πρῶτον τὴν παρασκευὴν 58
10 τῶν Λακεδαιμονίων καὶ ἐπειδὴ ἐς τὸν Φλειοῦντα βουλό-
μενοι τοῖς ἄλλοις προσμεῖξαι ἐχώρουν, τότε δὴ ἐξεστρά-
τευσαν καὶ αὐτοί· ἐβοήθησαν δ᾽ αὐτοῖς καὶ Μαντινῆς, ἔχοντες
τοὺς σφετέρους ξυμμάχους, καὶ ᾽Ηλείων τρισχίλιοι ὁπλῖται.
καὶ προϊόντες ἀπαντῶσι τοῖς Λακεδαιμονίοις ἐν Μεθυδρίῳ 2
15 τῆς ᾽Αρκαδίας. καὶ καταλαμβάνουσιν ἑκάτεροι λόφον· καὶ
οἱ μὲν ᾽Αργεῖοι ὡς μεμονωμένοις τοῖς Λακεδαιμονίοις παρε-
σκευάζοντο μάχεσθαι, ὁ δὲ ᾽Αγις τῆς νυκτὸς ἀναστήσας τὸν
στρατὸν καὶ λαθὼν ἐπορεύετο ἐς Φλειοῦντα παρὰ τοὺς
ἄλλους ξυμμάχους. καὶ οἱ ᾽Αργεῖοι αἰσθόμενοι ἅμα ἔῳ 3
20 ἐχώρουν, πρῶτον μὲν ἐς ῎Αργος, ἔπειτα δὲ ᾗ προσεδέχοντο
τοὺς Λακεδαιμονίους μετὰ τῶν ξυμμάχων καταβήσεσθαι,
τὴν κατὰ Νεμέαν ὁδόν. ᾽Αγις δὲ ταύτην μὲν ἣν προσεδέ- 4
χοντο οὐκ ἐτράπετο, παραγγείλας δὲ τοῖς Λακεδαιμονίοις
καὶ ᾽Αρκάσι καὶ ᾽Επιδαυρίοις ἄλλην ἐχώρησε χαλεπὴν καὶ
25 κατέβη ἐς τὸ ᾽Αργείων πεδίον· καὶ Κορίνθιοι καὶ Πελληνῆς
καὶ Φλειάσιοι ὄρθιον ἑτέραν ἐπορεύοντο· τοῖς δὲ Βοιωτοῖς
καὶ Μεγαρεῦσι καὶ Σικυωνίοις εἴρητο τὴν ἐπὶ Νεμέας ὁδὸν
καταβαίνειν, ᾗ οἱ ᾽Αργεῖοι ἐκάθηντο, ὅπως, εἰ οἱ ᾽Αργεῖοι
ἐπὶ σφᾶς ἰόντες ἐς τὸ πεδίον βοηθοῖεν, ἐφεπόμενοι τοῖς

2 τε om. A B F M   5 τετρακόσιοι M   ἄμιπποι Harpocr., Suid.,
An. Ox.: ἄνιπποι codd. (καὶ ἄμ. ἴσοι om. M)   9 τό τε primus dis-
tinxit Heilmann   10 καὶ secl. Classen (qui l. 9 τότε legit)   20 δὲ
om. A B   21 μετὰ τῶν ξυμμάχων τοὺς Λακεδαιμονίους A B F (corr. F¹)
26 ὄρθιον recc.: ὀρθίον codd.   28 ἐκάθηντο c G: καθῆντο vel
κάθηντο cett.   alterum οἱ om. C

5 ἵπποις χρῶντο. καὶ ὁ μὲν οὕτω διατάξας καὶ ἐσβαλὼν ἐς
59 τὸ πεδίον ἐδῄου Σάμινθόν τε καὶ ἄλλα· οἱ δὲ Ἀργεῖοι
γνόντες ἐβοήθουν ἡμέρας ἤδη ἐκ τῆς Νεμέας, καὶ περιτυ-
χόντες τῷ Φλειασίων καὶ Κορινθίων στρατοπέδῳ τῶν μὲν
Φλειασίων ὀλίγους ἀπέκτειναν, ὑπὸ δὲ τῶν Κορινθίων αὐτοὶ 5
2 οὐ πολλῷ πλείους διεφθάρησαν. καὶ οἱ Βοιωτοὶ καὶ οἱ
Μεγαρῆς καὶ οἱ Σικυώνιοι ἐχώρουν, ὥσπερ εἴρητο αὐτοῖς,
ἐπὶ τῆς Νεμέας, καὶ τοὺς Ἀργείους οὐκέτι κατέλαβον, ἀλλὰ
καταβάντες, ὡς ἑώρων τὰ ἑαυτῶν δῃούμενα, ἐς μάχην παρε-
τάσσοντο. ἀντιπαρεσκευάζοντο δὲ καὶ οἱ Λακεδαιμόνιοι. 10
3 ἐν μέσῳ δὲ ἀπειλημμένοι ἦσαν οἱ Ἀργεῖοι· ἐκ μὲν γὰρ τοῦ
πεδίου οἱ Λακεδαιμόνιοι εἶργον τῆς πόλεως καὶ οἱ μετ᾽
αὐτῶν, καθύπερθεν δὲ Κορίνθιοι καὶ Φλειάσιοι καὶ Πελ-
ληνῆς, τὸ δὲ πρὸς Νεμέας Βοιωτοὶ καὶ Σικυώνιοι καὶ
Μεγαρῆς. ἵπποι δὲ αὐτοῖς οὐ παρῆσαν· οὐ γάρ πω οἱ 15
Ἀθηναῖοι μόνοι τῶν ξυμμάχων ἧκον.
4 Τὸ μὲν οὖν πλῆθος τῶν Ἀργείων καὶ τῶν ξυμμάχων
οὐχ οὕτω δεινὸν τὸ παρὸν ἐνόμιζον, ἀλλ᾽ ἐν καλῷ ἐδόκει
ἡ μάχη ἔσεσθαι, καὶ τοὺς Λακεδαιμονίους ἀπειληφέναι ἐν
5 τῇ αὐτῶν τε καὶ πρὸς τῇ πόλει. τῶν δὲ Ἀργείων δύο 20
ἄνδρες, Θράσυλός τε τῶν πέντε στρατηγῶν εἷς ὢν καὶ
Ἀλκίφρων πρόξενος Λακεδαιμονίων, ἤδη τῶν στρατοπέδων
ὅσον οὐ ξυνιόντων προσελθόντε Ἄγιδι διελεγέσθην μὴ
ποιεῖν μάχην· ἑτοίμους γὰρ εἶναι Ἀργείους δίκας δοῦναι
καὶ δέξασθαι ἴσας καὶ ὁμοίας, εἴ τι ἐπικαλοῦσιν Ἀργείοις 25
Λακεδαιμόνιοι, καὶ τὸ λοιπὸν εἰρήνην ἄγειν σπονδὰς ποιη-
60 σαμένους. καὶ οἱ μὲν ταῦτα εἰπόντες τῶν Ἀργείων ἀφ᾽
ἑαυτῶν καὶ οὐ τοῦ πλήθους κελεύσαντος εἶπον· καὶ ὁ Ἄγις
δεξάμενος τοὺς λόγους αὐτός, καὶ οὐ μετὰ τῶν πλεόνων
οὐδὲ αὐτὸς βουλευσάμενος ἀλλ᾽ ἢ ἑνὶ ἀνδρὶ κοινώσας τῶν 30

10 ἀντεπαρεσκευάζοντο C E F M   12 post εἶργον add. ἀπὸ c G
13 καθύπερθεν G : καθύπερ E F : καθύπερθε cett.   23 προσελθόντε
C E : προσελθόντες cett.   27 τῶν Ἀργείων secl. Herwerden
30 κοινώσασθαι A F M : κοινώσθαι (sic) B

ἐν τέλει ξυστρατευομένωι, σπένδεται τέσσαρας μῆνας, ἐν
οἷς ἔδει ἐπιτελέσαι αὐτοὺς τὰ ῥηθέντα. καὶ ἀπήγαγε τὸν
στρατὸν εὐθύς, οὐδενὶ φράσας τῶν ἄλλωι ξυμμάχων. οἱ 2
δὲ Λακεδαιμόνιοι καὶ οἱ ξύμμαχοι εἵποντο μὲν ὡς ἡγεῖτο
5 διὰ τὸν νόμον, ἐν αἰτίᾳ δ' εἶχον κατ' ἀλλήλους πολλῇ τὸν
Ἆγιν, νομίζοντες ἐν καλῷ παρατυχὸν σφίσι ξυμβαλεῖν καὶ
πανταχόθεν αὐτῶν ἀποκεκλημένων καὶ ὑπὸ ἱππέων καὶ
πεζῶν οὐδὲν δράσαντες ἄξιον τῆς παρασκευῆς ἀπιέναι.
στρατόπεδον γὰρ δὴ τοῦτο κάλλιστον Ἑλληνικὸν τῶν μέχρι 3
10 τοῦδε ξυνῆλθεν· ὤφθη δὲ μάλιστα ἕως ἔτι ἦν ἀθρόον ἐν
Νεμέᾳ, ἐν ᾧ Λακεδαιμόνιοί τε πανστρατιᾷ ἦσαν καὶ Ἀρ-
κάδες καὶ Βοιωτοὶ καὶ Κορίνθιοι καὶ Σικυώνιοι καὶ Πελληνῆς
καὶ Φλειάσιοι καὶ Μεγαρῆς, καὶ οὗτοι πάντες λογάδες ἀφ'
ἑκάστων, ἀξιόμαχοι δοκοῦντες εἶναι οὐ τῇ Ἀργείων μόνον
15 ξυμμαχίᾳ ἀλλὰ κἂν ἄλλῃ ἔτι προσγενομένῃ. τὸ μὲν οὖν 4
στρατόπεδον οὕτως ἐν αἰτίᾳ ἔχοντες τὸν Ἆγιν ἀνεχώρουν
τε καὶ διελύθησαν ἐπ' οἴκου ἕκαστοι, Ἀργεῖοι δὲ καὶ αὐτοὶ 5
ἔτι ἐν πολλῷ πλέονι αἰτίᾳ εἶχον τοὺς σπεισαμένους ἄνευ
τοῦ πλήθους, νομίζοντες κἀκεῖνοι μὴ ἂν σφίσι ποτὲ κάλλιον
20 παρασχὸν Λακεδαιμονίους διαπεφευγέναι· πρός τε γὰρ τῇ
σφετέρᾳ πόλει καὶ μετὰ πολλῶν καὶ ἀγαθῶν ξυμμάχων τὸν
ἀγῶνα ἂν γίγνεσθαι. τόν τε Θράσυλον ἀναχωρήσαντες ἐν 6
τῷ Χαράδρῳ, οὗπερ τὰς ἀπὸ στρατείας δίκας πρὶν ἐσιέναι
κρίνουσιν, ἤρξαντο λεύειν. ὁ δὲ καταφυγὼν ἐπὶ τὸν βωμὸν
25 περιγίγνεται· τὰ μέντοι χρήματα ἐδήμευσαν αὐτοῦ.

Μετὰ δὲ τοῦτο Ἀθηναίων βοηθησάντων χιλίων ὁπλιτῶι 61
καὶ τριακοσίων ἱππέων, ὧν ἐστρατήγουν Λάχης καὶ Νικό-
στρατος, οἱ Ἀργεῖοι (ὅμως γὰρ τὰς σπονδὰς ὤκνουν λῦσαι
πρὸς τοὺς Λακεδαιμονίους) ἀπιέναι ἐκέλευον αὐτοὺς καὶ πρὸς
30 τὸν δῆμον οὐ προσῆγον βουλομένους χρηματίσαι, πρὶν δὴ
Μαντινῆς καὶ Ἠλεῖοι (ἔτι γὰρ παρῆσαν) κατηνάγκασαν

3 ξυμμάχων secl. Krüger   15 κἂν Bekker: καὶ codd.   23 στρα-
τείας f: στρατιᾶς codd.   28 σ[π]ον[δ]ὰς incipit Π¹³   30 δὴ Haase:
ἢ codd. Π¹³   31 Ἠλεῖοι ἐπ[ι]παρῆσ[αν Π¹³

43

2 δεόμενοι. καὶ ἔλεγον οἱ Ἀθηναῖοι Ἀλκιβιάδου πρεσβευτοῦ
παρόντος ἔν τε τοῖς Ἀργείοις καὶ ξυμμάχοις ταῦτα, ὅτι οὐκ
ὀρθῶς αἱ σπονδαὶ ἄνευ τῶν ἄλλων ξυμμάχων καὶ γένοιντο,
καὶ νῦν (ἐν καιρῷ γὰρ παρεῖναι σφεῖς) ἅπτεσθαι χρῆναι τοῦ
3 πολέμου. καὶ πείσαντες ἐκ τῶν λόγων τοὺς ξυμμάχους 5
εὐθὺς ἐχώρουν ἐπὶ Ὀρχομενὸν τὸν Ἀρκαδικὸν πάντες πλὴν
Ἀργείων· οὗτοι δὲ ὅμως καὶ πεισθέντες ὑπελείποντο πρῶτον,
4 ἔπειτα δ᾽ ὕστερον καὶ οὗτοι ἦλθον. καὶ προσκαθεζόμενοι
τὸν Ὀρχομενὸν πάντες ἐπολιόρκουν καὶ προσβολὰς ἐποιοῦντο,
βουλόμενοι ἄλλως τε προσγενέσθαι σφίσι καὶ ὅμηροι ἐκ 10
5 τῆς Ἀρκαδίας ἦσαν αὐτόθι ὑπὸ Λακεδαιμονίων κείμενοι. οἱ
δὲ Ὀρχομένιοι δείσαντες τήν τε τοῦ τείχους ἀσθένειαν καὶ
τοῦ στρατοῦ τὸ πλῆθος καί, ὡς οὐδεὶς αὐτοῖς ἐβοήθει, μὴ
προαπόλωνται, ξυνέβησαν ὥστε ξύμμαχοί τε εἶναι καὶ ὁμή-
ρους σφῶν τε αὐτῶν δοῦναι Μαντινεῦσι καὶ οὓς κατέθεντο 15
62 Λακεδαιμόνιοι παραδοῦναι. μετὰ δὲ τοῦτο ἔχοντες ἤδη τὸν
Ὀρχομενὸν ἐβουλεύοντο οἱ ξύμμαχοι ἐφ᾽ ὅτι χρὴ πρῶτον
ἰέναι τῶν λοιπῶν. καὶ Ἠλεῖοι μὲν ἐπὶ Λέπρεον ἐκέλευον,
Μαντινῆς δὲ ἐπὶ Τεγέαν· καὶ προσέθεντο οἱ Ἀργεῖοι καὶ
2 Ἀθηναῖοι τοῖς Μαντινεῦσιν. καὶ οἱ μὲν Ἠλεῖοι ὀργισθέντες 20
ὅτι οὐκ ἐπὶ Λέπρεον ἐψηφίσαντο ἀνεχώρησαν ἐπ᾽ οἴκου· οἱ
δὲ ἄλλοι ξύμμαχοι παρεσκευάζοντο ἐν τῇ Μαντινείᾳ ὡς ἐπὶ
Τεγέαν ἰόντες. καί τινες αὐτοῖς καὶ αὐτῶν τῶν ἐν τῇ
πόλει ἐνεδίδοσαν τὰ πράγματα.
63 Λακεδαιμόνιοι δὲ ἐπειδὴ ἀνεχώρησαν ἐξ Ἄργους τὰς 25
τετραμήνους σπονδὰς ποιησάμενοι, Ἆγιν ἐν μεγάλῃ αἰτίᾳ
εἶχον οὐ χειρωσάμενον σφίσιν Ἄργος, παρασχὸν καλῶς ὡς
οὔπω πρότερον αὐτοὶ ἐνόμιζον· ἀθρόους γὰρ τοσούτους ξυμ-
2 μάχους καὶ τοιούτους οὐ ῥᾴδιον εἶναι λαβεῖν. ἐπειδὴ δὲ
καὶ περὶ Ὀρχομενοῦ ἠγγέλλετο ἑαλωκέναι, πολλῷ δὴ μᾶλλον 30
ἐχαλέπαινον καὶ ἐβούλευον εὐθὺς ὑπ᾽ ὀργῆς παρὰ τὸν τρόπον

1 οἱ om. Π¹³ 2 παριόντος Stahl post καὶ add. τοῖς Π¹³ ταὐτὰ
Classen 3 καὶ om. Π¹³ recc. 7 τὸ πρῶτον Π¹³ 8 οὗτοι desinit
Π¹³ 15 post δοῦναι add. καὶ C(G) 23 τῶν Stahl : Τεγεατῶν
codd. 28 αὐτοὶ ἐνόμιζον secl. Krüger

τὸν ἑαυτῶν ὡς χρὴ τήν τε οἰκίαν αὐτοῦ κατασκάψαι καὶ
δέκα μυριάσι δραχμῶν ζημιῶσαι. ὁ δὲ παρῃτεῖτο μηδὲν 3
τούτων δρᾶν· ἔργῳ γὰρ ἀγαθῷ ῥύσεσθαι τὰς αἰτίας στρα-
τευσάμενος, ᾗ τότε ποιεῖν αὐτοὺς ὅτι βούλονται. οἱ δὲ 4
5 τὴν μὲν ζημίαν καὶ τὴν κατασκαφὴν ἐπέσχον, νόμον δὲ
ἔθεντο ἐν τῷ παρόντι, ὃς οὔπω πρότερον ἐγένετο αὐτοῖς·
δέκα γὰρ ἄνδρας Σπαρτιατῶν προσείλοντο αὐτῷ ξυμβούλους,
ἄνευ ὧν μὴ κύριον εἶναι ἀπάγειν στρατιὰν ἐκ τῆς πόλεως.
    Ἐν τούτῳ δ' ἀφικνεῖται αὐτοῖς ἀγγελία παρὰ τῶν ἐπιτη- 64
10 δείων ἐκ Τεγέας ὅτι, εἰ μὴ παρέσονται ἐν τάχει, ἀποστή-
σεται αὐτῶν Τεγέα πρὸς Ἀργείους καὶ τοὺς ξυμμάχους καὶ
ὅσον οὐκ ἀφέστηκεν. ἐνταῦθα δὴ βοήθεια τῶν Λακεδαι- 2
μονίων γίγνεται αὐτῶν τε καὶ τῶν Εἱλώτων πανδημεὶ ὀξεῖα
καὶ οἵα οὔπω πρότερον. ἐχώρουν δὲ ἐς Ὀρέσθειον τῆς 3
15 Μαιναλίας· καὶ τοῖς μὲν Ἀρκάδων σφετέροις οὖσι ξυμμά-
χοις προεῖπον ἀθροισθεῖσιν ἰέναι κατὰ πόδας αὐτῶν ἐς
Τεγέαν, αὐτοὶ δὲ μέχρι μὲν τοῦ Ὀρεσθείου πάντες ἐλθόντες,
ἐκεῖθεν δὲ τὸ ἕκτον μέρος σφῶν αὐτῶν ἀποπέμψαντες ἐπ'
οἴκου, ἐν ᾧ τὸ πρεσβύτερόν τε καὶ τὸ νεώτερον ἦν, ὥστε τὰ
20 οἴκοι φρουρεῖν, τῷ λοιπῷ στρατεύματι ἀφικνοῦνται ἐς
Τεγέαν. καὶ οὐ πολλῷ ὕστερον οἱ ξύμμαχοι ἀπ' Ἀρκάδων
παρῆσαν. πέμπουσι δὲ καὶ ἐς τὴν Κόρινθον καὶ Βοιωτοὺς 4
καὶ Φωκέας καὶ Λοκρούς, βοηθεῖν κελεύοντες κατὰ τάχος
ἐς Μαντίνειαν. ἀλλὰ τοῖς μὲν ἐξ ὀλίγου τε ἐγίγνετο, καὶ
25 οὐ ῥᾴδιον ἦν μὴ ἀθρόοις καὶ ἀλλήλους περιμείνασι διελθεῖν
τὴν πολεμίαν (ξυνέκλῃε γὰρ διὰ μέσου), ὅμως δὲ ἠπείγοντο.
Λακεδαιμόνιοι δὲ ἀναλαβόντες τοὺς παρόντας Ἀρκάδων 5
ξυμμάχους ἐσέβαλον ἐς τὴν Μαντινικήν, καὶ στρατοπεδευ-
σάμενοι πρὸς τῷ Ἡρακλείῳ ἐδῄουν τὴν γῆν.
30   Οἱ δ' Ἀργεῖοι καὶ οἱ ξύμμαχοι ὡς εἶδον αὐτούς, κατα- 65
λαβόντες χωρίον ἐρυμνὸν καὶ δυσπρόσοδον παρετάξαντο ὡς
ἐς μάχην. καὶ οἱ Λακεδαιμόνιοι εὐθὺς αὐτοῖς ἐπῇσαν· καὶ 2

1 τὸν] τῶν C G   3 στρατευσόμενος A B E F g M

45

μέχρι μὲν λίθου καὶ ἀκοντίου βολῆς ἐχώρησαν, ἔπειτα τῶν
πρεσβυτέρων τις Ἄγιδι ἐπεβόησεν, ὁρῶν πρὸς χωρίον καρ-
τερὸν ἰόντας σφᾶς, ὅτι διανοεῖται κακὸν κακῷ ἰᾶσθαι, δηλῶν
τῆς ἐξ Ἄργους ἐπαιτίου ἀναχωρήσεως τὴν παροῦσαν ἄκαιρον
3 προθυμίαν ἀνάληψιν βουλόμενον εἶναι. ὁ δέ, εἴτε καὶ διὰ 5
τὸ ἐπιβόημα εἴτε καὶ αὐτῷ ἄλλο τι ἢ κατὰ τὸ αὐτὸ δόξαν
ἐξαίφνης, πάλιν τὸ στράτευμα κατὰ τάχος πρὶν ξυμμεῖξαι
4 ἀπῆγεν. καὶ ἀφικόμενος πρὸς τὴν Τεγεᾶτιν τὸ ὕδωρ
ἐξέτρεπεν ἐς τὴν Μαντινικήν, περὶ οὗπερ ὡς τὰ πολλὰ
βλάπτοντος ὁποτέρωσε ἂν ἐσπίπτῃ Μαντινῆς καὶ Τεγεᾶται 10
πολεμοῦσιν. ἐβούλετο δὲ τοὺς ἀπὸ τοῦ λόφου βοηθοῦντας
ἐπὶ τὴν τοῦ ὕδατος ἐκτροπήν, ἐπειδὰν πύθωνται, καταβιβά-
σαι [τοὺς Ἀργείους καὶ τοὺς ξυμμάχους] καὶ ἐν τῷ ὁμαλῷ
5 τὴν μάχην ποιεῖσθαι. καὶ ὁ μὲν τὴν ἡμέραν ταύτην μείνας
αὐτοῦ περὶ τὸ ὕδωρ ἐξέτρεπεν· οἱ δ' Ἀργεῖοι καὶ οἱ ξύμ- 15
μαχοι τὸ μὲν πρῶτον καταπλαγέντες τῇ ἐξ ὀλίγου αἰφνιδίῳ
αὐτῶν ἀναχωρήσει οὐκ εἶχον ὅτι εἰκάσωσιν· εἶτα ἐπειδὴ
ἀναχωροῦντες ἐκεῖνοί τε ἀπέκρυψαν καὶ σφεῖς ἡσύχαζον καὶ
οὐκ ἐπηκολούθουν, ἐνταῦθα τοὺς ἑαυτῶν στρατηγοὺς αὖθις
ἐν αἰτίᾳ εἶχον τό τε πρότερον καλῶς ληφθέντας πρὸς Ἄργει 20
Λακεδαιμονίους ἀφεθῆναι καὶ νῦν ὅτι ἀποδιδράσκοντας οὐδεὶς
ἐπιδιώκει, ἀλλὰ καθ' ἡσυχίαν οἱ μὲν σῴζονται, σφεῖς δὲ
6 προδίδονται. οἱ δὲ στρατηγοὶ ἐθορυβήθησαν μὲν τὸ παραυ-
τίκα, ὕστερον δὲ ἀπάγουσιν αὐτοὺς ἀπὸ τοῦ λόφου καὶ
προελθόντες ἐς τὸ ὁμαλὸν ἐστρατοπεδεύσαντο ὡς ἰόντες ἐπὶ 25
τοὺς πολεμίους.

66   Τῇ δ' ὑστεραίᾳ οἵ τε Ἀργεῖοι καὶ οἱ ξύμμαχοι ξυνε-
τάξαντο, ὡς ἔμελλον μαχεῖσθαι, ἢν περιτύχωσιν· οἵ τε
Λακεδαιμόνιοι ἀπὸ τοῦ ὕδατος πρὸς τὸ Ἡράκλειον πάλιν ἐς
τὸ αὐτὸ στρατόπεδον ἰόντες ὁρῶσι δι' ὀλίγου τοὺς ἐναντίους 30

---

5 βουλόμενον Plutarchus : βουλομένην codd.   6 ἢ κατὰ τὸ αὐτὸ
secl. Dobree   10 ὁποτέρωσε ἂν C : ὁποτέρων ἐὰν B : ὁποτέρως ἐὰν
cett.   12 πύθωνται f g M : πείθωνται cett.   13 τοὺς Ἀργείους
καὶ τοὺς ξυμμάχους secl. Haacke   25 προσελθόντες A B F

ἐν τάξει τε ἤδη πάντας καὶ ἀπὸ τοῦ λόφου προεληλυθότας.
μάλιστα δὴ Λακεδαιμόνιοι ἐς ὃ ἐμέμνηντο ἐν τούτῳ τῷ 2
καιρῷ ἐξεπλάγησαν. διὰ βραχείας γὰρ μελλήσεως ἡ παρα-
σκευὴ αὐτοῖς ἐγίγνετο, καὶ εὐθὺς ὑπὸ σπουδῆς καθίσταντο
5 ἐς κόσμον τὸν ἑαυτῶν, Ἄγιδος τοῦ βασιλέως ἕκαστα ἐξη-
γουμένου κατὰ τὸν νόμον. βασιλέως γὰρ ἄγοντος ὑπ' ἐκεί- 3
νου πάντα ἄρχεται, καὶ τοῖς μὲν πολεμάρχοις αὐτὸς φράζει
τὸ δέον, οἱ δὲ τοῖς λοχαγοῖς, ἐκεῖνοι δὲ τοῖς πεντηκοντήρσιν,
αὖθις δ' οὗτοι τοῖς ἐνωμοτάρχοις καὶ οὗτοι τῇ ἐνωμοτίᾳ.
10 καὶ αἱ παραγγέλσεις, ἤν τι βούλωνται, κατὰ τὰ αὐτὰ χω- 4
ροῦσι καὶ ταχεῖαι ἐπέρχονται· σχεδὸν γάρ τι πᾶν πλὴν
ὀλίγου τὸ στρατόπεδον τῶν Λακεδαιμονίων ἄρχοντες ἀρ-
χόντων εἰσί, καὶ τὸ ἐπιμελὲς τοῦ δρωμένου πολλοῖς προσήκει.
τότε δὲ κέρας μὲν εὐώνυμον Σκιρῖται αὐτοῖς καθίσταντο, 67
15 αἰεὶ ταύτην τὴν τάξιν μόνοι Λακεδαιμόνιοι· ἐπὶ σφῶν αὐτῶν
ἔχοντες· παρὰ δ' αὐτοὺς οἱ ἀπὸ Θράκης Βρασίδειοι στρα-
τιῶται καὶ νεοδαμώδεις μετ' αὐτῶν· ἔπειτ' ἤδη Λακεδαιμόνιοι
αὐτοὶ ἐξῆς καθίστασαν τοὺς λόχους, καὶ παρ' αὐτοὺς Ἀρκά-
δων Ἡραιῆς, μετὰ δὲ τούτους Μαινάλιοι, καὶ ἐπὶ τῷ δεξιῷ
20 κέρᾳ Τεγεᾶται καὶ Λακεδαιμονίων ὀλίγοι τὸ ἔσχατον ἔχοντες,
καὶ οἱ ἱππῆς αὐτῶν ἐφ' ἑκατέρῳ τῷ κέρᾳ. Λακεδαιμόνιοι 2
μὲν οὕτως ἐτάξαντο· οἱ δ' ἐναντίοι αὐτοῖς δεξιὸν μὲν κέρας
Μαντινῆς εἶχον, ὅτι ἐν τῇ ἐκείνων τὸ ἔργον ἐγίγνετο, παρὰ
δ' αὐτοὺς οἱ ξύμμαχοι Ἀρκάδων ἦσαν, ἔπειτα Ἀργείων οἱ
25 χίλιοι λογάδες, οἷς ἡ πόλις ἐκ πολλοῦ ἄσκησιν τῶν ἐς τὸν
πόλεμον δημοσίᾳ παρεῖχε, καὶ ἐχόμενοι αὐτῶν οἱ ἄλλοι
Ἀργεῖοι, καὶ μετ' αὐτοὺς οἱ ξύμμαχοι αὐτῶν, Κλεωναῖοι καὶ
Ὀρνεᾶται, ἔπειτα Ἀθηναῖοι ἔσχατοι τὸ εὐώνυμον κέρας
ἔχοντες, καὶ ἱππῆς μετ' αὐτῶν οἱ οἰκεῖοι.
30 Τάξις μὲν ἦδε καὶ παρασκευὴ ἀμφοτέρων ἦν, τὸ δὲ 68
στρατόπεδον τῶν Λακεδαιμονίων μεῖζον ἐφάνη. ἀριθμὸν 2

---

2 δὴ] δ' οἱ vel δὲ recc.   9 ἐνωμοτάρχοις Stahl : ἐνωμοτάρχαις codd.
15 τὴν om. ABEFM   16 αὐτοὺς Stahl : αὐτοῖς codd.   ἀπὸ Haase :
ἐπὶ codd.

δὲ γράψαι ἢ καθ' ἑκάστους ἑκατέρων ἢ ξύμπαντας οὐκ ἂν
ἐδυνάμην ἀκριβῶς· τὸ μὲν γὰρ Λακεδαιμονίων πλῆθος διὰ
τῆς πολιτείας τὸ κρυπτὸν ἠγνοεῖτο, τῶν δ' αὖ διὰ τὸ ἀν-
θρώπειον κομπῶδες ἐς τὰ οἰκεῖα πλήθη ἠπιστεῖτο. ἐκ
μέντοι τοιοῦδε λογισμοῦ ἔξεστί τῳ σκοπεῖν τὸ Λακεδαι- 5
3 μονίων τότε παραγενόμενον πλῆθος. λόχοι μὲν γὰρ ἐμά-
χοντο ἑπτὰ ἄνευ Σκιριτῶν ὄντων ἑξακοσίων, ἐν δὲ ἑκάστῳ
λόχῳ πεντηκοστύες ἦσαν τέσσαρες, καὶ ἐν τῇ πεντηκοστύι
ἐνωμοτίαι τέσσαρες. τῆς τε ἐνωμοτίας ἐμάχοντο ἐν τῷ πρώ-
τῳ ζυγῷ τέσσαρες· ἐπὶ δὲ βάθος ἐτάξαντο μὲν οὐ πάντες 10
ὁμοίως, ἀλλ' ὡς λοχαγὸς ἕκαστος ἐβούλετο, ἐπὶ πᾶν δὲ κατέ-
στησαν ἐπὶ ὀκτώ. παρὰ δὲ ἅπαν πλὴν Σκιριτῶν τετρακό-
σιοι καὶ δυοῖν δέοντες πεντήκοντα ἄνδρες ἡ πρώτη τάξις ἦν.
69   Ἐπεὶ δὲ ξυνιέναι ἔμελλον ἤδη, ἐνταῦθα καὶ παραινέσεις
καθ' ἑκάστους ὑπὸ τῶν οἰκείων στρατηγῶν τοιαίδε ἐγίγνοντο, 15
Μαντινεῦσι μὲν ὅτι ὑπέρ τε πατρίδος ἡ μάχη ἔσται καὶ
ὑπὲρ ἀρχῆς ἅμα καὶ δουλείας, τὴν μὲν μὴ πειρασαμένοις
ἀφαιρεθῆναι, τῆς δὲ μὴ αὖθις πειρᾶσθαι· Ἀργείοις δὲ ὑπὲρ
τῆς τε παλαιᾶς ἡγεμονίας καὶ τῆς ἐν Πελοποννήσῳ ποτὲ
ἰσομοιρίας μὴ διὰ παντὸς στερισκομένους ἀνέχεσθαι, καὶ 20
ἄνδρας ἅμα ἐχθροὺς καὶ ἀστυγείτονας ὑπὲρ πολλῶν ἀδικη-
μάτων ἀμύνασθαι· τοῖς δὲ Ἀθηναίοις καλὸν εἶναι μετὰ
πολλῶν καὶ ἀγαθῶν ξυμμάχων ἀγωνιζομένους μηδενὸς λεί-
πεσθαι, καὶ ὅτι ἐν Πελοποννήσῳ Λακεδαιμονίους νικήσαντες
τήν τε ἀρχὴν βεβαιοτέραν καὶ μείζω ἕξουσι καὶ οὐ μή ποτέ 25
2 τις αὐτοῖς ἄλλος ἐς τὴν γῆν ἔλθῃ. τοῖς μὲν Ἀργείοις καὶ
ξυμμάχοις τοιαῦτα παρῃνέθη, Λακεδαιμόνιοι δὲ καθ' ἑκάστους
τε καὶ μετὰ τῶν πολεμικῶν νόμων ἐν σφίσιν αὐτοῖς ὧν
ἠπίσταντο τὴν παρακέλευσιν τῆς μνήμης ἀγαθοῖς οὖσιν
ἐποιοῦντο, εἰδότες ἔργων ἐκ πολλοῦ μελέτην πλείω σῴζουσαν 30
ἢ λόγων δι' ὀλίγου καλῶς ῥηθεῖσαν παραίνεσιν.

2 δυναίμην Stahl   4 πλήθη secl. Krüger (om. recc.)   29 ἀγαθοῖς
οὖσιν post πλείω (l. 30) transponenda censuit Classen

Καὶ μετὰ ταῦτα ἡ ξύνοδος ἦν, Ἀργεῖοι μὲν καὶ οἱ ξύμ- 70
μαχοι ἐντόνως καὶ ὀργῇ χωροῦντες, Λακεδαιμόνιοι δὲ βρα-
δέως καὶ ὑπὸ αὐλητῶν πολλῶν ὁμοῦ ἐγκαθεστώτων, οὐ τοῦ
θείου χάριν, ἀλλ᾽ ἵνα ὁμαλῶς μετὰ ῥυθμοῦ βαίνοντες προσ-
5 έλθοιεν καὶ μὴ διασπασθείη αὐτοῖς ἡ τάξις, ὅπερ φιλεῖ τὰ
μεγάλα στρατόπεδα ἐν ταῖς προσόδοις ποιεῖν. ξυνιόντων 71
δ᾽ ἔτι Ἆγις ὁ βασιλεὺς τοιόνδε ἐβουλεύσατο δρᾶσαι. τὰ
στρατόπεδα ποιεῖ μὲν καὶ ἅπαντα τοῦτο· ἐπὶ τὰ δεξιὰ κέ-
ρατα αὐτῶν ἐν ταῖς ξυνόδοις μᾶλλον ἐξωθεῖται, καὶ περι-
10 ίσχουσι κατὰ τὸ τῶν ἐναντίων εὐώνυμον ἀμφότεροι τῷ
δεξιῷ, διὰ τὸ φοβουμένους προσστέλλειν τὰ γυμνὰ ἕκαστον
ὡς μάλιστα τῇ τοῦ ἐν δεξιᾷ παρατεταγμένου ἀσπίδι καὶ
νομίζειν τὴν πυκνότητα τῆς ξυγκλήσεως εὐσκεπαστότατον
εἶναι· καὶ ἡγεῖται μὲν τῆς αἰτίας ταύτης ὁ πρωτοστάτης
15 τοῦ δεξιοῦ κέρως, προθυμούμενος ἐξαλλάσσειν αἰεὶ τῶν
ἐναντίων τὴν ἑαυτοῦ γύμνωσιν, ἕπονται δὲ διὰ τὸν αὐτὸν
φόβον καὶ οἱ ἄλλοι. καὶ τότε περιέσχον μὲν οἱ Μαντινῆς 2
πολὺ τῷ κέρᾳ τῶν Σκιριτῶν, ἔτι δὲ πλέον οἱ Λακεδαιμόνιοι
καὶ Τεγεᾶται τῶν Ἀθηναίων, ὅσῳ μεῖζον τὸ στράτευμα
20 εἶχον. δείσας δὲ Ἆγις μὴ σφῶν κυκλωθῇ τὸ εὐώνυμον, 3
καὶ νομίσας ἄγαν περιέχειν τοὺς Μαντινέας, τοῖς μὲν
Σκιρίταις καὶ Βρασιδείοις ἐσήμηνεν ἐπεξαγαγόντας ἀπὸ
σφῶν ἐξισῶσαι τοῖς Μαντινεῦσιν, ἐς δὲ τὸ διάκενον τοῦτο
παρήγγελλεν ἀπὸ τοῦ δεξιοῦ κέρως δύο λόχους τῶν πολεμάρ-
25 χων Ἱππονοΐδα καὶ Ἀριστοκλεῖ ἔχουσι παρελθεῖν καὶ ἐσβα-
λόντας πληρῶσαι, νομίζων τῷ θ᾽ ἑαυτῶν δεξιῷ ἔτι περιουσίαν
ἔσεσθαι καὶ τὸ κατὰ τοὺς Μαντινέας βεβαιότερον τετά-
ξεσθαι. ξυνέβη οὖν αὐτῷ ἅτε ἐν αὐτῇ τῇ ἐφόδῳ καὶ ἐξ 72
ὀλίγου παραγγείλαντι τόν τε Ἀριστοκλέα καὶ τὸν Ἱππονοΐ-
30 δαν μὴ ᾽θελῆσαι παρελθεῖν, ἀλλὰ καὶ διὰ τοῦτο τὸ αἰτίαμα

---

3 ὁμοῦ recc.: νόμῳ recc., A. Gellius (*ex lege* Valla): νόμου codd.
4 προσέλθοιεν Gellius et Schol.: προέλθοιεν codd.   6 πρόοδοις G
8 ποιεῖ ... τοῦτο secl. Stahl   11 προσστέλλειν Stahl: πρὸς τέλλειν
E: προστέλλειν cett.   19 μείζω C G

ὕστερον φεύγειν ἐκ Σπάρτης δόξαντας μαλακισθῆναι, καὶ
τοὺς πολεμίους φθάσαι τῇ προσμείξει, καὶ κελεύσαντος
αὐτοῦ, ἐπὶ τοὺς Σκιρίτας ὡς οὐ παρῆλθον οἱ λόχοι, πάλιν
αὖ σφίσι προσμεῖξαι, μὴ δυνηθῆναι ἔτι μηδὲ τούτους ξυγ-
2 κλῆσαι. ἀλλὰ μάλιστα δὴ κατὰ πάντα τῇ ἐμπειρίᾳ Λακε- 5
δαιμόνιοι ἐλασσωθέντες τότε τῇ ἀνδρείᾳ ἔδειξαν οὐχ ἧσσον
3 περιγενόμενοι. ἐπειδὴ γὰρ ἐν χερσὶν ἐγίγνοντο τοῖς ἐναν-
τίοις, τὸ μὲν τῶν Μαντινέων δεξιὸν τρέπει αὐτῶν τοὺς
Σκιρίτας καὶ τοὺς Βρασιδείους, καὶ ἐσπεσόντες οἱ Μαντινῆς
καὶ οἱ ξύμμαχοι αὐτῶν καὶ τῶν Ἀργείων οἱ χίλιοι λογάδες 10
κατὰ τὸ διάκενον καὶ οὐ ξυγκλησθὲν τοὺς Λακεδαιμονίους
διέφθειρον καὶ κυκλωσάμενοι ἔτρεψαν καὶ ἐξέωσαν ἐς τὰς
ἀμάξας καὶ τῶν πρεσβυτέρων τῶν ἐπιτεταγμένων ἀπέκτεινάν
4 τινας. καὶ ταύτῃ μὲν ἡσσῶντο οἱ Λακεδαιμόνιοι· τῷ δὲ
ἄλλῳ στρατοπέδῳ καὶ μάλιστα τῷ μέσῳ, ᾗπερ ὁ βασιλεὺς 15
Ἄγις ἦν καὶ περὶ αὐτὸν οἱ τριακόσιοι ἱππῆς καλούμενοι,
προσπεσόντες τῶν [τε] Ἀργείων τοῖς πρεσβυτέροις καὶ πέντε
λόχοις ὠνομασμένοις καὶ Κλεωναίοις καὶ Ὀρνεάταις καὶ
Ἀθηναίων τοῖς παρατεταγμένοις, ἔτρεψαν οὐδὲ ἐς χεῖρας
τοὺς πολλοὺς ὑπομείναντας, ἀλλ᾽ ὡς ἐπῇσαν οἱ Λακεδαιμόνιοι 20
εὐθὺς ἐνδόντας καὶ ἔστιν οὓς καὶ καταπατηθέντας τοῦ μὴ
φθῆναι τὴν ἐγκατάληψιν.

73   Ὡς δὲ ταύτῃ ἐνεδεδώκει τὸ τῶν Ἀργείων καὶ ξυμμάχων
στράτευμα, παρερρήγνυντο ἤδη ἅμα καὶ ἐφ᾽ ἑκάτερα, καὶ
ἅμα τὸ δεξιὸν τῶν Λακεδαιμονίων καὶ Τεγεατῶν ἐκυκλοῦτο 25
τῷ περιέχοντι σφῶν τοὺς Ἀθηναίους, καὶ ἀμφοτέρωθεν
αὐτοὺς κίνδυνος περιειστήκει, τῇ μὲν κυκλουμένους, τῇ δὲ
ἤδη ἡσσημένους. καὶ μάλιστ᾽ ἂν τοῦ στρατεύματος ἐταλαι-
πώρησαν, εἰ μὴ οἱ ἱππῆς παρόντες αὐτοῖς ὠφέλιμοι ἦσαν.
2 καὶ ξυνέβη τὸν Ἄγιν, ὡς ᾔσθετο τὸ εὐώνυμον σφῶν πονοῦν 30

4 τούτοις Classen   5 Λακεδαι]μόν[ιοι incipit Π²⁴   7 περιγιγνό-
μενοι Poppo [Π²⁴]   16 ἦν Ἄγις (sic) C G [Π²⁴]   post τριακόσιοι
add. οἱ Krüger [Π²⁴]   17 τε om. A B E F M [Π²⁴]   πεντελόχοις c f g
Schol.   21 τοῦ μὲν μὴ Π²⁴   24 παρερρήγνυντο M ἅμα om. Π²⁴
25 ἐκυκλοῦντο A B F   29 οἱ] οἵ γε Π²⁴

50

τὸ κατὰ τοὺς Μαντινέας καὶ τῶν Ἀργείων τοὺς χιλίους,
παραγγεῖλαι παντὶ τῷ στρατεύματι χωρῆσαι ἐπὶ τὸ νικώ-
μενον.   καὶ γενομένου τούτου οἱ μὲν Ἀθηναῖοι ἐν τούτῳ, 3
ὡς παρῆλθε καὶ ἐξέκλινεν ἀπὸ σφῶν τὸ στράτευμα, καθ᾽
5 ἡσυχίαν ἐσώθησαν καὶ τῶν Ἀργείων μετ᾽ αὐτῶν τὸ ἡσ-
σηθέν· οἱ δὲ Μαντινῆς καὶ οἱ ξύμμαχοι καὶ τῶν Ἀργείων
οἱ λογάδες οὐκέτι πρὸς τὸ ἐγκεῖσθαι τοῖς ἐναντίοις τὴν
γνώμην εἶχον, ἀλλ᾽ ὁρῶντες τούς τε σφετέρους νενικημένους
καὶ τοὺς Λακεδαιμονίους ἐπιφερομένους ἐς φυγὴν ἐτράποντο.
10 καὶ τῶν μὲν Μαντινέων καὶ πλείους διεφθάρησαν, τῶν δὲ 4
Ἀργείων λογάδων τὸ πολὺ ἐσώθη.   ἡ μέντοι φυγὴ καὶ
ἀποχώρησις οὐ βίαιος οὐδὲ μακρὰ ἦν· οἱ γὰρ Λακεδαιμόνιοι
μέχρι μὲν τοῦ τρέψαι χρονίους τὰς μάχας καὶ βεβαίους τῷ
μένειν ποιοῦνται, τρέψαντες δὲ βραχείας καὶ οὐκ ἐπὶ πολὺ
15 τὰς διώξεις.

Καὶ ἡ μὲν μάχη τοιαύτη καὶ ὅτι ἐγγύτατα τούτων ἐγένετο, 74
πλείστου δὴ χρόνου μεγίστη δὴ τῶν Ἑλληνικῶν καὶ ὑπὸ
ἀξιολογωτάτων πόλεων ξυνελθοῦσα.   οἱ δὲ Λακεδαιμόνιοι 2
προθέμενοι τῶν πολεμίων νεκρῶν τὰ ὅπλα τροπαῖον εὐθὺς
20 ἵστασαν καὶ τοὺς νεκροὺς ἐσκύλευον, καὶ τοὺς αὐτῶν ἀνεί-
λοντο καὶ ἀπήγαγον ἐς Τεγέαν, οὗπερ ἐτάφησαν, καὶ τοὺς
τῶν πολεμίων ὑποσπόνδους ἀπέδοσαν.   ἀπέθανον δὲ Ἀρ- 3
γείων μὲν καὶ Ὀρνεατῶν καὶ Κλεωναίων ἑπτακόσιοι, Μαν-
τινέων δὲ διακόσιοι, καὶ Ἀθηναίων ξὺν Αἰγινήταις διακόσιοι
25 καὶ οἱ στρατηγοὶ ἀμφότεροι.   Λακεδαιμονίων δὲ οἱ μὲν
ξύμμαχοι οὐκ ἐταλαιπώρησαν ὥστε καὶ ἀξιόλογόν τι ἀπο-
γενέσθαι· αὐτῶν δὲ χαλεπὸν μὲν ἦν τὴν ἀλήθειαν πυθέσθαι,
ἐλέγοντο δὲ περὶ τριακοσίους ἀποθανεῖν.

Τῆς δὲ μάχης μελλούσης ἔσεσθαι καὶ Πλειστοάναξ ὁ 75
30 ἕτερος βασιλεὺς ἔχων τούς τε πρεσβυτέρους καὶ νεωτέρους
ἐβοήθησε, καὶ μέχρι μὲν Τεγέας ἀφίκετο, πυθόμενος δὲ τὴν

4 στρ[άτευμα desinit Π²⁴   10 post alterum καὶ add. οἱ Stahl (οἱ
pro καὶ recc.)   20 αὐτῶν recc : αὐτῶν codd.

2 νίκην ἀπεχώρησεν. καὶ τοὺς ἀπὸ Κορίνθου καὶ ἔξω Ἰσθμοῦ
ξυμμάχους ἀπέστρεψαν πέμψαντες οἱ Λακεδαιμόνιοι, καὶ
αὐτοὶ ἀναχωρήσαντες καὶ τοὺς ξυμμάχους ἀφέντες (Κάρνεια
3 γὰρ αὐτοῖς ἐτύγχανον ὄντα) τὴν ἑορτὴν ἦγον. καὶ τὴν ὑπὸ
τῶν Ἑλλήνων τότε ἐπιφερομένην αἰτίαν ἔς τε μαλακίαν διὰ 5
τὴν ἐν τῇ νήσῳ ξυμφορὰν καὶ ἐς τὴν ἄλλην ἀβουλίαν τε
καὶ βραδυτῆτα ἑνὶ ἔργῳ τούτῳ ἀπελύσαντο, τύχῃ μέν, ὡς
ἐδόκουν, κακιζόμενοι, γνώμῃ δὲ οἱ αὐτοὶ ἔτι ὄντες.
4 Τῇ δὲ προτέρᾳ ἡμέρᾳ ξυνέβη τῆς μάχης ταύτης καὶ τοὺς
Ἐπιδαυρίους πανδημεὶ ἐσβαλεῖν ἐς τὴν Ἀργείαν ὡς ἐρῆμον 10
οὖσαν καὶ τοὺς ὑπολοίπους φύλακας τῶν Ἀργείων ἐξελ-
5 θόντων αὐτῶν διαφθεῖραι πολλούς. καὶ Ἠλείων τρισχιλίων
ὁπλιτῶν βοηθησάντων Μαντινεῦσιν ὕστερον τῆς μάχης καὶ
Ἀθηναίων χιλίων πρὸς τοῖς προτέροις ἐστράτευσαν ἅπαντες
οἱ ξύμμαχοι οὗτοι εὐθὺς ἐπὶ Ἐπίδαυρον, ἕως οἱ Λακεδαι- 15
μόνιοι Κάρνεια ἦγον, καὶ διελόμενοι τὴν πόλιν περιετείχιζον.
6 καὶ οἱ μὲν ἄλλοι ἐξεπαύσαντο, Ἀθηναῖοι δέ, ὥσπερ προσε-
τάχθησαν, τὴν ἄκραν τὸ Ἡραῖον εὐθὺς ἐξειργάσαντο. καὶ
ἐν τούτῳ ξυγκαταλιπόντες ἅπαντες τῷ τειχίσματι φρουρὰν
ἀνεχώρησαν κατὰ πόλεις ἕκαστοι. καὶ τὸ θέρος ἐτελεύτα. 20
76 Τοῦ δ' ἐπιγιγνομένου χειμῶνος ἀρχομένου εὐθὺς οἱ
Λακεδαιμόνιοι, ἐπειδὴ τὰ Κάρνεια ἤγαγον, ἐξεστράτευσαν,
καὶ ἀφικόμενοι ἐς Τεγέαν λόγους προύπεμπον ἐς τὸ Ἄργος
2 ξυμβατηρίους. ἦσαν δὲ αὐτοῖς πρότερόν τε ἄνδρες ἐπιτή-
δειοι καὶ βουλόμενοι τὸν δῆμον τὸν ἐν Ἄργει καταλῦσαι· 25
καὶ ἐπειδὴ ἡ μάχη ἐγεγένητο, πολλῷ μᾶλλον ἐδύναντο πεί-
θειν τοὺς πολλοὺς ἐς τὴν ὁμολογίαν. ἐβούλοντο δὲ πρῶτον
σπονδὰς ποιήσαντες πρὸς τοὺς Λακεδαιμονίους αὖθις ὕστερον
3 καὶ ξυμμαχίαν, καὶ οὕτως ἤδη τῷ δήμῳ ἐπιτίθεσθαι. καὶ
ἀφικνεῖται πρόξενος ὢν Ἀργείων Λίχας ὁ Ἀρκεσιλάου παρὰ 30
τῶν Λακεδαιμονίων δύο λόγω φέρων ἐς τὸ Ἄργος, τὸν μὲν

9 προτεραίᾳ C E (G)   10 Ἀργείων A B M   12 αὐτῶν om.
recc.   22 ἐπειδὴ τὰ Κάρνεια ἤγαγον secl. Krüger

52

καθ' ὅτι εἰ βούλονται πολεμεῖν, τὸν δ' ὡς εἰ εἰρήνην ἄγειν.
καὶ γενομένης πολλῆς ἀντιλογίας (ἔτυχε γὰρ καὶ ὁ Ἀλκι-
βιάδης παρών) οἱ ἄνδρες οἱ τοῖς Λακεδαιμονίοις πράσσοντες,
ἤδη καὶ ἐκ τοῦ φανεροῦ τολμῶντες, ἔπεισαν τοὺς Ἀργείους
5 προσδέξασθαι τὸν ξυμβατήριον λόγον.   ἔστι δὲ ὅδε.

'Καττάδε δοκεῖ τᾷ ἐκκλησίᾳ τῶν Λακεδαιμονίων ξυμ- 77
βαλέσθαι ποττὼς Ἀργείως, ἀποδιδόντας τὼς παῖδας τοῖς
Ὀρχομενίοις καὶ τὼς ἄνδρας τοῖς Μαιναλίοις, καὶ τὼς
ἄνδρας τὼς ἐν Μαντινείᾳ τοῖς Λακεδαιμονίοις ἀποδιδόντας,
10 καὶ ἐξ Ἐπιδαύρω ἐκβῶντας καὶ τὸ τεῖχος ἀναιρίοντας.
αἰ δέ κα μὴ εἴκωντι τοὶ Ἀθηναῖοι ἐξ Ἐπιδαύρω, πολεμίως 2
ἤμεν τοῖς Ἀργείοις καὶ τοῖς Λακεδαιμονίοις καὶ τοῖς τῶν
Λακεδαιμονίων ξυμμάχοις καὶ τοῖς τῶν Ἀργείων ξυμμάχοις.
καὶ αἴ τινα τοὶ Λακεδαιμόνιοι παῖδα ἔχοντι, ἀποδόμεν ταῖς 3
15 πολίεσσι πάσαις.   περὶ δὲ τῶ σιῶ σύματος, αἰ μὲν λῆν, 4
τοῖς Ἐπιδαυρίοις ὅρκον δόμεν, ⟨αἰ⟩ δέ, αὐτὼς ὀμόσαι.   τὰς 5
δὲ πόλιας τὰς ἐν Πελοποννάσῳ, καὶ μικρὰς καὶ μεγάλας,
αὐτονόμως ἤμεν πάσας καττὰ πάτρια.   αἰ δέ κα τῶν ἐκτὸς 6
Πελοποννάσω τις ἐπὶ τὰν Πελοπόννασον γᾶν ἴῃ ἐπὶ κακῷ,
20 ἀλεξέμεναι ἀμόθι βωλευσαμένως, ὅπᾳ κα δικαιότατα δοκῇ
τοῖς Πελοποννασίοις.   ὅσσοι δ' ἐκτὸς Πελοποννάσω τῶν 7
Λακεδαιμονίων ξύμμαχοί ἐντι, ἐν τῷ αὐτῷ ἐσσίονται ἐν
τῷπερ καὶ τοὶ Λακεδαιμόνιοι, καὶ τοὶ τῶν Ἀργείων ξύμ-

8 Ἐρχομενίοις Kirchhoff   10 Ἐπιδαύρω Ahrens : Ἐπιδαύρου codd.
ἀναιρίοντας Ahrens : ἀναιροῦντας codd.   11 εἴκοντι A B E F M
Ἀθαναῖοι Kirchhoff   Ἐπιδαύρω Ahrens : Ἐπιδαύρου codd.   πολε-
μίως Ahrens : πολεμίους codd.   12 ἤμεν recc. : εἶμεν vel εἰ μὲν
codd.   καὶ τοῖς Λακεδαιμονίοις om. A B E F M   15 πολίεσσι A :
πολίεσι cett.   post σιῶ add. τῶ Herwerden   αἰ μὲν λῆν Ahrens :
ἐμέλην A B M : ἐμενλῆν vel similia cett.   16 αἰ add. Ahrens
αὐτὼς Ahrens : αὐτοὺς codd.   18 αὐτονόμως Ahrens : αὐτονόμους
codd.   ἤμεν recc. : εἶμεν vel εἰ μὲν codd.   19 Πελοποννάσσω
(sic, corr. c) C : Πελοποννάσου cett.   20 ἀλέξεσθαι Herwerden
ἀμόθι Stahl : ἀμόθι vel ἀμόθει (ἀμόθει) codd.   βωλευσαμένως Ahrens :
βουλευσαμένους codd.   21 ὅσσοι Ahrens : ὅσοι codd.   Πελο-
ποννάσω Ahrens : Πελοποννάσου (vel similia) codd.   22 ἐσσίονται
Ahrens : ἐσσοῦνται vel ἐσοῦνται codd.   23 Λακεδαιμόνιοι Kirchhoff :
τῶν Λακεδαιμονίων codd.

μαχοι ἐν τ⟨ῷ αὐτῷ ἐσσίονται ἐν τῷπερ καὶ τοὶ Ἀργεῖοι⟩,
8 τὰν αὐτῶν ἔχοντες. ἐπιδείξαντας δὲ τοῖς ξυμμάχοις ξυμ-
βαλέσθαι, αἴ κα αὐτοῖς δοκῇ. αἱ δέ τι δοκῇ τοῖς ξυμμάχοις,
οἴκαδ᾽ ἀπιάλλην.᾽

78　　Τοῦτον μὲν τὸν λόγον προσεδέξαντο πρῶτον οἱ Ἀργεῖοι, 5
καὶ τῶν Λακεδαιμονίων τὸ στράτευμα ἀνεχώρησεν ἐκ τῆς
Τεγέας ἐπ᾽ οἴκου· μετὰ δὲ τοῦτο ἐπιμειξίας οὔσης ἤδη παρ᾽
ἀλλήλους, οὐ πολλῷ ὕστερον ἔπραξαν αὖθις οἱ αὐτοὶ ἄνδρες
ὥστε τὴν Μαντινέων καὶ τὴν Ἀθηναίων καὶ Ἠλείων ξυμ-
μαχίαν ἀφέντας Ἀργείους σπονδὰς καὶ ξυμμαχίαν ποιήσασθαι 10
πρὸς Λακεδαιμονίους. καὶ ἐγένοντο αἵδε.

79　　ʽ Καττάδε ἔδοξε τοῖς Λακεδαιμονίοις καὶ Ἀργείοις σπονδὰς
καὶ ξυμμαχίαν ἦμεν πεντήκοντα ἔτη, ἐπὶ τοῖς ἴσοις καὶ ὁμοίοις
δίκας διδόντας καττὰ πάτρια· ταὶ δὲ ἄλλαι πόλιες ταὶ ἐν
Πελοποννάσῳ κοινανεόντω τᾶν σπονδᾶν καὶ τᾶς ξυμμαχίας 15
αὐτόνομοι καὶ αὐτοπόλιες, τὰν αὐτῶν ἔχοντες, καττὰ πάτρια
2 δίκας διδόντες τὰς ἴσας καὶ ὁμοίας. ὅσσοι δὲ ἔξω Πελοπον-
νάσω Λακεδαιμονίοις ξύμμαχοί ἐντι, ἐν τοῖς αὐτοῖς ἐσσίονται
τοῖσπερ καὶ τοὶ Λακεδαιμόνιοι· καὶ τοὶ τῶν Ἀργείων ξύμμαχοι
ἐν τῷ αὐτῷ ἐσσίονται τῷπερ καὶ τοὶ Ἀργεῖοι, τὰν αὐτῶν 20
3 ἔχοντες. αἱ δέ ποι στρατείας δέῃ κοινᾶς, βουλεύεσθαι
Λακεδαιμονίως καὶ Ἀργείως ὅπᾳ κα δικαιότατα κρίναντας
4 τοῖς ξυμμάχοις. αἱ δέ τινι τᾶν πολίων ᾖ ἀμφίλλογα, ἢ τᾶν
ἐντὸς ἢ τᾶν ἐκτὸς Πελοποννάσω, αἴτε περὶ ὅρων αἴτε περὶ
ἄλλω τινός, διακριθῆμεν. αἱ δέ τις τῶν ξυμμάχων πόλις 25

1 ἐν τῷ . . . Ἀργεῖοι Kirchhoff : ἐντι codd.　　4 ἀπιάλλην A B :
ἀπιάλλειν cett.: ἐπιάλλην Stahl　　13 ἦμεν recc.: εἶμεν vel similia
codd.　　πεντηκονταετῆ c G　　ἔτεα Kirchhoff　　15 κοινανεόντω
Ahrens: κοινανεόντων C: κοινὰν (ita c) vel κοινᾶν ἐόντων cett. (post
κοινᾶν add. δὲ B)　　τᾶν σπονδᾶν a g : τὰν σπονδὰν codd. (τᾶν om. B)
τᾶς ξυμμαχίας Bekker: τᾶν ξυμμαχίᾶν a: τὰν ξυμμαχίαν codd.　　17 ὅσ-
σοι A C (ὅσοι c) F: ὅσοι cett.　　ἐκτὸς Kirchhoff　　Πελοποννάσωι (sic)
B : Πελοποννάσου cett.　　18 τῷ αὐτῷ . . . τῷπερ Kirchhoff　　18, 20 ἐσ-
σίονται Kirchhoff : ἐσσοῦνται vel ἐσοῦνται codd.　　21 στρατείας Aem.
Portus: στρατιᾶς vel στρατιὰς codd.　　δέοι recc.　　23 εἴη Kirch-
hoff　　ἀμφίλογα c G　　24 Πελοποννάσω C: Πελοποννάσου (vel
similia) cett.　　25 ἄλλω Stahl : ἄλλου codd.

πόλι ἐρίζοι, ἐς πόλιν ἐλθῆν ἄντια ἴσαν ἀμφοῖν ταῖς πολίεσσι
δοκείοι.   τὼς δὲ ἔτας καττὰ πάτρια δικάζεσθαι.'

Αἱ μὲν σπονδαὶ καὶ ἡ ξυμμαχία αὕτη ἐγεγένητο· καὶ 80
ὁπόσα ἀλλήλων πολέμῳ ἢ εἴ τι ἄλλο εἶχον, διελύσαντο.
5 κοινῇ δὲ ἤδη τὰ πράγματα τιθέμενοι ἐψηφίσαντο κήρυκα
καὶ πρεσβείαν παρ' Ἀθηναίων μὴ προσδέχεσθαι, ἢν μὴ ἐκ
Πελοποννήσου ἐξίωσι τὰ τείχη ἐκλιπόντες, καὶ μὴ ξυμβαίνειν
τῳ μηδὲ πολεμεῖν ἀλλ' ἢ ἅμα.   καὶ τά τε ἄλλα θυμῷ ἔφερον 2
καὶ ἐς τὰ ἐπὶ Θρᾴκης χωρία καὶ ὡς Περδίκκαν ἔπεμψαν
10 ἀμφότεροι πρέσβεις, καὶ ἀνέπεισαν Περδίκκαν ξυνομόσαι
σφίσιν.   οὐ μέντοι εὐθύς γε ἀπέστη τῶν Ἀθηναίων, ἀλλὰ
διενοεῖτο, ὅτι καὶ τοὺς Ἀργείους ἑώρα· ἢν δὲ καὶ αὐτὸς τὸ
ἀρχαῖον ἐξ Ἄργους.   καὶ τοῖς Χαλκιδεῦσι τούς τε παλαιοὺς
ὅρκους ἀνενεώσαντο καὶ ἄλλους ὤμοσαν.   ἔπεμψαν δὲ καὶ 3
15 παρὰ τοὺς Ἀθηναίους οἱ Ἀργεῖοι πρέσβεις, τὸ ἐξ Ἐπιδαύρου
τεῖχος κελεύοντες ἐκλιπεῖν.   οἱ δ' ὁρῶντες ὀλίγοι πρὸς
πλείους ὄντες τοὺς ξυμφύλακας, ἔπεμψαν Δημοσθένη τοὺς
σφετέρους ἐξάξοντα.   ὁ δὲ ἀφικόμενος καὶ ἀγῶνά τινα
πρόφασιν γυμνικὸν ἔξω τοῦ φρουρίου ποιήσας, ὡς ἐξῆλθε τὸ
20 ἄλλο φρούριον, ἀπέκλησε τὰς πύλας· καὶ ὕστερον Ἐπιδαυ-
ρίοις ἀνανεωσάμενοι τὰς σπονδὰς αὐτοὶ οἱ Ἀθηναῖοι ἀπέδοσαν
τὸ τείχισμα.   μετὰ δὲ τὴν τῶν Ἀργείων ἀπόστασιν ἐκ τῆς 81
ξυμμαχίας καὶ οἱ Μαντινῆς, τὸ μὲν πρῶτον ἀντέχοντες,
ἔπειτ' οὐ δυνάμενοι ἄνευ τῶν Ἀργείων, ξυνέβησαν καὶ αὐτοὶ
25 τοῖς Λακεδαιμονίοις καὶ τὴν ἀρχὴν ἀφεῖσαν τῶν πόλεων.
καὶ Λακεδαιμόνιοι καὶ Ἀργεῖοι, χίλιοι ἑκάτεροι, ξυστρατεύ- 2
σαντες τά τ' ἐν Σικυῶνι ἐς ὀλίγους μᾶλλον κατέστησαν
αὐτοὶ οἱ Λακεδαιμόνιοι ἐλθόντες, καὶ μετ' ἐκεῖνα ξυναμφό-
τεροι ἤδη καὶ τὸν ἐν Ἄργει δῆμον κατέλυσαν, καὶ ὀλιγαρχία

1 πόλι Ahrens : πόλει codd.   ἐλθῆν Stahl : ἐλθεῖν codd.   2 δοκίοι
Linde   τὼς δὲ ἔτας Poppo : τοῖς δὲ ἔταις (ἔτταις B) codd.   8 καὶ
τὰ] κατὰ C G   17 ὄντες in recc. adscriptum : ὄντας codd.   20
φρουρικὸν recc.   Ἐπιδαυρίοις secl. Stahl   28 ξυναμφότεροι C : ξυναμ-
φότερα cett.

ἐπιτηδεία τοῖς Λακεδαιμονίοις κατέστη.   καὶ πρὸς ἔαρ ἤδη
ταῦτα ἦν τοῦ χειμῶνος λήγοντος, καὶ τέταρτον καὶ δέκατον
ἔτος τῷ πολέμῳ ἐτελεύτα.

82   Τοῦ δ' ἐπιγιγνομένου θέρους Διῆς τε οἱ ἐν Ἄθῳ ἀπέ-
στησαν Ἀθηναίων πρὸς Χαλκιδέας, καὶ Λακεδαιμόνιοι τὰ ἐν 5
Ἀχαΐᾳ οὐκ ἐπιτηδείως πρότερον ἔχοντα καθίσταντο.

2   Καὶ Ἀργείων ὁ δῆμος κατ' ὀλίγον ξυνιστάμενός τε καὶ
ἀναθαρσήσας ἐπέθεντο τοῖς ὀλίγοις, τηρήσαντες αὐτὰς τὰς
γυμνοπαιδίας τῶν Λακεδαιμονίων· καὶ μάχης γενομένης ἐν
τῇ πόλει ἐπεκράτησεν ὁ δῆμος, καὶ τοὺς μὲν ἀπέκτεινε, τοὺς 10
3 δὲ ἐξήλασεν.   οἱ δὲ Λακεδαιμόνιοι, ἕως μὲν αὐτοὺς μετε-
πέμποντο οἱ φίλοι, οὐκ ἦλθον ἐκ πλέονος, ἀναβαλόμενοι δὲ
τὰς γυμνοπαιδίας ἐβοήθουν.   καὶ ἐν Τεγέᾳ πυθόμενοι ὅτι
νενίκηνται οἱ ὀλίγοι, προελθεῖν μὲν οὐκέτι ἠθέλησαν δεομένων
τῶν διαπεφευγότων, ἀναχωρήσαντες δὲ ἐπ' οἴκου τὰς γυμνο- 15
4 παιδίας ἦγον.   καὶ ὕστερον ἐλθόντων πρέσβεων ἀπό τε τῶν
ἐν τῇ πόλει [ἀγγέλων] καὶ τῶν ἔξω Ἀργείων, παρόντων τε
τῶν ξυμμάχων καὶ ῥηθέντων πολλῶν ἀφ' ἑκατέρων ἔγνωσαν
μὲν ἀδικεῖν τοὺς ἐν τῇ πόλει, καὶ ἔδοξεν αὐτοῖς στρατεύειν
5 ἐς Ἄργος, διατριβαὶ δὲ καὶ μελλήσεις ἐγίγνοντο.   ὁ δὲ 20
δῆμος τῶν Ἀργείων ἐν τούτῳ φοβούμενος τοὺς Λακεδαι-
μονίους καὶ τὴν τῶν Ἀθηναίων ξυμμαχίαν πάλιν προσαγό-
μενός τε καὶ νομίζων μέγιστον ἂν σφᾶς ὠφελῆσαι, τειχίζει
μακρὰ τείχη ἐς θάλασσαν, ὅπως, ἢν τῆς γῆς εἴργωνται, ἡ
κατὰ θάλασσαν σφᾶς μετὰ τῶν Ἀθηναίων ἐπαγωγὴ τῶν 25
6 ἐπιτηδείων ὠφελῇ.   ξυνῄδεσαν δὲ τὸν τειχισμὸν καὶ τῶν ἐν
Πελοποννήσῳ τινὲς πόλεων.   καὶ οἱ μὲν Ἀργεῖοι πανδημεί,
καὶ αὐτοὶ καὶ γυναῖκες καὶ οἰκέται, ἐτείχιζον· καὶ ἐκ τῶν
Ἀθηνῶν αὐτοῖς ἦλθον τέκτονες καὶ λιθουργοί.   καὶ τὸ θέρος
ἐτελεύτα.   30

83   Τοῦ δ' ἐπιγιγνομένου χειμῶνος Λακεδαιμόνιοι ὡς ᾔσθοντο

4 Δικτυδιεῖς c G   12 post πλέονος lacunam statuit Stahl
17 ἀγγέλων secl. F. Portus   23 ὠφελῆσαι g : ὠφελήσειν codd.

τειχιζόντων, ἐστράτευσαν ἐς τὸ Ἄργος αὐτοί τε καὶ οἱ
ξύμμαχοι πλὴν Κορινθίων· ὑπῆρχε δέ τι αὐτοῖς καὶ ἐκ τοῦ
Ἄργους αὐτόθεν πρασσόμενον. ἦγε δὲ τὴν στρατιὰν Ἆγις
ὁ Ἀρχιδάμου Λακεδαιμονίων βασιλεύς. καὶ τὰ μὲν ἐκ τῆς 2
5 πόλεως δοκοῦντα προϋπάρχειν οὐ προυχώρησεν ἔτι· τὰ δὲ
οἰκοδομούμενα τείχη ἑλόντες καὶ καταβαλόντες καὶ Ὑσιὰς
χωρίον τῆς Ἀργείας λαβόντες καὶ τοὺς ἐλευθέρους ἅπαντας
οὓς ἔλαβον ἀποκτείναντες ἀνεχώρησαν καὶ διελύθησαν κατὰ
πόλεις. ἐστράτευσαν δὲ μετὰ τοῦτο καὶ Ἀργεῖοι ἐς τὴν 3
10 Φλειασίαν καὶ δηώσαντες ἀπῆλθον, ὅτι σφῶν τοὺς φυγάδας
ὑπεδέχοντο· οἱ γὰρ πολλοὶ αὐτῶν ἐνταῦθα κατῴκηντο.
κατέκλῃσαν δὲ τοῦ αὐτοῦ χειμῶνος καὶ Μακεδόνας Ἀθη- 4
ναῖοι, Περδίκκᾳ ἐπικαλοῦντες τήν τε πρὸς Ἀργείους καὶ
Λακεδαιμονίους γενομένην ξυνωμοσίαν, καὶ ὅτι παρασκευα-
15 σαμένων αὐτῶν στρατιὰν ἄγειν ἐπὶ Χαλκιδέας τοὺς ἐπὶ
Θρᾴκης καὶ Ἀμφίπολιν Νικίου τοῦ Νικηράτου στρατηγοῦντος
ἔψευστο τὴν ξυμμαχίαν καὶ ἡ στρατεία μάλιστα διελύθη
ἐκείνου †ἀπάραντος†· πολέμιος οὖν ἦν. καὶ ὁ χειμὼν
ἐτελεύτα οὗτος, καὶ πέμπτον καὶ δέκατον ἔτος τῷ πολέμῳ
20 ἐτελεύτα.

Τοῦ δ' ἐπιγιγνομένου θέρους Ἀλκιβιάδης τε πλεύσας ἐς 84
Ἄργος ναυσὶν εἴκοσιν Ἀργείων τοὺς δοκοῦντας ἔτι ὑπόπτους
εἶναι καὶ τὰ Λακεδαιμονίων φρονεῖν ἔλαβε τριακοσίους
ἄνδρας, καὶ κατέθεντο αὐτοὺς Ἀθηναῖοι ἐς τὰς ἐγγὺς νήσους
25 ὧν ἦρχον· καὶ ἐπὶ Μῆλον τὴν νῆσον Ἀθηναῖοι ἐστράτευσαν
ναυσὶν ἑαυτῶν μὲν τριάκοντα, Χίαις δὲ ἕξ, Λεσβίαιν δὲ δυοῖν,
καὶ ὁπλίταις ἑαυτῶν μὲν διακοσίοις καὶ χιλίοις καὶ τοξόταις
τριακοσίοις καὶ ἱπποτοξόταις εἴκοσι, τῶν δὲ ξυμμάχων καὶ
νησιωτῶν ὁπλίταις μάλιστα πεντακοσίοις καὶ χιλίοις. οἱ δὲ 2

12 Μακεδόνας Göller (ex Schol.): Μακεδονίας codd.   13 Περδίκκᾳ
Göller: Περδίκκαν codd.   17 στρατεία Classen : στρατιὰ codd.
18 ἀπάραντος (ἀπαυραντος E): ἀναπεισθέντος interpretatur Schol., alii
alia coniecerunt   19 οὗτος f M : οὕτως cett.   26 prius δὲ B : om.
cett.   Λεσβίαιν c G : Λεσβίαι, ut videtur, C : Λεσβίαις cett.

Μήλιοι Λακεδαιμονίων μέν εἰσιν ἄποικοι, τῶν δ' Ἀθηναίων
οὐκ ἤθελον ὑπακούειν ὥσπερ οἱ ἄλλοι νησιῶται, ἀλλὰ τὸ
μὲν πρῶτον οὐδετέρων ὄντες ἡσύχαζον, ἔπειτα ὡς αὐτοὺς
ἠνάγκαζον οἱ Ἀθηναῖοι δῃοῦντες τὴν γῆν, ἐς πόλεμον
3 φανερὸν κατέστησαν.   στρατοπεδευσάμενοι οὖν ἐς τὴν γῆν 5
αὐτῶν τῇ παρασκευῇ ταύτῃ οἱ στρατηγοὶ Κλεομήδης τε ὁ
Λυκομήδους καὶ Τεισίας ὁ Τεισιμάχου, πρὶν ἀδικεῖν τι τῆς
γῆς, λόγους πρῶτον ποιησομένους ἔπεμψαν πρέσβεις.   οὓς
οἱ Μήλιοι πρὸς μὲν τὸ πλῆθος οὐκ ἤγαγον, ἐν δὲ ταῖς
ἀρχαῖς καὶ τοῖς ὀλίγοις λέγειν ἐκέλευον περὶ ὧν ἥκουσιν. 10
85 οἱ δὲ τῶν Ἀθηναίων πρέσβεις ἔλεγον τοιάδε.   ' ἐπειδὴ οὐ
πρὸς τὸ πλῆθος οἱ λόγοι γίγνονται, ὅπως δὴ μὴ ξυνεχεῖ
ῥήσει οἱ πολλοὶ ἐπαγωγὰ καὶ ἀνέλεγκτα ἐσάπαξ ἀκούσαντες
ἡμῶν ἀπατηθῶσιν (γιγνώσκομεν γὰρ ὅτι τοῦτο φρονεῖ ἡμῶν
ἡ ἐς τοὺς ὀλίγους ἀγωγή), ὑμεῖς οἱ καθήμενοι ἔτι ἀσφαλέ- 15
στερον ποιήσατε.   καθ' ἕκαστον γὰρ καὶ μηδ' ὑμεῖς ἑνὶ
λόγῳ, ἀλλὰ πρὸς τὸ μὴ δοκοῦν ἐπιτηδείως λέγεσθαι εὐθὺς
ὑπολαμβάνοντες κρίνετε.   καὶ πρῶτον εἰ ἀρέσκει ὡς λέ-
86 γομεν εἴπατε.'   οἱ δὲ τῶν Μηλίων ξύνεδροι ἀπεκρίναντο
' ἡ μὲν ἐπιείκεια τοῦ διδάσκειν καθ' ἡσυχίαν ἀλλήλους 20
οὐ ψέγεται, τὰ δὲ τοῦ πολέμου παρόντα ἤδη καὶ οὐ μέλ-
λοντα διαφέροντα αὐτοῦ φαίνεται.   ὁρῶμεν γὰρ αὐτούς τε
κριτὰς ἥκοντας ὑμᾶς τῶν λεχθησομένων καὶ τὴν τελευτὴν
ἐξ αὐτοῦ κατὰ τὸ εἰκὸς περιγενομένοις μὲν τῷ δικαίῳ καὶ
δι' αὐτὸ μὴ ἐνδοῦσι πόλεμον ἡμῖν φέρουσαν, πεισθεῖσι δὲ 25
δουλείαν.'
87   ΑΘ. Εἰ μὲν τοίνυν ὑπονοίας τῶν μελλόντων λογιούμενοι
ἢ ἄλλο τι ξυνήκετε ἢ ἐκ τῶν παρόντων καὶ ὧν ὁρᾶτε περὶ
σωτηρίας βουλεύσοντες τῇ πόλει, παυοίμεθ' ἄν· εἰ δ' ἐπὶ
τοῦτο, λέγοιμεν ἄν.
                                                                                          30

14 τοῦτο om. M   alt. ἡμῶν recc. et Dion. Hal.: ὑμῶν codd.   16 ἑνὶ
λόγῳ γρ. recc. (perpetua oratione Valla): ἐν ὀλίγῳ codd. et Dion.
Hal.   22 φαίνετε, ut videtur, legit Dion. Hal.   29 βουλεύσαντες
ABEFM

ΜΗΛ. Εἰκὸς μὲν καὶ ξυγγνώμη ἐν τῷ τοιῷδε καθεστῶτας 88
ἐπὶ πολλὰ καὶ λέγοντας καὶ δοκοῦντας τρέπεσθαι· ἡ μέντοι
ξύνοδος καὶ περὶ σωτηρίας ἥδε πάρεστι, καὶ ὁ λόγος ᾧ
προκαλεῖσθε τρόπῳ, εἰ δοκεῖ, γιγνέσθω.

5   ΑΘ. Ἡμεῖς τοίνυν οὔτε αὐτοὶ μετ᾽ ὀνομάτων καλῶν, ὡς ἢ 89
δικαίως τὸν Μῆδον καταλύσαντες ἄρχομεν ἢ ἀδικούμενοι νῦν
ἐπεξερχόμεθα, λόγων μῆκος ἄπιστον παρέξομεν, οὔθ᾽ ὑμᾶς
ἀξιοῦμεν ἢ ὅτι Λακεδαιμονίων ἄποικοι ὄντες οὐ ξυνεστρατεύ-
σατε ἢ ὡς ἡμᾶς οὐδὲν ἠδικήκατε λέγοντας οἴεσθαι πείσειν,
10 τὰ δυνατὰ δ᾽ ἐξ ὧν ἑκάτεροι ἀληθῶς φρονοῦμεν διαπράσ-
σεσθαι, ἐπισταμένους πρὸς εἰδότας ὅτι δίκαια μὲν ἐν τῷ
ἀνθρωπείῳ λόγῳ ἀπὸ τῆς ἴσης ἀνάγκης κρίνεται, δυνατὰ δὲ
οἱ προύχοντες πράσσουσι καὶ οἱ ἀσθενεῖς ξυγχωροῦσιν.

ΜΗΛ. Ἦι μὲν δὴ νομίζομέν γε, χρήσιμον (ἀνάγκη γάρ, 90
15 ἐπειδὴ ὑμεῖς οὕτω παρὰ τὸ δίκαιον τὸ ξυμφέρον λέγειν
ὑπέθεσθε) μὴ καταλύειν ὑμᾶς τὸ κοινὸν ἀγαθόν, ἀλλὰ τῷ
αἰεὶ ἐν κινδύνῳ γιγνομένῳ εἶναι τὰ εἰκότα καὶ δίκαια, καί τι
καὶ ἐντὸς τοῦ ἀκριβοῦς πείσαντά τινα ὠφεληθῆναι. καὶ
πρὸς ὑμῶν οὐχ ἧσσον τοῦτο, ὅσῳ καὶ ἐπὶ μεγίστῃ τιμωρίᾳ
20 σφαλέντες ἂν τοῖς ἄλλοις παράδειγμα γένοισθε.

ΑΘ. Ἡμεῖς δὲ τῆς ἡμετέρας ἀρχῆς, ἢν καὶ παυθῇ, οὐκ 91
ἀθυμοῦμεν τὴν τελευτήν· οὐ γὰρ οἱ ἄρχοντες ἄλλων, ὥσπερ
καὶ Λακεδαιμόνιοι, οὗτοι δεινοὶ τοῖς νικηθεῖσιν (ἔστι δὲ οὐ
πρὸς Λακεδαιμονίους ἡμῖν ὁ ἀγών), ἀλλ᾽ ἢν οἱ ὑπήκοοί που
25 τῶν ἀρξάντων αὐτοὶ ἐπιθέμενοι κρατήσωσιν. καὶ περὶ μὲν 2
τούτου ἡμῖν ἀφείσθω κινδυνεύεσθαι· ὡς δὲ ἐπ᾽ ὠφελίᾳ τε
πάρεσμεν τῆς ἡμετέρας ἀρχῆς καὶ ἐπὶ σωτηρίᾳ νῦν τοὺς
λόγους ἐροῦμεν τῆς ὑμετέρας πόλεως, ταῦτα δηλώσομεν,
βουλόμενοι ἀπόνως μὲν ὑμῶν ἄρξαι, χρησίμως δ᾽ ὑμᾶς
30 ἀμφοτέροις σωθῆναι.

1 ξυγγνώμην ABEFM   9 οὐδὲ ABF   13 πράσσουσι]
προστάσσουσι Dobree   14 ἢ CG   16 ὑμᾶς fM : ἡμᾶς cett.
17 καὶ om. ABFM : καὶ δίκαια secl. Stahl   18 πείσαντά recc. :
πείσοντά codd.

59

92   ΜΗΛ. Καὶ πῶς χρήσιμον ἂν ξυμβαίη ἡμῖν δουλεῦσαι,
ὥσπερ καὶ ὑμῖν ἄρξαι;

93   ΑΘ. Ὅτι ὑμῖν μὲν πρὸ τοῦ τὰ δεινότατα παθεῖν ὑπα-
κοῦσαι ἂν γένοιτο, ἡμεῖς δὲ μὴ διαφθείραντες ὑμᾶς κερδαί-
νοιμεν ἄν.   5

94   ΜΗΛ. Ὥστε [δὲ] ἡσυχίαν ἄγοντας ἡμᾶς φίλους μὲν
εἶναι ἀντὶ πολεμίων, ξυμμάχους δὲ μηδετέρων, οὐκ ἂν
δέξαισθε;

95   ΑΘ. Οὐ γὰρ τοσοῦτον ἡμᾶς βλάπτει ἡ ἔχθρα ὑμῶν ὅσον
ἡ φιλία μὲν ἀσθενείας, τὸ δὲ μῖσος δυνάμεως παράδειγμα 10
τοῖς ἀρχομένοις δηλούμενον.

96   ΜΗΛ. Σκοποῦσι δ᾽ ὑμῶν οὕτως οἱ ὑπήκοοι τὸ εἰκός,
ὥστε τούς τε μὴ προσήκοντας καὶ ὅσοι ἄποικοι ὄντες οἱ
πολλοὶ καὶ ἀποστάντες τινὲς κεχείρωνται ἐς τὸ αὐτὸ
τιθέασιν;   15

97   ΑΘ. Δικαιώματι γὰρ οὐδετέρους ἐλλείπειν ἡγοῦνται,
κατὰ δύναμιν δὲ τοὺς μὲν περιγίγνεσθαι, ἡμᾶς δὲ φόβῳ οὐκ
ἐπιέναι· ὥστε ἔξω καὶ τοῦ πλεόνων ἄρξαι καὶ τὸ ἀσφαλὲς
ἡμῖν διὰ τὸ καταστραφῆναι ἂν παράσχοιτε, ἄλλως τε καὶ
νησιῶται ναυκρατόρων καὶ ἀσθενέστεροι ἑτέρων ὄντες εἰ μὴ 20
περιγένοισθε.

98   ΜΗΛ. Ἐν δ᾽ ἐκείνῳ οὐ νομίζετε ἀσφάλειαν; δεῖ γὰρ αὖ
καὶ ἐνταῦθα, ὥσπερ ὑμεῖς τῶν δικαίων λόγων ἡμᾶς ἐκβιβά-
σαντες τῷ ὑμετέρῳ ξυμφόρῳ ὑπακούειν πείθετε, καὶ ἡμᾶς
τὸ ἡμῖν χρήσιμον διδάσκοντας, εἰ τυγχάνει καὶ ὑμῖν τὸ 25
αὐτὸ ξυμβαῖνον, πειρᾶσθαι πείθειν. ὅσοι γὰρ νῦν μηδε-
τέροις ξυμμαχοῦσι, πῶς οὐ πολεμώσεσθε αὐτούς, ὅταν ἐς
τάδε βλέψαντες ἡγήσωνταί ποτε ὑμᾶς καὶ ἐπὶ σφᾶς ἥξειν;
κἂν τούτῳ τί ἄλλο ἢ τοὺς μὲν ὑπάρχοντας πολεμίους
μεγαλύνετε, τοὺς δὲ μηδὲ μελλήσαντας γενέσθαι ἄκοντας 30
ἐπάγεσθε;

6 δὲ om. A B F M   8 δέξαισθε Bekker : δέξησθε G : δέξοισθε cett.
13 προσήκο]ντ[ας ... 27 ξυμμ]αχοῦ[σι Π¹¹   18 το]ῦ κ[αὶ Π¹¹   20 ναυ-
τοκρατόρων Β Μ [Π¹¹]   23 ἐκβιδάσαντες A B E F M [Π¹¹]   30 μελλή-
σαντας, ut videtur, legit Schol. : μελλήσοντας codd.

ΑΘ. Οὐ γὰρ νομίζομεν ἡμῖν τούτους δεινοτέρους ὅσοι 99
ἠπειρῶταί που ὄντες τῷ ἐλευθέρῳ πολλὴν τὴν διαμέλλησιν
τῆς πρὸς ἡμᾶς φυλακῆς ποιήσονται, ἀλλὰ τοὺς νησιώτας τέ
που ἀνάρκτους, ὥσπερ ὑμᾶς, καὶ τοὺς ἤδη τῆς ἀρχῆς τῷ
5 ἀναγκαίῳ παροξυνομένους. οὗτοι γὰρ πλεῖστ᾽ ἂν τῷ ἀλο-
γίστῳ ἐπιτρέψαντες σφᾶς τε αὑτοὺς καὶ ἡμᾶς ἐς προῦπτον
κίνδυνον καταστήσειαν.

ΜΗΛ. Ἦ που ἄρα, εἰ τοσαύτην γε ὑμεῖς τε μὴ παυθῆναι 100
ἀρχῆς καὶ οἱ δουλεύοντες ἤδη ἀπαλλαγῆναι τὴν παρακινδύ-
10 νευσιν ποιοῦνται, ἡμῖν γε τοῖς ἔτι ἐλευθέροις πολλὴ κακότης
καὶ δειλία μὴ πᾶν πρὸ τοῦ δουλεῦσαι ἐπεξελθεῖν.

ΑΘ. Οὔκ, ἤν γε σωφρόνως βουλεύησθε· οὐ γὰρ περὶ 101
ἀνδραγαθίας ὁ ἀγὼν ἀπὸ τοῦ ἴσου ὑμῖν, μὴ αἰσχύνην ὀφλεῖν,
περὶ δὲ σωτηρίας μᾶλλον ἡ βουλή, πρὸς τοὺς κρείσσονας
15 πολλῷ μὴ ἀνθίστασθαι.

ΜΗΛ. Ἀλλ᾽ ἐπιστάμεθα τὰ τῶν πολέμων ἔστιν ὅτε 102
κοινοτέρας τὰς τύχας λαμβάνοντα ἢ κατὰ τὸ διαφέρον
ἑκατέρων πλῆθος· καὶ ἡμῖν τὸ μὲν εἶξαι εὐθὺς ἀνέλπιστον,
μετὰ δὲ τοῦ δρωμένου ἔτι καὶ στῆναι ἐλπὶς ὀρθῶς.

20 ΑΘ. Ἐλπὶς δὲ κινδύνῳ παραμύθιον οὖσα τοὺς μὲν ἀπὸ 103
περιουσίας χρωμένους αὐτῇ, κἂν βλάψῃ, οὐ καθεῖλεν· τοῖς
δ᾽ ἐς ἅπαν τὸ ὑπάρχον ἀναρριπτοῦσι (δάπανος γὰρ φύσει)
ἅμα τε γιγνώσκεται σφαλέντων καὶ ἐν ὅτῳ ἔτι φυλάξεταί
τις αὐτὴν γνωρισθεῖσαν οὐκ ἐλλείπει. ὃ ὑμεῖς ἀσθενεῖς τε ²
25 καὶ ἐπὶ ῥοπῆς μιᾶς ὄντες μὴ βούλεσθε παθεῖν μηδὲ ὁμοιωθῆ-
ναι τοῖς πολλοῖς, οἷς παρὸν ἀνθρωπείως ἔτι σῴζεσθαι, ἐπει-
δὰν πιεζομένους αὐτοὺς ἐπιλίπωσιν αἱ φανεραὶ ἐλπίδες, ἐπὶ
τὰς ἀφανεῖς καθίστανται μαντικήν τε καὶ χρησμοὺς καὶ
ὅσα τοιαῦτα μετ᾽ ἐλπίδων λυμαίνεται.

30 ΜΗΛ. Χαλεπὸν μὲν καὶ ἡμεῖς (εὖ ἴστε) νομίζομεν πρὸς 104

2 τῶν ἐλευθέρων Stahl (fort. legit Schol.)   16 πολέμων recc. : πο-
λεμίων codd. Dion. Hal.   17 καινοτέρας recc. et Stobaeus   18 πλῆ-
θος] τῷ πλήθει M   20 κινδύνου Stobaeus, Proclus, Schol. alter, Dion.
Hal.   24 ἀ]σ[θενεῖς incipit Π¹¹   27 πιεζουμένους C Π¹¹ ἐπιλεί-
πωσιν C E F G M [Π¹¹]

61

δύναμίν τε τὴν ὑμετέραν καὶ τὴν τύχην, εἰ μὴ ἀπὸ τοῦ
ἴσου ἔσται, ἀγωνίζεσθαι· ὅμως δὲ πιστεύομεν τῇ μὲν τύχῃ
ἐκ τοῦ θείου μὴ ἐλασσώσεσθαι, ὅτι ὅσιοι πρὸς οὐ δικαίους
ἱστάμεθα, τῆς δὲ δυνάμεως τῷ ἐλλείποντι τὴν Λακεδαιμονίων
ἡμῖν ξυμμαχίαν προσέσεσθαι, ἀνάγκην ἔχουσαν, καὶ εἰ μή του 5
ἄλλου, τῆς γε ξυγγενείας ἕνεκα καὶ αἰσχύνῃ βοηθεῖν. καὶ
οὐ παντάπασιν οὕτως ἀλόγως θρασυνόμεθα.

105   ΑΘ. Τῆς μὲν τοίνυν πρὸς τὸ θεῖον εὐμενείας οὐδ' ἡμεῖς
οἰόμεθα λελείψεσθαι· οὐδὲν γὰρ ἔξω τῆς ἀνθρωπείας τῶν
μὲν ἐς τὸ θεῖον νομίσεως, τῶν δ' ἐς σφᾶς αὐτοὺς βουλήσεως 10
2 δικαιοῦμεν ἢ πράσσομεν. ἡγούμεθα γὰρ τό τε θεῖον δόξῃ
τὸ ἀνθρώπειόν τε σαφῶς διὰ παντὸς ὑπὸ φύσεως ἀναγκαίας,
οὗ ἂν κρατῇ, ἄρχειν· καὶ ἡμεῖς οὔτε θέντες τὸν νόμον οὔτε
κειμένῳ πρῶτοι χρησάμενοι, ὄντα δὲ παραλαβόντες καὶ
ἐσόμενον ἐς αἰεὶ καταλείψοντες χρώμεθα αὐτῷ, εἰδότες καὶ 15
ὑμᾶς ἂν καὶ ἄλλους ἐν τῇ αὐτῇ δυνάμει ἡμῖν γενομένους
3 δρῶντας ἂν ταὐτό. καὶ πρὸς μὲν τὸ θεῖον οὕτως ἐκ τοῦ
εἰκότος οὐ φοβούμεθα ἐλασσώσεσθαι· τῆς δὲ ἐς Λακεδαι-
μονίους δόξης, ἣν διὰ τὸ αἰσχρὸν δὴ βοηθήσειν ὑμῖν
πιστεύετε αὐτούς, μακαρίσαντες ὑμῶν τὸ ἀπειρόκακον οὐ 20
4 ζηλοῦμεν τὸ ἄφρον. Λακεδαιμόνιοι γὰρ πρὸς σφᾶς μὲν
αὐτοὺς καὶ τὰ ἐπιχώρια νόμιμα πλεῖστα ἀρετῇ χρῶνται·
πρὸς δὲ τοὺς ἄλλους πολλὰ ἄν τις ἔχων εἰπεῖν ὡς προσ-
φέρονται, ξυνελὼν μάλιστ' ἂν δηλώσειεν ὅτι ἐπιφανέστατα
ὧν ἴσμεν τὰ μὲν ἡδέα καλὰ νομίζουσι, τὰ δὲ ξυμφέροντα 25
δίκαια. καίτοι οὐ πρὸς τῆς ὑμετέρας νῦν ἀλόγου σωτηρίας
ἡ τοιαύτη διάνοια.

106   ΜΗΛ. Ἡμεῖς δὲ κατ' αὐτὸ τοῦτο ἤδη καὶ μάλιστα
πιστεύομεν τῷ ξυμφέροντι αὐτῶν, Μηλίους ἀποίκους ὄντας
μὴ βουλήσεσθαι προδόντας τοῖς μὲν εὔνοις τῶν Ἑλλήνων 30
ἀπίστους καταστῆναι, τοῖς δὲ πολεμίοις ὠφελίμους.

3 οὐ πρὸς Π¹¹   6 prius καὶ om. Π¹¹   8 τοῦ θείου Krüger
11 δικαιοῦμεν ἢ] δικαιουμένης Π¹¹   12 ἀπὸ Π¹¹   14 κειμένῳ] κοινῷ
Π¹¹   16 ἂν om. Π¹¹   17 ταὐτό Schol., Valla : αὐτό codd. Π¹¹
19 ᾗ Reiske   βοη]θήσ[ειν desinit Π¹¹   30 βούλεσθαι C G

62

ΑΘ. Οὔκουν οἴεσθε τὸ ξυμφέρον μὲν μετ᾽ ἀσφαλείας 107
εἶναι, τὸ δὲ δίκαιον καὶ καλὸν μετὰ κινδύνου δρᾶσθαι· ὃ
Λακεδαιμόνιοι ἥκιστα ὡς ἐπὶ τὸ πολὺ τολμῶσιν.

ΜΗΛ. ᾽Αλλὰ καὶ τοὺς κινδύνους τε ἡμῶν ἕνεκα μᾶλλον 108
5 ἡγούμεθ᾽ ἂν ἐγχειρίσασθαι αὐτούς, καὶ βεβαιοτέρους ἢ ἐς
ἄλλους νομιεῖν, ὅσῳ πρὸς μὲν τὰ ἔργα τῆς Πελοποννήσου
ἐγγὺς κείμεθα, τῆς δὲ γνώμης τῷ ξυγγενεῖ πιστότεροι ἑτέρων
ἐσμέν.

ΑΘ. Τὸ δ᾽ ἐχυρόν γε τοῖς ξυναγωνιουμένοις οὐ τὸ 109
10 εὔνουν τῶν ἐπικαλεσαμένων φαίνεται, ἀλλ᾽ ἢν τῶν ἔργων
τις δυνάμει πολὺ προύχῃ· ὃ Λακεδαιμόνιοι καὶ πλέον τι
τῶν ἄλλων σκοποῦσιν (τῆς γοῦν οἰκείας παρασκευῆς ἀπιστίᾳ
καὶ μετὰ ξυμμάχων πολλῶν τοῖς πέλας ἐπέρχονται), ὥστε
οὐκ εἰκὸς ἐς νῆσόν γε αὐτοὺς ἡμῶν ναυκρατόρων ὄντων
15 περαιωθῆναι.

ΜΗΛ. Οἱ δὲ καὶ ἄλλους ἂν ἔχοιεν πέμψαι· πολὺ δὲ τὸ 110
Κρητικὸν πέλαγος, δι᾽ οὗ τῶν κρατούντων ἀπορώτερος ἡ
λῆψις ἢ τῶν λαθεῖν βουλομένων ἡ σωτηρία. καὶ εἰ τοῦδε 2
σφάλλοιντο, τράποιντ᾽ ἂν καὶ ἐς τὴν γῆν ὑμῶν καὶ ἐπὶ τοὺς
20 λοιποὺς τῶν ξυμμάχων, ὅσους μὴ Βρασίδας ἐπῆλθεν· καὶ
οὐ περὶ τῆς μὴ προσηκούσης μᾶλλον ἢ τῆς οἰκειοτέρας
ξυμμαχίδος τε καὶ γῆς ὃ πόνος ὑμῖν ἔσται.

ΑΘ. Τούτων μὲν καὶ πεπειραμένοις ἄν τι γένοιτο καὶ 111
ὑμῖν καὶ οὐκ ἀνεπιστήμοσιν ὅτι οὐδ᾽ ἀπὸ μιᾶς πώποτε
25 πολιορκίας ᾽Αθηναῖοι δι᾽ ἄλλων φόβον ἀπεχώρησαν. ἐν- 2
θυμούμεθα δὲ ὅτι φήσαντες περὶ σωτηρίας βουλεύσειν οὐδὲν
ἐν τοσούτῳ λόγῳ εἰρήκατε ᾧ ἄνθρωποι ἂν πιστεύσαντες
νομίσειαν σωθήσεσθαι, ἀλλ᾽ ὑμῶν τὰ μὲν ἰσχυρότατα ἐλπι-
ζόμενα μέλλεται, τὰ δ᾽ ὑπάρχοντα βραχέα πρὸς τὰ ἤδη

1 οὔκουν B C : οὐκοῦν cett.   2 δρᾶσθαι Stephanus (fieri Valla):
δρᾶσαι vel δρᾶσαι codd.   6 νομιεῖν C G   11 προύχῃ A B f (ex οι):
προύχει cett.   14 ναυτοκρατόρων B M   22 ξυμμαχίδος τε καὶ γῆς
non vertit Valla, secl. Stahl   23 post γένοιτο add. ἡμῖν Classen
24 καὶ om. recc., secl. Stahl   28 ἰσχυρότατα] ἰσχυρὰ ὄντα Dion.
Hal.   29 ὑπάρχοντα] παρόντα Dion. Hal.

ἀντιτεταγμένα περιγίγνεσθαι. πολλήν τε ἀλογίαν τῆς
διανοίας παρέχετε, εἰ μὴ μεταστησάμενοι ἔτι ἡμᾶς ἄλλο τι
3 τῶνδε σωφρονέστερον γνώσεσθε. οὐ γὰρ δὴ ἐπί γε τὴν ἐν
τοῖς αἰσχροῖς καὶ προύπτοις κινδύνοις πλεῖστα διαφθείρουσαν
ἀνθρώπους αἰσχύνην τρέψεσθε. πολλοῖς γὰρ προορωμένοις 5
ἔτι ἐς οἷα φέρονται τὸ αἰσχρὸν καλούμενον ὀνόματος ἐπα-
γωγοῦ δυνάμει ἐπεσπάσατο ἡσσηθεῖσι τοῦ ῥήματος ἔργῳ
ξυμφοραῖς ἀνηκέστοις ἑκόντας περιπεσεῖν καὶ αἰσχύνην
4 αἰσχίω μετὰ ἀνοίας ἢ τύχῃ προσλαβεῖν. ὃ ὑμεῖς, ἢν εὖ
βουλεύησθε, φυλάξεσθε, καὶ οὐκ ἀπρεπὲς νομιεῖτε πόλεώς τε 10
τῆς μεγίστης ἡσσᾶσθαι μέτρια προκαλουμένης, ξυμμάχους
γενέσθαι ἔχοντας τὴν ὑμετέραν αὐτῶν ὑποτελεῖς, καὶ δοθεί-
σης αἱρέσεως πολέμου πέρι καὶ ἀσφαλείας μὴ τὰ χείρω
φιλονικῆσαι· ὡς οἵτινες τοῖς μὲν ἴσοις μὴ εἴκουσι, τοῖς δὲ
κρείσσοσι καλῶς προσφέρονται, πρὸς δὲ τοὺς ἥσσους μέτριοί 15
5 εἰσι, πλεῖστ' ἂν ὀρθοῖντο. σκοπεῖτε οὖν καὶ μεταστάντων
ἡμῶν καὶ ἐνθυμεῖσθε πολλάκις ὅτι περὶ πατρίδος βου-
λεύεσθε, ἧς μιᾶς πέρι καὶ ἐς μίαν βουλὴν τυχοῦσάν τε καὶ
μὴ κατορθώσασαν ἔσται.

112   Καὶ οἱ μὲν Ἀθηναῖοι μετεχώρησαν ἐκ τῶν λόγων· οἱ δὲ 20
Μήλιοι κατὰ σφᾶς αὐτοὺς γενόμενοι, ὡς ἔδοξεν αὐτοῖς
2 παραπλήσια καὶ ἀντέλεγον, ἀπεκρίναντο τάδε. ‘οὔτε ἄλλα
δοκεῖ ἡμῖν ἢ ἅπερ καὶ τὸ πρῶτον, ὦ Ἀθηναῖοι, οὔτ' ἐν
ὀλίγῳ χρόνῳ πόλεως ἑπτακόσια ἔτη ἤδη οἰκουμένης τὴν
ἐλευθερίαν ἀφαιρησόμεθα, ἀλλὰ τῇ τε μέχρι τοῦδε σῳζούσῃ 25
τύχῃ ἐκ τοῦ θείου αὐτὴν καὶ τῇ ἀπὸ τῶν ἀνθρώπων καὶ
Λακεδαιμονίων τιμωρίᾳ πιστεύοντες πειρασόμεθα σῴζεσθαι.
3 προκαλούμεθα δὲ ὑμᾶς φίλοι μὲν εἶναι, πολέμιοι δὲ μηδε-
τέροις, καὶ ἐκ τῆς γῆς ἡμῶν ἀναχωρῆσαι σπονδὰς ποιησα-
μένους αἵτινες δοκοῦσιν ἐπιτήδειοι εἶναι ἀμφοτέροις.’ 30

113   Οἱ μὲν δὴ Μήλιοι τοσαῦτα ἀπεκρίναντο· οἱ δὲ Ἀθηναῖοι

---

1 περιγενέσθαι Dion. Hal.   2 παρέ[χε]τε . . . 5 προορ]ω[μένοις Π¹¹
ἔτι om. Dion. Hal. [Π¹¹]   9 τύχῃ Schol.: τύχης codd.   18 ἧς, ut
videtur, legit Schol.: ἣν vel ἢν codd. (ἢν μιᾶς πέρι om. M)   26 καὶ
Λακεδαιμονίων secl. Stahl

διαλυόμενοι ἤδη ἐκ τῶν λόγων ἔφασαν ' ἀλλ' οὖν μόνοι γε
ἀπὸ τούτων τῶν βουλευμάτων, ὡς ἡμῖν δοκεῖτε, τὰ μὲν
μέλλοντα τῶν ὁρωμένων σαφέστερα κρίνετε, τὰ δὲ ἀφανῆ
τῷ βούλεσθαι ὡς γιγνόμενα ἤδη θεᾶσθε, καὶ Λακεδαιμονίοις
5 καὶ τύχῃ καὶ ἐλπίσι πλεῖστον δὴ παραβεβλημένοι καὶ
πιστεύσαντες πλεῖστον καὶ σφαλήσεσθε.'

Καὶ οἱ μὲν Ἀθηναίων πρέσβεις ἀνεχώρησαν ἐς τὸ στρά- 114
τευμα· οἱ δὲ στρατηγοὶ αὐτῶν, ὡς οὐδὲν ὑπήκουον οἱ Μήλιοι,
πρὸς πόλεμον εὐθὺς ἐτρέποντο καὶ διελόμενοι κατὰ πόλεις περι-
10 ετείχισαν κύκλῳ τοὺς Μηλίους. καὶ ὕστερον φυλακὴν σφῶν 2
τε αὐτῶν καὶ τῶν ξυμμάχων καταλιπόντες οἱ Ἀθηναῖοι καὶ
κατὰ γῆν καὶ κατὰ θάλασσαν ἀνεχώρησαν τῷ πλέονι τοῦ στρα-
τοῦ. οἱ δὲ λειπόμενοι παραμένοντες ἐπολιόρκουν τὸ χωρίον.

Καὶ Ἀργεῖοι κατὰ τὸν χρόνον τὸν αὐτὸν ἐσβαλόντες ἐς 115
15 τὴν Φλειασίαν καὶ λοχισθέντες ὑπό τε Φλειασίων καὶ τῶν
σφετέρων φυγάδων διεφθάρησαν ὡς ὀγδοήκοντα. καὶ οἱ ἐκ 2
τῆς Πύλου Ἀθηναῖοι Λακεδαιμονίων πολλὴν λείαν ἔλαβον·
καὶ Λακεδαιμόνιοι δι' αὐτὸ τὰς μὲν σπονδὰς οὐδ' ὣς ἀφέντες
ἐπολέμουν αὐτοῖς, ἐκήρυξαν δὲ εἴ τις βούλεται παρὰ σφῶν
20 Ἀθηναίους λῄζεσθαι. καὶ Κορίνθιοι ἐπολέμησαν ἰδίων τινῶν 3
διαφορῶν ἕνεκα τοῖς Ἀθηναίοις· οἱ δ' ἄλλοι Πελοποννήσιοι
ἡσύχαζον. εἷλον δὲ καὶ οἱ Μήλιοι τῶν Ἀθηναίων τοῦ 4
περιτειχίσματος τὸ κατὰ τὴν ἀγορὰν προσβαλόντες νυκτός,
καὶ ἄνδρας τε ἀπέκτειναν καὶ ἐσενεγκάμενοι σῖτόν· τε καὶ
25 ὅσα πλεῖστα ἐδύναντο χρήσιμα ἀναχωρήσαντες ἡσύχαζον·
καὶ οἱ Ἀθηναῖοι ἄμεινον τὴν φυλακὴν τὸ ἔπειτα παρεσκευά-
ζοντο. καὶ τὸ θέρος ἐτελεύτα.

Τοῦ δ' ἐπιγιγνομένου χειμῶνος Λακεδαιμόνιοι μελλή- 116
σαντες ἐς τὴν Ἀργείαν στρατεύειν, ὡς αὐτοῖς τὰ διαβατήρια
30 [ἱερὰ ἐν τοῖς ὁρίοις] οὐκ ἐγίγνετο, ἀνεχώρησαν. καὶ Ἀρ-

---

5 tertium καὶ secl. Classen 9 ἐτράποντο E 17 πολλὴν] πόλιν
A B E F M 25 χρήσιμα recc.: χρήμασι(ν) codd. 30 !ειὰ ἐν τοῖς
ὁρίοις secl. Cobet

γεῖοι διὰ τὴν ἐκείνων μέλλησιν τῶν ἐν τῇ πόλει τινὰς ὑπο-
πτεύσαντες τοὺς μὲν ξυνέλαβον, οἱ δ᾽ αὐτοὺς καὶ διέφυγον.
2 καὶ οἱ Μήλιοι περὶ τοὺς αὐτοὺς χρόνους αὖθις καθ᾽ ἕτερόν
τι τοῦ περιτειχίσματος εἷλον τῶν Ἀθηναίων, παρόντων οὐ
3 πολλῶν τῶν φυλάκων. καὶ ἐλθούσης στρατιᾶς ὕστερον ἐκ 5
τῶν Ἀθηνῶν ἄλλης, ὡς ταῦτα ἐγίγνετο, ἧς ἦρχε Φιλοκράτης
ὁ Δημέου, καὶ κατὰ κράτος ἤδη πολιορκούμενοι, γενομένης
καὶ προδοσίας τινός, ἀφ᾽ ἑαυτῶν ξυνεχώρησαν τοῖς Ἀθηναίοις
4 ὥστε ἐκείνους περὶ αὐτῶν βουλεῦσαι. οἱ δὲ ἀπέκτειναν
Μηλίων ὅσους ἡβῶντας ἔλαβον, παῖδας δὲ καὶ γυναῖκας 10
ἠνδραπόδισαν· τὸ δὲ χωρίον αὐτοὶ ᾤκισαν, ἀποίκους ὕστερον
πεντακοσίους πέμψαντες.

1 ὑποπτεύσαντες Meineke : ὑποτοπήσαντες codd.　　3 αὖθις
Stephanus : αὖτις codd.　　6 ὡς ταῦτα ἐγίγνετο secl. Poppo
11 ᾤκησαν C E F M

ΙΣΤΟΡΙΩΝ Ζ

Τοῦ δ᾽ αὐτοῦ χειμῶνος Ἀθηναῖοι ἐβούλοντο αὖθις μείζονι 1
παρασκευῇ τῆς μετὰ Λάχητος καὶ Εὐρυμέδοντος ἐπὶ Σικελίαν
πλεύσαντες καταστρέψασθαι, εἰ δύναιντο, ἄπειροι οἱ πολλοὶ
ὄντες τοῦ μεγέθους τῆς νήσου καὶ τῶν ἐνοικούντων τοῦ
5 πλήθους καὶ Ἑλλήνων καὶ βαρβάρων, καὶ ὅτι οὐ πολλῷ
τινὶ ὑποδεέστερον πόλεμον ἀνῃροῦντο ἢ τὸν πρὸς Πελο-
ποννησίους. Σικελίας γὰρ περίπλους μέν ἐστιν ὁλκάδι οὐ 2
πολλῷ τινὶ ἔλασσον ἢ ὀκτὼ ἡμερῶν, καὶ τοσαύτη οὖσα ἐν
εἰκοσισταδίῳ μάλιστα μέτρῳ τῆς θαλάσσης διείργεται τὸ μὴ
10 ἤπειρος εἶναι· ᾠκίσθη δὲ ὧδε τὸ ἀρχαῖον, καὶ τοσάδε ἔθνη 2
ἔσχε τὰ ξύμπαντα. παλαίτατοι μὲν λέγονται ἐν μέρει τινὶ
τῆς χώρας Κύκλωπες καὶ Λαιστρυγόνες οἰκῆσαι, ὧν ἐγὼ
οὔτε γένος ἔχω εἰπεῖν οὔτε ὁπόθεν ἐσῆλθον ἢ ὅποι ἀπε-
χώρησαν· ἀρκείτω δὲ ὡς ποιηταῖς τε εἴρηται καὶ ὡς ἕκαστός
15 πῃ γιγνώσκει περὶ αὐτῶν. Σικανοὶ δὲ μετ᾽ αὐτοὺς πρῶτοι 2
φαίνονται ἐνοικισάμενοι, ὡς μὲν αὐτοί φασι, καὶ πρότεροι
διὰ τὸ αὐτόχθονες εἶναι, ὡς δὲ ἡ ἀλήθεια εὑρίσκεται, Ἴβηρες
ὄντες καὶ ἀπὸ τοῦ Σικανοῦ ποταμοῦ τοῦ ἐν Ἰβηρίᾳ ὑπὸ Λιγύων
ἀναστάντες. καὶ ἀπ᾽ αὐτῶν Σικανία τότε ἡ νῆσος ἐκαλεῖτο,
20 πρότερον Τρινακρία καλουμένη· οἰκοῦσι δὲ ἔτι καὶ νῦν τὰ
πρὸς ἑσπέραν τὴν Σικελίαν. Ἰλίου δὲ ἁλισκομένου τῶν 3

4 τὸ πλῆθος A B E F M   9 εἴκοσι σταδίων c f G : εἴκοσι σταδίοις
A B   μέτρῳ om. Schol. Patm.   10 εἶναι recc., legerunt Demetrius
Phalereus alii : οὖσα codd.   δδε Aldina : ἣ(ι)δε vel ἥδε codd.
13 ἀνεχώρησαν M : ἂν ἐχώρησαν E

67

Τρώων τινὲς διαφυγόντες Ἀχαιοὺς πλοίοις ἀφικνοῦνται πρὸς
τὴν Σικελίαν, καὶ ὅμοροι τοῖς Σικανοῖς οἰκήσαντες ξύμπαντες
μὲν Ἔλυμοι ἐκλήθησαν, πόλεις δ' αὐτῶν Ἔρυξ τε καὶ Ἔγεστα.
προσξυνῴκησαν δὲ αὐτοῖς καὶ Φωκέων τινὲς τῶν ἀπὸ Τροίας
τότε χειμῶνι ἐς Λιβύην πρῶτον, ἔπειτα ἐς Σικελίαν ἀπ' 5
4 αὐτῆς κατενεχθέντες.   Σικελοὶ δ' ἐξ Ἰταλίας (ἐνταῦθα γὰρ
ᾤκουν) διέβησαν ἐς Σικελίαν, φεύγοντες Ὀπικούς, ὡς μὲν
εἰκὸς καὶ λέγεται, ἐπὶ σχεδιῶν, τηρήσαντες τὸν πορθμὸν
κατιόντος τοῦ ἀνέμου, τάχα ἂν δὲ καὶ ἄλλως πως ἐσπλεύ-
σαντες.   εἰσὶ δὲ καὶ νῦν ἔτι ἐν τῇ Ἰταλίᾳ Σικελοί, καὶ ἡ 10
χώρα ἀπὸ Ἰταλοῦ βασιλέως τινὸς Σικελῶν, τοὔνομα τοῦτο
5 ἔχοντος, οὕτως Ἰταλία ἐπωνομάσθη.   ἐλθόντες δὲ ἐς τὴν
Σικελίαν στρατὸς πολὺς τούς τε Σικανοὺς κρατοῦντες μάχῃ
ἀνέστειλαν πρὸς τὰ μεσημβρινὰ καὶ ἑσπέρια αὐτῆς καὶ ἀντὶ
Σικανίας Σικελίαν τὴν νῆσον ἐποίησαν καλεῖσθαι, καὶ τὰ 15
κράτιστα τῆς γῆς ᾤκησαν ἔχοντες, ἐπεὶ διέβησαν, ἔτη ἐγγὺς
τριακόσια πρὶν Ἕλληνάς ἐς Σικελίαν ἐλθεῖν· ἔτι δὲ καὶ νῦν
6 τὰ μέσα καὶ τὰ πρὸς βορρᾶν τῆς νήσου ἔχουσιν.   ᾤκουν δὲ
καὶ Φοίνικες περὶ πᾶσαν μὲν τὴν Σικελίαν ἄκρας τε ἐπὶ τῇ
θαλάσσῃ ἀπολαβόντες καὶ τὰ ἐπικείμενα νησίδια ἐμπορίας 20
ἕνεκεν τῆς πρὸς τοὺς Σικελούς· ἐπειδὴ δὲ οἱ Ἕλληνες
πολλοὶ κατὰ θάλασσαν ἐπεσέπλεον, ἐκλιπόντες τὰ πλείω
Μοτύην καὶ Σολόεντα καὶ Πάνορμον ἐγγὺς τῶν Ἐλύμων
ξυνοικήσαντες ἐνέμοντο, ξυμμαχίᾳ τε πίσυνοι τῇ τῶν Ἐλύ-
μων, καὶ ὅτι ἐντεῦθεν ἐλάχιστον πλοῦν Καρχηδὼν Σικελίας 25
ἀπέχει.   βάρβαροι μὲν οὖν τοσοίδε Σικελίαν καὶ οὕτως
ᾤκησαν.

8   Ἑλλήνων δὲ πρῶτοι Χαλκιδῆς ἐξ Εὐβοίας πλεύσαντες
μετὰ Θουκλέους οἰκιστοῦ Νάξον ᾤκισαν, καὶ Ἀπόλλωνος
Ἀρχηγέτου βωμὸν ὅστις νῦν ἔξω τῆς πόλεώς ἐστιν ἱδρύ- 30
σαντο, ἐφ' ᾧ, ὅταν ἐκ Σικελίας θεωροὶ πλέωσι, πρῶτον

---

3 πόλεις c G : πόλις cett.   7 Ὀπικας Α¹ Β F   11 Σικελοῦ
C G   14 ἀνέστειλαν Bekker : ἀπέστειλαν codd.   24 συνοικίσαντες
C E   28 πρῶτοι recc. : ·ρῶτον codd.

θύουσιν. Συρακούσας δὲ τοῦ ἐχομένου ἔτους Ἀρχίας τῶν 2
Ἡρακλειδῶν ἐκ Κορίνθου ᾤκισε, Σικελοὺς ἐξελάσας πρῶτον
ἐκ τῆς νήσου ἐν ᾗ νῦν οὐκέτι περικλυζομένῃ ἡ πόλις ἡ ἐντός
ἐστιν· ὕστερον δὲ χρόνῳ καὶ ἡ ἔξω προστειχισθεῖσα πολυ-
5 άνθρωπος ἐγένετο. Θουκλῆς δὲ καὶ οἱ Χαλκιδῆς ἐκ Νάξου 3
ὁρμηθέντες ἔτει πέμπτῳ μετὰ Συρακούσας οἰκισθείσας Λεον-
τίνους τε πολέμῳ τοὺς Σικελοὺς ἐξελάσαντες οἰκίζουσι, καὶ
μετ' αὐτοὺς Κατάνην· οἰκιστὴν δὲ αὐτοὶ Καταναῖοι ἐποιή-
σαντο Εὔαρχον. κατὰ δὲ τὸν αὐτὸν χρόνον καὶ Λάμις ἐκ 4
10 Μεγάρων ἀποικίαν ἄγων ἐς Σικελίαν ἀφίκετο, καὶ ὑπὲρ
Παντακύου τε ποταμοῦ Τρώτιλόν τι ὄνομα χωρίον οἰκίσας,
καὶ ὕστερον αὐτόθεν τοῖς Χαλκιδεῦσιν ἐς Λεοντίνους ὀλίγον
χρόνον ξυμπολιτεύσας καὶ ὑπὸ αὐτῶν ἐκπεσὼν καὶ Θάψον
οἰκίσας αὐτὸς μὲν ἀποθνῄσκει, οἱ δ' ἄλλοι ἐκ τῆς Θάψου
15 ἀναστάντες Ὕβλωνος βασιλέως Σικελοῦ προδόντος τὴν
χώραν καὶ καθηγησαμένου Μεγαρέας ᾤκισαν τοὺς Ὑβλαίους
κληθέντας. καὶ ἔτη οἰκήσαντες πέντε καὶ τεσσαράκοντα καὶ 2
διακόσια ὑπὸ Γέλωνος τυράννου Συρακοσίων ἀνέστησαν ἐκ
τῆς πόλεως καὶ χώρας. πρὶν δὲ ἀναστῆναι, ἔτεσιν ὕστερον
20 ἑκατὸν ἢ αὐτοὺς οἰκίσαι, Πάμιλλον πέμψαντες Σελινοῦντα
κτίζουσι, καὶ ἐκ Μεγάρων τῆς μητροπόλεως οὔσης αὐτοῖς
ἐπελθὼν ξυγκατῴκισεν. Γέλαν δὲ Ἀντίφημος ἐκ Ῥόδου 3
καὶ Ἔντιμος ἐκ Κρήτης ἐποίκους ἀγαγόντες κοινῇ ἔκτισαν,
ἔτει πέμπτῳ καὶ τεσσαρακοστῷ μετὰ Συρακουσῶν οἴκισιν.
25 καὶ τῇ μὲν πόλει ἀπὸ τοῦ Γέλα ποταμοῦ τοὔνομα ἐγένετο,
τὸ δὲ χωρίον οὗ νῦν ἡ πόλις ἐστὶ καὶ ὃ πρῶτον ἐτειχίσθη
Λίνδιοι καλεῖται· νόμιμα δὲ Δωρικὰ ἐτέθη αὐτοῖς. ἔτεσι δὲ 4
ἐγγύτατα ὀκτὼ καὶ ἑκατὸν μετὰ τὴν σφετέραν οἴκισιν Γελῷοι
Ἀκράγαντα ᾤκισαν, τὴν μὲν πόλιν ἀπὸ τοῦ Ἀκράγαντος
30 ποταμοῦ ὀνομάσαντες, οἰκιστὰς δὲ ποιήσαντες Ἀριστόνουν καὶ

1 ἐρχομένου A B E F M   2 ᾤκησε A B E F M   15 παρα-
δόντος Classen   20 οἰκῆσαι A B E F M   μεταπέμψαντες Mar-
chant   24 οἴκησιν A B E M   27 καλοῦνται B?   28 οἴκισιν
F : οἴκησιν cett.   29 ᾤκισαν C : ᾤκησαν cett.

69

5 Πυστίλον, νόμιμα δὲ τὰ Γελῴων δόντες. Ζάγκλη δὲ τὴν μὲν
ἀρχὴν ἀπὸ Κύμης τῆς ἐν Ὀπικίᾳ Χαλκιδικῆς πόλεως λῃστῶν
ἀφικομένων ᾠκίσθη, ὕστερον δὲ καὶ ἀπὸ Χαλκίδος καὶ τῆς
ἄλλης Εὐβοίας πλῆθος ἐλθὸν ξυγκατενείμαντο τὴν γῆν· καὶ
οἰκισταὶ Περιήρης καὶ Κραταιμένης ἐγένοντο αὐτῆς, ὁ μὲν ἀπὸ 5
Κύμης, ὁ δὲ ἀπὸ Χαλκίδος. ὄνομα δὲ τὸ μὲν πρῶτον Ζάγκλη
ἦν ὑπὸ τῶν Σικελῶν κληθεῖσα, ὅτι δρεπανοειδὲς τὴν ἰδέαν τὸ
χωρίον ἐστί (τὸ δὲ δρέπανον οἱ Σικελοὶ ζάγκλον καλοῦσιν),
ὕστερον δ' αὐτοὶ μὲν ὑπὸ Σαμίων καὶ ἄλλων Ἰώνων ἐκ-
6 πίπτουσιν, οἳ Μήδους φεύγοντες προσέβαλον Σικελίᾳ, τοὺς 10
δὲ Σαμίους Ἀναξίλας Ῥηγίνων τύραννος οὐ πολλῷ ὕστερον
ἐκβαλὼν καὶ τὴν πόλιν αὐτὸς ξυμμείκτων ἀνθρώπων οἰκίσας
Μεσσήνην ἀπὸ τῆς ἑαυτοῦ τὸ ἀρχαῖον πατρίδος ἀντωνύμασεν.

5 καὶ Ἱμέρα ἀπὸ Ζάγκλης ᾠκίσθη ὑπὸ Εὐκλείδου καὶ Σίμου καὶ
Σάκωνος, καὶ Χαλκιδῆς μὲν οἱ πλεῖστοι ἦλθον ἐς τὴν ἀποικίαν, 15
ξυνῴκισαν δὲ αὐτοῖς καὶ ἐκ Συρακουσῶν φυγάδες στάσει
νικηθέντες, οἱ Μυλητίδαι καλούμενοι· καὶ φωνὴ μὲν μεταξὺ
τῆς τε Χαλκιδέων καὶ Δωρίδος ἐκράθη, νόμιμα δὲ τὰ Χαλ-
2 κιδικὰ ἐκράτησεν. Ἄκραι δὲ καὶ Κασμέναι ὑπὸ Συρακοσίων
ᾠκίσθησαν, Ἄκραι μὲν ἑβδομήκοντα ἔτεσι μετὰ Συρακούσας, 20
3 Κασμέναι δ' ἐγγὺς εἴκοσι μετὰ Ἄκρας. καὶ Καμάρινα τὸ
πρῶτον ὑπὸ Συρακοσίων ᾠκίσθη, ἔτεσιν ἐγγύτατα πέντε καὶ
τριάκοντα καὶ ἑκατὸν μετὰ Συρακουσῶν κτίσιν· οἰκισταὶ δὲ
ἐγένοντο αὐτῆς Δάσκων καὶ Μενέκωλος. ἀναστάτων δὲ
Καμαριναίων γενομένων πολέμῳ ὑπὸ Συρακοσίων δι' ἀπό- 25
στασιν, χρόνῳ Ἱπποκράτης ὕστερον Γέλας τύραννος, λύτρα
ἀνδρῶν Συρακοσίων αἰχμαλώτων λαβὼν τὴν γῆν τὴν Καμα-
ριναίων, αὐτὸς οἰκιστὴς γενόμενος κατῴκισε Καμάριναν. καὶ
αὖθις ὑπὸ Γέλωνος ἀνάστατος γενομένη τὸ τρίτον κατῳκίσθη
ὑπὸ Γελῴων. 30

6 Τοσαῦτα ἔθνη Ἑλλήνων καὶ βαρβάρων Σικελίαν ᾤκει,

12 αὐτὸς Dubree: αὐτοῖς codd.   13 ἀντωνόμασεν] αὐτὸ ὠνό-
μασε(ν) ABEFM   16 ξυνῴκησαν CEFGM   30 Γελῴων
Dodwell: Γέλωνος codd.

καὶ ἐπὶ τοσήνδε οὖσαν αὐτὴν οἱ Ἀθηναῖοι στρατεύειν
ὥρμηντο, ἐφιέμενοι μὲν τῇ ἀληθεστάτῃ προφάσει τῆς πάσης
ἄρξαι, βοηθεῖν δὲ ἅμα εὐπρεπῶς βουλόμενοι τοῖς ἑαυτῶν
ξυγγενέσι καὶ τοῖς προσγεγενημένοις ξυμμάχοις.   μάλιστα 2
5 δ᾿ αὐτοὺς ἐξώρμησαν Ἐγεσταίων [τε] πρέσβεις παρόντες καὶ
προθυμότερον ἐπικαλούμενοι. ὅμοροι γὰρ ὄντες τοῖς Σελι-
νουντίοις ἐς πόλεμον καθέστασαν περί τε γαμικῶν τινῶν καὶ
περὶ γῆς ἀμφισβητήτου, καὶ οἱ Σελινούντιοι Συρακοσίους
ἐπαγόμενοι ξυμμάχους κατεῖργον αὐτοὺς τῷ πολέμῳ καὶ
10 κατὰ γῆν καὶ κατὰ θάλασσαν· ὥστε τὴν γενομένην ἐπὶ
Λάχητος καὶ τοῦ προτέρου πολέμου Λεοντίνων οἱ Ἐγεσταῖοι
ξυμμαχίαν ἀναμιμνῄσκοντες τοὺς Ἀθηναίους ἐδέοντο σφίσι
ναῦς πέμψαντας ἐπαμῦναι, λέγοντες ἄλλα τε πολλὰ καὶ
κεφάλαιον, εἰ Συρακόσιοι Λεοντίνους τε ἀναστήσαντες ἀτι-
15 μώρητοι γενήσονται καὶ τοὺς λοιποὺς ἔτι ξυμμάχους αὐτῶν
διαφθείροντες αὐτοὶ τὴν ἅπασαν δύναμιν τῆς Σικελίας σχή-
σουσι, κίνδυνον εἶναι μή ποτε μεγάλῃ παρασκευῇ Δωριῆς τε
Δωριεῦσι κατὰ τὸ ξυγγενὲς καὶ ἅμα ἄποικοι τοῖς ἐκπέμψασι
Πελοποννησίοις βοηθήσαντες καὶ τὴν ἐκείνων δύναμιν ξυγ-
20 καθέλωσιν· σῶφρον δ᾿ εἶναι μετὰ τῶν ὑπολοίπων ἔτι ξυμ-
μάχων ἀντέχειν τοῖς Συρακοσίοις, ἄλλως τε καὶ χρήματα
σφῶν παρεξόντων ἐς τὸν πόλεμον ἱκανά. ὧν ἀκούοντες οἱ 3
Ἀθηναῖοι ἐν ταῖς ἐκκλησίαις τῶν τε Ἐγεσταίων πολλά-
κις λεγόντων καὶ τῶν ξυναγορευόντων αὐτοῖς ἐψηφίσαντο
25 πρέσβεις πέμψαι πρῶτον ἐς τὴν Ἔγεσταν περί τε τῶν
χρημάτων σκεψομένους εἰ ὑπάρχει, ὥσπερ φασίν, ἐν τῷ
κοινῷ καὶ ἐν τοῖς ἱεροῖς, καὶ τὰ τοῦ πολέμου ἅμα πρὸς τοὺς
Σελινουντίους ἐν ὅτῳ ἐστὶν εἰσομένους.

Καὶ οἱ μὲν πρέσβεις τῶν Ἀθηναίων ἀπεστάλησαν ἐς τὴν 7
30 Σικελίαν· Λακεδαιμόνιοι δὲ τοῦ αὐτοῦ χειμῶνος καὶ οἱ ξύμ-
μαχοι πλὴν Κορινθίων στρατεύσαντες ἐς τὴν Ἀργείαν τῆς

3 ἄρξαι Stahl : ἄρξειν codd.   4 προγεγενημένοις E G M   5 τε
om. recc.   9 ἐπαγαγόμενοι Krüger   13 πέμψαντας recc. :
πέμψαντες codd.   16 διαφθείραντες F. Portus   25 πέμψαι recc. :
πέμψαντες codd.

τε γῆς ἔτεμον οὐ πολλὴν καὶ σῖτον ἀνεκομίσαντό τινα ζεύγη
κομίσαντες, καὶ ἐς Ὀρνεὰς κατοικίσαντες τοὺς Ἀργείων
φυγάδας καὶ τῆς ἄλλης στρατιᾶς παρακαταλιπόντες αὐτοῖς
ὀλίγους, καὶ σπεισάμενοί τινα χρόνον ὥστε μὴ ἀδικεῖν
Ὀρνεάτας καὶ Ἀργείους τὴν ἀλλήλων, ἀπεχώρησαν τῷ 5
2 στρατῷ ἐπ᾽ οἴκου. ἐλθόντων δὲ Ἀθηναίων οὐ πολλῷ ὕστε-
ρον ναυσὶ τριάκοντα καὶ ἑξακοσίοις ὁπλίταις, οἱ Ἀργεῖοι
μετὰ τῶν Ἀθηναίων πανστρατιᾷ ἐξελθόντες τοὺς μὲν ἐν
Ὀρνεαῖς μίαν ἡμέραν ἐπολιόρκουν· ὑπὸ δὲ νύκτα αὐλισα-
μένου τοῦ στρατεύματος ἄπωθεν ἐκδιδράσκουσιν οἱ ἐκ τῶν 10
Ὀρνεῶν. καὶ τῇ ὑστεραίᾳ οἱ Ἀργεῖοι ὡς ᾔσθοντο, κατα-
σκάψαντες τὰς Ὀρνεὰς ἀνεχώρησαν καὶ οἱ Ἀθηναῖοι ὕστερον
ταῖς ναυσὶν ἐπ᾽ οἴκου.

3 Καὶ ἐς Μεθώνην τὴν ὅμορον Μακεδονίᾳ ἱππέας κατὰ
θάλασσαν κομίσαντες Ἀθηναῖοι σφῶν τε αὐτῶν καὶ Μακε- 15
δόνων τοὺς παρὰ σφίσι φυγάδας ἐκακούργουν τὴν Περδίκκου.
4 Λακεδαιμόνιοι δὲ πέμψαντες παρὰ Χαλκιδέας τοὺς ἐπὶ Θρᾴ-
κης, ἄγοντας πρὸς Ἀθηναίους δεχημέρους σπονδάς, ξυμπολε-
μεῖν ἐκέλευον Περδίκκᾳ· οἱ δ᾽ οὐκ ἤθελον. καὶ ὁ χειμὼν
ἐτελεύτα, καὶ ἕκτον καὶ δέκατον ἔτος ἐτελεύτα τῷ πολέμῳ 20
τῷδε ὃν Θουκυδίδης ξυνέγραψεν.

8 Τοῦ δ᾽ ἐπιγιγνομένου θέρους ἅμα ἦρι οἱ τῶν Ἀθηναίων
πρέσβεις ἧκον ἐκ τῆς Σικελίας καὶ οἱ Ἐγεσταῖοι μετ᾽ αὐτῶν
ἄγοντες ἑξήκοντα τάλαντα ἀσήμου ἀργυρίου ὡς ἐς ἑξήκοντα
2 ναῦς μηνὸς μισθόν, ἃς ἔμελλον δεήσεσθαι πέμπειν. καὶ οἱ 25
Ἀθηναῖοι ἐκκλησίαν ποιήσαντες καὶ ἀκούσαντες τῶν τε
Ἐγεσταίων καὶ τῶν σφετέρων πρέσβεων τά τε ἄλλα ἐπ-
αγωγὰ καὶ οὐκ ἀληθῆ καὶ περὶ τῶν χρημάτων ὡς εἴη ἕτοιμα
ἔν τε τοῖς ἱεροῖς πολλὰ καὶ ἐν τῷ κοινῷ, ἐψηφίσαντο ναῦς
ἑξήκοντα πέμπειν ἐς Σικελίαν καὶ στρατηγοὺς αὐτοκράτορας 30
Ἀλκιβιάδην τε τὸν Κλεινίου καὶ Νικίαν τὸν Νικηράτου καὶ

1 ἀνεκόμισαν C   8 ἐξελθόντες Aem. Portus (egressi Valla): ἐξελ-
θόντων codd.   μὲν om. ΛΒΕFΜ   29 τῷ κοινῷ recc.: τοῖς κοινοῖς
codd.

Λάμαχον τὸν Ξενοφάνους, βοηθοὺς μὲν Ἐγεσταίοις πρὸς
Σελινουντίους, ξυγκατοικίσαι δὲ καὶ Λεοντίνους, ἤν τι περι-
γίγνηται αὐτοῖς τοῦ πολέμου, καὶ τἆλλα τὰ ἐν τῇ Σικελίᾳ
πρᾶξαι ὅπῃ ἂν γιγνώσκωσιν ἄριστα Ἀθηναίοις. μετὰ δὲ 3
5 τοῦτο ἡμέρᾳ πέμπτῃ ἐκκλησία αὖθις ἐγίγνετο, καθ' ὅτι χρὴ
τὴν παρασκευὴν ταῖς ναυσὶ τάχιστα γίγνεσθαι, καὶ τοῖς
στρατηγοῖς, εἴ του προσδέοιντο, ψηφισθῆναι ἐς τὸν ἔκπλουν.
καὶ ὁ Νικίας ἀκούσιος μὲν ᾑρημένος ἄρχειν, νομίζων δὲ τὴν 4
πόλιν οὐκ ὀρθῶς βεβουλεῦσθαι, ἀλλὰ προφάσει βραχείᾳ καὶ
10 εὐπρεπεῖ τῆς Σικελίας ἁπάσης, μεγάλου ἔργου, ἐφίεσθαι,
παρελθὼν ἀποτρέψαι ἐβούλετο, καὶ παρῄνει τοῖς Ἀθηναίοις
τοιάδε.

‘‘Ἡ μὲν ἐκκλησία περὶ παρασκευῆς τῆς ἡμετέρας ἥδε 9
ξυνελέγη, καθ' ὅτι χρὴ ἐς Σικελίαν ἐκπλεῖν· ἐμοὶ μέντοι
15 δοκεῖ καὶ περὶ αὐτοῦ τούτου ἔτι χρῆναι σκέψασθαι, εἰ ἄμεινόν
ἐστιν ἐκπέμπειν τὰς ναῦς, καὶ μὴ οὕτω βραχείᾳ βουλῇ περὶ
μεγάλων πραγμάτων ἀνδράσιν ἀλλοφύλοις πειθομένους πόλε-
μον οὐ προσήκοντα ἄρασθαι. καίτοι ἔγωγε καὶ τιμῶμαι ἐκ 2
τοῦ τοιούτου καὶ ἧσσον ἑτέρων περὶ τῷ ἐμαυτοῦ σώματι
20 ὀρρωδῶ, νομίζων ὁμοίως ἀγαθὸν πολίτην εἶναι ὃς ἂν καὶ τοῦ
σώματός τι καὶ τῆς οὐσίας προνοῆται· μάλιστα γὰρ ἂν ὁ
τοιοῦτος καὶ τὰ τῆς πόλεως δι' ἑαυτὸν βούλοιτο ὀρθοῦσθαι.
ὅμως δὲ οὔτε ἐν τῷ πρότερον χρόνῳ διὰ τὸ προτιμᾶσθαι
εἶπον παρὰ γνώμην οὔτε νῦν, ἀλλὰ ᾗ ἂν γιγνώσκω βέλτιστα,
25 ἐρῶ. καὶ πρὸς μὲν τοὺς τρόπους τοὺς ὑμετέρους ἀσθενὴς 3
ἄν μου ὁ λόγος εἴη, εἰ τά τε ὑπάρχοντα σῴζειν παραινοίην
καὶ μὴ τοῖς ἑτοίμοις περὶ τῶν ἀφανῶν καὶ μελλόντων κιν-
δυνεύειν· ὡς δὲ οὔτε ἐν καιρῷ σπεύδετε οὔτε ῥᾴδιά ἐστι
κατασχεῖν ἐφ' ἃ ὥρμησθε, ταῦτα διδάξω.

30 ‘Φημὶ γὰρ ὑμᾶς πολεμίους πολλοὺς ἐνθάδε ὑπολιπόντας 10
καὶ ἑτέρους ἐπιθυμεῖν ἐκεῖσε πλεύσαντας δεῦρο ἐπαγαγέσθαι.

18 αἵρεσθαι C G: αἵρασθαι E   21 προνοῆται] πρόηται recc.
Stobaeus   30 ὑμᾶς Aldina: ἡμᾶς codd.   31 δεῦρο recc. (huc
Valla): δεύτερον codd.

2 καὶ οἴεσθε ἴσως τὰς γενομένας ὑμῖν σπονδὰς ἔχειν τι βέ-
βαιον, αἳ ἡσυχαζόντων μὲν ὑμῶν ὀνόματι σπονδαὶ ἔσονται
(οὕτω γὰρ ἐνθένδε τε ἄνδρες ἔπραξαν αὐτὰ καὶ ἐκ τῶν ἐναν-
τίων), σφαλέντων δέ που ἀξιόχρεῳ δυνάμει ταχεῖαν τὴν ἐπι-
χείρησιν ἡμῖν οἱ ἐχθροὶ ποιήσονται, οἷς πρῶτον μὲν διὰ 5
ξυμφορῶν ἡ ξύμβασις καὶ ἐκ τοῦ αἰσχίονος ἢ ἡμῖν κατ'
ἀνάγκην ἐγένετο, ἔπειτα ἐν αὐτῇ ταύτῃ πολλὰ τὰ ἀμφισβη-
3 τούμενα ἔχομεν. εἰσὶ δ' οἳ οὐδὲ ταύτην πω τὴν ὁμολογίαν
ἐδέξαντο, καὶ οὐχ οἱ ἀσθενέστατοι· ἀλλ' οἱ μὲν ἄντικρυς
πολεμοῦσιν, οἱ δὲ καὶ διὰ τὸ Λακεδαιμονίους ἔτι ἡσυχάζειν 10
4 δεχημέροις σπονδαῖς καὶ αὐτοὶ κατέχονται. τάχα δ' ἂν
ἴσως, εἰ δίχα ἡμῶν τὴν δύναμιν λάβοιεν, ὅπερ νῦν σπεύ-
δομεν, καὶ πάνυ ἂν ξυνεπιθοῖντο μετὰ Σικελιωτῶν, οὓς πρὸ
πολλῶν ἂν ἐτιμήσαντο ξυμμάχους γενέσθαι ἐν τῷ πρὶν
5 χρόνῳ. ὥστε χρὴ σκοπεῖν τινὰ αὐτὰ καὶ μὴ μετεώρῳ τε 15
⟨τῇ⟩ πόλει ἀξιοῦν κινδυνεύειν καὶ ἀρχῆς ἄλλης ὀρέγεσθαι
πρὶν ἣν ἔχομεν βεβαιωσώμεθα, εἰ Χαλκιδῆς γε οἱ ἐπὶ
Θρᾴκης ἔτη τοσαῦτα ἀφεστῶτες ἀφ' ἡμῶν ἔτι ἀχείρωτοί
εἰσι καὶ ἄλλοι τινὲς κατὰ τὰς ἠπείρους ἐνδοιαστῶς ἀκρο-
ῶνται. ἡμεῖς δὲ Ἐγεσταίοις δὴ οὖσι ξυμμάχοις ὡς ἀδικου- 20
μένοις ὀξέως βοηθοῦμεν· ὑφ' ὧν δ' αὐτοὶ πάλαι ἀφεστώτων
11 ἀδικούμεθα, ἔτι μέλλομεν ἀμύνεσθαι. καίτοι τοὺς μὲν κατερ-
γασάμενοι κἂν κατάσχοιμεν· τῶν δ' εἰ καὶ κρατήσαιμεν, διὰ
πολλοῦ γε καὶ πολλῶν ὄντων χαλεπῶς ἂν ἄρχειν δυναίμεθα.
ἀνόητον δ' ἐπὶ τοιούτους ἰέναι ὧν κρατήσας τε μὴ κατασχή- 25
σει τις καὶ μὴ κατορθώσας μὴ ἐν τῷ ὁμοίῳ καὶ πρὶν ἐπιχει-
2 ·ρῆσαι ἔσται. Σικελιῶται δ' ἄν μοι δοκοῦσιν, ὥς γε νῦν
ἔχουσι, καὶ ἔτι ἂν ἧσσον δεινοὶ ἡμῖν γενέσθαι, εἰ ἄρξειαν
αὐτῶν Συρακόσιοι· ὅπερ οἱ Ἐγεσταῖοι μάλιστα ἡμᾶς ἐκφο-
3 βοῦσιν. νῦν μὲν γὰρ κἂν ἔλθοιεν ἴσως Λακεδαιμονίων 30
ἕκαστοι χάριτι, ἐκείνως δ' οὐκ εἰκὸς ἀρχὴν ἐπὶ ἀρχὴν στρα-

4 δέ recc.: om. codd.   11 ἂν δ' ABEFM   16 τῇ addidit
Jones   17 βεβαιωσώμεθα C : βεβαιωσόμεθα cett.   18 ἀφ' om. CGM
20 ξυμμάχοις G M¹ : ξύμμαχοι cett.   21 αὐτοὶ Reiske : αὐτῶν codd.

τεῦσαι· ᾧ γὰρ ἂν τρόπῳ τὴν ἡμετέραν μετὰ Πελοποννησίων
ἀφέλωνται, εἰκὸς ὑπὸ τῶν αὐτῶν καὶ τὴν σφετέραν διὰ τοῦ
αὐτοῦ καθαιρεθῆναι.   ἡμᾶς δ' ἂν οἱ ἐκεῖ Ἕλληνες μάλιστα 4
μὲν ἐκπεπληγμένοι εἶεν εἰ μὴ ἀφικοίμεθα, ἔπειτα δὲ καὶ εἰ
5 δείξαντες τὴν δύναμιν δι' ὀλίγου ἀπέλθοιμεν· τὰ γὰρ διὰ
πλείστου πάντες ἴσμεν θαυμαζόμενα καὶ τὰ πεῖραν ἥκιστα
τῆς δόξης δόντα.   εἰ δὲ σφαλείημέν τι, τάχιστ' ἂν ὑπερ-
ιδόντες μετὰ τῶν ἐνθάδε ἐπιθοῖντο.   ὅπερ νῦν ὑμεῖς ὦ 5
Ἀθηναῖοι ἐς Λακεδαιμονίους καὶ τοὺς ξυμμάχους πεπόνθατε·
10 διὰ τὸ παρὰ γνώμην αὐτῶν πρὸς ἃ ἐφοβεῖσθε τὸ πρῶτον
περιγεγενῆσθαι, καταφρονήσαντες ἤδη καὶ Σικελίας ἐφίεσθε.
χρὴ δὲ μὴ πρὸς τὰς τύχας τῶν ἐναντίων ἐπαίρεσθαι, ἀλλὰ 6
τὰς διανοίας κρατήσαντας θαρσεῖν, μηδὲ Λακεδαιμονίους
ἄλλο τι ἡγήσασθαι ἢ διὰ τὸ αἰσχρὸν σκοπεῖν ὅτῳ τρόπῳ
15 ἔτι καὶ νῦν, ἢν δύνωνται, σφήλαντες ἡμᾶς τὸ σφέτερον
ἀπρεπὲς εὖ θήσονται, ὅσῳ καὶ περὶ πλείστου καὶ διὰ πλεί-
στου δόξαν ἀρετῆς μελετῶσιν.   ὥστε οὐ περὶ τῶν ἐν Σικελίᾳ 7
Ἐγεσταίων ἡμῖν, ἀνδρῶν βαρβάρων, ὁ ἀγών, εἰ σωφρονοῦ-
μεν, ἀλλ' ὅπως πόλιν δι' ὀλιγαρχίας ἐπιβουλεύουσαν ὀξέως
20 φυλαξόμεθα.

   ' Καὶ μεμνῆσθαι χρὴ ἡμᾶς ὅτι νεωστὶ ἀπὸ νόσου μεγάλης 12
καὶ πολέμου βραχύ τι λελωφήκαμεν, ὥστε καὶ χρήμασι καὶ
τοῖς σώμασιν ηὐξῆσθαι· καὶ ταῦτα ὑπὲρ ἡμῶν δίκαιον ἐνθάδε
εἶναι ἀναλοῦν, καὶ μὴ ὑπὲρ ἀνδρῶν φυγάδων τῶνδε ἐπικου-
25 ρίας δεομένων, οἷς τό τε ψεύσασθαι καλῶς χρήσιμον καὶ
τῷ τοῦ πέλας κινδύνῳ, αὐτοὺς λόγους μόνον παρασχομένους,
ἢ κατορθώσαντας χάριν μὴ ἀξίαν εἰδέναι ἢ πταίσαντάς που
τοὺς φίλους ξυναπολέσαι.   εἴ τέ τις ἄρχειν ἄσμενος αἱρε- 2
θεὶς παραινεῖ ὑμῖν ἐκπλεῖν, τὸ ἑαυτοῦ μόνον σκοπῶν, ἄλλως

5–8 τὰ γὰρ . . . δόντα post ἐπιθοῖντο in codd. leguntur, transp.
Rauchenstein   11 ante καταφρονήσαντες add. καὶ G¹   ἐφίεσθε recc.:
ἐφίεσθαι codd.   19 ὀλιγαρχίας] ὀλίγου Badham   20 φυλαξόμεθα
CE: φυλαξώμεθα cett.   24 εἶναι om. C [M]   26 αὐτῶν ABF
suprascr. G   28 ξυναπολέσαι Reiske: ξυναπολέσθαι codd.

τε καὶ νεώτερος ὢν ἔτι ἐς τὸ ἄρχειν, ὅπως θαυμασθῇ μὲν
ἀπὸ τῆς ἱπποτροφίας, διὰ δὲ πολυτέλειαν καὶ ὠφεληθῇ τι ἐκ
τῆς ἀρχῆς, μηδὲ τούτῳ ἐμπαράσχητε τῷ τῆς πόλεως κινδύνῳ
ἰδίᾳ ἐλλαμπρύνεσθαι, νομίσατε δὲ τοὺς τοιούτους τὰ μὲν
δημόσια ἀδικεῖν, τὰ δὲ ἴδια ἀναλοῦν, καὶ τὸ πρᾶγμα μέγα εἶναι 5
καὶ μὴ οἷον νεωτέρῳ βουλεύσασθαί τε καὶ ὀξέως μεταχειρίσαι.

13   ' Οὓς ἐγὼ ὁρῶν νῦν ἐνθάδε τῷ αὐτῷ ἀνδρὶ παρακελευστοὺς
καθημένους φοβοῦμαι, καὶ τοῖς πρεσβυτέροις ἀντιπαρα-
κελεύομαι μὴ καταισχυνθῆναι, εἴ τῴ τις παρακάθηται τῶνδε,
ὅπως μὴ δόξει, ἐὰν μὴ ψηφίζηται πολεμεῖν, μαλακὸς εἶναι, 10
μηδ᾽, ὅπερ ἂν αὐτοὶ πάθοιεν, δυσέρωτας εἶναι τῶν ἀπόντων,
γνόντας ὅτι ἐπιθυμίᾳ μὲν ἐλάχιστα κατορθοῦνται, προνοίᾳ
δὲ πλεῖστα, ἀλλ᾽ ὑπὲρ τῆς πατρίδος ὡς μέγιστον δὴ τῶν
πρὶν κίνδυνον ἀναρριπτούσης ἀντιχειροτονεῖν, καὶ ψηφί-
ζεσθαι τοὺς μὲν Σικελιώτας οἷσπερ νῦν ὅροις χρωμένους 15
πρὸς ἡμᾶς, οὐ μεμπτοῖς, τῷ τε Ἰονίῳ κόλπῳ παρὰ γῆν ἤν
τις πλέῃ, καὶ τῷ Σικελικῷ διὰ πελάγους, τὰ αὑτῶν νεμο-
2 μένους καθ᾽ αὑτοὺς καὶ ξυμφέρεσθαι· τοῖς δ᾽ Ἐγεσταίοις ἰδίᾳ
εἰπεῖν, ἐπειδὴ ἄνευ Ἀθηναίων καὶ ξυνῆψαν πρὸς Σελινουν-
τίους τὸ πρῶτον πόλεμον, μετὰ σφῶν αὐτῶν καὶ καταλύεσθαι· 20
καὶ τὸ λοιπὸν ξυμμάχους μὴ ποιεῖσθαι ὥσπερ εἰώθαμεν, οἷς
κακῶς μὲν πράξασιν ἀμυνοῦμεν, ὠφελίας δ᾽ αὐτοὶ δεηθέντες
οὐ τευξόμεθα.

14   ' Καὶ σύ, ὦ πρύτανι, ταῦτα, εἴπερ ἡγεῖ σοι προσήκειν κή-
δεσθαί τε τῆς πόλεως καὶ βούλει γενέσθαι πολίτης ἀγαθός, 25
ἐπιψήφιζε καὶ γνώμας προτίθει αὖθις Ἀθηναίοις, νομίσας,
εἰ ὀρρωδεῖς τὸ ἀναψηφίσαι, τὸ μὲν λύειν τοὺς νόμους μὴ
μετὰ τοσῶνδ᾽ ἂν μαρτύρων αἰτίαν σχεῖν, τῆς δὲ πόλεως
⟨κακῶς⟩ βουλευσαμένης ἰατρὸς ἂν γενέσθαι, καὶ τὸ καλῶς
ἄρξαι τοῦτ᾽ εἶναι, ὃς ἂν τὴν πατρίδα ὠφελήσῃ ὡς πλεῖστα 30
ἢ ἑκὼν εἶναι μηδὲν βλάψῃ.'

1 ἔτι ἂν A B E F (corr. F¹) : ἔτι om. C   6 νεωτέρους Pluygers
10 δόξει C : δόξῃ cett.   12 κατορθοῦνται Göller   16 ἡμᾶς B : ὑμᾶς cett.
20 τὸ recc. : τὸν codd.   29 κακῶς recc. et, ut videtur, Schol. : om. codd.

76

Ὁ μὲν Νικίας τοιαῦτα εἶπε, τῶν δὲ Ἀθηναίων παριοντες 15
οἱ μὲν πλεῖστοι στρατεύειν παρήνουν καὶ τὰ ἐψηφισμένα μὴ
λύειν, οἱ δέ τινες καὶ ἀντέλεγον.   ἐνῆγε δὲ προθυμότατα 2
τὴν στρατείαν Ἀλκιβιάδης ὁ Κλεινίου, βουλόμενος τῷ τε
5 Νικίᾳ ἐναντιοῦσθαι, ὧν καὶ ἐς τἆλλα διάφορος τὰ πολιτικὰ
καὶ ὅτι αὐτοῦ διαβόλως ἐμνήσθη, καὶ μάλιστα στρατηγῆσαί
τε ἐπιθυμῶν καὶ ἐλπίζων Σικελίαν τε δι' αὐτοῦ καὶ Καρχη-
δόνα λήψεσθαι καὶ τὰ ἴδια ἅμα εὐτυχήσας χρήμασί τε καὶ
δόξῃ ὠφελήσειν.   ὧν γὰρ ἐν ἀξιώματι ὑπὸ τῶν ἀστῶν, ταῖς 3
10 ἐπιθυμίαις μείζοσιν ἢ κατὰ τὴν ὑπάρχουσαν οὐσίαν ἐχρῆτο
ἔς τε τὰς ἱπποτροφίας καὶ τὰς ἄλλας δαπάνας· ὅπερ καὶ
καθεῖλεν ὕστερον τὴν τῶν Ἀθηναίων πόλιν οὐχ ἥκιστα.
φοβηθέντες γὰρ αὐτοῦ οἱ πολλοὶ τὸ μέγεθος τῆς τε κατὰ τὸ 4
ἑαυτοῦ σῶμα παρανομίας ἐς τὴν δίαιταν καὶ τῆς διανοίας ὧν
15 καθ' ἓν ἕκαστον ἐν ὅτῳ γίγνοιτο ἔπρασσεν, ὡς τυραννίδος
ἐπιθυμοῦντι πολέμιοι καθέστασαν, καὶ δημοσίᾳ κράτιστα
διαθέντι τὰ τοῦ πολέμου ἰδίᾳ ἕκαστοι τοῖς ἐπιτηδεύμασιν
αὐτοῦ ἀχθεσθέντες, καὶ ἄλλοις ἐπιτρέψαντες, οὐ διὰ μακροῦ
ἔσφηλαν τὴν πόλιν.   τότε δ' οὖν παρελθὼν τοῖς Ἀθηναίοις 5
20 παρῄνει τοιάδε.

'Καὶ προσήκει μοι μᾶλλον ἑτέρων, ὦ Ἀθηναῖοι, ἄρχειν 16
(ἀνάγκη γὰρ ἐντεῦθεν ἄρξασθαι, ἐπειδή μου Νικίας καθ-
ήψατο), καὶ ἄξιος ἅμα νομίζω εἶναι.   ὧν γὰρ πέρι ἐπιβόη-
τός εἰμι, τοῖς μὲν προγόνοις μου καὶ ἐμοὶ δόξαν φέρει ταῦτα,
25 τῇ δὲ πατρίδι καὶ ὠφελίαν.   οἱ γὰρ Ἕλληνες καὶ ὑπὲρ 2
δύναμιν μείζω ἡμῶν τὴν πόλιν ἐνόμισαν τῷ ἐμῷ διαπρεπεῖ
τῆς Ὀλυμπίαζε θεωρίας, πρότερον ἐλπίζοντες αὐτὴν κατα-
πεπολεμῆσθαι, διότι ἅρματα μὲν ἑπτὰ καθῆκα, ὅσα οὐδείς
πω ἰδιώτης πρότερον, ἐνίκησα δὲ καὶ δεύτερος καὶ τέταρτος
30 ἐγενόμην καὶ τἆλλα ἀξίως τῆς νίκης παρεσκευασάμην.   νόμῳ
μὲν γὰρ τιμὴ τὰ τοιαῦτα, ἐκ δὲ τοῦ δρωμένου καὶ δύναμις
ἅμα ὑπονοεῖται.   καὶ ὅσα αὖ ἐν τῇ πόλει χορηγίαις ἢ ἄλλῳ 3

5 τὰ πολιτικὰ secl. Weidner : πολεμικὰ C G   13 αὐτοῦ om. C
17 διαθέντι recc. : διαθέντα codd.

τῷ λαμπρύνομαι, τοῖς μὲν ἀστοῖς φθονεῖται φύσει, πρὸς
δὲ τοὺς ξένους καὶ αὕτη ἰσχὺς φαίνεται. καὶ οὐκ ἄχρηστος
ἥδ᾽ ἡ ἄνοια, ὃς ἂν τοῖς ἰδίοις τέλεσι μὴ ἑαυτὸν μόνον ἀλλὰ
4 καὶ τὴν πόλιν ὠφελῇ. οὐδέ γε ἄδικον ἐφ᾽ ἑαυτῷ μέγα
φρονοῦντα μὴ ἴσον εἶναι, ἐπεὶ καὶ ὁ κακῶς πράσσων πρὸς 5
οὐδένα τῆς ξυμφορᾶς ἰσομοιρεῖ· ἀλλ᾽ ὥσπερ δυστυχοῦντες
οὐ προσαγορευόμεθα, ἐν τῷ ὁμοίῳ τις ἀνεχέσθω καὶ ὑπὸ
τῶν εὐπραγούντων ὑπερφρονούμενος, ἢ τὰ ἴσα νέμων τὰ
5 ὁμοῖα ἀνταξιούτω. οἶδα δὲ τοὺς τοιούτους, καὶ ὅσοι ἔν
τινος λαμπρότητι προέσχον, ἐν μὲν τῷ καθ᾽ αὑτοὺς βίῳ 10
λυπηροὺς ὄντας, τοῖς ὁμοίοις μὲν.μάλιστα, ἔπειτα δὲ καὶ
τοῖς ἄλλοις ξυνόντας, τῶν δὲ ἔπειτα ἀνθρώπων προσποίησίν
τε ξυγγενείας τισὶ καὶ μὴ οὖσαν καταλιπόντας, καὶ ἧς ἂν
ὦσι πατρίδος, ταύτῃ αὔχησιν ὡς οὐ περὶ ἀλλοτρίων οὐδ᾽
ἁμαρτόντων, ἀλλ᾽ ὡς περὶ σφετέρων τε καὶ καλὰ πραξάντων. 15
6 ὧν ἐγὼ ὀρεγόμενος καὶ διὰ ταῦτα τὰ ἴδια ἐπιβοώμενος τὰ
δημόσια σκοπεῖτε εἴ του χεῖρον μεταχειρίζω. Πελοπον-
νήσου γὰρ τὰ δυνατώτατα ξυστήσας ἄνευ μεγάλου ὑμῖν
κινδύνου καὶ δαπάνης Λακεδαιμονίους ἐς μίαν ἡμέραν
κατέστησα ἐν Μαντινείᾳ περὶ τῶν ἁπάντων ἀγωνίσασθαι· 20
ἐξ οὗ καὶ περιγενόμενοι τῇ μάχῃ οὐδέπω καὶ νῦν βεβαίως
θαρσοῦσιν.

17   ῾Καὶ ταῦτα ἡ ἐμὴ νεότης καὶ ἄνοια παρὰ φύσιν δοκοῦσα
εἶναι ἐς τὴν Πελοποννησίων δύναμιν λόγοις τε πρέπουσιν
ὡμίλησε καὶ ὀργῇ πίστιν παρασχομένη ἔπεισεν. καὶ νῦν μὴ 25
πεφόβησθε αὐτήν, ἀλλ᾽ ἕως ἐγώ τε ἔτι ἀκμάζω μετ᾽ αὐτῆς καὶ
ὁ Νικίας εὐτυχὴς δοκεῖ εἶναι, ἀποχρήσασθε τῇ ἑκατέρου ἡμῶν
2 ὠφελίᾳ.   καὶ τὸν ἐς τὴν Σικελίαν πλοῦν μὴ μεταγιγνώσκετε
ὡς ἐπὶ μεγάλην δύναμιν ἐσόμενον. ὄχλοις τε γὰρ ξυμμείκτοις
πολυανδροῦσιν αἱ πόλεις καὶ ῥᾳδίας ἔχουσι τῶν πολιτῶν τὰς 30

1 ἀστοῖς] αὐτοῖς A B E F M   3 ἥδ᾽ ἡ ἄνοια M Schol : ἡ διάνοια
cett.   17 χείρω C G   26 πεφόβησθε Reiske : πεφοβῆσθαι
codd. (ex -εισθαι c)   27 ἀποχρήσασθε f : ἀποχρήσασθαι M : ἀποχρή-
σεσθαι C : ἀποχρήσεσθε cett.   30 πολιτῶν Ε : πολιτειῶν cett.

μεταβολὰς καὶ ἐπιδοχάς. καὶ οὐδεὶς δι' αὐτὸ ὡς περὶ οἰκείας 3
πατρίδος οὔτε τὰ περὶ τὸ σῶμα ὅπλοις ἐξήρτυται οὔτε τὰ ἐν
τῇ χώρᾳ νομίμοις κατασκευαῖς· ὅτι δὲ ἕκαστος ἢ ἐκ τοῦ
λέγων πείθειν οἴεται ἢ στασιάζων ἀπὸ τοῦ κοινοῦ λαβὼν
5 ἄλλην γῆν, μὴ κατορθώσας, οἰκήσειν, ταῦτα ἑτοιμάζεται.
καὶ οὐκ εἰκὸς τὸν τοιοῦτον ὅμιλον οὔτε λόγου μιᾷ γνώμῃ 4
ἀκροᾶσθαι οὔτε ἐς τὰ ἔργα κοινῶς τρέπεσθαι· ταχὺ δ' ἂν ὡς
ἕκαστοι, εἴ τι καθ' ἡδονὴν λέγοιτο, προσχωροῖεν, ἄλλως τε
καὶ εἰ στασιάζουσιν, ὥσπερ πυνθανόμεθα. καὶ μὴν οὐδ' 5
10 ὁπλῖται οὔτ' ἐκείνοις ὅσοιπερ κομποῦνται, οὔτε οἱ ἄλλοι
Ἕλληνες διεφάνησαν τοσοῦτοι ὄντες ὅσους ἕκαστοι σφᾶς
αὐτοὺς ἠρίθμουν, ἀλλὰ μέγιστον δὴ αὐτοὺς ἐψευσμένη ἡ
Ἑλλὰς μόλις ἐν τῷδε τῷ πολέμῳ ἱκανῶς ὡπλίσθη. τά τε 6
οὖν ἐκεῖ, ἐξ ὧν ἐγὼ ἀκοῇ αἰσθάνομαι, τοιαῦτα καὶ ἔτι
15 εὐπορώτερα ἔσται (βαρβάρους [τε] γὰρ πολλοὺς ἕξομεν οἱ
Συρακοσίων μίσει ξυνεπιθήσονται αὐτοῖς) καὶ τὰ ἐνθάδε οὐκ
ἐπικωλύσει, ἢν ὑμεῖς ὀρθῶς βουλεύησθε. οἱ γὰρ πατέρες 7
ἡμῶν τοὺς αὐτοὺς τούτους οὕσπερ νῦν φασὶ πολεμίους ὑπολεί-
ποντας ἂν ἡμᾶς πλεῖν καὶ προσέτι τὸν Μῆδον ἐχθρὸν ἔχοντες
20 τὴν ἀρχὴν ἐκτήσαντο, οὐκ ἄλλῳ τινὶ ἢ τῇ περιουσίᾳ τοῦ
ναυτικοῦ ἰσχύοντες. καὶ νῦν οὔτε ἀνέλπιστοί πω μᾶλλον 8
Πελοποννήσιοι ἐς ἡμᾶς ἐγένοντο, εἴ τε καὶ πάνυ ἔρρωνται,
τὸ μὲν ἐς τὴν γῆν ἡμῶν ἐσβάλλειν, κἂν μὴ ἐκπλεύσωμεν,
ἱκανοί εἰσι, τῷ δὲ ναυτικῷ οὐκ ἂν δύναιντο βλάπτειν·
25 ὑπόλοιπον γὰρ ἡμῖν ἐστιν ἀντίπαλον ναυτικόν. ὥστε τί 18
ἂν λέγοντες εἰκὸς ἢ αὐτοὶ ἀποκνοῖμεν ἢ πρὸς τοὺς ἐκεῖ
ξυμμάχους σκηπτόμενοι μὴ βοηθοῖμεν; οἷς χρεών, ἐπειδή
γε καὶ ξυνωμόσαμεν, ἐπαμύνειν, καὶ μὴ ἀντιτιθέναι ὅτι οὐδὲ
ἐκεῖνοι ἡμῖν. οὐ γὰρ ἵνα δεῦρο ἀντιβοηθῶσι προσεθέμεθα
30 αὐτούς, ἀλλ' ἵνα τοῖς ἐκεῖ ἐχθροῖς ἡμῶν λυπηροὶ ὄντες
δεῦρο κωλύωσιν αὐτοὺς ἐπιέναι. τήν τε ἀρχὴν οὕτως ἐκτη- 2

1 ὡς περὶ] ὥσπερ ΑΒΕΦΜ 3 νομίμοις Dukas 11 ὅσους
recc. : ὅσοι codd. 15 τε secl. Haacke

79

σάμεθα καὶ ἡμεῖς καὶ ὅσοι δὴ ἄλλοι ἦρξαν, παραγιγνόμενοι
προθύμως τοῖς αἰεὶ ἢ βαρβάροις ἢ Ἕλλησιν ἐπικαλουμένοις,
ἐπεὶ εἴ γε ἡσυχάζοιεν πάντες ἢ φυλοκρινοῖεν οἷς χρεὼν
βοηθεῖν, βραχὺ ἄν τι προσκτώμενοι αὐτῇ περὶ αὐτῆς ἂν
ταύτης μᾶλλον κινδυνεύοιμεν. τὸν γὰρ προύχοντα οὐ μόνον 5
ἐπιόντα τις ἀμύνεται, ἀλλὰ καὶ ὅπως μὴ ἔπεισι προκατα-
3 λαμβάνει. καὶ οὐκ ἔστιν ἡμῖν ταμιεύεσθαι ἐς ὅσον βουλό-
μεθα ἄρχειν, ἀλλ' ἀνάγκη, ἐπειδήπερ ἐν τῷδε καθέσταμεν,
τοῖς μὲν ἐπιβουλεύειν, τοὺς δὲ μὴ ἀνιέναι, διὰ τὸ ἀρχθῆναι
ἂν ὑφ' ἑτέρων αὐτοῖς κίνδυνον εἶναι, εἰ μὴ αὐτοὶ ἄλλων 10
ἄρχοιμεν. καὶ οὐκ ἐκ τοῦ αὐτοῦ ἐπισκεπτέον ὑμῖν τοῖς
ἄλλοις τὸ ἥσυχον, εἰ μὴ καὶ τὰ ἐπιτηδεύματα ἐς τὸ ὁμοῖον
μεταλήψεσθε.

4   'Λογισάμενοι οὖν τάδε μᾶλλον αὐξήσειν, ἐπ' ἐκεῖνα ἢν
ἴωμεν, ποιώμεθα τὸν πλοῦν, ἵνα Πελοποννησίων τε στορέ- 15
σωμεν τὸ φρόνημα, εἰ δόξομεν ὑπεριδόντες τὴν ἐν τῷ παρόντι
ἡσυχίαν καὶ ἐπὶ Σικελίαν πλεῦσαι· καὶ ἅμα ἢ τῆς Ἑλλάδος
τῶν ἐκεῖ προσγενομένων πάσης τῷ εἰκότι ἄρξομεν, ἢ κακώ-
σομέν γε Συρακοσίους, ἐν ᾧ καὶ αὐτοὶ καὶ οἱ ξύμμαχοι
5 ὠφελησόμεθα. τὸ δὲ ἀσφαλές, καὶ μένειν, ἤν τι προχωρῇ, 20
καὶ ἀπελθεῖν, αἱ νῆες παρέξουσιν· ναυκράτορες γὰρ ἐσόμεθα
6 καὶ ξυμπάντων Σικελιωτῶν. καὶ μὴ ὑμᾶς ἡ Νικίου τῶν
λόγων ἀπραγμοσύνη καὶ διάστασις τοῖς νέοις ἐς τοὺς πρεσβυ-
τέρους ἀποτρέψῃ, τῷ δὲ εἰωθότι κόσμῳ, ὥσπερ καὶ οἱ πατέρες
ἡμῶν ἅμα νέοι γεραιτέροις βουλεύοντες ἐς τάδε ἦραν αὐτά, 25
καὶ νῦν τῷ αὐτῷ τρόπῳ πειρᾶσθε προαγαγεῖν τὴν πόλιν,
καὶ νομίσατε νεότητα μὲν καὶ γῆρας ἄνευ ἀλλήλων μηδὲν
δύνασθαι, ὁμοῦ δὲ τό τε φαῦλον καὶ τὸ μέσον καὶ τὸ πάνυ
ἀκριβὲς ἂν ξυγκραθὲν μάλιστ' ἂν ἰσχύειν, καὶ τὴν πόλιν,
ἐὰν μὲν ἡσυχάζῃ, τρίψεσθαί τε αὐτὴν περὶ αὐτὴν ὥσπερ καὶ 30
ἄλλο τι, καὶ πάντων τὴν ἐπιστήμην ἐγγηράσεσθαι, ἀγωνι-

. 6 ὅπως μὴ recc. : μὴ ὅπως codd.   20 προχωρῇ recc. : προσχωρῇ
codd.   21 ναυκράτορες Valckenaer : αὐτοκράτορες codd.   24 ἀπο-
τρέψῃ Poppo : ἀποστρέψῃ codd.

ζομένην δὲ αἰεὶ προσλήψεσθαί τε τὴν ἐμπειρίαν καὶ τὸ
ἀμύνεσθαι οὐ λόγῳ ἀλλ' ἔργῳ μᾶλλον ξύνηθες ἕξειν.
παράπαν τε γιγνώσκω πόλιν μὴ ἀπράγμονα τάχιστ' ἄν μοι 7
δοκεῖν ἀπραγμοσύνης μεταβολῇ διαφθαρῆναι, καὶ τῶν ἀνθρώ-
5 πων ἀσφαλέστατα τούτους οἰκεῖν οἳ ἂν τοῖς παροῦσιν ἤθεσι
καὶ νόμοις, ἢν καὶ χείρω ᾖ, ἥκιστα διαφόρως πολιτεύωσιν.'
Τοιαῦτα μὲν ὁ Ἀλκιβιάδης εἶπεν· οἱ δ' Ἀθηναῖοι 19
ἀκούσαντες ἐκείνου τε καὶ τῶν Ἐγεσταίων καὶ Λεοντίνων
φυγάδων, οἳ παρελθόντες ἐδέοντό τε καὶ τῶν ὁρκίων ὑπο-
10 μιμνήσκοντες ἱκέτευον βοηθῆσαι σφίσι, πολλῷ μᾶλλον ἢ
πρότερον ὥρμηντο στρατεύειν. καὶ ὁ Νικίας γνοὺς ὅτι ἀπὸ 2
μὲν τῶν αὐτῶν λόγων οὐκ ἂν ἔτι ἀποτρέψειε, παρασκευῆς
δὲ πλήθει, εἰ πολλὴν ἐπιτάξειε, τάχ' ἂν μεταστήσειεν αὐτούς,
παρελθὼν αὐτοῖς αὖθις ἔλεγε τοιάδε.
15 'Ἐπειδὴ πάντως ὁρῶ ὑμᾶς, ὦ Ἀθηναῖοι, ὡρμημένους 20
στρατεύειν, ξυνενέγκοι μὲν ταῦτα ὡς βουλόμεθα, ἐπὶ δὲ τῷ
παρόντι ἃ γιγνώσκω σημανῶ. ἐπὶ γὰρ πόλεις, ὡς ἐγὼ 2
ἀκοῇ αἰσθάνομαι, μέλλομεν ἰέναι μεγάλας καὶ οὔθ' ὑπηκόους
ἀλλήλων οὔτε δεομένας μεταβολῆς, ᾗ ἂν ἐκ βιαίου τις
20 δουλείας ἄσμενος ἐς ῥᾴω μετάστασιν χωροίη, οὐδ' ἂν τὴν
ἀρχὴν τὴν ἡμετέραν εἰκότως ἀντ' ἐλευθερίας προσδεξαμένας,
τό τε πλῆθος ὡς ἐν μιᾷ νήσῳ πολλὰς τὰς Ἑλληνίδας. πλὴν 3
γὰρ Νάξου καὶ Κατάνης, ἃς ἐλπίζω ἡμῖν κατὰ τὸ Λεοντίνων
ξυγγενὲς προσέσεσθαι, ἄλλαι εἰσὶν ἑπτά, καὶ παρεσκευασμέναι
25 τοῖς πᾶσιν ὁμοιοτρόπως μάλιστα τῇ ἡμετέρᾳ δυνάμει, καὶ οὐχ
ἥκιστα ἐπὶ ἃς μᾶλλον πλέομεν, Σελινοῦς καὶ Συράκουσαι.
πολλοὶ μὲν γὰρ ὁπλῖται ἔνεισι καὶ τοξόται καὶ ἀκοντισταί, 4
πολλαὶ δὲ τριήρεις καὶ ὄχλος ὁ πληρώσων αὐτάς. χρή-
ματά τ' ἔχουσι τὰ μὲν ἴδια, τὰ δὲ καὶ ἐν τοῖς ἱεροῖς ἐστι
30 Σελινουντίοις, Συρακοσίοις δὲ καὶ ἀπὸ βαρβάρων τινῶν
ἀπαρχὴ ἐσφέρεται· ᾧ δὲ μάλιστα ἡμῶν προύχουσιν, ἵππους

21 προσδεξομένας C E M   27 μὲν om. C G   31 ἀπαρχὴ ἐσφέρεται
recc.: ἀπαρχῆς (ἀπ' ἀρχῆς G) φέρεται codd.

τε πολλοὺς κέκτηνται καὶ σίτῳ οἰκείῳ καὶ οὐκ ἐπακτῷ
χρῶνται.

21 ' Πρὸς οὖν τοιαύτην δύναμιν οὐ ναυτικῆς καὶ φαύλου
στρατιᾶς μόνον δεῖ, ἀλλὰ καὶ πεζὸν πολὺν ξυμπλεῖν, εἴπερ
βουλόμεθα ἄξιον τῆς διανοίας δρᾶν καὶ μὴ ὑπὸ ἱππέων πολλῶν 5
εἴργεσθαι τῆς γῆς, ἄλλως τε καὶ εἰ ξυστῶσιν αἱ πόλεις
φοβηθεῖσαι καὶ μὴ ἀντιπαράσχωσιν ἡμῖν φίλοι τινὲς γενό-
2 μενοι ἄλλοι ἢ Ἐγεσταῖοι ᾧ ἀμυνούμεθα ἱππικόν (αἰσχρὸν
δὲ βιασθέντας ἀπελθεῖν ἢ ὕστερον ἐπιμεταπέμπεσθαι, τὸ
πρῶτον ἀσκέπτως βουλευσαμένους)· αὐτόθεν δὲ παρασκευῇ 10
ἀξιόχρεῳ ἐπιέναι, γνόντας ὅτι πολύ τε ἀπὸ τῆς ἡμετέρας
αὐτῶν μέλλομεν πλεῖν καὶ οὐκ ἐν τῷ ὁμοίῳ στρατευσόμενοι
καὶ ὅτε ἐν τοῖς τῇδε ὑπηκόοις ξύμμαχοι ἤλθετε ἐπί τινα,
ὅθεν ῥᾴδιαι αἱ κομιδαὶ ἐκ τῆς φιλίας ὧν προσέδει, ἀλλ' ἐς
ἀλλοτρίαν πᾶσαν ἀπαρτήσοντες, ἐξ ἧς μηνῶν οὐδὲ τεσσάρων 15
22 τῶν χειμερινῶν ἄγγελον ῥᾴδιον ἐλθεῖν. ὁπλίτας τε οὖν
πολλούς μοι δοκεῖ χρῆναι ἡμᾶς ἄγειν καὶ ἡμῶν αὐτῶν καὶ
τῶν ξυμμάχων, τῶν τε ὑπηκόων καὶ ἤν τινα ἐκ Πελοποννήσου
δυνώμεθα ἢ πεῖσαι ἢ μισθῷ προσαγαγέσθαι, καὶ τοξότας
πολλοὺς καὶ σφενδονήτας, ὅπως πρὸς τὸ ἐκείνων ἱππικὸν 20
ἀντέχωσι, ναυσί τε καὶ πολὺ περιεῖναι, ἵνα καὶ τὰ ἐπιτήδεια
ῥᾷον ἐσκομιζώμεθα, τὸν δὲ καὶ αὐτόθεν σῖτον ἐν ὁλκάσι,
πυροὺς καὶ πεφρυγμένας κριθάς, ἄγειν, καὶ σιτοποιοὺς ἐκ
τῶν μυλώνων πρὸς μέρος ἠναγκασμένους ἐμμίσθους, ἵνα,
ἤν που ὑπὸ ἀπλοίας ἀπολαμβανώμεθα, ἔχῃ ἡ στρατιὰ τὰ 25
ἐπιτήδεια (πολλὴ γὰρ οὖσα οὐ πάσης ἔσται πόλεως ὑποδέ-
ξασθαι), τά τε ἄλλα ὅσον δυνατὸν ἑτοιμάσασθαι, καὶ μὴ ἐπὶ
ἑτέροις γίγνεσθαι, μάλιστα δὲ χρήματα αὐτόθεν ὡς πλεῖστα
ἔχειν. τὰ δὲ παρ' Ἐγεσταίων, ἃ λέγεται ἐκεῖ ἑτοῖμα,
23 νομίσατε καὶ λόγῳ ἂν μάλιστα ἑτοῖμα εἶναι. ἢν γὰρ αὐτοὶ 30
ἔλθωμεν ἐνθένδε μὴ ἀντίπαλον μόνον παρασκευασάμενοι,

12 στρατευσόμενοι C⟨G⟩: στρατευσάμενοι cett.   13 ὅτε F. Portus:
οὐκ codd.   15 ἀπαρτήσαντες A B F (corr. f)

πλήν γε πρὸς τὸ μάχιμον αὐτῶν, τὸ ὁπλιτικόν, ἀλλὰ καὶ
ὑπερβάλλοντες τοῖς πᾶσι, μόλις οὕτως οἷοί τε ἐσόμεθα τῶν
μὲν κρατεῖν, τὰ δὲ καὶ διασῶσαι. πόλιν τε νομίσαι χρὴ ἐν 2
ἀλλοφύλοις καὶ πολεμίοις οἰκοῦντας ἰέναι, οὓς πρέπει τῇ
5 πρώτῃ ἡμέρᾳ ᾗ ἂν κατάσχωσιν εὐθὺς κρατεῖν τῆς γῆς, ἢ
εἰδέναι ὅτι, ἢν σφάλλωνται, πάντα πολέμια ἕξουσιν. ὅπερ 3
ἐγὼ φοβούμενος, καὶ εἰδὼς πολλὰ μὲν ἡμᾶς δέον εὖ βουλεύ-
σασθαι, ἔτι δὲ πλείω εὐτυχῆσαι (χαλεπὸν δὲ ἀνθρώπους
ὄντας), ὅτι ἐλάχιστα τῇ τύχῃ παραδοὺς ἐμαυτὸν βούλομαι
10 ἐκπλεῖν, παρασκευῇ δὲ ἀπὸ τῶν εἰκότων ἀσφαλὴς ἐκπλεῦσαι.
ταῦτα γὰρ τῇ τε ξυμπάσῃ πόλει βεβαιότατα ἡγοῦμαι καὶ
ἡμῖν τοῖς στρατευσομένοις σωτήρια. εἰ δέ τῳ ἄλλως δοκεῖ,
παρίημι αὐτῷ τὴν ἀρχήν.᾽

Ὁ μὲν Νικίας τοσαῦτα εἶπε νομίζων τοὺς Ἀθηναίους τῷ 24
15 πλήθει τῶν πραγμάτων ἢ ἀποτρέψειν ἤ, εἰ ἀναγκάζοιτο
στρατεύεσθαι, μάλιστ᾽ ⟨ἂν⟩ οὕτως ἀσφαλῶς ἐκπλεῦσαι· οἱ 2
δὲ τὸ μὲν ἐπιθυμοῦν τοῦ πλοῦ οὐκ ἐξῃρέθησαν ὑπὸ τοῦ
ὀχλώδους τῆς παρασκευῆς, πολὺ δὲ μᾶλλον ὥρμηντο, καὶ
τοὐναντίον περιέστη αὐτῷ· εὖ τε γὰρ παραινέσαι ἔδοξε καὶ
20 ἀσφάλεια νῦν δὴ καὶ πολλὴ ἔσεσθαι. καὶ ἔρως ἐνέπεσε 3
τοῖς πᾶσιν ὁμοίως ἐκπλεῦσαι· τοῖς μὲν γὰρ πρεσβυτέροις
ὡς ἢ καταστρεψομένοις ἐφ᾽ ἃ ἔπλεον ἢ οὐδὲν ἂν σφαλεῖσαν
μεγάλην δύναμιν, τοῖς δ᾽ ἐν τῇ ἡλικίᾳ τῆς τε ἀπούσης πόθῳ
ὄψεως καὶ θεωρίας, καὶ εὐέλπιδες ὄντες σωθήσεσθαι· ὁ δὲ
25 πολὺς ὅμιλος καὶ στρατιώτης ἔν τε τῷ παρόντι ἀργύριον
οἴσειν καὶ προσκτήσεσθαι δύναμιν ὅθεν ἀΐδιον μισθοφορὰν
ὑπάρξειν. ὥστε διὰ τὴν ἄγαν τῶν πλεόνων ἐπιθυμίαν, εἴ 4
τῳ ἄρα καὶ μὴ ἤρεσκε, δεδιὼς μὴ ἀντιχειροτονῶν κακόνους
δόξειεν εἶναι τῇ πόλει ἡσυχίαν ἦγεν. καὶ τέλος παρελθὼν 25
30 τις τῶν Ἀθηναίων καὶ παρακαλέσας τὸν Νικίαν οὐκ ἔφη

4 οἰκιοῦντας a f: οἰκεοῦντας codd.   7 εὖ om. A B F   10 παρα-
σκευὴ A B C M   12 στρατευομένοις E G   16 ἂν add.
Bekker   20 δὴ] δὲ A B E F   26 προσκτήσεσθαι G: προσκτήσασθαι
codd.

χρῆναι προφασίζεσθαι οὐδὲ διαμέλλειν, ἀλλ' ἐναντίον ἀπάν-
των ἤδη λέγειν ἥντινα αὐτῷ παρασκευὴν Ἀθηναῖοι ψηφί-
2 σωνται. ὁ δὲ ἄκων μὲν εἶπεν ὅτι καὶ μετὰ τῶν ξυναρχόντων
καθ' ἡσυχίαν μᾶλλον βουλεύσοιτο, ὅσα μέντοι ἤδη δοκεῖν
αὐτῷ, τριήρεσι μὲν οὐκ ἔλασσον ἢ ἑκατὸν πλευστέα εἶναι 5
(αὐτῶν δ' Ἀθηναίων ἔσεσθαι ὁπλιταγωγοὺς ὅσαι ἂν δοκῶσι,
καὶ ἄλλας ἐκ τῶν ξυμμάχων μεταπεμπτέας εἶναι), ὁπλίταις
δὲ τοῖς ξύμπασιν Ἀθηναίων καὶ τῶν ξυμμάχων πεντα-
κισχιλίων μὲν οὐκ ἐλάσσοσιν, ἢν δέ τι δύνωνται, καὶ
πλέοσιν· τὴν δὲ ἄλλην παρασκευὴν ὡς κατὰ λόγον, καὶ 10
τοξοτῶν τῶν αὐτόθεν καὶ ἐκ Κρήτης καὶ σφενδονητῶν, καὶ ἤν
26 τι ἄλλο πρέπον δοκῇ εἶναι, ἑτοιμασάμενοι ἄξειν. ἀκούσαντες
δ' οἱ Ἀθηναῖοι ἐψηφίσαντο εὐθὺς αὐτοκράτορας εἶναι καὶ
περὶ στρατιᾶς πλήθους καὶ περὶ τοῦ παντὸς πλοῦ τοὺς στρα-
τηγοὺς πράσσειν ᾗ ἂν αὐτοῖς δοκῇ ἄριστα εἶναι [Ἀθηναίοις]. 15
2 καὶ μετὰ ταῦτα ἡ παρασκευὴ ἐγίγνετο, καὶ ἔς τε τοὺς
ξυμμάχους ἔπεμπον καὶ αὐτόθεν καταλόγους ἐποιοῦντο. ἄρτι
δ' ἀνειλήφει ἡ πόλις ἑαυτὴν ἀπὸ τῆς νόσου καὶ τοῦ ξυνεχοῦς
πολέμου ἔς τε ἡλικίας πλῆθος ἐπιγεγενημένης καὶ ἐς χρη-
μάτων ἄθροισιν διὰ τὴν ἐκεχειρίαν, ὥστε ῥᾷον πάντα 20
ἐπορίζετο. καὶ οἱ μὲν ἐν παρασκευῇ ἦσαν.

27 Ἐν δὲ τούτῳ, ὅσοι Ἑρμαῖ ἦσαν λίθινοι ἐν τῇ πόλει τῇ
Ἀθηναίων (εἰσὶ δὲ κατὰ τὸ ἐπιχώριον, ἡ τετράγωνος ἐργασία,
πολλοὶ καὶ ἐν ἰδίοις προθύροις καὶ ἐν ἱεροῖς), μιᾷ νυκτὶ οἱ
2 πλεῖστοι περιεκόπησαν τὰ πρόσωπα. καὶ τοὺς δράσαντας 25
ᾔδει οὐδείς, ἀλλὰ μεγάλοις μηνύτροις δημοσίᾳ οὗτοί τε ἐζη-
τοῦντο καὶ προσέτι ἐψηφίσαντο, καὶ εἴ τις ἄλλο τι οἶδεν
ἀσέβημα γεγενημένον, μηνύειν ἀδεῶς τὸν βουλόμενον καὶ
3 ἀστῶν καὶ ξένων καὶ δούλων. καὶ τὸ πρᾶγμα μειζόνως
ἐλάμβανον· τοῦ τε γὰρ ἔκπλου οἰωνὸς ἐδόκει εἶναι καὶ ἐπὶ 30
ξυνωμοσίᾳ ἅμα νεωτέρων πραγμάτων καὶ δήμου καταλύσεως

2 ψηφίσονται A B E F M   14 post πλοῦ habent τοῦ codd. : om.
recc.   15 Ἀθηναίοις seclusit Jones (monente Herwerdeno)   23 ἡ
. . . ἐργασία non legit Schol. Patm.

γεγενῆσθαι.   μηνύεται οὖν ἀπὸ μετοίκων τέ τινων καὶ ἀκο- 28
λούθων περὶ μὲν τῶν Ἑρμῶν οὐδέν, ἄλλων δὲ ἀγαλμάτων
περικοπαί τινες πρότερον ὑπὸ νεωτέρων μετὰ παιδιᾶς καὶ
οἴνου γεγενημέναι, καὶ τὰ μυστήρια ἅμα ὡς ποιεῖται ἐν
5 οἰκίαις ἐφ᾽ ὕβρει· ὧν καὶ τὸν Ἀλκιβιάδην ἐπῃτιῶντο.   καὶ 2
αὐτὰ ὑπολαμβάνοντες οἱ μάλιστα τῷ Ἀλκιβιάδῃ ἀχθόμενοι
ἐμποδὼν ὄντι σφίσι μὴ αὐτοῖς τοῦ δήμου βεβαίως προεστάναι,
καὶ νομίσαντες, εἰ αὐτὸν ἐξελάσειαν, πρῶτοι ἂν εἶναι, ἐμεγά-
λυνον καὶ ἐβόων ὡς ἐπὶ δήμου καταλύσει τά τε μυστικὰ καὶ
10 ἡ τῶν Ἑρμῶν περικοπὴ γένοιτο καὶ οὐδὲν εἴη αὐτῶν ὅτι οὐ
μετ᾽ ἐκείνου ἐπράχθη, ἐπιλέγοντες τεκμήρια τὴν ἄλλην αὐτοῦ
ἐς τὰ ἐπιτηδεύματα οὐ δημοτικὴν παρανομίαν.   ὁ δ᾽ ἔν τε 29
τῷ παρόντι πρὸς τὰ μηνύματα ἀπελογεῖτο καὶ ἑτοῖμος ἦν
πρὶν ἐκπλεῖν κρίνεσθαι, εἴ τι τούτων εἰργασμένος ἦν (ἤδη
15 γὰρ καὶ τὰ τῆς παρασκευῆς ἐπεπόριστο), καὶ εἰ μὲν τούτων
τι εἴργαστο, δίκην δοῦναι, εἰ δ᾽ ἀπολυθείη, ἄρχειν.   καὶ 2
ἐπεμαρτύρετο μὴ ἀπόντος πέρι αὐτοῦ διαβολὰς ἀποδέχεσθαι,
ἀλλ᾽ ἤδη ἀποκτείνειν, εἰ ἀδικεῖ, καὶ ὅτι σωφρονέστερον εἴη
μὴ μετὰ τοιαύτης αἰτίας, πρὶν διαγνῶσι, πέμπειν αὐτὸν ἐπὶ
20 τοσούτῳ στρατεύματι. οἱ δ᾽ ἐχθροὶ δεδιότες τό τε στράτευμα 3
μὴ εὔνουν ἔχῃ, ἢν ἤδη ἀγωνίζηται, ὅ τε δῆμος μὴ μαλα-
κίζηται θεραπεύων ὅτι δι᾽ ἐκεῖνον οἵ τ᾽ Ἀργεῖοι ξυνεστράτευον
καὶ τῶν Μαντινέων τινές, ἀπέτρεπον καὶ ἀπέσπευδον, ἄλλους
ῥήτορας ἐνιέντες οἳ ἔλεγον νῦν μὲν πλεῖν αὐτὸν καὶ μὴ
25 κατασχεῖν τὴν ἀναγωγήν, ἐλθόντα δὲ κρίνεσθαι ἐν ἡμέραις
ῥηταῖς, βουλόμενοι ἐκ μείζονος διαβολῆς, ἣν ἔμελλον ῥᾷον
αὐτοῦ ἀπόντος ποριεῖν, μετάπεμπτον κομισθέντα αὐτὸν ἀγω-
νίσασθαι.   καὶ ἔδοξε πλεῖν τὸν Ἀλκιβιάδην.

Μετὰ δὲ ταῦτα θέρους μεσοῦντος ἤδη ἡ ἀναγωγὴ ἐγίγνετο 30
30 ἐς τὴν Σικελίαν. τῶν μὲν οὖν ξυμμάχων τοῖς πλείστοις καὶ
ταῖς σιταγωγοῖς ὁλκάσι καὶ τοῖς πλοίοις καὶ ὅση ἄλλη παρα-
σκευὴ ξυνείπετο πρότερον εἴρητο ἐς Κέρκυραν ξυλλέγεσθαι

5 οἰκίαις fg M : οἰκίας cett.   14 εἰ . . . ἦν secl. Herwerden
25 ἀγωγήν Α Β F G M

85

ὡς ἐκεῖθεν ἀθρόοις ἐπὶ ἄκραν Ἰαπυγίαν τὸν Ἰόνιον δια-
βαλοῦσιν· αὐτοὶ δ' Ἀθηναῖοι καὶ εἴ τινες τῶν ξυμμάχων
παρῆσαν, ἐς τὸν Πειραιᾶ καταβάντες ἐν ἡμέρᾳ ῥητῇ ἅμα ἔῳ
2 ἐπλήρουν τὰς ναῦς ὡς ἀναξόμενοι. ξυγκατέβη δὲ καὶ ὁ ἄλλος
ὅμιλος ἅπας ὡς εἰπεῖν ὁ ἐν τῇ πόλει καὶ ἀστῶν καὶ ξένων, 5
οἱ μὲν ἐπιχώριοι τοὺς σφετέρους αὐτῶν ἕκαστοι προπέμποντες,
οἱ μὲν ἑταίρους, οἱ δὲ ξυγγενεῖς, οἱ δὲ υἱεῖς, καὶ μετ' ἐλπίδος
τε ἅμα ἰόντες καὶ ὀλοφυρμῶν, τὰ μὲν ὡς κτήσοιντο, τοὺς δ'
εἴ ποτε ὄψοιντο, ἐνθυμούμενοι ὅσον πλοῦν ἐκ τῆς σφετέρας
31 ἀπεστέλλοντο.   καὶ ἐν τῷ παρόντι καιρῷ, ὡς ἤδη ἔμελλον 10
μετὰ κινδύνων ἀλλήλους ἀπολιπεῖν, μᾶλλον αὐτοὺς ἐσῄει τὰ
δεινὰ ἢ ὅτε ἐψηφίζοντο πλεῖν· ὅμως δὲ τῇ παρούσῃ ῥώμῃ,
διὰ τὸ πλῆθος ἑκάστων ὧν ἑώρων, τῇ ὄψει ἀνεθάρσουν.   οἱ
δὲ ξένοι καὶ ὁ ἄλλος ὄχλος κατὰ θέαν ἧκεν ὡς ἐπ' ἀξιόχρεων
καὶ ἄπιστον διάνοιαν.   παρασκευὴ γὰρ αὕτη πρώτη ἐκπλεύ- 15
σασα μιᾶς πόλεως δυνάμει Ἑλληνικῇ πολυτελεστάτη δὴ καὶ
2 εὐπρεπεστάτη τῶν ἐς ἐκεῖνον τὸν χρόνον ἐγένετο.   ἀριθμῷ
δὲ νεῶν καὶ ὁπλιτῶν καὶ ἡ ἐς Ἐπίδαυρον μετὰ Περικλέους
καὶ ἡ αὐτὴ ἐς Ποτείδαιαν μετὰ Ἅγνωνος οὐκ ἐλάσσων ἦν·
τετράκις γὰρ χίλιοι ὁπλῖται αὐτῶν Ἀθηναίων καὶ τριακόσιοι 20
ἱππῆς καὶ τριήρεις ἑκατόν, καὶ Λεσβίων καὶ Χίων πεντήκοντα,
3 καὶ ξύμμαχοι ἔτι πολλοὶ ξυνέπλευσαν.   ἀλλὰ ἐπί τε βραχεῖ
πλῷ ὡρμήθησαν καὶ παρασκευῇ φαύλῃ, οὗτος δὲ ὁ στόλος
ὡς χρόνιός τε ἐσόμενος καὶ κατ' ἀμφότερα, οὗ ἂν δέῃ, καὶ
ναυσὶ καὶ πεζῷ ἅμα ἐξαρτυθείς, τὸ μὲν ναυτικὸν μεγάλαις 25
δαπάναις τῶν τε τριηράρχων καὶ τῆς πόλεως ἐκπονηθέν, τοῦ
μὲν δημοσίου δραχμὴν τῆς ἡμέρας τῷ ναύτῃ ἑκάστῳ διδόντος
καὶ ναῦς παρασχόντος κενὰς ἑξήκοντα μὲν ταχείας, τεσσα-
ράκοντα δὲ ὁπλιταγωγοὺς καὶ ὑπηρεσίας ταύταις τὰς κρατί-
στας, τῶν ⟨δὲ⟩ τριηράρχων ἐπιφοράς τε πρὸς τῷ ἐκ δημοσίου 30
μισθῷ διδόντων τοῖς θρανίταις τῶν ναυτῶν καὶ ταῖς ὑπηρεσίαις
καὶ τἆλλα σημείοις καὶ κατασκευαῖς πολυτελέσι χρησαμένων,

16 Ἑλληνικῆς Haacke   30 δὲ add. Schol. Palm.

86

καὶ ἐς τὰ μακρότατα προθυμηθέντος ἑνὸς ἑκάστου ὅπως αὐτῷ
τινὶ εὐπρεπείᾳ τε ἡ ναῦς μάλιστα προέξει καὶ τῷ ταχυναυτεῖν,
τὸ δὲ πεζὸν καταλόγοις τε χρηστοῖς ἐκκριθὲν καὶ ὅπλων καὶ
τῶν περὶ τὸ σῶμα σκευῶν μεγάλῃ σπουδῇ πρὸς ἀλλήλους
5 ἁμιλληθέν. ξυνέβη δὲ πρός τε σφᾶς αὐτοὺς ἅμα ἔριν 4
γενέσθαι, ᾧ τις ἕκαστος προσετάχθη, καὶ ἐς τοὺς ἄλλους
Ἕλληνας ἐπίδειξιν μᾶλλον εἰκασθῆναι τῆς δυνάμεως καὶ
ἐξουσίας ἢ ἐπὶ πολεμίους παρασκευήν. εἰ γάρ τις ἐλογίσατο 5
τήν τε τῆς πόλεως ἀνάλωσιν δημοσίαν καὶ τῶν στρατευο-
10 μένων τὴν ἰδίαν, τῆς μὲν πόλεως ὅσα τε ἤδη προετετελέκει
καὶ ἃ ἔχοντας τοὺς στρατηγοὺς ἀπέστελλε, τῶν δὲ ἰδιωτῶν
ἅ τε περὶ τὸ σῶμά τις καὶ τριήραρχος ἐς τὴν ναῦν ἀνηλώκει
καὶ ὅσα ἔτι ἔμελλεν ἀναλώσειν, χωρὶς δ' ἃ εἰκὸς ἦν καὶ ἄνευ
τοῦ ἐκ τοῦ δημοσίου μισθοῦ πάντα τινὰ παρασκευάσασθαι
15 ἐφόδιον ὡς ἐπὶ χρόνιον στρατείαν, καὶ ὅσα ἐπὶ μεταβολῇ
τις ἢ στρατιώτης ἢ ἔμπορος ἔχων ἔπλει, πολλὰ ἂν τάλαντα
ηὑρέθη ἐκ τῆς πόλεως τὰ πάντα ἐξαγόμενα. καὶ ὁ στόλος 6
οὐχ ἧσσον τόλμης τε θάμβει καὶ ὄψεως λαμπρότητι περι-
βόητος ἐγένετο ἢ στρατιᾶς πρὸς οὓς ἐπῇσαν ὑπερβολῇ, καὶ
20 ὅτι μέγιστος ἤδη διάπλους ἀπὸ τῆς οἰκείας καὶ ἐπὶ μεγίστῃ
ἐλπίδι τῶν μελλόντων πρὸς τὰ ὑπάρχοντα ἐπεχειρήθη.

Ἐπειδὴ δὲ αἱ νῆες πλήρεις ἦσαν καὶ ἐσέκειτο πάντα ἤδη 32
ὅσα ἔχοντες ἔμελλον ἀνάξεσθαι, τῇ μὲν σάλπιγγι σιωπὴ
ὑπεσημάνθη, εὐχὰς δὲ τὰς νομιζομένας πρὸ τῆς ἀναγωγῆς
25 οὐ κατὰ ναῦν ἑκάστην, ξύμπαντες δὲ ὑπὸ κήρυκος ἐποιοῦντο,
κρατῆράς τε κεράσαντες παρ' ἅπαν τὸ στράτευμα καὶ ἐκπώ-
μασι χρυσοῖς τε καὶ ἀργυροῖς οἵ τε ἐπιβάται καὶ οἱ ἄρχοντες
σπένδοντες. ξυνεπηύχοντο δὲ καὶ ὁ ἄλλος ὅμιλος ὁ ἐκ τῆς 2
γῆς τῶν τε πολιτῶν καὶ εἴ τις ἄλλος εὔνους παρῆν σφίσιν.
30 παιανίσαντες δὲ καὶ τελεώσαντες τὰς σπονδὰς ἀνήγοντο,
καὶ ἐπὶ κέρως τὸ πρῶτον ἐκπλεύσαντες ἅμιλλαν ἤδη μέχρι

10 προτετελέκει (sic) Μ : προσετετελέκει cett. 14 alterum τοῖ
om. C G 15 στρατείαν f : στρατιὰν codd. 30 παιανίσαντες f :
παιωνίσαντες codd. τελ]ε[ώσαντες incipit Π⁷

Αἰγίνης ἐποιοῦντο. καὶ οἱ μὲν ἐς τὴν Κέρκυραν, ἔνθαπερ
καὶ τὸ ἄλλο στράτευμα τῶν ξυμμάχων ξυνελέγετο, ἠπείγοντο
ἀφικέσθαι.

3 Ἐς δὲ τὰς Συρακούσας ἠγγέλλετο μὲν πολλαχόθεν τὰ
περὶ τοῦ ἐπίπλου, οὐ μέντοι ἐπιστεύετο ἐπὶ πολὺν χρόνον 5
οὐδέν, ἀλλὰ καὶ γενομένης ἐκκλησίας ἐλέχθησαν τοιοίδε
λόγοι ἀπό τε ἄλλων, τῶν μὲν πιστευόντων τὰ περὶ τῆς
στρατείας τῆς τῶν Ἀθηναίων, τῶν δὲ τὰ ἐναντία λεγόντων,
καὶ Ἑρμοκράτης ὁ Ἕρμωνος παρελθὼν αὐτοῖς, ὡς σαφῶς
οἰόμενος εἰδέναι τὰ περὶ αὐτῶν, ἔλεγε καὶ παρῄνει τοιάδε. 10

33 'Ἄπιστα μὲν ἴσως, ὥσπερ καὶ ἄλλοι τινές, δόξω ὑμῖν
περὶ τοῦ ἐπίπλου τῆς ἀληθείας λέγειν, καὶ γιγνώσκω ὅτι οἱ
τὰ μὴ πιστὰ δοκοῦντα εἶναι ἢ λέγοντες ἢ ἀπαγγέλλοντες
οὐ μόνον οὐ πείθουσιν, ἀλλὰ καὶ ἄφρονες δοκοῦσιν εἶναι·
ὅμως δὲ οὐ καταφοβηθεὶς ἐπισχήσω κινδυνευούσης τῆς 15
πόλεως, πείθων γε ἐμαυτὸν σαφέστερόν τι ἑτέρου εἰδὼς
2 λέγειν. Ἀθηναῖοι γὰρ ἐφ᾽ ὑμᾶς, ὃ πάνυ θαυμάζετε, πολλῇ
στρατιᾷ ὥρμηνται καὶ ναυτικῇ καὶ πεζῇ, πρόφασιν μὲν
Ἐγεσταίων ξυμμαχίᾳ καὶ Λεοντίνων κατοικίσει, τὸ δὲ ἀληθὲς
Σικελίας ἐπιθυμίᾳ, μάλιστα δὲ τῆς ἡμετέρας πόλεως, ἡγού- 20
3 μενοι, εἰ ταύτην σχοῖεν, ῥᾳδίως καὶ τἄλλα ἕξειν. ὡς οὖν ἐν
τάχει παρεσομένων, ὁρᾶτε ἀπὸ τῶν ὑπαρχόντων ὅτῳ τρόπῳ
κάλλιστα ἀμυνεῖσθε αὐτούς, καὶ μήτε καταφρονήσαντες
ἄφαρκτοι ληφθήσεσθε μήτε ἀπιστήσαντες τοῦ ξύμπαντος
4 ἀμελήσετε. εἰ δέ τῳ καὶ πιστά, τὴν τόλμαν αὐτῶν καὶ 25
δύναμιν μὴ ἐκπλαγῇ. οὔτε γὰρ βλάπτειν ἡμᾶς πλείω οἷοί
τ᾽ ἔσονται ἢ πάσχειν, οὔθ᾽ ὅτι μεγάλῳ στόλῳ ἐπέρχονται,
ἀνωφελεῖς, ἀλλὰ πρός τε τοὺς ἄλλους Σικελιώτας πολὺ
ἄμεινον (μᾶλλον γὰρ ἐθελήσουσιν ἐκπλαγέντες ἡμῖν ξυμ-
μαχεῖν), καὶ ἢν ἄρα ἢ κατεργασώμεθα αὐτοὺς ἢ ἀπράκτους 30
ὧν ἐφίενται ἀπώσωμεν (οὐ γὰρ δὴ μὴ τύχωσί γε ὧν προσδέ-

5 χρόνο]ν desinit Π⁷   8 στρατιᾶς ABEFM   Ἀθηνῶν ABEFM
18 πεζῇ recc.: πεζικῇ codd.   19 κατοικήσει ABEFM   28 ἀνω-
φελὲς Faber (inutile Valla)

88

χονται φοβοῦμαι), κάλλιστον δὴ ἔργον ἡμῖν ξυμβήσεται, καὶ
οὐκ ἀνέλπιστον ἔμοιγε. ὀλίγοι γὰρ δὴ στόλοι μεγάλοι ἢ 5
Ἑλλήνων ἢ βαρβάρων πολὺ ἀπὸ τῆς ἑαυτῶν ἀπάραντες
κατώρθωσαν. οὔτε γὰρ πλείους τῶν ἐνοικούντων καὶ ἀστυ-
5 γειτόνων ἔρχονται (πάντα γὰρ ὑπὸ δέους ξυνίσταται), ἤν τε
δι' ἀπορίαν τῶν ἐπιτηδείων ἐν ἀλλοτρίᾳ γῇ σφαλῶσι, τοῖς
ἐπιβουλευθεῖσιν ὄνομα, κἂν περὶ σφίσιν αὐτοῖς τὰ πλείω
πταίσωσιν, ὅμως καταλείπουσιν. ὅπερ καὶ Ἀθηναῖοι αὐτοὶ 6
οὗτοι, τοῦ Μήδου παρὰ λόγον πολλὰ σφαλέντος, ἐπὶ τῷ
10 ὀνόματι ὡς ἐπ' Ἀθήνας ᾔει ηὐξήθησαν, καὶ ἡμῖν οὐκ ἀνέλ-
πιστον τὸ τοιοῦτο ξυμβῆναι.

Θαρσοῦντες οὖν τά τε αὐτοῦ παρασκευαζώμεθα καὶ ἐς τοὺς 34
Σικελοὺς πέμποντες τοὺς μὲν μᾶλλον βεβαιωσώμεθα, τοῖς
δὲ φιλίαν καὶ ξυμμαχίαν πειρώμεθα ποιεῖσθαι, ἔς τε τὴν
15 ἄλλην Σικελίαν πέμπωμεν πρέσβεις δηλοῦντες ὡς κοινὸς ὁ
κίνδυνος, καὶ ἐς τὴν Ἰταλίαν, ὅπως ἢ ξυμμαχίαν ποιώμεθα
ἡμῖν ἢ μὴ δέχωνται Ἀθηναίους. δοκεῖ δέ μοι καὶ ἐς Καρ- 2
χηδόνα ἄμεινον εἶναι πέμψαι· οὐ γὰρ ἀνέλπιστον αὐτοῖς,
ἀλλ' αἰεὶ διὰ φόβου εἰσὶ μή ποτε Ἀθηναῖοι αὐτοῖς ἐπὶ τὴν
20 πόλιν ἔλθωσιν, ὥστε τάχ' ἂν ἴσως νομίσαντες, εἰ τάδε
προήσονται, κἂν σφεῖς ἐν πόνῳ εἶναι, ἐθελήσειαν ἡμῖν ἤτοι
κρύφα γε ἢ φανερῶς ἢ ἐξ ἑνός γέ του τρόπου ἀμῦναι.
δυνατοὶ δὲ εἰσὶ μάλιστα τῶν νῦν, βουληθέντες· χρυσὸν γὰρ
καὶ ἄργυρον πλεῖστον κέκτηνται, ὅθεν ὅ τε πόλεμος καὶ
25 τἆλλα εὐπορεῖ. πέμπωμεν δὲ καὶ ἐς τὴν Λακεδαίμονα καὶ ἐς 3
Κόρινθον δεόμενοι δεῦρο κατὰ τάχος βοηθεῖν καὶ τὸν ἐκεῖ
πόλεμον κινεῖν. ὃ δὲ μάλιστα ἐγώ τε νομίζω ἐπίκαιρον 4
ὑμεῖς τε διὰ τὸ ξύνηθες ἥσυχον ἥκιστ' ἂν ὀξέως πείθοισθε,
ὅμως εἰρήσεται. Σικελιῶται γὰρ εἰ ἐθέλοιμεν ξύμπαντες,
30 εἰ δὲ μή, ὅτι πλεῖστοι μεθ' ἡμῶν, καθελκύσαντες ἅπαν τὸ
ὑπάρχον ναυτικὸν μετὰ δυοῖν μηνοῖν τροφῆς ἀπαντῆσαι

1 ἔργον f (G) suprascr. M¹: ἔργων cett.   8 πταίωσιν ABFM
16 ξυμμαχίδα Coraes

89

Ἀθηναίοις ἐς Τάραντα καὶ ἄκραν Ἰαπυγίαν, καὶ δῆλον ποιῆσαι
αὐτοῖς ὅτι οὐ περὶ τῆς Σικελίας πρότερον ἔσται ὁ ἀγὼν ἢ
τοῦ ἐκείνους περαιωθῆναι τὸν Ἰόνιον, μάλιστ' ἂν αὐτοὺς
ἐκπλήξαιμεν καὶ ἐς λογισμὸν καταστήσαιμεν ὅτι ὁρμώμεθα
μὲν ἐκ φιλίας χώρας φύλακες (ὑποδέχεται γὰρ ἡμᾶς Τάρας), 5
τὸ δὲ πέλαγος αὐτοῖς πολὺ περαιοῦσθαι μετὰ πάσης τῆς
παρασκευῆς, χαλεπὸν δὲ διὰ πλοῦ μῆκος ἐν τάξει μεῖναι,
καὶ ἡμῖν ἂν εὐεπίθετος εἴη, βραδεῖά τε καὶ κατ' ὀλίγον
5 προσπίπτουσα. εἰ δ' αὖ τῷ ταχυναυτοῦντι ἀθροωτέρῳ
κουφίσαντες προσβάλοιεν, εἰ μὲν κώπαις χρήσαιντο, ἐπι- 10
θοίμεθ' ἂν κεκμηκόσιν, εἰ δὲ μὴ δοκοίη, ἔστι καὶ ὑποχωρῆσαι
ἡμῖν ἐς Τάραντα· οἱ δὲ μετ' ὀλίγων ἐφοδίων ὡς ἐπὶ ναυμαχίᾳ
περαιωθέντες ἀποροῖεν ἂν κατὰ χωρία ἐρῆμα, καὶ ἢ μένοντες
πολιορκοῖντο ἂν ἢ πειρώμενοι παραπλεῖν τήν τε ἄλλην παρα-
σκευὴν ἀπολείποιεν ἂν καὶ τὰ τῶν πόλεων οὐκ ἂν βέβαια 15
6 ἔχοντες, εἰ ὑποδέξοιντο, ἀθυμοῖεν. ὥστ' ἔγωγε τούτῳ τῷ
λογισμῷ ἡγοῦμαι ἀποκληομένους αὐτοὺς οὐδ' ἂν ἀπᾶραι ἀπὸ
Κερκύρας, ἀλλ' ἢ διαβουλευσαμένους καὶ κατασκοπαῖς χρω-
μένους, ὁπόσοι τ' ἐσμὲν καὶ ἐν ᾧ χωρίῳ, ἐξωσθῆναι ἂν τῇ
ὥρᾳ ἐς χειμῶνα, ἢ καταπλαγέντας τῷ ἀδοκήτῳ καταλῦσαι 20
ἂν τὸν πλοῦν, ἄλλως τε καὶ τοῦ ἐμπειροτάτου τῶν στρατηγῶν,
ὡς ἐγὼ ἀκούω, ἄκοντος ἡγουμένου καὶ ἀσμένου ἂν πρόφασιν
7 λαβόντος, εἴ τι ἀξιόχρεων ἀφ' ἡμῶν ὀφθείη. ἀγγελλοίμεθα
δ' ἂν εὖ οἶδ' ὅτι ἐπὶ τὸ πλέον· τῶν δ' ἀνθρώπων πρὸς τὰ
λεγόμενα καὶ αἱ γνῶμαι ἵστανται, καὶ τοὺς προεπιχειροῦντας 25
ἢ τοῖς γε ἐπιχειροῦσι προδηλοῦντας ὅτι ἀμυνοῦνται μᾶλλον
8 πεφόβηνται, ἰσοκινδύνους ἡγούμενοι. ὅπερ ἂν νῦν Ἀθηναῖοι
πάθοιεν. ἐπέρχονται γὰρ ἡμῖν ὡς οὐκ ἀμυνουμένοις, δικαίως
κατεγνωκότες ὅτι αὐτοὺς οὐ μετὰ Λακεδαιμονίων ἐφθείρομεν·
εἰ δ' ἴδοιεν παρὰ γνώμην τολμήσαντας, τῷ ἀδοκήτῳ μᾶλλον 30
ἂν καταπλαγεῖεν ἢ τῇ ἀπὸ τοῦ ἀληθοῦς δυνάμει.

2 τῆς Σικελίας recc. : τῇ Σικελίᾳ codd.   8 βραχεῖα A B E F M
κατ' ὀλίγον recc. : κατὰ λόγον codd.   15 ἀπολίποιεν A B E F M
26 ἀμύνονται A B F M   28 ἀμυνομένοις C G

90

'Πείθεσθε οὖν μάλιστα μὲν ταῦτα τολμήσαντες, εἰ δὲ μή, 9
ὅτι τάχιστα τἆλλα ἐς τὸν πόλεμον ἑτοιμάζειν, καὶ παρα-
στῆναι παντὶ τὸ μὲν καταφρονεῖν τοὺς ἐπιόντας ἐν τῶν
ἔργων τῇ ἀλκῇ δείκνυσθαι, τὸ δ' ἤδη τὰς μετὰ φόβου παρα-
5 σκευὰς ἀσφαλεστάτας νομίσαντας ὡς ἐπὶ κινδύνου πρασσειν
χρησιμώτατον ἂν ξυμβῆναι. οἱ δὲ ἄνδρες καὶ ἐπέρχονται
καὶ ἐν πλῷ εὖ οἶδ' ὅτι ἤδη εἰσὶ καὶ ὅσον οὔπω πάρεισιν.'

Καὶ ὁ μὲν Ἑρμοκράτης τοσαῦτα εἶπεν· τῶν δὲ Συρακοσίων 35
ὁ δῆμος ἐν πολλῇ πρὸς ἀλλήλους ἔριδι ἦσαν, οἱ μὲν ὡς
10 οὐδενὶ ἂν τρόπῳ ἔλθοιεν οἱ Ἀθηναῖοι οὐδ' ἀληθῆ ἐστὶν ἃ
λέγει, τοῖς δέ, εἰ καὶ ἔλθοιεν, τί ἂν δράσειαν αὐτοὺς ὅτι οὐκ
ἂν μεῖζον ἀντιπάθοιεν. ἄλλοι δὲ καὶ πάνυ καταφρονοῦντες
ἐς γέλωτα ἔτρεπον τὸ πρᾶγμα. ὀλίγον δ' ἦν τὸ πιστεῦον
τῷ Ἑρμοκράτει καὶ φοβούμενον τὸ μέλλον. παρελθὼν δ' 2
15 αὐτοῖς Ἀθηναγόρας, ὃς δήμου τε προστάτης ἦν καὶ ἐν τῷ
παρόντι πιθανώτατος τοῖς πολλοῖς, ἔλεγε τοιάδε.

'Τοὺς μὲν Ἀθηναίους ὅστις μὴ βούλεται οὕτω κακῶς 36
φρονῆσαι καὶ ὑποχειρίους ἡμῖν γενέσθαι ἐνθάδε ἐλθόντας, ἢ
δειλός ἐστιν ἢ τῇ πόλει οὐκ εὔνους· τοὺς δὲ ἀγγέλλοντας
20 τὰ τοιαῦτα καὶ περιφόβους ὑμᾶς ποιοῦντας τῆς μὲν τόλμης
οὐ θαυμάζω, τῆς δὲ ἀξυνεσίας, εἰ μὴ οἴονται ἔνδηλοι εἶναι.
οἱ γὰρ δεδιότες ἰδίᾳ τι βούλονται τὴν πόλιν ἐς ἔκπληξιν 2
καθιστάναι, ὅπως τῷ κοινῷ φόβῳ τὸν σφέτερον ἐπηλυγά-
ζωνται. καὶ νῦν αὗται αἱ ἀγγελίαι τοῦτο δύνανται· οὐκ
25 ἀπὸ ταὐτομάτου, ἐκ δὲ ἀνδρῶν οἵπερ ἀεὶ τάδε κινοῦσι ξύγ-
κεινται. ὑμεῖς δὲ ἢν εὖ βουλεύησθε, οὐκ ἐξ ὧν οὗτοι 3
ἀγγέλλουσι σκοποῦντες λογιεῖσθε τὰ εἰκότα, ἀλλ' ἐξ ὧν ἂν
ἄνθρωποι δεινοὶ καὶ πολλῶν ἔμπειροι, ὥσπερ ἐγὼ Ἀθηναίους
ἀξιῶ, δράσειαν. οὐ γὰρ αὐτοὺς εἰκὸς Πελοποννησίους τε 4
30 ὑπολιπόντας καὶ τὸν ἐκεῖ πόλεμον μήπω βεβαίως καταλελυ-
μένους ἐπ' ἄλλον πόλεμον οὐκ ἐλάσσω ἑκόντας ἐλθεῖν, ἐπεὶ

4 τῇ ἀλκῇ τῶν ἔργων C G   10 οὐδ' E F : οἱ δ' B : οἱ δ' cett.
11 λέγει, τοῖς] λέγεται, οἱ Madvig   23 τὸν, ut videtur, legit
Schol.: τὸ codd

91

ἔγωγε ἀγαπᾶν οἴομαι αὐτοὺς ὅτι οὐχ ἡμεῖς ἐπ᾽ ἐκείνους
37 ἐρχόμεθα, πόλεις τοσαῦται καὶ οὕτω μεγάλαι. εἰ δὲ δή,
ὥσπερ λέγονται, ἔλθοιεν, ἱκανωτέραν ἡγοῦμαι Σικελίαν
Πελοποννήσου διαπολεμῆσαι ὅσῳ κατὰ πάντα ἄμεινον ἐξ-
ήρτυται, τὴν δὲ ἡμετέραν πόλιν αὐτὴν τῆς νῦν στρατιᾶς, ὥς 5
φασιν, ἐπιούσης, καὶ εἰ δὶς τοσαύτη ἔλθοι, πολὺ κρείσσω
εἶναι, οἷς γ᾽ ἐπίσταμαι οὔθ᾽ ἵππους ἀκολουθήσοντας, οὐδ᾽
αὐτόθεν πορισθησομένους εἰ μὴ ὀλίγους τινὰς παρ᾽ Ἐγε-
σταίων, οὔθ᾽ ὁπλίτας ἰσοπλήθεις τοῖς ἡμετέροις ἐπὶ νεῶν γε
ἐλθόντας (μέγα γὰρ τὸ καὶ αὐταῖς ταῖς ναυσὶ κούφαις τοσοῦ- 10
τον πλοῦν δεῦρο κομισθῆναι), τήν τε ἄλλην παρασκευὴν
ὅσην δεῖ ἐπὶ πόλιν τοσήνδε πορισθῆναι, οὐκ ὀλίγην οὖσαν.
2 ὥστε, παρὰ τοσοῦτον γιγνώσκω, μόλις ἄν μοι δοκοῦσιν, εἰ
πόλιν ἑτέραν τοσαύτην ὅσαι Συράκουσαί εἰσιν ἔλθοιεν ἔχον-
τες καὶ ὅμορον οἰκίσαντες τὸν πόλεμον ποιοῖντο, οὐκ ἂν 15
παντάπασι διαφθαρῆναι, ἦ πού γε δὴ ἐν πάσῃ πολεμίᾳ
Σικελίᾳ (ξυστήσεται γάρ) στρατοπέδῳ τε ἐκ νεῶν ἱδρυθέντι
καὶ ἐκ σκηνιδίων καὶ ἀναγκαίας παρασκευῆς οὐκ ἐπὶ πολὺ
ὑπὸ τῶν ἡμετέρων ἱππέων ἐξιόντες. τό τε ξύμπαν οὐδ᾽ ἂν
κρατῆσαι αὐτοὺς τῆς γῆς ἡγοῦμαι· τοσούτῳ τὴν ἡμετέραν 20
παρασκευὴν κρείσσω νομίζω.

38 ''Ἀλλὰ ταῦτα, ὥσπερ ἐγὼ λέγω, οἵ τε Ἀθηναῖοι γιγνώ-
σκοντες τὰ σφέτερα αὐτῶν εὖ οἶδ᾽ ὅτι σῴζουσι, καὶ ἐνθένδε
2 ἄνδρες οὔτε ὄντα οὔτε ἂν γενόμενα λογοποιοῦσιν, οὓς ἐγὼ
οὐ νῦν πρῶτον, ἀλλ᾽ αἰεὶ ἐπίσταμαι ἤτοι λόγοις γε τοιοῖσδε 25
καὶ ἔτι τούτων κακουργοτέροις ἢ ἔργοις βουλομένους κατα-
πλήξαντας τὸ ὑμέτερον πλῆθος αὐτοὺς τῆς πόλεως ἄρχειν.
καὶ δέδοικα μέντοι μήποτε πολλὰ πειρῶντες καὶ κατορθώσω-
σιν· ἡμεῖς δὲ κακοί, πρὶν ἐν τῷ παθεῖν ὦμεν, προφυλάξα-
3 σθαί τε καὶ αἰσθόμενοι ἐπεξελθεῖν. τοιγάρτοι δι᾽ αὐτὰ ἡ 30
πόλις ἡμῶν ὀλιγάκις μὲν ἡσυχάζει, στάσεις δὲ πολλὰς καὶ

9 οὔθ᾽ Haacke : οὐδ᾽ codd.   15 ὅμοροι recc.   οἰκίσαντες
Marchant : οἰκήσαντες codd.   19 τε Haase : δὲ codd.

ἀγῶνας οὐ πρὸς τοὺς πολεμίους πλέονας ἢ πρὸς αὐτὴν
ἀναιρεῖται, τυραννίδας δὲ ἔστιν ὅτε καὶ δυναστείας ἀδίκους.
ὧν ἐγὼ πειράσομαι, ἤν γε ὑμεῖς ἐθέλητε ἕπεσθαι, μήποτε 4
ἐφ᾽ ἡμῶν τι περιιδεῖν γενέσθαι, ὑμᾶς μὲν τοὺς πολλοὺς
5 πείθων, τοὺς δὲ τὰ τοιαῦτα μηχανωμένους κολάζων, μὴ
μόνον αὐτοφώρους (χαλεπὸν γὰρ ἐπιτυγχάνειν), ἀλλὰ καὶ ὧν
βούλονται μέν, δύνανται δ᾽ οὔ (τὸν γὰρ ἐχθρὸν οὐχ ὧν δρᾷ
μόνον, ἀλλὰ καὶ τῆς διανοίας προαμύνεσθαι χρή, εἴπερ καὶ
μὴ προφυλαξάμενός τις προπείσεται), τοὺς δ᾽ αὖ ὀλίγους τὰ
10 μὲν ἐλέγχων, τὰ δὲ φυλάσσων, τὰ δὲ καὶ διδάσκων· μάλιστα
γὰρ δοκῶ ἄν μοι οὕτως ἀποτρέπειν τῆς κακουργίας. καὶ 5
δῆτα, ὃ πολλάκις ἐσκεψάμην, τί καὶ βούλεσθε, ὦ νεώτεροι;
πότερον ἄρχειν ἤδη; ἀλλ᾽ οὐκ ἔννομον· ὁ δὲ νόμος ἐκ τοῦ
μὴ δύνασθαι ὑμᾶς μᾶλλον ἢ δυναμένους ἐτέθη ἀτιμάζειν.
15 ἀλλὰ δὴ μὴ μετὰ πολλῶν ἰσονομεῖσθαι; καὶ πῶς δίκαιον
τοὺς αὐτοὺς μὴ τῶν αὐτῶν ἀξιοῦσθαι; φήσει τις δημοκρατίαν 39
οὔτε ξυνετὸν οὔτ᾽ ἴσον εἶναι, τοὺς δ᾽ ἔχοντας τὰ χρήματα
καὶ ἄρχειν ἄριστα βελτίστους. ἐγὼ δέ φημι πρῶτα μὲν
δῆμον ξύμπαν ὠνομάσθαι, ὀλιγαρχίαν δὲ μέρος, ἔπειτα φύ-
20 λακας μὲν ἀρίστους εἶναι χρημάτων τοὺς πλουσίους, βου-
λεῦσαι δ᾽ ἂν βέλτιστα τοὺς ξυνετούς, κρῖναι δ᾽ ἂν ἀκούσαντας
ἄριστα τοὺς πολλούς, καὶ ταῦτα ὁμοίως καὶ κατὰ μέρη καὶ
ξύμπαντα ἐν δημοκρατίᾳ ἰσομοιρεῖν. ὀλιγαρχία δὲ τῶν μὲν 2
κινδύνων τοῖς πολλοῖς μεταδίδωσι, τῶν δ᾽ ὠφελίμων οὐ
25 πλεονεκτεῖ μόνον, ἀλλὰ καὶ ξύμπαντ᾽ ἀφελομένη ἔχει· ἃ
ὑμῶν οἵ τε δυνάμενοι καὶ οἱ νέοι προθυμοῦνται, ἀδύνατα ἐν
μεγάλῃ πόλει κατασχεῖν.

'Ἀλλ᾽ ἔτι καὶ νῦν, ὦ πάντων ἀξυνετώτατοι, εἰ μὴ μαν-
θάνετε κακὰ σπεύδοντες, ἢ ἀμαθέστατοί ἐστε ὧν ἐγὼ οἶδα
30 Ἑλλήνων, ἢ ἀδικώτατοι, εἰ εἰδότες τολμᾶτε. ἀλλ᾽ ἤτοι 40
μαθόντες γε ἢ μεταγνόντες τὸ τῆς πόλεως ξύμπασι κοινὸν

18 βελτίους C   22 post κατὰ add. τὰ E F G M   25 ξύμπαντ᾽
Herwerden : ξύμπαν codd.   29 ἢ ἀμαθέστατοί ἐστε secl. Madvig

αὔξετε, ἡγησάμενοι τοῦτο μὲν ἂν καὶ ἴσον καὶ πλέον οἱ ἀγαθοὶ
ὑμῶν [ἥπερ τὸ τῆς πόλεως πλῆθος] μετασχεῖν, εἰ δ᾽ ἄλλα
βουλήσεσθε, καὶ τοῦ παντὸς κινδυνεῦσαι στερηθῆναι· καὶ
τῶν τοιῶνδε ἀγγελιῶν ὡς πρὸς αἰσθανομένους καὶ μὴ ἐπι-
2 τρέψοντας ἀπαλλάγητε. ἡ γὰρ πόλις ἥδε, καὶ εἰ ἔρχονται 5
Ἀθηναῖοι, ἀμυνεῖται αὐτοὺς ἀξίως αὑτῆς, καὶ στρατηγοί
εἰσιν ἡμῖν οἳ σκέψονται αὐτά· καὶ εἰ μή τι αὐτῶν ἀληθές
ἐστιν, ὥσπερ οὐκ οἴομαι, οὐ πρὸς τὰς ὑμετέρας ἀγγελίας
καταπλαγεῖσα καὶ ἑλομένη ὑμᾶς ἄρχοντας αὐθαίρετον δου-
λείαν ἐπιβαλεῖται, αὐτὴ δ᾽ ἐφ᾽ αὑτῆς σκοποῦσα τούς τε 10
λόγους ἀφ᾽ ὑμῶν ὡς ἔργα δυναμένους κρινεῖ καὶ τὴν ὑπάρ-
χουσαν ἐλευθερίαν οὐχὶ ἐκ τοῦ ἀκούειν ἀφαιρεθήσεται, ἐκ δὲ
τοῦ ἔργῳ φυλασσομένη μὴ ἐπιτρέπειν πειράσεται σῴζειν.᾽
41 Τοιαῦτα δὲ Ἀθηναγόρας εἶπεν. τῶν δὲ στρατηγῶν εἷς
ἀναστὰς ἄλλον μὲν οὐδένα ἔτι εἴασε παρελθεῖν, αὐτὸς δὲ 15
2 πρὸς τὰ παρόντα ἔλεξε τοιάδε. ᾽ διαβολὰς μὲν οὐ σῶφρον
οὔτε λέγειν τινὰς ἐς ἀλλήλους οὔτε τοὺς ἀκούοντας ἀποδέ-
χεσθαι, πρὸς δὲ τὰ ἐσαγγελλόμενα μᾶλλον ὁρᾶν, ὅπως εἷς
τε ἕκαστος καὶ ἡ ξύμπασα πόλις καλῶς τοὺς ἐπιόντας παρα-
3 σκευασόμεθα ἀμύνεσθαι. καὶ ἢν ἄρα μηδὲν δεήσῃ, οὐδεμία 20
βλάβη τοῦ τε τὸ κοινὸν κοσμηθῆναι καὶ ἵπποις καὶ ὅπλοις
4 καὶ τοῖς ἄλλοις οἷς ὁ πόλεμος ἀγάλλεται (τὴν δ᾽ ἐπιμέλειαν
καὶ ἐξέτασιν αὐτῶν ἡμεῖς ἕξομεν), καὶ τῶν πρὸς τὰς πόλεις
διαπομπῶν ἅμα ἔς τε κατασκοπὴν καὶ ἤν τι ἄλλο φαίνηται
ἐπιτήδειον. τὰ δὲ καὶ ἐπιμεμελήμεθα ἤδη, καὶ ὅτι ἂν αἰ- 25
σθώμεθα ἐς ὑμᾶς οἴσομεν.᾽ καὶ οἱ μὲν Συρακόσιοι τοσαῦτα
εἰπόντος τοῦ στρατηγοῦ διελύθησαν ἐκ τοῦ ξυλλόγου.
42 Οἱ δ᾽ Ἀθηναῖοι ἤδη ἐν τῇ Κερκύρᾳ αὐτοί τε καὶ οἱ ξύμ-
μαχοι ἅπαντες ἦσαν. καὶ πρῶτον μὲν ἐπεξέτασιν τοῦ

---

2 ἥπερ ... πλῆθος secl. Krüger   4 πρὸς αἰσθανομένους] προ-
αισθομένους g (ex προαισθανομένους) Μ   αἰσθανομένους] αἰσθομένους
ABEF   ἐπιστρέφοντας ABEFM   6 αὑτῆς f: αὐτῆς codd.
11 δυναμένους] βουλομένους C   14 prius δὲ C: μὲν cett.   19 παρα-
σκευασώμεθα GM   21 γε Abresch

στρατεύματος καὶ ξύνταξιν, ὥσπερ ἔμελλον ὁρμιεῖσθαί τε
καὶ στρατοπεδεύεσθαι, οἱ στρατηγοὶ ἐποιήσαντο, καὶ τρία
μέρη νείμαντες ἐν ἑκάστῳ ἐκλήρωσαν, ἵνα μήτε ἅμα πλέ-
οντες ἀπορῶσιν ὕδατος καὶ λιμένων καὶ τῶν ἐπιτηδείων ἐν
5 ταῖς καταγωγαῖς, πρός τε τἆλλα εὐκοσμότεροι καὶ ῥάους
ἄρχειν ὦσι, κατὰ τέλη στρατηγῷ προστεταγμένοι· ἔπειτα δὲ 2
προύπεμψαν καὶ ἐς τὴν Ἰταλίαν καὶ Σικελίαν τρεῖς ναῦς
εἰσομένας αἵτινες σφᾶς τῶν πόλεων δέξονται. καὶ εἴρητο
αὐταῖς προαπαντᾶν, ὅπως ἐπιστάμενοι καταπλέωσιν. μετὰ 43
10 δὲ ταῦτα τοσῇδε ἤδη τῇ παρασκευῇ Ἀθηναῖοι ἄραντες ἐκ
τῆς Κερκύρας ἐς τὴν Σικελίαν ἐπεραιοῦντο, τριήρεσι μὲν
ταῖς πάσαις τέσσαρσι καὶ τριάκοντα καὶ ἑκατόν, καὶ δυοῖν
Ῥοδίοιν πεντηκοντόροιν (τούτων Ἀττικαὶ μὲν ἦσαν ἑκατόν,
ὧν αἱ μὲν ἑξήκοντα ταχεῖαι, αἱ δ' ἄλλαι στρατιώτιδες, τὸ δὲ
15 ἄλλο ναυτικὸν Χίων καὶ τῶν ἄλλων ξυμμάχων), ὁπλίταις δὲ
τοῖς ξύμπασιν ἑκατὸν καὶ πεντακισχιλίοις (καὶ τούτων Ἀθη-
ναίων μὲν αὐτῶν ἦσαν πεντακόσιοι μὲν καὶ χίλιοι ἐκ κατα-
λόγου, ἑπτακόσιοι δὲ θῆτες ἐπιβάται τῶν νεῶν, ξύμμαχοι δὲ
οἱ ἄλλοι ξυνεστράτευον, οἱ μὲν τῶν ὑπηκόων, οἱ δ' Ἀργείων
20 πεντακόσιοι καὶ Μαντινέων καὶ μισθοφόρων πεντήκοντα καὶ
διακόσιοι), τοξόταις δὲ τοῖς πᾶσιν ὀγδοήκοντα καὶ τετρακο-
σίοις (καὶ τούτων Κρῆτες οἱ ὀγδοήκοντα ἦσαν) καὶ σφενδονή-
ταις Ῥοδίων ἑπτακοσίοις, καὶ Μεγαρεῦσι ψιλοῖς φυγάσιν
εἴκοσι καὶ ἑκατόν, καὶ ἱππαγωγῷ μιᾷ τριάκοντα ἀγούσῃ
25 ἱππέας.

Τοσαύτη ἡ πρώτη παρασκευὴ πρὸς τὸν πόλεμον διέπλει. 44
τούτοις δὲ τὰ ἐπιτήδεια ἄγουσαι ὁλκάδες μὲν τριάκοντα σιτα-
γωγοί, καὶ τοὺς σιτοποιοὺς ἔχουσαι καὶ λιθολόγους καὶ
τέκτονας καὶ ὅσα ἐς τειχισμὸν ἐργαλεῖα, πλοῖα δὲ ἑκατόν,
30 ἃ ἐξ ἀνάγκης μετὰ τῶν ὁλκάδων ξυνέπλει· πολλὰ δὲ καὶ
ἄλλα πλοῖα καὶ ὁλκάδες ἑκούσιοι ξυνηκολούθουν τῇ στρατιᾷ

---

2 στρατοπεδεύσεσθαι Krüger   3 ἐν ſ: ἐν codd.   ἅμα πλέοντες
Hudson (si pariter navigarent Valla): ἀναπλέοντες codd.   20 post
alterum καὶ add. ἄλλων Classen

ἐμπορίας ἕνεκα· ἃ τότε πάντα ἐκ τῆς Κερκύρας ξυνδιέβαλλε
2 τὸν Ἰόνιον κόλπον. καὶ προσβαλοῦσα ἡ πᾶσα παρασκευὴ
πρός τε ἄκραν Ἰαπυγίαν καὶ πρὸς Τάραντα καὶ ὡς ἕκαστοι
ηὐπόρησαν, παρεκομίζοντο τὴν Ἰταλίαν, τῶν μὲν πόλεων οὐ
δεχομένων αὐτοὺς ἀγορᾷ οὐδὲ ἄστει, ὕδατι δὲ καὶ ὅρμῳ, 5
Τάραντος δὲ καὶ Λοκρῶν οὐδὲ τούτοις, ἕως ἀφίκοντο ἐς
3 Ῥήγιον τῆς Ἰταλίας ἀκρωτήριον. καὶ ἐνταῦθα ἤδη ἠθροί-
ζοντο, καὶ ἔξω τῆς πόλεως, ὡς αὐτοὺς ἔσω οὐκ ἐδέχοντο,
στρατόπεδόν τε κατεσκευάσαντο ἐν τῷ τῆς Ἀρτέμιδος ἱερῷ,
οὗ αὐτοῖς καὶ ἀγορὰν παρεῖχον, καὶ τὰς ναῦς ἀνελκύσαντες 10
ἡσύχασαν. καὶ πρός [τε] τοὺς Ῥηγίνους λόγους ἐποιήσαντο,
ἀξιοῦντες Χαλκιδέας ὄντας Χαλκιδεῦσιν οὖσι Λεοντίνοις
βοηθεῖν· οἱ δὲ οὐδὲ μεθ' ἑτέρων ἔφασαν ἔσεσθαι, ἀλλ' ὅτι
4 ἂν καὶ τοῖς ἄλλοις Ἰταλιώταις ξυνδοκῇ, τοῦτο ποιήσειν. οἱ
δὲ πρὸς τὰ ἐν τῇ Σικελίᾳ πράγματα ἐσκόπουν ὅτῳ τρόπῳ 15
ἄριστα προσοίσονται· καὶ τὰς προπλους ναῦς ἐκ τῆς Ἐγέστης
ἅμα προσέμενον, βουλόμενοι εἰδέναι περὶ τῶν χρημάτων εἰ
ἔστιν ἃ ἔλεγον ἐν ταῖς Ἀθήναις οἱ ἄγγελοι.

45   Τοῖς δὲ Συρακοσίοις ἐν τούτῳ πολλαχόθεν τε ἤδη καὶ ἀπὸ
τῶν κατασκόπων σαφῆ ἠγγέλλετο ὅτι ἐν Ῥηγίῳ αἱ νῆές εἰσι, 20
καὶ ὡς ἐπὶ τούτοις παρεσκευάζοντο πάσῃ τῇ γνώμῃ καὶ
οὐκέτι ἠπίστουν. καὶ ἔς τε τοὺς Σικελοὺς περιέπεμπον,
ἔνθα μὲν φύλακας, πρὸς δὲ τοὺς πρέσβεις, καὶ ἐς τὰ περι-
πόλια τὰ ἐν τῇ χώρᾳ φρουρὰς ἐσεκόμιζον, τά τε ἐν τῇ
πόλει ὅπλων ἐξετάσει καὶ ἵππων ἐσκόπουν εἰ ἐντελῆ ἐστί, 25
καὶ τἆλλα ὡς ἐπὶ ταχεῖ πολέμῳ καὶ ὅσον οὐ παρόντι
καθίσταντο.

46   Αἱ δ' ἐκ τῆς Ἐγέστης τρεῖς νῆες αἱ πρόπλοι παραγίγνονται
τοῖς Ἀθηναίοις ἐς τὸ Ῥήγιον, ἀγγέλλουσαι ὅτι τἆλλα μὲν
οὐκ ἔστι χρήματα ἃ ὑπέσχοντο, τριάκοντα δὲ τάλαντα μόνα 30
2 φαίνεται. καὶ οἱ στρατηγοὶ εὐθὺς ἐν ἀθυμίᾳ ἦσαν, ὅτι
αὐτοῖς τοῦτό τε πρῶτον ἀντεκεκρούκει καὶ οἱ Ῥηγῖνοι οὐκ

11 τε secl. Krüger   23 περιπόλια γρ. Μ· : περίπλοια codd.

96

ἐθελήσαντες ξυστρατεύειν, οὓς πρῶτον ἤρξαντο πείθειν καὶ
εἰκὸς ἦν μάλιστα, Λεοντίνων τε ξυγγενεῖς ὄντας καὶ σφίσιν
ἀεὶ ἐπιτηδείους. καὶ τῷ μὲν Νικίᾳ προσδεχομένῳ ἦν τὰ
παρὰ τῶν Ἐγεσταίων, τοῖν δὲ ἑτέροιν καὶ ἀλογώτερα. οἱ 3
5 δὲ Ἐγεσταῖοι τοιόνδε τι ἐξετεχνήσαντο τότε ὅτε οἱ πρῶτοι
πρέσβεις τῶν Ἀθηναίων ἦλθον αὐτοῖς ἐς τὴν κατασκοπὴν
τῶν χρημάτων. ἔς τε τὸ ἐν Ἔρυκι ἱερὸν τῆς Ἀφροδίτης
ἀγαγόντες αὐτοὺς ἐπέδειξαν τὰ ἀναθήματα, φιάλας τε καὶ
οἰνοχόας καὶ θυμιατήρια καὶ ἄλλην κατασκευὴν οὐκ ὀλίγην,
10 ἃ ὄντα ἀργυρᾶ πολλῷ πλείω τὴν ὄψιν ἀπ' ὀλίγης δυνά-
μεως χρημάτων παρείχετο· καὶ ἰδίᾳ ξενίσεις ποιούμενοι τῶν
τριηριτῶν τά τε ἐξ αὐτῆς Ἐγέστης ἐκπώματα καὶ χρυσᾶ
καὶ ἀργυρᾶ ξυλλέξαντες καὶ τὰ ἐκ τῶν ἐγγὺς πόλεων καὶ
Φοινικικῶν καὶ Ἑλληνίδων αἰτησάμενοι ἐσέφερον ἐς τὰς
15 ἑστιάσεις ὡς οἰκεῖα ἕκαστοι. καὶ πάντων ὡς ἐπὶ τὸ πολὺ 4
τοῖς αὐτοῖς χρωμένων καὶ πανταχοῦ πολλῶν φαινομένων
μεγάλην τὴν ἔκπληξιν τοῖς ἐκ τῶν τριήρων Ἀθηναίοις
παρεῖχε, καὶ ἀφικόμενοι ἐς τὰς Ἀθήνας διεθρόησαν ὡς
χρήματα πολλὰ ἴδοιεν. καὶ οἱ μὲν αὐτοί τε ἀπατηθέντες 5
20 καὶ τοὺς ἄλλους τότε πείσαντες, ἐπειδὴ διῆλθεν ὁ λόγος ὅτι
οὐκ εἴη ἐν τῇ Ἐγέστῃ τὰ χρήματα, πολλὴν τὴν αἰτίαν εἶχον
ὑπὸ τῶν στρατιωτῶν· οἱ δὲ στρατηγοὶ πρὸς τὰ παρόντα
ἐβουλεύοντο.

Καὶ Νικίου μὲν ἦν γνώμη πλεῖν ἐπὶ Σελινοῦντα πάσῃ τῇ 47
25 στρατιᾷ, ἐφ' ὅπερ μάλιστα ἐπέμφθησαν, καὶ ἦν μὲν παρέ-
χωσι χρήματα παντὶ τῷ στρατεύματι Ἐγεσταῖοι, πρὸς ταῦτα
βουλεύεσθαι, εἰ δὲ μή, ταῖς ἑξήκοντα ναυσίν, ὅσασπερ ᾐτή-
σαντο, ἀξιοῦν διδόναι αὐτοὺς τροφήν, καὶ παραμείναντας
Σελινουντίους ἢ βίᾳ ἢ ξυμβάσει διαλλάξαι αὐτοῖς, καὶ οὕτω
30 παραπλεύσαντας τὰς ἄλλας πόλεις καὶ ἐπιδείξαντας μὲν τὴν
δύναμιν τῆς Ἀθηναίων πόλεως, δηλώσαντας δὲ τὴν ἐς τοὺς
φίλους καὶ ξυμμάχους προθυμίαν, ἀποπλεῖν οἴκαδε, ἢν μή τι

10 ὑπάργυρα Meineke : ὑπάργυρα Naber   29 αὐτοῖς C : αὐτοὺς cett.

δι' ὀλίγου καὶ ἀπὸ τοῦ ἀδοκήτου ἢ Λεοντίνους οἷοί τε ὦσιν
ὠφελῆσαι ἢ τῶν ἄλλων τινὰ πόλεων προσαγαγέσθαι, καὶ τῇ
πόλει δαπανῶντας τὰ οἰκεῖα μὴ κινδυνεύειν.

48 Ἀλκιβιάδης δὲ οὐκ ἔφη χρῆναι τοσαύτῃ δυνάμει ἐκπλεύ-
σαντας αἰσχρῶς καὶ ἀπράκτους ἀπελθεῖν, ἀλλ' ἔς τε τὰς 5
πόλεις ἐπικηρυκεύεσθαι πλὴν Σελινοῦντος καὶ Συρακουσῶν
τὰς ἄλλας, καὶ πειρᾶσθαι καὶ τοὺς Σικελοὺς τοὺς μὲν ἀφ-
ιστάναι ἀπὸ τῶν Συρακοσίων, τοὺς δὲ φίλους ποιεῖσθαι, ἵνα
σῖτον καὶ στρατιὰν ἔχωσι, πρῶτον δὲ πείθειν Μεσσηνίους
(ἐν πόρῳ γὰρ μάλιστα καὶ προσβολῇ εἶναι αὐτοὺς τῆς 10
Σικελίας, καὶ λιμένα καὶ ἐφόρμησιν τῇ στρατιᾷ ἱκανωτάτην
ἔσεσθαι)· προσαγαγομένους δὲ τὰς πόλεις, εἰδότας μεθ' ὧν
τις πολεμήσει, οὕτως ἤδη Συρακούσαις καὶ Σελινοῦντι
ἐπιχειρεῖν, ἢν μὴ οἱ μὲν Ἐγεσταίοις ξυμβαίνωσιν, οἱ δὲ
Λεοντίνους ἐῶσι κατοικίζειν.   15

49 Λάμαχος δὲ ἄντικρυς ἔφη χρῆναι πλεῖν ἐπὶ Συρακούσας
καὶ πρὸς τῇ πόλει ὡς τάχιστα τὴν μάχην ποιεῖσθαι, ἕως ἔτι
2 ἀπαράσκευοί τε εἰσὶ καὶ μάλιστα ἐκπεπληγμένοι. τὸ γὰρ
πρῶτον πᾶν στράτευμα δεινότατον εἶναι· ἢν δὲ χρονίσῃ πρὶν
ἐς ὄψιν ἐλθεῖν, τῇ γνώμῃ ἀναθαρσοῦντας ἀνθρώπους καὶ τῇ 20
ὄψει καταφρονεῖν μᾶλλον. αἰφνίδιοι δὲ ἢν προσπέσωσιν,
ἕως ἔτι περιδεεῖς προσδέχονται, μάλιστ' ἂν σφεῖς περι-
γενέσθαι καὶ κατὰ πάντα ἂν αὐτοὺς ἐκφοβῆσαι, τῇ τε ὄψει
(πλεῖστοι γὰρ ἂν νῦν φανῆναι) καὶ τῇ προσδοκίᾳ ὧν πείσονται,
3 μάλιστα δ' ἂν τῷ αὐτίκα κινδύνῳ τῆς μάχης. εἰκὸς δὲ εἶναι 25
καὶ ἐν τοῖς ἀγροῖς πολλοὺς ἀποληφθῆναι ἔξω διὰ τὸ ἀπιστεῖν
σφᾶς μὴ ἥξειν, καὶ ἐσκομιζομένων αὐτῶν τὴν στρατιὰν οὐκ
ἀπορήσειν χρημάτων, ἢν πρὸς τῇ πόλει κρατοῦσα καθέζηται.
4 τούς τε ἄλλους Σικελιώτας οὕτως ἤδη μᾶλλον καὶ ἐκείνοις οὐ
ξυμμαχήσειν καὶ σφίσι προσιέναι καὶ οὐ διαμελλήσειν περι- 30
σκοποῦντας ὁπότεροι κρατήσουσιν. ναύσταθμον δὲ ἐπανα-

5 ἀπράκτους Poppo : ἀπράκτως codd.   21 αἰφνίδιοι recc. : αἰφνίδιον
codd.   22 σφεῖς Bekker : σφᾶς codd.   26 ἀποληφθῆναι Α Β
suprascr. Μ

98

χωρήσαντας καὶ ἐφορμηθέντας Μέγαρα ἔφη χρῆναι ποιεῖσθαι,
ἃ ἦν ἐρῆμα, ἀπέχοντα Συρακουσῶν οὔτε πλοῦν πολὺν οὔτε
ὁδόν.

Λάμαχος μὲν ταῦτα εἰπὼν ὅμως προσέθετο καὶ αὐτὸς τῇ 50
5 Ἀλκιβιάδου γνώμῃ. μετὰ δὲ τοῦτο Ἀλκιβιάδης τῇ αὑτοῦ
νηὶ διαπλεύσας ἐς Μεσσήνην καὶ λόγους ποιησάμενος περὶ
ξυμμαχίας πρὸς αὐτούς, ὡς οὐκ ἔπειθεν, ἀλλ᾽ ἀπεκρίναντο
πόλει μὲν ἂν οὐ δέξασθαι, ἀγορὰν δ᾽ ἔξω παρέξειν, ἀπέπλει
ἐς τὸ Ῥήγιον. καὶ εὐθὺς ξυμπληρώσαντες ἑξήκοντα ναῦς ἐκ 2
10 πασῶν οἱ στρατηγοὶ καὶ τὰ ἐπιτήδεια λαβόντες παρέπλεον
ἐς Νάξον, τὴν ἄλλην στρατιὰν ἐν Ῥηγίῳ καταλιπόντες
καὶ ἕνα σφῶν αὐτῶν. Ναξίων δὲ δεξαμένων τῇ πόλει 3
παρέπλεον ἐς Κατάνην. καὶ ὡς αὐτοὺς οἱ Καταναῖοι οὐκ
ἐδέχοντο (ἐνῆσαν γὰρ αὐτόθι ἄνδρες τὰ Συρακοσίων βουλό-
15 μενοι), ἐκομίσθησαν ἐπὶ τὸν Τηρίαν ποταμόν, καὶ αὐλισάμενοι 4
τῇ ὑστεραίᾳ ἐπὶ Συρακούσας ἔπλεον ἐπὶ κέρως ἔχοντες τὰς
ἄλλας ναῦς· δέκα δὲ τῶν νεῶν προύπεμψαν ἐς τὸν μέγαν
λιμένα πλεῦσαί τε καὶ κατασκέψασθαι εἴ τι ναυτικόν ἐστι
καθειλκυσμένον, καὶ κηρῦξαι ἀπὸ τῶν νεῶν προσπλεύσαντας
20 ὅτι Ἀθηναῖοι ἥκουσι Λεοντίνους ἐς τὴν ἑαυτῶν κατοικιοῦντες
κατὰ ξυμμαχίαν καὶ ξυγγένειαν· τοὺς οὖν ὄντας ἐν Συρα-
κούσαις Λεοντίνων ὡς παρὰ φίλους καὶ εὐεργέτας Ἀθηναίους
ἀδεῶς ἀπιέναι. ἐπεὶ δ᾽ ἐκηρύχθη καὶ κατεσκέψαντο τήν τε 5
πόλιν καὶ τοὺς λιμένας καὶ τὰ περὶ τὴν χώραν ἐξ ἧς αὐτοῖς
25 ὁρμωμένοις πολεμητέα ἦν, ἀπέπλευσαν πάλιν ἐς Κατάνην.
καὶ ἐκκλησίας γενομένης τὴν μὲν στρατιὰν οὐκ ἐδέχοντο οἱ 51
Καταναῖοι, τοὺς δὲ στρατηγοὺς ἐσελθόντας ἐκέλευον, εἴ τι
βούλονται, εἰπεῖν. καὶ λέγοντος τοῦ Ἀλκιβιάδου, καὶ τῶν
ἐν τῇ πόλει πρὸς τὴν ἐκκλησίαν τετραμμένων, οἱ στρατιῶται
30 πυλίδα τινὰ ἐνῳκοδομημένην κακῶς ἔλαθον διελόντες, καὶ
ἐσελθόντες ἠγόραζον ἐς τὴν πόλιν. τῶν δὲ Καταναίων οἱ 2
μὲν τὰ τῶν Συρακοσίων φρονοῦντες, ὡς εἶδον τὸ στράτευμα

---

4 καὶ Μ : om. cett.   22 Ἀθηναίους recc. : Ἀθηναίων codd.
30 ἐνῳκοδομημένην suprascr. M¹ : ἐνῳκοδομημένων codd.

ἔνδον, εὐθὺς περιδεεῖς γενόμενοι ὑπεξῆλθον οὐ πολλοί τινες,
οἱ δὲ ἄλλοι ἐψηφίσαντό τε ξυμμαχίαν τοῖς Ἀθηναίοις καὶ
3 τὸ ἄλλο στράτευμα ἐκέλευον ἐκ Ῥηγίου κομίζειν. μετὰ δὲ
τοῦτο διαπλεύσαντες οἱ Ἀθηναῖοι ἐς τὸ Ῥήγιον, πάσῃ ἤδη
τῇ στρατιᾷ ἄραντες ἐς τὴν Κατάνην, ἐπειδὴ ἀφίκοντο, 5
κατεσκευάζοντο τὸ στρατόπεδον.

52 Ἐσηγγέλλετο δὲ αὐτοῖς ἔκ τε Καμαρίνης ὡς, εἰ ἔλθοιεν,
προσχωροῖεν ἄν, καὶ ὅτι Συρακόσιοι πληροῦσι ναυτικόν.
ἁπάσῃ οὖν τῇ στρατιᾷ παρέπλευσαν πρῶτον μὲν ἐπὶ Συρα-
κούσας· καὶ ὡς οὐδὲν ηὗρον ναυτικὸν πληρούμενον, παρε- 10
κομίζοντο αὖθις ἐπὶ Καμαρίνης, καὶ σχόντες ἐς τὸν αἰγιαλὸν
ἐπεκηρυκεύοντο. οἱ δ' οὐκ ἐδέχοντο, λέγοντες σφίσι τὰ
ὅρκια εἶναι μιᾷ νηὶ καταπλεόντων Ἀθηναίων δέχεσθαι, ἢν
2 μὴ αὐτοὶ πλείους μεταπέμπωσιν. ἄπρακτοι δὲ γενόμενοι
ἀπέπλεον· καὶ ἀποβάντες κατά τι τῆς Συρακοσίας καὶ 15
ἁρπαγὴν ποιησάμενοι, καὶ τῶν Συρακοσίων ἱππέων βοηθη-
σάντων καὶ τῶν ψιλῶν τινὰς ἐσκεδασμένους διαφθειράντων,
53 ἀπεκομίσθησαν ἐς Κατάνην. καὶ καταλαμβάνουσι τὴν Σαλα-
μινίαν ναῦν ἐκ τῶν Ἀθηνῶν ἥκουσαν ἐπί τε Ἀλκιβιάδην ὡς
κελεύσοντας ἀποπλεῖν ἐς ἀπολογίαν ὧν ἡ πόλις ἐνεκάλει, 20
καὶ ἐπ' ἄλλους τινὰς τῶν στρατιωτῶν τῶν μετ' αὐτοῦ μεμηνυ-
μένων περὶ τῶν μυστηρίων ὡς ἀσεβούντων, τῶν δὲ καὶ περὶ
2 τῶν Ἑρμῶν. οἱ γὰρ Ἀθηναῖοι, ἐπειδὴ ἡ στρατιὰ ἀπέπλευσεν,
οὐδὲν ἧσσον ζήτησιν ἐποιοῦντο τῶν περὶ τὰ μυστήρια καὶ
τῶν περὶ τοὺς Ἑρμᾶς δρασθέντων, καὶ οὐ δοκιμάζοντες τοὺς 25
μηνυτάς, ἀλλὰ πάντα ὑπόπτως ἀποδεχόμενοι, διὰ πονηρῶν
ἀνθρώπων πίστιν πάνυ χρηστοὺς τῶν πολιτῶν ξυλλαμβά-
νοντες κατέδουν, χρησιμώτερον ἡγούμενοι εἶναι βασανίσαι
τὸ πρᾶγμα καὶ εὑρεῖν ἢ διὰ μηνυτοῦ πονηρίαν τινὰ καὶ
χρηστὸν δοκοῦντα εἶναι αἰτιαθέντα ἀνέλεγκτον διαφυγεῖν. 30
3 ἐπιστάμενος γὰρ ὁ δῆμος ἀκοῇ τὴν Πεισιστράτου καὶ τῶν

4 διαπλεύσαντες Β : πλεύσαντες cett.   20 κελεύσαντας A B F M
suprascr. G

παίδων τυραννίδα χαλεπὴν τελευτῶσαν γενομένην καὶ
προσέτι οὐδ' ὑφ' ἑαυτῶν καὶ Ἁρμοδίου καταλυθεῖσαι, ἀλλ'
ὑπὸ τῶν Λακεδαιμονίων, ἐφοβεῖτο αἰεὶ καὶ πάντα ὑπόπτως
ἐλάμβανεν.

5 Τὸ γὰρ Ἀριστογείτονος καὶ Ἁρμοδίου τόλμημα δι' ἐρω- 54
τικὴν ξυντυχίαν ἐπεχειρήθη, ἣν ἐγὼ ἐπὶ πλέον διηγησάμενος
ἀποφανῶ οὔτε τοὺς ἄλλους οὔτε αὐτοὺς Ἀθηναίους περὶ τῶν
σφετέρων τυράννων οὐδὲ περὶ τοῦ γενομένου ἀκριβὲς οὐδὲν
λέγοντας. Πεισιστράτου γὰρ γηραιοῦ τελευτήσαντος ἐν τῇ 2
10 τυραννίδι οὐχ Ἵππαρχος, ὥσπερ οἱ πολλοὶ οἴονται, ἀλλ'
Ἱππίας πρεσβύτατος ὢν ἔσχε τὴν ἀρχήν. γενομένου δὲ
Ἁρμοδίου ὥρᾳ ἡλικίας λαμπροῦ Ἀριστογείτων ἀνὴρ τῶν
ἀστῶν, μέσος πολίτης, ἐραστὴς ὢν εἶχεν αὐτόν. πειραθεὶς 3
δὲ ὁ Ἁρμόδιος ὑπὸ Ἱππάρχου τοῦ Πεισιστράτου καὶ οὐ
15 πεισθεὶς καταγορεύει τῷ Ἀριστογείτονι. ὁ δὲ ἐρωτικῶς
περιαλγήσας καὶ φοβηθεὶς τὴν Ἱππάρχου δύναμιν μὴ βίᾳ
προσαγάγηται αὐτόν, ἐπιβουλεύει εὐθὺς ὡς ἀπὸ τῆς ὑπ-
αρχούσης ἀξιώσεως κατάλυσιν τῇ τυραννίδι. καὶ ἐν τούτῳ 4
ὁ Ἵππαρχος ὡς αὖθις πειράσας οὐδὲν μᾶλλον ἔπειθε τὸν
20 Ἁρμόδιον, βίαιον μὲν οὐδὲν ἐβούλετο δρᾶν, ἐν τρόπῳ δέ
τινι ἀφανεῖ ὡς οὐ διὰ τοῦτο δὴ παρεσκευάζετο προπηλακιῶν
αὐτόν. οὐδὲ γὰρ τὴν ἄλλην ἀρχὴν ἐπαχθὴς ἦν ἐς τοὺς 5
πολλούς, ἀλλ' ἀνεπιφθόνως κατεστήσατο· καὶ ἐπετήδευσαν
ἐπὶ πλεῖστον δὴ τύραννοι οὗτοι ἀρετὴν καὶ ξύνεσιν, καὶ
25 Ἀθηναίους εἰκοστὴν μόνον πρασσόμενοι τῶν γιγνομένων
τήν τε πόλιν αὐτῶν καλῶς διεκόσμησαν καὶ τοὺς πολέμους
διέφερον καὶ ἐς τὰ ἱερὰ ἔθυον. τὰ δὲ ἄλλα αὐτὴ ἡ πόλις 6
τοῖς πρὶν κειμένοις νόμοις ἐχρῆτο, πλὴν καθ' ὅσον αἰεί τινα
ἐπεμέλοντο σφῶν αὐτῶν ἐν ταῖς ἀρχαῖς εἶναι. καὶ ἄλλοι τε
30 αὐτῶν ἦρξαν τὴν ἐνιαύσιον Ἀθηναίοις ἀρχὴν καὶ Πεισί-
στρατος ὁ Ἱππίου τοῦ τυραννεύσαντος υἱός, τοῦ πάππου

---

3 τῶν om. A B E F M   20 τρόπῳ Levesque : τούτῳ M : τόπῳ
cett.   27 αὕτη A B E F M   30 ἐνιαυσίαν A B E F M

ἔχων τοὔνομα, ὃς τῶν δώδεκα θεῶν βωμὸν τὸν ἐν τῇ ἀγορᾷ

7 ἄρχων ἀνέθηκε καὶ τὸν τοῦ Ἀπόλλωνος ἐν Πυθίου. καὶ τῷ
μὲν ἐν τῇ ἀγορᾷ προσοικοδομήσας ὕστερον ὁ δῆμος Ἀθηναίων
μεῖζον μῆκος τοῦ βωμοῦ ἠφάνισε τοὐπίγραμμα· τοῦ δ' ἐν
Πυθίου ἔτι καὶ νῦν δῆλόν ἐστιν ἀμυδροῖς γράμμασι λέγον 5
τάδε·

> μνῆμα τόδ' ἧς ἀρχῆς Πεισίστρατος Ἱππίου υἱός
> θῆκεν Ἀπόλλωνος Πυθίου ἐν τεμένει.

55 ὅτι δὲ πρεσβύτατος ὢν Ἱππίας ἦρξεν, εἰδὼς μὲν καὶ ἀκοῇ
ἀκριβέστερον ἄλλων ἰσχυρίζομαι, γνοίη δ' ἄν τις καὶ αὐτῷ 10
τούτῳ· παῖδες γὰρ αὐτῷ μόνῳ φαίνονται τῶν γνησίων
ἀδελφῶν γενόμενοι, ὡς ὅ τε βωμὸς σημαίνει καὶ ἡ στήλη
περὶ τῆς τῶν τυράννων ἀδικίας ἡ ἐν τῇ Ἀθηναίων ἀκροπόλει
σταθεῖσα, ἐν ᾗ Θεσσαλοῦ μὲν οὐδ' Ἱππάρχου οὐδεὶς παῖς
γέγραπται, Ἱππίου δὲ πέντε, οἳ αὐτῷ ἐκ Μυρρίνης τῆς 15
Καλλίου τοῦ Ὑπεροχίδου θυγατρὸς ἐγένοντο· εἰκὸς γὰρ ἦν

2 τὸν πρεσβύτατον πρῶτον γῆμαι. καὶ ἐν τῇ αὐτῇ στήλῃ
πρῶτος γέγραπται μετὰ τὸν πατέρα, οὐδὲ τοῦτο ἀπεοικότως

3 διὰ τὸ πρεσβεύειν τε ἀπ' αὐτοῦ καὶ τυραννεῦσαι. οὐ μὴν
οὐδ' ἂν κατασχεῖν μοι δοκεῖ ποτὲ Ἱππίας τὸ παραχρῆμα 20
ῥᾳδίως τὴν τυραννίδα, εἰ Ἵππαρχος μὲν ἐν τῇ ἀρχῇ ὢν
ἀπέθανεν, αὐτὸς δὲ αὐθημερὸν καθίστατο· ἀλλὰ καὶ διὰ τὸ
πρότερον ξύνηθες τοῖς μὲν πολίταις φοβερόν, ἐς δὲ τοὺς
ἐπικούρους ἀκριβές, πολλῷ τῷ περιόντι τοῦ ἀσφαλοῦς κατε-
κράτησε, καὶ οὐχ ὡς ἀδελφὸς νεώτερος ὢν ἠπόρησεν, ἐν 25

4 ᾧ οὐ πρότερον ξυνεχῶς ὡμιλήκει τῇ ἀρχῇ. Ἱππάρχῳ δὲ
ξυνέβη τοῦ πάθους τῇ δυστυχίᾳ ὀνομασθέντα καὶ τὴν δόξαν
τῆς τυραννίδος ἐς τὰ ἔπειτα προσλαβεῖν.

56 Τὸν δ' οὖν Ἁρμόδιον ἀπαρνηθέντα τὴν πείρασιν, ὥσπερ
διενοεῖτο, προυπηλάκισεν· ἀδελφὴν γὰρ αὐτοῦ κόρην ἐπαγ- 30
γείλαντες ἥκειν κανοῦν οἴσουσαν ἐν πομπῇ τινί, ἀπήλασαν

---

11 μόνῳ recc. : μόνον codd   16 Ὑπεροχίδου C : Ὑπερεχίδου cett.
17 αὐτῇ Poppo (in ipso ... lapide Valla) : πρώτῃ codd.   22 καὶ
om. C

λέγοντες οὐδὲ ἐπαγγεῖλαι τὴν ἀρχὴν διὰ τὸ μὴ ἀξίαν εἶναι.
χαλεπῶς δὲ ἐνεγκόντος τοῦ Ἁρμοδίου πολλῷ δὴ μᾶλλον δι' 2
ἐκεῖνον καὶ ὁ Ἀριστογείτων παρωξύνετο. καὶ αὐτοῖς τὰ
μὲν ἄλλα πρὸς τοὺς ξυνεπιθησομένους τῷ ἔργῳ ἐπέπρακτο,
5 περιέμενον δὲ Παναθήναια τὰ μεγάλα, ἐν ᾗ μόνον ἡμέρᾳ οὐχ
ὕποπτον ἐγίγνετο ἐν ὅπλοις τῶν πολιτῶν τοὺς τὴν πομπὴν
πέμψοντας ἀθρόους γενέσθαι· καὶ ἔδει ἄρξαι μὲν αὐτούς,
ξυνεπαμύνειν δὲ εὐθὺς τὰ πρὸς τοὺς δορυφόρους ἐκείνους.
ἦσαν δὲ οὐ πολλοὶ οἱ ξυνομωμοκότες ἀσφαλείας ἕνεκα· 3
10 ἤλπιζον γὰρ καὶ τοὺς μὴ προειδότας, εἰ καὶ ὁποσοιοῦν τολ-
μήσειαν, ἐκ τοῦ παραχρῆμα ἔχοντάς γε ὅπλα ἐθελήσειν σφᾶς
αὐτοὺς ξυνελευθεροῦν. καὶ ὡς ἐπῆλθεν ἡ ἑορτή, Ἱππίας 57
μὲν ἔξω ἐν τῷ Κεραμεικῷ καλουμένῳ μετὰ τῶν δορυφόρων
διεκόσμει ὡς ἕκαστα ἐχρῆν τῆς πομπῆς προϊέναι, ὁ δὲ
15 Ἁρμόδιος καὶ ὁ Ἀριστογείτων ἔχοντες ἤδη τὰ ἐγχειρίδια ἐς
τὸ ἔργον προῇσαν. καὶ ὡς εἶδόν τινα τῶν ξυνωμοτῶν σφίσι 2
διαλεγόμενον οἰκείως τῷ Ἱππίᾳ (ἦν δὲ πᾶσιν εὐπρόσοδος ὁ
Ἱππίας), ἔδεισαν καὶ ἐνόμισαν μεμηνῦσθαί τε καὶ ὅσον οὐκ
ἤδη ξυλληφθήσεσθαι. τὸν λυπήσαντα οὖν σφᾶς καὶ δι' 3
20 ὅνπερ πάντα ἐκινδύνευον ἐβούλοντο πρότερον, εἰ δύναιντο,
προτιμωρήσασθαι, καὶ ὥσπερ εἶχον ὥρμησαν ἔσω τῶν πυλῶν,
καὶ περιέτυχον τῷ Ἱππάρχῳ παρὰ τὸ Λεωκόρειον καλούμενον,
καὶ εὐθὺς ἀπερισκέπτως προσπεσόντες καὶ ὡς ἂν μάλιστα δι'
ὀργῆς ὁ μὲν ἐρωτικῆς, ὁ δὲ ὑβρισμένος, ἔτυπτον καὶ ἀπο-
25 κτείνουσιν αὐτόν. καὶ ὁ μὲν τοὺς δορυφόρους τὸ αὐτίκα 4
διαφεύγει ὁ Ἀριστογείτων, ξυνδραμόντος τοῦ ὄχλου, καὶ
ὕστερον ληφθεὶς οὐ ῥᾳδίως διετέθη· Ἁρμόδιος δὲ αὐτοῦ
παραχρῆμα ἀπόλλυται. ἀγγελθέντος δὲ Ἱππίᾳ ἐς τὸν 58
Κεραμεικόν, οὐκ ἐπὶ τὸ γενόμενον, ἀλλ' ἐπὶ τοὺς πομπέας
30 τοὺς ὁπλίτας, πρότερον ἢ αἰσθέσθαι αὐτοὺς ἄπωθεν ὄντας,
εὐθὺς ἐχώρησε, καὶ ἀδήλως τῇ ὄψει πλασάμενος πρὸς τὴν

7 πέμψοντας f : πέμψαντας codd.   9 ἕνεκα recc. : οὕνεκα codd.
16 ξυνομωμοκότων recc.   21 προτιμωρήσασθαι M : προτιμωρήσεσθαι
cett.   22 παρά] περὶ recc.   23 prius καὶ recc.: om. codd.

103

ξυμφορὰν ἐκέλευσεν αὐτούς, δείξας τι χωρίον, ἀπελθεῖν ἐς
2 αὐτὸ ἄνευ τῶν ὅπλων· καὶ οἱ μὲν ἀνεχώρησαν οἰόμενοί τι
ἐρεῖν αὐτόν, ὁ δὲ τοῖς ἐπικούροις φράσας τὰ ὅπλα ὑπολαβεῖν
ἐξελέγετο εὐθὺς οὓς ἐπῃτιᾶτο καὶ εἴ τις ηὑρέθη ἐγχειρίδιον
ἔχων· μετὰ γὰρ ἀσπίδος καὶ δόρατος εἰώθεσαν τὰς πομπὰς 5
ποιεῖν.

59   Τοιούτῳ μὲν τρόπῳ δι' ἐρωτικὴν λύπην ἥ τε ἀρχὴ τῆς
ἐπιβουλῆς καὶ ἡ ἀλόγιστος τόλμα ἐκ τοῦ παραχρῆμα περι-
2 δεοῦς Ἁρμοδίῳ καὶ Ἀριστογείτονι ἐγένετο.   τοῖς δ' Ἀθη-
ναίοις χαλεπωτέρα μετὰ τοῦτο ἡ τυραννὶς κατέστη, καὶ ὁ 10
Ἱππίας διὰ φόβου ἤδη μᾶλλον ὢν τῶν τε πολιτῶν πολλοὺς
ἔκτεινε καὶ πρὸς τὰ ἔξω ἅμα διεσκοπεῖτο, εἴ ποθεν ἀσφάλειάν
3 τινα ὁρῴη μεταβολῆς γενομένης ὑπάρχουσάν οἱ.   Ἱπποκλου
γοῦν τοῦ Λαμψακηνοῦ τυράννου Αἰαντίδῃ τῷ παιδὶ θυγατέρα
ἑαυτοῦ μετὰ ταῦτα Ἀρχεδίκην Ἀθηναῖος ὢν Λαμψακηνῷ 15
ἔδωκεν, αἰσθανόμενος αὐτοὺς μέγα παρὰ βασιλεῖ Δαρείῳ
δύνασθαι.   καὶ αὐτῆς σῆμα ἐν Λαμψάκῳ ἐστὶν ἐπίγραμμα
ἔχον τόδε·
      ἀνδρὸς ἀριστεύσαντος ἐν Ἑλλάδι τῶν ἐφ' ἑαυτοῦ
      Ἱππίου Ἀρχεδίκην ἥδε κέκευθε κόνις,   20
      ἣ πατρός τε καὶ ἀνδρὸς ἀδελφῶν τ' οὖσα τυράννων
      παίδων τ' οὐκ ἤρθη νοῦν ἐς ἀτασθαλίην.
4 τυραννεύσας δὲ ἔτη τρία Ἱππίας ἔτι Ἀθηναίων καὶ παυθεὶς
ἐν τῷ τετάρτῳ ὑπὸ Λακεδαιμονίων καὶ Ἀλκμεωνιδῶν τῶν
φευγόντων, ἐχώρει ὑπόσπονδος ἔς τε Σίγειον καὶ παρ' Αἰαν- 25
τίδην ἐς Λάμψακον, ἐκεῖθεν δὲ ὡς βασιλέα Δαρεῖον, ὅθεν
καὶ ὁρμώμενος ἐς Μαραθῶνα ὕστερον ἔτει εἰκοστῷ ἤδη γέρων
ὢν μετὰ Μήδων ἐστράτευσεν.

60   Ὧν ἐνθυμούμενος ὁ δῆμος ὁ τῶν Ἀθηναίων, καὶ μιμνησκό-
μενος ὅσα ἀκοῇ περὶ αὐτῶν ἠπίστατο, χαλεπὸς ἦν τότε καὶ 30
ὑπόπτης ἐς τοὺς περὶ τῶν μυστικῶν τὴν αἰτίαν λαβόντας,
καὶ πάντα αὐτοῖς ἐδόκει ἐπὶ ξυνωμοσίᾳ ὀλιγαρχικῇ καὶ

2 ἀπεχώρησαν Poppo   5, 6 μετὰ . . . ποιεῖν secl. Herwerden

τυραννικῇ πεπρᾶχθαι. καὶ ὡς αὐτῶν διὰ τὸ τοιοῦτον 2
ὀργιζομένων πολλοί τε καὶ ἀξιόλογοι ἄνθρωποι ἤδη ἐν τῷ
δεσμωτηρίῳ ἦσαν καὶ οὐκ ἐν παύλῃ ἐφαίνετο, ἀλλὰ καθ'
ἡμέραν ἐπεδίδοσαν μᾶλλον ἐς τὸ ἀγριώτερόν τε καὶ πλείους
5 ἔτι ξυλλαμβάνειν, ἐνταῦθα ἀναπείθεται εἷς τῶν δεδεμένων,
ὅσπερ ἐδόκει αἰτιώτατος εἶναι, ὑπὸ τῶν ξυνδεσμωτῶν τινὸς
εἴτε ἄρα καὶ τὰ ὄντα μηνῦσαι εἴτε καὶ οὔ· ἐπ' ἀμφότερα γὰρ
εἰκάζεται, τὸ δὲ σαφὲς οὐδεὶς οὔτε τότε οὔτε ὕστερον ἔχει
εἰπεῖν περὶ τῶν δρασάντων τὸ ἔργον. λέγων δὲ ἔπεισεν 3
10 αὐτὸν ὡς χρή, εἰ μὴ καὶ δέδρακεν, αὑτόν τε ἄδειαν ποιησά-
μενον σῶσαι καὶ τὴν πόλιν τῆς παρούσης ὑποψίας παῦσαι·
βεβαιοτέραν γὰρ αὐτῷ σωτηρίαν εἶναι ὁμολογήσαντι μετ'
ἀδείας ἢ ἀρνηθέντι διὰ δίκης ἐλθεῖν. καὶ ὁ μὲν αὐτός τε 4
καθ' ἑαυτοῦ καὶ κατ' ἄλλων μηνύει τὸ τῶν Ἑρμῶν· ὁ δὲ
15 δῆμος ὁ τῶν Ἀθηναίων ἄσμενος λαβών, ὡς ᾤετο, τὸ σαφὲς
καὶ δεινὸν ποιούμενοι πρότερον εἰ τοὺς ἐπιβουλεύοντας
σφῶν τῷ πλήθει μὴ εἴσονται, τὸν μὲν μηνυτὴν εὐθὺς καὶ
τοὺς ἄλλους μετ' αὐτοῦ ὅσων μὴ κατηγορήκει ἔλυσαν, τοὺς
δὲ καταιτιαθέντας κρίσεις ποιήσαντες τοὺς μὲν ἀπέκτειναν,
20 ὅσοι ξυνελήφθησαν, τῶν δὲ διαφυγόντων θάνατον κατα-
γνόντες ἐπανεῖπον ἀργύριον τῷ ἀποκτείναντι. κἂν τούτῳ οἱ 5
μὲν παθόντες ἄδηλον ἦν εἰ ἀδίκως ἐτετιμώρηντο, ἡ μέντοι
ἄλλη πόλις ἐν τῷ παρόντι περιφανῶς ὠφέλητο. περὶ δὲ 61
τοῦ Ἀλκιβιάδου ἐναγόντων τῶν ἐχθρῶν, οἵπερ καὶ πρὶν
25 ἐκπλεῖν αὐτὸν ἐπέθεντο, χαλεπῶς οἱ Ἀθηναῖοι ἐλάμβανον·
καὶ ἐπειδὴ τὸ τῶν Ἑρμῶν ᾤοντο σαφὲς ἔχειν, πολὺ δὴ
μᾶλλον καὶ τὰ μυστικά, ὧν ἐπαίτιος ἦν, μετὰ τοῦ αὐτοῦ
λόγου καὶ τῆς ξυνωμοσίας ἐπὶ τῷ δήμῳ ἀπ' ἐκείνου ἐδόκει
πραχθῆναι. καὶ γάρ τις καὶ στρατιὰ Λακεδαιμονίων οὐ 2
30 πολλὴ ἔτυχε κατὰ τὸν καιρὸν τοῦτον ἐν ᾧ περὶ ταῦτα ἐθορυ-
βοῦντο μέχρι Ἰσθμοῦ παρελθοῦσα, πρὸς Βοιωτούς τι πράσ-

10 αὐτὸν c: αὐτὸν codd.   14 ἑαυτοῦ fg: ἑαυτὸν codd.
31 πράσσοντας A B E F M

σοντες. ἐδόκει οὖν ἐκείνου πράξαντος καὶ οὐ Βοιωτῶν ἕνεκα
ἀπὸ ξυνθήματος ἥκειν, καὶ εἰ μὴ ἔφθασαν δὴ αὐτοὶ κατὰ τὸ
μήνυμα ξυλλαβόντες τοὺς ἄνδρας, προδοθῆναι ἂν ἡ πόλις.
καί τινα μίαν νύκτα καὶ κατέδαρθον ἐν Θησείῳ τῷ ἐν πόλει
3 ἐν ὅπλοις. οἵ τε ξένοι τοῦ Ἀλκιβιάδου οἱ ἐν Ἄργει κατὰ 5
τὸν αὐτὸν χρόνον ὑπωπτεύθησαν τῷ δήμῳ ἐπιτίθεσθαι, καὶ
τοὺς ὁμήρους τῶν Ἀργείων τοὺς ἐν ταῖς νήσοις κειμένους οἱ
Ἀθηναῖοι τότε παρέδοσαν τῷ Ἀργείων δήμῳ διὰ ταῦτα
4 διαχρήσασθαι. πανταχόθεν τε περιειστήκει ὑποψία ἐς τὸν
Ἀλκιβιάδην. ὥστε βουλόμενοι αὐτὸν ἐς κρίσιν ἀγαγόντες 10
ἀποκτεῖναι, πέμπουσιν οὕτω τὴν Σαλαμινίαν ναῦν ἐς τὴν
Σικελίαν ἐπί τε ἐκεῖνον καὶ ὧν πέρι ἄλλων ἐμεμήνυτο.
5 εἴρητο δὲ προειπεῖν αὐτῷ ἀπολογησομένῳ ἀκολουθεῖν, ξυλ-
λαμβάνειν δὲ μή, θεραπεύοντες τό τε πρὸς τοὺς ἐν τῇ Σικελίᾳ
στρατιώτας τε σφετέρους καὶ πολεμίους μὴ θορυβεῖν καὶ οὐχ 15
ἥκιστα τοὺς Μαντινέας καὶ Ἀργείους βουλόμενοι παραμεῖναι,
6 δι' ἐκείνου νομίζοντες πεισθῆναι σφίσι ξυστρατεύειν. καὶ ὁ
μὲν ἔχων τὴν ἑαυτοῦ ναῦν καὶ οἱ ξυνδιαβεβλημένοι ἀπέπλεον
μετὰ τῆς Σαλαμινίας ἐκ τῆς Σικελίας ὡς ἐς τὰς Ἀθήνας·
καὶ ἐπειδὴ ἐγένοντο ἐν Θουρίοις, οὐκέτι ξυνείποντο, ἀλλ' 20
ἀπελθόντες ἀπὸ τῆς νεὼς οὐ φανεροὶ ἦσαν, δείσαντες τὸ ἐπὶ
7 διαβολῇ ἐς δίκην καταπλεῦσαι. οἱ δ' ἐκ τῆς Σαλαμινίας
τέως μὲν ἐζήτουν τὸν Ἀλκιβιάδην καὶ τοὺς μετ' αὐτοῦ· ὡς
δ' οὐδαμοῦ φανεροὶ ἦσαν, ᾤχοντο ἀποπλέοντες. ὁ δὲ
Ἀλκιβιάδης ἤδη φυγὰς ὢν οὐ πολὺ ὕστερον ἐπὶ πλοίου 25
ἐπεραιώθη ἐς Πελοπόννησον ἐκ τῆς Θουρίας· οἱ δ' Ἀθηναῖοι
ἐρήμῃ δίκῃ θάνατον κατέγνωσαν αὐτοῦ τε καὶ τῶν μετ'
ἐκείνου.
62 Μετὰ δὲ ταῦτα οἱ λοιποὶ τῶν Ἀθηναίων στρατηγοὶ ἐν τῇ
Σικελίᾳ, δύο μέρη ποιήσαντες τοῦ στρατεύματος καὶ λαχὼν 30
ἑκάτερος, ἔπλεον ξύμπαντι ἐπὶ Σελινοῦντος καὶ Ἐγέστης,

9 διαχρήσασθαι Μ : χρήσεσθαι Β : διαχρήσεσθαι cett.   13 ἀπο-
λογησαμένῳ ΑΒΕΦΜ   17 σφίσι Lindau : σφᾶς codd.   31 ξύμ-
παντι recc.: ξὺν παντὶ vel ξύνπαντι codd.
106

βουλόμενοι μὲν εἰδέναι τὰ χρήματα εἰ δώσουσιν οἱ Ἐγεσταῖοι,
κατασκέψασθαι δὲ καὶ τῶν Σελινουντίων τὰ πράγματα καὶ
τὰ διάφορα μαθεῖν τὰ πρὸς Ἐγεσταίους. παραπλέοντες δ᾽ 2
ἐν ἀριστερᾷ τὴν Σικελίαν, τὸ μέρος τὸ πρὸς τὸν Τυρσηνικὸν
5 κόλπον, ἔσχον ἐς Ἱμέραν, ἥπερ μόνη ἐν τούτῳ τῷ μέρει τῆς
Σικελίας Ἑλλὰς πόλις ἐστίν· καὶ ὡς οὐκ ἐδέχοντο αὐτούς,
παρεκομίζοντο. καὶ ἐν τῷ παράπλῳ αἱροῦσιν Ὕκκαρα, 3
πόλισμα Σικανικὸν μέν, Ἐγεσταίοις δὲ πολέμιον· ἦν δὲ
παραθαλασσίδιον. καὶ ἀνδραποδίσαντες τὴν πόλιν παρέδοσαν
10 Ἐγεσταίοις (παρεγένοντο γὰρ αὐτῶν ἱππῆς), αὐτοὶ δὲ πάλιν
τῷ μὲν πεζῷ ἐχώρουν διὰ τῶν Σικελῶν ἕως ἀφίκοντο ἐς
Κατάνην, αἱ δὲ νῆες περιέπλευσαν τὰ ἀνδράποδα ἄγουσαι.
Νικίας δὲ εὐθὺς ἐξ Ὑκκάρων ἐπὶ Ἐγέστης παραπλεύσας, 4
καὶ τἆλλα χρηματίσας καὶ λαβὼν τάλαντα τριάκοντα παρῆν
15 ἐς τὸ στράτευμα· καὶ τἀνδράποδα ἀπέδοσαν, καὶ ἐγένοντο ἐξ
αὐτῶν εἴκοσι καὶ ἑκατὸν τάλαντα. καὶ ἐς τοὺς τῶν Σικελῶν 5
ξυμμάχους περιέπλευσαν, στρατιὰν κελεύοντες πέμπειν· τῇ
τε ἡμισείᾳ τῆς ἑαυτῶν ἦλθον ἐπὶ Ὕβλαν τὴν Γελεᾶτιν
πολεμίαν οὖσαν, καὶ οὐχ εἷλον. καὶ τὸ θέρος ἐτελεύτα.

20   Τοῦ δ᾽ ἐπιγιγνομένου χειμῶνος εὐθὺς τὴν ἔφοδον οἱ 63
Ἀθηναῖοι ἐπὶ Συρακούσας παρεσκευάζοντο, οἱ δὲ Συρακόσιοι
καὶ αὐτοὶ ὡς ἐπ᾽ ἐκείνους ἰόντες. ἐπειδὴ γὰρ αὐτοῖς πρὸς 2
τὸν πρῶτον φόβον καὶ τὴν προσδοκίαν οἱ Ἀθηναῖοι οὐκ
εὐθὺς ἐπέκειντο, κατά τε τὴν ἡμέραν ἑκάστην προϊοῦσαν
25 ἀνεθάρσουν μᾶλλον καὶ ἐπειδὴ πλέοντές τε τὰ ἐπ᾽ ἐκεῖνα τῆς
Σικελίας πολὺ ἀπὸ σφῶν ἐφαίνοντο καὶ πρὸς τὴν Ὕβλαν
ἐλθόντες καὶ πειράσαντες οὐχ εἷλον βίᾳ, ἔτι πλέον κατε-
φρόνησαν καὶ ἠξίουν τοὺς στρατηγούς, οἷον δὴ ὄχλος φιλεῖ
θαρσήσας ποιεῖν, ἄγειν σφᾶς ἐπὶ Κατάνην, ἐπειδὴ οὐκ
30 ἐκεῖνοι ἐφ᾽ ἑαυτοὺς ἔρχονται. καὶ ἱππῆς προσελαύνοντες 3
αἰεὶ κατάσκοποι τῶν Συρακοσίων πρὸς τὸ στράτευμα τῶν
Ἀθηναίων ἐφύβριζον ἄλλα τε καὶ εἰ ξυνοικήσοντες σφίσιν

25 τε τὰ Reiske: τά τε codd.   30 καὶ recc.: om. codd.

αὐτοὶ μᾶλλον ἥκοιεν ἐν τῇ ἀλλοτρίᾳ ἢ Λεοντίνους ἐς τὴν
64 οἰκείαν κατοικιοῦντες. ἃ γιγνώσκοντες οἱ στρατηγοὶ τῶν
Ἀθηναίων καὶ βουλόμενοι αὐτοὺς ἄγειν πανδημεὶ ἐκ τῆς πόλεως
ὅτι πλεῖστον, αὐτοὶ δὲ ταῖς ναυσὶν ἐν τοσούτῳ ὑπὸ νύκτα
παραπλεύσαντες στρατόπεδον καταλαμβάνειν ἐν ἐπιτηδείῳ 5
καθ' ἡσυχίαν, εἰδότες οὐκ ἂν ὁμοίως δυνηθέντες καὶ εἰ ἐκ
τῶν νεῶν πρὸς παρεσκευασμένους ἐκβιβάζοιεν ἢ κατὰ γῆν
ἰόντες γνωσθεῖεν (τοὺς· γὰρ ἂν ψιλοὺς τοὺς σφῶν καὶ τὸν
ὄχλον τῶν Συρακοσίων τοὺς ἱππέας πολλοὺς ὄντας, σφίσι
δ' οὐ παρόντων ἱππέων, βλάπτειν ἂν μεγάλα, οὕτω δὲ 10
λήψεσθαι χωρίον ὅθεν ὑπὸ τῶν ἱππέων οὐ βλάψονται ἄξια
λόγου· ἐδίδασκον δ' αὐτοὺς περὶ τοῦ πρὸς τῷ Ὀλυμπιείῳ
χωρίου, ὅπερ καὶ κατέλαβον, Συρακοσίων φυγάδες, οἳ ξυν-
είποντο), τοιόνδε τι οὖν πρὸς ἃ ἐβούλοντο οἱ στρατηγοὶ
2 μηχανῶνται. πέμπουσιν ἄνδρα σφίσι μὲν πιστόν, τοῖς δὲ 15
τῶν Συρακοσίων στρατηγοῖς τῇ δοκήσει οὐχ ἧσσον ἐπι-
τήδειον· ἦν δὲ Καταναῖος ὁ ἀνήρ, καὶ ἀπ' ἀνδρῶν ἐκ τῆς
Κατάνης ἥκειν ἔφη ὧν ἐκεῖνοι τὰ ὀνόματα ἐγίγνωσκον καὶ
ἠπίσταντο ἐν τῇ πόλει ἔτι ὑπολοίπους ὄντας τῶν σφίσιν
3 εὔνων. ἔλεγε δὲ τοὺς Ἀθηναίους αὐλίζεσθαι ἀπὸ τῶν ὅπλων 20
ἐν τῇ πόλει, καὶ εἰ βούλονται ἐκεῖνοι πανδημεὶ ἐν ἡμέρᾳ ῥητῇ
ἅμα ἕῳ ἐπὶ τὸ στράτευμα ἐλθεῖν, αὐτοὶ μὲν ἀποκλῄσειν τοὺς
παρὰ σφίσι καὶ τὰς ναῦς ἐμπρήσειν, ἐκείνους δὲ ῥᾳδίως τὸ
στράτευμα προσβαλόντας τῷ σταυρώματι αἱρήσειν· εἶναι δὲ
ταῦτα τοὺς ξυνδράσοντας πολλοὺς Καταναίων καὶ ἡτοιμάσθαι 25
65 ἤδη, ἀφ' ὧν αὐτὸς ἥκειν. οἱ δὲ στρατηγοὶ τῶν Συρακοσίων,
μετὰ τοῦ καὶ ἐς τὰ ἄλλα θαρσεῖν καὶ εἶναι ἐν διανοίᾳ καὶ
ἄνευ τούτων ἰέναι παρεσκευάσθαι ἐπὶ Κατάνην, ἐπίστευσάν
τε τῷ ἀνθρώπῳ πολλῷ ἀπερισκεπτότερον καὶ εὐθὺς ἡμέραν
ξυνθέμενοι ᾗ παρέσονται ἀπέστειλαν αὐτόν, καὶ αὐτοί (ἤδη 30
γὰρ καὶ τῶν ξυμμάχων Σελινούντιοι καὶ ἄλλοι τινὲς παρ-

1 αὐτοὶ Bekker: αὐτοῖς codd.   5 καταλαβεῖν ABEFM
suprascr. G   6 καὶ secl. Reiske, fort. non legit Schol.   22 τοὺς
C: αὐτοὺς cett.   24 σταυρώματι] στρατεύματι CG

108

ἦσαν) προεῖπον πανδημεὶ πᾶσιν ἐξιέναι Συρακοσίοις. ἐπεὶ δὲ
ἕτοιμα αὐτοῖς καὶ τὰ τῆς παρασκευῆς ἦν καὶ αἱ ἡμέραι ἐν
αἷς ξυνέθεντο ἥξειν ἐγγὺς ἦσαν, πορευόμενοι ἐπὶ Κατάνης
ηὐλίσαντο ἐπὶ τῷ Συμαίθῳ ποταμῷ ἐν τῇ Λεοντίνῃ. οἱ 2
5 δ' Ἀθηναῖοι ὡς ᾔσθοντο αὐτοὺς προσιόντας, ἀναλαβόντες
τό τε στράτευμα ἅπαν τὸ ἑαυτῶν καὶ ὅσοι Σικελῶν αὐτοῖς
ἢ ἄλλος τις προσεληλύθει καὶ ἐπιβιβάσαντες ἐπὶ τὰς ναῦς
καὶ τὰ πλοῖα, ὑπὸ νύκτα ἔπλεον ἐπὶ τὰς Συρακούσας.
καὶ οἵ τε Ἀθηναῖοι ἅμα ἔῳ ἐξέβαινον ἐς τὸ κατὰ τὸ Ὀλυμ- 3
10 πιεῖον ὡς τὸ στρατόπεδον καταληψόμενοι, καὶ οἱ ἱππῆς οἱ
Συρακοσίων πρῶτοι προσελάσαντες ἐς τὴν Κατάνην καὶ
αἰσθόμενοι ὅτι τὸ στράτευμα ἅπαν ἀνῆκται, ἀποστρέψαντες
ἀγγέλλουσι τοῖς πεζοῖς, καὶ ξύμπαντες ἤδη ἀποτρεπόμενοι
ἐβοήθουν ἐπὶ τὴν πόλιν. ἐν τούτῳ δ' οἱ Ἀθηναῖοι, μακρᾶς 66
15 οὔσης τῆς ὁδοῦ αὐτοῖς, καθ' ἡσυχίαν καθῖσαν τὸ στράτευμα
ἐς χωρίον ἐπιτήδειον, καὶ ἐν ᾧ μάχης τε ἄρξειν ἔμελλον
ὁπότε βούλοιντο καὶ οἱ ἱππῆς τῶν Συρακοσίων ἥκιστ' ἂν
αὐτοὺς καὶ ἐν τῷ ἔργῳ καὶ πρὸ αὐτοῦ λυπήσειν· τῇ μὲν γὰρ
τειχία τε καὶ οἰκίαι εἶργον καὶ δένδρα καὶ λίμνη, παρὰ δὲ τὸ
20 κρημνοί. καὶ τὰ ἐγγὺς δένδρα κόψαντες καὶ κατενεγκόντες ἐπὶ 2
τὴν θάλασσαν παρά τε τὰς ναῦς σταύρωμα ἔπηξαν καὶ ἐπὶ τῷ
Δάσκωνι ἔρυμά τι, ᾗ εὐεφοδώτατον ἦν τοῖς πολεμίοις, λίθοις
λογάδην καὶ ξύλοις διὰ ταχέων ὥρθωσαν, καὶ τὴν τοῦ Ἀνάπου
γέφυραν ἔλυσαν. παρασκευαζομένων δὲ ἐκ μὲν τῆς πόλεως 3
25 οὐδεὶς ἐξιὼν ἐκώλυε, πρῶτοι δὲ οἱ ἱππῆς τῶν Συρακοσίων προσ-
εβοήθησαν, ἔπειτα δὲ ὕστερον καὶ τὸ πεζὸν ἅπαν ξυνελέγη.
καὶ προσῆλθον μὲν ἐγγὺς τοῦ στρατεύματος τῶν Ἀθηναίων τὸ
πρῶτον, ἔπειτα δὲ ὡς οὐκ ἀντιπροῇσαν αὐτοῖς, ἀναχωρήσαντες
καὶ διαβάντες τὴν Ἑλωρίνην ὁδὸν ηὐλίσαντο.
30 Τῇ δ' ὑστεραίᾳ οἱ Ἀθηναῖοι καὶ οἱ ξύμμαχοι παρεσκευά- 67
ζοντο ὡς ἐς μάχην, καὶ ξυνετάξαντο ὧδε. δεξιὸν μὲν κέρας

9 prius τὸ E : τὸν cett.   10 τὸ om. C   22 τι recc. : τε codd.
εὐεφοδώτατον recc. : ἐφοδώτατον codd.

Ἀργεῖοι εἶχον καὶ Μαντινῆς, Ἀθηναῖοι δὲ τὸ μέσον, τὸ δὲ ἄλλο οἱ ξύμμαχοι οἱ ἄλλοι. καὶ τὸ μὲν ἥμισυ αὐτοῖς τοῦ στρατεύματος ἐν τῷ πρόσθεν ἦν τεταγμένον ἐπὶ ὀκτώ, τὸ δὲ ἥμισυ ἐπὶ ταῖς εὐναῖς ἐν πλαισίῳ, ἐπὶ ὀκτὼ καὶ τοῦτο τεταγμένον· οἷς εἴρητο, ᾗ ἂν τοῦ στρατεύματός τι πονῇ μάλιστα, 5 ἐφορῶντας παραγίγνεσθαι. καὶ τοὺς σκευοφόρους ἐντὸς 2 τούτων τῶν ἐπιτάκτων ἐποιήσαντο. οἱ δὲ Συρακόσιοι ἔταξαν τοὺς μὲν ὁπλίτας πάντας ἐφ' ἑκκαίδεκα, ὄντας πανδημεὶ Συρακοσίους καὶ ὅσοι ξύμμαχοι παρῆσαν (ἐβοήθησαν δὲ αὐτοῖς Σελινούντιοι μὲν μάλιστα, ἔπειτα δὲ καὶ Γελῴων ἱππῆς, 10 τὸ ξύμπαν ἐς διακοσίους, καὶ Καμαριναίων ἱππῆς ὅσον εἴκοσι καὶ τοξόται ὡς πεντήκοντα), τοὺς δὲ ἱππέας ἐπετάξαντο ἐπὶ τῷ δεξιῷ, οὐκ ἔλασσον ὄντας ἢ διακοσίους καὶ χιλίους, παρὰ 3 δ' αὐτοὺς καὶ τοὺς ἀκοντιστάς. μέλλουσι δὲ τοῖς Ἀθηναίοις προτέροις ἐπιχειρήσειν ὁ Νικίας κατά τε ἔθνη ἐπιπαριὼν 15 ἕκαστα καὶ ξύμπασι τοιάδε παρεκελεύετο.

68 ‘Πολλῇ μὲν παραινέσει, ὦ ἄνδρες, τί δεῖ χρῆσθαι, οἳ πάρεσμεν ἐπὶ τὸν αὐτὸν ἀγῶνα; αὐτὴ γὰρ ἡ παρασκευὴ ἱκανωτέρα μοι δοκεῖ εἶναι θάρσος παρασχεῖν ἢ καλῶς λε-2 χθέντες λόγοι μετὰ ἀσθενοῦς στρατοπέδου. ὅπου γὰρ Ἀργεῖοι 20 καὶ Μαντινῆς καὶ Ἀθηναῖοι καὶ νησιωτῶν οἱ πρῶτοί ἐσμεν, πῶς οὐ χρὴ μετὰ τοιῶνδε καὶ τοσῶνδε ξυμμάχων πάντα τινὰ μεγάλην τὴν ἐλπίδα τῆς νίκης ἔχειν, ἄλλως τε καὶ πρὸς ἄνδρας πανδημεί τε ἀμυννομένους καὶ οὐκ ἀπολέκτους ὥσπερ καὶ ἡμᾶς, καὶ προσέτι Σικελιώτας, οἳ ὑπερφρονοῦσι μὲν ἡμᾶς, 25 ὑπομενοῦσι δ' οὔ, διὰ τὸ τὴν ἐπιστήμην τῆς τόλμης ἥσσω 3 ἔχειν. παραστήτω δέ τινι καὶ τόδε, πολύ τε ἀπὸ τῆς ἡμετέρας αὐτῶν εἶναι καὶ πρὸς γῇ οὐδεμιᾷ φιλίᾳ, ἥντινα μὴ αὐτοὶ μαχόμενοι κτήσεσθε. καὶ τοὐναντίον ὑπομιμνήσκω ὑμᾶς ἢ οἱ πολέμιοι σφίσιν αὐτοῖς εὖ οἶδ' ὅτι παρακελεύονται· οἱ μὲν γὰρ 30 ὅτι περὶ πατρίδος ἔσται ὁ ἀγών, ἐγὼ δὲ ὅτι οὐκ ἐν πατρίδι, ἐξ

---

8 πάντας C : om. cett.   ἐφ' f : ἐς B : ἐπ' cett.   26 ὑπομενοῦσι a : ὑπομένουσι codd.

ἧς κρατεῖν δεῖ ἢ μὴ ῥᾳδίως ἀποχωρεῖν· οἱ γὰρ ἱππῆς πολλοὶ
ἐπικείσονται. τῆς τε οὖν ὑμετέρας αὐτῶν ἀξίας μνησθέντες 4
ἐπέλθετε τοῖς ἐναντίοις προθύμως, καὶ τὴν παροῦσαν ἀνάγκην
καὶ ἀπορίαν φοβερωτέραν ἡγησάμενοι τῶν πολεμίων.'

5 Ὁ μὲν Νικίας τοιαῦτα παρακελευσάμενος ἐπῆγε τὸ 69
στρατόπεδον εὐθύς. οἱ δὲ Συρακόσιοι ἀπροσδόκητοι μὲν ἐν
τῷ καιρῷ τούτῳ ἦσαν ὡς ἤδη μαχούμενοι, καί τινες αὐτοῖς
ἐγγὺς τῆς πόλεως οὔσης καὶ ἀπεληλύθεσαν· οἱ δὲ καὶ διὰ
σπουδῆς προσβοηθοῦντες δρόμῳ ὑστέριζον μέν, ὡς δὲ ἕκαστός
10 πῃ τοῖς πλέοσι προσμείξειε καθίσταντο. οὐ γὰρ δὴ προ-
θυμίᾳ ἐλλιπεῖς ἦσαν οὐδὲ τόλμῃ οὔτ' ἐν ταύτῃ τῇ μάχῃ οὔτ'
ἐν ταῖς ἄλλαις, ἀλλὰ τῇ μὲν ἀνδρείᾳ οὐχ ἥσσους ἐς ὅσον ἡ
ἐπιστήμη ἀντέχοι, τῷ δὲ ἐλλείποντι αὐτῆς καὶ τὴν βούλησιν
ἄκοντες προυδίδοσαν. ὅμως δὲ οὐκ ἂν οἰόμενοι σφίσι τοὺς
15 Ἀθηναίους προτέρους ἐπελθεῖν καὶ διὰ τάχους ἀναγκαζόμενοι
ἀμύνασθαι, ἀναλαβόντες τὰ ὅπλα εὐθὺς ἀντεπῆσαν. καὶ 2
πρῶτον μὲν αὐτῶν ἑκατέρων οἵ τε λιθοβόλοι καὶ σφενδονῆται
καὶ τοξόται προυμάχοντο καὶ τροπὰς οἵας εἰκὸς ψιλοὺς ἀλλή-
λων ἐποίουν· ἔπειτα δὲ μάντεις τε σφάγια προύφερον τὰ
20 νομιζόμενα καὶ σαλπιγκταὶ ξύνοδον ἐπώτρυνον τοῖς ὁπλίταις,
οἱ δ' ἐχώρουν, Συρακόσιοι μὲν περί τε πατρίδος μαχούμενοι 3
καὶ τῆς ἰδίας ἕκαστος τὸ μὲν αὐτίκα σωτηρίας, τὸ δὲ μέλλον
ἐλευθερίας, τῶν δ' ἐναντίων Ἀθηναῖοι μὲν περί τε τῆς ἀλλο-
τρίας οἰκείαν σχεῖν καὶ τὴν οἰκείαν μὴ βλάψαι ἡσσώμενοι,
25 Ἀργεῖοι δὲ καὶ τῶν ξυμμάχων οἱ αὐτόνομοι ξυγκτήσασθαί
τε ἐκείνοις ἐφ' ἃ ἦλθον καὶ τὴν ὑπάρχουσαν σφίσι πατρίδα
νικήσαντες πάλιν ἐπιδεῖν· τὸ δ' ὑπήκοον τῶν ξυμμάχων
μέγιστον μὲν περὶ τῆς αὐτίκα ἀνελπίστου σωτηρίας, ἢν μὴ
κρατῶσι, τὸ πρόθυμον εἶχον, ἔπειτα δὲ ἐν παρέργῳ καὶ εἴ τι
30 ἄλλο ξυγκαταστρεψαμένοις ῥᾷον αὐτοῖς ὑπακούσεται. γενο- 70

8 ἀπεληλύθεσαν recc. : ἐπεληλύθεσαν codd. 18 οἵα
A B E F M suprascr. G 23 δὲ ἀντίων A C E F M 30 συγκατα-
στρεψομένοις A B F M : συγκαταστρεψομένοι E : ξυγκαταστρεψάμενοι
F. Müller ὑπακούσονται Schol.

μένης δ' ἐν χερσὶ τῆς μάχης ἐπὶ πολὺ ἀντεῖχον ἀλλήλοις,
καὶ ξυνέβη βροντάς τε ἅμα τινὰς γενέσθαι καὶ ἀστραπὰς
καὶ ὕδωρ πολύ, ὥστε τοῖς μὲν πρῶτον μαχομένοις καὶ ἐλά-
χιστα πολέμῳ ὡμιληκόσι καὶ τοῦτο ξυνεπιλαβέσθαι τοῦ
φόβου, τοῖς δ' ἐμπειροτέροις τὰ μὲν γιγνόμενα καὶ ὥρᾳ 5
ἔτους περαίνεσθαι δοκεῖν, τοὺς δὲ ἀνθεστῶτας πολὺ μείζω
2 ἔκπληξιν μὴ νικωμένους παρέχειν. ὠσαμένων δὲ τῶν Ἀρ-
γείων πρῶτον τὸ εὐώνυμον κέρας τῶν Συρακοσίων καὶ μετ'
αὐτοὺς τῶν Ἀθηναίων τὸ κατὰ σφᾶς αὐτούς, παρερρήγνυτο
ἤδη καὶ τὸ ἄλλο στράτευμα τῶν Συρακοσίων καὶ ἐς φυγὴν 10
3 κατέστη. καὶ ἐπὶ πολὺ μὲν οὐκ ἐδίωξαν οἱ Ἀθηναῖοι (οἱ
γὰρ ἱππῆς τῶν Συρακοσίων πολλοὶ ὄντες καὶ ἀήσσητοι εἶρ-
γον, καὶ ἐσβαλόντες ἐς τοὺς ὁπλίτας αὐτῶν, εἴ τινας προ-
διώκοντας ἴδοιεν, ἀνέστελλον), ἐπακολουθήσαντες δὲ ἀθρόοι
ὅσον ἀσφαλῶς εἶχε πάλιν ἐπανεχώρουν καὶ τροπαῖον ἵστα- 15
4 σαν. οἱ δὲ Συρακόσιοι ἀθροισθέντες ἐς τὴν Ἑλωρίνην ὁδὸν
καὶ ὡς ἐκ τῶν παρόντων ξυνταξάμενοι ἔς τε τὸ Ὀλυμπιεῖον
ὅμως σφῶν αὐτῶν παρέπεμψαν φυλακήν, δείσαντες μὴ οἱ
Ἀθηναῖοι τῶν χρημάτων ἃ ἦν αὐτόθι κινήσωσι, καὶ οἱ λοιποὶ
71 ἐπανεχώρησαν ἐς τὴν πόλιν. οἱ δὲ Ἀθηναῖοι πρὸς μὲν τὸ 20
ἱερὸν οὐκ ἦλθον, ξυγκομίσαντες δὲ τοὺς ἑαυτῶν νεκροὺς καὶ
ἐπὶ πυρὰν ἐπιθέντες ηὐλίσαντο αὐτοῦ. τῇ δ' ὑστεραίᾳ τοῖς
μὲν Συρακοσίοις ἀπέδοσαν ὑποσπόνδους τοὺς νεκρούς (ἀπ-
έθανον δὲ αὐτῶν καὶ τῶν ξυμμάχων περὶ ἑξήκοντα καὶ δια-
κοσίους), τῶν δὲ σφετέρων τὰ ὀστᾶ ξυνέλεξαν (ἀπέθανον δὲ 25
αὐτῶν καὶ τῶν ξυμμάχων ὡς πεντήκοντα), καὶ τὰ τῶν πολε-
2 μίων σκῦλα ἔχοντες ἀπέπλευσαν ἐς Κατάνην· χειμών τε
γὰρ ἦν, καὶ τὸν πόλεμον αὐτόθεν ποιεῖσθαι οὔπω ἐδόκει
δυνατὸν εἶναι, πρὶν ἂν ἱππέας τε μεταπέμψωσιν ἐκ τῶν
Ἀθηνῶν καὶ ἐκ τῶν αὐτόθεν ξυμμάχων ἀγείρωσιν, ὅπως μὴ 30
παντάπασιν ἱπποκρατῶνται, καὶ χρήματα δὲ ἅμα αὐτόθεν τε
ξυλλέξωνται καὶ παρ' Ἀθηναίων ἔλθῃ, τῶν τε πόλεών τινας

προσαγάγωνται, ἃς ἤλπιζον μετὰ τὴν μάχην μᾶλλον σφῶν
ὑπακούσεσθαι, τά τε ἄλλα καὶ σῖτον καὶ ὅσων δέοι παρα-
σκευάσωνται ὡς ἐς τὸ ἔαρ ἐπιχειρήσοντες ταῖς Συρακούσαις.
Καὶ οἱ μὲν ταύτῃ τῇ γνώμῃ ἀπέπλευσαν ἐς τὴν Νάξον 72
5 καὶ Κατάνην διαχειμάσοντες, Συρακόσιοι δὲ τοὺς σφετέρους
αὐτῶν νεκροὺς θάψαντες ἐκκλησίαν ἐποίουν. καὶ παρελθὼν 2
αὐτοῖς Ἑρμοκράτης ὁ Ἕρμωνος, ἀνὴρ καὶ ἐς τἆλλα ξύνεσιν
οὐδενὸς λειπόμενος καὶ κατὰ τὸν πόλεμον ἐμπειρίᾳ τε ἱκανὸς
γενόμενος καὶ ἀνδρείᾳ ἐπιφανής, ἐθάρσυνέ τε καὶ οὐκ εἴα
10 τῷ γεγενημένῳ ἐνδιδόναι· τὴν μὲν γὰρ γνώμην αὐτῶν οὐχ 3
ἡσσῆσθαι, τὴν δὲ ἀταξίαν βλάψαι. οὐ μέντοι τοσοῦτόν γε
λειφθῆναι ὅσον εἰκὸς εἶναι, ἄλλως τε καὶ τοῖς πρώτοις τῶν
Ἑλλήνων ἐμπειρίᾳ ἰδιώτας ὡς εἰπεῖν χειροτέχναις ἀνταγω-
νισαμένους. μέγα δὲ βλάψαι καὶ τὸ πλῆθος τῶν στρατηγῶν 4
15 καὶ τὴν πολυαρχίαν (ἦσαν γὰρ πέντε καὶ δέκα οἱ στρατηγοὶ
αὐτοῖς) τῶν τε πολλῶν τὴν ἀξύντακτον ἀναρχίαν. ἢν δὲ
ὀλίγοι τε στρατηγοὶ γένωνται ἔμπειροι καὶ ἐν τῷ χειμῶνι
τούτῳ παρασκευάσωσι τὸ ὁπλιτικόν, οἷς τε ὅπλα μὴ ἔστιν
ἐκπορίζοντες, ὅπως ὡς πλεῖστοι ἔσονται, καὶ τῇ ἄλλῃ μελέτῃ
20 προσαναγκάζοντες, ἔφη κατὰ τὸ εἰκὸς κρατήσειν σφᾶς τῶν
ἐναντίων, ἀνδρείας μὲν σφίσιν ὑπαρχούσης, εὐταξίας δ' ἐς
τὰ ἔργα προσγενομένης· ἐπιδώσειν γὰρ ἀμφότερα αὐτά, τὴν
μὲν μετὰ κινδύνων μελετωμένην, τὴν δ' εὐψυχίαν αὐτὴν ἑαυ-
τῆς μετὰ τοῦ πιστοῦ τῆς ἐπιστήμης θαρσαλεωτέραν ἔσεσθαι.
25 τούς τε στρατηγοὺς καὶ ὀλίγους καὶ αὐτοκράτορας χρῆναι 5
ἑλέσθαι καὶ ὀμόσαι αὐτοῖς τὸ ὅρκιον ἦ μὴν ἐάσειν ἄρχειν
ὅπῃ ἂν ἐπίστωνται· οὕτω γὰρ ἅ τε κρύπτεσθαι δεῖ μᾶλλον
ἂν στέγεσθαι καὶ τἆλλα κατὰ κόσμον καὶ ἀπροφασίστως
παρασκευασθῆναι. καὶ οἱ Συρακόσιοι αὐτοῦ ἀκούσαντες 73
30 ἐψηφίσαντό τε πάντα ὡς ἐκέλευε καὶ στρατηγὸν αὐτόν τε
εἵλοντο τὸν Ἑρμοκράτη καὶ Ἡρακλείδην τὸν Λυσιμάχου καὶ

2 παρασκευάσονται A E G M   3 ὡς ἐς recc.: ὥστε codd.   12 καὶ
recc.: om. codd.   13 χειροτέχναις F¹: χειροτέχνας cett.

113

2 Σικανὸν τὸν Ἐξηκέστου, τούτους τρεῖς, καὶ ἐς τὴν Κόρινθον
καὶ ἐς τὴν Λακεδαίμονα πρέσβεις ἀπέστειλαν, ὅπως ξυμ-
μαχία τε αὐτοῖς παραγένηται καὶ τὸν πρὸς Ἀθηναίους
πόλεμον βεβαιότερον πείθωσι ποιεῖσθαι ἐκ τοῦ προφανοῦς
ὑπὲρ σφῶν τοὺς Λακεδαιμονίους, ἵνα ἢ ἀπὸ τῆς Σικελίας 5
ἀπαγάγωσιν αὐτοὺς ἢ πρὸς τὸ ἐν Σικελίᾳ στράτευμα ἧσσον
ὠφελίαν ἄλλην ἐπιπέμπωσιν.

74   Τὸ δ' ἐν τῇ Κατάνῃ στράτευμα τῶν Ἀθηναίων ἔπλευσεν
εὐθὺς ἐπὶ Μεσσήνην ὡς προδοθησομένην. καὶ ἃ μὲν ἐπράσ-
σετο οὐκ ἐγένετο· Ἀλκιβιάδης γὰρ ὅτ' ἀπῄει ἐκ τῆς ἀρχῆς 10
ἤδη μετάπεμπτος, ἐπιστάμενος ὅτι φεύξοιτο, μηνύει τοῖς τῶν
Συρακοσίων φίλοις τοῖς ἐν τῇ Μεσσήνῃ ξυνειδὼς τὸ μέλλον·
οἱ δὲ τούς τε ἄνδρας διέφθειραν πρότερον καὶ τότε στασιά-
ζοντες καὶ ἐν ὅπλοις ὄντες ἐπεκράτουν μὴ δέχεσθαι τοὺς
2 Ἀθηναίους οἱ ταῦτα βουλόμενοι. ἡμέρας δὲ μείναντες περὶ 15
τρεῖς καὶ δέκα οἱ Ἀθηναῖοι ὡς ἐχειμάζοντο καὶ τὰ ἐπιτήδεια
οὐκ εἶχον καὶ προυχώρει οὐδέν, ἀπελθόντες ἐς Νάξον καὶ
ὅρια καὶ σταυρώματα περὶ τὸ στρατόπεδον ποιησάμενοι αὐ-
τοῦ διεχείμαζον· καὶ τριήρη ἀπέστειλαν ἐς τὰς Ἀθήνας ἐπί
τε χρήματα καὶ ἱππέας, ὅπως ἅμα τῷ ἦρι παραγένωνται.   20

75   Ἐτείχιζον δὲ καὶ οἱ Συρακόσιοι ἐν τῷ χειμῶνι πρός τε τῇ
πόλει, τὸν Τεμενίτην ἐντὸς ποιησάμενοι, τεῖχος παρὰ πᾶν
τὸ πρὸς τὰς Ἐπιπολὰς ὁρῶν, ὅπως μὴ δι' ἐλάσσονος εὐαποτεί-
χιστοι ὦσιν, ἢν ἄρα σφάλλωνται, καὶ τὰ Μέγαρα φρούριον,
καὶ ἐν τῷ Ὀλυμπιείῳ ἄλλο· καὶ τὴν θάλασσαν προυσταύ- 25
2 ρωσαν πανταχῇ ᾗ ἀποβάσεις ἦσαν. καὶ τοὺς Ἀθηναίους
εἰδότες ἐν τῇ Νάξῳ χειμάζοντας ἐστράτευσαν πανδημεὶ ἐπὶ
τὴν Κατάνην, καὶ τῆς τε γῆς αὐτῶν ἔτεμον καὶ τὰς τῶν
Ἀθηναίων σκηνὰς καὶ τὸ στρατόπεδον ἐμπρήσαντες ἀνεχώ-
3 ρησαν ἐπ' οἴκου. καὶ πυνθανόμενοι τοὺς Ἀθηναίους ἐς τὴν 30
Καμάριναν κατὰ τὴν ἐπὶ Λάχητος γενομένην ξυμμαχίαν
πρεσβεύεσθαι, εἴ πως προσαγάγοιντο αὐτούς, ἀντεπρε-

18 ὅρια καὶ Schol. : Θρᾶκας (vel similia) codd.

114

σβεύοντο καὶ αὐτοί· ἦσαν γὰρ ὕποπτοι αὐτοῖς οἱ Καμαριναῖοι
μὴ προθύμως σφίσι μήτ᾽ ἐπὶ τὴν πρώτην μάχην πέμψαι ἃ
ἔπεμψαν, ἔς τε τὸ λοιπὸν μὴ οὐκέτι βούλωνται ἀμύνειν,
ὁρῶντες τοὺς Ἀθηναίους ἐν τῇ μάχῃ εὖ πράξαντας, προσ-
5 χωρῶσι δ᾽ αὐτοῖς κατὰ τὴν προτέραν φιλίαν πεισθέντες.
ἀφικομένων οὖν ἐκ μὲν Συρακουσῶν Ἑρμοκράτους καὶ 4
ἄλλων ἐς τὴν Καμάριναν, ἀπὸ δὲ τῶν Ἀθηναίων Εὐφή-
μου μεθ᾽ ἑτέρων, ὁ Ἑρμοκράτης ξυλλόγου γενομένου τῶν
Καμαριναίων βουλόμενος προδιαβάλλειν τοὺς Ἀθηναίους
10 ἔλεγε τοιάδε.

' Οὐ τὴν παροῦσαν δύναμιν τῶν Ἀθηναίων, ὦ Καμαρι- 76
ναῖοι, μὴ αὐτὴν καταπλαγῆτε δείσαντες ἐπρεσβευσάμεθα,
ἀλλὰ μᾶλλον τοὺς μέλλοντας ἀπ᾽ αὐτῶν λόγους, πρίν τι καὶ
ἡμῶν ἀκοῦσαι, μὴ ὑμᾶς πείσωσιν. ἥκουσι γὰρ ἐς τὴν 2
15 Σικελίαν προφάσει μὲν ᾗ πυνθάνεσθε, διανοίᾳ δὲ ἣν πάντες
ὑπονοοῦμεν· καί μοι δοκοῦσιν οὐ Λεοντίνους βούλεσθαι
κατοικίσαι, ἀλλ᾽ ἡμᾶς μᾶλλον ἐξοικίσαι. οὐ γὰρ δὴ εὔλογον
τὰς μὲν ἐκεῖ πόλεις ἀναστάτους ποιεῖν, τὰς δὲ ἐνθάδε κατοι-
κίζειν, καὶ Λεοντίνων μὲν Χαλκιδέων ὄντων κατὰ τὸ ξυγγενὲς
20 κήδεσθαι, Χαλκιδέας δὲ τοὺς ἐν Εὐβοίᾳ, ὧν οἵδε ἄποικοί
εἰσι, δουλωσαμένους ἔχειν. τῇ δὲ αὐτῇ ἰδέᾳ ἐκεῖνά τε ἔσχον 3
καὶ τὰ ἐνθάδε νῦν πειρῶνται· ἡγεμόνες γὰρ γενόμενοι ἑκόν-
των τῶν τε Ἰώνων καὶ ὅσοι ἀπὸ σφῶν ἦσαν ξύμμαχοι ὡς
ἐπὶ τοῦ Μήδου τιμωρίᾳ, τοὺς μὲν λιποστρατίαν, τοὺς δὲ ἐπ᾽
25 ἀλλήλους στρατεύειν, τοῖς δ᾽ ὡς ἑκάστοις τινὰ εἶχον αἰτίαν
εὐπρεπῆ ἐπενεγκόντες κατεστρέψαντο. καὶ οὐ περὶ τῆς 4
ἐλευθερίας ἄρα οὔτε οὗτοι τῶν Ἑλλήνων οὔθ᾽ οἱ Ἕλληνες
τῆς ἑαυτῶν τῷ Μήδῳ ἀντέστησαν, περὶ δὲ οἱ μὲν σφίσιν
ἀλλὰ μὴ ἐκείνῳ καταδουλώσεως, οἱ δ᾽ ἐπὶ δεσπότου μεταβολῇ
30 οὐκ ἀξυνετωτέρου, κακοξυνετωτέρου δέ.

' Ἀλλ᾽ οὐ γὰρ δὴ τὴν τῶν Ἀθηναίων εὐκατηγόρητον οὖσαν 77
πόλιν νῦν ἥκομεν ἀποφανοῦντες ἐν εἰδόσιν ὅσα ἀδικεῖ, πολὺ
δὲ μᾶλλον ἡμᾶς αὐτοὺς αἰτιασόμενοι ὅτι ἔχοντες παραδεί-

γματα τῶν τ' ἐκεῖ Ἑλλήνων ὡς ἐδουλώθησαν οὐκ ἀμύνοντες
σφίσιν αὐτοῖς, καὶ νῦν ἐφ' ἡμᾶς ταὐτὰ παρόντα σοφίσματα,
Λεοντίνων τε ξυγγενῶν κατοικίσεις καὶ Ἐγεσταίων ξυμμάχων
ἐπικουρίας, οὐ ξυστραφέντες βουλόμεθα προθυμότερον δεῖξαι
αὐτοῖς ὅτι οὐκ Ἴωνες τάδε εἰσὶν οὐδ' Ἑλλησπόντιοι καὶ 5
νησιῶται, οἳ δεσπότην ἢ Μῆδον ἢ ἕνα γέ τινα αἰεὶ μετα-
βάλλοντες δουλοῦνται, ἀλλὰ Δωριῆς ἐλεύθεροι ἀπ' αὐτονόμου
2 τῆς Πελοποννήσου τὴν Σικελίαν οἰκοῦντες. ἢ μένομεν ἕως
ἂν ἕκαστοι κατὰ πόλεις ληφθῶμεν, εἰδότες ὅτι ταύτῃ μόνον
ἁλωτοί ἐσμεν καὶ ὁρῶντες αὐτοὺς ἐπὶ τοῦτο τὸ εἶδος τρεπο- 10
μένους ὥστε τοὺς μὲν λόγοις ἡμῶν διιστάναι, τοὺς δὲ ξυμ-
μάχων ἐλπίδι ἐκπολεμοῦν πρὸς ἀλλήλους, τοῖς δὲ ὡς ἑκάστοις
τι προσηνὲς λέγοντες δύνανται κακουργεῖν; καὶ οἰόμεθα τοῦ
ἄπωθεν ξυνοίκου προαπολλυμένου οὐ καὶ ἐς αὐτόν τινα ἥξειν
τὸ δεινόν, πρὸ δὲ αὐτοῦ μᾶλλον τὸν πάσχοντα καθ' ἑαυτὸν 15
78 δυστυχεῖν; καὶ εἴ τῳ ἄρα παρέστηκε τὸν μὲν Συρακόσιον,
ἑαυτὸν δ' οὐ πολέμιον εἶναι τῷ Ἀθηναίῳ, καὶ δεινὸν ἡγεῖται
ὑπέρ γε τῆς ἐμῆς κινδυνεύειν, ἐνθυμηθήτω οὐ περὶ τῆς ἐμῆς
μᾶλλον, ἐν ἴσῳ δὲ καὶ τῆς ἑαυτοῦ ἅμα ἐν τῇ ἐμῇ μαχούμενος,
τοσούτῳ δὲ καὶ ἀσφαλέστερον ὅσῳ οὐ προδιεφθαρμένου ἐμοῦ, 20
ἔχων δὲ ξύμμαχον ἐμὲ καὶ οὐκ ἐρῆμος ἀγωνιεῖται· τόν τε
Ἀθηναῖον μὴ τὴν τοῦ Συρακοσίου ἔχθραν κολάσασθαι, τῇ δ'
ἐμῇ προφάσει τὴν ἐκείνου φιλίαν οὐχ ἧσσον βεβαιώσασθαι
2 βούλεσθαι. εἴ τέ τις φθονεῖ μὲν ἢ καὶ φοβεῖται (ἀμφότερα
γὰρ τάδε πάσχει τὰ μείζω), διὰ δὲ αὐτὰ τὰς Συρακούσας 25
κακωθῆναι μὲν ἵνα σωφρονισθῶμεν βούλεται, περιγενέσθαι
δὲ ἕνεκα τῆς αὐτοῦ ἀσφαλείας, οὐκ ἀνθρωπίνης δυνάμεως
βούλησιν ἐλπίζει· οὐ γὰρ οἷόν τε ἅμα τῆς τε ἐπιθυμίας καὶ
3 τῆς τύχης τὸν αὐτὸν ὁμοίως ταμίαν γενέσθαι. καὶ εἰ γνώμῃ
ἁμάρτοι, τοῖς αὐτοῦ κακοῖς ὀλοφυρθεὶς τάχ' ἂν ἴσως καὶ τοῖς 30
ἐμοῖς ἀγαθοῖς ποτὲ βουληθείη αὖθις φθονῆσαι. ἀδύνατον δὲ

---

1 ἐκεῖσε ABEFM 15 αὐτὸν ABEFM 19 μαχόμενος
ABEFM[G] 23 οὐχ f G (in rasura) : οὓς cett. 27 αὐτοῦ
Stephanus : αὐτοῦ codd. 30 αὐτοῦ C : αὑτοῦ cett.

116

προεμένῳ καὶ μὴ τοὺς αὐτοὺς κινδύνους οὐ περὶ τῶν ὀνομάτων,
ἀλλὰ περὶ τῶν ἔργων, ἐθελήσαντι προσλαβεῖν· λόγῳ μὲν
γὰρ τὴν ἡμετέραν δύναμιν σῴζοι ἄν τις, ἔργῳ δὲ τὴν αὑτοῦ
σωτηρίαν. καὶ μάλιστα εἰκὸς ἦν ὑμᾶς, ὦ Καμαριναῖοι, 4
5 ὁμόρους ὄντας καὶ τὰ δεύτερα κινδυνεύσοντας προορᾶσθαι
αὐτὰ καὶ μὴ μαλακῶς ὥσπερ νῦν ξυμμαχεῖν, αὐτοὺς δὲ πρὸς
ἡμᾶς μᾶλλον ἰόντας, ἅπερ ἂν εἰ ἐς τὴν Καμαριναίαν πρῶτον
ἀφίκοιντο οἱ Ἀθηναῖοι δεόμενοι ἂν ἐπεκαλεῖσθε, ταῦτα ἐκ
τοῦ ὁμοίου καὶ νῦν παρακελευομένους ὅπως μηδὲν ἐνδώσομεν
10 φαίνεσθαι. ἀλλ' οὔθ' ὑμεῖς νῦν γέ πω οὔθ' οἱ ἄλλοι ἐπὶ
ταῦτα ὥρμησθε.

' Δειλίᾳ δὲ ἴσως τὸ δίκαιον πρός τε ἡμᾶς καὶ πρὸς τοὺς 79
ἐπιόντας θεραπεύσετε, λέγοντες ξυμμαχίαν εἶναι ὑμῖν πρὸς
Ἀθηναίους· ἥν γε οὐκ ἐπὶ τοῖς φίλοις ἐποιήσασθε, τῶν δὲ
15 ἐχθρῶν ἤν τις ἐφ' ὑμᾶς ἴῃ, καὶ τοῖς γε Ἀθηναίοις βοηθεῖν, ὅταν
ὑπ' ἄλλων καὶ μὴ αὐτοὶ ὥσπερ νῦν τοὺς πέλας ἀδικῶσιν, ἐπεὶ 2
οὐδ' οἱ Ῥηγῖνοι ὄντες Χαλκιδῆς Χαλκιδέας ὄντας Λεοντίνους
ἐθέλουσι ξυγκατοικίζειν. καὶ δεινὸν εἰ ἐκεῖνοι μὲν τὸ ἔργον
τοῦ καλοῦ δικαιώματος ὑποπτεύοντες ἀλόγως σωφρονοῦσιν,
20 ὑμεῖς δ' εὐλόγῳ προφάσει τοὺς μὲν φύσει πολεμίους βούλεσθε
ὠφελεῖν, τοὺς δὲ ἔτι μᾶλλον φύσει ξυγγενεῖς μετὰ τῶν
ἐχθίστων διαφθεῖραι. ἀλλ' οὐ δίκαιον, ἀμύνειν δὲ καὶ μὴ 3
φοβεῖσθαι τὴν παρασκευὴν αὐτῶν· οὐ γὰρ ἢν ἡμεῖς ξυστῶμεν
πάντες δεινή ἐστιν, ἀλλ' ἤν, ὅπερ οὗτοι σπεύδουσι, τἀναντία
25 διαστῶμεν, ἐπεὶ οὐδὲ πρὸς ἡμᾶς μόνους ἐλθόντες καὶ μάχῃ
περιγενόμενοι ἔπραξαν ἃ ἐβούλοντο, ἀπῆλθον δὲ διὰ τάχους.
ὥστε οὐχ ἀθρόους γε ὄντας εἰκὸς ἀθυμεῖν, ἰέναι δὲ ἐς τὴν 80
ξυμμαχίαν προθυμότερον, ἄλλως τε καὶ ἀπὸ Πελοποννήσου
παρεσομένης ὠφελίας, οἳ τῶνδε κρείσσους εἰσὶ τὸ παράπαν
30 τὰ πολέμια· καὶ μὴ ἐκείνην τὴν προμηθίαν δοκεῖν τῳ ἡμῶν
μὲν ἴσην εἶναι, ὑμῖν δὲ ἀσφαλῆ, τὸ μηδετέροις δὴ ὡς καὶ

3 αὑτοῦ recc.: αὐτοῦ codd.   7 ἂν M : om. cett.   8 ἀφίκοντο
G : ἀφίκοιντο cett.   24 ὅπερ om. A B E F M   30 τῳ c : τῷ codd.

2 ἀμφοτέρων ὄντας ξυμμάχους βοηθεῖν. οὐ γὰρ ἔργῳ ἴσον
ὥσπερ τῷ δικαιώματί ἐστιν. εἰ γὰρ δι' ὑμᾶς μὴ ξυμμαχή-
σαντας ὅ τε παθὼν σφαλήσεται καὶ ὁ κρατῶν περιέσται, τί
ἄλλο ἢ τῇ αὐτῇ ἀπουσίᾳ τοῖς μὲν οὐκ ἠμύνατε σωθῆναι,
τοὺς δὲ οὐκ ἐκωλύσατε κακοὺς γενέσθαι; καίτοι κάλλιον 5
τοῖς ἀδικουμένοις καὶ ἅμα ξυγγενέσι προσθεμένους τήν τε
κοινὴν ὠφελίαν τῇ Σικελίᾳ φυλάξαι καὶ τοὺς Ἀθηναίους
φίλους δὴ ὄντας μὴ ἐᾶσαι ἁμαρτεῖν.

3 'Ξυνελόντες τε λέγομεν οἱ Συρακόσιοι ἐκδιδάσκειν μὲν
οὐδὲν ἔργον εἶναι σαφῶς οὔτε ὑμᾶς οὔτε τοὺς ἄλλους περὶ ὧν 10
αὐτοὶ οὐδὲν χεῖρον γιγνώσκετε· δεόμεθα δὲ καὶ μαρτυρόμεθα
ἅμα, εἰ μὴ πείσομεν, ὅτι ἐπιβουλευόμεθα μὲν ὑπὸ Ἰώνων αἰεὶ
4 πολεμίων, προδιδόμεθα δὲ ὑπὸ ὑμῶν Δωριῆς Δωριῶν. καὶ
εἰ καταστρέψονται ἡμᾶς Ἀθηναῖοι, ταῖς μὲν ὑμετέραις
γνώμαις κρατήσουσι, τῷ δ' αὐτῶν ὀνόματι τιμηθήσονται, 15
καὶ τῆς νίκης οὐκ ἄλλον τινὰ ἆθλον ἢ τὸν τὴν νίκην παρα-
σχόντα λήψονται· καὶ εἰ αὖ ἡμεῖς περιεσόμεθα, τῆς αἰτίας
5 τῶν κινδύνων οἱ αὐτοὶ τὴν τιμωρίαν ὑφέξετε. σκοπεῖτε οὖν καὶ
αἱρεῖσθε ἤδη ἢ τὴν αὐτίκα ἀκινδύνως δουλείαν ἢ κἂν περιγενό-
μενοι μεθ' ἡμῶν τούσδε τε μὴ αἰσχρῶς δεσπότας λαβεῖν καὶ 20
τὴν πρὸς ἡμᾶς ἔχθραν μὴ ἂν βραχεῖαν γενομένην διαφυγεῖν.'

81 Τοιαῦτα μὲν ὁ Ἑρμοκράτης εἶπεν, ὁ δ' Εὔφημος ὁ τῶν
Ἀθηναίων πρεσβευτὴς μετ' αὐτὸν τοιάδε.

82 ''Ἀφικόμεθα μὲν ἐπὶ τῆς πρότερον οὔσης ξυμμαχίας
ἀνανεώσει, τοῦ δὲ Συρακοσίου καθαψαμένου ἀνάγκη καὶ 25
2 περὶ τῆς ἀρχῆς εἰπεῖν ὡς εἰκότως ἔχομεν. τὸ μὲν οὖν
μέγιστον μαρτύριον αὐτὸς εἶπεν, ὅτι οἱ Ἴωνες αἰεί ποτε
πολέμιοι τοῖς Δωριεῦσιν εἰσίν. ἔχει δὲ καὶ οὕτως· ἡμεῖς
γὰρ Ἴωνες ὄντες Πελοποννησίοις Δωριεῦσι καὶ πλέοσιν
οὖσι καὶ παροικοῦσιν ἐσκεψάμεθα ὅτῳ τρόπῳ ἥκιστα αὐτῶν 30
3 ὑπακουσόμεθα, καὶ μετὰ τὰ Μηδικὰ ναῦς κτησάμενοι τῆς
μὲν Λακεδαιμονίων ἀρχῆς καὶ ἡγεμονίας ἀπηλλάγημεν,

15 αὐτῶν C· αὐτῶν cett.

οὐδὲν προσῆκον μᾶλλόν τι ἐκείνους ἡμῖν ἢ καὶ ἡμᾶς ἐκείνοις
ἐπιτάσσειν, πλὴν καθ' ὅσον ἐν τῷ παρόντι μεῖζον ἰσχύοι,
αὐτοὶ δὲ τῶν ὑπὸ βασιλεῖ πρότερον ὄντων ἡγεμόνες κατα-
στάντες οἰκοῦμεν, νομίσαντες ἥκιστ' ἂν ὑπὸ Πελοποννησίοις
5 οὕτως εἶναι, δύναμιν ἔχοντες ᾗ ἀμυνούμεθα, καὶ ἐς τὸ ἀκριβὲς
εἰπεῖν οὐδὲ ἀδίκως καταστρεψάμενοι τούς τε Ἴωνας καὶ
νησιώτας, οὓς ξυγγενεῖς φασὶν ὄντας ἡμᾶς Συρακόσιοι
δεδουλῶσθαι.   ἦλθον γὰρ ἐπὶ τὴν μητρόπολιν ἐφ' ἡμᾶς μετὰ 4
τοῦ Μήδου καὶ οὐκ ἐτόλμησαν ἀποστάντες τὰ οἰκεῖα φθεῖραι,
10 ὥσπερ ἡμεῖς ἐκλιπόντες τὴν πόλιν, δουλείαν δὲ αὐτοί τε
ἐβούλοντο καὶ ἡμῖν τὸ αὐτὸ ἐπενεγκεῖν.   ἀνθ' ὧν ἄξιοί τε 83
ὄντες ἅμα ἄρχομεν, ὅτι τε ναυτικὸν πλεῖστόν τε καὶ προ-
θυμίαν ἀπροφάσιστον παρεσχόμεθα ἐς τοὺς Ἕλληνας, καὶ
διότι καὶ τῷ Μήδῳ ἑτοίμως τοῦτο δρῶντες οὗτοι ἡμᾶς
15 ἔβλαπτον, ἅμα δὲ τῆς πρὸς Πελοποννησίους ἰσχύος ὀρε-
γόμενοι.   καὶ οὐ καλλιεπούμεθα ὡς ἢ τὸν βάρβαρον μόνοι 2
καθελόντες εἰκότως ἄρχομεν ἢ ἐπ' ἐλευθερίᾳ τῇ τῶνδε μᾶλλον
ἢ τῶν ξυμπάντων τε καὶ τῇ ἡμετέρᾳ αὐτῶν κινδυνεύσαντες.
πᾶσι δὲ ἀνεπίφθονον τὴν προσήκουσαν σωτηρίαν ἐκπορίζε-
20 σθαι.   καὶ νῦν τῆς ἡμετέρας ἀσφαλείας ἕνεκα καὶ ἐνθάδε
παρόντες ὁρῶμεν καὶ ὑμῖν ταὐτὰ ξυμφέροντα.   ἀποφαίνομεν 3
δὲ ἐξ ὧν οἵδε τε διαβάλλουσι καὶ ὑμεῖς μάλιστα ἐπὶ τὸ
φοβερώτερον ὑπονοεῖτε, εἰδότες τοὺς περιδεῶς ὑποπτεύοντάς
τι λόγου μὲν ἡδονῇ τὸ παραυτίκα τερπομένους, τῇ δ'
25 ἐγχειρήσει ὕστερον τὰ ξυμφέροντα πράσσοντας.   τήν τε 4
γὰρ ἐκεῖ ἀρχὴν εἰρήκαμεν διὰ δέος ἔχειν καὶ τὰ ἐνθάδε διὰ
τὸ αὐτὸ ἥκειν μετὰ τῶν φίλων ἀσφαλῶς καταστησόμενοι,
καὶ οὐ δουλωσόμενοι, μὴ παθεῖν δὲ μᾶλλον τοῦτο κωλύσοντες.

'Υπολάβῃ δὲ μηδεὶς ὡς οὐδὲν προσῆκον ὑμῶν κηδόμεθα, 84
30 γνοὺς ὅτι σῳζομένων ὑμῶν καὶ διὰ τὸ μὴ ἀσθενεῖς ὑμᾶς
ὄντας ἀντέχειν Συρακοσίοις ἧσσον ἂν τούτων πεμψάντων

5 ἀμυνούμεθα recc. : ἀμυνόμεθα codd. (G)   ἐς] ὡς Krüger   16 οὐ
καλλιεπούμεθα recc.: οὐκ ἄλλο (ἄλλω F) ἐπόμεθα (vel ἐπ) codd.
21 ταὐτὰ (sic) E : ταῦτα cett.

119

2 τινὰ δύναμιν Πελοποννησίοις ἡμεῖς βλαπτοίμεθα. καὶ ἐν
τούτῳ προσήκετε ἤδη ἡμῖν τὰ μέγιστα. διόπερ καὶ τοὺς
Λεοντίνους εὔλογον κατοικίζειν μὴ ὑπηκόους ὥσπερ τοὺς ξυγ-
γενεῖς αὐτῶν τοὺς ἐν Εὐβοίᾳ, ἀλλ᾽ ὡς δυνατωτάτους, ἵνα ἐκ
τῆς σφετέρας ὅμοροι ὄντες τοῖσδε ὑπὲρ ἡμῶν λυπηροὶ ὦσιν. 5
3 τὰ μὲν γὰρ ἐκεῖ καὶ αὐτοὶ ἀρκοῦμεν πρὸς τοὺς πολεμίους,
καὶ ὁ Χαλκιδεύς, ὃν ἀλόγως ἡμᾶς φησὶ δουλωσαμένους τοὺς
ἐνθάδε ἐλευθεροῦν, ξύμφορος ἡμῖν ἀπαράσκευος ὢν καὶ
χρήματα μόνον φέρων, τὰ δὲ ἐνθάδε καὶ Λεοντῖνοι καὶ οἱ
85 ἄλλοι φίλοι ὅτι μάλιστα αὐτονομούμενοι. ἀνδρὶ δὲ τυράννῳ 10
ἢ πόλει ἀρχὴν ἐχούσῃ οὐδὲν ἄλογον ὅτι ξυμφέρον οὐδ᾽ οἰκεῖον
ὅτι μὴ πιστόν· πρὸς ἕκαστα δὲ δεῖ ἢ ἐχθρὸν ἢ φίλον μετὰ
καιροῦ γίγνεσθαι. καὶ ἡμᾶς τοῦτο ὠφελεῖ ἐνθάδε, οὐκ ἢν
τοὺς φίλους κακώσωμεν, ἀλλ᾽ ἢν οἱ ἐχθροὶ διὰ τὴν τῶν
2 φίλων ῥώμην ἀδύνατοι ὦσιν. ἀπιστεῖν δὲ οὐ χρή· καὶ γὰρ 15
τοὺς ἐκεῖ ξυμμάχους ὡς ἕκαστοι χρήσιμοι ἐξηγούμεθα, Χίους
μὲν καὶ Μηθυμναίους νεῶν παροκωχῇ αὐτονόμους, τοὺς δὲ
πολλοὺς χρημάτων βιαιότερον φορᾷ, ἄλλους δὲ καὶ πάνυ
ἐλευθέρως ξυμμαχοῦντας, καίπερ νησιώτας ὄντας καὶ εὐλή-
πτους, διότι ἐν χωρίοις ἐπικαίροις εἰσὶ περὶ τὴν Πελοπόννησον. 20
3 ὥστε καὶ τἀνθάδε εἰκὸς πρὸς τὸ λυσιτελοῦν, καὶ ὃ λέγομεν,
ἐς Συρακοσίους δέος καθίστασθαι. ἀρχῆς γὰρ ἐφίενται ὑμῶν
καὶ βούλονται ἐπὶ τῷ ἡμετέρῳ ξυστήσαντες ὑμᾶς ὑπόπτῳ,
βίᾳ ἢ καὶ κατ᾽ ἐρημίαν, ἀπράκτων ἡμῶν ἀπελθόντ ων, αὐτοὶ
ἄρξαι τῆς Σικελίας. ἀνάγκη δέ, ἢν ξυστῆτε πρὸ; αὐτούς· 25
οὔτε γὰρ ἡμῖν ἔτι ἔσται ἰσχὺς τοσαύτη ἐς ἓν ξυστᾶσα
εὐμεταχείριστος, οὔθ᾽ οἶδ᾽ ἀσθενεῖς ἂν ἡμῶν μὴ παρόντων
86 πρὸς ὑμᾶς εἶεν. καὶ ὅτῳ ταῦτα μὴ δοκεῖ, αὐτὸ τὸ ἔργον
ἐλέγχει. τὸ γὰρ πρότερον ἡμᾶς ἐπηγάγεσθε οὐκ ἄλλον τινὰ
προσείοντες φόβον ἤ, εἰ περιοψόμεθα ὑμᾶς ὑπὸ Συρακοσίοις 30

16 τοῖς . . . ξυμμάχοις A B E F ⟨G⟩ M   17 παροκωχῇ Stahl : παροχῇ
codd.   21 ἐνθάδε A B E F   22 καθίστασθαι E : καθίστανται F :
καθίσταται cett.   30 προσείοντες G M : προσιόντας C : προσιόντες
cett.

γενέσθαι, ὅτι καὶ αὐτοὶ κινδυνεύσομεν. καὶ νῦν οὐ δίκαιον, 2
ᾧπερ καὶ ἡμᾶς ἠξιοῦτε λόγῳ πείθειν, τῷ αὐτῷ ἀπιστεῖν, οὐδ᾽
ὅτι δυνάμει μείζονι πρὸς τὴν τῶνδε ἰσχὺν πάρεσμεν ὑποπτεύε-
σθαι, πολὺ δὲ μᾶλλον τοῖσδε ἀπιστεῖν. ἡμεῖς μέν γε οὔτε 3
5 ἐμμεῖναι δυνατοὶ μὴ μεθ᾽ ὑμῶν, εἴ τε καὶ γενόμενοι κακοὶ
κατεργασαίμεθα, ἀδύνατοι κατασχεῖν διὰ μῆκός τε πλοῦ καὶ
ἀπορίᾳ φυλακῆς πόλεων μεγάλων καὶ τῇ παρασκευῇ ἠπειρω-
τίδων· οἵδε δὲ οὐ στρατοπέδῳ, πόλει δὲ μείζονι τῆς ἡμετέρας
παρουσίας ἐποικοῦντες ὑμῖν αἰεί τε ἐπιβουλεύουσι καὶ ὅταν
10 καιρὸν λάβωσιν ἑκάστου, οὐκ ἀνιᾶσιν (ἔδειξαν δὲ καὶ ἄλλα 4
ἤδη καὶ τὰ ἐς Λεοντίνους), καὶ νῦν τολμῶσιν ἐπὶ τοὺς ταῦτα
κωλύοντας καὶ ἀνέχοντας τὴν Σικελίαν μέχρι τοῦδε μὴ
ὑπ᾽ αὐτοὺς εἶναι παρακαλεῖν ὑμᾶς ὡς ἀναισθήτους. πολὺ 5
δὲ ἐπὶ ἀληθεστέραν γε σωτηρίαν ἡμεῖς ἀντιπαρακαλοῦμεν,
15 δεόμενοι τὴν ὑπάρχουσαν ἀπ᾽ ἀλλήλων ἀμφοτέροις μὴ προ-
διδόναι, νομίσαι δὲ τοῖσδε μὲν καὶ ἄνευ ξυμμάχων αἰεὶ ἐφ᾽
ὑμᾶς ἑτοίμην διὰ τὸ πλῆθος εἶναι ὁδόν, ὑμῖν δ᾽ οὐ πολλάκις
παρασχήσειν μετὰ τοσῆσδε ἐπικουρίας ἀμύνασθαι· ἣν εἰ τῷ
ὑπόπτῳ ἢ ἄπρακτον ἐάσετε ἀπελθεῖν ἢ καὶ σφαλεῖσαν, ἔτι
20 βουλήσεσθε καὶ πολλοστὸν μόριον αὐτῆς ἰδεῖν, ὅτε οὐδὲν
ἔτι περανεῖ παραγενόμενον ὑμῖν.

''Ἀλλὰ μήτε ὑμεῖς, ὦ Καμαριναῖοι, ταῖς τῶνδε διαβολαῖς 87
ἀναπείθεσθε μήτε οἱ ἄλλοι· εἰρήκαμεν δ᾽ ὑμῖν πᾶσαν τὴν
ἀλήθειαν περὶ ὧν ὑποπτευόμεθα, καὶ ἔτι ἐν κεφαλαίοις
25 ὑπομνήσαντες ἀξιώσομεν πείθειν. φαμὲν γὰρ ἄρχειν μὲν 2
τῶν ἐκεῖ, ἵνα μὴ ὑπακούωμεν ἄλλου, ἐλευθεροῦν δὲ τὰ ἐνθάδε,
ὅπως μὴ ὑπ᾽ αὐτῶν βλαπτώμεθα, πολλὰ δ᾽ ἀναγκάζεσθαι
πράσσειν, διότι καὶ πολλὰ φυλασσόμεθα, ξύμμαχοι δὲ καὶ
νῦν καὶ πρότερον τοῖς ἐνθάδε ὑμῶν ἀδικουμένοις οὐκ ἄκλητοι,
30 παρακληθέντες δὲ ἥκειν. καὶ ὑμεῖς μήθ᾽ ὡς δικασταὶ γενό- 3
μενοι τῶν ἡμῖν ποιουμένων μήθ᾽ ὡς σωφρονισταί, ὃ χαλεπὸν

2 ᾧπερ G : ὅπερ cett. 16 δὲ M : τε cett. αἰεὶ recc. : εἰ codd.
20 ὅτε l G M : οὔτε cett.

121

ἤδη, ἀποτρέπειν πειρᾶσθε, καθ' ὅσον δέ τι ὑμῖν τῆς ἡμετέρας
πολυπραγμοσύνης καὶ τρόπου τὸ αὐτὸ ξυμφέρει, τούτῳ ἀπο-
λαβόντες χρήσασθε, καὶ νομίσατε μὴ πάντας ἐν ἴσῳ βλάπτειν
4 αὐτά, πολὺ δὲ πλείους τῶν Ἑλλήνων καὶ ὠφελεῖν· ἐν παντὶ
γὰρ πᾶς χωρίῳ, καὶ ᾧ μὴ ὑπάρχομεν, ὅ τε οἰόμενος ἀδι- 5
κήσεσθαι καὶ ὁ ἐπιβουλεύων διὰ τὸ ἑτοίμην ὑπεῖναι ἐλπίδα
τῷ μὲν ἀντιτυχεῖν ἐπικουρίας ἀφ' ἡμῶν, τῷ δὲ εἰ ἥξομεν,
μὴ ἀδεεῖ εἶναι κινδυνεύειν, ἀμφότεροι ἀναγκάζονται ὁ μὲν
5 ἄκων σωφρονεῖν, ὁ δ' ἀπραγμόνως σῴζεσθαι. ταύτην οὖν
τὴν κοινὴν τῷ τε δεομένῳ καὶ ὑμῖν νῦν παροῦσαν ἀσφάλειαν 10
μὴ ἀπώσησθε, ἀλλ' ἐξισώσαντες τοῖς ἄλλοις μεθ' ἡμῶν τοῖς
Συρακοσίοις, ἀντὶ τοῦ αἰεὶ φυλάσσεσθαι αὐτούς, καὶ ἀντεπι-
βουλεῦσαί ποτε ἐκ τοῦ ὁμοίου μεταλάβετε.'
88 Τοιαῦτα δὲ ὁ Εὔφημος εἶπεν. οἱ δὲ Καμαριναῖοι ἐπε-
πόνθεσαν τοιόνδε. τοῖς μὲν Ἀθηναίοις εὖνοι ἦσαν, πλὴν
καθ' ὅσον [εἰ] τὴν Σικελίαν ᾤοντο αὐτοὺς δουλώσεσθαι, τοῖς
δὲ Συρακοσίοις αἰεὶ κατὰ τὸ ὅμορον διάφοροι· δεδιότες δ'
οὐχ ἧσσον τοὺς Συρακοσίους ἐγγὺς ὄντας μὴ καὶ ἄνευ σφῶν
περιγένωνται, τό τε πρῶτον αὐτοῖς τοὺς ὀλίγους ἱππέας
ἔπεμψαν καὶ τὸ λοιπὸν ἐδόκει αὐτοῖς ὑπουργεῖν μὲν τοῖς 20
Συρακοσίοις μᾶλλον ἔργῳ, ὡς ἂν δύνωνται μετριώτατα, ἐν
δὲ τῷ παρόντι, ἵνα μηδὲ τοῖς Ἀθηναίοις ἔλασσον δοκῶσι
νεῖμαι, ἐπειδὴ καὶ ἐπικρατέστεροι τῇ μάχῃ ἐγένοντο, λόγῳ
2 ἀποκρίνασθαι ἴσα ἀμφοτέροις. καὶ οὕτω βουλευσάμενοι
ἀπεκρίναντο, ἐπειδὴ τυγχάνει ἀμφοτέροις οὖσι ξυμμάχοις 25
σφῶν πρὸς ἀλλήλους πόλεμος ὤν, εὔορκον δοκεῖν εἶναι
σφίσιν ἐν τῷ παρόντι μηδετέροις ἀμύνειν. καὶ οἱ πρέσβεις
ἑκατέρων ἀπῆλθον.
3 Καὶ οἱ μὲν Συρακόσιοι τὰ καθ' ἑαυτοὺς ἐξηρτύοντο ἐς
τὸν πόλεμον, οἱ δ' Ἀθηναῖοι ἐν τῇ Νάξῳ ἐστρατοπεδευμένοι 30

7 ἄν [τι] τυχεῖν Herwerden   8 ἀδεεῖ Krüger: ἀδεεῖς codd.
16 εἰ secl. Reiske   22 δοκῶσι νεῖμαι Valckenaer (ne minoris
facere viderentur Athenienses Valla : δοκῶσιν εἶναι codd.   29 τὰ]
τὸ G M

τὰ πρὸς τοὺς Σικελοὺς ἔπρασσον ὅπως αὐτοῖς ὡς πλεῖστοι
προσχωρήσονται. καὶ οἱ μὲν πρὸς τὰ πεδία μᾶλλον τῶν 4
Σικελῶν ὑπήκοοι ὄντες τῶν Συρακοσίων οἱ πολλοὶ ἀφειστή-
κεσαν· τῶν δὲ τὴν μεσόγειαν ἐχόντων αὐτόνομοι οὖσαι καὶ
5 πρότερον αἰεὶ ⟨αἱ⟩ οἰκήσεις εὐθὺς πλὴν ὀλίγοι μετὰ τῶν
Ἀθηναίων ἦσαν, καὶ σῖτόν τε κατεκόμιζον τῷ στρατεύματι
καὶ εἰσὶν οἳ καὶ χρήματα. ἐπὶ δὲ τοὺς μὴ προσχωροῦντας 5
οἱ Ἀθηναῖοι στρατεύοντες τοὺς μὲν προσηνάγκαζον, τοὺς δὲ
καὶ ὑπὸ τῶν Συρακοσίων φρουρούς τε πεμπόντων καὶ βοη-
10 θούντων ἀπεκωλύοντο. τόν τε χειμῶνα μεθορμισάμενοι ἐκ
τῆς Νάξου ἐς τὴν Κατάνην καὶ τὸ στρατόπεδον ὃ κατεκαύθη
ὑπὸ τῶν Συρακοσίων αὖθις ἀνορθώσαντες διεχείμαζον. καὶ 6
ἔπεμψαν μὲν ἐς Καρχηδόνα τριήρη περὶ φιλίας, εἰ δύναιντό
τι ὠφελεῖσθαι, ἔπεμψαν δὲ καὶ ἐς Τυρσηνίαν, ἔστιν ὧν
15 πόλεων ἐπαγγελλομένων καὶ αὐτῶν ξυμπολεμεῖν. περιήγ-
γελλον δὲ καὶ τοῖς Σικελοῖς καὶ ἐς τὴν Ἔγεσταν πέμψαντες
ἐκέλευον ἵππους σφίσιν ὡς πλείστους πέμπειν, καὶ τἆλλα
ἐς τὸν περιτειχισμόν, πλινθία καὶ σίδηρον, ἡτοίμαζον, καὶ
ὅσα ἔδει, ὡς ἅμα τῷ ἦρι ἑξόμενοι τοῦ πολέμου.

20   Οἱ δ' ἐς τὴν Κόρινθον καὶ Λακεδαίμονα τῶν Συρακοσίων 7
ἀποσταλέντες πρέσβεις τούς τε Ἰταλιώτας ἅμα παραπλέοντες
ἐπειρῶντο πείθειν μὴ περιορᾶν τὰ γιγνόμενα ὑπὸ τῶν Ἀθη-
ναίων, ὡς καὶ ἐκείνοις ὁμοίως ἐπιβουλευόμενα, καὶ ἐπειδὴ
ἐν τῇ Κορίνθῳ ἐγένοντο, λόγους ἐποιοῦντο ἀξιοῦντες σφίσι
25 κατὰ τὸ ξυγγενὲς βοηθεῖν. καὶ οἱ Κορίνθιοι εὐθὺς ψηφι- 8
σάμενοι αὐτοὶ πρῶτοι ὥστε πάσῃ προθυμίᾳ ἀμύνειν, καὶ ἐς
τὴν Λακεδαίμονα ξυναπέστελλον αὐτοῖς πρέσβεις, ὅπως καὶ
ἐκείνους ξυναναπείθοιεν τόν τε αὐτοῦ πόλεμον σαφέστερον
ποιεῖσθαι πρὸς τοὺς Ἀθηναίους καὶ ἐς τὴν Σικελίαν ὠφελίαν
30 τινὰ πέμπειν. καὶ οἵ τε ἐκ τῆς Κορίνθου πρέσβεις παρῆσαν 9
ἐς τὴν Λακεδαίμονα καὶ Ἀλκιβιάδης μετὰ τῶν ξυμφυγάδων

3 οἱ] οὐ Canter   5 αἱ add. Bekker   8 στρατεύσαντες C
9 τε πεμπόντων] ἐσπεμπόντων C   10 ἀπεκωλύοντο Döderlein : ἀπε-
κώλυον codd.

123

περαιωθεὶς τότ' εὐθὺς ἐπὶ πλοίου φορτηγικοῦ ἐκ τῆς Θουρίας
ἐς Κυλλήνην τῆς Ἠλείας πρῶτον, ἔπειτα ὕστερον ἐς τὴν
Λακεδαίμονα αὐτῶν τῶν Λακεδαιμονίων μεταπεμψάντων
ὑπόσπονδος ἐλθών· ἐφοβεῖτο γὰρ αὐτοὺς διὰ τὴν περὶ τῶν
10 Μαντινικῶν πρᾶξιν. καὶ ξυνέβη ἐν τῇ ἐκκλησίᾳ τῶν 5
Λακεδαιμονίων τούς τε Κορινθίους καὶ τοὺς Συρακοσίους
τὰ αὐτὰ καὶ τὸν Ἀλκιβιάδην δεομένους πείθειν τοὺς Λακε-
δαιμονίους. καὶ διανοουμένων τῶν τε ἐφόρων καὶ τῶν ἐν
τέλει ὄντων πρέσβεις πέμπειν ἐς Συρακούσας κωλύοντας μὴ
ξυμβαίνειν Ἀθηναίοις, βοηθεῖν δὲ οὐ προθύμων ὄντων, 10
παρελθὼν ὁ Ἀλκιβιάδης παρώξυνέ τε τοὺς Λακεδαιμονίους
καὶ ἐξώρμησε λέγων τοιάδε.

89 ''Ἀναγκαῖον περὶ τῆς ἐμῆς διαβολῆς πρῶτον ἐς ὑμᾶς
εἰπεῖν, ἵνα μὴ χεῖρον τὰ κοινὰ τῷ ὑπόπτῳ μου ἀκροάσησθε.
2 τῶν δ' ἐμῶν προγόνων τὴν προξενίαν ὑμῶν κατά τι ἔγκλημα 15
ἀπειπόντων αὐτὸς ἐγὼ πάλιν ἀναλαμβάνων ἐθεράπευον ὑμᾶς
ἄλλα τε καὶ περὶ τὴν ἐκ Πύλου ξυμφοράν. καὶ διατελοῦντός
μου προθύμου ὑμεῖς πρὸς Ἀθηναίους καταλλασσόμενοι τοῖς
μὲν ἐμοῖς ἐχθροῖς δύναμιν δι' ἐκείνων πράξαντες, ἐμοὶ δὲ
3 ἀτιμίαν περιέθετε. καὶ διὰ ταῦτα δικαίως ὑπ' ἐμοῦ πρός 20
τε τὰ Μαντινέων καὶ Ἀργείων τραπομένου καὶ ὅσα ἄλλα
ἐνηντιούμην ὑμῖν ἐβλάπτεσθε· καὶ νῦν, εἴ τις καὶ τότε ἐν
τῷ πάσχειν οὐκ εἰκότως ὠργίζετό μοι, μετὰ τοῦ ἀληθοῦς
σκοπῶν ἀναπειθέσθω. ἢ εἴ τις, διότι καὶ τῷ δήμῳ προσ-
εκείμην μᾶλλον, χείρω με ἐνόμιζε, μηδ' οὕτως ἡγήσηται 25
4 ὀρθῶς ἄχθεσθαι. τοῖς γὰρ τυράννοις αἰεί ποτε διάφοροί
ἐσμεν (πᾶν δὲ τὸ ἐναντιούμενον τῷ δυναστεύοντι δῆμος ὠνό-
μασται), καὶ ἀπ' ἐκείνου ξυμπαρέμεινεν ἡ προστασία ἡμῖν
τοῦ πλήθους. ἅμα δὲ καὶ τῆς πόλεως δημοκρατουμένης τὰ
5 πολλὰ ἀνάγκη ἦν τοῖς παροῦσιν ἕπεσθαι. τῆς δὲ ὑπαρχούσης 30
ἀκολασίας ἐπειρώμεθα μετριώτεροι ἐς τὰ πολιτικὰ εἶναι.

---

1 φορτηγικοῦ f : φορτικοῦ C E Pollux : φορτηκοῦ M : φορτητικοῦ cett.
15 ἐμῶν Haacke : ἡμῶν codd.   29 καὶ om. A B E F M

ἄλλοι δ᾿ ἦσαν καὶ ἐπὶ τῶν πάλαι καὶ νῦν οἱ ἐπὶ τὰ πονηρότερα ἐξῆγον τὸν ὄχλον· οἵπερ καὶ ἐμὲ ἐξήλασαν. ἡμεῖς 6 δὲ τοῦ ξύμπαντος προέστημεν, δικαιοῦντες ἐν ᾧ σχήματι μεγίστη ἡ πόλις ἐτύγχανε καὶ ἐλευθερωτάτη οὖσα καὶ ὅπερ 5 ἐδέξατό τις, τοῦτο ξυνδιασῴζειν, ἐπεὶ δημοκρατίαν γε καὶ ἐγιγνώσκομεν οἱ φρονοῦντές τι, καὶ αὐτὸς οὐδενὸς ἂν χείρον, ὅσῳ καὶ λοιδορήσαιμι. ἀλλὰ περὶ ὁμολογουμένης ἀνοίας οὐδὲν ἂν καινὸν λέγοιτο· καὶ τὸ μεθιστάναι αὐτὴν οὐκ ἐδόκει ἡμῖν ἀσφαλὲς εἶναι ὑμῶν πολεμίων προσκαθημένων.

10 ᾿Καὶ τὰ μὲν ἐς τὰς ἐμὰς διαβολὰς τοιαῦτα ξυνέβη· περὶ 90 δὲ ὧν ὑμῖν τε βουλευτέον καὶ ἐμοί, εἴ τι πλέον οἶδα, ἐσηγητέον, μάθετε ἤδη. ἐπλεύσαμεν ἐς Σικελίαν πρῶτον μέν, εἰ 2 δυναίμεθα, Σικελιώτας καταστρεψόμενοι, μετὰ δ᾿ ἐκείνους αὖθις καὶ Ἰταλιώτας, ἔπειτα καὶ τῆς Καρχηδονίων ἀρχῆς καὶ 15 αὐτῶν ἀποπειράσοντες. εἰ δὲ προχωρήσειε ταῦτα ἢ πάντα 3 ἢ καὶ τὰ πλείω, ἤδη τῇ Πελοποννήσῳ ἐμέλλομεν ἐπιχειρήσειν, κομίσαντες ξύμπασαν μὲν τὴν ἐκεῖθεν προσγενομένην δύναμιν τῶν Ἑλλήνων, πολλοὺς δὲ βαρβάρους μισθωσάμενοι καὶ Ἴβηρας καὶ ἄλλους τῶν ἐκεῖ ὁμολογουμένως νῦν βαρβάρων 20 μαχιμωτάτους, τριήρεις τε πρὸς ταῖς ἡμετέραις πολλὰς ναυπηγησάμενοι, ἐχούσης τῆς Ἰταλίας ξύλα ἄφθονα, αἷς τὴν Πελοπόννησον πέριξ πολιορκοῦντες καὶ τῷ πεζῷ ἅμα ἐκ γῆς ἐφορμαῖς τῶν πόλεων τὰς μὲν βίᾳ λαβόντες, τὰς δ᾿ ἐντειχισάμενοι, ῥᾳδίως ἠλπίζομεν καταπολεμήσειν καὶ μετὰ 25 ταῦτα καὶ τοῦ ξύμπαντος Ἑλληνικοῦ ἄρξειν. χρήματα δὲ 4 καὶ σῖτον, ὥστε εὐπορώτερον γίγνεσθαί τι αὐτῶν, αὐτὰ τὰ προσγενόμενα ἐκεῖθεν χωρία ἔμελλε διαρκῆ ἄνευ τῆς ἐνθένδε προσόδου παρέξειν. τοιαῦτα μὲν περὶ τοῦ νῦν οἰχομένου 91 στόλου παρὰ τοῦ τὰ ἀκριβέστατα εἰδότος ὡς διενοήθημεν 30 ἀκηκόατε· καὶ ὅσοι ὑπόλοιποι στρατηγοί, ἢν δύνωνται, ὁμοίως αὐτὰ πράξουσιν. ὡς δέ, εἰ μὴ βοηθήσετε οὐ περιέσται τἀκεῖ, μάθετε ἤδη. Σικελιῶται γὰρ ἀπειρότεροι μέν εἰσιν, ὅμως δ᾿ 2

21 αἷς Duker: οἷς codd. 30 ὅσοι] ὡς οἱ E

ἂν ξυστραφέντες ἀθρόοι καὶ νῦν ἔτι περιγένοιντο· Συρα-
κόσιοι δὲ μόνοι μάχῃ τε ἤδη πανδημεὶ ἡσσημένοι καὶ ναυσὶν
ἅμα κατειργόμενοι ἀδύνατοι ἔσονται τῇ νῦν Ἀθηναίων ἐκεῖ
3 παρασκευῇ ἀντισχεῖν. καὶ εἰ αὕτη ἡ πόλις ληφθήσεται,
ἔχεται καὶ ἡ πᾶσα Σικελία, καὶ εὐθὺς καὶ Ἰταλία· καὶ ὃν 5
ἄρτι κίνδυνον ἐκεῖθεν προεῖπον, οὐκ ἂν διὰ μακροῦ ὑμῖν
4 ἐπιπέσοι. ὥστε μὴ περὶ τῆς Σικελίας τις οἰέσθω μόνον
βουλεύειν, ἀλλὰ καὶ περὶ τῆς Πελοποννήσου, εἰ μὴ ποιήσετε
τάδε ἐν τάχει, στρατιάν τε ἐπὶ νεῶν πέμψετε τοιαύτην ἐκεῖσε
οἵτινες αὐτερέται κομισθέντες καὶ ὁπλιτεύσουσιν εὐθύς, καὶ 10
ὃ τῆς στρατιᾶς ἔτι χρησιμώτερον εἶναι νομίζω, ἄνδρα Σπαρ-
τιάτην ἄρχοντα, ὡς ἂν τούς τε παρόντας ξυντάξῃ καὶ τοὺς
μὴ 'θέλοντας προσαναγκάσῃ· οὕτω γὰρ οἵ τε ὑπάρχοντες ὑμῖν
φίλοι θαρσήσουσι μᾶλλον καὶ οἱ ἐνδοιάζοντες ἀδεέστερον
5 προσίασιν. καὶ τὰ ἐνθάδε χρὴ ἅμα φανερώτερον ἐκπολεμεῖν, 15
ἵνα Συρακόσιοί τε νομίζοντες ὑμᾶς ἐπιμέλεσθαι μᾶλλον
ἀντέχωσι καὶ Ἀθηναῖοι τοῖς ἑαυτῶν ἧσσον ἄλλην ἐπικουρίαν
6 πέμπωσιν. τειχίζειν τε χρὴ Δεκέλειαν τῆς Ἀττικῆς, ὅπερ
Ἀθηναῖοι μάλιστα αἰεὶ φοβοῦνται, καὶ μόνου αὐτοῦ νομίζουσι
τῶν ἐν τῷ πολέμῳ οὐ διαπεπειρᾶσθαι. βεβαιότατα δ' ἂν 20
τις οὕτω τοὺς πολεμίους βλάπτοι, εἰ ἃ μάλιστα δεδιότας
αὐτοὺς αἰσθάνοιτο, ταῦτα σαφῶς πυνθανόμενος ἐπιφέροι·
εἰκὸς γὰρ αὐτοὺς ἀκριβέστατα ἑκάστους τὰ σφέτερα αὐτῶν
7 δεινὰ ἐπισταμένους φοβεῖσθαι. ἃ δ' ἐν τῇ ἐπιτειχίσει αὐτοὶ
ὠφελούμενοι τοὺς ἐναντίους κωλύσετε, πολλὰ παρεὶς τὰ 25
μέγιστα κεφαλαιώσω. οἷς τε γὰρ ἡ χώρα κατεσκεύασται,
τὰ πολλὰ πρὸς ὑμᾶς τὰ μὲν ληφθέντα, τὰ δ' αὐτόματα ἥξει·
καὶ τὰς τοῦ Λαυρείου τῶν ἀργυρείων μετάλλων προσόδους
καὶ ὅσα ἀπὸ γῆς καὶ δικαστηρίων νῦν ὠφελοῦνται εὐθὺς
ἀποστερήσονται, μάλιστα δὲ τῆς ἀπὸ τῶν ξυμμάχων προσόδου 30
ἧσσον διαφορουμένης, οἳ τὰ παρ' ὑμῶν νομίσαντες ἤδη κατὰ

4 ἀντίσχειν Krüger   15 ἐκπολεμοῦν Stahl   18 τε C: δὲ
cett.

κράτος πολεμεῖσθαι ὀλιγωρήσουσιν. γίγνεσθαι δέ τι αὐτῶν 92
καὶ ἐν τάχει καὶ προθυμότερον ἐν ὑμῖν ἐστίν, ὦ Λακεδαι-
μόνιοι, ἐπεὶ ὥς γε δυνατά (καὶ οὐχ ἁμαρτήσεσθαι οἶμαι
γνώμης) πάνυ θαρσῶ.

5 ' Καὶ χείρων οὐδενὶ ἀξιῶ δοκεῖν ὑμῶν εἶναι, εἰ τῇ ἐμαυτοῦ 2
μετὰ τῶν πολεμιωτάτων φιλόπολίς ποτε δοκῶν εἶναι νῦν
ἐγκρατῶς ἐπέρχομαι, οὐδὲ ὑποπτεύεσθαί μου ἐς τὴν φυγαδικὴν
προθυμίαν τὸν λόγον. φυγάς τε γάρ εἰμι τῆς τῶν ἐξε- 3
λασάντων πονηρίας, καὶ οὐ τῆς ὑμετέρας, ἢν πείθησθέ μοι,
10 ὠφελίας· καὶ πολεμιώτεροι οὐχ οἱ τοὺς πολεμίους που βλά-
ψαντες ὑμεῖς ἢ οἱ τοὺς φίλους ἀναγκάσαντες πολεμίους
γενέσθαι. τό τε φιλόπολι οὐκ ἐν ᾧ ἀδικοῦμαι ἔχω, ἀλλ' 4
ἐν ᾧ ἀσφαλῶς ἐπολιτεύθην. οὐδ' ἐπὶ πατρίδα οὖσαν ἔτι
ἡγοῦμαι νῦν ἰέναι, πολὺ δὲ μᾶλλον τὴν οὐκ οὖσαν ἀνακτᾶσθαι.
15 καὶ φιλόπολις οὗτος ὀρθῶς, οὐχ ὃς ἂν τὴν ἑαυτοῦ ἀδίκως
ἀπολέσας μὴ ἐπίῃ, ἀλλ' ὃς ἂν ἐκ παντὸς τρόπου διὰ τὸ
ἐπιθυμεῖν πειραθῇ αὐτὴν ἀναλαβεῖν. οὕτως ἐμοί τε ἀξιῶ 5
ὑμᾶς καὶ ἐς κίνδυνον καὶ ἐς ταλαιπωρίαν πᾶσαν ἀδεῶς
χρῆσθαι, ὦ Λακεδαιμόνιοι, γνόντας τοῦτον δὴ τὸν ὑφ'
20 ἁπάντων προβαλλόμενον λόγον, ὡς εἰ πολέμιός γε ὢν
σφόδρα ἔβλαπτον, κἂν φίλος ὢν ἱκανῶς ὠφελοίην, ὅσῳ τὰ
μὲν Ἀθηναίων οἶδα, τὰ δ' ὑμέτερα ἤκαζον· καὶ αὐτοὺς νῦν
νομίσαντας περὶ μεγίστων δὴ τῶν διαφερόντων βουλεύεσθαι
μὴ ἀποκνεῖν τὴν ἐς τὴν Σικελίαν τε καὶ ἐς τὴν Ἀττικὴν
25 στρατείαν, ἵνα τά τε ἐκεῖ βραχεῖ μορίῳ ξυμπαραγενόμενοι
μεγάλα σώσητε καὶ Ἀθηναίων τήν τε οὖσαν καὶ τὴν μέλ-
λουσαν δύναμιν καθέλητε, καὶ μετὰ ταῦτα αὐτοί τε ἀσφαλῶς
οἰκῆτε καὶ τῆς ἁπάσης Ἑλλάδος ἑκούσης καὶ οὐ βίᾳ, κατ'
εὔνοιαν δὲ ἡγῆσθε.'

30 Ὁ μὲν Ἀλκιβιάδης τοσαῦτα εἶπεν, οἱ δὲ Λακεδαιμόνιοι 93
διανοούμενοι μὲν καὶ αὐτοὶ πρότερον στρατεύειν ἐπὶ τὰς

12 φιλόπολιν E F G M : φιλόπονον A B   21 κἂν B : καὶ ἂν cett.
28 πάσης B   29 ἡγῆσθε B : ἡγήσησθε C G : ἡγήσεσθε A E F M
30 τοιαῦτα B

127

Ἀθήνας, μέλλοντες δ' ἔτι καὶ περιορώμενοι, πολλῷ μᾶλλον
ἐπιρρώσθησαν διδάξαντος ταῦτα ἕκαστα αὐτοῦ καὶ νομί-
2 σαντες παρὰ τοῦ σαφέστατα εἰδότος ἀκηκοέναι· ὥστε τῇ
ἐπιτειχίσει τῆς Δεκελείας προσεῖχον ἤδη τὸν νοῦν καὶ τὸ
παραυτίκα καὶ τοῖς ἐν τῇ Σικελίᾳ πέμπειν τινὰ τιμωρίαν. 5
καὶ Γύλιππον τὸν Κλεανδρίδου προστάξαντες ἄρχοντα τοῖς
Συρακοσίοις ἐκέλευον μετ' ἐκείνων καὶ τῶν Κορινθίων βου-
λευόμενον ποιεῖν ὅπη ἐκ τῶν παρόντων μάλιστα καὶ τάχιστά
3 τις ὠφελία ἥξει τοῖς ἐκεῖ. ὁ δὲ δύο μὲν ναῦς τοὺς Κοριν-
θίους ἤδη ἐκέλευέν οἱ πέμπειν ἐς Ἀσίνην, τὰς δὲ λοιπὰς 10
παρασκευάζεσθαι ὅσας διανοοῦνται πέμπειν καί, ὅταν καιρὸς
ᾖ, ἑτοίμας εἶναι πλεῖν. ταῦτα δὲ ξυνθέμενοι ἀνεχώρουν ἐκ
τῆς Λακεδαίμονος.

4   Ἀφίκετο δὲ καὶ ἡ ἐκ τῆς Σικελίας τριήρης τῶν Ἀθηναίων,
ἣν ἀπέστειλαν οἱ στρατηγοὶ ἐπί τε χρήματα καὶ ἱππέας. καὶ 15
οἱ Ἀθηναῖοι ἀκούσαντες ἐψηφίσαντο τήν τε τροφὴν πέμπειν
τῇ στρατιᾷ καὶ τοὺς ἱππέας. καὶ ὁ χειμὼν ἐτελεύτα, καὶ
ἕβδομον καὶ δέκατον ἔτος τῷ πολέμῳ ἐτελεύτα τῷδε ὃν
Θουκυδίδης ξυνέγραψεν.

94   Ἅμα δὲ τῷ ἦρι εὐθὺς ἀρχομένῳ τοῦ ἐπιγιγνομένου θέρους 20
οἱ ἐν τῇ Σικελίᾳ Ἀθηναῖοι ἄραντες ἐκ τῆς Κατάνης παρέ-
πλευσαν ἐπὶ Μεγάρων τῶν ἐν τῇ Σικελίᾳ, οὓς ἐπὶ Γέλωνος
τοῦ τυράννου, ὥσπερ καὶ πρότερόν μοι εἴρηται, ἀναστήσαντες
2 Συρακόσιοι αὐτοὶ ἔχουσι τὴν γῆν. ἀποβάντες δὲ ἐδῄωσαν
τούς [τε] ἀγροὺς καὶ ἐλθόντες ἐπὶ ἔρυμά τι τῶν Συρακοσίων 25
καὶ οὐχ ἑλόντες αὖθις καὶ πεζῇ καὶ ναυσὶ παρακομισθέντες
ἐπὶ τὸν Τηρίαν ποταμὸν τό τε πεδίον ἀναβάντες ἐδῄουν καὶ
τὸν σῖτον ἐνεπίμπρασαν, καὶ τῶν Συρακοσίων περιτυχόντες
τισὶν οὐ πολλοῖς καὶ ἀποκτείναντές τέ τινας καὶ τροπαῖον
3 στησαντες ἀνεχώρησαν ἐπὶ τὰς ναῦς. καὶ ἀποπλεύσαντες 30
ἐς Κατάνην, ἐκεῖθεν δὲ ἐπισιτισάμενοι, πάσῃ τῇ στρατιᾷ

18 ἐτελεύτα τῷ πολέμῳ B   25 τε om. B   28 τισὶ περιτυχόντες B
29 τέ om. C G

128

ἐχώρουν ἐπὶ Κεντόριπα, Σικελῶν πόλισμα, καὶ προσαγαγό-
μενοι ὁμολογίᾳ ἀπῇσαν, πιμπράντες ἅμα τὸν σῖτον τῶν τε
Ἰνησσαίων καὶ τῶν Ὑβλαίων. καὶ ἀφικόμενοι ἐς Κατάνην 4
καταλαμβάνουσι τούς τε ἱππέας ἥκοντας ἐκ τῶν Ἀθηνῶν
5 πεντήκοντα καὶ διακοσίους ἄνευ τῶν ἵππων μετὰ σκευῆς, ὡς
αὐτόθεν ἵππων πορισθησομένων, καὶ ἱπποτοξύτας τριάκοντα
καὶ τάλαντα ἀργυρίου τριακόσια.

Τοῦ δ' αὐτοῦ ἦρος καὶ ἐπ' Ἄργος στρατεύσαντες Λακε- 95
δαιμόνιοι μέχρι μὲν Κλεωνῶν ἦλθον, σεισμοῦ δὲ γενομένου
10 ἀπεχώρησαν. καὶ Ἀργεῖοι μετὰ ταῦτα ἐσβαλόντες ἐς τὴν
Θυρεᾶτιν ὅμορον οὖσαν λείαν τῶν Λακεδαιμονίων πολλὴν
ἔλαβον, ἣ ἐπράθη ταλάντων οὐκ ἔλασσον πέντε καὶ εἴκοσι.
καὶ ὁ Θεσπιῶν δῆμος ἐν τῷ αὐτῷ θέρει οὐ πολὺ ὕστερον 2
ἐπιθέμενος τοῖς τὰς ἀρχὰς ἔχουσιν οὐ κατέσχεν, ἀλλὰ
15 βοηθησάντων Θηβαίων οἱ μὲν ξυνελήφθησαν, οἱ δ' ἐξέπεσον
Ἀθήναζε.

Καὶ οἱ Συρακόσιοι τοῦ αὐτοῦ θέρους, ὡς ἐπύθοντο τούς 96
[τε] ἱππέας ἥκοντας τοῖς Ἀθηναίοις καὶ μέλλοντας ἤδη ἐπὶ
σφᾶς ἰέναι, νομίσαντες, ἐὰν μὴ τῶν Ἐπιπολῶν κρατήσωσιν
20 οἱ Ἀθηναῖοι, χωρίου ἀποκρήμνου τε καὶ ὑπὲρ τῆς πόλεως
εὐθὺς κειμένου, οὐκ ἂν ῥᾳδίως σφᾶς, οὐδ' εἰ κρατοῖντο
μάχῃ, ἀποτειχισθῆναι, διενοοῦντο τὰς προσβάσεις αὐτῶν
φυλάσσειν, ὅπως μὴ κατὰ ταύτας λάθωσι σφᾶς ἀναβάντες
οἱ πολέμιοι· οὐ γὰρ ἂν ἄλλῃ γε αὐτοὺς δυνηθῆναι. ἐξήρτηται 2
25 γὰρ τὸ ἄλλο χωρίον, καὶ μέχρι τῆς πόλεως ἐπικλινές τ' ἐστὶ
καὶ ἐπιφανὲς πᾶν ἔσω· καὶ ὠνόμασται ὑπὸ τῶν Συρακοσίων
διὰ τὸ ἐπιπολῆς τοῦ ἄλλου εἶναι Ἐπιπολαί. καὶ οἱ μὲν 3
ἐξελθόντες πανδημεὶ ἐς τὸν λειμῶνα παρὰ τὸν Ἄναπον
ποταμὸν ἅμα τῇ ἡμέρᾳ (ἐτύγχανον γὰρ αὐτοῖς καὶ οἱ περὶ
30 τὸν Ἑρμοκράτη στρατηγοὶ ἄρτι παρειληφότες τὴν ἀρχήν)

---

1 Σικελῶν G : Σικελικὸν B : Σικελὸν cett.   2 ἐμπιπρῶντες
(sic) B   7 τριακόσια ἀργυρίου B   15 Θηβαίων B : Ἀθηναίων
cett.   ἐξέφυγον B   18 τε om. B E   23 ταῦτα A C E F M
28 λειμῶνα] λιμένα B M   post λειμῶνα add. τὸν Krüger

ἐξέτασίν τε ὅπλων ἐποιοῦντο καὶ ἐξακοσίους λογάδας τῶν
ὁπλιτῶν ἐξέκριναν πρότερον, ὧν ἦρχε Διόμιλος φυγὰς ἐξ
Ἄνδρου, ὅπως τῶν τε Ἐπιπολῶν εἶεν φύλακες, καὶ ἦν ἐς
97 ἄλλο τι δέῃ, ταχὺ ξυνεστῶτες παραγίγνωνται. οἱ δὲ Ἀθη-
ναῖοι ταύτης τῆς νυκτὸς τῇ ἐπιγιγνομένῃ ἡμέρᾳ ἐξητάζοντο 5
καὶ ἔλαθον αὐτοὺς παντὶ ἤδη τῷ στρατεύματι ἐκ τῆς Κατάνης
σχόντες κατὰ τὸν Λέοντα καλούμενον, ὃς ἀπέχει τῶν Ἐπι-
πολῶν ἐξ ἢ ἑπτὰ σταδίους, καὶ τοὺς πεζοὺς ἀποβιβάσαντες,
ταῖς τε ναυσὶν ἐς τὴν Θάψον καθορμισάμενοι· ἔστι δὲ
χερσόνησος μὲν ἐν στενῷ ἰσθμῷ προὔχουσα ἐς τὸ πέλαγος, 10
τῆς δὲ Συρακοσίων πόλεως οὔτε πλοῦν οὔτε ὁδὸν πολλὴν
2 ἀπέχει. καὶ ὁ μὲν ναυτικὸς στρατὸς τῶν Ἀθηναίων ἐν τῇ
Θάψῳ διασταυρωσάμενος τὸν ἰσθμὸν ἡσύχαζεν· ὁ δὲ πεζὸς
ἐχώρει εὐθὺς δρόμῳ πρὸς τὰς Ἐπιπολὰς καὶ φθάνει ἀναβὰς
κατὰ τὸν Εὐρύηλον πρὶν τοὺς Συρακοσίους αἰσθομένους ἐκ 15
3 τοῦ λειμῶνος καὶ τῆς ἐξετάσεως παραγενέσθαι. ἐβοήθουν
δὲ οἵ τε ἄλλοι, ὡς ἕκαστος τάχους εἶχε, καὶ οἱ περὶ τὸν
Διόμιλον ἑξακόσιοι· στάδιοι δὲ πρὶν προσμεῖξαι ἐκ τοῦ
λειμῶνος ἐγίγνοντο αὐτοῖς οὐκ ἔλασσον ἢ πέντε καὶ εἴκοσι.
4 προσπεσόντες οὖν αὐτοῖς τοιούτῳ τρόπῳ ἀτακτότερον καὶ 20
μάχῃ νικηθέντες οἱ Συρακόσιοι ἐπὶ ταῖς Ἐπιπολαῖς ἀνεχώ-
ρησαν ἐς τὴν πόλιν· καὶ ὅ τε Διόμιλος ἀποθνῄσκει καὶ τῶν
5 ἄλλων ὡς τριακόσιοι. καὶ μετὰ τοῦτο οἱ Ἀθηναῖοι τροπαῖόν
τε στήσαντες καὶ τοὺς νεκροὺς ὑποσπόνδους ἀποδόντες τοῖς
Συρακοσίοις, πρὸς τὴν πόλιν αὐτὴν τῇ ὑστεραίᾳ ἐπικατα- 25
βάντες, ὡς οὐκ ἐπεξῇσαν αὐτοῖς, ἐπαναχωρήσαντες φρούριον
ἐπὶ τῷ Λαβδάλῳ ᾠκοδόμησαν, ἐπ᾽ ἄκροις τοῖς κρημνοῖς τῶν
Ἐπιπολῶν, ὁρῶν πρὸς τὰ Μέγαρα, ὅπως εἴη αὐτοῖς, ὁπότε
προΐοιεν ἢ μαχούμενοι ἢ τειχιοῦντες, τοῖς τε σκεύεσι καὶ
98 τοῖς χρήμασιν ἀποθήκη. καὶ οὐ πολλῷ ὕστερον αὐτοῖς 30
ἦλθον ἔκ τε Ἐγέστης ἱππῆς τριακόσιοι καὶ Σικελῶν καὶ

1 ἐξακοσίους Aem. Portus (sexcenti Valla) : ἐπτακοσίους codd.
20 ἀτακτότεροι B   24 τε om. B   29 προΐοιεν] prodirent Valla :
προσίοιεν codd.   31 ἱππῆς B : om. cett.

Ναξίων καὶ ἄλλων τινῶν ὡς ἑκατόν· καὶ Ἀθηναίων ὑπῆρχον πεντήκοντα καὶ διακόσιοι, οἷς ἵππους τοὺς μὲν παρ' Ἐγεσταίων καὶ Καταναίων ἔλαβον, τοὺς δ' ἐπρίαντο, καὶ ξύμπαντες πεντήκοντα καὶ ἑξακόσιοι ἱππῆς ξυνελέγησαν. 5 καὶ καταστήσαντες ἐν τῷ Λαβδάλῳ φυλακὴν ἐχώρουν πρὸς 2 τὴν Συκῆν οἱ Ἀθηναῖοι, ἵναπερ καθεζόμενοι ἐτείχισαν τὸν κύκλον διὰ τάχους. καὶ ἔκπληξιν τοῖς Συρακοσίοις παρέσχον τῷ τάχει τῆς οἰκοδομίας· καὶ ἐπεξελθόντες μάχην διενοοῦντο ποιεῖσθαι καὶ μὴ περιορᾶν. καὶ ἤδη ἀντιπαρατασσομένων 3 10 ἀλλήλοις οἱ τῶν Συρακοσίων στρατηγοὶ ὡς ἑώρων σφίσι τὸ στράτευμα διεσπασμένον τε καὶ οὐ ῥᾳδίως ξυντασσόμενον, ἀνήγαγον πάλιν ἐς τὴν πόλιν πλὴν μέρους τινὸς τῶν ἱππέων· οὗτοι δὲ ὑπομένοντες ἐκώλυον τοὺς Ἀθηναίους λιθοφορεῖν τε καὶ ἀποσκίδνασθαι μακροτέραν. καὶ τῶν Ἀθηναίων φυλὴ 4 15 μία τῶν ὁπλιτῶν καὶ οἱ ἱππῆς μετ' αὐτῶν πάντες ἐτρέψαντο τοὺς τῶν Συρακοσίων ἱππέας προσβαλόντες, καὶ ἀπέκτεινάν τέ τινας καὶ τροπαῖον τῆς ἱππομαχίας ἔστησαν.

Καὶ τῇ ὑστεραίᾳ οἱ μὲν ἐτείχιζον τῶν Ἀθηναίων τὸ πρὸς 99 βορέαν τοῦ κύκλου τεῖχος, οἱ δὲ λίθους καὶ ξύλα ξυμφοροῦντες 20 παρέβαλλον ἐπὶ τὸν Τρωγίλον καλούμενον αἰεί, ᾗπερ βραχύτατον ἐγίγνετο αὐτοῖς ἐκ τοῦ μεγάλου λιμένος ἐπὶ τὴν ἑτέραν θάλασσαν τὸ ἀποτείχισμα. οἱ δὲ Συρακόσιοι οὐχ 2 ἥκιστα Ἑρμοκράτους τῶν στρατηγῶν ἐσηγησαμένου μάχαις μὲν πανδημεὶ πρὸς Ἀθηναίους οὐκέτι ἐβούλοντο διακιν- 25 δυνεύειν, ὑποτειχίζειν δὲ ἄμεινον ἐδόκει εἶναι, ᾗ ἐκεῖνοι ἔμελλον ἄξειν τὸ τεῖχος καί, εἰ φθάσειαν, ἀποκλήσεις γίγνεσθαι, καὶ ἅμα καὶ ἐν τούτῳ εἰ ἐπιβοηθοῖεν, μέρος ἀντιπέμπειν αὐτοῖς τῆς στρατιᾶς καὶ φθάνειν αὐτοὶ προκαταλαμβάνοντες τοῖς σταυροῖς τὰς ἐφόδους, ἐκείνους δὲ ἂν 30 παυομένους τοῦ ἔργου πάντας ἂν πρὸς σφᾶς τρέπεσθαι.

5 ἐν] ἐπὶ B   8 ἐξελθόντες B   20 παρέβαλλον B : παρέβαλον cett.   24 post πρὸς add. τοὺς B   28 αὐτοῖς Bekker : αὐτοὺς codd. αὐτοὶ B : ἂν cett.   29 τοῖς σταυροῖς προκαταλαμβάνοντες A C E F G M ἀναπαυομένους B   30 ἂν om. B

131

3 ἐτείχιζον οὖν ἐξελθόντες ἀπὸ τῆς σφετέρας πόλεως ἀρξά-
μενοι, κάτωθεν τοῦ κύκλου τῶν Ἀθηναίων ἐγκάρσιον τεῖχος
ἄγοντες, τάς τε ἐλάας ἐκκόπτοντες τοῦ τεμένους καὶ πύργους
4 ξυλίνους καθιστάντες. αἱ δὲ νῆες τῶν Ἀθηναίων οὔπω ἐκ
τῆς Θάψου περιεπεπλεύκεσαν ἐς τὸν μέγαν λιμένα, ἀλλ᾽ ἔτι 5
οἱ Συρακόσιοι ἐκράτουν τῶν περὶ τὴν θάλασσαν, κατὰ γῆν
100 δ᾽ ἐκ τῆς Θάψου οἱ Ἀθηναῖοι τὰ ἐπιτήδεια ἐπήγοντο.
ἐπειδὴ
δὲ τοῖς Συρακοσίοις ἀρκούντως ἐδόκει ἔχειν ὅσα τε ἐσταυρώθη
καὶ ᾠκοδομήθη τοῦ ὑποτειχίσματος, καὶ οἱ Ἀθηναῖοι αὐτοὺς
οὐκ ἦλθον κωλύσοντες, φοβούμενοι μὴ σφίσι δίχα γιγνομέ- 10
νοις ῥᾷον μάχωνται, καὶ ἅμα τὴν καθ᾽ αὑτοὺς περιτείχισιν
ἐπειγόμενοι, οἱ μὲν Συρακόσιοι φυλὴν μίαν καταλιπόντες
φύλακα τοῦ οἰκοδομήματος ἀνεχώρησαν ἐς τὴν πόλιν, οἱ δὲ
Ἀθηναῖοι τούς τε ὀχετοὺς αὐτῶν, οἳ ἐς τὴν πόλιν ὑπονομηδὸν
ποτοῦ ὕδατος ἠγμένοι ἦσαν, διέφθειραν, καὶ τηρήσαντες τούς 15
τε ἄλλους Συρακοσίους κατὰ σκηνὰς ὄντας ἐν μεσημβρίᾳ
καί τινας καὶ ἐς τὴν πόλιν ἀποκεχωρηκότας καὶ τοὺς ἐν τῷ
σταυρώματι ἀμελῶς φυλάσσοντας, τριακοσίους μὲν σφῶν
αὐτῶν λογάδας καὶ τῶν ψιλῶν τινὰς ἐκλεκτοὺς ὡπλισμένους
προύταξαν θεῖν δρόμῳ ἐξαπιναίως πρὸς τὸ ὑποτείχισμα, ἡ 20
δ᾽ ἄλλη στρατιὰ δίχα, ἡ μὲν μετὰ τοῦ ἑτέρου στρατηγοῦ πρὸς
τὴν πόλιν, εἰ ἐπιβοηθοῖεν, ἐχώρουν, ἡ δὲ μετὰ τοῦ ἑτέρου
2 πρὸς τὸ σταύρωμα τὸ παρὰ τὴν πυλίδα. καὶ προσβαλόντες
οἱ τριακόσιοι αἱροῦσι τὸ σταύρωμα· καὶ οἱ φύλακες αὐτὸ
ἐκλιπόντες κατέφυγον ἐς τὸ προτείχισμα τὸ περὶ τὸν Τεμε- 25
νίτην. καὶ αὐτοῖς ξυνεσέπεσον οἱ διώκοντες, καὶ ἐντὸς
γενόμενοι βίᾳ ἐξεκρούσθησαν πάλιν ὑπὸ τῶν Συρακοσίων,
καὶ τῶν Ἀργείων τινὲς αὐτόθι καὶ τῶν Ἀθηναίων οὐ πολλοὶ
3 διεφθάρησαν. καὶ ἐπαναχωρήσασα ἡ πᾶσα στρατιὰ τήν τε
ὑποτείχισιν καθεῖλον καὶ τὸ σταύρωμα ἀνέσπασαν καὶ διε- 30
φόρησαν τοὺς σταυροὺς παρ᾽ ἑαυτοὺς καὶ τροπαῖον ἔστησαν.

7 post ἐπιτήδεια add. σιτία B   9 αὐτοὺς om. B   10 post
φοβούμενοι add. οἱ Ἀθηναῖοι B   11 ἑαυτοὺς B   19 ἐπιλέκτους B
23 alterum τὸ om. B   26 ξυνεσέπεσον B E : ξυνέπεσον cett.

132

Τῇ δ' ὑστεραίᾳ ἀπὸ τοῦ κύκλου ἐτείχιζον οἱ Ἀθηναῖοι 101
τὸν κρημνὸν τὸν ὑπὲρ τοῦ ἕλους, ὃς τῶν Ἐπιπολῶν ταύτῃ
πρὸς τὸν μέγαν λιμένα ὁρᾷ, καὶ ᾗπερ αὐτοῖς βραχύτατον
ἐγίγνετο καταβᾶσι διὰ τοῦ ὁμαλοῦ καὶ τοῦ ἕλους ἐς τὸν
5 λιμένα τὸ περιτείχισμα. καὶ οἱ Συρακόσιοι ἐν τούτῳ ἐξελ- 2
θόντες καὶ αὐτοὶ ἀπεσταύρουν αὖθις ἀρξάμενοι ἀπὸ τῆς
πόλεως διὰ μέσου τοῦ ἕλους, καὶ τάφρον ἅμα παρώρυσσον,
ὅπως μὴ οἷόν τε ᾖ τοῖς Ἀθηναίοις μέχρι τῆς θαλάσσης
ἀποτειχίσαι. οἱ δ', ἐπειδὴ τὸ πρὸς τὸν κρημνὸν αὐτοῖς 3
10 ἐξείργαστο, ἐπιχειροῦσιν αὖθις τῷ τῶν Συρακοσίων σταυ-
ρώματι καὶ τάφρῳ, τὰς μὲν ναῦς κελεύσαντες περιπλεῦσαι
ἐκ τῆς Θάψου ἐς τὸν μέγαν λιμένα τὸν τῶν Συρακοσίων,
αὐτοὶ δὲ περὶ ὄρθρον καταβάντες ἀπὸ τῶν Ἐπιπολῶν ἐς τὸ
ὁμαλὸν καὶ διὰ τοῦ ἕλους, ᾗ πηλῶδες ἦν καὶ στεριφώτατον,
15 θύρας καὶ ξύλα πλατέα ἐπιθέντες καὶ ἐπ' αὐτῶν διαβαδί-
σαντες, αἱροῦσιν ἅμα ἕῳ τό τε σταύρωμα πλὴν ὀλίγου καὶ
τὴν τάφρον, καὶ ὕστερον καὶ τὸ ὑπολειφθὲν εἷλον. καὶ μάχη 4
ἐγένετο, καὶ ἐν αὐτῇ ἐνίκων οἱ Ἀθηναῖοι. καὶ τῶν Συρα-
κοσίων οἱ μὲν τὸ δεξιὸν κέρας ἔχοντες πρὸς τὴν πόλιν
20 ἔφευγον, οἱ δ' ἐπὶ τῷ εὐωνύμῳ παρὰ τὸν ποταμόν. καὶ
αὐτοὺς βουλόμενοι ἀποκλῄσασθαι τῆς διαβάσεως οἱ τῶν
Ἀθηναίων τριακόσιοι λογάδες δρόμῳ ἠπείγοντο πρὸς τὴν
γέφυραν. δείσαντες δὲ οἱ Συρακόσιοι (ἦσαν γὰρ καὶ τῶν 5
ἱππέων αὐτοῖς οἱ πολλοὶ ἐνταῦθα) ὁμόσε χωροῦσι τοῖς τρια-
25 κοσίοις τούτοις, καὶ τρέπουσί τε αὐτοὺς καὶ ἐσβάλλουσιν ἐς
τὸ δεξιὸν κέρας τῶν Ἀθηναίων· καὶ προσπεσόντων αὐτῶν
ξυνεφοβήθη καὶ ἡ πρώτη φυλὴ τοῦ κέρως. ἰδὼν δὲ ὁ 6
Λάμαχος παρεβοήθει ἀπὸ τοῦ εὐωνύμου τοῦ ἑαυτῶν μετὰ
τοξοτῶν τε οὐ πολλῶν καὶ τοὺς Ἀργείους παραλαβών, καὶ
30 ἐπιδιαβὰς τάφρον τινὰ καὶ μονωθεὶς μετ' ὀλίγων τῶν ξυν-
διαβάντων ἀποθνῄσκει αὐτός τε καὶ πέντε ἢ ἓξ τῶν μετ'

---

17 καὶ ὕστερον B : om. cett.   18 ἐν αὐτῇ om. E, post ἐγένετο
habet B   20 ἔφευγον B : ἔφυγον cett.   27 φυλὴ Duker
(cohors Valla) : φυλακὴ codd.

αὐτοῦ.   καὶ τούτους μὲν οἱ Συρακόσιοι εὐθὺς κατὰ τάχος
φθάνουσιν ἁρπάσαντες πέραν τοῦ ποταμοῦ ἐς τὸ ἀσφαλές,
αὐτοὶ δὲ ἐπιόντος ἤδη καὶ τοῦ ἄλλου στρατεύματος τῶν Ἀθη-
102 ναίων ἀπεχώρουν.   ἐν τούτῳ δὲ οἱ πρὸς τὴν πόλιν αὐτῶν
τὸ πρῶτον καταφυγόντες ὡς ἑώρων ταῦτα γιγνόμενα, αὐτοί 5
τε πάλιν ἀπὸ τῆς πόλεως ἀναθαρσήσαντες ἀντετάξαντο πρὸς
τοὺς κατὰ σφᾶς Ἀθηναίους, καὶ μέρος τι αὐτῶν πέμπουσιν
ἐπὶ τὸν κύκλον τὸν ἐπὶ ταῖς Ἐπιπολαῖς, ἡγούμενοι ἐρῆμον
2 αἱρήσειν.   καὶ τὸ μὲν δεκάπλεθρον προτείχισμα αὐτῶν
αἱροῦσι καὶ διεπόρθησαν, αὐτὸν δὲ τὸν κύκλον Νικίας διε- 10
κώλυσεν· ἔτυχε γὰρ ἐν αὐτῷ δι' ἀσθένειαν ὑπολελειμμένος.
τὰς γὰρ μηχανὰς καὶ ξύλα ὅσα πρὸ τοῦ τείχους ἦν κατα-
βεβλημένα, ἐμπρῆσαι τοὺς ὑπηρέτας ἐκέλευσεν, ὡς ἔγνω
ἀδυνάτους ἐσομένους ἐρημίᾳ ἀνδρῶν ἄλλῳ τρόπῳ περιγενέ-
3 σθαι.   καὶ ξυνέβη οὕτως· οὐ γὰρ ἔτι προσῆλθον οἱ Συρακό- 15
σιοι διὰ τὸ πῦρ, ἀλλὰ ἀπεχώρουν πάλιν.   καὶ γὰρ πρός τε
τὸν κύκλον βοήθεια ἤδη κάτωθεν τῶν Ἀθηναίων ἀποδιω-
ξάντων τοὺς ἐκεῖ ἐπανῄει, καὶ αἱ νῆες ἅμα αὐτῶν ἐκ τῆς
4 Θάψου, ὥσπερ εἴρητο, κατέπλεον ἐς τὸν μέγαν λιμένα.   ἃ
ὁρῶντες οἱ ἄνωθεν κατὰ τάχος ἀπῇσαν καὶ ἡ ξύμπασα 20
στρατιὰ τῶν Συρακοσίων ἐς τὴν πόλιν, νομίσαντες μὴ ἂν
ἔτι ἀπὸ τῆς παρούσης σφίσι δυνάμεως ἱκανοὶ γενέσθαι
κωλῦσαι τὸν ἐπὶ τὴν θάλασσαν τειχισμόν.

103   Μετὰ δὲ τοῦτο οἱ Ἀθηναῖοι τροπαῖον ἔστησαν καὶ· τοὺς
νεκροὺς ὑποσπόνδους ἀπέδοσαν τοῖς Συρακοσίοις καὶ τοὺς 25
μετὰ Λαμάχου καὶ αὐτὸν ἐκομίσαντο·   καὶ παρόντος ἤδη
σφίσι παντὸς τοῦ στρατεύματος καὶ τοῦ ναυτικοῦ καὶ τοῦ
πεζοῦ, ἀπὸ τῶν Ἐπιπολῶν καὶ τοῦ κρημνώδους ἀρξάμενοι
ἀπετείχιζον μέχρι τῆς θαλάσσης τείχει διπλῷ τοὺς Συρα-
2 κοσίους.   τὰ δ' ἐπιτήδεια τῇ στρατιᾷ ἐσήγετο ἐκ τῆς Ἰταλίας 30

2 post ἁρπάσαντες add. καὶ διαβιβάσαντες B   6 ἀπὸ τῆς πόλεως
om. C   7 αὐτῶν Bekker: αὐτὸν codd.   14 post ἀδυνάτους
add. αὐτοὺς M   17 ἀποδιωξάντων B : ἀποδιωξόντων cett.   20 ἀπῇ-
εσαν (sic) κατὰ τάχος B   ἐπῄεσαν (sic) A E F M suprascr. G

πανταχόθεν. ἦλθον δὲ καὶ τῶν Σικελῶν πολλοὶ ξύμμαχοι
τοῖς Ἀθηναίοις, οἳ πρότερον περιεωρῶντο, καὶ ἐκ τῆς Τυρ-
σηνίας νῆες πεντηκόντοροι τρεῖς. καὶ τἆλλα προυχώρει
αὐτοῖς ἐς ἐλπίδας. καὶ γὰρ οἱ Συρακόσιοι πολέμῳ μὲν οὐκέτι 3
5 ἐνόμιζον ἂν περιγενέσθαι, ὡς αὐτοῖς οὐδὲ ἀπὸ τῆς Πελο-
ποννήσου ὠφελία οὐδεμία ἧκε, τοὺς δὲ λόγους ἔν τε σφίσιν
αὐτοῖς ἐποιοῦντο ξυμβατικοὺς καὶ πρὸς τὸν Νικίαν· οὗτος
γὰρ δὴ μόνος εἶχε Λαμάχου τεθνεῶτος τὴν ἀρχήν. καὶ 4
κύρωσις μὲν οὐδεμία ἐγίγνετο, οἷα δὲ εἰκὸς ἀνθρώπων ἀπο-
10 ρούντων καὶ μᾶλλον ἢ πρὶν πολιορκουμένων, πολλὰ ἐλέγετο
πρός τε ἐκεῖνον καὶ πλείω ἔτι κατὰ τὴν πόλιν. καὶ γάρ
τινα καὶ ὑποψίαν ὑπὸ τῶν παρόντων κακῶν ἐς ἀλλήλους
εἶχον, καὶ τοὺς στρατηγούς τε ἐφ' ὧν αὐτοῖς ταῦτα ξυνέβη
ἔπαυσαν, ὡς ἢ δυστυχίᾳ ἢ προδοσίᾳ τῇ ἐκείνων βλαπτόμενοι,
15 καὶ ἄλλους ἀνθείλοντο, Ἡρακλείδην καὶ Εὐκλέα καὶ Τελλίαν.
    Ἐν δὲ τούτῳ Γύλιππος ὁ Λακεδαιμόνιος καὶ αἱ ἀπὸ τῆς 104
Κορίνθου νῆες περὶ Λευκάδα ἤδη ἦσαν, βουλόμενοι ἐς τὴν
Σικελίαν διὰ τάχους βοηθῆσαι. καὶ ὡς αὐτοῖς αἱ ἀγγελίαι
ἐφοίτων δειναὶ καὶ πᾶσαι ἐπὶ τὸ αὐτὸ ἐψευσμέναι ὡς ἤδη
20 παντελῶς ἀποτετειχισμέναι αἱ Συράκουσαί εἰσι, τῆς μὲν
Σικελίας οὐκέτι ἐλπίδα οὐδεμίαν εἶχεν ὁ Γύλιππος, τὴν δὲ
Ἰταλίαν βουλόμενος περιποιῆσαι αὐτὸς μὲν καὶ Πυθὴν ὁ
Κορίνθιος ναυσὶ δυοῖν μὲν Λακωνικαῖν, δυοῖν δὲ Κορινθίαιν
ὅτι τάχιστα ἐπεραιώθησαν τὸν Ἰόνιον ἐς Τάραντα, οἱ δὲ
25 Κορίνθιοι πρὸς ταῖς σφετέραις δέκα Λευκαδίας δύο καὶ Ἀμ-
πρακιώτιδας τρεῖς προσπληρώσαντες ὕστερον ἔμελλον πλεύ-
σεσθαι. καὶ ὁ μὲν Γύλιππος ἐκ τοῦ Τάραντος ἐς τὴν Θουρίαν 2
πρῶτον πρεσβευσάμενος καὶ τὴν τοῦ πατρὸς ἀνανεωσάμενος
πολιτείαν καὶ οὐ δυνάμενος αὐτοὺς προσαγαγέσθαι, ἄρας
30 παρέπλει τὴν Ἰταλίαν, καὶ ἁρπασθεὶς ὑπ' ἀνέμου κατὰ τὸν

---

1 Σικελιωτῶν Β   3 τἆλλα] πάντα Β   4 ἐλπίδα Β Μ   8 δὴ]
ἤδη Β   10 πρὶν om. C   15 Εὐρυκλέα Β   28 καὶ Β: κατὰ
cett.   ἀνανεωσάμενος Β: ποτε cett.   30 παρέπλευσε Β
ἀνάρπασθείς (sic) Μ

Τεριναῖον κόλπον, ὃς ἐκπνεῖ ταύτῃ μέγας κατὰ βορέαν ἐστη-
κώς, ἀποφέρεται ἐς τὸ πέλαγος, καὶ πάλιν χειμασθεὶς ἐς τὰ
μάλιστα τῷ Τάραντι προσμίσγει· καὶ τὰς ναῦς, ὅσαι μάλιστα
3 ἐπόνησαν ὑπὸ τοῦ χειμῶνος, ἀνελκύσας ἐπεσκεύαζεν. ὁ δὲ
Νικίας πυθόμενος αὐτὸν προσπλέοντα ὑπερεῖδε τὸ πλῆθος τῶν 5
νεῶν, ὅπερ καὶ οἱ Θούριοι ἔπαθον, καὶ λῃστικώτερον ἔδοξε
παρεσκευασμένους πλεῖν, καὶ οὐδεμίαν φυλακήν πω ἐποιεῖτο.
105 Κατὰ δὲ τοὺς αὐτοὺς χρόνους τούτου τοῦ θέρους καὶ Λακε-
δαιμόνιοι ἐς τὸ Ἄργος ἐσέβαλον αὐτοί τε καὶ οἱ ξύμμαχοι
καὶ τῆς γῆς τὴν πολλὴν ἐδῄωσαν, καὶ Ἀθηναῖοι Ἀργείοις 10
τριάκοντα ναυσὶν ἐβοήθησαν· αἵπερ τὰς σπονδὰς φανερώ-
2 τατα τὰς πρὸς τοὺς Λακεδαιμονίους αὐτοῖς ἔλυσαν. πρό-
τερον μὲν γὰρ λῃστείαις ἐκ Πύλου καὶ περὶ τὴν ἄλλην
Πελοπόννησον μᾶλλον ἢ ἐς τὴν Λακωνικὴν ἀποβαίνοντες
μετά τε Ἀργείων καὶ Μαντινέων ξυνεπολέμουν, καὶ πολλάκις 15
Ἀργείων κελευόντων ὅσον σχόντας μόνον ξὺν ὅπλοις ἐς τὴν
Λακωνικὴν καὶ τὸ ἐλάχιστον μετὰ σφῶν δῃώσαντας ἀπελ-
θεῖν οὐκ ἤθελον· τότε δὲ Πυθοδώρου καὶ Λαισποδίου καὶ
Δημαράτου ἀρχόντων ἀποβάντες ἐς Ἐπίδαυρον τὴν Λιμηρὰν
καὶ Πρασιὰς καὶ ὅσα ἄλλα ἐδῄωσαν τῆς γῆς, καὶ τοῖς 20
Λακεδαιμονίοις ἤδη εὐπροφάσιστον μᾶλλον τὴν αἰτίαν ἐς
3 τοὺς Ἀθηναίους τοῦ ἀμύνεσθαι ἐποίησαν. ἀναχωρησάντων
δὲ τῶν Ἀθηναίων ἐκ τοῦ Ἄργους ταῖς ναυσὶ καὶ τῶν Λακε-
δαιμονίων οἱ Ἀργεῖοι ἐσβαλόντες ἐς τὴν Φλειασίαν τῆς τε
γῆς αὐτῶν ἔτεμον καὶ ἀπέκτεινάν τινας, καὶ ἀπῆλθον ἐπ' 25
οἴκου.

3 alt. μάλιστα Β : om. cett.   5 προσπλέοντα Β : πλέοντα cett.
7 παρασκευασαμένους Α Ε F M   φυλακήν πω ἐποιεῖτο] πως φυλακὴν
ἐποιοῦντο Β   12 τὰς Β : om. cett.   τοὺς Β : om. cett.   15 ξυνε-
πολέμουν Β : ἐπολέμουν cett.   16 ἔχοντας Β   19 Λιμηρὰν Β :
Λιμέραν cett.   20 Πρασιὰς Β : Πρασίαν (-σσ- F) cett.   ὅσα ἄλλα]
ἄλλα ἄττα Β   23 ἐξ Ἄργους Β   25 post ἀπέκτεινάν add. τε Β

Ὁ δὲ Γύλιππος καὶ ὁ Πυθὴν ἐκ τοῦ Τάραντος, ἐπεὶ 1
ἐπεσκεύασαν τὰς ναῦς, παρέπλευσαν ἐς Λοκροὺς τοὺς Ἐπι-
ζεφυρίους· καὶ πυνθανόμενοι σαφέστερον ἤδη ὅτι οὐ παντελῶς
πω ἀποτετειχισμέναι αἱ Συράκουσαί εἰσιν, ἀλλ᾽ ἔτι οἷόν τε
5 κατὰ τὰς Ἐπιπολὰς στρατιᾷ ἀφικομένους ἐσελθεῖν, ἐβου-
λεύοντο εἴτ᾽ ἐν δεξιᾷ λαβόντες τὴν Σικελίαν διακινδυνεύσωσιν
ἐσπλεῦσαι, εἴτ᾽ ἐν ἀριστερᾷ ἐς Ἱμέραν πρῶτον πλεύσαντες
καὶ αὐτούς τε ἐκείνους καὶ στρατιὰν ἄλλην προσλαβόντες,
οὓς ἂν πείθωσι, κατὰ γῆν ἔλθωσιν. καὶ ἔδοξεν αὐτοῖς ἐπὶ 2
10 τῆς Ἱμέρας πλεῖν, ἄλλως τε καὶ τῶν Ἀττικῶν τεσσόρων
νεῶν οὔπω παρουσῶν ἐν τῷ Ῥηγίῳ, ἃς ὁ Νικίας ὅμως πυν-
θανόμενος αὐτοὺς ἐν Λοκροῖς εἶναι ἀπέστειλεν. φθάσαντες
δὲ τὴν φυλακὴν ταύτην περαιοῦνται διὰ τοῦ πορθμοῦ, καὶ
σχόντες Ῥηγίῳ καὶ Μεσσήνῃ ἀφικνοῦνται ἐς Ἱμέραν. ἐκεῖ 3
15 δὲ ὄντες τούς τε Ἱμεραίους ἔπεισαν ξυμπολεμεῖν καὶ αὐτούς
τε ἔπεσθαι καὶ τοῖς ἐκ τῶν νεῶν τῶν σφετέρων ναύταις ὅσοι μὴ
εἶχον ὅπλα παρασχεῖν (τὰς γὰρ ναῦς ἀνείλκυσαν ἐν Ἱμέρᾳ),
καὶ τοὺς Σελινουντίους πέμψαντες ἐκέλευον ἀπαντᾶν παν-
στρατιᾷ ἔς τι χωρίον. πέμψειν δέ τινα αὐτοῖς ὑπέσχοντο 4
20 στρατιὰν οὐ πολλὴν καὶ οἱ Γελῷοι καὶ τῶν Σικελῶν τινές,
οἳ πολὺ προθυμότερον προσχωρεῖν ἕτοιμοι ἦσαν τοῦ τε
Ἀρχωνίδου νεωστὶ τεθνηκότος, ὃς τῶν ταύτῃ Σικελῶν βασι-
λεύων τινῶν καὶ ὢν οὐκ ἀδύνατος τοῖς Ἀθηναίοις φίλος ἦν,

5 πανστρατιᾷ M   6 διακινδυνεύσουσιν G   11 πυνθανόμενος
αὐτοὺς ὅμως B   16 ὅσα B   17 γὰρ B : μὲν cett.   18 παν-
στρατιᾷ B : στρατιᾷ cett.   21 τε B : om. cett.

καὶ τοῦ Γυλίππου ἐκ Λακεδαίμονος προθύμως δοκοῦντος ἥκειν.

5 καὶ ὁ μὲν Γύλιππος ἀναλαβὼν τῶν τε σφετέρων ναυτῶν καὶ
ἐπιβατῶν τοὺς ὡπλισμένους ἑπτακοσίους μάλιστα, Ἱμεραίους
δὲ ὁπλίτας καὶ ψιλοὺς ξυναμφοτέρους χιλίους καὶ ἱππέας
ἑκατὸν καὶ Σελινουντίων τέ τινας ψιλοὺς καὶ ἱππέας καὶ 5
Γελῴων ὀλίγους, Σικελῶν τε ἐς χιλίους τοὺς πάντας, ἐχώρει
2 πρὸς τὰς Συρακούσας· οἱ δ' ἐκ τῆς Λευκάδος Κορίνθιοι ταῖς
τε ἄλλαις ναυσὶν ὡς εἶχον τάχους ἐβοήθουν καὶ Γογγύλος,
εἷς τῶν Κορινθίων ἀρχόντων, μιᾷ νηὶ τελευταῖος ὁρμηθεὶς
πρῶτος μὲν ἀφικνεῖται ἐς τὰς Συρακούσας, ὀλίγον δὲ πρὸ 10
Γυλίππου, καὶ καταλαβὼν αὐτοὺς περὶ ἀπαλλαγῆς τοῦ πολέμου
μέλλοντας ἐκκλησιάσειν διεκώλυσέ τε καὶ παρεθάρσυνε,
λέγων ὅτι νῆές τε ἄλλαι ἔτι προσπλέουσι καὶ Γύλιππος ὁ
2 Κλεανδρίδου Λακεδαιμονίων ἀποστειλάντων ἄρχων. καὶ οἱ
μὲν Συρακόσιοι ἐπερρώσθησάν τε καὶ τῷ Γυλίππῳ εὐθὺς 15
πανστρατιᾷ ὡς ἀπαντησόμενοι ἐξῆλθον· ἤδη γὰρ καὶ ἐγγὺς
3 ὄντα ᾐσθάνοντο αὐτόν. ὁ δὲ Ἰέτας τότε τι τεῖχος ἐν τῇ
παρόδῳ τῶν Σικελῶν ἑλὼν καὶ ξυνταξάμενος ὡς ἐς μάχην
ἀφικνεῖται ἐς τὰς Ἐπιπολάς· καὶ ἀναβὰς κατὰ τὸν Εὐρύηλον,
ᾗπερ καὶ οἱ Ἀθηναῖοι τὸ πρῶτον, ἐχώρει μετὰ τῶν Συρακο- 20
4 σίων ἐπὶ τὸ τείχισμα τῶν Ἀθηναίων. ἔτυχε δὲ κατὰ τοῦτο
τοῦ καιροῦ ἐλθὼν ἐν ᾧ ἑπτὰ μὲν ἢ ὀκτὼ σταδίων ἤδη ἀπε-
τετέλεστο τοῖς Ἀθηναίοις ἐς τὸν μέγαν λιμένα διπλοῦν τεῖχος,
πλὴν κατὰ βραχύ τι τὸ πρὸς τὴν θάλασσαν (τοῦτο δ' ἔτι
ᾠκοδόμουν), τῷ δὲ ἄλλῳ τοῦ κύκλου πρὸς τὸν Τρωγίλον ἐπὶ 25
τὴν ἑτέραν θάλασσαν λίθοι τε παραβεβλημένοι τῷ πλέονι ἤδη
ἦσαν, καὶ ἔστιν ἃ καὶ ἡμίεργα, τὰ δὲ καὶ ἐξειργασμένα κατελέ-
λειπτο. παρὰ τοσοῦτον μὲν αἱ Συράκουσαι ἦλθον κινδύνου.

1 δοκοῦντος προθύμως B   2 τε om. B   4 prius καὶ B : om. cett.
5 τέ B : om. cett.   17 Ἰέτας Steph. Byz. : νετὰς C E F ? : γε τὰ
A B : γε G M   τότε τι B : τότε τὸ M : τι F ? : τότε cett.   19 ἐς]
πρὸς B   21 ἐτύγχανε B   22 τοῦ B : om. cett.   ἀπετετέλεστο
B : ἐπετετέλεστο cett.   24 κατὰ] παρὰ B   25 post ἄλλῳ add.
ἄνω Marchant, ἀπὸ Wölfflin   28 κατελέλειπτο Cobet : κατελείπετο
B G : κατελίπετο cett.   αἱ B : om. cett.

Οἱ δὲ Ἀθηναῖοι αἰφνιδίως τοῦ τε Γυλίππου καὶ τῶν 3
Συρακοσίων σφίσιν ἐπιόντων ἐθορυβήθησαν μὲν τὸ πρῶτον,
παρετάξαντο δέ. ὁ δὲ θέμενος τὰ ὅπλα ἐγγὺς κήρυκα προσ-
πέμπει αὐτοῖς λέγοντα, εἰ βούλονται ἐξιέναι ἐκ τῆς Σικελίας
5 πέντε ἡμερῶν λαβόντες τὰ σφέτερα αὐτῶν, ἑτοῖμος εἶναι
σπένδεσθαι. οἱ δ' ἐν ὀλιγωρίᾳ τε ἐποιοῦντο καὶ οὐδὲν 2
ἀποκρινάμενοι ἀπέπεμψαν. καὶ μετὰ τοῦτο ἀντιπαρεσκευά-
ζοντο ἀλλήλοις ὡς ἐς μάχην. καὶ ὁ Γύλιππος ὁρῶν τοὺς 3
Συρακοσίους ταρασσομένους καὶ οὐ ῥᾳδίως ξυντασσομένους,
10 ἐπανῆγε τὸ στρατόπεδον ἐς τὴν εὐρυχωρίαν μᾶλλον. καὶ ὁ
Νικίας οὐκ ἐπῆγε τοὺς Ἀθηναίους, ἀλλ' ἡσύχαζε πρὸς τῷ
ἑαυτῶν τείχει. ὡς δ' ἔγνω ὁ Γύλιππος οὐ προσιόντας αὐτούς,
ἀπήγαγε τὴν στρατιὰν ἐπὶ τὴν ἄκραν τὴν Τεμενῖτιν καλου-
μένην, καὶ αὐτοῦ ηὐλίσαντο. τῇ δ' ὑστεραίᾳ ἄγων τὴν μὲν 4
15 πλείστην τῆς στρατιᾶς παρέταξε πρὸς τὰ τείχη τῶν Ἀθη-
ναίων, ὅπως μὴ ἐπιβοηθοῖεν ἄλλοσε, μέρος δέ τι πέμψας
πρὸς τὸ φρούριον τὸ Λάβδαλον αἱρεῖ, καὶ ὅσους ἔλαβεν ἐν
αὐτῷ πάντας ἀπέκτεινεν· ἦν δὲ οὐκ ἐπιφανὲς τοῖς Ἀθηναίοις
τὸ χωρίον. καὶ τριήρης τῇ αὐτῇ ἡμέρᾳ ἁλίσκεται τῶν Ἀθη- 5
20 ναίων ὑπὸ τῶν Συρακοσίων ἐφορμοῦσα τῷ λιμένι.

Καὶ μετὰ ταῦτα ἐτείχιζον οἱ Συρακόσιοι καὶ οἱ ξύμμαχοι 4
διὰ τῶν Ἐπιπολῶν ἀπὸ τῆς πόλεως ἀρξάμενοι ἄνω πρὸς τὸ *
ἐγκάρσιον τεῖχος ἁπλοῦν, ὅπως οἱ Ἀθηναῖοι, εἰ μὴ δύναιντο
κωλῦσαι, μηκέτι οἷοί τε ὦσιν ἀποτειχίσαι. καὶ οἵ τε 2
25 Ἀθηναῖοι ἀνεβεβήκεσαν ἤδη ἄνω, τὸ ἐπὶ θαλάσσῃ τεῖχος
ἐπιτελέσαντες, καὶ ὁ Γύλιππος (ἦν γάρ τι τοῖς Ἀθηναίοις
τοῦ τείχους ἀσθενές) νυκτὸς ἀναλαβὼν τὴν στρατιὰν ἐπῄει
πρὸς αὐτό. οἱ δ' Ἀθηναῖοι (ἔτυχον γὰρ ἔξω αὐλιζόμενοι) 3
ὡς ᾔσθοντο, ἀντεπῇσαν· ὁ δὲ γνοὺς κατὰ τάχος ἀπήγαγε
30 τοὺς σφετέρους πάλιν. ἐποικοδομήσαντες δὲ αὐτὸ οἱ Ἀθη-
ναῖοι ὑψηλότερον αὐτοὶ μὲν ταύτῃ ἐφύλασσον, τοὺς δὲ ἄλλους

2 τὸ B : om. cett.   3 προπέμπει A E F G M   4 ἐκ om. B
12 ἑαυτῶν B : ἑαυτοῦ cett.   20 post τᾷ add. μεγάλῳ B   22 *]
v. Rehm, Philologus, 1934, 133 ч.т.

ξυμμάχους κατὰ τὸ ἄλλο τείχισμα ἤδη διέταξαν, ᾗπερ ἔμελλον
ἕκαστοι φρουρεῖν.

4 Τῷ δὲ Νικίᾳ ἐδόκει τὸ Πλημμύριον καλούμενον τειχίσαι·
ἔστι δὲ ἄκρα ἀντιπέρας τῆς πόλεως, ἥπερ προύχουσα τοῦ
μεγάλου λιμένος τὸ στόμα στενὸν ποιεῖ, καὶ εἰ τειχισθείη, 5
ῥᾴων αὐτῷ ἐφαίνετο ἡ ἐσκομιδὴ τῶν ἐπιτηδείων ἔσεσθαι·
δι' ἐλάσσονος γὰρ πρὸς τῷ λιμένι τῷ τῶν Συρακοσίων
ἐφορμήσειν σφᾶς, καὶ οὐχ ὥσπερ νῦν ἐκ μυχοῦ τοῦ λιμένος
τὰς ἐπαναγωγὰς ποιήσεσθαι, ἤν τι ναυτικῷ κινῶνται. προσ-
εῖχέ τε ἤδη μᾶλλον τῷ κατὰ θάλασσαν πολέμῳ, ὁρῶν τὰ 10
ἐκ τῆς γῆς σφίσιν ἤδη, ἐπειδὴ Γύλιππος ἧκεν, ἀνελπιστότερα
5 ὄντα. διακομίσας οὖν στρατιὰν καὶ τὰς ναῦς ἐξετείχισε
τρία φρούρια· καὶ ἐν αὐτοῖς τά τε σκεύη τὰ πλεῖστα ἔκειτο
καὶ τὰ πλοῖα ἤδη ἐκεῖ τὰ μεγάλα ὥρμει καὶ αἱ ταχεῖαι νῆες.
6 ὥστε καὶ τῶν πληρωμάτων οὐχ ἥκιστα τότε πρῶτον κάκωσις 15
ἐγένετο· τῷ τε γὰρ ὕδατι σπανίῳ χρώμενοι καὶ οὐκ ἐγγύθεν,
καὶ ἐπὶ φρυγανισμὸν ἅμα ὁπότε ἐξέλθοιεν οἱ ναῦται, ὑπὸ
τῶν ἱππέων τῶν Συρακοσίων κρατούντων τῆς γῆς διεφθεί-
ροντο· τρίτον γὰρ μέρος τῶν ἱππέων τοῖς Συρακοσίοις διὰ
τοὺς ἐν τῷ Πλημμυρίῳ, ἵνα μὴ κακουργήσοντες ἐξίοιεν, ἐπὶ 20
7 τῇ ἐν τῷ Ὀλυμπιείῳ πολίχνῃ ἐτετάχατο. ἐπυνθάνετο δὲ
καὶ τὰς λοιπὰς τῶν Κορινθίων ναῦς προσπλεούσας ὁ Νικίας·
καὶ πέμπει ἐς φυλακὴν αὐτῶν εἴκοσι ναῦς, αἷς εἴρητο περὶ
τε Λοκροὺς καὶ Ῥήγιον καὶ τὴν προσβολὴν τῆς Σικελίας
ναυλοχεῖν αὐτάς.   25

5 Ὁ δὲ Γύλιππος ἅμα μὲν ἐτείχιζε τὸ διὰ τῶν Ἐπιπολῶν
τεῖχος, τοῖς λίθοις χρώμενος οὓς οἱ Ἀθηναῖοι προπαρε-
βάλοντο σφίσιν, ἅμα δὲ παρέτασσεν ἐξάγων αἰεὶ πρὸ τοῦ
τειχίσματος τοὺς Συρακοσίους καὶ τοὺς ξυμμάχους· καὶ οἱ
2 Ἀθηναῖοι ἀντιπαρετάσσοντο. ἐπειδὴ δὲ ἔδοξε τῷ Γυλίππῳ 30

6 ῥᾴων C : ῥᾷον cett.   9 ἐπαναγωγὰς B : ἐπαγωγὰς cett.
11 ἤδη B : om. cett.   post ἐπειδὴ add. ὁ B   14 ὡρμίζετο B
18 post γῆς add. οἱ πολλοὶ B   26 διετείχιζε B   30 τῷ B : om.
cett.

καιρὸς εἶναι, ἦρχε τῆς ἐφόδου· καὶ ἐν χερσὶ γενόμενοι
ἐμάχοντο μεταξὺ τῶν τειχισμάτων, ᾗ τῆς ἵππου τῶν Συρα-
κοσίων οὐδεμία χρῆσις ἦν. καὶ νικηθέντων τῶν Συρακοσίων 3
καὶ τῶν ξυμμάχων καὶ νεκροὺς ὑποσπόνδους ἀνελομένων καὶ
5 τῶν Ἀθηναίων τροπαῖον στησάντων, ὁ Γύλιππος ξυγκαλέσας
τὸ στράτευμα οὐκ ἔφη τὸ ἁμάρτημα ἐκείνων, ἀλλ᾽ ἑαυτοῦ
γενέσθαι· τῆς γὰρ ἵππου καὶ τῶν ἀκοντιστῶν τὴν ὠφελίαν
τῇ τάξει ἐντὸς λίαν τῶν τειχῶν ποιήσας ἀφελέσθαι· νῦν
οὖν αὖθις ἐπάξειν. καὶ διανοεῖσθαι οὕτως ἐκέλευεν αὐτοὺς 4
10 ὡς τῇ μὲν παρασκευῇ οὐκ ἔλασσον ἕξοντας, τῇ δὲ γνώμῃ
οὐκ ἀνεκτὸν ἐσόμενον εἰ μὴ ἀξιώσουσι Πελοποννήσιοί τε
ὄντες καὶ Δωριῆς Ἰώνων καὶ νησιωτῶν καὶ ξυγκλύδων
ἀνθρώπων κρατήσαντες ἐξελάσασθαι ἐκ τῆς χώρας. καὶ 6
μετὰ ταῦτα, ἐπειδὴ καιρὸς ἦν, αὖθις ἐπῆγεν αὐτούς. ὁ δὲ
15 Νικίας καὶ οἱ Ἀθηναῖοι νομίζοντες, καὶ εἰ ἐκεῖνοι μὴ ἐθέλοιεν
μάχης ἄρχειν, ἀναγκαῖον εἶναι σφίσι μὴ περιορᾶν παροι-
κοδομούμενον τὸ τεῖχος (ἤδη γὰρ καὶ ὅσον οὐ παρεληλύθει
τὴν τῶν Ἀθηναίων τοῦ τείχους τελευτὴν ἡ ἐκείνων τείχισις,
καί, εἰ προέλθοι, ταὐτὸν ἤδη ἐποίει αὐτοῖς νικᾶν τε μαχομένοις
20 διὰ παντὸς καὶ μηδὲ μάχεσθαι), ἀντεπῇσαν οὖν τοῖς Συρα-
κοσίοις. καὶ ὁ Γύλιππος τοὺς μὲν ὁπλίτας ἔξω τῶν τειχῶν 2
μᾶλλον ἢ πρότερον προαγαγὼν ξυνέμισγεν αὐτοῖς, τοὺς δ᾽
ἱππέας καὶ τοὺς ἀκοντιστὰς ἐκ πλαγίου τάξας τῶν Ἀθηναίων
κατὰ τὴν εὐρυχωρίαν, ᾗ τῶν τειχῶν ἀμφοτέρων αἱ ἐργασίαι
25 ἔληγον. καὶ προσβαλόντες οἱ ἱππῆς ἐν τῇ μάχῃ τῷ εὐωνύμῳ 3
κέρᾳ τῶν Ἀθηναίων, ὅπερ κατ᾽ αὐτοὺς ἦν, ἔτρεψαν· καὶ δι᾽
αὐτὸ καὶ τὸ ἄλλο στράτευμα νικηθὲν ὑπὸ τῶν Συρακοσίων
κατηράχθη ἐς τὰ τειχίσματα. καὶ τῇ ἐπιούσῃ νυκτὶ ἔφθασαν 4
παροικοδομήσαντες καὶ παρελθόντες τὴν τῶν Ἀθηναίων οἰκο-

2 post Συρακοσίων add. καὶ τῶν ξυμμάχων C G   5 post ὁ add.
μὲν B   6 ἑαυτοῦ B : αὐτοῦ vel αὑτοῦ cett.   14 ἐπεὶ B
16 σφίσιν εἶναι B   19 παρέλθοι Classen   τὸ αὐτὸ B
20 μάχεσθαι] ἀμύνεσθαι B   26 κέρατι B   δι᾽ αὐτὸ] διὰ τοῦτο B
28 κατηράχθη C : κατερράχθη (-ηρρ- B) cett.

141

δομίαν, ὥστε μηκέτι μήτε αὐτοὶ κωλύεσθαι ὑπ' αὐτῶν,
ἐκείνους τε καὶ παντάπασιν ἀπεστερηκέναι, εἰ καὶ κρατοῖεν,
μὴ ἂν ἔτι σφᾶς ἀποτειχίσαι.

7 Μετὰ δὲ τοῦτο αἵ τε τῶν Κορινθίων νῆες καὶ Ἀμπρακιωτῶν
καὶ Λευκαδίων ἐσέπλευσαν αἱ ὑπόλοιποι δώδεκα, λαθοῦσαι 5
τὴν τῶν Ἀθηναίων φυλακήν (ἦρχε δ' αὐτῶν Ἐρασινίδης
Κορίνθιος), καὶ ξυνετείχισαν τὸ λοιπὸν τοῖς Συρακοσίοις
2 μέχρι * τοῦ ἐγκαρσίου τείχους. καὶ ὁ Γύλιππος ἐς τὴν
ἄλλην Σικελίαν ἐπὶ στρατιάν τε ᾤχετο, καὶ ναυτικὴν καὶ
πεζὴν ξυλλέξων, καὶ τῶν πόλεων ἅμα προσαξόμενος εἴ τις 10
ἢ μὴ πρόθυμος ἦν ἢ παντάπασιν ἔτι ἀφειστήκει τοῦ πολέμου.
3 πρέσβεις τε ἄλλοι τῶν Συρακοσίων καὶ Κορινθίων ἐς Λακε-
δαίμονα καὶ Κόρινθον ἀπεστάλησαν, ὅπως στρατιὰ ἔτι
περαιωθῇ τρόπῳ ᾧ ἂν ἐν ὁλκάσιν ἢ πλοίοις ἢ ἄλλως ὅπως
4 ἂν προχωρῇ, ὡς καὶ τῶν Ἀθηναίων ἐπιμεταπεμπομένων. οἵ 15
τε Συρακόσιοι ναυτικὸν ἐπλήρουν καὶ ἀνεπειρῶντο ὡς καὶ
τούτῳ ἐπιχειρήσοντες, καὶ ἐς τἆλλα πολὺ ἐπέρρωντο.

8 Ὁ δὲ Νικίας αἰσθόμενος τοῦτο καὶ ὁρῶν καθ' ἡμέραν
ἐπιδιδοῦσαν τήν τε τῶν πολεμίων ἰσχὺν καὶ τὴν σφετέραν
ἀπορίαν, ἔπεμπε καὶ αὐτὸς ἐς τὰς Ἀθήνας ἀγγέλλων πολλάκις 20
μὲν καὶ ἄλλοτε καθ' ἕκαστα τῶν γιγνομένων, μάλιστα δὲ καὶ
τότε, νομίζων ἐν δεινοῖς τε εἶναι καί, εἰ μὴ ὡς τάχιστα ἢ
σφᾶς μεταπέμψουσιν ἢ ἄλλους μὴ ὀλίγους ἀποστελοῦσιν,
2 οὐδεμίαν εἶναι σωτηρίαν. φοβούμενος δὲ μὴ οἱ πεμπόμενοι
ἢ κατὰ τὴν τοῦ λέγειν ἀδυνασίαν ἢ καὶ μνήμης ἐλλιπεῖς 25
γιγνόμενοι ἢ τῷ ὄχλῳ πρὸς χάριν τι λέγοντες οὐ τὰ
ὄντα ἀπαγγέλλωσιν, ἔγραψεν ἐπιστολήν, νομίζων οὕτως ἂν
μάλιστα τὴν αὑτοῦ γνώμην μηδὲν ἐν τῷ ἀγγέλῳ ἀφανισθεῖσαν
μαθόντας τοὺς Ἀθηναίους βουλεύσασθαι περὶ τῆς ἀληθείας.

6 Ἐρασινίδης] Θρασωνίδης B   8 *] v. c. 4 supra   10 πεζὴν B :
πεζικὴν cett.   12 post ἐς add. τὴν B   14 πλοίῳ A E F M   20 ἀγ-
γέλλοντας B : ἄγγελον C G (corr. G¹) : ἀγγέλων (sic) E   22 εἰ B :
ἦν cett.   23 μεταπέμψωσιν B   25 τὴν B : om. cett.   μνήμης B :
γνώμης cett.   26 γενόμενοι M   27 ἀπαγγείλωσιν C   28 μάλιστα]
μόλις B

καὶ οἱ μὲν ᾤχοντο φέροντες, οὓς ἀπέστειλε, τὰ γράμματα 3
καὶ ὅσα ἔδει αὐτοὺς εἰπεῖν· ὁ δὲ τὰ κατὰ τὸ στρατόπεδον
διὰ φυλακῆς μᾶλλον ἤδη ἔχων ἢ δι' ἑκουσίων κινδύνων
ἐπεμέλετο.

5   Ἐν δὲ τῷ αὐτῷ θέρει τελευτῶντι καὶ Εὐετίων στρατηγὸς 9
Ἀθηναίων μετὰ Περδίκκου στρατεύσας ἐπ' Ἀμφίπολιν Θρᾳξὶ
πολλοῖς τὴν μὲν πόλιν οὐχ εἷλεν, ἐς δὲ τὸν Στρυμόνα περι-
κομίσας τριήρεις ἐκ τοῦ ποταμοῦ ἐπολιόρκει ὁρμώμενος ἐξ
Ἱμεραίου. καὶ τὸ θέρος ἐτελεύτα.

10   Τοῦ δ' ἐπιγιγνομένου χειμῶνος ἥκοντες ἐς τὰς Ἀθήνας οἱ 10
παρὰ τοῦ Νικίου ὅσα τε ἀπὸ γλώσσης εἴρητο αὐτοῖς εἶπον,
καὶ εἴ τίς τι ἐπηρώτα ἀπεκρίνοντο, καὶ τὴν ἐπιστολὴν ἀπ-
έδοσαν. ὁ δὲ γραμματεὺς ὁ τῆς πόλεως παρελθὼν ἀνέγνω
τοῖς Ἀθηναίοις δηλοῦσαν τοιάδε.

15   'Τὰ μὲν πρότερον πραχθέντα, ὦ Ἀθηναῖοι, ἐν ἄλλαις 11
πολλαῖς ἐπιστολαῖς ἴστε· νῦν δὲ καιρὸς οὐχ ἧσσον μαθόντας
ὑμᾶς ἐν ᾧ ἐσμὲν βουλεύσασθαι. κρατησάντων γὰρ ἡμῶν 2
μάχαις ταῖς πλέοσι Συρακοσίους ἐφ' οὓς ἐπέμφθημεν καὶ τὰ
τείχη οἰκοδομησαμένων ἐν οἷσπερ νῦν ἐσμέν, ἦλθε Γύλιππος
20 Λακεδαιμόνιος στρατιὰν ἔχων ἔκ τε Πελοποννήσου καὶ ἀπὸ
τῶν ἐν Σικελίᾳ πόλεων ἔστιν ὧν. καὶ μάχῃ τῇ μὲν πρώτῃ
νικᾶται ὑφ' ἡμῶν, τῇ δ' ὑστεραίᾳ ἱππεῦσί τε πολλοῖς καὶ
ἀκοντισταῖς βιασθέντες ἀνεχωρήσαμεν ἐς τὰ τείχη. νῦν οὖν 3
ἡμεῖς μὲν παυσάμενοι τοῦ περιτειχισμοῦ διὰ τὸ πλῆθος τῶν
25 ἐναντίων ἡσυχάζομεν (οὐδὲ γὰρ ξυμπάσῃ τῇ στρατιᾷ δυναίμεθ'
ἂν χρήσασθαι ἀπανηλωκυίας τῆς φυλακῆς τῶν τειχῶν μέρος
τι τοῦ ὁπλιτικοῦ)· οἱ δὲ παρῳκοδομήκασιν ἡμῖν τεῖχος ἁπλοῦν,
ὥστε μὴ εἶναι ἔτι περιτειχίσαι αὐτούς, ἢν μή τις τὸ παρα-
τείχισμα τοῦτο πολλῇ στρατιᾷ ἐπελθὼν ἕλῃ. ξυμβέβηκέ 4

2 τὰ om. BM   3 μᾶλλον B : om. cett.   ἢ δι' BC : ἤδη
AEF : om. GM   9 post ἐτελεύτα add. τοῦτο BCEG   12 ἐπη-
ρώτα B : ἠρώτα cett.   13 alterum ὁ B : om. cett.   16 πολλαῖς
om. B   19 νῦν om. CGM   post Γύλιππος add. ὁ B   20 τε
B : om. cett.   ἀπὸ om. B   24 τὸ om. C   26 χρήσασθαι C :
χρήσεσθαι cett. (corr. G¹)   28 post prius μὴ add. δυνατὸν B

143

τε πολιορκεῖν δοκοῦντας ἡμᾶς ἄλλους αὐτοὺς μᾶλλον, ὅσα γε
κατὰ γῆν, τοῦτο πάσχειν· οὐδὲ γὰρ τῆς χώρας ἐπὶ πολὺ διὰ
τοὺς ἱππέας ἐξερχόμεθα.

12 'Πεπόμφασι δὲ καὶ ἐς Πελοπόννησον πρέσβεις ἐπ' ἄλλην
στρατιάν, καὶ ἐς τὰς ἐν Σικελίᾳ πόλεις Γύλιππος οἴχεται, 5
τὰς μὲν καὶ πείσων ξυμπολεμεῖν ὅσαι νῦν ἡσυχάζουσιν, ἀπὸ
δὲ τῶν καὶ στρατιὰν ἔτι πεζὴν καὶ ναυτικοῦ παρασκευήν, ἢν
2 δύνηται, ἄξων. διανοοῦνται γάρ, ὡς ἐγὼ πυνθάνομαι, τῷ
τε πεζῷ ἅμα τῶν τειχῶν ἡμῶν πειρᾶν καὶ ταῖς ναυσὶ κατὰ
3 θάλασσαν. καὶ δεινὸν μηδενὶ ὑμῶν δόξῃ εἶναι ὅτι καὶ 10
κατὰ θάλασσαν. τὸ γὰρ ναυτικὸν ἡμῶν, ὅπερ κἀκεῖνοι
πυνθάνονται, τὸ μὲν πρῶτον ἤκμαζε καὶ τῶν νεῶν τῇ ξηρότητι
καὶ τῶν πληρωμάτων τῇ σωτηρίᾳ· νῦν δὲ αἵ τε νῆες διά-
βροχοι τοσοῦτον χρόνον ἤδη θαλασσεύουσαι, καὶ τὰ πληρώ-
4 ματα ἔφθαρται. τὰς μὲν γὰρ ναῦς οὐκ ἔστιν ἀνελκύσαντας 15
διαψῦξαι διὰ τὸ ἀντιπάλους τῷ πλήθει καὶ ἔτι πλείους τὰς
τῶν πολεμίων οὔσας αἰεὶ προσδοκίαν παρέχειν ὡς ἐπιπλεύ-
5 σονται. φανεραὶ δ' εἰσὶν ἀναπειρώμεναι, καὶ αἱ ἐπιχειρήσεις
ἐπ' ἐκείνοις καὶ ἀποξηρᾶναι τὰς σφετέρας μᾶλλον ἐξουσία·
13 οὐ γὰρ ἐφορμοῦσιν ἄλλοις. ἡμῖν δ' ἐκ πολλῆς ἂν περιουσίας 20
νεῶν μόλις τοῦτο ὑπῆρχε καὶ μὴ ἀναγκαζομένοις ὥσπερ
νῦν πάσαις φυλάσσειν· εἰ γὰρ ἀφαιρήσομέν τι καὶ βραχὺ
τῆς τηρήσεως, τὰ ἐπιτήδεια οὐχ ἕξομεν, παρὰ τὴν ἐκείνων
2 πόλιν χαλεπῶς καὶ νῦν ἐσκομιζόμενοι. τὰ δὲ πληρώματα
διὰ τόδε ἐφθάρη τε ἡμῖν καὶ ἔτι νῦν φθείρεται, τῶν ναυτῶν 25
[τῶν] μὲν διὰ φρυγανισμὸν καὶ ἁρπαγὴν καὶ ὑδρείαν μακρὰν
ὑπὸ τῶν ἱππέων ἀπολλυμένων· οἱ δὲ θεράποντες, ἐπειδὴ ἐς
ἀντίπαλα καθεστήκαμεν, αὐτομολοῦσι, καὶ οἱ ξένοι οἱ μὲν
ἀναγκαστοὶ ἐσβάντες εὐθὺς κατὰ τὰς πόλεις ἀποχωροῦσιν,

7 καὶ στρατιὰν ἔτι B : ἔτι καὶ στρατιὰν cett.   9 τε om. B
11 ὅπερ recc. : ἥπερ codd.   κἀκεῖνοι B : καὶ ἐκεῖνοι cett.   16 τῷ]
τῷ τε B : καὶ τῷ cett.   ἔτι recc. : ὅτι codd.   18 φανεροὶ B   ἀνα-
πειρώμεναι B : ἀποπειρώμεναι cett.   19 καὶ τὸ ξηρᾶναι B   ἐξουσία
om. M   26 τῶν secl. Poppo   ἁρπαγὴν μακρὰν (μικρὰν G¹) καὶ ὑδρείαν
A C E F G M Schol.

οἱ δὲ ὑπὸ μεγάλου μισθοῦ τὸ πρῶτον ἐπαρθέντες καὶ οἰόμενοι
χρηματιεῖσθαι μᾶλλον ἢ μαχεῖσθαι, ἐπειδὴ παρὰ γνώμην
ναυτικόν τε δὴ καὶ τἆλλα ἀπὸ τῶν πολεμίων ἀνθεστῶτα
ὁρῶσιν, οἱ μὲν ἐπ᾽ αὐτομολίας προφάσει ἀπέρχονται, οἱ δὲ
5 ὡς ἕκαστοι δύνανται (πολλὴ δ᾽ ἡ Σικελία), εἰσὶ δ᾽ οἳ καὶ
αὐτοὶ ἐμπορευόμενοι ἀνδράποδα Ὑκκαρικὰ ἀντεμβιβάσαι ὑπὲρ
σφῶν πείσαντες τοὺς τριηράρχους τὴν ἀκρίβειαν τοῦ ναυτικοῦ
ἀφήρηνται. ἐπισταμένοις δ᾽ ὑμῖν γράφω ὅτι βραχεῖα ἀκμὴ 14
πληρώματος καὶ ὀλίγοι τῶν ναυτῶν οἱ ἐξορμῶντές τε ναῦν
10 καὶ ξυνέχοντες τὴν εἰρεσίαν. τούτων δὲ πάντων ἀπορώτατον 2
τό τε μὴ οἷόν τε εἶναι ταῦτα ἐμοὶ κωλῦσαι τῷ στρατηγῷ
(χαλεπαὶ γὰρ αἱ ὑμέτεραι φύσεις ἄρξαι) καὶ ὅτι οὐδ᾽ ὁπόθεν
ἐπιπληρωσόμεθα τὰς ναῦς ἔχομεν, ὃ τοῖς πολεμίοις πολλα-
χόθεν ὑπάρχει, ἀλλ᾽ ἀνάγκη ἀφ᾽ ὧν ἔχοντες ἤλθομεν τά τε
15 ὄντα καὶ ἀπαναλισκόμενα γίγνεσθαι· αἱ γὰρ νῦν οὖσαι πόλεις
ξύμμαχοι ἀδύνατοι Νάξος καὶ Κατάνη. εἰ δὲ προσγενήσεται 3
ἓν ἔτι τοῖς πολεμίοις, ὥστε τὰ τρέφοντα ἡμᾶς χωρία τῆς
Ἰταλίας, ὁρῶντα ἐν ᾧ τ᾽ ἐσμὲν καὶ ὑμῶν μὴ ἐπιβοηθούντων,
πρὸς ἐκείνους χωρῆσαι, διαπεπολεμήσεται αὐτοῖς ἀμαχεὶ
20 ἐκπολιορκηθέντων ἡμῶν [ὁ πόλεμος].

‘Τούτων ἐγὼ ἡδίω μὲν ἂν εἶχον ὑμῖν ἕτερα ἐπιστέλλειν, 4
οὐ μέντοι χρησιμώτερά γε, εἰ δεῖ σαφῶς εἰδότας τὰ ἐνθάδε
βουλεύσασθαι. καὶ ἅμα τὰς φύσεις ἐπιστάμενος ὑμῶν,
βουλομένων μὲν τὰ ἥδιστα ἀκούειν, αἰτιωμένων δὲ ὕστερον,
25 ἤν τι ὑμῖν ἀπ᾽ αὐτῶν μὴ ὁμοῖον ἐκβῇ, ἀσφαλέστερον ἡγη-
σάμην τὸ ἀληθὲς δηλῶσαι. καὶ νῦν ὡς ἐφ᾽ ἃ μὲν ἤλθομεν 15
τὸ πρῶτον καὶ τῶν στρατιωτῶν καὶ τῶν ἡγεμόνων ὑμῖν μὴ
μεμπτῶν γεγενημένων, οὕτω τὴν γνώμην ἔχετε· ἐπειδὴ δὲ
Σικελία τε ἅπασα ξυνίσταται καὶ ἐκ Πελοποννήσου ἄλλη

3 τὰ ἄλλα B   4 αὐτομολίας] αὐτονομίας Passow : alii alia
6 αὐτοὶ B : αὐτοῦ cett.   17 χωρία ἡμᾶς B   19 διαπολεμή-
σεται A C E F G M (corr. M¹)   20 ὁ πόλεμος, ut videtur, non legit
Schol., secl. Krüger (om. recc.)   22 post σαφῶς add. ὑμᾶς A C
E F G M   27 τὸ om. A E F M   28 post δὲ (om. B) add. ἡ C (G)

στρατιὰ προσδόκιμος αὐτοῖς, βουλεύεσθε ἤδη ὡς τῶν γ'
ἐνθάδε μηδὲ τοῖς παροῦσιν ἀνταρκούντων, ἀλλ' ἢ τούτους
μεταπέμπειν δέον ἢ ἄλλην στρατιὰν μὴ ἐλάσσω ἐπιπέμπειν
καὶ πεζὴν καὶ ναυτικὴν καὶ χρήματα μὴ ὀλίγα, ἐμοὶ δὲ
διάδοχόν τινα, ὡς ἀδύνατός εἰμι διὰ νόσον νεφρῖτω παρα- 5
2 μένειν. ἀξιῶ δ' ὑμῶν ξυγγνώμης τυγχάνειν· καὶ γὰρ ὅτ'
ἐρρώμην πολλὰ ἐν ἡγεμονίαις ὑμᾶς εὖ ἐποίησα. ὅτι δὲ
μέλλετε, ἅμα τῷ ἦρι εὐθὺς καὶ μὴ ἐς ἀναβολὰς πράσσετε,
ὡς τῶν πολεμίων τὰ μὲν ἐν Σικελίᾳ δι' ὀλίγου ποριουμένων,
τὰ δ' ἐκ Πελοποννήσου σχολαίτερον μέν, ὅμως δ', ἢν μὴ 10
προσέχητε τὴν γνώμην, τὰ μὲν λήσουσιν ὑμᾶς, ὥσπερ καὶ
πρότερον, τὰ δὲ φθήσονται.'

16   Ἡ μὲν τοῦ Νικίου ἐπιστολὴ τοσαῦτα ἐδήλου, οἱ δὲ
Ἀθηναῖοι ἀκούσαντες αὐτῆς τὸν μὲν Νικίαν οὐ παρέλυσαν
τῆς ἀρχῆς, ἀλλ' αὐτῷ, ἕως ἂν ἕτεροι ξυνάρχοντες αἱρεθέντες 15
ἀφίκωνται, τῶν αὐτοῦ ἐκεῖ δύο προσείλοντο Μένανδρον
καὶ Εὐθύδημον, ὅπως μὴ μόνος ἐν ἀσθενείᾳ ταλαιπωροίη,
στρατιὰν δὲ ἄλλην ἐψηφίσαντο πέμπειν καὶ ναυτικὴν καὶ
2 πεζὴν Ἀθηναίων τε ἐκ καταλόγου καὶ τῶν ξυμμάχων. καὶ
ξυνάρχοντας αὐτῷ εἵλοντο Δημοσθένη τε τὸν Ἀλκισθένους 20
καὶ Εὐρυμέδοντα τὸν Θουκλέους. καὶ τὸν μὲν Εὐρυμέδοντα
εὐθὺς περὶ ἡλίου τροπὰς τὰς χειμερινὰς ἀποπέμπουσιν ἐς τὴν
Σικελίαν μετὰ δέκα νεῶν, ἄγοντα εἴκοσι ⟨καὶ ἑκατὸν⟩ τάλαντα
ἀργυρίου, καὶ ἅμα ἀγγελοῦντα τοῖς ἐκεῖ ὅτι ἥξει βοήθεια καὶ
17 ἐπιμέλεια αὐτῶν ἔσται· ὁ δὲ Δημοσθένης ὑπομένων παρε- 25
σκευάζετο τὸν ἔκπλουν ὡς ἅμα τῷ ἦρι ποιησόμενος, στρατιάν
τε ἐπαγγέλλων ἐς τοὺς ξυμμάχους καὶ χρήματα αὐτόθεν καὶ
2 ναῦς καὶ ὁπλίτας ἑτοιμάζων. πέμπουσι δὲ καὶ περὶ τὴν
Πελοπόννησον οἱ Ἀθηναῖοι εἴκοσι ναῦς, ὅπως φυλάσσοιεν
μηδένα ἀπὸ Κορίνθου καὶ τῆς Πελοποννήσου ἐς τὴν Σικελίαν 30

1 αὐτοὶ βουλεύσασθε B   2 ἀνταρκούντων E F: αὐταρκούντων
cett.   τούτοις A B E M   4 πεζικὴν M   δὲ] τε B
18 ἐπεψηφίσαντο B   prius καὶ om. B   19 πεζὴν B: πεζικὴν
cett.   23 καὶ ἑκατὸν add. recc.

περαιοῦσθαι. οἱ γὰρ Κορίνθιοι, ὡς αὐτοῖς οἱ πρέσβεις ἧκον 3
καὶ τὰ ἐν τῇ Σικελίᾳ βελτίω ἤγγελλον, νομίσαντες οὐκ
ἄκαιρον καὶ τὴν προτέραν πέμψιν τῶν νεῶν ποιήσασθαι,
πολλῷ μᾶλλον ἐπέρρωντο, καὶ ἐν ὁλκάσι παρεσκευάζοντο
5 αὐτοί τε ἀποστελοῦντες ὁπλίτας ἐς τὴν Σικελίαν καὶ ἐκ
τῆς ἄλλης Πελοποννήσου οἱ Λακεδαιμόνιοι τῷ αὐτῷ τρόπῳ
πέμψοντες· ναῦς τε οἱ Κορίνθιοι πέντε καὶ εἴκοσιν ἐπλήρουν, 4
ὅπως ναυμαχίας τε ἀποπειράσωσι πρὸς τὴν ἐν τῇ Ναυπάκτῳ
φυλακήν, καὶ τὰς ὁλκάδας αὐτῶν. ἧσσον οἱ ἐν τῇ Ναυπάκτῳ
10 Ἀθηναῖοι κωλύοιεν ἀπαίρειν, πρὸς τὴν σφετέραν ἀντίταξιν
τῶν τριήρων τὴν φυλακὴν ποιούμενοι.

Παρεσκευάζοντο δὲ καὶ τὴν ἐς τὴν Ἀττικὴν ἐσβολὴν οἱ 18
Λακεδαιμόνιοι, ὥσπερ τε προυδέδοκτο αὐτοῖς καὶ τῶν Συρα-
κοσίων καὶ Κορινθίων ἐναγόντων, ἐπειδὴ ἐπυνθάνοντο τὴν
15 ἀπὸ τῶν Ἀθηναίων βοήθειαν ἐς τὴν Σικελίαν, ὅπως δὴ
ἐσβολῆς γενομένης διακωλυθῇ. καὶ ὁ Ἀλκιβιάδης προσκεί-
μενος ἐδίδασκε τὴν Δεκέλειαν τειχίζειν καὶ μὴ ἀνιέναι τὸν
πόλεμον. μάλιστα δὲ τοῖς Λακεδαιμονίοις ἐγεγένητό τις 2
ῥώμη, διότι τοὺς Ἀθηναίους ἐνόμιζον διπλοῦν τὸν πόλεμον
20 ἔχοντας, πρός τε σφᾶς καὶ Σικελιώτας, εὐκαθαιρετωτέρους
ἔσεσθαι, καὶ ὅτι τὰς σπονδὰς προτέρους λελυκέναι ἡγοῦντο
αὐτούς· ἐν γὰρ τῷ προτέρῳ πολέμῳ σφέτερον τὸ παρανό-
μημα μᾶλλον γενέσθαι, ὅτι τε ἐς Πλάταιαν ἧλθον Θηβαῖοι
ἐν σπονδαῖς, καὶ εἰρημένον ἐν ταῖς πρότερον ξυνθήκαις
25 ὅπλα μὴ ἐπιφέρειν, ἢν δίκας ἐθέλωσι διδόναι, αὐτοὶ οὐχ
ὑπήκουον ἐς δίκας προκαλουμένων τῶν Ἀθηναίων. καὶ διὰ
τοῦτο εἰκότως δυστυχεῖν τε ἐνόμιζον, καὶ ἐνεθυμοῦντο τήν
τε περὶ Πύλον ξυμφορὰν καὶ εἴ τις ἄλλη αὐτοῖς ἐγένετο.
ἐπειδὴ δὲ οἱ Ἀθηναῖοι ταῖς τριάκοντα ναυσὶν ἐξ Ἄργους 3

1 αὐτοῖς οἱ πρέσβεις B : οἱ 'τε πρέσβεις αὐτοῖς cett.   5 ἐς τὴν
Σικελίαν B : ἐν τῇ Σικελίᾳ cett.   7 πέμψαντες A E F M   14 post
καὶ add. τῶν C G   17 τὴν om. C G   ἀνεῖναι B   23 τε
B : om. cett.   25 ἐθέλωσι recc. : θέλωσι codd.   28 ἐγένετο M :
ἐγεγένοιτο (sic) B : γένοιτο cett.   29 ἐξ Ἄργους B : om. cett.

ὁρμώμενοι Ἐπιδαύρου τέ τι καὶ Πρασιῶν καὶ ἄλλα ἐδῄωσαν
καὶ ἐκ Πύλου ἅμα ἐληστεύοντο, καὶ ὁσάκις περί του δια-
φοραὶ γένοιντο τῶν κατὰ τὰς σπονδὰς ἀμφισβητουμένων,
ἐς δίκας προκαλουμένων τῶν Λακεδαιμονίων οὐκ ἤθελον
ἐπιτρέπειν, τότε δὴ οἱ Λακεδαιμόνιοι νομίσαντες τὸ παρα- 5
νόμημα, ὅπερ καὶ σφίσι πρότερον ἡμάρτητο, αὖθις ἐς τοὺς
Ἀθηναίους τὸ αὐτὸ περιεστάναι, πρόθυμοι ἦσαν ἐς τὸν
4 πόλεμον. καὶ ἐν τῷ χειμῶνι τούτῳ σίδηρόν τε περιήγ-
γελλον κατὰ τοὺς ξυμμάχους καὶ τἆλλα ἐργαλεῖα ἡτοίμαζον
ἐς τὸν ἐπιτειχισμόν, καὶ τοῖς ἐν τῇ Σικελίᾳ ἅμα ὡς ἀπο- 10
πέμψοντες ἐν ταῖς ὁλκάσιν ἐπικουρίαν αὐτοί τε ἐπόριζον καὶ
τοὺς ἄλλους Πελοποννησίους προσηνάγκαζον. καὶ ὁ χειμὼν
ἐτελεύτα, καὶ ὄγδοον καὶ δέκατον ἔτος τῷ πολέμῳ ἐτελεύτα
τῷδε ὃν Θουκυδίδης ξυνέγραψεν.

19   Τοῦ δ' ἐπιγιγνομένου ἦρος εὐθὺς ἀρχομένου πρώτατα δὴ 15
οἱ Λακεδαιμόνιοι καὶ οἱ ξύμμαχοι ἐς τὴν Ἀττικὴν ἐσέβαλον·
ἡγεῖτο δὲ Ἆγις ὁ Ἀρχιδάμου Λακεδαιμονίων βασιλεύς.
καὶ πρῶτον μὲν τῆς χώρας τὰ περὶ τὸ πεδίον ἐδῄωσαν,
ἔπειτα Δεκέλειαν ἐτείχιζον, κατὰ πόλεις διελόμενοι τὸ
2 ἔργον. ἀπέχει δὲ ἡ Δεκέλεια σταδίους μάλιστα τῆς τῶν 20
Ἀθηναίων πόλεως εἴκοσι καὶ ἑκατόν, παραπλήσιον δὲ καὶ
οὐ πολλῷ πλέον καὶ ἀπὸ τῆς Βοιωτίας. ἐπὶ δὲ τῷ πεδίῳ
καὶ τῆς χώρας τοῖς κρατίστοις ἐς τὸ κακουργεῖν ᾠκοδομεῖτο
3 τὸ τεῖχος, ἐπιφανὲς μέχρι τῆς τῶν Ἀθηναίων πόλεως. καὶ
οἱ μὲν ἐν τῇ Ἀττικῇ Πελοποννήσιοι καὶ οἱ ξύμμαχοι ἐτεί- 25
χιζον, οἱ δ' ἐν τῇ Πελοποννήσῳ ἀπέστελλον περὶ τὸν αὐτὸν
χρόνον ταῖς ὁλκάσι τοὺς ὁπλίτας ἐς τὴν Σικελίαν, Λακεδαι-
μόνιοι μὲν τῶν τε Εἱλώτων ἐπιλεξάμενοι τοὺς βελτίστους
καὶ τῶν νεοδαμώδων, ξυναμφοτέρων ἐς ἑξακοσίους ὁπλίτας,

1 τέ B: om. cett.   2 ἐληστευον B   3 τὰς om. B
13 ἐτελεύτα τῷ πολέμῳ B   15 πρωιαίτατα B   δὴ οἱ om. B
21 alterum καὶ B et Schol. Patm. ad vi. 91 : om. cett.   22 ἀπὸ recc.
et Schol. Patm. : ἐπὶ codd.   28 βελτίους A E F M   29 τῶν B C:
om. cett.   ἐς B : om. cett.

148

καὶ Ἔκκριτον Σπαρτιάτην ἄρχοντα, Βοιωτοὶ δὲ τριακοσίους
ὁπλίτας, ὧν ἦρχον Ξένων τε καὶ Νίκων Θηβαῖοι καὶ Ἡγή-
σανδρος Θεσπιεύς.   οὗτοι μὲν οὖν ἐν τοῖς πρῶτοι ὁρμή- 4
σαντες ἀπὸ τοῦ Ταινάρου τῆς Λακωνικῆς ἐς τὸ πέλαγος
5 ἀφῆκαν· μετὰ δὲ τούτους Κορίνθιοι οὐ πολλῷ ὕστερον
πεντακοσίους ὁπλίτας, τοὺς μὲν ἐξ αὐτῆς Κορίνθου, τοὺς
δὲ προσμισθωσάμενοι Ἀρκάδων, καὶ ἄρχοντα Ἀλέξαρχον
Κορίνθιον προστάξαντες ἀπέπεμψαν.   ἀπέστειλαν δὲ καὶ
Σικυώνιοι διακοσίους ὁπλίτας ὁμοῦ τοῖς Κορινθίοις, ὧν ἦρχε
10 Σαργεὺς Σικυώνιος.   αἱ δὲ πέντε καὶ εἴκοσι νῆες τῶν 5
Κορινθίων αἱ τοῦ χειμῶνος πληρωθεῖσαι ἀνθώρμουν ταῖς ἐν
τῇ Ναυπάκτῳ εἴκοσιν Ἀττικαῖς, ἕωσπερ αὐτοῖς οὗτοι οἱ
ὁπλῖται ταῖς ὁλκάσιν ἀπὸ τῆς Πελοποννήσου ἀπῆραν· οὗπερ
ἕνεκα καὶ τὸ πρῶτον ἐπληρώθησαν, ὅπως μὴ οἱ Ἀθηναῖοι
15 πρὸς τὰς ὁλκάδας μᾶλλον ἢ πρὸς τὰς τριήρεις τὸν νοῦν
ἔχωσιν.

Ἐν δὲ τούτῳ καὶ οἱ Ἀθηναῖοι ἅμα τῆς Δεκελείας τῷ 20
τειχισμῷ καὶ τοῦ ἦρος εὐθὺς ἀρχομένου περί τε Πελοπόν-
νησον ναῦς τριάκοντα ἔστειλαν καὶ Χαρικλέα τὸν Ἀπολλο-
20 δώρου ἄρχοντα, ᾧ εἴρητο καὶ ἐς Ἄργος ἀφικομένῳ κατὰ τὸ
ξυμμαχικὸν παρακαλεῖν Ἀργείων [τε] ὁπλίτας ἐπὶ τὰς ναῦς,
καὶ τὸν Δημοσθένη ἐς τὴν Σικελίαν, ὥσπερ ἔμελλον, ἀπ- 2
έστελλον ἑξήκοντα μὲν ναυσὶν Ἀθηναίων καὶ πέντε Χίαις,
ὁπλίταις δὲ ἐκ καταλόγου Ἀθηναίων διακοσίοις καὶ χιλίοις,
25 καὶ νησιωτῶν ὅσοις ἑκασταχόθεν οἷόν τ' ἦν πλείστοις χρή-
σασθαι, καὶ ἐκ τῶν ἄλλων ξυμμάχων τῶν ὑπηκόων, εἴ ποθέν
τι εἶχον ἐπιτήδειον ἐς τὸν πόλεμον, ξυμπορίσαντες.   εἴρητο
δ' αὐτῷ πρῶτον μετὰ τοῦ Χαρικλέους ἅμα περιπλέοντα
ξυστρατεύεσθαι περὶ τὴν Λακωνικήν.   καὶ ὁ μὲν Δημο- 3
30 σθένης ἐς τὴν Αἴγιναν προσπλεύσας τοῦ στρατεύματός τε εἰ

3 πρῶτοι recc.: πρώτοις codd.   6 ἐξ] ἀπ' B   12 αὐτοῖς B: om.
cett.   14 πρῶτον B: πρότερον cett.   15 prius τὰς B: om. cett.
17 τῆς B: om. cett.   18 τε B: om. cett.   21 τε secl.
Reiske   29 ξυστρατεύσασθαι B   30 πλεύσας A E F M·

149

τι ὑπελέλειπτο περιέμενε καὶ τὸν Χαρικλέα τοὺς Ἀργείους
παραλαβεῖν.

21 Ἐν δὲ τῇ Σικελίᾳ ὑπὸ τοὺς αὐτοὺς χρόνους τούτου τοῦ
ἦρος καὶ ὁ Γύλιππος ἧκεν ἐς τὰς Συρακούσας, ἄγων ἀπὸ
τῶν πόλεων ὧν ἔπεισε στρατιὰν ὅσην ἑκασταχόθεν πλείστην 5
2 ἐδύνατο. καὶ ξυγκαλέσας τοὺς Συρακοσίους ἔφη χρῆναι
πληροῦν ναῦς ὡς δύνανται πλείστας καὶ ναυμαχίας ἀπό-
πειραν λαμβάνειν· ἐλπίζειν γὰρ ἀπ' αὐτοῦ τι ἔργον ἄξιον
3 τοῦ κινδύνου ἐς τὸν πόλεμον κατεργάσεσθαι. ξυνανέπειθε
δὲ καὶ ὁ Ἑρμοκράτης οὐχ ἥκιστα, τοῦ ταῖς ναυσὶ μὴ 10
ἀθυμεῖν ἐπιχειρῆσαι πρὸς τοὺς Ἀθηναίους, λέγων οὐδ' ἐκεί-
νους πάτριον τὴν ἐμπειρίαν οὐδ' ἀΐδιον τῆς θαλάσσης ἔχειν,
ἀλλ' ἠπειρώτας μᾶλλον τῶν Συρακοσίων ὄντας καὶ ἀναγ-
κασθέντας ὑπὸ Μήδων ναυτικοὺς γενέσθαι. καὶ πρὸς ἄνδρας
τολμηρούς, οἵους καὶ Ἀθηναίους, τοὺς ἀντιτολμῶντας χα- 15
λεπωτάτους ἂν [αὐτοῖς] φαίνεσθαι· ᾧ γὰρ ἐκεῖνοι τοὺς πέλας,
οὐ δυνάμει ἔστιν ὅτε προὔχοντες, τῷ δὲ θράσει ἐπιχειροῦντες
καταφοβοῦσι, καὶ σφᾶς ἂν τὸ αὐτὸ ὁμοίως τοῖς ἐναντίοις
4 ὑποσχεῖν. καὶ Συρακοσίους εὖ εἰδέναι ἔφη τῷ τολμῆσαι
ἀπροσδοκήτως πρὸς τὸ Ἀθηναίων ναυτικὸν ἀντιστῆναι πλέον 20
τι διὰ τὸ τοιοῦτον ἐκπλαγέντων αὐτῶν περιγενησομένους ἢ
Ἀθηναίους τῇ ἐπιστήμῃ τὴν Συρακοσίων ἀπειρίαν βλά-
ψοντας. ἰέναι οὖν ἐκέλευεν ἐς τὴν πεῖραν τοῦ ναυτικοῦ καὶ
μὴ ἀποκνεῖν.

5 Καὶ οἱ μὲν Συρακόσιοι, τοῦ τε Γυλίππου καὶ Ἑρμοκράτους 25
καὶ εἴ του ἄλλου πειθόντων, ὥρμηντό τε ἐς τὴν ναυμαχίαν
22 καὶ τὰς ναῦς ἐπλήρουν· ὁ δὲ Γύλιππος ἐπειδὴ παρεσκευάσατο

1 ὑπελέλειπτο Stahl : ὑπελείπετο codd.   9 κατεργάσεσθαι g :
κατεργάσασθαι codd.   ξυναναπείθει B : ξυνέπειθε(ν) A E F M
10 τοῦ om. G M : αὐτοὺς Stahl   11 ἐπιχειρῆσαι recc., fort. legit
Schol. : ἐπιχειρήσειν codd.   ἐκείνους B : ἐκείνοις cett. (corr. G¹)
13 ἀλλ' om. B spatio relicto   τῶν om. B   16 ἂν B : om. cett.
αὐτοῖς secl. Badham   21 τι B : om. cett.   περιγενησομένους B :
περιεσομένους cett.   23 ἐκέλευεν om. C G   25 post alterum καὶ
add. τοῦ A C E F G M   27 παρεσκεύαστο recc.

τὸ ναυτικόν, ἀγαγὼν ὑπὸ νύκτα πᾶσαν τὴν στρατιὰν τὴν
πεζὴν αὐτὸς μὲν τοῖς ἐν τῷ Πλημμυρίῳ τείχεσι κατὰ γῆν
ἔμελλε προσβαλεῖν, αἱ δὲ τριήρεις τῶν Συρακοσίων ἅμα καὶ
ἀπὸ ξυνθήματος πέντε μὲν καὶ τριάκοντα ἐκ τοῦ μεγάλου
5 λιμένος ἐπέπλεον, αἱ δὲ πέντε καὶ τεσσαράκοντα ἐκ τοῦ
ἐλάσσονος, οὗ ἦν καὶ τὸ νεώριον αὐτοῖς, [καὶ] περιέπλεον
βουλόμενοι πρὸς τὰς ἐντὸς προσμεῖξαι καὶ ἅμα ἐπιπλεῖν τῷ
Πλημμυρίῳ, ὅπως οἱ Ἀθηναῖοι ἀμφοτέρωθεν θορυβῶνται.
οἱ δ᾽ Ἀθηναῖοι διὰ τάχους ἀντιπληρώσαντες ἑξήκοντα ναῦς 2
10 ταῖς μὲν πέντε καὶ εἴκοσι πρὸς τὰς πέντε καὶ τριάκοντα τῶν
Συρακοσίων τὰς ἐν τῷ μεγάλῳ λιμένι ἐναυμάχουν, ταῖς δ᾽
ἐπιλοίποις ἀπήντων ἐπὶ τὰς ἐκ τοῦ νεωρίου περιπλεούσας.
καὶ εὐθὺς πρὸ τοῦ στόματος τοῦ μεγάλου λιμένος ἐναυμάχουν,
καὶ ἀντεῖχον ἀλλήλοις ἐπὶ πολύ, οἱ μὲν βιάσασθαι βουλό-
15 μενοι τὸν ἔσπλουν, οἱ δὲ κωλύειν. ἐν τούτῳ δ᾽ ὁ Γύλιππος 23
τῶν ἐν τῷ Πλημμυρίῳ Ἀθηναίων πρὸς τὴν θάλασσαν ἐπι-
καταβάντων καὶ τῇ ναυμαχίᾳ τὴν γνώμην προσεχόντων
φθάνει προσπεσὼν ἅμα τῇ ἕῳ αἰφνιδίως τοῖς τείχεσι, καὶ
αἱρεῖ τὸ μέγιστον πρῶτον, ἔπειτα δὲ καὶ τὰ ἐλάσσω δύο,
20 οὐχ ὑπομεινάντων τῶν φυλάκων, ὡς εἶδον τὸ μέγιστον
ῥᾳδίως ληφθέν. καὶ ἐκ μὲν τοῦ πρώτου ἁλόντος χαλεπῶς οἱ 2
ἄνθρωποι, ὅσοι καὶ ἐς τὰ πλοῖα καὶ ὁλκάδα τινὰ κατέφυγον,
ἐς τὸ στρατόπεδον ἐξεκομίζοντο· τῶν γὰρ Συρακοσίων ταῖς
ἐν τῷ μεγάλῳ λιμένι ναυσὶ κρατούντων τῇ ναυμαχίᾳ ὑπὸ
25 τριήρους μιᾶς καὶ εὖ πλεούσης ἐπεδιώκοντο· ἐπειδὴ δὲ
τὰ δύο τειχίσματα ἡλίσκετο, ἐν τούτῳ καὶ οἱ Συρακόσιοι
ἐτύγχανον ἤδη νικώμενοι καὶ οἱ ἐξ αὐτῶν φεύγοντες ῥᾷον
παρέπλευσαν. αἱ γὰρ τῶν Συρακοσίων αἱ πρὸ τοῦ στόματος 3
νῆες ναυμαχοῦσαι βιασάμεναι τὰς τῶν Ἀθηναίων ναῦς οὐδενὶ
30 κόσμῳ ἐσέπλεον, καὶ ταραχθεῖσαι περὶ ἀλλήλας παρέδοσαν
τὴν νίκην τοῖς Ἀθηναίοις· ταύτας τε γὰρ ἔτρεψαν καὶ ὑφ᾽

2 πεζικὴν M   6 καὶ om. recc.   11 δ᾽ om. B   15 ἴκ-
πλουν B   23 ἐξεκομίζοντο ἐς τὸ στρατόπεδον C G   31 τε
om. C

151

4 ὧν τὸ πρῶτον ἐνικῶντο ἐν τῷ λιμένι. καὶ ἕνδεκα μὲν ναῦς
τῶν Συρακοσίων κατέδυσαν, καὶ τοὺς πολλοὺς τῶν ἀνθρώπων
ἀπέκτειναν, πλὴν ὅσον ἐκ τριῶν νεῶν οὓς ἐζώγρησαν· τῶν
δὲ σφετέρων τρεῖς νῆες διεφθάρησαν. τὰ δὲ ναυάγια
ἀνελκύσαντες τῶν Συρακοσίων καὶ τροπαῖον ἐν τῷ νησιδίῳ 5
στήσαντες τῷ πρὸ τοῦ Πλημμυρίου, ἀνεχώρησαν ἐς τὸ ἑαυτῶν
στρατόπεδον.

24   Οἱ δὲ Συρακόσιοι κατὰ μὲν τὴν ναυμαχίαν οὕτως ἐπεπρά-
γεσαν, τὰ δ' ἐν τῷ Πλημμυρίῳ τείχη εἶχον, καὶ τροπαῖα
ἔστησαν αὐτῶν τρία. καὶ τὸ μὲν ἕτερον τοῖν δυοῖν τειχοῖν 10
τοῖν ὕστερον ληφθέντοιν κατέβαλον, τὰ δὲ δύο ἐπισκευά-
2 σαντες ἐφρούρουν. ἄνθρωποι δ' ἐν τῶν τειχῶν τῇ ἁλώσει
ἀπέθανον καὶ ἐζωγρήθησαν πολλοί, καὶ χρήματα πολλὰ τὰ
ξύμπαντα ἑάλω· ὥσπερ γὰρ ταμιείῳ χρωμένων τῶν Ἀθη-
ναίων τοῖς τείχεσι πολλὰ μὲν ἐμπόρων χρήματα καὶ σῖτος 15
ἐνῆν, πολλὰ δὲ καὶ τῶν τριηράρχων, ἐπεὶ καὶ ἱστία τεσσαρά-
κοντα τριήρων καὶ τἆλλα σκεύη ἐγκατελήφθη καὶ τριήρεις
3 ἀνειλκυσμέναι τρεῖς. μέγιστόν τε καὶ ἐν τοῖς πρῶτον
ἐκάκωσε τὸ στράτευμα τὸ τῶν Ἀθηναίων ἡ τοῦ Πλημμυρίου
λῆψις· οὐ γὰρ ἔτι οὐδ' οἱ ἔσπλοι ἀσφαλεῖς ἦσαν τῆς ἐπαγωγῆς 20
τῶν ἐπιτηδείων (οἱ γὰρ Συρακόσιοι ναυσὶν αὐτόθι ἐφορμοῦντες
ἐκώλυον, καὶ διὰ μάχης ἤδη ἐγίγνοντο αἱ ἐσκομιδαί), ἔς τε
τἆλλα κατάπληξιν παρέσχε καὶ ἀθυμίαν τῷ στρατεύματι.

25   Μετὰ δὲ τοῦτο ναῦς τε ἐκπέμπουσι δώδεκα οἱ Συρακόσιοι
καὶ Ἀγάθαρχον ἐπ' αὐτῶν Συρακόσιον ἄρχοντα. καὶ αὐτῶν 25
μία μὲν ἐς Πελοπόννησον ᾤχετο, πρέσβεις ἄγουσα οἵπερ τά
τε σφέτερα φράσουσιν ὅτι ἐν ἐλπίσιν εἰσὶ καὶ τὸν ἐκεῖ
πόλεμον ἔτι μᾶλλον ἐποτρυνοῦσι γίγνεσθαι· αἱ δ' ἕνδεκα
νῆες πρὸς τὴν Ἰταλίαν ἔπλευσαν, πυνθανόμεναι πλοῖα τοῖς

14 ὥσπερ recc. (cf. Joseph. A. J. xviii. 9. 1): ἅτε B : ὥστε cett.
16 τῶν B : om. cett.   17 τὰ ἄλλα B   18 τε B : δὲ cett.
19 alterum τὸ om. B M   20 οἱ om. B   23 τἆλλα (sic) G : τὰ
ἄλλα cett.   παρεῖχε M   26 οἵπερ] ὥσπερ E : ὅπως B   27 τε
B : om. cett.   φράσουσιν c f g : φράσωσιν codd.   28 ἐποτρυνοῦσι
Dobree : ἐποτρύνωσι codd   29 πυνθανόμενοι M

Ἀθηναίοις γέμοντα χρημάτων προσπλεῖν. καὶ τῶν τε πλοίων 2
ἐπιτυχοῦσαι τὰ πολλὰ διέφθειραν καὶ ξύλα ναυπηγήσιμα ἐν
τῇ Καυλωνιάτιδι κατέκαυσαν, ἃ τοῖς Ἀθηναίοις ἑτοῖμα ἦν.
ἔς τε Λοκροὺς μετὰ ταῦτα ἦλθον, καὶ ὁρμουσῶν αὐτῶν κατ- 3
5 έπλευσε μία τῶν ὁλκάδων τῶν ἀπὸ Πελοποννήσου ἄγουσα
Θεσπιῶν ὁπλίτας· καὶ ἀναλαβόντες αὐτοὺς οἱ Συρακόσιοι 4
ἐπὶ τὰς ναῦς παρέπλεον ἐπ' οἴκου. φυλάξαντες δ' αὐτοὺς
οἱ Ἀθηναῖοι εἴκοσι ναυσὶ πρὸς τοῖς Μεγάροις μίαν μὲν ναῦν
λαμβάνουσιν αὐτοῖς ἀνδράσι, τὰς δ' ἄλλας οὐκ ἐδυνήθησαν,
10 ἀλλ' ἀποφεύγουσιν ἐς τὰς Συρακούσας.

Ἐγένετο δὲ καὶ περὶ τῶν σταυρῶν ἀκροβολισμὸς ἐν τῷ 5
λιμένι, οὓς οἱ Συρακόσιοι πρὸ τῶν παλαιῶν νεωσοίκων κατ-
έπηξαν ἐν τῇ θαλάσσῃ, ὅπως αὐτοῖς αἱ νῆες ἐντὸς ὁρμοῖεν
καὶ οἱ Ἀθηναῖοι ἐπιπλέοντες μὴ βλάπτοιεν ἐμβάλλοντες.
15 προσαγαγόντες γὰρ ναῦν μυριοφόρον αὐτοῖς οἱ Ἀθηναῖοι, 6
πύργους τε ξυλίνους ἔχουσαν καὶ παραφράγματα, ἔκ τε τῶν
ἀκάτων ὤνευον ἀναδούμενοι τοὺς σταυροὺς καὶ ἀνέκλων καὶ
κατακολυμβῶντες ἐξέπριον. οἱ δὲ Συρακόσιοι ἀπὸ τῶν
νεωσοίκων ἔβαλλον· οἱ δ' ἐκ τῆς ὁλκάδος ἀντέβαλλον, καὶ
20 τέλος τοὺς πολλοὺς τῶν σταυρῶν ἀνεῖλον οἱ Ἀθηναῖοι.
χαλεπωτάτη δ' ἦν τῆς σταυρώσεως ἡ κρύφιος· ἦσαν γὰρ 7
τῶν σταυρῶν οὓς οὐχ ὑπερέχοντας τῆς θαλάσσης κατέπηξαν,
ὥστε δεινὸν ἦν προσπλεῦσαι, μὴ οὐ προϊδών τις ὥσπερ περὶ
ἕρμα περιβάλῃ τὴν ναῦν. ἀλλὰ καὶ τούτους κολυμβηταὶ
25 δυόμενοι ἐξέπριον μισθοῦ. ὅμως δ' αὖθις οἱ Συρακόσιοι
ἐσταύρωσαν. πολλὰ δὲ καὶ ἄλλα πρὸς ἀλλήλους οἷον εἰκὸς 8
τῶν στρατοπέδων ἐγγὺς ὄντων καὶ ἀντιτεταγμένων ἐμηχα-
νῶντο καὶ ἀκροβολισμοῖς καὶ πείραις παντοίαις ἐχρῶντο.

Ἔπεμψαν δὲ καὶ ἐς τὰς πόλεις πρέσβεις οἱ Συρακόσιοι 9
30 Κορινθίων καὶ Ἀμπρακιωτῶν καὶ Λακεδαιμονίων, ἀγγέλλοντας
τήν τε τοῦ Πλημμυρίου λῆψιν καὶ τῆς ναυμαχίας πέρι ὡς

1 χρημάτων γέμοντα Β   7 ἔπλεον Β (γρ. παρενέπλεον)   11 σταυ-
ρωμάτων Β   17 ἀνέκλων] ἀνεῖλκον Widmann (fort. legit Schol.)

οὐ τῇ τῶν πολεμίων ἰσχύι μᾶλλον ἢ τῇ σφετέρᾳ ταραχῇ
ἡσσηθεῖεν, τά τε ἄλλα [αὖ] δηλώσοντας ὅτι ἐν ἐλπίσιν εἰσὶ
καὶ ἀξιώσοντας ξυμβοηθεῖν ἐπ' αὐτοὺς καὶ ναυσὶ καὶ πεζῷ,
ὡς καὶ τῶν Ἀθηναίων προσδοκίμων ὄντων ἄλλῃ στρατιᾷ
καί, ἢν φθάσωσιν αὐτοὶ πρότερον διαφθείραντες τὸ παρὸν 5
στράτευμα αὐτῶν, διαπεπολεμησόμενον. καὶ οἱ μὲν ἐν τῇ
Σικελίᾳ ταῦτα ἔπρασσον.

26 Ὁ δὲ Δημοσθένης, ἐπεὶ ξυνελέγη αὐτῷ τὸ στράτευμα ὃ
ἔδει ἔχοντα ἐς τὴν Σικελίαν βοηθεῖν, ἄρας ἐκ τῆς Αἰγίνης
καὶ πλεύσας πρὸς τὴν Πελοπόννησον τῷ τε Χαρικλεῖ καὶ 10
ταῖς τριάκοντα ναυσὶ τῶν Ἀθηναίων ξυμμίσγει, καὶ παρα-
λαβόντες τῶν Ἀργείων ὁπλίτας ἐπὶ τὰς ναῦς ἔπλεον ἐς τὴν
2 Λακωνικήν· καὶ πρῶτον μὲν τῆς Ἐπιδαύρου τι τῆς Λιμηρᾶς
ἐδῄωσαν, ἔπειτα σχόντες ἐς τὰ καταντικρὺ Κυθήρων τῆς
Λακωνικῆς, ἔνθα τὸ ἱερὸν τοῦ Ἀπόλλωνός ἐστι, τῆς τε γῆς 15
ἔστιν ἃ ἐδῄωσαν καὶ ἐτείχισαν ἰσθμῶδές τι χωρίον, ἵνα δὴ
οἵ τε Εἵλωτες τῶν Λακεδαιμονίων αὐτόσε αὐτομολῶσι καὶ
ἅμα λῃσταὶ ἐξ αὐτοῦ, ὥσπερ ἐκ τῆς Πύλου, ἁρπαγὴν ποιῶνται.
3 καὶ ὁ μὲν Δημοσθένης εὐθὺς ἐπειδὴ ξυγκατέλαβε τὸ χωρίον
παρέπλει ἐπὶ τῆς Κερκύρας, ὅπως καὶ τῶν ἐκεῖθεν ξυμμάχων 20
παραλαβὼν τὸν ἐς τὴν Σικελίαν πλοῦν ὅτι τάχιστα ποιῆται·
ὁ δὲ Χαρικλῆς περιμείνας ἕως τὸ χωρίον ἐξετείχισε καὶ
καταλιπὼν φυλακὴν αὐτοῦ ἀπεκομίζετο καὶ αὐτὸς ὕστερον
ταῖς τριάκοντα ναυσὶν ἐπ' οἴκου καὶ οἱ Ἀργεῖοι ἅμα.

27 Ἀφίκοντο δὲ καὶ Θρᾳκῶν τῶν μαχαιροφόρων τοῦ Διακοῦ 25
γένους ἐς τὰς Ἀθήνας πελτασταὶ ἐν τῷ αὐτῷ θέρει τούτῳ
τριακόσιοι καὶ χίλιοι, οὓς ἔδει τῷ Δημοσθένει ἐς τὴν Σικελίαν
2 ξυμπλεῖν. οἱ δ' Ἀθηναῖοι, ὡς ὕστεροι ἦκον, διενοοῦντο
αὐτοὺς πάλιν ὅθεν ἦλθον ἐς Θρᾴκην ἀποπέμπειν. τὸ γὰρ

2 αὖ om. B C M   6 διαπεπολεμησόμενον B : διαπολεμησόμενον
Cett.   8 ἐπειδὴ B   18 ἅμα B : om. cett.   20 παρέπλει
recc. : ἐπιπαρέπλει B : ἐπέπλει cett.   ἐκεῖ B   22 ἕως B :
ὃς cett.   25 post καὶ add. τῶν A C E F M   τοῦ Διακοῦ] τῶν
Δακικοῦ C   26 τοῦ αὐτοῦ θέρους τούτου B   28 ὕστεροι Herwerden :
ὕστερον codd.

ἔχειν πρὸς τὸν ἐκ τῆς Δεκελείας πόλεμον αὐτοὺς πολυτελὲς
ἐφαίνετο· δραχμὴν γὰρ τῆς ἡμέρας ἕκαστος ἐλάμβανεν.
ἐπειδὴ γὰρ ἡ Δεκέλεια τὸ μὲν πρῶτον ὑπὸ πάσης τῆς 3
στρατιᾶς ἐν τῷ θέρει τούτῳ τειχισθεῖσα, ὕστερον δὲ φρουραῖς
5 ἀπὸ τῶν πόλεων κατὰ διαδοχὴν χρόνου ἐπιούσαις τῇ χώρᾳ
ἐπῳκεῖτο, πολλὰ ἔβλαπτε τοὺς Ἀθηναίους, καὶ ἐν τοῖς πρῶτον
χρημάτων τ' ὀλέθρῳ καὶ ἀνθρώπων φθορᾷ ἐκάκωσε τὰ πρά-
γματα. πρότερον μὲν γὰρ βραχεῖαι γιγνόμεναι αἱ ἐσβολαὶ 4
τὸν ἄλλον χρόνον τῆς γῆς ἀπολαύειν οὐκ ἐκώλυον· τότε δὲ
10 ξυνεχῶς ἐπικαθημένων, καὶ ὁτὲ μὲν καὶ πλεόνων ἐπιόντων,
ὁτὲ δ' ἐξ ἀνάγκης τῆς ἴσης φρουρᾶς καταθεούσης τε τὴν
χώραν καὶ λῃστείας ποιουμένης, βασιλέως τε παρόντος τοῦ
τῶν Λακεδαιμονίων Ἄγιδος, ὃς οὐκ ἐκ παρέργου τὸν πόλεμον
ἐποιεῖτο, μεγάλα οἱ Ἀθηναῖοι ἐβλάπτοντο. τῆς τε γὰρ 5
15 χώρας ἁπάσης ἐστέρηντο, καὶ ἀνδραπόδων πλέον ἢ δύο
μυριάδες ηὐτομολήκεσαν, καὶ τούτων τὸ πολὺ μέρος χειρο-
τέχναι, πρόβατά τε πάντα ἀπωλώλει καὶ ὑποζύγια· ἵπποι τε,
ὁσημέραι ἐξελαυνόντων τῶν ἱππέων πρός τε τὴν Δεκέλειαν
καταδρομὰς ποιουμένων καὶ κατὰ τὴν χώραν φυλασσόντων,
20 οἱ μὲν ἀπεχωλοῦντο ἐν γῇ ἀποκρότῳ τε καὶ ξυνεχῶς ταλαι-
πωροῦντες, οἱ δ' ἐτιτρώσκοντο. ἥ τε τῶν ἐπιτηδείων παρα- 28
κομιδὴ ἐκ τῆς Εὐβοίας, πρότερον ἐκ τοῦ Ὠρωποῦ κατὰ γῆν
διὰ τῆς Δεκελείας θάσσων οὖσα, περὶ Σούνιον κατὰ θάλασσαν
πολυτελὴς ἐγίγνετο· τῶν τε πάντων ὁμοίως ἐπακτῶν ἐδεῖτο
25 ἡ πόλις, καὶ ἀντὶ τοῦ πόλις εἶναι φρούριον κατέστη. πρὸς 2
γὰρ τῇ ἐπάλξει τὴν μὲν ἡμέραν κατὰ διαδοχὴν οἱ Ἀθηναῖοι
φυλάσσοντες, τὴν δὲ νύκτα καὶ ξύμπαντες πλὴν τῶν ἱππέων,
οἱ μὲν ἐφ' ὅπλοις †ποιούμενοι†, οἱ δ' ἐπὶ τοῦ τείχους, καὶ
θέρους καὶ χειμῶνος ἐταλαιπωροῦντο. μάλιστα δ' αὐτοὺς 3

2 ἕκαστος ἡμέρας ἐλάμβανον B   5 ἀπὸ B: ὑπὸ cett.   χρό-
νον B   6 πρῶτον recc.: πρώτοις codd.   11 post φρουρᾶς add.
καὶ B   16 τὸ B: om. cett.   17 ἀπωλώλει πάντα B
ὑποζύγια] ζεύγη B   22 γῆν recc.: γῆς codd.   23 θᾶσσον G M
28 ποιούμενοι] που B: fort. ἀναπαυόμενοι

ἐπίεζεν ὅτι δύο πολέμους ἅμα εἶχον, καὶ ἐς φιλονικίαν
καθέστασαν τοιαύτην ἣν πρὶν γενέσθαι ἠπίστησεν ἄν τις
ἀκούσας. τὸ γὰρ αὐτοὺς πολιορκουμένους ἐπιτειχισμῷ ὑπὸ
Πελοποννησίων μηδ' ὡς ἀποστῆναι ἐκ Σικελίας, ἀλλ' ἐκεῖ
Συρακούσας τῷ αὐτῷ τρόπῳ ἀντιπολιορκεῖν, πόλιν οὐδὲν 5
ἐλάσσω αὐτήν γε καθ' αὑτὴν τῆς τῶν Ἀθηναίων, καὶ τὸν
παράλογον τοσοῦτον ποιῆσαι τοῖς Ἕλλησι τῆς δυνάμεως καὶ
τόλμης, ὅσον κατ' ἀρχὰς τοῦ πολέμου οἱ μὲν ἐνιαυτόν, οἱ δὲ
δύο, οἱ δὲ τριῶν γε ἐτῶν οὐδεὶς πλείω χρόνον ἐνόμιζον
περιοίσειν αὐτούς, εἰ οἱ Πελοποννήσιοι ἐσβάλοιεν ἐς τὴν 10
χώραν, ὥστε ἔτει ἑπτακαιδεκάτῳ μετὰ τὴν πρώτην ἐσβολὴν
ἦλθον ἐς Σικελίαν ἤδη τῷ πολέμῳ κατὰ πάντα τετρυχω-
μένοι, καὶ πόλεμον οὐδὲν ἐλάσσω προσανείλοντο τοῦ πρότερον
4 ὑπάρχοντος ἐκ Πελοποννήσου. δι' ἃ καὶ τότε ὑπό τε τῆς
Δεκελείας πολλὰ βλαπτούσης καὶ τῶν ἄλλων ἀναλωμάτων 15
μεγάλων προσπιπτόντων ἀδύνατοι ἐγένοντο τοῖς χρήμασιν.
καὶ τὴν εἰκοστὴν ὑπὸ τοῦτον τὸν χρόνον τῶν κατὰ θάλασσαν
ἀντὶ τοῦ φόρου τοῖς ὑπηκόοις ἐποίησαν, πλείω νομίζοντες
ἂν σφίσι χρήματα οὕτω προσιέναι. αἱ μὲν γὰρ δαπάναι
οὐχ ὁμοίως καὶ πρίν, ἀλλὰ πολλῷ μείζους καθέστασαν, ὅσῳ 20
καὶ μείζων ὁ πόλεμος ἦν· αἱ δὲ πρόσοδοι ἀπώλλυντο.

29   Τοὺς οὖν Θρᾷκας τοὺς τῷ Δημοσθένει ὑστερήσαντας διὰ
τὴν παροῦσαν ἀπορίαν τῶν χρημάτων οὐ βουλόμενοι δαπανᾶν
εὐθὺς ἀπέπεμπον, προστάξαντες κομίσαι αὐτοὺς Διειτρέφει,
καὶ εἰπόντες ἅμα ἐν τῷ παράπλῳ (ἐπορεύοντο γὰρ δι' Εὐρίπου) 25
2 καὶ τοὺς πολεμίους, ἤν τι δύνηται, ἀπ' αὐτῶν βλάψαι. ὁ δὲ
ἔς τε τὴν Τάναγραν ἀπεβίβασεν αὐτοὺς καὶ ἁρπαγήν τινα
ἐποιήσατο διὰ τάχους καὶ ἐκ Χαλκίδος τῆς Εὐβοίας ἀφ'
ἑσπέρας διέπλευσε τὸν Εὔριπον καὶ ἀποβιβάσας ἐς τὴν

3 γὰρ] γ' Badham   5 οὐδὲν Β: οὐδένα cett.   6 ἐλάσσω
recc.: ἐλάσσονα codd.   γε recc.: τε codd.   τῆς om. A C E F G M
τῶν om. Β   11 ἑβδόμῳ καὶ δεκάτῳ Krüger   14 τε Β: om.
cett.   17 ὑπὸ] κατὰ Β   18 ἐπέθεσαν Badham   26 δύνη-
ται Β: δύνωνται cett.   27 τε Β: om. cett.   Ταναγραίαν Classen
29 διαπλεύσας suprascr. διέπλευσεν Β

156

Βοιωτίαν ἦγεν αὐτοὺς ἐπὶ Μυκαλησσόν. καὶ τὴν μὲν νύκτα 3
λαθὼν πρὸς τῷ Ἑρμαίῳ ηὐλίσατο (ἀπέχει δὲ τῆς Μυκαλησσοῦ
ἐκκαίδεκα μάλιστα σταδίους), ἅμα δὲ τῇ ἡμέρᾳ τῇ πόλει
προσέκειτο οὔσῃ οὐ μεγάλῃ, καὶ αἱρεῖ ἀφυλάκτοις τε ἐπι-
5 πεσὼν καὶ ἀπροσδοκήτοις μὴ ἄν ποτέ τινας σφίσιν ἀπὸ
θαλάσσης τοσοῦτον ἐπαναβάντας ἐπιθέσθαι, τοῦ τείχους
ἀσθενοῦς ὄντος καὶ ἔστιν ᾗ καὶ πεπτωκότος, τοῦ δὲ βραχέος
ᾠκοδομημένου, καὶ πυλῶν ἅμα διὰ τὴν ἄδειαν ἀνεῳγμένων.
ἐσπεσόντες δὲ οἱ Θρᾷκες ἐς τὴν Μυκαλησσὸν τάς τε οἰκίας 4
10 καὶ τὰ ἱερὰ ἐπόρθουν καὶ τοὺς ἀνθρώπους ἐφόνευον φειδόμενοι
οὔτε πρεσβυτέρας οὔτε νεωτέρας ἡλικίας, ἀλλὰ πάντας ἑξῆς,
ὅτῳ ἐντύχοιεν, καὶ παῖδας καὶ γυναῖκας κτείνοντες, καὶ
προσέτι καὶ ὑποζύγια καὶ ὅσα ἄλλα ἔμψυχα ἴδοιεν· τὸ γὰρ
γένος τὸ τῶν Θρᾳκῶν ὁμοῖα τοῖς μάλιστα τοῦ βαρβαρικοῦ,
15 ἐν ᾧ ἂν θαρσήσῃ, φονικώτατόν ἐστιν. καὶ τότε ἄλλη τε 5
ταραχὴ οὐκ ὀλίγη καὶ ἰδέα πᾶσα καθειστήκει ὀλέθρου, καὶ
ἐπιπεσόντες διδασκαλείῳ παίδων, ὅπερ μέγιστον ἦν αὐτόθι
καὶ ἄρτι ἔτυχον οἱ παῖδες ἐσεληλυθότες, κατέκοψαν πάντας·
καὶ ξυμφορὰ τῇ πόλει πάσῃ οὐδεμιᾶς ἥσσων μᾶλλον ἑτέρας
20 ἀδόκητός τε ἐπέπεσεν αὕτη καὶ δεινή. οἱ δὲ Θηβαῖοι αἰσθό- 30
μενοι ἐβοήθουν, καὶ καταλαβόντες προκεχωρηκότας ἤδη τοὺς
Θρᾷκας οὐ πολὺ τήν τε λείαν ἀφείλοντο καὶ αὐτοὺς φοβή-
σαντες καταδιώκουσιν ἐπὶ τὸν Εὔριπον καὶ τὴν θάλασσαν,
οὗ αὐτοῖς τὰ πλοῖα ἃ ἤγαγεν ὥρμει. καὶ ἀποκτείνουσιν 2
25 αὐτῶν ἐν τῇ ἐσβάσει τοὺς πλείστους οὔτε ἐπισταμένους νεῖν
τῶν τε ἐν τοῖς πλοίοις, ὡς ἑώρων τὰ ἐν τῇ γῇ, ὁρμισάντων
ἔξω τοξεύματος τὰ πλοῖα, ἐπεὶ ἔν γε τῇ ἄλλῃ ἀναχωρήσει
οὐκ ἀτόπως οἱ Θρᾷκες πρὸς τὸ τῶν Θηβαίων ἱππικόν, ὅπερ
πρῶτον προσέκειτο, προεκθέοντές τε καὶ ξυστρεφόμενοι ἐν

2 ηὐλίσατο B : ηὐλίζετο cett. γρ. B   4 οὐ B : om. cett. γρ. B
5 τινας B : τινα cett.   6 ἐπαναβάντα C G suprascr. B   12 γυ-
ναῖκας καὶ παῖδας B   14 τὸ om. B   18 ἐσεληλυθότες οἱ παῖδες B
19 πάσῃ πόλει B   ἧσσον recc.   μᾶλλον ἑτέρας secl. Heilmann
26 τὰ ἐν τῇ γῇ] τὴν φυγὴν B   27 τοξεύματος recc. (extra ictum
sagittarum Valla) : τοῦ ζεύγματος (ζεύματος B G) codd.   29 τε B :
om. cett.

ἐπιχωρίῳ τάξει τὴν φυλακὴν ἐποιοῦντο, καὶ ὀλίγοι αὐτῶν
ἐν τούτῳ διεφθάρησαν. μέρος δέ τι καὶ ἐν τῇ πόλει αὐτῇ
δι' ἁρπαγὴν ἐγκαταληφθὲν ἀπώλετο. οἱ δὲ ξύμπαντες τῶν
Θρᾳκῶν πεντήκοντα καὶ διακόσιοι ἀπὸ τριακοσίων καὶ χιλίων
3 ἀπέθανον. διέφθειραν δὲ καὶ τῶν Θηβαίων καὶ τῶν ἄλλων 5
οἳ ξυνεβοήθησαν ἐς εἴκοσι μάλιστα ἱππέας τε καὶ ὁπλίτας
ὁμοῦ καὶ Θηβαίων τῶν βοιωταρχῶν Σκιρφώνδαν· τῶν δὲ
Μυκαλησσίων μέρος τι ἀπανηλώθη. τὰ μὲν κατὰ τὴν
Μυκαλησσὸν πάθει χρησαμένην οὐδενὸς ὡς ἐπὶ μεγέθει
τῶν κατὰ τὸν πόλεμον ἧσσον ὀλοφύρασθαι ἀξίῳ τοιαῦτα 10
ξυνέβη.

31 Ὁ δὲ Δημοσθένης τότε ἀποπλέων ἐπὶ τῆς Κερκύρας μετὰ
τὴν ἐκ τῆς Λακωνικῆς τείχισιν, ὁλκάδα ὁρμοῦσαν ἐν Φειᾷ
τῇ Ἠλείων εὑρών, ἐν ᾗ οἱ Κορίνθιοι ὁπλῖται ἐς τὴν Σικελίαν
ἔμελλον περαιοῦσθαι, αὐτὴν μὲν διαφθείρει, οἱ δ' ἄνδρες 15
2 ἀποφυγόντες ὕστερον λαβόντες ἄλλην ἔπλεον. καὶ μετὰ
τοῦτο ἀφικόμενος ὁ Δημοσθένης ἐς τὴν Ζάκυνθον καὶ Κεφαλ-
ληνίαν ὁπλίτας τε παρέλαβε καὶ ἐκ τῆς Ναυπάκτου τῶν
Μεσσηνίων μετεπέμψατο καὶ ἐς τὴν ἀντιπέρας ἤπειρον τῆς
Ἀκαρνανίας διέβη, ἐς Ἀλύζιάν τε καὶ Ἀνακτόριον, ὃ αὐτοὶ 20
3 εἶχον. ὄντι δ' αὐτῷ περὶ ταῦτα ὁ Εὐρυμέδων ἀπαντᾷ ἐκ τῆς
Σικελίας ἀποπλέων, ὃς τότε τοῦ χειμῶνος τὰ χρήματα ἄγων
τῇ στρατιᾷ ἀπεπέμφθη, καὶ ἀγγέλλει τά τε ἄλλα καὶ ὅτι
πύθοιτο κατὰ πλοῦν ἤδη ὢν τὸ Πλημμύριον ὑπὸ τῶν Συρα-
4 κοσίων ἑαλωκός. ἀφικνεῖται δὲ καὶ Κόνων παρ' αὐτούς, ὃς 25
ἦρχε Ναυπάκτου, ἀγγέλλων ὅτι αἱ πέντε καὶ εἴκοσι νῆες
τῶν Κορινθίων αἱ σφίσιν ἀνθορμοῦσαι οὔτε καταλύουσι τὸν
πόλεμον ναυμαχεῖν τε μέλλουσιν· πέμπειν οὖν ἐκέλευεν
αὐτοὺς ναῦς, ὡς οὐχ ἱκανὰς οὔσας δυοῖν δεούσας εἴκοσι τὰς

3 ἐγκαταλειφθὲν recc.   τῶν Θρᾳκῶν secl. Herwerden   6 τε
om. BM   9 χρησαμένην Reiske : χρησαμένων codd.   12 ἐπὶ
B : ἐκ cett.   14 εὑρών B : om. cett.   17 τὴν] τε B   24 post
Συρακοσίων add. ἤδη B   27 τὸν πόλεμον secl. Madvig   29 οὔσας]
εἶναι B (γρ. οὔσας)   δεούσας B : δεούσαις vel δὲ οὔσαις cett. γρ. B   τὰς
B : ταῖς cett. γρ. B

ἑαυτῶν πρὸς τὰς ἐκείνων πέντε καὶ εἴκοσι ναυμαχεῖν. τῷ 5
μὲν οὖν Κόνωνι δέκα ναῦς ὁ Δημοσθένης καὶ ὁ Εὐρυμέδων
τὰς ἄριστα σφίσι πλεούσας ἀφ' ὧν αὐτοὶ εἶχον ξυμπέμπουσι
πρὸς τὰς ἐν τῇ Ναυπάκτῳ· αὐτοὶ δὲ τὰ περὶ τῆς στρατιᾶς
5 τὸν ξύλλογον ἡτοιμάζοντο, Εὐρυμέδων μὲν ἐς τὴν Κέρκυραν
πλεύσας καὶ πέντε καὶ δέκα τε ναῦς πληροῦν κελεύσας αὐτοὺς
καὶ ὁπλίτας καταλεγόμενος (ξυνῆρχε γὰρ ἤδη Δημοσθένει
ἀποτραπόμενος, ὥσπερ καὶ ᾑρέθη), Δημοσθένης δ' ἐκ τῶν
περὶ τὴν Ἀκαρνανίαν χωρίων σφενδονήτας τε καὶ ἀκοντιστὰς
10 ξυναγείρων.

Οἱ δ' ἐκ τῶν Συρακουσῶν τότε μετὰ τὴν τοῦ Πλημμυρίου 32
ἅλωσιν πρέσβεις οἰχόμενοι ἐς τὰς πόλεις ἐπειδὴ ἔπεισάν
τε καὶ ξυναγείραντες ἔμελλον ἄξειν τὸν στρατόν, ὁ Νικίας
προπυθόμενος πέμπει ἐς τῶν Σικελῶν τοὺς τὴν διόδον ἔχοντας
15 καὶ σφίσι ξυμμάχους, Κεντόριπάς τε καὶ Ἁλικυαίους καὶ
ἄλλους, ὅπως μὴ διαφρήσωσι τοὺς πολεμίους, ἀλλὰ ξυστρα-
φέντες κωλύσωσι διελθεῖν· ἄλλῃ γὰρ αὐτοὺς οὐδὲ πειράσειν·
Ἀκραγαντῖνοι γὰρ οὐκ ἐδίδοσαν διὰ τῆς ἑαυτῶν ὁδόν.
πορευομένων δ' ἤδη τῶν Σικελιωτῶν οἱ Σικελοί, καθάπερ 2
20 ἐδέοντο οἱ Ἀθηναῖοι, ἐνέδραν τινὰ τριχῇ ποιησάμενοι, ἀφυ-
λάκτοις τε καὶ ἐξαίφνης ἐπιγενόμενοι διέφθειραν ἐς ὀκτακο-
σίους μάλιστα καὶ τοὺς πρέσβεις πλὴν ἑνὸς τοῦ Κορινθίου
πάντας· οὗτος δὲ τοὺς διαφυγόντας ἐς πεντακοσίους καὶ
χιλίους ἐκόμισεν ἐς τὰς Συρακούσας. καὶ περὶ τὰς αὐτὰς 33
25 ἡμέρας καὶ οἱ Καμαριναῖοι ἀφικνοῦνται αὐτοῖς βοηθοῦντες,
πεντακόσιοι μὲν ὁπλῖται, τριακόσιοι δὲ ἀκοντισταὶ καὶ τοξόται
τριακόσιοι. ἔπεμψαν δὲ καὶ οἱ Γελῷοι ναυτικόν τε ἐς πέντε
ναῦς καὶ ἀκοντιστὰς τετρακοσίους καὶ ἱππέας διακοσίους.
σχεδὸν γάρ τι ἤδη πᾶσα ἡ Σικελία πλὴν Ἀκραγαντίνων 2
30 (οὗτοι δ' οὐδὲ μεθ' ἑτέρων ἦσαν), οἱ δ' ἄλλοι ἐπὶ τοὺς

6 τε om. B, habet γρ. B   11 τοῦ om. A E F M   14 πυθό-
μενος B   15 σφίσι B : om. cett.   16 διαφρήσωσι (ita in M scriptum
ratus) Stahl: διαφήσωσι C M : διαφήσουσι cett.   18 αὐτῶν B
20 τινὰ τριχῇ] τριχῇ B : τινὰ cett. γρ. B   29 ἅπασα B

Ἀθηναίους μετὰ τῶν Συρακοσίων οἱ πρότερον περιορώμενοι ξυστάντες ἐβοήθουν.

3 Καὶ οἱ μὲν Συρακόσιοι, ὡς αὐτοῖς τὸ ἐν τοῖς Σικελοῖς πάθος ἐγένετο, ἐπέσχον τὸ εὐθέως τοῖς Ἀθηναίοις ἐπιχειρεῖν· ὁ δὲ Δημοσθένης καὶ Εὐρυμέδων, ἑτοίμης ἤδη τῆς στρατιᾶς 5 οὔσης ἔκ τε τῆς Κερκύρας καὶ ἀπὸ τῆς ἠπείρου, ἐπεραιώθησαν

4 ξυμπάσῃ τῇ στρατιᾷ τὸν Ἰόνιον ἐπ᾽ ἄκραν Ἰαπυγίαν· καὶ ὁρμηθέντες αὐτόθεν κατίσχουσιν ἐς τὰς Χοιράδας νήσους Ἰαπυγίας, καὶ ἀκοντιστάς τέ τινας τῶν Ἰαπύγων πεντήκοντα καὶ ἑκατὸν τοῦ Μεσσαπίου ἔθνους ἀναβιβάζονται ἐπὶ τὰς 10 ναῦς, καὶ τῷ Ἄρτᾳ, ὅσπερ καὶ τοὺς ἀκοντιστὰς δυνάστης ὢν παρέσχετο αὐτοῖς, ἀνανεωσάμενοί τινα παλαιὰν φιλίαν

5 ἀφικνοῦνται ἐς Μεταπόντιον τῆς Ἰταλίας. καὶ τοὺς Μεταποντίους πείσαντες κατὰ τὸ ξυμμαχικὸν ἀκοντιστάς τε ξυμπέμπειν τριακοσίους καὶ τριήρεις δύο καὶ ἀναλαβόντες 15 ταῦτα παρέπλευσαν ἐς Θουρίαν. καὶ καταλαμβάνουσι νεωστὶ

6 στάσει τοὺς τῶν Ἀθηναίων ἐναντίους ἐκπεπτωκότας· καὶ βουλόμενοι τὴν στρατιὰν αὐτόθι πᾶσαν ἀθροίσαντες εἴ τις ὑπελέλειπτο ἐξετάσαι, καὶ τοὺς Θουρίους πεῖσαι σφίσι ξυστρατεύειν τε ὡς προθυμότατα καί, ἐπειδήπερ ἐν τούτῳ 20 τύχης εἰσί, τοὺς αὐτοὺς ἐχθροὺς καὶ φίλους τοῖς Ἀθηναίοις νομίζειν, περιέμενον ἐν τῇ Θουρίᾳ καὶ ἔπρασσον ταῦτα.

34 Οἱ δὲ Πελοποννήσιοι περὶ τὸν αὐτὸν χρόνον τοῦτον οἱ ἐν ταῖς πέντε καὶ εἴκοσι ναυσίν, οἵπερ τῶν ὁλκάδων ἕνεκα τῆς 25 ἐς Σικελίαν κομιδῆς ἀνθώρμουν πρὸς τὰς ἐν Ναυπάκτῳ ναῦς, παρασκευασάμενοι ὡς ἐπὶ ναυμαχίᾳ καὶ προσπληρώσαντες ἔτι ναῦς ὥστε ὀλίγῳ ἐλάσσους εἶναι αὐτοῖς τῶν Ἀττικῶν νεῶν, ὁρμίζονται κατὰ Ἐρινεὸν τῆς Ἀχαΐας ἐν τῇ Ῥυπικῇ.

2 καὶ αὐτοῖς τοῦ χωρίου μηνοειδοῦς ὄντος ἐφ᾽ ᾧ ὥρμουν, ὁ μὲν 30

4 ἐπέσχον τὸ C M : ἐπέσχοντο cett. 6 τε B: om. cett.
11 ὅσπερ A E F M   12 παρέσχεν A B E F M   16 ταῦτα] αὐτὰς B
24 post Πελοποννήσιοι add. καὶ οἱ A C E F G M   25 οἵπερ] οἱ περὶ B
30 ἐφ᾽] ἐν B

πεζὸς ἑκατέρωθεν προσβεβοηθηκὼς τῶν τε Κορινθίων καὶ
τῶν αὐτόθεν ξυμμάχων ἐπὶ ταῖς προανεχούσαις ἄκραις παρε-
τέτακτο, αἱ δὲ νῆες τὸ μεταξὺ εἶχον ἐμφάρξασαι· ἦρχε δὲ
τοῦ ναυτικοῦ Πολυάνθης Κορίνθιος. οἱ δ' Ἀθηναῖοι ἐκ τῆς 3
5 Ναυπάκτου τριάκοντα ναυσὶ καὶ τρισίν (ἦρχε δὲ αὐτῶν
Δίφιλος) ἐπέπλευσαν αὐτοῖς. καὶ οἱ Κορίνθιοι τὸ μὲν 4
πρῶτον ἡσύχαζον, ἔπειτα ἀρθέντος αὐτοῖς τοῦ σημείου, ἐπεὶ
καιρὸς ἐδόκει εἶναι, ὥρμησαν ἐπὶ τοὺς Ἀθηναίους καὶ ἐναυ-
μάχουν. καὶ χρόνον ἀντεῖχον πολὺν ἀλλήλοις. καὶ τῶν 5
10 μὲν Κορινθίων τρεῖς νῆες διαφθείρονται, τῶν δ' Ἀθηναίων
κατέδυ μὲν οὐδεμία ἁπλῶς, ἑπτὰ δέ τινες ἄπλοι ἐγένοντο
ἀντίπρῳροι ἐμβαλλόμεναι καὶ ἀναρραγεῖσαι τὰς παρεξειρεσίας
ὑπὸ τῶν Κορινθίων νεῶν ἐπ' αὐτὸ τοῦτο παχυτέρας τὰς
ἐπωτίδας ἐχουσῶν. ναυμαχήσαντες δὲ ἀντίπαλα μὲν καὶ 6
15 ὡς αὐτοὺς ἑκατέρους ἀξιοῦν νικᾶν, ὅμως δὲ τῶν ναυαγίων
κρατησάντων τῶν Ἀθηναίων διά τε τὴν τοῦ ἀνέμου ἄπωσιν
αὐτῶν ἐς τὸ πέλαγος καὶ διὰ τὴν τῶν Κορινθίων οὐκέτι
ἐπαναγωγήν, διεκρίθησαν ἀπ' ἀλλήλων, καὶ δίωξις οὐδεμία
ἐγένετο, οὐδ' ἄνδρες οὐδετέρων ἑάλωσαν· οἱ μὲν γὰρ Κορίνθιοι
20 καὶ Πελοποννήσιοι πρὸς τῇ γῇ ναυμαχοῦντες ῥᾳδίως διεσῴ-
ζοντο, τῶν δὲ Ἀθηναίων οὐδεμία κατέδυ ναῦς. ἀποπλευ- 7
σάντων δὲ τῶν Ἀθηναίων ἐς τὴν Ναύπακτον οἱ Κορίνθιοι
εὐθὺς τροπαῖον ἔστησαν ὡς νικῶντες, ὅτι πλείους τῶν
ἐναντίων ναῦς ἄπλους ἐποίησαν καὶ νομίσαντες αὐτοὶ οὐχ
25 ἡσσᾶσθαι δι' ὅπερ οὐδ' οἱ ἕτεροι νικᾶν· οἵ τε γὰρ Κορίνθιοι
ἡγήσαντο κρατεῖν εἰ μὴ καὶ πολὺ ἐκρατοῦντο, οἵ τ' Ἀθηναῖοι
ἐνόμιζον ἡσσᾶσθαι ὅτι οὐ πολὺ ἐνίκων. ἀποπλευσάντων δὲ 8
τῶν Πελοποννησίων καὶ τοῦ πεζοῦ διαλυθέντος οἱ Ἀθηναῖοι
ἔστησαν τροπαῖον καὶ αὐτοὶ ἐν τῇ Ἀχαΐᾳ ὡς νικήσαντες,

1 προσβεβοηθηκὼς Β : προσβεβοηθηκότες cett. γρ. Β   2 προανε-
χούσαις Β : ἀνεχούσαις cett.   13 αὐτῷ τούτῳ Α Β   18 ἐπαναγωγήν
Μ : ἐπαναγωγήν Β : ἐπαγωγήν cett.   20 ῥᾳδίως Β : καὶ cett.
24 αὐτοὶ Stahl : αὐτὸ Β : δι' αὐτὸ cett.   26 καὶ Β : om. cett.   πολλοὶ
Β   27 ὅτι οὐ Β : εἰ μὴ cett. γρ. Β

ἀπέχον τοῦ Ἐρινεοῦ, ἐν ᾧ οἱ Κορίνθιοι ὥρμουν, ὡς εἴκοσι
σταδίους. καὶ ἡ μὲν ναυμαχία οὕτως ἐτελεύτα.

35 Ὁ δὲ Δημοσθένης καὶ Εὐρυμέδων, ἐπειδὴ ξυστρατεύειν
αὐτοῖς οἱ Θούριοι παρεσκευάσθησαν ἑπτακοσίοις μὲν ὁπλί-
ταις, τριακοσίοις δὲ ἀκοντισταῖς, τὰς μὲν ναῦς παραπλεῖν 5
ἐκέλευον ἐπὶ τῆς Κροτωνιάτιδος, αὐτοὶ δὲ τὸν πεζὸν πάντα
ἐξετάσαντες πρῶτον ἐπὶ τῷ Συβάρει ποταμῷ ἦγον διὰ τῆς
2 Θουριάδος γῆς. καὶ ὡς ἐγένοντο ἐπὶ τῷ Ὑλίᾳ ποταμῷ
καὶ αὐτοῖς οἱ Κροτωνιᾶται προσπέμψαντες εἶπον οὐκ ἂν
σφίσι βουλομένοις εἶναι διὰ τῆς γῆς σφῶν τὸν στρατὸν 10
ἰέναι, ἐπικαταβάντες ηὐλίσαντο πρὸς τὴν θάλασσαν καὶ
τὴν ἐκβολὴν τοῦ Ὑλίου· καὶ αἱ νῆες αὐτοῖς ἐς τὸ αὐτὸ
ἀπήντων. τῇ δ' ὑστεραίᾳ ἀναβιβασάμενοι παρέπλεον,
ἴσχοντες πρὸς ταῖς πόλεσι πλὴν Λοκρῶν, ἕως ἀφίκοντο ἐπὶ
Πέτραν τῆς Ῥηγίνης. 15

36 Οἱ δὲ Συρακόσιοι ἐν τούτῳ πυνθανόμενοι αὐτῶν τὸν
ἐπίπλουν αὖθις ταῖς ναυσὶν ἀποπειρᾶσαι ἐβούλοντο καὶ
τῇ ἄλλῃ παρασκευῇ τοῦ πεζοῦ, ἥπερ ἐπ' αὐτὸ τοῦτο πρὶν
2 ἐλθεῖν αὐτοὺς φθάσαι βουλόμενοι ξυνέλεγον. παρεσκευά-
σαντο δὲ τό τε ἄλλο ναυτικὸν ὡς ἐκ τῆς προτέρας ναυμαχίας 20
τι πλέον ἐνεῖδον σχήσοντες, καὶ τὰς πρῴρας τῶν νεῶν
ξυντεμόντες ἐς ἔλασσον στεριφωτέρας ἐποίησαν, καὶ τὰς
ἐπωτίδας ἐπέθεσαν ταῖς πρῴραις παχείας, καὶ ἀντηρίδας
ἀπ' αὐτῶν ὑπέτειναν πρὸς τοὺς τοίχους ὡς ἐπὶ ἓξ πήχεις
ἐντός τε καὶ ἔξωθεν· ᾧπερ τρόπῳ καὶ οἱ Κορίνθιοι πρὸς 25
τὰς ἐν τῇ Ναυπάκτῳ ναῦς ἐπισκευασάμενοι πρῴραθεν ἐναυ-
3 μάχουν. ἐνόμισαν γὰρ οἱ Συρακόσιοι πρὸς τὰς τῶν Ἀθη-
ναίων ναῦς οὐχ ὁμοίως ἀντινεναυπηγημένας, ἀλλὰ λεπτὰ
τὰ πρῴραθεν ἐχούσας διὰ τὸ μὴ ἀντιπρῴροις μᾶλλον αὐτοὺς
ἢ ἐκ περίπλου ταῖς ἐμβολαῖς χρῆσθαι, οὐκ ἔλασσον σχήσειν, 30
καὶ τὴν ἐν τῷ μεγάλῳ λιμένι ναυμαχίαν, οὐκ ἐν πολλῷ

2 ναυμαχία] ξυμμαχία A E F M   ἐτελευτήθη B (γρ. ἐτελεύτα)
20 τε om. B   24 τοῦ τείχους A E F M   26 ἐπεσκευασμένοι
C G

162

πολλαῖς ναυσὶν οὖσαν, πρὸς ἑαυτῶν ἔσεσθαι· ἀντιπρώροις
γὰρ ταῖς ἐμβολαῖς χρώμενοι ἀναρρήξειν τὰ πρῴραθεν αὐτοῖς,
στερίφοις καὶ παχέσι πρὸς κοῖλα καὶ ἀσθενῆ παίοντες
τοῖς ἐμβόλοις. τοῖς δὲ Ἀθηναίοις οὐκ ἔσεσθαι σφῶν ἐν 4
5 στενοχωρίᾳ οὔτε περίπλουν οὔτε διέκπλουν, ᾧπερ τῆς
τέχνης μάλιστα ἐπίστευον· αὐτοὶ γὰρ κατὰ τὸ δυνατὸν τὸ
μὲν οὐ δώσειν διεκπλεῖν, τὸ δὲ τὴν στενοχωρίαν κωλύσειν
ὥστε μὴ περιπλεῖν. τῇ τε πρότερον ἀμαθίᾳ τῶν κυβερνη- 5
τῶν δοκούσῃ εἶναι, τὸ ἀντίπρωρον ξυγκροῦσαι, μάλιστ᾽ ἂν
10 αὐτοὶ χρήσασθαι· πλεῖστον γὰρ ἐν αὐτῷ σχήσειν· τὴν γὰρ
ἀνάκρουσιν οὐκ ἔσεσθαι τοῖς Ἀθηναίοις ἐξωθουμένοις ἄλλοσε
ἢ ἐς τὴν γῆν, καὶ ταύτην δι᾽ ὀλίγου καὶ ἐς ὀλίγον, κατ᾽
αὐτὸ τὸ στρατόπεδον τὸ ἑαυτῶν· τοῦ δ᾽ ἄλλου λιμένος αὐτοὶ
κρατήσειν, καὶ ξυμφερομένους αὐτούς, ἤν πῃ βιάζωνται, ἐς 6
15 ὀλίγον τε καὶ πάντας ἐς τὸ αὐτό, προσπίπτοντας ἀλλήλοις
ταράξεσθαι (ὅπερ καὶ ἔβλαπτε μάλιστα τοὺς Ἀθηναίους
ἐν ἁπάσαις ταῖς ναυμαχίαις, οὐκ οὔσης αὐτοῖς ἐς πάντα
τὸν λιμένα τῆς ἀνακρούσεως, ὥσπερ τοῖς Συρακοσίοις)·
περιπλεῦσαι δὲ ἐς τὴν εὐρυχωρίαν, σφῶν ἐχόντων τὴν
20 ἐπίπλευσιν ἀπὸ τοῦ πελάγους τε καὶ ἀνάκρουσιν, οὐ δυνή-
σεσθαι αὐτούς, ἄλλως τε καὶ τοῦ Πλημμυρίου πολεμίου τε
αὐτοῖς ἐσομένου καὶ τοῦ στόματος οὐ μεγάλου ὄντος τοῦ
λιμένος.

Τοιαῦτα οἱ Συρακόσιοι πρὸς τὴν ἑαυτῶν ἐπιστήμην τε 37
25 καὶ δύναμιν ἐπινοήσαντες καὶ ἅμα τεθαρσηκότες μᾶλλον
ἤδη ἀπὸ τῆς προτέρας ναυμαχίας, ἐπεχείρουν τῷ τε πεζῷ
ἅμα καὶ ταῖς ναυσίν. καὶ τὸν μὲν πεζὸν ὀλίγῳ πρότερον 2
τὸν ἐκ τῆς πόλεως Γύλιππος προεξαγαγὼν προσῆγε τῷ
τείχει τῶν Ἀθηναίων, καθ᾽ ὅσον πρὸς τὴν πόλιν αὐτοῦ

1 ἀντιπρώροις Reiske : ἀντίπρωροι codd.   3 παίοντες B : παρ-
έχοντες cett.   4 δὲ om. B   7 διέκπλουν suprascr. διεκπλεῖν B
9 τὸ] τὸν A F γρ. B : τῷ Dobree   ξυγκροῦσαι B : ξυγκρούσει vel
συγκρούσει cett. γρ. B   μάλιστ᾽ ἂν αὐτοὶ | μάλιστα αὐτοῖς B (γρ.
μάλιστ᾽ ἂν αὐτοὶ)   10 χρήσεσθαι B (γρ χρήσασθαι)   15 πάντα B
18 τῆς B : om. cctt.   κρούσεως A C E (G) M   24 ταῦτα B

ἑώρα· καὶ οἱ ἀπὸ τοῦ Ὀλυμπιείου, οἵ τε ὁπλῖται ὅσοι ἐκεῖ
ἦσαν καὶ οἱ ἱππῆς καὶ ἡ γυμνητεία τῶν Συρακοσίων ἐκ
τοῦ ἐπὶ θάτερα προσῄει τῷ τείχει· αἱ δὲ νῆες μετὰ τοῦτο
3 εὐθὺς ἐπεξέπλεον τῶν Συρακοσίων καὶ ξυμμάχων. καὶ οἱ
Ἀθηναῖοι τὸ πρῶτον αὐτοὺς οἰόμενοι τῷ πεζῷ μόνῳ πειρά- 5
σειν, ὁρῶντες δὲ καὶ τὰς ναῦς ἐπιφερομένας ἄφνω, ἐθορυ-
βοῦντο, καὶ οἱ μὲν ἐπὶ τὰ τείχη καὶ πρὸ τῶν τειχῶν τοῖς
προσιοῦσιν ἀντιπαρετάσσοντο, οἱ δὲ πρὸς τοὺς ἀπὸ τοῦ
Ὀλυμπιείου καὶ τῶν ἔξω κατὰ τάχος χωροῦντας ἱππέας τε
πολλοὺς καὶ ἀκοντιστὰς ἀντεπεξῇσαν, ἄλλοι δὲ τὰς ναῦς 10
ἐπλήρουν καὶ ἅμα ἐπὶ τὸν αἰγιαλὸν παρεβοήθουν, καὶ ἐπειδὴ
πλήρεις ἦσαν, ἀντανῆγον πέντε καὶ ἑβδομήκοντα ναῦς·
38 καὶ τῶν Συρακοσίων ἦσαν ὀγδοήκοντα μάλιστα. τῆς δὲ
ἡμέρας ἐπὶ πολὺ προσπλέοντες καὶ ἀνακρουόμενοι καὶ
πειράσαντες ἀλλήλων καὶ οὐδέτεροι δυνάμενοι ἄξιόν τι 15
λόγου παραλαβεῖν, εἰ μὴ ναῦν μίαν ἢ δύο τῶν Ἀθηναίων
οἱ Συρακόσιοι καταδύσαντες, διεκρίθησαν· καὶ ὁ πεζὸς ἅμα
ἀπὸ τῶν τειχῶν ἀπῆλθεν.
2   Τῇ δ' ὑστεραίᾳ οἱ μὲν Συρακόσιοι ἡσύχαζον, οὐδὲν
δηλοῦντες ὁποῖόν τι τὸ μέλλον ποιήσουσιν· ὁ δὲ Νικίας 20
ἰδὼν ἀντίπαλα τὰ τῆς ναυμαχίας γενόμενα καὶ ἐλπίζων
αὐτοὺς αὖθις ἐπιχειρήσειν τούς τε τριηράρχους ἠνάγκαζεν
ἐπισκευάζειν τὰς ναῦς, εἴ τίς τι ἐπεπονήκει, καὶ ὁλκάδας
προώρμισε πρὸ τοῦ σφετέρου σταυρώματος, ὃ αὐτοῖς πρὸ
τῶν νεῶν ἀντὶ λιμένος κλῃστοῦ ἐν τῇ θαλάσσῃ ἐπεπήγει. 25
3 διαλειπούσας δὲ τὰς ὁλκάδας ὅσον δύο πλέθρα ἀπ' ἀλλήλων
κατέστησεν, ὅπως, εἴ τις βιάζοιτο ναῦς, εἴη κατάφευξις
ἀσφαλὴς καὶ πάλιν καθ' ἡσυχίαν ἔκπλους. παρασκευαζό-
μενοι δὲ ταῦτα ὅλην τὴν ἡμέραν διετέλεσαν οἱ Ἀθηναῖοι
μέχρι νυκτός.   30

4 ἐπεξέπλεον B : ἐξέπλεον cett.   8 post δὲ add. Ἀθηναῖοι
ACEFGM   13 post καὶ add. αἱ CEG   14 alterum καὶ secl.
Classen   17 οἱ B : om. cett.   διεκρίθησαν ... 24 σ[φετέρου Π¹⁶
21 τὰ B Π¹⁶ : om. cett.   24 προώρμησε AEFM[Π¹⁶]   26 διαλει-
πούσας recc. : διαλιπούσας codd.

Τῇ δ' ὑστεραίᾳ οἱ Συρακόσιοι τῆς μὲν ὥρας πρωίτερον, 39
τῇ δ' ἐπιχειρήσει τῇ αὐτῇ τοῦ τε πεζοῦ καὶ τοῦ ναυτικοῦ
προσέμισγον τοῖς Ἀθηναίοις, καὶ ἀντικαταστάντες ταῖς 2
ναυσὶ τὸν αὐτὸν τρόπον αὖθις ἐπὶ πολὺ διῆγον τῆς ἡμέρας
5 πειρώμενοι ἀλλήλων, πρὶν δὴ Ἀρίστων ὁ Πυρρίχου Κορίν-
θιος, ἄριστος ὢν κυβερνήτης τῶν μετὰ Συρακοσίων, πείθει
τοὺς σφετέρους τοῦ ναυτικοῦ ἄρχοντας, πέμψαντας ὡς τοὺς
ἐν τῇ πόλει ἐπιμελομένους, κελεύειν ὅτι τάχιστα τὴν ἀγορὰν
τῶν πωλουμένων παρὰ τὴν θάλασσαν μεταστῆσαι κομίσαντας,
10 καὶ ὅσα τις ἔχει ἐδώδιμα, πάντας ἐκεῖσε φέροντας ἀναγκάσαι
πωλεῖν, ὅπως αὐτοῖς ἐκβιβάσαντες τοὺς ναύτας εὐθὺς παρὰ
τὰς ναῦς ἀριστοποιήσωνται, καὶ δι' ὀλίγου αὖθις καὶ αὐθη-
μερὸν ἀπροσδοκήτοις τοῖς Ἀθηναίοις ἐπιχειρῶσιν. καὶ οἱ 40
μὲν πεισθέντες ἔπεμψαν ἄγγελον, καὶ ἡ ἀγορὰ παρεσκευά-
15 σθη, καὶ οἱ Συρακόσιοι ἐξαίφνης πρύμναν κρουσάμενοι
πάλιν πρὸς τὴν πόλιν ἔπλευσαν καὶ εὐθὺς ἐκβάντες αὐτοῦ
ἄριστον ἐποιοῦντο· οἱ δ' Ἀθηναῖοι νομίσαντες αὐτοὺς ὡς 2
ἡσσημένους σφῶν πρὸς τὴν πόλιν ἀνακρούσασθαι, καθ'
ἡσυχίαν ἐκβάντες τά τε ἄλλα διεπράσσοντο καὶ τὰ ἀμφὶ
20 τὸ ἄριστον ὡς τῆς γε ἡμέρας ταύτης οὐκέτι οἰόμενοι ἂν
ναυμαχῆσαι. ἐξαίφνης δὲ οἱ Συρακόσιοι πληρώσαντες τὰς 3
ναῦς ἐπέπλεον αὖθις· οἱ δὲ διὰ πολλοῦ θορύβου καὶ ἄσιτοι
οἱ πλείους οὐδενὶ κόσμῳ ἐσβάντες μόλις ποτὲ ἀντανήγοντο.
καὶ χρόνον μέν τινα ἀπέσχοντο ἀλλήλων φυλασσόμενοι· 4
25 ἔπειτα οὐκ ἐδόκει τοῖς Ἀθηναίοις ὑπὸ σφῶν αὐτῶν διαμέλ-
λοντας κόπῳ ἁλίσκεσθαι, ἀλλ' ἐπιχειρεῖν ὅτι τάχιστα,
καὶ ἐπιφερόμενοι ἐκ παρακελεύσεως ἐναυμάχουν. οἱ δὲ 5
Συρακόσιοι δεξάμενοι καὶ ταῖς [τε] ναυσὶν ἀντιπρῴροις
χρώμενοι, ὥσπερ διενοήθησαν, τῶν ἐμβόλων τῇ παρασκευῇ

1 πρωίτερον Β : πρότερον cett. post πρωίτερον add. ἢ τὸ πρό-
τερον Β 9 παρὰ . . . κομίσαντας] μεταναστήσαντας ἐπὶ τὴν
θάλασσαν κομίσαι Β 12 ἄριστον ποιήσωνται Β : ἀριστοποιήσονται Α F
αὖθις καὶ bis habent Α C F G Μ 23 μόλις Β : μόγις cett. 28 τε
om. Α F G Μ 29 ἐμβόλων Abresch : ἐμβυλῶν codd.

ἀνερρήγνυσαν τὰς τῶν Ἀθηναίων ναῦς ἐπὶ πολὺ τῆς παρεξ-
ειρεσίας, καὶ οἱ ἀπὸ τῶν καταστρωμάτων αὐτοῖς ἀκοντί-
ζοντες μεγάλα ἔβλαπτον τοὺς Ἀθηναίους, πολὺ δ' ἔτι μείζω
οἱ ἐν τοῖς λεπτοῖς πλοίοις περιπλέοντες τῶν Συρακοσίων
καὶ ἔς τε τοὺς ταρσοὺς ὑποπίπτοντες τῶν πολεμίων νεῶν 5
καὶ ἐς τὰ πλάγια παραπλέοντες καὶ ἐξ αὐτῶν ἐς τοὺς
41 ναύτας ἀκοντίζοντες. τέλος δὲ τούτῳ τῷ τρόπῳ κατὰ
κράτος ναυμαχοῦντες οἱ Συρακόσιοι ἐνίκησαν, καὶ οἱ Ἀθη-
ναῖοι τραπόμενοι διὰ τῶν ὁλκάδων τὴν κατάφευξιν ἐποιοῦντο
2 ἐς τὸν ἑαυτῶν ὅρμον. αἱ δὲ τῶν Συρακοσίων νῆες μέχρι 10
μὲν τῶν ὁλκάδων ἐπεδίωκον· ἔπειτα αὐτοὺς αἱ κεραῖαι ὑπὲρ
τῶν ἔσπλων αἱ ἀπὸ τῶν ὁλκάδων δελφινοφόροι ἠρμέναι
3 ἐκώλυον. δύο δὲ νῆες τῶν Συρακοσίων ἐπαιρόμεναι τῇ
νίκῃ προσέμειξαν αὐτῶν ἐγγὺς καὶ διεφθάρησαν, καὶ ἡ
4 ἑτέρα αὐτοῖς ἀνδράσιν ἑάλω. καταδύσαντες δ' οἱ Συρακό- 15
σιοι τῶν Ἀθηναίων ἑπτὰ ναῦς καὶ κατατραυματίσαντες
πολλὰς ἄνδρας τε τοὺς μὲν πολλοὺς ζωγρήσαντες, τοὺς
δὲ ἀποκτείναντες ἀπεχώρησαν, καὶ τροπαῖά τε ἀμφοτέρων
τῶν ναυμαχιῶν ἔστησαν, καὶ τὴν ἐλπίδα ἤδη ἐχυρὰν εἶχον
ταῖς μὲν ναυσὶ καὶ πολὺ κρείσσους εἶναι, ἐδόκουν δὲ καὶ 20
τὸν πεζὸν χειρώσεσθαι.

42   Καὶ οἱ μὲν ὡς ἐπιθησόμενοι κατ' ἀμφότερα παρεσκευά-
ζοντο αὖθις, ἐν τούτῳ δὲ Δημοσθένης καὶ Εὐρυμέδων ἔχοντες
τὴν ἀπὸ τῶν Ἀθηνῶν βοήθειαν παραγίγνονται, ναῦς τε
τρεῖς καὶ ἑβδομήκοντα μάλιστα ξὺν ταῖς ξενικαῖς καὶ 25
ὁπλίτας περὶ πεντακισχιλίους ἑαυτῶν τε καὶ τῶν ξυμμάχων,
ἀκοντιστάς τε βαρβάρους καὶ Ἕλληνας οὐκ ὀλίγους, καὶ
σφενδονήτας καὶ τοξότας καὶ τὴν ἄλλην παρασκευὴν
2 ἱκανήν. καὶ τοῖς μὲν Συρακοσίοις καὶ ξυμμάχοις κατά-
πληξις ἐν τῷ αὐτίκα οὐκ ὀλίγη ἐγένετο, εἰ πέρας μηδὲν 30
ἔσται σφίσι τοῦ ἀπαλλαγῆναι τοῦ κινδύνου, ὁρῶντες οὔτε

11 ὑπέρ] ὑπὸ B   17 πολλοὺς om. B   20 prius καὶ B: om. cett.
δοκεῖν B   25 μάλιστα om. B

166

διὰ τὴν Δεκέλειαν τειχιζομένην οὐδὲν ἧσσον στρατὸν ἴσον
καὶ παραπλήσιον τῷ προτέρῳ ἐπεληλυθότα τήν τε τῶν
Ἀθηναίων δύναμιν πανταχόσε πολλὴν φαινομένην· τῷ δὲ
προτέρῳ στρατεύματι τῶν Ἀθηναίων ὡς ἐκ κακῶν ῥώμη
5 τις ἐγεγένητο. ὁ δὲ Δημοσθένης ἰδὼν ὡς εἶχε τὰ πράγματα 3
καὶ νομίσας οὐχ οἶόν τε εἶναι διατρίβειν οὐδὲ παθεῖν ὅπερ
ὁ Νικίας ἔπαθεν (ἀφικόμενος γὰρ τὸ πρῶτον ὁ Νικίας
φοβερός, ὡς οὐκ εὐθὺς προσέκειτο ταῖς Συρακούσαις, ἀλλ'
ἐν Κατάνῃ διεχείμαζεν, ὑπερώφθη τε καὶ ἔφθασεν αὐτὸν
10 ἐκ τῆς Πελοποννήσου στρατιᾷ ὁ Γύλιππος ἀφικόμενος, ἣν
οὐδ' ἂν μετέπεμψαν οἱ Συρακόσιοι, εἰ ἐκεῖνος εὐθὺς ἐπέκειτο·
ἱκανοὶ γὰρ αὐτοὶ οἰόμενοι εἶναι ἅμα τ' ἂν ἔμαθον ἥσσους
ὄντες καὶ ἀποτετειχισμένοι ἂν ἦσαν, ὥστε μηδ' εἰ μετέ-
πεμψαν ἔτι ὁμοίως ἂν αὐτοὺς ὠφελεῖν), ταῦτα οὖν ἀνα-
15 σκοπῶν ὁ Δημοσθένης, καὶ γιγνώσκων ὅτι καὶ αὐτὸς ἐν τῷ
παρόντι τῇ πρώτῃ ἡμέρᾳ μάλιστα δεινότατός ἐστι τοῖς
ἐναντίοις, ἐβούλετο ὅτι τάχος ἀποχρήσασθαι τῇ παρούσῃ
τοῦ στρατεύματος ἐκπλήξει. καὶ ὁρῶν τὸ παρατείχισμα 4
τῶν Συρακοσίων, ᾧ ἐκώλυσαν περιτειχίσαι σφᾶς τοὺς
20 Ἀθηναίους, ἁπλοῦν ὂν καί, εἰ κρατήσειέ τις τῶν τε Ἐπι-
πολῶν τῆς ἀναβάσεως καὶ αὖθις τοῦ ἐν αὐταῖς στρατοπέδου,
ῥᾳδίως ἂν αὐτὸ ληφθέν (οὐδὲ γὰρ ὑπομεῖναι ἂν σφᾶς
οὐδένα), ἠπείγετο ἐπιθέσθαι τῇ πείρᾳ, καί οἱ ξυντομωτάτην 5
ἡγεῖτο διαπολέμησιν· ἢ γὰρ κατορθώσας ἕξειν Συρακούσας,
25 ἢ ἀπάξειν τὴν στρατιὰν καὶ οὐ τρίψεσθαι ἄλλως Ἀθηναίους
τε τοὺς ξυστρατευομένους καὶ τὴν ξύμπασαν πόλιν.

Πρῶτον μὲν οὖν τήν τε γῆν ἐξελθόντες τῶν Συρακοσίων 6
ἔτεμον οἱ Ἀθηναῖοι περὶ τὸν Ἄναπον, καὶ τῷ στρατεύματι
ἐπεκράτουν ὥσπερ τὸ πρῶτον, τῷ τε πεζῷ καὶ ταῖς ναυσίν

20 post ἁπλοῦν add. τε A C E F G M   post εἰ add. μὴ B
ἐπικρατήσειε B   τε B: om. cett.   23 οἱ B: om. cett. γρ. B
post ξυντομωτάτην add. ταύτην Madvig   25 τρίψεσθαι B: τρί-
βεσθαι cett.   26 post τε add. καὶ B   28 ἔτεμνον C G   29 τε
om. C

(οὐδὲ γὰρ καθ᾽ ἔτερα οἱ Συρακόσιοι ἀντεπεξῇσαν ὅτι μὴ
43 τοῖς ἱππεῦσι καὶ ἀκοντισταῖς ἀπὸ τοῦ Ὀλυμπιείου)· ἔπειτα
μηχαναῖς ἔδοξε τῷ Δημοσθένει πρότερον ἀποπειρᾶσαι τοῦ
παρατειχίσματος. ὡς δὲ αὐτῷ προσαγαγόντι κατεκαύθησάν
τε ὑπὸ τῶν ἐναντίων ἀπὸ τοῦ τείχους ἀμυνομένων αἱ 5
μηχαναὶ καὶ τῇ ἄλλῃ στρατιᾷ πολλαχῇ προσβάλλοντες
ἀπεκρούοντο, οὐκέτι ἐδόκει διατρίβειν, ἀλλὰ πείσας τόν τε
Νικίαν καὶ τοὺς ἄλλους ξυνάρχοντας, ὡς ἐπενόει, τὴν
2 ἐπιχείρησιν τῶν Ἐπιπολῶν ἐποιεῖτο. καὶ ἡμέρας μὲν
ἀδύνατα ἐδόκει εἶναι λαθεῖν προσελθόντας τε καὶ ἀνα- 10
βάντας, παραγγείλας δὲ πέντε ἡμερῶν σιτία καὶ τοὺς
λιθολόγους καὶ τέκτονας πάντας λαβὼν καὶ ἄλλην παρα-
σκευὴν τοξευμάτων τε καὶ ὅσα ἔδει, ἢν κρατῶσι, τειχίζοντας
ἔχειν, αὐτὸς μὲν ἀπὸ πρώτου ὕπνου καὶ Εὐρυμέδων καὶ
Μένανδρος ἀναλαβὼν τὴν πᾶσαν στρατιὰν ἐχώρει πρὸς 15
τὰς Ἐπιπολάς, Νικίας δὲ ἐν τοῖς τείχεσιν ὑπελέλειπτο.
3 καὶ ἐπειδὴ ἐγένοντο πρὸς αὐταῖς κατὰ τὸν Εὐρύηλον, ᾗπερ
καὶ ἡ προτέρα στρατιὰ τὸ πρῶτον ἀνέβη, λανθάνουσί τε
τοὺς φύλακας τῶν Συρακοσίων, καὶ προσβάντες τὸ τείχισμα
ὃ ἦν αὐτόθι τῶν Συρακοσίων αἱροῦσι καὶ ἄνδρας τῶν 20
4 φυλάκων ἀποκτείνουσιν. οἱ δὲ πλείους διαφυγόντες εὐθὺς
πρὸς τὰ στρατόπεδα, ἃ ἦν ἐπὶ τῶν Ἐπιπολῶν τρία ἐν
προτειχίσμασιν, ἐν μὲν τῶν Συρακοσίων, ἐν δὲ τῶν ἄλλων
Σικελιωτῶν, ἐν δὲ τῶν ξυμμάχων, ἀγγέλλουσι τὴν ἔφοδον
καὶ τοῖς ἑξακοσίοις τῶν Συρακοσίων, οἳ καὶ πρῶτοι κατὰ 25
5 τοῦτο τὸ μέρος τῶν Ἐπιπολῶν φύλακες ἦσαν, ἔφραζον. οἱ
δ᾽ ἐβοήθουν τ᾽ εὐθύς, καὶ αὐτοῖς ὁ Δημοσθένης καὶ οἱ
Ἀθηναῖοι ἐντυχόντες ἀμυνομένους προθύμως ἔτρεψαν. καὶ
αὐτοὶ μὲν εὐθὺς ἐχώρουν ἐς τὸ πρόσθεν, ὅπως τῇ παρούσῃ

---

1 ἑκάτερα B   5 post ἀπὸ add. τε B   8 ὡς B : om. cett.
γρ. B   post ἐπενόει add. καὶ Λ C F F G M γρ. B   10 ἀδύνατα B :
ἀδύνατον cett.   15 πᾶσαν | πρώτην B {γρ. πᾶσαν : πεζὴν Wölfflin
16 ὑπελείπετο B   20 post ἄνδρας add. τινὰς B   22 ἐν προτει-
χίσμασιν B : om. cett.

ὁρμῇ τοῦ περαίνεσθαι ὧν ἕνεκα ἦλθον μὴ βραδεῖς γένωνται·
ἄλλοι δὲ ἀπὸ τῆς πρώτης τὸ παρατείχισμα τῶν Συρακοσίων
οὐχ ὑπομενόντων τῶν φυλάκων ᾕρουν τε καὶ τὰς ἐπάλξεις
ἀπέσυρον. οἱ δὲ Συρακόσιοι καὶ οἱ ξύμμαχοι καὶ ὁ Γύλιπ- 6
5 πος καὶ οἱ μετ᾽ αὐτοῦ ἐβοήθουν ἐκ τῶν προτειχισμάτων,
καὶ ἀδοκήτου τοῦ τολμήματος σφίσιν ἐν νυκτὶ γενομένου
προσέβαλόν τε τοῖς Ἀθηναίοις ἐκπεπληγμένοι καὶ βια-
σθέντες ὑπ᾽ αὐτῶν τὸ πρῶτον ὑπεχώρησαν. προϊόντων δὲ 7
τῶν Ἀθηναίων ἐν ἀταξίᾳ μᾶλλον ἤδη ὡς κεκρατηκότων καὶ
10 βουλομένων διὰ παντὸς τοῦ μήπω μεμαχημένου τῶν ἐναντίων
ὡς τάχιστα διελθεῖν, ἵνα μὴ ἀνέντων σφῶν τῆς ἐφόδου
αὖθις ξυστραφῶσιν, οἱ Βοιωτοὶ πρῶτοι αὐτοῖς ἀντέσχον καὶ
προσβαλόντες ἔτρεψάν τε καὶ ἐς φυγὴν κατέστησαν.

Καὶ ἐνταῦθα ἤδη ἐν πολλῇ ταραχῇ καὶ ἀπορίᾳ ἐγίγνοντο 44
15 οἱ Ἀθηναῖοι, ἣν οὐδὲ πυθέσθαι ῥᾴδιον ἦν οὐδ᾽ ἀφ᾽ ἑτέρων
ὅτῳ τρόπῳ ἕκαστα ξυνηνέχθη. ἐν μὲν γὰρ ἡμέρᾳ σαφέ-
στερα μέν, ὅμως δὲ οὐδὲ ταῦτα οἱ παραγενόμενοι πάντα
πλὴν τὸ καθ᾽ ἑαυτὸν ἕκαστος μόλις οἶδεν· ἐν δὲ νυκτο-
μαχίᾳ, ἣ μόνη δὴ στρατοπέδων μεγάλων ἔν γε τῷδε τῷ πολέμῳ
20 ἐγένετο, πῶς ἄν τις σαφῶς τι ᾔδει; ἦν μὲν γὰρ σελήνη 2
λαμπρά, ἑώρων δὲ οὕτως ἀλλήλους ὡς ἐν σελήνῃ εἰκὸς τὴν
μὲν ὄψιν τοῦ σώματος προορᾶν, τὴν δὲ γνῶσιν τοῦ οἰκείου
ἀπιστεῖσθαι. ὁπλῖται δὲ ἀμφοτέρων οὐκ ὀλίγοι ἐν στενο-
χωρίᾳ ἀνεστρέφοντο. καὶ τῶν Ἀθηναίων οἱ μὲν ἤδη ἐνι- 3
25 κῶντο, οἱ δ᾽ ἔτι τῇ πρώτῃ ἐφόδῳ ἀήσσητοι ἐχώρουν. πολὺ
δὲ καὶ τοῦ ἄλλου στρατεύματος αὐτοῖς τὸ μὲν ἄρτι ἀνε-
βεβήκει, τὸ δ᾽ ἔτι προσανῄει, ὥστ᾽ οὐκ ἠπίσταντο πρὸς
ὅτι χρὴ χωρῆσαι. ἤδη γὰρ τὰ πρόσθεν τῆς τροπῆς
γεγενημένης ἐτετάρακτο πάντα καὶ χαλεπὰ ἦν ὑπὸ τῆς
30 βοῆς διαγνῶναι. οἵ τε γὰρ Συρακόσιοι καὶ οἱ ξύμμαχοι 4

2 τὸ post δὲ habent codd.: transp. Göller   6 ἐν νυκτὶ σφίσι
ACEFGM   7 προσέβαλον E: προσέβαλλον cett.   12 πρῶτοι]
πρότεροι B   18 μόγις B   19 γε B: om. cett.   28 τὰ]
τὸ B   29 γενομένης M

169

ὡς κρατοῦντες παρεκελεύοντό τε κραυγῇ οὐκ ὀλίγῃ χρώμενοι,
ἀδύνατον ὂν ἐν νυκτὶ ἄλλῳ τῳ σημῆναι, καὶ ἅμα τοὺς
προσφερομένους ἐδέχοντο· οἵ τε Ἀθηναῖοι ἐζήτουν τε σφᾶς
αὐτοὺς καὶ πᾶν τὸ ἐξ ἐναντίας, καὶ εἰ φίλιον εἴη τῶν ἤδη
πάλιν φευγόντων, πολέμιον ἐνόμιζον, καὶ τοῖς ἐρωτήμασι 5
τοῦ ξυνθήματος πυκνοῖς χρώμενοι διὰ τὸ μὴ εἶναι ἄλλῳ τῳ
γνωρίσαι σφίσι τε αὐτοῖς θόρυβον πολὺν παρεῖχον ἅμα
πάντες ἐρωτῶντες καὶ τοῖς πολεμίοις σαφὲς αὐτὸ κατέστη-
5 σαν· τὸ δ' ἐκείνων οὐχ ὁμοίως ἠπίσταντο διὰ τὸ κρατοῦντας
αὐτοὺς καὶ μὴ διεσπασμένους ἧσσον ἀγνοεῖσθαι, ὥστ' εἰ 10
μὲν ἐντύχοιέν τισι κρείσσους ὄντες τῶν πολεμίων, διέφευγον
αὐτοὺς ἅτε ἐκείνων ἐπιστάμενοι τὸ ξύνθημα, εἰ δ' αὐτοὶ μὴ
6 ἀποκρίνοιντο, διεφθείροντο. μέγιστον δὲ καὶ οὐχ ἥκιστα
ἔβλαψε καὶ ὁ παιανισμός· ἀπὸ γὰρ ἀμφοτέρων παραπλή-
σιος ὢν ἀπορίαν παρεῖχεν. οἵ τε γὰρ Ἀργεῖοι καὶ οἱ 15
Κερκυραῖοι καὶ ὅσον Δωρικὸν μετ' Ἀθηναίων ἦν, ὁπότε
παιανίσειαν, φόβον παρεῖχε τοῖς Ἀθηναίοις, οἵ τε πολέμιοι
7 ὁμοίως. ὥστε τέλος ξυμπεσόντες αὑτοῖς κατὰ πολλὰ τοῦ
στρατοπέδου, ἐπεὶ ἅπαξ ἐταράχθησαν, φίλοι τε φίλοις καὶ
πολῖται πολίταις, οὐ μόνον ἐς φόβον κατέστησαν, ἀλλὰ 20
8 καὶ ἐς χεῖρας ἀλλήλοις ἐλθόντες μόλις ἀπελύοντο. καὶ
διωκόμενοι κατά τε τῶν κρημνῶν [οἱ] πολλοὶ ῥίπτοντες ἑαυ-
τοὺς ἀπώλλυντο, στενῆς οὔσης τῆς ἀπὸ τῶν Ἐπιπολῶν
πάλιν καταβάσεως, καὶ ἐπειδὴ ἐς τὸ ὁμαλὸν οἱ σῳζόμενοι
ἄνωθεν καταβαῖεν, οἱ μὲν πολλοὶ αὐτῶν καὶ ὅσοι ἦσαν τῶν 25
προτέρων στρατιωτῶν ἐμπειρίᾳ μᾶλλον τῆς χώρας ἐς τὸ
στρατόπεδον διεφύγγανον, οἱ δὲ ὕστερον ἥκοντες εἰσὶν οἳ
διαμαρτόντες τῶν ὁδῶν κατὰ τὴν χώραν ἐπλανήθησαν· οὕς,

---

1 ὡς Β: om. cett.   2 ἀδύνατα ἦν C IG   ὂν] οὖν A F   4 ἐξ
ἐναντίας Β: ἐναντίον cett.   12 ἐπισταμένων Β: ἐπιστάντων C
13 κρίνοιντο Β   14 καὶ om. Β   παιανισμός f: παιωνισμός codd.
17 παιανίσειαν f: παιωνίσειαν codd.   18 αὑτοῖς recc.: αὐτοῖς codd.
20 καθίστησαν (sic) Β   21 μόγις Β   22 οἱ secl. Bloom-
field ῥιπτοῦντες Β   25 καταβαῖεν, οἱ μὲν Β: καταβαίνοιεν cett.
γρ. Β

ἐπειδὴ ἡμέρα ἐγένετο, οἱ ἱππῆς τῶν Συρακοσίων περιελά-
σαντες διέφθειραν.

Τῇ δ' ὑστεραίᾳ οἱ μὲν Συρακόσιοι δύο τροπαῖα ἔστησαν, 45
ἐπί τε ταῖς Ἐπιπολαῖς ᾗ ἡ πρόσβασις καὶ κατὰ τὸ χωρίον
5 ᾗ οἱ Βοιωτοὶ πρῶτον ἀντέστησαν, οἱ δ' Ἀθηναῖοι τοὺς νεκ-
ροὺς ὑποσπόνδους ἐκομίσαντο. ἀπέθανον δὲ οὐκ ὀλίγοι 2
αὐτῶν τε καὶ τῶν ξυμμάχων, ὅπλα μέντοι ἔτι πλείω ἢ κατὰ
τοὺς νεκροὺς ἐλήφθη· οἱ γὰρ κατὰ τῶν κρημνῶν βιασθέντες
ἄλλεσθαι ψιλοὶ [ἄνευ τῶν ἀσπίδων] οἱ μὲν ἀπώλλυντο, οἱ
10 δ' ἐσώθησαν.

Μετὰ δὲ τοῦτο οἱ μὲν Συρακόσιοι ὡς ἐπὶ ἀπροσδοκήτῳ 46
εὐπραγίᾳ πάλιν αὖ ἀναρρωσθέντες, ὥσπερ καὶ πρότερον, ἐς
μὲν Ἀκράγαντα στασιάζοντα πέντε καὶ δέκα ναυσὶ Σικανὸν
ἀπέστειλαν, ὅπως ὑπαγάγοιτο τὴν πόλιν, εἰ δύναιτο· Γύ-
15 λιππος δὲ κατὰ γῆν ἐς τὴν ἄλλην Σικελίαν ᾤχετο αὖθις,
ἄξων στρατιὰν ἔτι, ὡς ἐν ἐλπίδι ὢν καὶ τὰ τείχη τῶν
Ἀθηναίων αἱρήσειν βίᾳ, ἐπειδὴ τὰ ἐν ταῖς Ἐπιπολαῖς οὕτω
ξυνέβη.

Οἱ δὲ τῶν Ἀθηναίων στρατηγοὶ ἐν τούτῳ ἐβουλεύοντο 47
20 πρός τε τὴν γεγενημένην ξυμφορὰν καὶ πρὸς τὴν παροῦσαν
ἐν τῷ στρατοπέδῳ κατὰ πάντα ἀρρωστίαν. τοῖς τε γὰρ
ἐπιχειρήμασιν ἑώρων οὐ κατορθοῦντες καὶ τοὺς στρατιώτας
ἀχθομένους τῇ μονῇ· νόσῳ τε γὰρ ἐπιέζοντο κατ' ἀμφότερα, 2
τῆς τε ὥρας τοῦ ἐνιαυτοῦ ταύτης οὔσης ἐν ᾗ ἀσθενοῦσιν
25 ἄνθρωποι μάλιστα, καὶ τὸ χωρίον ἅμα ἐν ᾧ ἐστρατοπεδεύ-
οντο ἑλῶδες καὶ χαλεπὸν ἦν, τά τε ἄλλα ὅτι ἀνέλπιστα
αὐτοῖς ἐφαίνετο. τῷ οὖν Δημοσθένει οὐκ ἐδόκει ἔτι χρῆναι 3
μένειν, ἀλλ' ἅπερ καὶ διανοηθεὶς ἐς τὰς Ἐπιπολὰς διεκιν-
δύνευσεν, ἐπειδὴ ἔσφαλτο, ἀπιέναι ἐψηφίζετο καὶ μὴ δια-

2 διέφθειρον A E F M   5 πρῶτον om. B   9 ἄνευ τῶν
ἀσπίδων secl. Pluygers   ἀπώλοντο Cobet   14 ἐπαγάγοιτο
Pluygers   15 ἄλλην B : om. cett.   22 κατορθοῦντες G M : κατορ-
θοῦντας cett.   26 ἦν om. B   ἄλλα ὅτι om. A   ἀνελπιστότατα
Reiske   28 διακινδυνεῦσαι A E F M   29 ἀπιέναι B : ἐξιέναι
cett.

τρίβειν, ἕως ἔτι τὸ πέλαγος οἷόν τε περαιοῦσθαι καὶ τοῦ
4 στρατεύματος ταῖς γοῦν ἐπελθούσαις ναυσὶ κρατεῖν. καὶ
τῇ πόλει ὠφελιμώτερον ἔφη εἶναι πρὸς τοὺς ἐν τῇ χώρᾳ
σφῶν ἐπιτειχίζοντας τὸν πόλεμον ποιεῖσθαι ἢ Συρακοσίους,
οὓς οὐκέτι ῥᾴδιον εἶναι χειρώσασθαι· οὐδ' αὖ ἄλλως χρήματα 5
πολλὰ δαπανῶντας εἰκὸς εἶναι προσκαθῆσθαι.

48 Καὶ ὁ μὲν Δημοσθένης τοιαῦτα ἐγίγνωσκεν· ὁ δὲ
Νικίας ἐνόμιζε μὲν καὶ αὐτὸς πόνηρα σφῶν τὰ πράγματα
εἶναι, τῷ δὲ λόγῳ οὐκ ἐβούλετο αὐτὰ ἀσθενῆ ἀποδεικνύναι,
οὐδ' ἐμφανῶς σφᾶς ψηφιζομένους μετὰ πολλῶν τὴν ἀναχώ- 10
ρησιν τοῖς πολεμίοις καταγγέλτους γίγνεσθαι· λαθεῖν γὰρ
2 ἄν, ὁπότε βούλοιντο, τοῦτο ποιοῦντες πολλῷ ἧσσον. τὸ δέ
τι καὶ τὰ τῶν πολεμίων, ἀφ' ὧν ἐπὶ πλέον ἢ οἱ ἄλλοι
ᾐσθάνετο αὐτῶν, ἐλπίδος τι ἔτι παρεῖχε πονηρότερα τῶν
σφετέρων ἔσεσθαι, ἢν καρτερῶσι προσκαθήμενοι· χρημάτων 15
γὰρ ἀπορίᾳ αὐτοὺς ἐκτρυχώσειν, ἄλλως τε καὶ ἐπὶ πλέον
ἤδη ταῖς ὑπαρχούσαις ναυσὶ θαλασσοκρατούντων. καὶ ἦν
γάρ τι καὶ ἐν ταῖς Συρακούσαις βουλόμενον τοῖς Ἀθηναίοις
τὰ πράγματα ἐνδοῦναι, ἐπεκηρυκεύετο ὡς αὐτὸν καὶ οὐκ εἴα
3 ἀπανίστασθαι. ἃ ἐπιστάμενος τῷ μὲν ἔργῳ ἔτι ἐπ' ἀμφό- 20
τερα ἔχων καὶ διασκοπῶν ἀνεῖχε, τῷ δ' ἐμφανεῖ τότε λόγῳ
οὐκ ἔφη ἀπάξειν τὴν στρατιάν. εὖ γὰρ εἰδέναι ὅτι Ἀθη-
ναῖοι σφῶν ταῦτα οὐκ ἀποδέξονται, ὥστε μὴ αὐτῶν ψηφισα-
μένων ἀπελθεῖν. καὶ γὰρ οὐ τοὺς αὐτοὺς ψηφιεῖσθαί τε
περὶ σφῶν [αὐτῶν] καὶ τὰ πράγματα ὥσπερ καὶ αὐτοὶ 25
ὁρῶντας καὶ οὐκ ἄλλων ἐπιτιμήσει ἀκούσαντας γνώσεσθαι,
ἀλλ' ἐξ ὧν ἄν τις εὖ λέγων διαβάλλοι, ἐκ τούτων αὐτοὺς
4 πείσεσθαι. τῶν τε παρόντων στρατιωτῶν πολλοὺς καὶ
τοὺς πλείους ἔφη, οἳ νῦν βοῶσιν ὡς ἐν δεινοῖς ὄντες, ἐκεῖσε
ἀφικομένους τἀναντία βοήσεσθαι ὡς ὑπὸ χρημάτων κατα- 30

2 ἐπελθοῦσι(ν) A E F M   12 δ' ἔτι A B E F M   14 ἐλπίδας τε
B (ἐλπίδος τι γρ. B)   22 post ὅτι add. οἱ G   25 αὐτῶν secl. Bekker
26 ἀκούοντας B M   27 διαβάλλῃ Stahl   30 τἀναντία B : τὰ
ἐναντία cett.

προδόντες οἱ στρατηγοὶ ἀπῆλθον. οὔκουν βούλεσθαι αὐτός γε
ἐπιστάμενος τὰς Ἀθηναίων φύσεις ἐπ' αἰσχρᾷ τε αἰτίᾳ καὶ
ἀδίκως ὑπ' Ἀθηναίων ἀπολέσθαι μᾶλλον ἢ ὑπὸ τῶν πολεμίων,
εἰ δεῖ, κινδυνεύσας τοῦτο παθεῖν ἰδίᾳ. τά τε Συρακοσίων 5
5 ἔφη ὅμως ἔτι ἥσσω τῶν σφετέρων εἶναι· καὶ χρήμασι γὰρ
αὐτοὺς ξενοτροφοῦντας καὶ ἐν περιπολίοις ἅμα ἀναλίσκον-
τας καὶ ναυτικὸν πολὺ ἔτι ἐνιαυτὸν ἤδη βόσκοντας τὰ μὲν
ἀπορεῖν, τὰ δ' ἔτι ἀμηχανήσειν· δισχίλιά τε γὰρ τάλαντα
ἤδη ἀνηλωκέναι καὶ ἔτι πολλὰ προσοφείλειν, ἤν τε καὶ
10 ὁτιοῦν ἐκλίπωσι τῆς νῦν παρασκευῆς τῷ μὴ διδόναι τροφήν,
φθερεῖσθαι αὐτῶν τὰ πράγματα, ἐπικουρικὰ μᾶλλον ἢ δι'
ἀνάγκης ὥσπερ τὰ σφέτερα ὄντα. τρίβειν οὖν ἔφη χρῆναι 6
προσκαθημένους καὶ μὴ χρήμασιν, ὧν πολὺ κρείσσους εἰσί,
νικηθέντας ἀπιέναι.

15   Ὁ μὲν Νικίας τοσαῦτα λέγων ἰσχυρίζετο, αἰσθόμενος τὰ 49
ἐν ταῖς Συρακούσαις ἀκριβῶς καὶ τὴν τῶν χρημάτων ἀπο-
ρίαν καὶ ὅτι ἦν αὐτόθι πολὺ τὸ βουλόμενον τοῖς Ἀθηναίοις
γίγνεσθαι τὰ πράγματα καὶ ἐπικηρυκευόμενον πρὸς αὐτὸν
ὥστε μὴ ἀπανίστασθαι, καὶ ἅμα ταῖς γοῦν ναυσὶ μᾶλλον
20 ἢ πρότερον ἐθάρσησε κρατήσειν. ὁ δὲ Δημοσθένης περὶ 2
μὲν τοῦ προσκαθῆσθαι οὐδ' ὁπωσοῦν ἐνεδέχετο· εἰ δὲ δεῖ
μὴ ἀπάγειν τὴν στρατιὰν ἄνευ Ἀθηναίων ψηφίσματος, ἀλλὰ
τρίβειν αὐτοῦ, ἔφη χρῆναι ἢ ἐς τὴν Θάψον ἀναστάντας
τοῦτο ποιεῖν ἢ ἐς τὴν Κατάνην, ὅθεν τῷ τε πεζῷ ἐπὶ
25 πολλὰ τῆς χώρας ἐπιόντες θρέψονται πορθοῦντες τὰ τῶν
πολεμίων καὶ ἐκείνους βλάψουσι, ταῖς τε ναυσὶν ἐν πελάγει
καὶ οὐκ ἐν στενοχωρίᾳ, ἢ πρὸς τῶν πολεμίων μᾶλλόν ἐστι,
τοὺς ἀγῶνας ποιήσονται, ἀλλ' ἐν εὐρυχωρίᾳ, ἐν ᾗ τά τε

8 τε Β: om. cett.   13 ὧν Β: ὡς cett. γρ. Β: οἷς recc.
17 πολὺ Linwood: που Β: om. cett.   19 γοῦν] γ' ἂν Ε Μ : γὰρ
Α F   μᾶλλον Herwerden : θαρρῶν Β: om. cett.   20 ἐθάρ-
σησε Β: θαρσήσει cett.   κρατήσειν Herwerden : κρατηθεὶς codd.
22 ἐπάγειν Β   23 αὐτοῦ Krüger : αὐτοὺς codd.   25 θρέψονται
Β: τρέψονται codd.   τὰ Β C: τὰς cett.   27 ἐστι] ἐστιν ὥσπερ
νῦν Β

τῆς ἐμπειρίας χρήσιμα σφῶν ἔσται καὶ ἀναχωρήσεις καὶ
ἐπίπλους οὐκ ἐκ βραχέος καὶ περιγραπτοῦ ὁρμώμενοί τε
3 καὶ καταίροντες ἕξουσιν. τό τε ξύμπαν εἰπεῖν, οὐδενὶ
τρόπῳ οἱ ἔφη ἀρέσκειν ἐν τῷ αὐτῷ ἔτι μένειν, ἀλλ' ὅτι
τάχιστα ἤδη ἐξανίστασθαι καὶ μὴ μέλλειν. καὶ ὁ Εὐρυμέδων 5
4 αὐτῷ ταῦτα ξυνηγόρευεν. ἀντιλέγοντος δὲ τοῦ Νικίου ὄκνος
τις καὶ μέλλησις ἐνεγένετο καὶ ἅμα ὑπόνοια μή τι καὶ πλέον
εἰδὼς ὁ Νικίας ἰσχυρίζηται. καὶ οἱ μὲν Ἀθηναῖοι τούτῳ
τῷ τρόπῳ διεμέλλησάν τε καὶ κατὰ χώραν ἔμενον.

50   Ὁ δὲ Γύλιππος καὶ ὁ Σικανὸς ἐν τούτῳ παρῆσαν ἐς τὰς 10
Συρακούσας, ὁ μὲν Σικανὸς ἁμαρτὼν τοῦ Ἀκράγαντος (ἐν
Γέλᾳ γὰρ ὄντος αὐτοῦ ἔτι ἡ τοῖς Συρακοσίοις στάσις [ἐς]
φιλία ἐξεπεπτώκει)· ὁ δὲ Γύλιππος ἄλλην τε στρατιὰν
πολλὴν ἔχων ἦλθεν ἀπὸ τῆς Σικελίας καὶ τοὺς ἐκ τῆς
Πελοποννήσου τοῦ ἦρος ἐν ταῖς ὁλκάσιν ὁπλίτας ἀποστα- 15
2 λέντας, ἀφικομένους ἀπὸ τῆς Λιβύης ἐς Σελινοῦντα. ἀπενε·
χθέντες γὰρ ἐς Λιβύην, καὶ δόντων Κυρηναίων τριήρεις δύο
καὶ τοῦ πλοῦ ἡγεμόνας, καὶ ἐν τῷ παράπλῳ Εὐεσπερίταις
πολιορκουμένοις ὑπὸ Λιβύων ξυμμαχήσαντες καὶ νικήσαντες
τοὺς Λίβυς, καὶ αὐτόθεν παραπλεύσαντες ἐς Νέαν πόλιν 20
Καρχηδονιακὸν ἐμπόριον, ὅθενπερ Σικελία ἐλάχιστον δυοῖν
ἡμερῶν καὶ νυκτὸς πλοῦν ἀπέχει, καὶ ἀπ' αὐτοῦ περαιω-
3 θέντες ἀφίκοντο ἐς Σελινοῦντα. καὶ οἱ μὲν Συρακόσιοι
εὐθὺς αὐτῶν ἐλθόντων παρεσκευάζοντο ὡς ἐπιθησόμενοι κατ'
ἀμφότερα αὖθις τοῖς Ἀθηναίοις καὶ ναυσὶ καὶ πεζῷ· οἱ δὲ 25
τῶν Ἀθηναίων στρατηγοὶ ὁρῶντες στρατιάν τε ἄλλην προσ-
γεγενημένην αὐτοῖς καὶ τὰ ἑαυτῶν ἅμα οὐκ ἐπὶ τὸ βέλτιον
χωροῦντα, ἀλλὰ καθ' ἡμέραν τοῖς πᾶσι χαλεπώτερον ἴσχοντα,
μάλιστα δὲ τῇ ἀσθενείᾳ τῶν ἀνθρώπων πιεζόμενα, μετε-

5 ἐξανίστασθαι (ἐξίστασθαι Β) post μέλλειν habent codd., transp.
Haase   7 ἐγένετο Α Β F Μ   12 ἐς secl. Bauer   13 φιλία Β :
φιλίαν G : φίλια cett. G¹ (sine acc. C)   τε om. Β   14 ἔχων πολλὴν Β
16 ἀπενεχθέντες Β : ἀπενεχθέντων cett.   21 ὅθενπερ Σικελία Böhme :
ὅθεν πρὸς Σικελίαν codd.   δυοῖν Β : δύο cett.   22 πλοῦν Β :
πλοῦς cett.

μέλοντό τε πρότερον οὐκ ἀναστάντες καὶ ὡς αὐτοῖς οὐδὲ ὁ
Νικίας ἔτι ὁμοίως ἐνηντιοῦτο, ἀλλ᾽ ἢ μὴ φανερῶς γε ἀξιῶν
ψηφίζεσθαι, προεῖπον ὡς ἐδύναντο ἀδηλότατα ἔκπλουν ἐκ τοῦ
στρατοπέδου πᾶσι, καὶ παρασκευάσασθαι ὅταν τις σημήνῃ.
5 καὶ μελλόντων αὐτῶν, ἐπειδὴ ἕτοιμα ἦν, ἀποπλεῖν ἡ σελήνη 4
ἐκλείπει· ἐτύγχανε γὰρ πασσέληνος οὖσα. καὶ οἱ Ἀθη-
ναῖοι οἵ τε πλείους ἐπισχεῖν ἐκέλευον· τοὺς στρατηγοὺς
ἐνθύμιον ποιούμενοι, καὶ ὁ Νικίας (ἦν γάρ τι καὶ ἄγαν
θειασμῷ τε καὶ τῷ τοιούτῳ προσκείμενος) οὐδ᾽ ἂν διαβου-
10 λεύσασθαι ἔτι ἔφη πρίν, ὡς οἱ μάντεις ἐξηγοῦντο, τρὶς
ἐννέα ἡμέρας μεῖναι, ὅπως ἂν πρότερον κινηθείη. καὶ τοῖς
μὲν Ἀθηναίοις μελλήσασι διὰ τοῦτο ἡ μονὴ ἐγεγένητο.

Οἱ δὲ Συρακόσιοι καὶ αὐτοὶ τοῦτο πυθόμενοι πολλῷ μᾶλ- 51
λον ἐπηρμένοι ἦσαν μὴ ἀνιέναι τὰ τῶν Ἀθηναίων, ὡς καὶ
15 αὐτῶν κατεγνωκότων ἤδη μηκέτι κρεισσόνων εἶναι σφῶν
μήτε ταῖς ναυσὶ μήτε τῷ πεζῷ (οὐ γὰρ ἂν τὸν ἔκπλουν
ἐπιβουλεῦσαι), καὶ ἅμα οὐ βουλόμενοι αὐτοὺς ἄλλοσέ ποι
τῆς Σικελίας καθεζομένους χαλεπωτέρους εἶναι προσπολε-
μεῖν, ἀλλ᾽ αὐτοῦ ὡς τάχιστα καὶ ἐν ᾧ σφίσι ξυμφέρει
20 ἀναγκάσαι αὐτοὺς ναυμαχεῖν. τὰς οὖν ναῦς ἐπλήρουν καὶ 2
ἀνεπειρῶντο ἡμέρας ὅσαι αὐτοῖς ἐδόκουν ἱκαναὶ εἶναι.
ἐπειδὴ δὲ καιρὸς ἦν, τῇ μὲν προτέρᾳ πρὸς τὰ τείχη τῶν
Ἀθηναίων προσέβαλλον, καὶ ἐπεξελθόντος μέρους τινὸς οὐ
πολλοῦ καὶ τῶν ὁπλιτῶν καὶ τῶν ἱππέων κατά τινας πύλας
25 ἀπολαμβάνουσί τε τῶν ὁπλιτῶν τινὰς καὶ τρεψάμενοι κατα-
διώκουσιν· οὔσης δὲ στενῆς τῆς ἐσόδου οἱ Ἀθηναῖοι ἵππους
τε ἑβδομήκοντα ἀπολλύασι καὶ τῶν ὁπλιτῶν οὐ πολλούς.

Καὶ ταύτῃ μὲν τῇ ἡμέρᾳ ἀπεχώρησεν ἡ στρατιὰ τῶν 52
Συρακοσίων· τῇ δ᾽ ὑστεραίᾳ ταῖς τε ναυσὶν ἐκπλέουσιν

2 ἀλλ᾽ ἢ recc.: ἄλλο εἰ codd.   post ἀξιῶν add. μὴ codd.: om. recc.
4 παρεσκευάσθαι Abresch   10 post πρίν add. ἃς B: ἃς prō ὡς recc.
14 ἐπηρμένοι B: ἐγηγερμένοι cett. γρ. B   15 post σφῶν add. τε B
16 ταῖς B: om. cett.   τῷ om. C ? suprascr. (G)   17 βουλόμενος B
21 ἀνεπειρῶντο B: ἀνεπαύοντο cett.   ὅσας B   εἶναι om. C G   22
προτεραίᾳ B   26 ἐσόδου B: ἐφόδου cett.

οὔσαις ἓξ καὶ ἑβδομήκοντα καὶ τῷ πεζῷ ἅμα πρὸς τὰ τείχη
ἐχώρουν. οἱ δ᾽ Ἀθηναῖοι ἀντανῆγον ναυσὶν ἓξ καὶ ὀγδοή-
2 κοντα καὶ προσμείξαντες ἐναυμάχουν. καὶ τὸν Εὐρυμέδοντα
ἔχοντα τὸ δεξιὸν κέρας τῶν Ἀθηναίων καὶ βουλόμενον
περικλῄσασθαι τὰς ναῦς τῶν ἐναντίων καὶ ἐπεξάγοντα τῷ 5
πλῷ πρὸς τὴν γῆν μᾶλλον, νικήσαντες οἱ Συρακόσιοι καὶ οἱ
ξύμμαχοι τὸ μέσον πρῶτον τῶν Ἀθηναίων ἀπολαμβάνουσι
κἀκεῖνον ἐν τῷ κοίλῳ καὶ μυχῷ τοῦ λιμένος καὶ αὐτόν τε
διαφθείρουσι καὶ τὰς μετ᾽ αὐτοῦ ναῦς ἐπισπομένας· ἔπειτα
δὲ καὶ τὰς πάσας ἤδη ναῦς τῶν Ἀθηναίων κατεδίωκόν τε 10
καὶ ἐξεώθουν ἐς τὴν γῆν.

53   Ὁ δὲ Γύλιππος ὁρῶν τὰς ναῦς τῶν πολεμίων νικωμένας
καὶ ἔξω τῶν σταυρωμάτων καὶ τοῦ ἑαυτῶν στρατοπέδου
καταφερομένας, βουλόμενος διαφθείρειν τοὺς ἐκβαίνοντας καὶ
τὰς ναῦς ῥᾷον τοὺς Συρακοσίους ἀφέλκειν τῆς γῆς φιλίας 15
οὔσης, παρεβοήθει ἐπὶ τὴν χηλὴν μέρος τι ἔχων τῆς στρατιᾶς.
2 καὶ αὐτοὺς οἱ Τυρσηνοί (οὗτοι γὰρ ἐφύλασσον τοῖς Ἀθηναίοις
ταύτῃ) ὁρῶντες ἀτάκτως προσφερομένους, ἐπεκβοηθήσαντες
καὶ προσπεσόντες τοῖς πρώτοις τρέπουσι καὶ ἐσβάλλουσιν
3 ἐς τὴν λίμνην τὴν Λυσιμέλειαν καλουμένην. ὕστερον δὲ 20
πλέονος ἤδη τοῦ στρατεύματος παρόντος τῶν Συρακοσίων
καὶ ξυμμάχων καὶ οἱ Ἀθηναῖοι ἐπιβοηθήσαντες καὶ δείσαντες
περὶ ταῖς ναυσὶν ἐς μάχην τε κατέστησαν πρὸς αὐτοὺς καὶ
νικήσαντες ἐπεδίωξαν καὶ ὁπλίτας τε οὐ πολλοὺς ἀπέκτειναν
καὶ τὰς ναῦς τὰς μὲν πολλὰς διέσωσάν τε καὶ ξυνήγαγον 25
κατὰ τὸ στρατόπεδον, δυοῖν δὲ δεούσας εἴκοσιν οἱ Συρακόσιοι
καὶ οἱ ξύμμαχοι ἔλαβον αὐτῶν καὶ τοὺς ἄνδρας πάντας
4 ἀπέκτειναν. καὶ ἐπὶ τὰς λοιπὰς ἐμπρῆσαι βουλόμενοι
ὁλκάδα παλαιὰν κληματίδων καὶ δᾳδὸς γεμίσαντες (ἦν γὰρ

---

1 τῷ τείχει B   5 ἐπεξάγοντα B : ἐξάγοντα cett.   7 τῶν Ἀθη-
ναίων πρῶτον A B   8 prius καὶ om. C   10 ἤδη ναῦς B : ναῦς ἤδη
cett.   11 ἐξεώθουν B   18 ταύτῃ B : om. cett.   22 καὶ δεί-
σαντες om. C   26 δὲ B : om. cett. γρ. B   post εἴκοσιν add. ἃς
A C E F G M γρ. B   28 βουλόμενοι ἐμπρῆσαι B

ἐπὶ τοὺς Ἀθηναίους ὁ ἄνεμος οὔριος) ἀφεῖσαν [τὴν ναῦν] πῦρ
ἐμβαλόντες.   καὶ οἱ Ἀθηναῖοι δείσαντες περὶ ταῖς ναυσὶν
ἀντεμηχανήσαντό τε σβεστήρια κωλύματα καὶ παύσαντες
τήν τε φλόγα καὶ τὸ μὴ προσελθεῖν ἐγγὺς τὴν ὁλκάδα
5 τοῦ κινδύνου ἀπηλλάγησαν.   μετὰ δὲ τοῦτο Συρακόσιοι 54
μὲν τῆς τε ναυμαχίας τροπαῖον ἔστησαν καὶ τῆς ἄνω τῆς
πρὸς τῷ τείχει ἀπολήψεως τῶν ὁπλιτῶν, ὅθεν καὶ τοὺς
ἵππους ἔλαβον, Ἀθηναῖοι δὲ ἧς τε οἱ Τυρσηνοὶ τροπῆς
ἐποιήσαντο τῶν πεζῶν ἐς τὴν λίμνην καὶ ἧς αὐτοὶ τῷ ἄλλῳ
10 στρατοπέδῳ.

Γεγενημένης δὲ τῆς νίκης τοῖς Συρακοσίοις λαμπρᾶς ἤδη 55
καὶ τοῦ ναυτικοῦ (πρότερον μὲν γὰρ ἐφοβοῦντο τὰς μετὰ τοῦ
Δημοσθένους ναῦς ἐπελθούσας) οἱ μὲν Ἀθηναῖοι ἐν παντὶ δὴ
ἀθυμίας ἦσαν καὶ ὁ παράλογος αὐτοῖς μέγας ἦν, πολὺ δὲ
15 μείζων ἔτι τῆς στρατείας ὁ μετάμελος.   πόλεσι γὰρ ταύταις 2
μόναις ἤδη ὁμοιοτρόποις ἐπελθόντες, δημοκρατουμέναις τε,
ὥσπερ καὶ αὐτοί, καὶ ναῦς καὶ ἵππους καὶ μεγέθη ἐχούσαις,
οὐ δυνάμενοι ἐπενεγκεῖν οὔτ᾽ ἐκ πολιτείας τι μεταβολῆς τὸ
διάφορον αὐτοῖς, ᾧ προσῆγον ἄν, οὔτ᾽ ἐκ παρασκευῆς πολλῷ
20 κρείσσονος, σφαλλόμενοι δὲ τὰ πλείω, τά τε πρὸ αὐτῶν
ἠπόρουν, καὶ ἐπειδή γε καὶ ταῖς ναυσὶν ἐκρατήθησαν, ὃ οὐκ
ἂν ᾤοντο, πολλῷ δὴ μᾶλλον ἔτι.   οἱ δὲ Συρακόσιοι τόν τε 56
λιμένα εὐθὺς παρέπλεον ἀδεῶς καὶ τὸ στόμα αὐτοῦ διενοοῦντο
κλήσειν, ὅπως μηκέτι, μηδ᾽ εἰ βούλοιντο, λάθοιεν αὐτοὺς οἱ
25 Ἀθηναῖοι ἐκπλεύσαντες.   οὐ γὰρ περὶ τοῦ αὐτοὶ σωθῆναι 2
μόνον ἔτι τὴν ἐπιμέλειαν ἐποιοῦντο, ἀλλὰ καὶ ὅπως ἐκείνους
κωλύσουσι, νομίζοντες ὅπερ ἦν, ἀπό τε τῶν παρόντων πολὺ

1 secl. Bothe   4 τε Β : om. cett.   5 οἱ Συρακόσιοι Α C
E F G M   7 δ]θεν incipit Π¹⁸   9 τῷ πεζῷ Π¹⁸   12 καὶ om.
Β   μὲν om. Π¹⁸   13 δὴ] ἤδη Β (γρ. δὴ) ↑Π¹⁸   15 στρατείας Π¹⁸ :
στρατιᾶς cett.   16 ἤδη] δὴ ↑ Π¹⁸   ὁμ[οτ]ρό[πο]ι[ς] Π¹⁸   17 ναυσὶ καὶ
ἵπποις καὶ μεγέθει Α C (-θη) E F G M (suprascr. -θη)   ἰσχυούσαις Duker
20 κρείσσονος Schol. : κρείσσους ὄντες Β : κρείσσους cett. [Π¹⁸]   πρὸς
Β [Π¹⁸]   25 αὐτοὶ Β : αὐτοῦ cett. [Π¹⁸| σωθῆναι Β : ἡσσηθῆναι G :
ἡσσωθῆναι cett. [Π¹⁸]   27 κωλύσουσι C Π¹⁸ : κωλύσωσι cett.

σφῶν καθυπέρτερα τὰ πράγματα εἶναι καί, εἰ δύναιντο
κρατῆσαι Ἀθηναίων τε καὶ τῶν ξυμμάχων καὶ κατὰ γῆν καὶ
κατὰ θάλασσαν, καλὸν σφίσιν ἐς τοὺς Ἕλληνας τὸ ἀγώνισμα
φανεῖσθαι· τούς τε γὰρ ἄλλους Ἕλληνας εὐθὺς τοὺς μὲν
ἐλευθεροῦσθαι, τοὺς δὲ φόβου ἀπολύεσθαι (οὐ γὰρ ἔτι δυνατὴν 5
ἔσεσθαι τὴν ὑπόλοιπον Ἀθηναίων δύναμιν τὸν ὕστερον ἐπ-
ενεχθησόμενον πόλεμον ἐνεγκεῖν), καὶ αὐτοὶ δόξαντες αὐτῶν
αἴτιοι εἶναι ὑπό τε τῶν ἄλλων ἀνθρώπων καὶ ὑπὸ τῶν ἔπειτα
3 πολὺ θαυμασθήσεσθαι. καὶ ἦν δὲ ἄξιος ὁ ἀγὼν κατά τε
ταῦτα καὶ ὅτι οὐχὶ Ἀθηναίων μόνον περιεγίγνοντο, ἀλλὰ 10
καὶ τῶν ἄλλων πολλῶν ξυμμάχων, καὶ οὐδ᾽ αὐτοὶ αὖ μόνον,
ἀλλὰ καὶ μετὰ τῶν ξυμβοηθησάντων σφίσιν, ἡγεμόνες τε
γενόμενοι μετὰ Κορινθίων καὶ Λακεδαιμονίων καὶ τὴν
σφετέραν πόλιν ἐμπαρασχόντες προκινδυνεῦσαί τε καὶ τοῦ
4 ναυτικοῦ μέγα μέρος προκόψαντες. ἔθνη γὰρ πλεῖστα δὴ 15
ἐπὶ μίαν πόλιν ταύτην ξυνῆλθε, πλήν γε δὴ τοῦ ξύμπαντος
λόγου τοῦ ἐν τῷδε τῷ πολέμῳ πρὸς τὴν Ἀθηναίων τε πόλιν
καὶ Λακεδαιμονίων.

57　　Τοσοίδε γὰρ ἑκάτεροι ἐπὶ Σικελίαν τε καὶ περὶ Σικελίας,
τοῖς μὲν ξυγκτησόμενοι τὴν χώραν ἐλθόντες, τοῖς δὲ ξυνδια- 20
σώσοντες, ἐπὶ Συρακούσας ἐπολέμησαν, οὐ κατὰ δίκην τι
μᾶλλον οὐδὲ κατὰ ξυγγένειαν μετ᾽ ἀλλήλων στάντες, ἀλλ᾽
ὡς ἑκάστοις τῆς ξυντυχίας ἢ κατὰ τὸ ξυμφέρον ἢ ἀνάγκῃ
2 ἔσχεν. Ἀθηναῖοι μὲν αὐτοὶ Ἴωνες ἐπὶ Δωριᾶς Συρακοσίους
ἑκόντες ἦλθον, καὶ αὐτοῖς τῇ αὐτῇ φωνῇ καὶ νομίμοις ἔτι 25
χρώμενοι Λήμνιοι καὶ Ἴμβριοι καὶ Αἰγινῆται, οἳ τότε Αἴγιναν
εἶχον, καὶ ἔτι Ἑστιαιῆς οἱ ἐν Εὐβοίᾳ Ἑστίαιαν οἰκοῦντες
3 ἄποικοι ὄντες ξυνεστράτευσαν. τῶν δ᾽ ἄλλων οἱ μὲν ὑπήκοοι,

οἱ δ' ἀπὸ ξυμμαχίας αὐτόνομοι, εἰσὶ δὲ καὶ οἱ μισθοφόροι ξυνεστράτευον. καὶ τῶν μὲν ὑπηκόων καὶ φόρου ὑποτελῶν 4 Ἐρετριῆς καὶ Χαλκιδῆς καὶ Στυρῆς καὶ Καρύστιοι ἀπ' Εὐβοίας ἦσαν, ἀπὸ δὲ νήσων Κεῖοι καὶ Ἄνδριοι καὶ Τήνιοι, ἐκ δ' 5 Ἰωνίας Μιλήσιοι καὶ Σάμιοι καὶ Χῖοι. τούτων Χῖοι οὐχ ὑποτελεῖς ὄντες φόρου, ναῦς δὲ παρέχοντες αὐτόνομοι ξυνέσποντο. καὶ τὸ πλεῖστον Ἴωνες ὄντες οὗτοι πάντες καὶ ἀπ' Ἀθηναίων πλὴν Καρυστίων (οὗτοι δ' εἰσὶ Δρύοπες), ὑπήκοοι δ' ὄντες καὶ ἀνάγκῃ ὅμως Ἴωνές γε ἐπὶ Δωριᾶς ἠκολούθουν.
10 πρὸς δ' αὐτοῖς Αἰολῆς, Μηθυμναῖοι μὲν ναυσὶ καὶ οὐ φόρῳ 5 ὑπήκοοι, Τενέδιοι δὲ καὶ Αἴνιοι ὑποτελεῖς. οὗτοι δὲ Αἰολῆς Αἰολεῦσι τοῖς κτίσασι Βοιωτοῖς ⟨τοῖς⟩ μετὰ Συρακοσίων κατ' ἀνάγκην ἐμάχοντο, Πλαταιῆς δὲ καταντικρὺ Βοιωτοὶ Βοιωτοῖς μόνοι εἰκότως κατὰ τὸ ἔχθος. Ῥόδιοι δὲ καὶ Κυθήριοι Δωριῆς 6
15 ἀμφότεροι, οἱ μὲν Λακεδαιμονίων ἄποικοι Κυθήριοι ἐπὶ Λακεδαιμονίους τοὺς ἅμα Γυλίππῳ μετ' Ἀθηναίων ὅπλα ἔφερον, Ῥόδιοι δὲ Ἀργεῖοι γένος Συρακοσίοις μὲν Δωριεῦσι, Γελῴοις δὲ καὶ ἀποίκοις ἑαυτῶν οὖσι μετὰ Συρακοσίων στρατευομένοις ἠναγκάζοντο πολεμεῖν. τῶν τε περὶ Πελοπόννησον νησιωτῶν 7
20 Κεφαλλῆνες μὲν καὶ Ζακύνθιοι αὐτόνομοι μέν, κατὰ δὲ τὸ νησιωτικὸν μᾶλλον κατειργόμενοι, ὅτι θαλάσσης ἐκράτουν οἱ Ἀθηναῖοι, ξυνείποντο· Κερκυραῖοι δὲ οὐ μόνον Δωριῆς, ἀλλὰ καὶ Κορίνθιοι σαφῶς ἐπὶ Κορινθίους τε καὶ Συρακοσίους, τῶν μὲν ἄποικοι ὄντες, τῶν δὲ ξυγγενεῖς, ἀνάγκῃ
25 μὲν ἐκ τοῦ εὐπρεποῦς, βουλήσει δὲ κατὰ ἔχθος τὸ Κορινθίων οὐχ ἧσσον εἵποντο. καὶ οἱ Μεσσήνιοι νῦν καλούμενοι ἐκ 8 Ναυπάκτου καὶ ἐκ Πύλου τότε ὑπ' Ἀθηναίων ἐχομένης ἐς τὸν πόλεμον παρελήφθησαν. καὶ ἔτι Μεγαρέων φυγάδες οὐ πολλοὶ Μεγαρεῦσι Σελινουντίοις οὖσι κατὰ ξυμφορὰν

1 οἱ καὶ B G M : καὶ om. E [Π¹⁸]   4 Τήνιοι B : Τήιοι vel Τηίοι cett.
? Π¹⁸   5 φόρου οὐχ ὑποτελεῖς ὄντες B   6 ξυνείποντο recc.   9 γε
B Π¹⁸ : τε cett.   12 τοῖς add. Lindau   13 καταντικρὺ] καὶ ἄντικρυς
Böhme   Βοιωτοὶ om. Π¹⁸   14 τὸ B M : om. cett. Π¹⁸   16 ἐπέφερον B Π¹⁸   17 Δωριῆς Δωρι[εῦσι Π¹⁸   19 τε] δὲ B Π¹⁸ m. 1
22 οἱ om. C [Π¹⁸]   26 ἐκ Ναυπάκτου B Π¹⁸ : ἐν Ναυπάκτῳ cett.

9 ἐμάχοντο. τῶν δὲ ἄλλων ἑκούσιος μᾶλλον ἡ στρατεία
ἐγίγνετο ἤδη. Ἀργεῖοι μὲν γὰρ οὐ τῆς ξυμμαχίας ἕνεκα
μᾶλλον ἢ τῆς Λακεδαιμονίων τε ἔχθρας καὶ τῆς παραυτίκα
ἕκαστοι ἰδίας ὠφελίας Δωριῆς ἐπὶ Δωριᾶς μετὰ Ἀθηναίων
Ἰώνων ἠκολούθουν, Μαντινῆς δὲ καὶ ἄλλοι Ἀρκάδων μισθο- 5
φόροι ἐπὶ τοὺς αἰεὶ πολεμίους σφίσιν ἀποδεικνυμένους ἰέναι
εἰωθότες καὶ τότε τοὺς μετὰ Κορινθίων ἐλθόντας Ἀρκάδας
οὐδὲν ἧσσον διὰ κέρδος ἡγούμενοι πολεμίους, Κρῆτες δὲ καὶ
Αἰτωλοὶ μισθῷ καὶ οὗτοι πεισθέντες· ξυνέβη δὲ τοῖς Κρησὶ
τὴν Γέλαν Ῥοδίοις ξυγκτίσαντας μὴ ξὺν τοῖς ἀποίκοις, 10
10 ἀλλ' ἐπὶ τοὺς ἀποίκους ἑκόντας μετὰ μισθοῦ ἐλθεῖν. καὶ
Ἀκαρνάνων τινὲς ἅμα μὲν κέρδει, τὸ δὲ πλέον Δημοσθένους
φιλίᾳ καὶ Ἀθηναίων εὐνοίᾳ ξύμμαχοι ὄντες ἐπεκούρησαν.
11 καὶ οἵδε μὲν τῷ Ἰονίῳ κόλπῳ ὁριζόμενοι· Ἰταλιωτῶν δὲ
Θούριοι καὶ Μεταπόντιοι ἐν τοιαύταις ἀνάγκαις τότε στασιω- 15
τικῶν καιρῶν κατειλημμένοι ξυνεστράτευον, καὶ Σικελιωτῶν
Νάξιοι καὶ Καταναῖοι, βαρβάρων δὲ Ἐγεσταῖοί τε, οἵπερ
ἐπηγάγοντο, καὶ Σικελῶν τὸ πλέον, καὶ τῶν ἔξω Σικελίας
Τυρσηνῶν τέ τινες κατὰ διαφορὰν Συρακοσίων καὶ Ἰάπυγες
μισθοφόροι. τοσάδε μὲν μετὰ Ἀθηναίων ἔθνη ἐστράτευον. 20
58 Συρακοσίοις δὲ ἀντεβοήθησαν Καμαριναῖοι μὲν ὅμοροι
ὄντες καὶ Γελῷοι οἰκοῦντες μετ' αὐτούς, ἔπειτα Ἀκραγαντί-
νων ἡσυχαζόντων ἐν τῷ ἐπ' ἐκεῖνα ἱδρυμένοι Σελινούντιοι.
2 καὶ οἵδε μὲν τῆς Σικελίας τὸ πρὸς Λιβύην μέρος τετραμμένον
νεμόμενοι, Ἱμεραῖοι δὲ ἀπὸ τοῦ πρὸς τὸν Τυρσηνικὸν πόντον 25
μορίου, ἐν ᾧ καὶ μόνοι Ἕλληνες οἰκοῦσιν· οὗτοι δὲ καὶ ἐξ
3 αὐτοῦ μόνοι ἐβοήθησαν. καὶ Ἑλληνικὰ μὲν ἔθνη τῶν ἐν
Σικελίᾳ τοσάδε, Δωριῆς τε καὶ [οἱ] αὐτόνομοι πάντες, ξυν-
εμάχουν, βαρβάρων δὲ Σικελοὶ μόνοι ὅσοι μὴ ἀφέστασαν

2 γὰρ B : om. cett.   4 ὠφελίας a Π¹⁸ : ὠφελείας B : om. cett.
6 αἰεὶ πολεμίους] λειπομένους B   εἰωθότες ἰέναι B Π¹⁸   11 ἐποίκους
B [Π¹⁸]   ἑκόντας B : ἄκοντας cett. [Π¹⁸]   15 Μεταπον]τίνοι (sic) ...
19 Συρακοσίων Π³⁰   στασιωτικῶν B C ! Π³⁰ : στασιαστικῶν G : στρατιω-
τικῶν cett. [Π¹⁸]   16 κατειλημμένοι Π³⁰ : κατειλημμένων cett.   Σικε-
λιωτῶν] ες Σικελιω[ν] Π³⁰   17 καὶ om. B [Π¹⁸]   τε B Π³⁰ : om. cett.
[Π¹⁸]   18 Σικελῶν B Π³⁰ : Σικελιωτῶν cett. [Π¹⁸]   22 post
Γελῷοι add. οἱ C   27 ἐν om. B [Π¹⁸]   28 οἱ secl. Bekker [Π¹⁸]

πρὸς τοὺς Ἀθηναίους· τῶν δ' ἔξω Σικελίας Ἑλλήνων Λακε-
δαιμόνιοι μὲν ἡγεμόνα Σπαρτιάτην παρεχόμενοι, νεοδαμώδεις
δὲ τοὺς ἄλλους καὶ Εἵλωτας [δύναται δὲ τὸ νεοδαμῶδες
ἐλεύθερον ἤδη εἶναι], Κορίνθιοι δὲ καὶ ναυσὶ καὶ πεζῷ μόνοι
5 παραγενόμενοι καὶ Λευκάδιοι καὶ Ἀμπρακιῶται κατὰ τὸ
ξυγγενές, ἐκ δὲ Ἀρκαδίας μισθοφόροι ὑπὸ Κορινθίων ἀπο-
σταλέντες καὶ Σικυώνιοι ἀναγκαστοὶ στρατεύοντες, καὶ τῶν
ἔξω Πελοποννήσου Βοιωτοί.   πρὸς δὲ τοὺς ἐπελθόντας 4
τούτους οἱ Σικελιῶται αὐτοὶ πλῆθος πλέον κατὰ πάντα παρέ-
10 σχοντο ἅτε μεγάλας πόλεις οἰκοῦντες· καὶ γὰρ ὁπλῖται
πολλοὶ καὶ νῆες καὶ ἵπποι καὶ ὁ ἄλλος ὅμιλος ἄφθονος
ξυνελέγη.   καὶ πρὸς ἅπαντας αὖθις ὡς εἰπεῖν τοὺς ἄλλους
Συρακόσιοι αὐτοὶ πλείω ἐπορίσαντο διὰ μέγεθός τε πόλεως
καὶ ὅτι ἐν μεγίστῳ κινδύνῳ ἦσαν.   καὶ αἱ μὲν ἑκατέρων 59
15 ἐπικουρίαι τοσαίδε ξυνελέγησαν, καὶ τότε ἤδη πᾶσαι ἀμφο-
τέροις παρῆσαν καὶ οὐκέτι οὐδὲν οὐδετέροις ἐπῆλθεν.

Οἱ δ' οὖν Συρακόσιοι καὶ οἱ ξύμμαχοι εἰκότως ἐνόμισαν 2
καλὸν ἀγώνισμα σφίσιν εἶναι ἐπὶ τῇ γεγενημένῃ νίκῃ τῆς
ναυμαχίας ἑλεῖν τε τὸ στρατόπεδον ἅπαν τῶν Ἀθηναίων
20 τοσοῦτον ὄν, καὶ μηδὲ καθ' ἕτερα αὐτούς, μήτε διὰ θαλάσσης
μήτε τῷ πεζῷ, διαφυγεῖν.   ἔκλῃον οὖν τόν τε λιμένα εὐθὺς 3
τὸν μέγαν, ἔχοντα τὸ στόμα ὀκτὼ σταδίων μάλιστα, τριήρεσι
πλαγίαις καὶ πλοίοις καὶ ἀκάτοις ἐπ' ἀγκυρῶν ὁρμίζοντες,
καὶ τἄλλα, ἢν ἔτι ναυμαχεῖν οἱ Ἀθηναῖοι τολμήσωσι,
25 παρεσκευάζοντο, καὶ ὀλίγον οὐδὲν ἐς οὐδὲν ἐπενόουν.   τοῖς 60
δὲ Ἀθηναίοις τήν τε ἀπόκλῃσιν ὁρῶσι καὶ τὴν ἄλλην διάνοιαν
αὐτῶν αἰσθομένοις βουλευτέα ἐδόκει.   καὶ ξυνελθόντες οἵ 2
τε στρατηγοὶ καὶ οἱ ταξίαρχοι πρὸς τὴν παροῦσαν ἀπορίαν
τῶν τε ἄλλων καὶ ὅτι τὰ ἐπιτήδεια οὔτε αὐτίκα ἔτι εἶχον

3, 4 δύναται... εἶναι, ut videtur, non legit Schol., secl. Aem. Portus
[Π¹⁸]   11 ὁ Β Π¹⁸: om. cett.   13 Συρακόσιοι Β: Συρακο(υ)σίους
cett. [Π¹⁸]   τε Β: om. cett. [Π¹⁸]   14 post ὅτι add. γὰρ Β [Π¹⁸]
17 δ' Krüger: τε codd. [Π¹⁸]   καὶ οἱ ξύμμαχοι Β: om. cett. [Π¹⁸]
18 ἀγώνισμα Β: ἀγῶνα cett. [Π¹⁸]   20 καθ' ἕτερα Β: κακάτερα (sic)
C: καθ' ἑκάτερα cett. [Π¹⁸]

(προπέμψαντες γὰρ ἐς Κατάνην ὡς ἐκπλευσόμενοι ἀπεῖπον μὴ
ἐπάγειν) οὔτε τὸ λοιπὸν ἔμελλον ἕξειν, εἰ μὴ ναυκρατήσουσιν,
ἐβουλεύσαντο τὰ μὲν τείχη τὰ ἄνω ἐκλιπεῖν, πρὸς δ' αὐταῖς
ταῖς ναυσὶν ἀπολαβόντες διατειχίσματι ὅσον οἷόν τε ἐλά-
χιστον τοῖς τε σκεύεσι καὶ τοῖς ἀσθενοῦσιν ἱκανὸν γενέσθαι, 5
τοῦτο μὲν φρουρεῖν, ἀπὸ δὲ τοῦ ἄλλου πεζοῦ τὰς ναῦς ἁπάσας,
ὅσαι ἦσαν καὶ δυναταὶ καὶ ἀπλοώτεραι, πάντα τινὰ ἐσβιβά-
ζοντες πληρῶσαι, καὶ διαναυμαχήσαντες, ἢν μὲν νικῶσιν, ἐς
Κατάνην κομίζεσθαι, ἢν δὲ μή, ἐμπρήσαντες τὰς ναῦς πεζῇ
ξυνταξάμενοι ἀποχωρεῖν ᾗ ἂν τάχιστα μέλλωσί τινος χωρίου 10
3 ἢ βαρβαρικοῦ ἢ Ἑλληνικοῦ φιλίου ἀντιλήψεσθαι. καὶ οἱ
μέν, ὡς ἔδοξεν αὐτοῖς ταῦτα, καὶ ἐποίησαν· ἔκ τε γὰρ τῶν
ἄνω τειχῶν ὑποκατέβησαν καὶ τὰς ναῦς ἐπλήρωσαν πάσας,
ἀναγκάσαντες ἐσβαίνειν ὅστις καὶ ὁπωσοῦν ἐδόκει ἡλικίας
4 μετέχων ἐπιτήδειος εἶναι. καὶ ξυνεπληρώθησαν νῆες αἱ 15
πᾶσαι δέκα μάλιστα καὶ ἑκατόν· τοξότας τε ἐπ' αὐτὰς
πολλοὺς καὶ ἀκοντιστὰς τῶν τε Ἀκαρνάνων καὶ τῶν ἄλλων
ξένων ἐσεβίβαζον, καὶ τἆλλα ὡς οἷόν τ' ἦν ἐξ ἀναγκαίου τε
5 καὶ τοιαύτης διανοίας ἐπορίσαντο. ὁ δὲ Νικίας, ἐπειδὴ τὰ
πολλὰ ἕτοιμα ἦν, ὁρῶν τοὺς στρατιώτας τῷ τε παρὰ τὸ εἰωθὸς 20
πολὺ ταῖς ναυσὶ κρατηθῆναι ἀθυμοῦντας καὶ διὰ τὴν τῶν
ἐπιτηδείων σπάνιν ὡς τάχιστα βουλομένους διακινδυνεύειν,
ξυγκαλέσας ἅπαντας παρεκελεύσατό τε πρῶτον καὶ ἔλεξε
τοιάδε.

61   "Ἄνδρες στρατιῶται Ἀθηναίων τε καὶ τῶν ἄλλων ξυμ- 25
μάχων, ὁ μὲν ἀγὼν ὁ μέλλων ὁμοίως κοινὸς ἅπασιν ἔσται
περί τε σωτηρίας καὶ πατρίδος ἑκάστοις οὐχ ἧσσον ἢ τοῖς
πολεμίοις· ἢν γὰρ κρατήσωμεν νῦν ταῖς ναυσίν, ἔστι τῳ
2 τὴν ὑπάρχουσάν που οἰκείαν πόλιν ἐπιδεῖν. ἀθυμεῖν δὲ οὐ
χρὴ οὐδὲ πάσχειν ὅπερ οἱ ἀπειρότατοι τῶν ἀνθρώπων, οἳ 30

3 alt. τὰ] τῶν C [Π¹⁸]   5 ἀσθενοῦσιν B : ἀσθενέσιν cett. γρ. B [Π¹⁸]
6 ἁπάσας B : πάσας cett. [Π¹⁸]   7 ἐσβιδζοντες A E F M [Π¹⁸]   14 ante
ἐσβαίνειν add. ? πάντας Π¹⁸   15 αἱ πᾶσαι] ἅπασαι Π¹⁸ m. ι   18 ὡς]
ὅσα suprascr. ὡς B [Π¹⁸]   post ἦν add. καὶ ὡς Π¹⁸   20 post ὁρῶν
add. καὶ A C E F G M [Π¹⁸]   23 τε] τότε C [Π¹⁸]   25 στρατιῶται
om. C [Π¹⁸]   27 ἑκάστῳ suprascr. οις B [Π¹⁸]

τοῖς πρώτοις ἀγῶσι σφαλέντες ἔπειτα διὰ παντὸς τὴν ἐλ-
πίδα τοῦ φόβου ὁμοίαν ταῖς ξυμφοραῖς ἔχουσιν. ἀλλ' ὅσοι 3
τε Ἀθηναίων πάρεστε, πολλῶν ἤδη πολέμων ἔμπειροι ὄντες,
καὶ ὅσοι τῶν ξυμμάχων, ξυστρατευόμενοι αἰεί, μνήσθητε
5 τῶν ἐν τοῖς πολέμοις παραλόγων, καὶ τὸ τῆς τύχης κἂν
μεθ' ἡμῶν ἐλπίσαντες στῆναι καὶ ὡς ἀναμαχούμενοι
ἀξίως τοῦδε τοῦ πλήθους, ὅσον αὐτοὶ ὑμῶν αὐτῶν ἐφορᾶτε,
παρασκευάζεσθε.

'Ἃ δὲ ἀρωγὰ ἐνείδομεν ἐπὶ τῇ τοῦ λιμένος στενότητι 62
10 πρὸς τὸν μέλλοντα ὄχλον τῶν νεῶν ἔσεσθαι καὶ πρὸς τὴν
ἐκείνων ἐπὶ τῶν καταστρωμάτων παρασκευήν, οἷς πρότερον
ἐβλαπτόμεθα, πάντα καὶ ἡμῖν νῦν ἐκ τῶν παρόντων μετὰ
τῶν κυβερνητῶν ἐσκεμμένα ἡτοίμασται. καὶ γὰρ τοξόται 2
πολλοὶ καὶ ἀκοντισταὶ ἐπιβήσονται καὶ ὄχλος, ᾧ ναυμαχίαν
15 μὲν ποιούμενοι ἐν πελάγει οὐκ ἂν ἐχρώμεθα διὰ τὸ βλάπτειν
ἂν τὸ τῆς ἐπιστήμης τῇ βαρύτητι τῶν νεῶν, ἐν δὲ τῇ ἐνθάδε
ἠναγκασμένῃ ἀπὸ τῶν νεῶν πεζομαχίᾳ πρόσφορα ἔσται.
ηὕρηται δ' ἡμῖν ὅσα χρὴ ἀντιναυπηγῆσαι, καὶ πρὸς τὰς τῶν 3
ἐπωτίδων αὐτοῖς παχύτητας, ὧπερ δὴ μάλιστα ἐβλαπτόμεθα,
20 χειρῶν σιδηρῶν ἐπιβολαί, αἳ σχήσουσι τὴν πάλιν ἀνά-
κρουσιν τῆς προσπεσούσης νεώς, ἢν τὰ ἐπὶ τούτοις οἱ
ἐπιβάται ὑπουργῶσιν. ἐς τοῦτο γὰρ δὴ ἠναγκάσμεθα ὥστε 4
πεζομαχεῖν ἀπὸ τῶν νεῶν, καὶ τὸ μήτε αὐτοὺς ἀνακρούεσθαι
μήτ' ἐκείνους ἐᾶν ὠφέλιμον φαίνεται, ἄλλως τε καὶ τῆς
25 γῆς, πλὴν ὅσον ἂν ὁ πεζὸς ἡμῶν ἐπέχῃ, πολεμίας οὔσης.

'Ὧν χρὴ μεμνημένους διαμάχεσθαι ὅσον ἂν δύνησθε καὶ 63
μὴ ἐξωθεῖσθαι ἐς αὐτήν, ἀλλὰ ξυμπεσούσης νηὶ νεὼς μὴ
πρότερον ἀξιοῦν ἀπολύεσθαι ἢ τοὺς ἀπὸ τοῦ πολεμίου κατα-
στρώματος ὁπλίτας ἀπαράξητε. καὶ ταῦτα τοῖς ὁπλίταις 2

12 ὑμῖν ABEFM [Π¹⁸]   18 χρὴ BΠ¹⁸ : μὴ cett.   ἀντιναυπηγῆσαι
B ?Π¹⁸ : ἀντιναυπηγεῖσθαι cett. γρ. B   19 δὴ B : om. cett. [Π¹⁸]
23 ἀνακρούεσθαι AEF   24 ἐὰν ABF   φαίνηται ΛBM   25 ἐσω-
μένης suprascr. οὔσης B   28 ἀξιοῦν B : ἄξιον cett. [Π¹⁸]   ἢ B : ἦν
vel ἣν cett. γρ. B [Π¹⁸]

οὐχ ἦσσον τῶν ναυτῶν παρακελεύομαι, ὅσῳ τῶν ἄνωθεν
μᾶλλον τὸ ἔργον τοῦτο· ὑπάρχει δ᾽ ἡμῖν ἔτι νῦν γε τὰ
3 πλείω τῷ πεζῷ ἐπικρατεῖν. τοῖς δὲ ναύταις παραινῶ καὶ
ἐν τῷ αὐτῷ τῷδε καὶ δέομαι μὴ ἐκπεπλῆχθαί τι ταῖς
ξυμφοραῖς ἄγαν, τήν τε παρασκευὴν ἀπὸ τῶν καταστρω- 5
μάτων βελτίω νῦν ἔχοντας καὶ τὰς ναῦς πλείους, ἐκείνην
τε τὴν ἡδονὴν ἐνθυμεῖσθαι ὡς ἀξία ἐστὶ διασώσασθαι, οἱ
τέως Ἀθηναῖοι νομιζόμενοι καὶ μὴ ὄντες ἡμῶν τῆς τε φωνῆς
τῇ ἐπιστήμῃ καὶ τῶν τρόπων τῇ μιμήσει ἐθαυμάζεσθε κατὰ
τὴν Ἑλλάδα, καὶ τῆς ἀρχῆς τῆς ἡμετέρας οὐκ ἔλασσον 10
κατὰ τὸ ὠφελεῖσθαι ἔς τε τὸ φοβερὸν τοῖς ὑπηκόοις καὶ τὸ
4 μὴ ἀδικεῖσθαι πολὺ πλέον μετείχετε. ὥστε κοινωνοὶ μόνοι
ἐλευθέρως ἡμῖν τῆς ἀρχῆς ὄντες δικαίως [ἂν] αὐτὴν νῦν
μὴ καταπροδίδοτε, καταφρονήσαντες δὲ Κορινθίων τε, οὓς
πολλάκις νενικήκατε, καὶ Σικελιωτῶν, ὧν οὐδ᾽ ἀντιστῆναι 15
οὐδεὶς ἕως ἤκμαζε τὸ ναυτικὸν ἡμῖν ἠξίωσεν, ἀμύνασθε
αὐτούς, καὶ δείξατε ὅτι καὶ μετ᾽ ἀσθενείας καὶ ξυμφορῶν
ἡ ὑμετέρα ἐπιστήμη κρείσσων ἐστὶν ἑτέρας εὐτυχούσης
64 ῥώμης. τούς τε Ἀθηναίους ὑμῶν πάλιν αὖ καὶ τάδε
ὑπομιμνήσκω, ὅτι οὔτε ναῦς ἐν τοῖς νεωσοίκοις ἄλλας ὁμοίας 20
ταῖσδε οὔτε ὁπλιτῶν ἡλικίαν ὑπελίπετε, εἴ τε ξυμβήσεταί
τι ἄλλο ἢ τὸ κρατεῖν ὑμῖν, τούς τε ἐνθάδε πολεμίους εὐθὺς
ἐπ᾽ ἐκεῖνα πλευσομένους καὶ τοὺς ἐκεῖ ὑπολοίπους ἡμῶν
ἀδυνάτους ἐσομένους τούς τε αὐτοῦ καὶ τοὺς ἐπελθόντας
ἀμύνασθαι. καὶ οἱ μὲν ἂν ὑπὸ Συρακοσίοις εὐθὺς γίγνοισθε, 25
οἷς αὐτοὶ ἴστε οἵᾳ γνώμῃ ἐπήλθετε, οἱ δὲ ἐκεῖ ὑπὸ Λακε-
2 δαιμονίοις. ὥστε ἐν ἑνὶ τῷδε ὑπὲρ ἀμφοτέρων ἀγῶνι
καθεστῶτες καρτερήσατε, εἴπερ ποτέ, καὶ ἐνθυμεῖσθε καθ᾽
ἑκάστους τε καὶ ξύμπαντες ὅτι οἱ ἐν ταῖς ναυσὶν ὑμῶν
νῦν ἐσόμενοι καὶ πεζοὶ τοῖς Ἀθηναίοις εἰσὶ καὶ νῆες καὶ 30

2 ἡμῖν recc.: ὑμῖν codd. [Π¹⁸]   8 ἡμῶν recc.: ὑμῶν codd. [Π¹⁸]
12 μὴ B: om. cett. [Π¹⁸]   13 ἂν om. recc. [Π¹⁸]   17 alt. καὶ
om. B   19 ἢ ὑμῶν ‚sic‛ B: ἡμῶν cett. [Π¹⁸]   22 ἐνθένδε B [Π¹⁸]
23 πλευσωμένους A (-πω- C E ⟨G⟩   ὑμῶν B [Π¹⁸]   29 τε om. B [Π¹⁸]

ἡ ὑπόλοιπος πόλις καὶ τὸ μέγα ὄνομα τῶν Ἀθηνῶν, περὶ
ὧν, εἴ τίς τι ἕτερος ἑτέρου προφέρει ἢ ἐπιστήμῃ ἢ εὐψυχίᾳ,
οὐκ ἂν ἐν ἄλλῳ μᾶλλον καιρῷ ἀποδειξάμενος αὐτός τε
αὑτῷ ὠφέλιμος γένοιτο καὶ τοῖς ξύμπασι σωτήριος.'

5 Ὁ μὲν Νικίας τοσαῦτα παρακελευσάμενος εὐθὺς ἐκέλευε 65
πληροῦν τὰς ναῦς. τῷ δὲ Γυλίππῳ καὶ τοῖς Συρακοσίοις
παρῆν μὲν αἰσθάνεσθαι, ὁρῶσι καὶ αὐτὴν τὴν παρασκευήν,
ὅτι ναυμαχήσουσιν οἱ Ἀθηναῖοι, προηγγέλθη δ' αὐτοῖς
καὶ ἡ ἐπιβολὴ τῶν σιδηρῶν χειρῶν, καὶ πρός τε τἆλλα 2
10 ἐξηρτύσαντο ὡς ἕκαστα καὶ πρὸς τοῦτο· τὰς γὰρ πρῴρας
καὶ τῆς νεὼς ἄνω ἐπὶ πολὺ κατεβύρσωσαν, ὅπως ἂν ἀπο-
λισθάνοι καὶ μὴ ἔχοι ἀντιλαβὴν ἡ χεὶρ ἐπιβαλλομένη.
καὶ ἐπειδὴ πάντα ἑτοῖμα ἦν, παρεκελεύσαντο ἐκείνοις οἵ τε 3
στρατηγοὶ καὶ Γύλιππος καὶ ἔλεξαν τοιάδε.

15 'Ὅτι μὲν καλὰ τὰ προειργασμένα καὶ ὑπὲρ καλῶν τῶν 66
μελλόντων ὁ ἀγὼν ἔσται, ὦ Συρακόσιοι καὶ ξύμμαχοι, οἵ
τε πολλοὶ δοκεῖτε ἡμῖν εἰδέναι (οὐδὲ γὰρ ἂν οὕτως αὐτῶν
προθύμως ἀντελάβεσθε), καὶ εἴ τις μὴ ἐπὶ ὅσον δεῖ ᾔσθηται,
σημανοῦμεν. Ἀθηναίους γὰρ ἐς τὴν χώραν τήνδε ἐλθόντας 2
20 πρῶτον μὲν ἐπὶ τῆς Σικελίας καταδουλώσει, ἔπειτ', εἰ
κατορθώσειαν, καὶ τῆς Πελοποννήσου καὶ τῆς ἄλλης
Ἑλλάδος, καὶ ἀρχὴν τὴν ἤδη μεγίστην τῶν τε. πρὶν
Ἑλλήνων καὶ τῶν νῦν κεκτημένους, πρῶτοι ἀνθρώπων
ὑποστάντες τῷ ναυτικῷ, ᾧπερ πάντα κατέσχον, τὰς μὲν
25 νενικήκατε ἤδη ναυμαχίας, τὴν δ' ἐκ τοῦ εἰκότος νῦν
νικήσετε. ἄνδρες γὰρ ἐπειδὰν ᾧ ἀξιοῦσι προὔχειν κολου- 3
θῶσι, τό γ' ὑπόλοιπον αὐτῶν τῆς δόξης ἀσθενέστερον αὐτὸ
ἑαυτοῦ ἐστὶν ἢ εἰ μηδ' ᾠήθησαν τὸ πρῶτον, καὶ τῷ παρ'
ἐλπίδα τοῦ αὐχήματος σφαλλόμενοι καὶ παρὰ ἰσχὺν τῆς

1 ἡ recc.: om. codd. [Π¹⁸]   Ἀθηναίων suprascr. ὢν Β[Π¹⁸]
5 τοσάδε Β[Π¹⁸]   9 ἐπιβουλὴ recc. Π¹⁸   τἆλλα]πολλὰ C[Π¹⁸]   11
ἂν ? om. Π¹⁸   12 ἔχῃ Β Μ[Π¹⁸]   ἀντιλαβεῖν ? Π¹⁸ m. 1   13 ἕτοιμα
πάντα Β   17 αὐτῶν οὕτω Β Π¹⁸   20 ἔπειτα δὲ Β[Π¹⁸]   21 Πελοπον-
νήσου τε καὶ Β ? Π¹⁸   22 ἤδη Β Π¹⁸ : om. cett.   26 κολουθῶσι Α :
ἀκολουθῶσι Β : κολουσθῶσι cett. Schol. Patm. [Π¹⁸]   27 γε λοιπὸν
Β [Π¹⁸]   29 ἀτυχήματος Μ¹[Π¹⁸]

δυνάμεως ἐνδιδόασιν· ὃ νῦν 'Αθηναίους εἰκὸς πεπονθέναι.
67 ἡμῶν δὲ τό τε ὑπάρχον πρότερον, ᾧπερ καὶ ἀνεπιστήμονες
ἔτι ὄντες ἀπετολμήσαμεν, βεβαιότερον νῦν, καὶ τῆς δοκή-
σεως προσγεγενημένης αὐτῷ, τὸ κρατίστους εἶναι εἰ τοὺς
κρατίστους ἐνικήσαμεν, διπλασία ἐκάστου ἡ ἐλπίς· τὰ δὲ 5
πολλὰ πρὸς τὰς ἐπιχειρήσεις ἡ μεγίστη ἐλπὶς μεγίστην καὶ
τὴν προθυμίαν παρέχεται.

2   'Τά τε τῆς ἀντιμιμήσεως αὐτῶν τῆς παρασκευῆς ἡμῶν
τῷ μὲν ἡμετέρῳ τρόπῳ ξυνήθη τέ ἐστι καὶ οὐκ ἀνάρμοστοι
πρὸς ἕκαστον αὐτῶν ἐσόμεθα· οἱ δ', ἐπειδὰν πολλοὶ μὲν 10
ὁπλῖται ἐπὶ τῶν καταστρωμάτων παρὰ τὸ καθεστηκὸς ὦσι,
πολλοὶ δὲ καὶ ἀκοντισταὶ χερσαῖοι ὡς εἰπεῖν 'Ακαρνᾶνές
τε καὶ ἄλλοι ἐπὶ ναῦς ἀναβάντες, οἳ οὐδ' ὅπως καθεζομένους
χρὴ τὸ βέλος ἀφεῖναι εὑρήσουσι, πῶς οὐ σφαλοῦσί τε τὰς
ναῦς καὶ ἐν σφίσιν αὐτοῖς πάντες οὐκ ἐν τῷ ἑαυτῶν τρόπῳ 15
3 κινούμενοι ταράξονται; ἐπεὶ καὶ τῷ πλήθει τῶν νεῶν οὐκ
ὠφελήσονται, εἴ τις καὶ τόδε ὑμῶν, ὅτι οὐκ ἴσαις ναυ-
μαχήσει, πεφόβηται· ἐν ὀλίγῳ γὰρ πολλαὶ ἀργότεραι μὲν
ἐς τὸ δρᾶν τι ὧν βούλονται ἔσονται, ῥᾷσται δὲ ἐς τὸ βλά-
4 πτεσθαι ἀφ' ὧν ἡμῖν παρεσκεύασται. τὸ δ' ἀληθέστατον 20
γνῶτε ἐξ ὧν ἡμεῖς οἰόμεθα σαφῶς πεπύσθαι· ὑπερβαλ-
λόντων γὰρ αὐτοῖς τῶν κακῶν καὶ βιαζόμενοι ὑπὸ τῆς
παρούσης ἀπορίας ἐς ἀπόνοιαν καθεστήκασιν οὐ παρασκευῆς
πίστει μᾶλλον ἢ τύχης ἀποκινδυνεῦσαι οὕτως ὅπως δύνανται,
ἵν' ἢ βιασάμενοι ἐκπλεύσωσιν ἢ κατὰ γῆν μετὰ τοῦτο τὴν 25
ἀποχώρησιν ποιῶνται, ὡς τῶν γε παρόντων οὐκ ἂν πράξαντες
68 χεῖρον. πρὸς οὖν ἀταξίαν τε τοιαύτην καὶ τύχην ἀνδρῶν
ἑαυτὴν παραδεδωκυῖαν πολεμιωτάτων ὀργῇ προσμείξωμεν,
καὶ νομίσωμεν ἅμα μὲν νομιμώτατον εἶναι πρὸς τοὺς

2 ἡμῶν Stephanus : ὑμῶν codd. [Π¹⁸]   3 καὶ in G erasum, om.
A F M [Π¹⁸]   4 τὸ secl. Reiske : τοῦ Krüger [Π¹⁸]   5 τὰ δὲ . . .
ἐλπὶς B Π¹⁸ : om. cett.   10 ἕκαστον B Π¹⁸ : τὴν ἑκάστην cett.   12 καὶ
om. C E † Π¹⁸   15 ἑαυτῶν B : αὐτῶν A C F Π¹⁸ : αὐτῷ cett.   24 ἀπο-
κινδυνεῦσαι Duker : ἀποκινδυνεύσει codd. [Π¹⁸]   25 βιαζόμενοι M [Π¹⁸]
26 ποιοῦνται C E F M [Π¹⁸]   πρᾶξαντες A F : πράξοντες cett. [Π¹⁸]
28 αὐτὴν B [Π¹⁸]

ἐναντίους οἳ ἂν ὡς ἐπὶ τιμωρίᾳ τοῦ προσπεσόντος δικαιώ-
σωσιν ἀποπλῆσαι τῆς γνώμης τὸ θυμούμενον, ἅμα δὲ
ἐχθροὺς ἀμύνασθαι ἐκγενησόμενον ἡμῖν καὶ τὸ λεγόμενόν
που ἥδιστον εἶναι. ὡς δὲ ἐχθροὶ καὶ ἔχθιστοι, πάντες 2
5 ἴστε, οἵ γε ἐπὶ τὴν ἡμετέραν ἦλθον δουλωσόμενοι, ἐν ᾧ,
εἰ κατώρθωσαν, ἀνδράσι μὲν ἂν τἄλγιστα προσέθεσαν,
παισὶ δὲ καὶ γυναιξὶ τὰ ἀπρεπέστατα, πόλει δὲ τῇ πάσῃ
τὴν αἰσχίστην ἐπίκλησιν. ἀνθ' ὧν μὴ μαλακισθῆναί τινα 3
πρέπει μηδὲ τὸ ἀκινδύνως ἀπελθεῖν αὐτοὺς κέρδος νομίσαι.
10 τοῦτο μὲν γὰρ καὶ ἐὰν κρατήσωσιν ὁμοίως δράσουσιν· τὸ
δὲ πραξάντων ἐκ τοῦ εἰκότος ἃ βουλόμεθα τούσδε τε κολα-
σθῆναι καὶ τῇ πάσῃ Σικελίᾳ καρπουμένῃ καὶ πρὶν ἐλευθερίαν
βεβαιοτέραν παραδοῦναι, καλὸς ὁ ἀγών. καὶ κινδύνων
οὗτοι σπανιώτατοι οἳ ἂν ἐλάχιστα ἐκ τοῦ σφαλῆναι
15 βλάπτοντις πλεῖστα διὰ τὸ εὐτυχῆσαι ὠφελῶσιν.'

Καὶ οἱ μὲν τῶν Συρακοσίων στρατηγοὶ καὶ Γύλιππος 69
 τοιαῦτα καὶ αὐτοὶ τοῖς σφετέροις στρατιώταις παρακελευσά-
μενοι ἀντεπλήρουν τὰς ναῦς εὐθὺς ἐπειδὴ καὶ τοὺς Ἀθηναίους
ᾐσθάνοντο. ὁ δὲ Νικίας ὑπὸ τῶν παρόντων ἐκπεπληγμένος 2
20 καὶ ὁρῶν οἷος ὁ κίνδυνος καὶ ὡς ἐγγὺς ἤδη [ἦν], ἐπειδὴ καὶ
ὅσον οὐκ ἔμελλον ἀνάγεσθαι, καὶ νομίσας, ὅπερ πάσχουσιν
ἐν τοῖς μεγάλοις ἀγῶσι, πάντα τε ἔργῳ ἔτι σφίσιν ἐνδεᾶ
εἶναι καὶ λόγῳ αὐτοῖς οὔπω ἱκανὰ εἰρῆσθαι, αὖθις τῶν
τριηράρχων ἕνα ἕκαστον ἀνεκάλει, πατρόθεν τε ἐπονομάζων
25 καὶ αὐτοὺς ὀνομαστὶ καὶ φυλήν, ἀξιῶν τό τε καθ' ἑαυτόν,
ᾧ ὑπῆρχε λαμπρότητός τι, μὴ προδιδόναι τινὰ καὶ τὰς
πατρικὰς ἀρετάς, ὧν ἐπιφανεῖς ἦσαν οἱ πρόγονοι, μὴ ἀφα-
νίζειν, πατρίδος τε τῆς ἐλευθερωτάτης ὑπομιμνῄσκων καὶ
τῆς ἐν αὐτῇ ἀνεπιτάκτου πᾶσιν ἐς τὴν δίαιταν ἐξουσίας,
30 ἄλλα τε λέγων ὅσα ἐν τῷ τοιούτῳ ἤδη τοῦ καιροῦ ὄντες

1 [δικαίως] Ιωσι Π¹⁸   3 ἐκγενησόμενον B : ἐγγενησόμενον cett.
[Π¹⁸] καὶ om. recc.   4 ὡς[ς desinit Π¹⁸   11 post πραξάντων add.
ἡμῶν B   12 καρπουμένην B   15 ὠφελῶσι B : ὠφελοῦσι cett.
20 ἦν om. B (habet γρ. B)   22 ἔτι om. A E F M   27 ἀφανί, .νι
ἀτιμάζειν M suprascr. G¹   30 ὄντες B : ὄντος cett.

ἄνθρωποι οὐ πρὸς τὸ δοκεῖν τινι ἀρχαιολογεῖν φυλαξάμενοι
εἴποιεν ἄν, καὶ ὑπὲρ ἁπάντων παραπλήσια ἔς τε γυναῖκας
καὶ παῖδας καὶ θεοὺς πατρῴους προφερόμενα, ἀλλ' ἐπὶ τῇ
παρούσῃ ἐκπλήξει ὠφέλιμα νομίζοντες ἐπιβοῶνται.

3 Καὶ ὁ μὲν οὐχ ἱκανὰ μᾶλλον ἢ καὶ ἀναγκαῖα νομίσας 5
παρῃνῆσθαι, ἀποχωρήσας ἦγε τὸν πεζὸν πρὸς τὴν θάλασσαν
καὶ παρέταξεν ὡς ἐπὶ πλεῖστον ἐδύνατο, ὅπως ὅτι μεγίστη
4 τοῖς ἐν ταῖς ναυσὶν ὠφελία ἐς τὸ θαρσεῖν γίγνοιτο· ὁ δὲ
Δημοσθένης καὶ Μένανδρος καὶ Εὐθύδημος (οὗτοι γὰρ ἐπὶ
τὰς ναῦς τῶν Ἀθηναίων στρατηγοὶ ἐπέβησαν) ἄραντες ἀπὸ 10
τοῦ ἑαυτῶν στρατοπέδου εὐθὺς ἔπλεον πρὸς τὸ ζεῦγμα
τοῦ λιμένος καὶ τὸν παραλειφθέντα διέκπλουν, βουλόμενοι
70 βιάσασθαι ἐς τὸ ἔξω. προεξαγαγόμενοι δὲ οἱ Συρακόσιοι
καὶ οἱ ξύμμαχοι ναυσὶ παραπλησίαις τὸν ἀριθμὸν καὶ
πρότερον, κατά τε τὸν ἔκπλουν μέρει αὐτῶν ἐφύλασσον 15
καὶ κατὰ τὸν ἄλλον κύκλῳ λιμένα, ὅπως πανταχόθεν ἅμα
προσπίπτοιεν τοῖς Ἀθηναίοις, καὶ ὁ πεζὸς ἅμα αὐτοῖς παρε-
βοήθει ᾗπερ καὶ αἱ νῆες κατίσχοιεν. ἦρχον δὲ τοῦ ναυτικοῦ
τοῖς Συρακοσίοις Σικανὸς μὲν καὶ Ἀγάθαρχος, κέρας ἑκάτερος
τοῦ παντὸς ἔχων, Πυθὴν δὲ καὶ οἱ Κορίνθιοι τὸ μέσον. 20
2 ἐπειδὴ δὲ οἱ ἄλλοι Ἀθηναῖοι προσέμισγον τῷ ζεύγματι, τῇ
μὲν πρώτῃ ῥύμῃ ἐπιπλέοντες ἐκράτουν τῶν τεταγμένων νεῶν
πρὸς αὐτῷ καὶ ἐπειρῶντο λύειν τὰς κλῄσεις· μετὰ δὲ τοῦτο
πανταχόθεν σφίσι τῶν Συρακοσίων καὶ ξυμμάχων ἐπιφερο-
μένων οὐ πρὸς τῷ ζεύγματι ἔτι μόνον ἡ ναυμαχία, ἀλλὰ 25
καὶ κατὰ τὸν λιμένα ἐγίγνετο, καὶ ἦν καρτερὰ καὶ οἵα οὐχ
3 ἑτέρα τῶν προτέρων. πολλὴ μὲν γὰρ ἑκατέροις προθυμία
ἀπὸ τῶν ναυτῶν ἐς τὸ ἐπιπλεῖν ὁπότε κελευσθείη ἐγίγνετο,

3 προσφερόμενα B   5 ἢ B: om. cett.   καὶ om. B   9 Εὐθύ-
δημος B: Εὔδημος cett.   12 παραλειφθέντα A C E F M γρ. B Schol.,
Dion. Hal. : παραληφθέντα G : καταλειφθέντα B   13 προεξαναγό-
μενοι Dion. Hal.   17 αὐτοῖς ἅμα A C E F (G) M Dion. Hal.   παρε-
βοήθει Dion. Hal. : παραβοηθῇ A B F : παραβοηθεῖ cett.   21 δὲ] δὲ
καὶ E Dion. Hal.   οἱ ἄλλοι οιη. B, habet Dion. Hal.   25 post
μόνον add. ἦν B

πολλὴ δὲ ἡ ἀντιτέχνησις τῶν κυβερνητῶν καὶ ἀγωνισμὸς
πρὸς ἀλλήλους· οἵ τε ἐπιβάται ἐθεράπευον, ὁπότε προσπέσοι
ναῦς νηί, μὴ λείπεσθαι τὰ ἀπὸ τοῦ καταστρώματος τῆς
ἄλλης τέχνης· πᾶς τέ τις ἐν ᾧ προσετέτακτο αὐτὸς ἕκαστος
5 ἠπείγετο πρῶτος φαίνεσθαι. ξυμπεσουσῶν δὲ ἐν ὀλίγῳ 4
πολλῶν νεῶν (πλεῖσται γὰρ δὴ αὗται ἐν ἐλαχίστῳ ἐναυ-
μάχησαν· βραχὺ γὰρ ἀπέλιπον ξυναμφότεραι διακόσιαι
γενέσθαι) αἱ μὲν ἐμβολαὶ διὰ τὸ μὴ εἶναι τὰς ἀνακρούσεις
καὶ διέκπλους ὀλίγαι ἐγίγνοντο, αἱ δὲ προσβολαί, ὡς τύχοι
10 ναῦς νηὶ προσπεσοῦσα ἢ διὰ τὸ φεύγειν ἢ ἄλλῃ ἐπιπλέουσα,
πυκνότεραι ἦσαν. καὶ ὅσον μὲν χρόνον προσφέροιτο ναῦς, 5
οἱ ἀπὸ τῶν καταστρωμάτων τοῖς ἀκοντίοις καὶ τοξεύμασι
καὶ λίθοις ἀφθόνως ἐπ' αὐτὴν ἐχρῶντο· ἐπειδὴ δὲ προσμεί-
ξειαν, οἱ ἐπιβάται ἐς χεῖρας ἰόντες ἐπειρῶντο ταῖς ἀλλήλων
15 ναυσὶν ἐπιβαίνειν. ξυνετύγχανέ τε πολλαχοῦ διὰ τὴν 6
στενοχωρίαν τὰ μὲν ἄλλοις ἐμβεβληκέναι, τὰ δὲ αὐτοὺς
ἐμβεβλῆσθαι, δύο τε περὶ μίαν καὶ ἔστιν ᾗ καὶ πλείους
ναῦς κατ' ἀνάγκην ξυνηρτῆσθαι, καὶ τοῖς κυβερνήταις τῶν
μὲν φυλακήν, τῶν δ' ἐπιβουλήν, μὴ καθ' ἓν ἕκαστον, κατὰ
20 πολλὰ δὲ πανταχόθεν, περιεστάναι, καὶ τὸν κτύπον μέγαν
ἀπὸ πολλῶν νεῶν ξυμπιπτουσῶν ἔκπληξίν τε ἅμα καὶ
ἀποστέρησιν τῆς ἀκοῆς ὧν οἱ κελευσταὶ φθέγγοιντο παρ-
έχειν. πολλὴ γὰρ δὴ ἡ παρακέλευσις καὶ βοὴ ἀφ' ἑκατέρων 7
τοῖς κελευσταῖς κατά τε τὴν τέχνην καὶ πρὸς τὴν αὐτίκα
25 φιλονικίαν ἐγίγνετο, τοῖς μὲν Ἀθηναίοις βιάζεσθαί τε τὸν
ἔκπλουν ἐπιβοῶντες καὶ περὶ τῆς ἐς τὴν πατρίδα σωτηρίας
νῦν, εἴ ποτε καὶ αὖθις, προθύμως ἀντιλαβέσθαι, τοῖς δὲ
Συρακοσίοις καὶ ξυμμάχοις καλὸν εἶναι κωλῦσαί τε αὐτοὺς
διαφυγεῖν καὶ τὴν οἰκείαν ἑκάστους πατρίδα νικήσαντας

2 ὁπότε Β Μ : ὅτε cett. Dion. Hal.   7 ἀπέλειπον C   8 ἐμβολαὶ
C E Schol. Patm. : ἐκβολαὶ cett. Dion. Hal.   9 ἔτυχον Β   10 φυ-
γεῖν A E F M Dion. Hal.   13 ἀφθόνοις Dion. Hal.   21 post
πολλῶν add. τῶν G   22 φθέγγοντο (sic) Β : ἐφθέγγοντο Dion Hal.
23 ἢ Β : om. cett.   24 τε Β Dion. Hal. : om. cett.   27 ἀντιλαμ-
βάνεσθαι Dion. Hal.   29 ἑκάστου M   νικήσαντες suprascr. G¹, v.l.
in Dion. Hal.

8 ἐπαυξῆσαι. καὶ οἱ στρατηγοὶ προσέτι ἑκατέρωι, εἴ τινά
που ὁρῶεν μὴ κατ᾽ ἀνάγκην πρύμναν κρουόμενον, ἀνακα-
λοῦντες ὀνομαστὶ τὸν τριήραρχον ἠρώτων, οἱ μὲν Ἀθηναῖοι
εἰ τὴν πολεμιωτάτην γῆν οἰκειοτέραν ἤδη τῆς οὐ δι᾽ ὀλίγου
πόνου κεκτημένης θαλάσσης ἡγούμενοι ὑποχωροῦσιν, οἱ δὲ 5
Συρακόσιοι εἰ οὓς σαφῶς ἴσασι προθυμουμένους Ἀθηναίους
παντὶ τρόπῳ διαφυγεῖν, τούτους αὐτοὶ φεύγοντας φεύγουσιν·

71 ὅ τε ἐκ τῆς γῆς πεζὸς ἀμφοτέρων ἰσορρόπου τῆς ναυμαχίας
καθεστηκυίας πολὺν τὸν ἀγῶνα καὶ ξύστασιν τῆς γνώμης
εἶχε, φιλονικῶν μὲν ὁ αὐτόθεν περὶ τοῦ πλέονος ἤδη καλοῦ, 10
δεδιότες δὲ οἱ ἐπελθόντες μὴ τῶν παρόντων ἔτι χείρω
2 πράξωσιν. πάντων γὰρ δὴ ἀνακειμένων τοῖς Ἀθηναίοις
ἐς τὰς ναῦς ὅ τε φόβος ἦν ὑπὲρ τοῦ μέλλοντος οὐδενὶ
ἐοικώς, καὶ διὰ τὸ ⟨ἀνώμαλον⟩ τῆς ναυμαχίας ἀνώμαλον
3 καὶ τὴν ἔποψιν ἐκ τῆς γῆς ἠναγκάζοντο ἔχειν. δι᾽ ὀλίγου 15
γὰρ οὔσης τῆς θέας καὶ οὐ πάντων ἅμα ἐς τὸ αὐτὸ σκο-
πούντων, εἰ μέν τινες ἴδοιέν πῃ τοὺς σφετέρους ἐπικρα-
τοῦντας, ἀνεθάρσησάν τε ἂν καὶ πρὸς ἀνάκλησιν θεῶν μὴ
στερῆσαι σφᾶς τῆς σωτηρίας ἐτρέποντο, οἱ δ᾽ ἐπὶ τὸ ἡσσώ-
μενον βλέψαντες ὀλοφυρμῷ τε ἅμα μετὰ βοῆς ἐχρῶντο 20
καὶ ἀπὸ τῶν δρωμένων τῆς ὄψεως καὶ τὴν γνώμην μᾶλλον
τῶν ἐν τῷ ἔργῳ ἐδουλοῦντο· ἄλλοι δὲ καὶ πρὸς ἀντίπαλόν
τι τῆς ναυμαχίας ἀπιδόντες, διὰ τὸ ἀκρίτως ξυνεχὲς τῆς
ἁμίλλης καὶ τοῖς σώμασιν αὐτοῖς ἴσα τῇ δόξῃ περιδεῶς
ξυναπονεύοντες ἐν τοῖς χαλεπώτατα διῆγον· αἰεὶ γὰρ παρ᾽ 25
4 ὀλίγον ἢ διέφευγον ἢ ἀπώλλυντο. ἦν τε ἐν τῷ αὐτῷ
στρατεύματι τῶν Ἀθηναίων, ἕως ἀγχώμαλα ἐναυμάχουν,
πάντα ὁμοῦ ἀκοῦσαι, ὀλοφυρμὸς βοή, νικῶντες κρατούμενοι,
ἄλλα ὅσα ἐν μεγάλῳ κινδύνῳ μέγα στρατόπεδον πολυειδῆ

2 κατ᾽] δι᾽ B   5 πόνου B Schol., Dion. Hal. : om. cett.   ὑποχω-
ροῦσιν B : ἀποχωροῦσιν cett.   6 Ἀθηναίους secl. Duker   12 δή]
ἤδη suprascr. δὴ B   14 ἀνώμαλον add. Bauer   τῆς ναυμαχίας
post ἔποψιν habent codd., transp. Wölfflin   16 οὐ πάντων] ἀπάντων
B (γρ. οὐ πάντων)   18 ἂν om. B   26 αὐτῷ om. A E F M
Dion. Hal   29 ὅσ᾽ ἂν Herwerden

ἀναγκάζοιτο φθέγγεσθαι. παραπλήσια δὲ καὶ οἱ ἐπὶ τῶν 5
νεῶν αὐτοῖς ἔπασχον, πρίν γε δὴ οἱ Συρακόσιοι καὶ οἱ
ξύμμαχοι ἐπὶ πολὺ ἀντισχούσης τῆς ναυμαχίας ἔτρεψάν
τε τοὺς Ἀθηναίους καὶ ἐπικείμενοι λαμπρῶς, πολλῇ κραυγῇ
5 καὶ διακελευσμῷ χρώμενοι, κατεδίωκον ἐς τὴν γῆν. τότε 6
δὲ ὁ μὲν ναυτικὸς στρατὸς ἄλλος ἄλλῃ, ὅσοι μὴ μετέωροι
ἑάλωσαν, κατενεχθέντες ἐξέπεσον ἐς τὸ στρατόπεδον· ὁ δὲ
πεζὸς οὐκέτι διαφόρως, ἀλλ' ἀπὸ μιᾶς ὁρμῆς οἰμωγῇ τε
καὶ στόνῳ πάντες δυσανασχετοῦντες τὰ γιγνόμενα, οἱ μὲν
10 ἐπὶ τὰς ναῦς παρεβοήθουν, οἱ δὲ πρὸς τὸ λοιπὸν τοῦ τείχους
ἐς φυλακήν, ἄλλοι δὲ καὶ οἱ πλεῖστοι ἤδη περὶ σφᾶς
αὐτοὺς καὶ ὅπῃ σωθήσονται διεσκόπουν. ἦν τε ἐν τῷ 7
παραυτίκα οὐδεμιᾶς δὴ τῶν ξυμπασῶν ἐλάσσων ἔκπληξις.
παραπλήσιά τε ἐπεπόνθεσαν καὶ ἔδρασαν αὐτοὶ ἐν Πύλῳ·
15 διαφθαρεισῶν γὰρ τῶν νεῶν τοῖς Λακεδαιμονίοις προσ-
απώλλυντο αὐτοῖς καὶ οἱ ἐν τῇ νήσῳ ἄνδρες διαβεβηκότες,
καὶ τότε τοῖς Ἀθηναίοις ἀνέλπιστον ἦν τὸ κατὰ γῆν
σωθήσεσθαι, ἢν μή τι παρὰ λόγον γίγνηται.

Γενομένης δ' ἰσχυρᾶς τῆς ναυμαχίας καὶ πολλῶν νεῶν 72
20 ἀμφοτέροις καὶ ἀνθρώπων ἀπολομένων οἱ Συρακόσιοι καὶ οἱ
ξύμμαχοι ἐπικρατήσαντες τά τε ναυάγια καὶ τοὺς νεκροὺς
ἀνείλοντο, καὶ ἀποπλεύσαντες πρὸς τὴν πόλιν τροπαῖον
ἔστησαν, οἱ δ' Ἀθηναῖοι ὑπὸ μεγέθους τῶν παρόντων κακῶν 2
νεκρῶν μὲν πέρι ἢ ναυαγίων οὐδὲ ἐπενόουν αἰτῆσαι ἀναίρεσιν,
25 τῆς δὲ νυκτὸς ἐβουλεύοντο εὐθὺς ἀναχωρεῖν. Δημοσθένης 3
δὲ Νικίᾳ προσελθὼν γνώμην ἐποιεῖτο πληρώσαντας ἔτι τὰς
λοιπὰς τῶν νεῶν βιάσασθαι, ἢν δύνωνται, ἅμα ἔῳ τὸν ἔκ-
πλουν, λέγων ὅτι πλείους ἔτι αἱ λοιπαί εἰσι νῆες χρήσιμαι
σφίσιν ἢ τοῖς πολεμίοις· ἦσαν γὰρ τοῖς μὲν Ἀθηναίοις περί-
30 λοιποι ὡς ἑξήκοντα, τοῖς δ' ἐναντίοις ἐλάσσους ἢ πεντήκοντα.
καὶ ξυγχωροῦντος Νικίου τῇ γνώμῃ καὶ βουλομένων πληροῦν 4

8 ὀργῆς M   13 ξυμπασῶν] ξυμφορῶν B   15 τοῖς om. B   16 αὐταῖς
C G   διαβεβηκότες Ь   18 παρὰ λόγον Dion. Hal.: παράλογον codd.
22 ἀπο]πλεύ[σαντες incipit Γi¹⁸   25 ἐβούλοντο B   28 ἔτι? om. Π¹⁸
εἰσι om. B Π¹⁶   30 δ' ἐ. ωντίοις] δὲ πολεμίοις Π¹⁸

αὐτῶν οἱ ναῦται οὐκ ἤθελον ἐσβαίνειν διὰ τὸ καταπεπλῆχθαί
τε τῇ ἥσσῃ καὶ μὴ ἂν ἔτι οἴεσθαι κρατῆσαι.

73 Καὶ οἱ μὲν ὡς κατὰ γῆν ἀναχωρήσοντες ἤδη ξύμπαντες
τὴν γνώμην εἶχον, Ἑρμοκράτης δὲ ὁ Συρακόσιος ὑπονοήσας
αὐτῶν τὴν διάνοιαν καὶ νομίσας δεινὸν εἶναι εἰ τοσαύτη 5
στρατιὰ κατὰ γῆν ὑποχωρήσασα καὶ καθεζομένη ποι τῆς
Σικελίας βουλήσεται αὖθις σφίσι τὸν πόλεμον ποιεῖσθαι,
ἐσηγεῖται ἐλθὼν τοῖς ἐν τέλει οὖσιν ὡς οὐ χρεὼν ἀποχωρῆσαι
τῆς νυκτὸς αὐτοὺς περιιδεῖν, λέγων ταῦτα ἃ καὶ αὐτῷ ἐδόκει,
ἀλλὰ ἐξελθόντας ἤδη πάντας Συρακοσίους καὶ τοὺς ξυμμάχους 10
τάς τε ὁδοὺς ἀποικοδομῆσαι καὶ τὰ στενόπορα τῶν χωρίων
2 προδιαλαβόντας φυλάσσειν. οἱ δὲ ξυνεγίγνωσκον μὲν καὶ
αὐτοὶ οὐχ ἧσσον ταῦτα ἐκείνου, καὶ ἐδόκει ποιητέα εἶναι,
τοὺς δὲ ἀνθρώπους ἄρτι ἀσμένους ἀπὸ ναυμαχίας τε μεγάλης
ἀναπεπαυμένους καὶ ἅμα ἑορτῆς οὔσης (ἔτυχε γὰρ αὐτοῖς 15
Ἡρακλεῖ ταύτην τὴν ἡμέραν θυσία οὖσα) οὐ δοκεῖν ἂν ῥᾳδίως
ἐθελῆσαι ὑπακοῦσαι· ὑπὸ γὰρ τοῦ περιχαροῦς τῆς νίκης πρὸς
πόσιν τετρίφθαι τοὺς πολλοὺς ἐν τῇ ἑορτῇ, καὶ πάντα μᾶλλον
ἐλπίζειν ἂν σφῶν πείθεσθαι αὐτοὺς ἢ ὅπλα λαβόντας ἐν τῷ
3 παρόντι ἐξελθεῖν. ὡς δὲ τοῖς ἄρχουσι ταῦτα λογιζομένοις 20
ἐφαίνετο ἄπορα καὶ οὐκέτι ἔπειθεν αὐτοὺς ὁ Ἑρμοκράτης,
αὐτὸς ἐπὶ τούτοις τάδε μηχανᾶται, δεδιὼς μὴ οἱ Ἀθηναῖοι
καθ' ἡσυχίαν προφθάσωσιν ἐν τῇ νυκτὶ διελθόντες τὰ χαλε-
πώτατα τῶν χωρίων. πέμπει τῶν ἑταίρων τινὰς τῶν ἑαυτοῦ
μετὰ ἱππέων πρὸς τὸ τῶν Ἀθηναίων στρατόπεδον, ἡνίκα 25
ξυνεσκόταζεν· οἳ προσελάσαντες ἐξ ὅσου τις ἔμελλεν ἀκού-
σεσθαι καὶ ἀνακαλεσάμενοί τινας ὡς ὄντες τῶν Ἀθηναίων
ἐπιτήδειοι (ἦσαν γάρ τινες τῷ Νικίᾳ διάγγελοι τῶν ἔνδοθεν)
ἐκέλευον φράζειν Νικίᾳ μὴ ἀπάγειν τῆς νυκτὸς τὸ στράτευμα

1 αὐτὸν A C F G   2 τε B Π¹⁸ : om. cett.   3 ἀναχωρήσαντες
C M Π¹⁸ m. 1   6 ἀποχωρήσασα C E Π¹⁸   που Π¹⁸ recc.   9 ἃ καὶ]
καὶ ἃ E M : καὶ ἃ καὶ A F   12 προδιαλαβόντας Jones : διαλαβόντας B :
προφθάσαντας cett. Π¹⁸ γρ. B   13 ἃ καὶ Π¹⁸   14 τε ναυμαχίας Π¹⁸
15 πεπαυμένους B Π¹⁸   αὐτοῖς Ἡρακλεῖ] Ἡράκλεια B (αὐτοῖς Ἡρακλεῖ γρ.
B)   21 οὐκέτι] οὐκ Π¹⁸ recc.   23 φθάσωσι Π¹⁸

192

ὡς Συρακοσίων τὰς ὁδοὺς φυλασσόντων, ἀλλὰ καθ' ἡσυχίαν
τῆς ἡμέρας παρασκευασάμενον ἀποχωρεῖν. καὶ οἱ μὲν 4
εἰπόντες ἀπῆλθον, καὶ οἱ ἀκούσαντες διήγγειλαν τοῖς στρα-
τηγοῖς τῶν Ἀθηναίων· οἱ δὲ πρὸς τὸ ἄγγελμα ἐπέσχον τὴν 74
5 νύκτα, νομίσαντες οὐκ ἀπάτην εἶναι. καὶ ἐπειδὴ καὶ ὡς
οὐκ εὐθὺς ὥρμησαν, ἔδοξεν αὐτοῖς καὶ τὴν ἐπιοῦσαν ἡμέραν
περιμεῖναι, ὅπως ξυσκευάσαιντο ὡς ἐκ τῶν δυνατῶν οἱ στρα-
τιῶται ὅτι χρησιμώτατα, καὶ τὰ μὲν ἄλλα πάντα καταλιπεῖν,
ἀναλαβόντες δὲ αὐτὰ ὅσα περὶ τὸ σῶμα ἐς δίαιταν ὑπῆρχεν
10 ἐπιτήδεια ἀφορμᾶσθαι. Συρακόσιοι δὲ καὶ Γύλιππος τῷ 2
μὲν πεζῷ προεξελθόντες τάς τε ὁδοὺς τὰς κατὰ τὴν χώραν,
ᾗ εἰκὸς ἦν τοὺς Ἀθηναίους ἰέναι, ἀπεφάργνυσαν καὶ τῶν
ῥείθρων καὶ [τῶν] ποταμῶν τὰς διαβάσεις ἐφύλασσον καὶ
ἐς ὑποδοχὴν τοῦ στρατεύματος ὡς κωλύσοντες ᾗ ἐδόκει
15 ἐτάσσοντο· ταῖς δὲ ναυσὶ προσπλεύσαντες τὰς ναῦς τῶν
Ἀθηναίων ἀπὸ τοῦ αἰγιαλοῦ ἀφεῖλκον (ἐνέπρησαν δέ τινας
ὀλίγας, ὥσπερ διενοήθησαν, αὐτοὶ οἱ Ἀθηναῖοι), τὰς δ' ἄλλας
καθ' ἡσυχίαν οὐδενὸς κωλύοντος ὡς ἑκάστην ποι ἐκπε-
πτωκυῖαν ἀναδησάμενοι ἐκόμιζον ἐς τὴν πόλιν.
20 Μετὰ δὲ τοῦτο, ἐπειδὴ ἐδόκει τῷ Νικίᾳ καὶ τῷ Δημοσθένει 75
ἱκανῶς παρεσκευάσθαι, καὶ ἡ ἀνάστασις ἤδη τοῦ στρατεύματος
τρίτῃ ἡμέρᾳ ἀπὸ τῆς ναυμαχίας ἐγίγνετο. δεινὸν οὖν ἦν οὐ 2
καθ' ἓν μόνον τῶν πραγμάτων, ὅτι τάς τε ναῦς ἀπολωλεκότες
πάσας ἀπεχώρουν καὶ ἀντὶ μεγάλης ἐλπίδος καὶ αὐτοὶ καὶ ἡ
25 πόλις κινδυνεύοντες, ἀλλὰ καὶ ἐν τῇ ἀπολείψει τοῦ στρατο-
πέδου ξυνέβαινε τῇ τε ὄψει ἑκάστῳ ἀλγεινὰ καὶ τῇ γνώμῃ
αἰσθέσθαι. τῶν τε γὰρ νεκρῶν ἀτάφων ὄντων, ὁπότε τις 3
ἴδοι τινὰ τῶν ἐπιτηδείων κείμενον, ἐς λύπην μετὰ φόβου
καθίστατο, καὶ οἱ ζῶντες καταλειπόμενοι τραυματίαι τε καὶ
30 ἀσθενεῖς πολὺ τῶν τεθνεώτων τοῖς ζῶσι λυπηρότεροι ἦσαν
καὶ τῶν ἀπολωλότων ἀθλιώτεροι. πρὸς γὰρ ἀντιβολίαν καὶ 4

1 φυλασσόντων desinit Π¹⁸   7 συσκευάσωνται Μ   11 προεξελ-
θόντες Β : προσεξελθόντες cett.   13 τῶν om. Β   16 ἀφεῖλον Μ
20 alterum τῷ om. Β

ὀλοφυρμὸν τραπόμενοι ἐς ἀπορίαν καθίστασαν, ἄγειν τε σφᾶς
ἀξιοῦντες καὶ ἕνα ἕκαστον ἐπιβοώμενοι, εἴ τινά πού τις ἴδοι
ἢ ἑταίρων ἢ οἰκείων, τῶν τε ξυσκήνων ἤδη ἀπιόντων ἐκκρε-
μαννύμενοι καὶ ἐπακολουθοῦντες ἐς ὅσον δύναιντο, εἴ τῳ δὲ
προλίποι ἡ ῥώμη καὶ τὸ σῶμα, οὐκ ἄνευ ὀλίγων ἐπιθειασμῶν 5
καὶ οἰμωγῆς ὑπολειπόμενοι, ὥστε δάκρυσι πᾶν τὸ στράτευμα
πλησθὲν καὶ ἀπορίᾳ τοιαύτῃ μὴ ῥᾳδίως ἀφορμᾶσθαι, καίπερ
ἐκ πολεμίας τε καὶ μείζω ἢ κατὰ δάκρυα τὰ μὲν πεπονθότας
ἤδη, τὰ δὲ περὶ τῶν ἐν ἀφανεῖ δεδιότας μὴ πάθωσιν.
5 κατήφειά τέ τις ἅμα καὶ κατάμεμψις σφῶν αὐτῶν πολλὴ 10
ἦν. οὐδὲν γὰρ ἄλλο ἢ πόλει ἐκπεπολιορκημένῃ ἐῴκεσαν
ὑποφευγούσῃ, καὶ ταύτῃ οὐ σμικρᾷ· μυριάδες γὰρ τοῦ
ξύμπαντος ὄχλου οὐκ ἐλάσσους τεσσάρων ἅμα ἐπορεύοντο.
καὶ τούτων οἵ τε ἄλλοι πάντες ἔφερον ὅτι τις ἐδύνατο
ἕκαστος χρήσιμον, καὶ οἱ ὁπλῖται καὶ οἱ ἱππῆς παρὰ τὸ 15
εἰωθὸς αὐτοὶ τὰ σφέτερα αὐτῶν σιτία ὑπὸ τοῖς ὅπλοις, οἱ
μὲν ἀπορίᾳ ἀκολούθων, οἱ δὲ ἀπιστίᾳ· ἀπηυτομολήκεσαν γὰρ
πάλαι τε καὶ οἱ πλεῖστοι παραχρῆμα.   ἔφερον δὲ οὐδὲ ταῦτα
6 ἱκανά· σῖτος γὰρ οὐκέτι ἦν ἐν τῷ στρατοπέδῳ.   καὶ μὴν ἡ
ἄλλη αἰκία καὶ ἡ ἰσομοιρία τῶν κακῶν, ἔχουσά τινα ὅμως 20
τὸ μετὰ πολλῶν κούφισιν, οὐδ' ὡς ῥᾳδία ἐν τῷ παρόντι
ἐδοξάζετο, ἄλλως τε καὶ ἀπὸ οἵας λαμπρότητος καὶ αὐχή-
ματος τοῦ πρώτου ἐς οἵαν τελευτὴν καὶ ταπεινότητα ἀφῖκτο.
7 μέγιστον γὰρ δὴ τὸ διάφορον τοῦτο [τῷ] Ἑλληνικῷ στρα-
τεύματι ἐγένετο, οἷς ἀντὶ μὲν τοῦ ἄλλους δουλωσομένους 25
ἥκειν αὐτοὺς τοῦτο μᾶλλον δεδιότας μὴ πάθωσι ξυνέβη
ἀπιέναι, ἀντὶ δ' εὐχῆς τε καὶ παιάνων, μεθ' ὧν ἐξέπλεον,
πάλιν τούτων τοῖς ἐναντίοις ἐπιφημίσμασιν ἀφορμᾶσθαι,

---

4 ἐς B : om. cett.   5 προλίποι B : προλείπει G : προλείποι cett.
ὀλίγων secl. Krüger   6 ὑπολειπόμενοι B : ἀπολειπόμενοι cett.
9 post ἐν add. τῷ B   post μὴ add. τι A C E F G M   14 ἔφερον
πάντες B   15 ἕκαστος B : κατὰ τὸ cett. γρ. B   16 post αὐτοὶ
add. τε καὶ C, τε A E F G M   ὑπὸ τοῖς ὅπλοις om. C   ὑπὸ] ἐπὶ
Pluygers   23 post οἵαν add. τε A E F   ἀφίκατο Badham
24 τῷ secl. Schol.   27 παιώνων A C E F M

πεζούς τε ἀντὶ ναυβατῶν πορευομένους καὶ ὁπλιτικῷ προσ-
έχοντας μᾶλλον ἢ ναυτικῷ. ὅμως δὲ ὑπὸ μεγέθους τοῦ
ἐπικρεμαμένου ἔτι κινδύνου πάντα ταῦτα αὐτοῖς οἰστὰ
ἐφαίνετο.

5 Ὁρῶν δὲ ὁ Νικίας τὸ στράτευμα ἀθυμοῦν καὶ ἐν μεγάλῃ **76**
μεταβολῇ ὄν, ἐπιπαριὼν ὡς ἐκ τῶν ὑπαρχόντων ἐθάρσυνέ
τε καὶ παρεμυθεῖτο, βοῇ τε χρώμενος ἔτι μᾶλλον ἑκάστοις
καθ' οὓς γίγνοιτο ὑπὸ προθυμίας καὶ βουλόμενος ὡς ἐπὶ
πλεῖστον γεγωνίσκων ὠφελεῖν τι.

10 'Καὶ ἐκ τῶν παρόντων, ὦ Ἀθηναῖοι καὶ ξύμμαχοι, ἐλπίδα **77**
χρὴ ἔχειν (ἤδη τινὲς καὶ ἐκ δεινοτέρων ἢ τοιῶνδε ἐσώθησαν),
μηδὲ καταμέμφεσθαι ὑμᾶς ἄγαν αὐτοὺς μήτε ταῖς ξυμφοραῖς
μήτε ταῖς παρὰ τὴν ἀξίαν νῦν κακοπαθίαις. κἀγώ τοι **2**
οὐδενὸς ὑμῶν οὔτε ῥώμῃ προφέρων (ἀλλ' ὁρᾶτε δὴ ὡς
15 διάκειμαι ὑπὸ τῆς νόσου) οὔτ' εὐτυχίᾳ δοκῶν που ὕστερός
του εἶναι κατά τε τὸν ἴδιον βίον καὶ ἐς τὰ ἄλλα, νῦν ἐν τῷ
αὐτῷ κινδύνῳ τοῖς φαυλοτάτοις αἰωροῦμαι· καίτοι πολλὰ
μὲν ἐς θεοὺς νόμιμα δεδιῄτημαι, πολλὰ δὲ ἐς ἀνθρώπους
οἴκαια καὶ ἀνεπίφθονα. ἀνθ' ὧν ἡ μὲν ἐλπὶς ὅμως θρασεῖα **3**
20 τοῦ μέλλοντος, αἱ δὲ ξυμφοραὶ οὐ κατ' ἀξίαν δὴ φοβοῦσιν.
τάχα δὲ ἂν καὶ λωφήσειαν· ἱκανὰ γὰρ τοῖς τε πολεμίοις
ηὐτύχηται, καὶ εἴ τῳ θεῶν ἐπίφθονοι ἐστρατεύσαμεν, ἀπο-
χρώντως ἤδη τετιμωρήμεθα. ἦλθον γάρ που καὶ ἄλλοι **4**
τινὲς ἤδη ἐφ' ἑτέρους, καὶ ἀνθρώπεια δράσαντες ἀνεκτὰ
25 ἔπαθον. καὶ ἡμᾶς εἰκὸς νῦν τά τε ἀπὸ τοῦ θεοῦ ἐλπίζειν
ἠπιώτερα ἕξειν (οἴκτου γὰρ ἀπ' αὐτῶν ἀξιώτεροι ἤδη ἐσμὲν
ἢ φθόνου), καὶ ὁρῶντες ὑμᾶς αὐτοὺς οἷοι ὁπλῖται ἅμα καὶ ὅσοι
ξυντεταγμένοι χωρεῖτε μὴ καταπέπληχθε ἄγαν, λογίζεσθε δὲ
ὅτι αὐτοί τε πόλις εὐθύς ἐστε ὅποι ἂν καθέζησθε καὶ ἄλλη

---

1 τε (in rasura) B¹ : δὲ cett.   προσέχοντας B : προσχόντας
cett. (ex -ωντας c)   9 τι B : ἔτι (cum sequentibus iunctum) cett.
12 καταμέμφεσθαι B : καταμέμψασθαι cett.   16 τε B Schol. : om.
cett.   20 δὴ] ἤδη suprascr. δὴ B   φοβοῦσαι suprascr. ι M
25 θεῖον Krüger   27 οἷοι C : οἵ οἱ (sic) B : οἱ cett.   28 κατα-
πεπλῆχθαι B

οὐδεμία ὑμᾶς τῶν ἐν Σικελίᾳ οὔτ' ἂν ἐπιόντας δέξαιτο ῥᾳδίως
5 οὔτ' ἂν ἱδρυθέντας που ἐξαναστήσειεν. τὴν δὲ πορείαν ὥστ'
ἀσφαλῆ καὶ εὔτακτον εἶναι αὐτοὶ φυλάξατε, μὴ ἄλλο τι
ἡγησάμενος ἕκαστος ἢ ἐν ᾧ ἂν ἀναγκασθῇ χωρίῳ μάχεσθαι,
6 τοῦτο καὶ πατρίδα καὶ τεῖχος κρατήσας ἕξειν. σπουδὴ δὲ 5
ὁμοίως καὶ νύκτα καὶ ἡμέραν ἔσται τῆς ὁδοῦ· τὰ γὰρ ἐπιτήδεια
βραχέα ἔχομεν, καὶ ἢν ἀντιλαβώμεθά του φιλίου χωρίου τῶν
Σικελῶν (οὗτοι γὰρ ἡμῖν διὰ τὸ Συρακοσίων δέος ἔτι βέβαιοι
εἰσίν), ἤδη νομίζετε ἐν τῷ ἐχυρῷ εἶναι. προπέπεμπται δ'
ὡς αὐτούς, καὶ ἀπαντᾶν εἰρημένον καὶ σιτία ἄλλα κομίζειν. 10
7 'Τό τε ξύμπαν γνῶτε, ὦ ἄνδρες στρατιῶται, ἀναγκαῖόν τε
ὂν ὑμῖν ἀνδράσιν ἀγαθοῖς γίγνεσθαι ὡς μὴ ὄντος χωρίου
ἐγγὺς ὅποι ἂν μαλακισθέντες σωθείητε καί, ἢν νῦν διαφύγητε
τοὺς πολεμίους, οἵ τε ἄλλοι τευξόμενοι ὧν ἐπιθυμεῖτέ που
ἐπιδεῖν καὶ οἱ Ἀθηναῖοι τὴν μεγάλην δύναμιν τῆς πόλεως 15
καίπερ πεπτωκυῖαν ἐπανορθώσοντες· ἄνδρες γὰρ πόλις, καὶ
οὐ τείχη οὐδὲ νῆες ἀνδρῶν κεναί.'
78 Ὁ μὲν Νικίας τοιάδε παρακελευόμενος ἅμα ἐπῄει τὸ
στράτευμα, καὶ εἴ πῃ ὁρῴη διεσπασμένον καὶ μὴ ἐν τάξει
χωροῦν ξυνάγων καὶ καθιστάς, καὶ ὁ Δημοσθένης οὐδὲν 20
ἧσσον τοῖς καθ' ἑαυτὸν τοιαῦτά τε καὶ παραπλήσια λέγων.
2 τὸ δὲ ἐχώρει ἐν πλαισίῳ τεταγμένον, πρῶτον μὲν ἡγού-
μενον τὸ Νικίου, ἐφεπόμενον δὲ τὸ Δημοσθένους· τοὺς δὲ
σκευοφόρους καὶ τὸν πλεῖστον ὄχλον ἐντὸς εἶχον οἱ ὁπλῖται.
3 καὶ ἐπειδὴ [τε] ἐγένοντο ἐπὶ τῇ διαβάσει τοῦ Ἀνάπου ποτα- 25
μοῦ, ηὗρον ἐπ' αὐτῷ παρατεταγμένους τῶν Συρακοσίων καὶ
ξυμμάχων, καὶ τρεψάμενοι αὐτοὺς καὶ κρατήσαντες τοῦ
πόρου ἐχώρουν ἐς τὸ πρόσθεν· οἱ δὲ Συρακόσιοι παριπ-
πεύοντές τε προσέκειντο καὶ ἐσακοντίζοντες οἱ ψιλοί.

4 ἂν B: om. cett.   7 του f: τοῦ codd.   9 ἐχυρῷ B:
ὀχυρῷ cett.   προπέπεμπται B: προπέμπετε cett.   10 ἄλλα] ἅμα
Reiske (pariter Valla)   11 τε B: δὲ cett.   13 διασωθείητε B
22 πλαισίῳ B: διπλασίῳ cett.: διπλαισίῳ Heitland   πρῶτον μὲν
ἡγούμενον B: om. cett.   23 ἐπόμενον B   25 τε secl. Krüger
ἐπὶ] ἐν B   26 post καὶ add. τῶν B

Καὶ ταύτῃ μὲν τῇ ἡμέρᾳ προελθόντες σταδίους ὡς 4
τεσσαράκοντα ηὐλίσαντο πρὸς λόφῳ τινὶ οἱ Ἀθηναῖοι· τῇ
δ᾽ ὑστεραίᾳ πρῲ ἐπορεύοντο καὶ προῆλθον ὡς εἴκοσι σταδίους,
καὶ κατέβησαν ἐς χωρίον ἄπεδόν τι καὶ αὐτοῦ ἐστρατοπε-
5 δεύσαντο, βουλόμενοι ἔκ τε τῶν οἰκιῶν λαβεῖν τι ἐδώδιμον
(ᾠκεῖτο γὰρ ὁ χῶρος) καὶ ὕδωρ μετὰ σφῶν αὐτῶν φέρεσθαι
αὐτόθεν· ἐν γὰρ τῷ πρόσθεν ἐπὶ πολλὰ στάδια, ᾗ ἔμελλον
ἰέναι, οὐκ ἄφθονον ἦν. οἱ δὲ Συρακόσιοι ἐν τούτῳ προελ- 5
θόντες τὴν δίοδον τὴν ἐν τῷ πρόσθεν ἀπετείχιζον· ἦν δὲ
10 λόφος καρτερὸς καὶ ἑκατέρωθεν αὐτοῦ χαράδρα κρημνώδης,
ἐκαλεῖτο δὲ Ἀκραῖον λέπας.

Τῇ δ᾽ ὑστεραίᾳ οἱ Ἀθηναῖοι προῇσαν, καὶ οἱ τῶν 6
Συρακοσίων καὶ ξυμμάχων αὐτοὺς ἱππῆς καὶ ἀκοντισταὶ
ὄντες πολλοὶ ἑκατέρωθεν ἐκώλυον καὶ ἐσηκόντιζόν τε καὶ
15 παρίππευον. καὶ χρόνον μὲν πολὺν ἐμάχοντο οἱ Ἀθηναῖοι,
ἔπειτα ἀνεχώρησαν πάλιν ἐς τὸ αὐτὸ στρατόπεδον. καὶ τὰ
ἐπιτήδεια οὐκέτι ὁμοίως εἶχον· οὐ γὰρ ἔτι ἀποχωρεῖν οἷόν
τ᾽ ἦν ὑπὸ τῶν ἱππέων.

Πρῲ δὲ ἄραντες ἐπορεύοντο αὖθις, καὶ ἐβιάσαντο πρὸς 79
20 τὸν λόφον ἐλθεῖν τὸν ἀποτετειχισμένον, καὶ ηὗρον πρὸ
ἑαυτῶν ὑπὲρ τοῦ ἀποτειχίσματος τὴν πεζὴν στρατιὰν
παρατεταγμένην οὐκ ἐπ᾽ ὀλίγων ἀσπίδων· στενὸν γὰρ ἦν
τὸ χωρίον. καὶ προσβαλόντες οἱ Ἀθηναῖοι ἐτειχομάχουν, 2
καὶ βαλλόμενοι ὑπὸ πολλῶν ἀπὸ τοῦ λόφου ἐπάντους ὄντος
25 (διικνοῦντο γὰρ ῥᾷον οἱ ἄνωθεν) καὶ οὐ δυνάμενοι βιά-
σασθαι ἀνεχώρουν πάλιν καὶ ἀνεπαύοντο. ἔτυχον δὲ 3
καὶ βρονταί τινες ἅμα γενόμεναι καὶ ὕδωρ, οἷα τοῦ ἔτους
πρὸς μετόπωρον ἤδη ὄντος φιλεῖ γίγνεσθαι· ἀφ᾽ ὧν οἱ
Ἀθηναῖοι μᾶλλον ἔτι ἠθύμουν καὶ ἐνόμιζον ἐπὶ τῷ σφετέρῳ
30 ὀλέθρῳ καὶ ταῦτα πάντα γίγνεσθαι. ἀναπαυομένων δ᾽ 4

1 προελθόντες G (ex προσ. rasura factum): προσελθόντες cett.
5 οἰκιῶν G M : οἰκείων cett.   7 ᾗ om. B   8 τ]ούτ[ῳ incipit Π¹⁸
14 ἑκατέρωθεν B : ἑκάτεροι cett. Π¹⁸   20 ἐλθεῖν secl. Krüger [Π¹⁸]
26 ἀπεχώρουν B [Π¹⁸]   δὲ] γὰρ B [Π¹⁸]   29 post μᾶλλον add. γὰρ B
[Π¹⁸]

αὐτῶν ὁ Γύλιππος καὶ οἱ Συρακόσιοι πέμπουσι μέρος τι τῆς
στρατιᾶς ἀποτειχιοῦντας αὖ ἐκ τοῦ ὄπισθεν αὐτοὺς ᾗ προε-
ληλύθεσαν· ἀντιπέμψαντες δὲ κἀκεῖνοι σφῶν αὐτῶν τινὰς
5 διεκώλυσαν. καὶ μετὰ ταῦτα πάσῃ τῇ στρατιᾷ ἀναχωρή-
σαντες πρὸς τὸ πεδίον μᾶλλον οἱ Ἀθηναῖοι ηὐλίσαντο.   5
   Τῇ δ' ὑστεραίᾳ προυχώρουν, καὶ οἱ Συρακόσιοι προσ-
έβαλλόν τε πανταχῇ αὐτοῖς κύκλῳ καὶ πολλοὺς κατετραυ-
μάτιζον, καὶ εἰ μὲν ἐπίοιεν οἱ Ἀθηναῖοι, ὑπεχώρουν, εἰ
δ' ἀναχωροῖεν, ἐπέκειντο, καὶ μάλιστα τοῖς ὑστάτοις προσ-
πίπτοντες, εἴ πως κατὰ βραχὺ τρεψάμενοι πᾶν τὸ στράτευμα 10
6 φοβήσειαν. καὶ ἐπὶ πολὺ μὲν τοιούτῳ τρόπῳ ἀντεῖχον οἱ
Ἀθηναῖοι, ἔπειτα προελθόντες πέντε ἢ ἓξ σταδίους ἀν-
επαύοντο ἐν τῷ πεδίῳ· ἀνεχώρησαν δὲ καὶ οἱ Συρακόσιοι
ἀπ' αὐτῶν ἐς τὸ ἑαυτῶν στρατόπεδον.

80   Τῆς δὲ νυκτὸς τῷ Νικίᾳ καὶ Δημοσθένει ἐδόκει, ἐπειδὴ 15
κακῶς σφίσι τὸ στράτευμα εἶχε τῶν τε ἐπιτηδείων πάντων
ἀπορίᾳ ἤδη, καὶ κατατετραυματισμένοι ἦσαν πολλοὶ ἐν
πολλαῖς προσβολαῖς τῶν πολεμίων γεγενημέναις, πυρὰ
καύσαντας ὡς πλεῖστα ἀπάγειν τὴν στρατιάν, μηκέτι τὴν
αὐτὴν ὁδὸν ᾗ διενοήθησαν, ἀλλὰ τοὐναντίον ἢ οἱ Συρακόσιοι 20
2 ἐτήρουν, πρὸς τὴν θάλασσαν. ἦν δὲ ἡ ξύμπασα ὁδὸς αὕτη
οὐκ ἐπὶ Κατάνης τῷ στρατεύματι, ἀλλὰ κατὰ τὸ ἕτερον
μέρος τῆς Σικελίας τὸ πρὸς Καμάριναν καὶ Γέλαν καὶ τὰς
3 ταύτῃ πόλεις καὶ Ἑλληνίδας καὶ βαρβάρους. καύσαντες
οὖν πυρὰ πολλὰ ἐχώρουν ἐν τῇ νυκτί. καὶ αὐτοῖς, οἷον 25
φιλεῖ καὶ πᾶσι στρατοπέδοις, μάλιστα δὲ τοῖς μεγίστοις,
φόβοι καὶ δείματα ἐγγίγνεσθαι, ἄλλως τε καὶ ἐν νυκτί τε
καὶ διὰ πολεμίας καὶ ἀπὸ πολεμίων οὐ πολὺ ἀπεχόντων
4 ἰοῦσιν, ἐμπίπτει ταραχή· καὶ τὸ μὲν Νικίου στράτευμα,

1 post αὐτῶν add. καὶ B [Π¹⁸]   2 αὖ B : om. cett. [Π¹⁸]   4 τοῦτο
B [Π¹⁸]   6 προσέβαλόν G M [Π¹⁸]   10 τρεψόμενοι B [Π¹⁸]   15 post
καὶ add. τῷ M [Π¹⁸]   16 τε om. B [Π¹⁸]   19 καύσαντες C G [Π¹⁸]
20 ἢ c f G : ᾗ vel ἣ cett. [Π¹⁸]   23 μέρος om. B   28 ἀπὸ secl.
Reiske [Π¹⁸]

ὥσπερ ἡγεῖτο, ξυνέμενέ τε καὶ προύλαβε πολλῷ, τὸ δὲ
Δημοσθένους, τὸ ἥμισυ μάλιστα καὶ πλέον, ἀπεσπάσθη τε
καὶ ἀτακτότερον ἐχώρει. ἅμα δὲ τῇ ἕῳ ἀφικνοῦνται ὅμως 5
πρὸς τὴν θάλασσαν, καὶ ἐσβάντες ἐς τὴν ὁδὸν τὴν Ἐλωρίνην
5 καλουμένην ἐπορεύοντο, ὅπως, ἐπειδὴ γένοιντο ἐπὶ τῷ
ποταμῷ τῷ Κακυπάρει, παρὰ τὸν ποταμὸν ἴοιεν ἄνω διὰ
μεσογείας· ἤλπιζον γὰρ καὶ τοὺς Σικελοὺς ταύτῃ οὓς μετε-
πέμψαντο ἀπαντήσεσθαι. ἐπειδὴ δ' ἐγένοντο ἐπὶ τῷ 6
ποταμῷ, ηὗρον καὶ ἐνταῦθα φυλακήν τινα τῶν Συρακοσίων
10 ἀποτειχίζουσάν τε καὶ ἀποσταυροῦσαν τὸν πόρον. καὶ
βιασάμενοι αὐτὴν διέβησάν τε τὸν ποταμὸν καὶ ἐχώρουν
αὖθις πρὸς ἄλλον ποταμὸν τὸν Ἐρινεόν· ταύτῃ γὰρ οἱ
ἡγεμόνες ἐκέλευον.

Ἐν τούτῳ δ' οἱ Συρακόσιοι καὶ οἱ ξύμμαχοι, ὡς ἥ τε 81
15 ἡμέρα ἐγένετο καὶ ἔγνωσαν τοὺς Ἀθηναίους ἀπεληλυθότας,
ἐν αἰτίᾳ τε οἱ πολλοὶ τὸν Γύλιππον εἶχον ἑκόντα ἀφεῖναι
τοὺς Ἀθηναίους, καὶ κατὰ τάχος διώκοντες, ᾗ οὐ χαλεπῶς
ᾐσθάνοντο κεχωρηκότας, καταλαμβάνουσι περὶ ἀρίστου
ὥραν. καὶ ὡς προσέμειξαν τοῖς μετὰ τοῦ Δημοσθένους 2
20 ὑστέροις τ' οὖσι καὶ σχολαίτερον καὶ ἀτακτότερον χωροῦσιν,
ὡς τῆς νυκτὸς τότε ξυνεταράχθησαν, εὐθὺς προσπεσόντες
ἐμάχοντο, καὶ οἱ ἱππῆς τῶν Συρακοσίων ἐκυκλοῦντό τε
ῥᾷον αὐτοὺς δίχα δὴ ὄντας καὶ ξυνῆγον ἐς ταὐτό. τὸ δὲ 3
Νικίου στράτευμα ἀπεῖχεν ἐν τῷ πρόσθεν καὶ πεντήκοντα
25 σταδίους· θᾶσσόν τε γὰρ ὁ Νικίας ἦγε, νομίζων οὐ τὸ
ὑπομένειν ἐν τῷ τοιούτῳ ἑκόντας εἶναι καὶ μάχεσθαι
σωτηρίαν, ἀλλὰ τὸ ὡς τάχιστα ὑποχωρεῖν, τοσαῦτα μαχο-
μένους ὅσα ἀναγκάζονται. ὁ δὲ Δημοσθένης ἐτύγχανέ τε 4

1 ὥσπερ Dobree [Π¹⁸] 2 post καὶ add. τὸ A C E F G M [Π¹⁸]
5 ἐπὶ B Π¹⁸ : παρὰ cett. 6 post διὰ add. τῆς B ! Π¹⁸ 7 μετεπέμ-
ψαντο B : μετέπεμψαν cett. suprascr. B [Π¹⁸] 8 ἐπεὶ C G [Π¹⁸]
10 τε B : om. cett. [Π¹ᵇ; 16 τε om. Π¹⁸ 19 ὡς B : ὥσπερ cett.
[Π¹⁸] 20 ἰοῦσι Krüger [Π¹⁸ ! εἰ τότε] τε (post rasuram) B
22 ἐν[εκυκ]λοῦν[το Π¹ᵇ 23 δὴ] ἤδη B ,δὴ suprascr.⸱ ! Π¹⁸ 24
post πρόσθεν add. ἑκατὸν B 27 σωτηρίαν A C E F G M Π¹⁸ m. 1
suprascr. B σωτέριον B Π¹⁸ m. 2 28 ὅσ' ἂν Dobree ἀναγκάζωνται C

τὰ πλείω ἐν πόνῳ ξυνεχεστέρῳ ὢν διὰ τὸ ὑστέρῳ ἀναχω-
ροῦντι αὐτῷ πρώτῳ ἐπικεῖσθαι τοὺς πολεμίους καὶ τότε
γνοὺς τοὺς Συρακοσίους διώκοντας οὐ προυχώρει μᾶλλον
ἢ ἐς μάχην ξυνετάσσετο, ἕως ἐνδιατρίβων κυκλοῦταί τε ὑπ'
αὐτῶν καὶ ἐν πολλῷ θορύβῳ αὐτός τε καὶ οἱ μετ' αὐτοῦ 5
'Αθηναῖοι ἦσαν· ἀνειληθέντες γὰρ ἔς τι χωρίον ᾧ κύκλῳ
μὲν τειχίον περιῆν, ὁδὸς δὲ ἔνθεν [τε] καὶ ἔνθεν, ἐλάας δὲ
5 οὐκ ὀλίγας εἶχεν, ἐβάλλοντο περισταδόν. τοιαύταις δὲ
προσβολαῖς καὶ οὐ ξυσταδὸν μάχαις οἱ Συρακόσιοι εἰκότως
ἐχρῶντο· τὸ γὰρ ἀποκινδυνεύειν πρὸς ἀνθρώπους ἀπο- 10
νενοημένους οὐ πρὸς ἐκείνων μᾶλλον ἦν ἔτι ἢ πρὸς τῶν
'Αθηναίων, καὶ ἅμα φειδώ τέ τις ἐγίγνετο ἐπ' εὐπραγίᾳ
ἤδη σαφεῖ μὴ προαναλωθῆναί τῳ, καὶ ἐνόμιζον καὶ ὣς ταύτῃ
82 τῇ ἰδέᾳ καταδαμασάμενοι λήψεσθαι αὐτούς. ἐπειδὴ δ' οὖν
δι' ἡμέρας βάλλοντες πανταχόθεν τοὺς 'Αθηναίους καὶ 15
ξυμμάχους ἑώρων ἤδη τεταλαιπωρημένους τοῖς τε τραύμασι
καὶ τῇ ἄλλῃ κακώσει, κήρυγμα ποιοῦνται Γύλιππος καὶ
Συρακόσιοι καὶ οἱ ξύμμαχοι πρῶτον μὲν τῶν νησιωτῶν
εἴ τις βούλεται ἐπ' ἐλευθερίᾳ ὡς σφᾶς ἀπιέναι· καὶ ἀπε-
2 χώρησάν τινες πόλεις οὐ πολλαί. ἔπειτα δ' ὕστερον καὶ 20
πρὸς τοὺς ἄλλους ἅπαντας τοὺς μετὰ Δημοσθένους ὁμολογία
γίγνεται ὥστε ὅπλα τε παραδοῦναι καὶ μὴ ἀποθανεῖν μηδένα
μήτε βιαίως μήτε δεσμοῖς μήτε τῆς ἀναγκαιοτάτης ἐνδείᾳ
3 διαίτης. καὶ παρέδοσαν οἱ πάντες σφᾶς αὐτοὺς ἑξακισχίλιοι,
καὶ τὸ ἀργύριον ὃ εἶχον ἅπαν κατέθεσαν ἐσβαλόντες ἐς 25
ἀσπίδας ὑπτίας, καὶ ἐνέπλησαν ἀσπίδας τέσσαρας. καὶ
τούτους μὲν εὐθὺς ἀπεκόμιζον ἐς τὴν πόλιν· Νικίας δὲ καὶ
οἱ μετ' αὐτοῦ ταύτῃ τῇ ἡμέρᾳ ἀφικνοῦνται ἐπὶ τὸν ποταμὸν

τὸν Ἐρινεόν, καὶ διαβὰς πρὸς μετέωρόν τι καθῖσε τὴν
στρατιάν.

Οἱ δὲ Συρακόσιοι τῇ ὑστεραίᾳ καταλαβόντες αὐτὸν 83
ἔλεγον ὅτι οἱ μετὰ Δημοσθένους παραδεδώκοιεν σφᾶς
5 αὐτούς, κελεύοντες κἀκεῖνον τὸ αὐτὸ δρᾶν· ὁ δ' ἀπιστῶν
σπένδεται ἱππέα πέμψαι σκεψόμενον. ὡς δ' οἰχόμενος 2
ἀπήγγειλε πάλιν παραδεδωκότας, ἐπικηρυκεύεται Γυλίππῳ
καὶ Συρακοσίοις εἶναι ἑτοῖμος ὑπὲρ Ἀθηναίων ξυμβῆναι,
ὅσα ἀνήλωσαν χρήματα Συρακόσιοι ἐς τὸν πόλεμον, ταῦτα
10 ἀποδοῦναι, ὥστε τὴν μετ' αὐτοῦ στρατιὰν ἀφεῖναι αὐτούς·
μέχρι οὗ δ' ἂν τὰ χρήματα ἀποδοθῇ, ἄνδρας δώσειν Ἀθη-
ναίων ὁμήρους, ἕνα κατὰ τάλαντον. οἱ δὲ Συρακόσιοι καὶ 3
Γύλιππος οὐ προσεδέχοντο τοὺς λόγους, ἀλλὰ προσπεσόντες
καὶ περιστάντες πανταχόθεν ἔβαλλον καὶ τούτους μέχρι
15 ὀψέ. εἶχον δὲ καὶ οὗτοι πονήρως σίτου τε καὶ τῶν ἐπιτη- 4
δείων ἀπορίᾳ. ὅμως δὲ τῆς νυκτὸς φυλάξαντες τὸ ἡσυχάζον
ἔμελλον πορεύσεσθαι. καὶ ἀναλαμβάνουσί τε τὰ ὅπλα καὶ
οἱ Συρακόσιοι αἰσθάνονται καὶ ἐπαιάνισαν. γνόντες δὲ 5
οἱ Ἀθηναῖοι ὅτι οὐ λανθάνουσι, κατέθεντο πάλιν πλὴν
20 τριακοσίων μάλιστα ἀνδρῶν· οὗτοι δὲ διὰ τῶν φυλάκων
βιασάμενοι ἐχώρουν τῆς νυκτὸς ᾗ ἐδύναντο.

Νικίας δ' ἐπειδὴ ἡμέρα ἐγένετο ἦγε τὴν στρατιάν· οἱ δὲ 84
Συρακόσιοι καὶ οἱ ξύμμαχοι προσέκειντο τὸν αὐτὸν τρόπον
πανταχόθεν βάλλοντές τε καὶ κατακοντίζοντες. καὶ οἱ 2
25 Ἀθηναῖοι ἠπείγοντο πρὸς τὸν Ἀσσίναρον ποταμόν, ἅμα
μὲν βιαζόμενοι ὑπὸ τῆς πανταχόθεν προσβολῆς ἱππέων τε
πολλῶν καὶ τοῦ ἄλλου ὄχλου, οἰόμενοι ῥᾷόν τι σφίσιν
ἔσεσθαι, ἢν διαβῶσι τὸν ποταμόν, ἅμα δ' ὑπὸ τῆς ταλαι-
πωρίας καὶ τοῦ πιεῖν ἐπιθυμίᾳ. ὡς δὲ γίγνονται ἐπ' αὐτῷ, 3
30 ἐσπίπτουσιν οὐδενὶ κόσμῳ ἔτι, ἀλλὰ πᾶς τέ τις διαβῆναι
αὐτὸς πρῶτος βουλόμενος καὶ οἱ πολέμιοι ἐπικείμενοι χαλε-

4 post μετὰ add. τοῦ M 5 καὶ ἐκεῖνον B (κἀκεῖνον γρ. B)
11 δ' οὗ B 17 πορεύεσθαι A B 18 ἐπαιδνισαν c f: ἐπαιάνισαν
codd.

201

πὴν ἤδη τὴν διάβασιν ἐποίουν· ἀθρόοι γὰρ ἀναγκαζόμενοι
χωρεῖν ἐπέπιπτόν τε ἀλλήλοις καὶ κατεπάτουν, περί τε τοῖς
δορατίοις καὶ σκεύεσιν οἱ μὲν εὐθὺς διεφθείροντο, οἱ δὲ
4 ἐμπαλασσόμενοι κατέρρεον. ἐς τὰ ἐπὶ θάτερά τε τοῦ ποτα-
μοῦ παραστάντες οἱ Συρακόσιοι (ἦν δὲ κρημνῶδες) ἔβαλλον 5
ἄνωθεν τοὺς Ἀθηναίους, πίνοντάς τε τοὺς πολλοὺς ἀσμέ-
νους καὶ ἐν κοίλῳ ὄντι τῷ ποταμῷ ἐν σφίσιν αὐτοῖς ταρασ-
5 σομένους. οἵ τε Πελοποννήσιοι ἐπικαταβάντες τοὺς ἐν τῷ
ποταμῷ μάλιστα ἔσφαζον. καὶ τὸ ὕδωρ εὐθὺς διέφθαρτο,
ἀλλ' οὐδὲν ἧσσον ἐπίνετό τε ὁμοῦ τῷ πηλῷ ᾑματωμένον καὶ 10
85 περιμάχητον ἦν τοῖς πολλοῖς. τέλος δὲ νεκρῶν τε πολλῶν
ἐπ' ἀλλήλοις ἤδη κειμένων ἐν τῷ ποταμῷ καὶ διεφθαρμένου
τοῦ στρατεύματος τοῦ μὲν κατὰ τὸν ποταμόν, τοῦ δὲ καί, εἴ
τι διαφύγοι, ὑπὸ τῶν ἱππέων, Νικίας Γυλίππῳ ἑαυτὸν παρα-
δίδωσι, πιστεύσας μᾶλλον αὐτῷ ἢ τοῖς Συρακοσίοις· καὶ 15
ἑαυτῷ μὲν χρήσασθαι ἐκέλευεν ἐκεῖνόν τε καὶ Λακεδαι-
μονίους ὅτι βούλονται, τοὺς δὲ ἄλλους στρατιώτας παύ-
2 σασθαι φονεύοντας. καὶ ὁ Γύλιππος μετὰ τοῦτο ζωγρεῖν
ἤδη ἐκέλευεν· καὶ τούς τε λοιποὺς ὅσους μὴ ἀπεκρύψαντο
(πολλοὶ δὲ οὗτοι ἐγένοντο) ξυνεκόμισαν ζῶντας, καὶ ἐπὶ 20
τοὺς τριακοσίους, οἳ τὴν φυλακὴν διεξῆλθον τῆς νυκτός,
3 πέμψαντες τοὺς διωξομένους ξυνέλαβον. τὸ μὲν οὖν
ἀθροισθὲν τοῦ στρατεύματος ἐς τὸ κοινὸν οὐ πολὺ ἐγένετο,
τὸ δὲ διακλαπὲν πολύ, καὶ διεπλήσθη πᾶσα Σικελία αὐτῶν,
ἅτε οὐκ ἀπὸ ξυμβάσεως ὥσπερ τῶν μετὰ Δημοσθένους 25
4 ληφθέντων. μέρος δέ τι οὐκ ὀλίγον καὶ ἀπέθανεν· πλεῖ-
στος γὰρ δὴ φόνος οὗτος καὶ οὐδενὸς ἐλάσσων τῶν ἐν τῷ
[Σικελικῷ] πολέμῳ τούτῳ ἐγένετο. καὶ ἐν ταῖς ἄλλαις
προσβολαῖς ταῖς κατὰ τὴν πορείαν συχναῖς γενομέναις οὐκ
ὀλίγοι ἐτεθνήκεσαν. πολλοὶ δὲ ὅμως καὶ διέφυγον, οἱ μὲν 30

6 ἀσμένως B   10 τε om. C   16 χρήσασθαι B : χρῆσθαι
cett.   20 ξυνεκόμισαν B : συγκομίσας cett.   25 post μετὰ add.
τοῦ M   8 Σικελικῷ secl. Dobree   29 προσβολαῖς B : om.
cett.

202

καὶ παραυτίκα, οἱ δὲ καὶ δουλεύσαντες καὶ διαδιδράσκοντες ὕστερον· τούτοις δ' ἦν ἀναχώρησις ἐς Κατάνην.

Ξυναθροισθέντες δὲ οἱ Συρακόσιοι καὶ οἱ ξύμμαχοι, τῶν 86 τε αἰχμαλώτων ὅσους ἐδύναντο πλείστους καὶ τὰ σκῦλα 5 ἀναλαβόντες, ἀνεχώρησαν ἐς τὴν πόλιν. καὶ τοὺς μὲν 2 ἄλλους Ἀθηναίων καὶ τῶν ξυμμάχων ὁπόσους ἔλαβον κατεβίβασαν ἐς τὰς λιθοτομίας, ἀσφαλεστάτην εἶναι νομίσαντες τήρησιν, Νικίαν δὲ καὶ Δημοσθένη ἄκοντος τοῦ Γυλίππου ἀπέσφαξαν. ὁ γὰρ Γύλιππος καλὸν τὸ ἀγώνισμα ἐνόμιζέν 10 οἱ εἶναι ἐπὶ τοῖς ἄλλοις καὶ τοὺς ἀντιστρατήγους κομίσαι Λακεδαιμονίοις. ξυνέβαινε δὲ τὸν μὲν πολεμιώτατον αὐ- 3 τοῖς εἶναι, Δημοσθένη, διὰ τὰ ἐν τῇ νήσῳ καὶ Πύλῳ, τὸν δὲ διὰ τὰ αὐτὰ ἐπιτηδειότατον· τοὺς γὰρ ἐκ τῆς νήσου ἄνδρας τῶν Λακεδαιμονίων ὁ Νικίας προυθυμήθη, σπονδὰς 15 πείσας τοὺς Ἀθηναίους ποιήσασθαι, ὥστε ἀφεθῆναι. ἀνθ' 4 ὧν οἵ τε Λακεδαιμόνιοι ἦσαν αὐτῷ προσφιλεῖς κἀκεῖνος οὐχ ἥκιστα διὰ τοῦτο πιστεύσας ἑαυτὸν τῷ Γυλίππῳ παρέδωκεν. ἀλλὰ τῶν Συρακοσίων τινές, ὡς ἐλέγετο, οἱ μὲν δείσαντες, ὅτι πρὸς αὐτὸν ἐκεκοινολόγητο, μὴ βασανιζόμενος διὰ τὸ 20 τοιοῦτο ταραχὴν σφίσιν ἐν εὐπραγίᾳ ποιήσῃ, ἄλλοι δέ, καὶ οὐχ ἥκιστα οἱ Κορίνθιοι, μὴ χρήμασι δὴ πείσας τινάς, ὅτι πλούσιος ἦν, ἀποδρᾷ καὶ αὖθις σφίσι νεώτερόν τι ἀπ' αὐτοῦ γένηται, πείσαντες τοὺς ξυμμάχους ἀπέκτειναν αὐτόν. καὶ 5 ὁ μὲν τοιαύτῃ ἢ ὅτι ἐγγύτατα τούτων αἰτίᾳ ἐτεθνήκει, 25 ἥκιστα δὴ ἄξιος ὢν τῶν γε ἐπ' ἐμοῦ Ἑλλήνων ἐς τοῦτο δυστυχίας ἀφικέσθαι διὰ τὴν πᾶσαν ἐς ἀρετὴν νενομισμένην ἐπιτήδευσιν.

Τοὺς δ' ἐν ταῖς λιθοτομίαις οἱ Συρακόσιοι χαλεπῶς τοὺς 87 πρώτους χρόνους μετεχείρισαν. ἐν γὰρ κοίλῳ χωρίῳ ὄντας 30 καὶ ὀλίγῳ πολλοὺς οἵ τε ἥλιοι τὸ πρῶτον καὶ τὸ πνῖγος ἔτι

5 λαβόντες A E F M 8 τοῦ B : om. cett. 17 διὰ τοῦτο B : om. cett. 21 δὴ B : om. cett. 23 post πείσαντες add. τε A C E F G M 26 πᾶσαν ἐς ἀρετὴν B γρ. M : om. cett. 30 καὶ ὀλίγῳ B : om. cett.

ἐλύπει διὰ τὸ ἀστέγαστον καὶ αἱ νύκτες ἐπιγιγνόμεναι τοὐ-
ναντίον μετοπωριναὶ καὶ ψυχραὶ τῇ μεταβολῇ ἐς ἀσθένειαν
2 ἐνεωτέριζον, πάντα τε ποιούντων αὐτῶν διὰ στενοχωρίαν
ἐν τῷ αὐτῷ καὶ προσέτι τῶν νεκρῶν ὁμοῦ ἐπ' ἀλλήλοις
ξυννενημένων, οἳ ἔκ τε τῶν τραυμάτων καὶ διὰ τὴν μετα- 5
βολὴν καὶ τὸ τοιοῦτον ἀπέθνησκον, καὶ ὀσμαὶ ἦσαν οὐκ
ἀνεκτοί, καὶ λιμῷ ἅμα καὶ δίψῃ ἐπιέζοντο (ἐδίδοσαν γὰρ
αὐτῶν ἑκάστῳ ἐπὶ ὀκτὼ μῆνας κοτύλην ὕδατος καὶ δύο
κοτύλας σίτου), ἄλλα τε ὅσα εἰκὸς ἐν τῷ τοιούτῳ χωρίῳ
ἐμπεπτωκότας κακοπαθῆσαι, οὐδὲν ὅτι οὐκ ἐπεγένετο αὐτοῖς· 10
3 καὶ ἡμέρας μὲν ἑβδομήκοντά τινας οὕτω διῃτήθησαν ἀθρόοι·
ἔπειτα πλὴν Ἀθηναίων καὶ εἴ τινες Σικελιωτῶν ἢ Ἰταλιω-
4 τῶν ξυνεστράτευσαν, τοὺς ἄλλους ἀπέδοντο. ἐλήφθησαν
δὲ οἱ ξύμπαντες, ἀκριβείᾳ μὲν χαλεπὸν ἐξειπεῖν, ὅμως δὲ
5 οὐκ ἐλάσσους ἑπτακισχιλίων. ξυνέβη τε ἔργον τοῦτο 15
[Ἑλληνικὸν] τῶν κατὰ τὸν πόλεμον τόνδε μέγιστον γενέ-
σθαι, δοκεῖν δ' ἔμοιγε καὶ ὧν ἀκοῇ Ἑλληνικῶν ἴσμεν, καὶ
τοῖς τε κρατήσασι λαμπρότατον καὶ τοῖς διαφθαρεῖσι δυστυ-
6 χέστατον· κατὰ πάντα γὰρ πάντως νικηθέντες καὶ οὐδὲν
ὀλίγον ἐς οὐδὲν κακοπαθήσαντες πανωλεθρίᾳ δὴ τὸ λεγό- 20
μενον καὶ πεζὸς καὶ νῆες καὶ οὐδὲν ὅτι οὐκ ἀπώλετο, καὶ
ὀλίγοι ἀπὸ πολλῶν ἐπ' οἴκου ἀπενόστησαν. ταῦτα μὲν τὰ
περὶ Σικελίαν γενόμενα.

2 ἐπ' ἀσθενείᾳ B   5 ξυνενηνεγμένων B M   7 δίψῃ recc. :
δίψει codd.   9 τῷ B : om. cett.   14 post δὲ add. καὶ B
εἰπεῖν B   16 Ἑλληνικὸν secl. Krüger

ΙΣΤΟΡΙΩΝ Θ

Ἐς δὲ τὰς Ἀθήνας ἐπειδὴ ἠγγέλθη, ἐπὶ πολὺ μὲν ἠπί- 1
στουν καὶ τοῖς πάνυ τῶν στρατιωτῶν ἐξ αὐτοῦ τοῦ ἔργου
διαπεφευγόσι καὶ σαφῶς ἀγγέλλουσι, μὴ οὕτω γε ἄγαν
πανσυδὶ διεφθάρθαι· ἐπειδὴ δὲ ἔγνωσαν, χαλεποὶ μὲν ἦσαν
5 τοῖς ξυμπροθυμηθεῖσι τῶν ῥητόρων τὸν ἔκπλουν, ὥσπερ οὐκ
αὐτοὶ ψηφισάμενοι, ὠργίζοντο δὲ καὶ τοῖς χρησμολόγοις τε
καὶ μάντεσι καὶ ὁπόσοι τι τότε αὐτοὺς θειάσαντες ἐπήλ-
πισαν ὡς λήψονται Σικελίαν. πάντα δὲ πανταχόθεν αὐτοὺς 2
ἐλύπει τε καὶ περιειστήκει ἐπὶ τῷ γεγενημένῳ φόβος τε καὶ
10 κατάπληξις μεγίστη δή. ἅμα μὲν γὰρ στερόμενοι καὶ ἰδίᾳ
ἕκαστος καὶ ἡ πόλις ὁπλιτῶν τε πολλῶν καὶ ἱππέων καὶ
ἡλικίας οἵαν οὐχ ἑτέραν ἑώρων ὑπάρχουσαν ἐβαρύνοντο·
ἅμα δὲ ναῦς οὐχ ὁρῶντες ἐν τοῖς νεωσοίκοις ἱκανὰς οὐδὲ
χρήματα ἐν τῷ κοινῷ οὐδ' ὑπηρεσίας ταῖς ναυσὶν ἀνέλπι-
15 στοι ἦσαν ἐν τῷ παρόντι σωθήσεσθαι, τούς τε ἀπὸ τῆς
Σικελίας πολεμίους εὐθὺς σφίσιν ἐνόμιζον τῷ ναυτικῷ ἐπὶ
τὸν Πειραιᾶ πλευσεῖσθαι, ἄλλως τε καὶ τοσοῦτον κρατή-
σαντας, καὶ τοὺς αὐτόθεν πολεμίους τότε δὴ καὶ διπλασίως
πάντα παρεσκευασμένους κατὰ κράτος ἤδη καὶ ἐκ γῆς καὶ
20 ἐκ θαλάσσης ἐπικείσεσθαι, καὶ τοὺς ξυμμάχους σφῶν μετ'
αὐτῶν ἀποστάντας. ὅμως δὲ ὡς ἐκ τῶν ὑπαρχόντων ἐδόκει 3
χρῆναι μὴ ἐνδιδόναι, ἀλλὰ παρασκευάζεσθαι καὶ ναυτικόν,
ὅθεν ἂν δύνωνται ξύλα ξυμπορισαμένους, καὶ χρήματα, καὶ

3 ἄγαν B : ἂν cett. γρ. B   4 post πανσυδὶ add. πᾶν B   δὲ B :
τε cett.   7 ἐπήλπισαν] ἔπεισαν B   23 ὅθεν om. B

τὰ τῶν ξυμμάχων ἐς ἀσφάλειαν ποιεῖσθαι, καὶ μάλιστα τὴ_
Εὔβοιαν, τῶν τε κατὰ τὴν πόλιν τι ἐς εὐτέλειαν σωφρονί-
σαι, καὶ ἀρχήν τινα πρεσβυτέρων ἀνδρῶν ἑλέσθαι, οἵτινες
περὶ τῶν παρόντων ὡς ἂν καιρὸς ᾖ προβουλεύσουσιν.
4 πάντα τε πρὸς τὸ παραχρῆμα περιδεές, ὅπερ φιλεῖ δῆμος 5
ποιεῖν, ἑτοῖμοι ἦσαν εὐτακτεῖν. καὶ ὡς ἔδοξεν αὐτοῖς, καὶ
ἐποίουν ταῦτα, καὶ τὸ θέρος ἐτελεύτα.

2   Τοῦ δ' ἐπιγιγνομένου χειμῶνος πρὸς τὴν ἐκ τῆς Σικελίας
τῶν Ἀθηναίων μεγάλην κακοπραγίαν εὐθὺς οἱ Ἕλληνες
πάντες ἐπηρμένοι ἦσαν, οἱ μὲν μηδετέρων ὄντες ξύμμαχοι, 10
ὡς, ἤν τις καὶ μὴ παρακαλῇ σφᾶς, οὐκ ἀποστατέον ἔτι τοῦ
πολέμου εἴη, ἀλλ' ἐθελοντὶ ἰτέον ἐπὶ τοὺς Ἀθηναίους, νομί-
σαντες κἂν ἐπὶ σφᾶς ἕκαστοι ἐλθεῖν αὐτούς, εἰ τὰ ἐν τῇ
Σικελίᾳ κατώρθωσαν, καὶ ἅμα βραχὺν ἔσεσθαι τὸν λοιπὸν
πόλεμον, οὗ μετασχεῖν καλὸν εἶναι, οἱ δ' αὖ τῶν Λακεδαι- 15
μονίων ξύμμαχοι ξυμπροθυμηθέντες ἐπὶ πλέον ἢ πρὶν ἀπαλ-
2 λάξεσθαι διὰ τάχους πολλῆς ταλαιπωρίας. μάλιστα δὲ οἱ
τῶν Ἀθηναίων ὑπήκοοι ἑτοῖμοι ἦσαν καὶ παρὰ δύναμιν
αὐτῶν ἀφίστασθαι διὰ τὸ ὀργῶντες κρίνειν τὰ πράγματα
καὶ μηδ' ὑπολείπειν λόγον αὐτοῖς ὡς τό γ' ἐπιὸν θέρος οἷοί 20
3 τ' ἔσονται περιγενέσθαι. ἡ δὲ τῶν Λακεδαιμονίων πόλις
πᾶσί τε τούτοις ἐθάρσει καὶ μάλιστα ὅτι οἱ ἐκ τῆς Σικελίας
αὐτοῖς ξύμμαχοι πολλῇ δυνάμει, κατ' ἀνάγκην ἤδη τοῦ
ναυτικοῦ προσγεγενημένου, ἅμα τῷ ἦρι ὡς εἰκὸς παρέσεσθαι
4 ἔμελλον. πανταχόθεν τε εὐέλπιδες ὄντες ἀπροφασίστως 25
ἅπτεσθαι διενοοῦντο τοῦ πολέμου, λογιζόμενοι καλῶς τελευ-
τήσαντος αὐτοῦ κινδύνων τε τοιούτων ἀπηλλάχθαι ἂν τὸ
λοιπὸν οἷος καὶ ὁ ἀπὸ τῶν Ἀθηναίων περιέστη ἂν αὐτούς,
εἰ τὸ Σικελικὸν προσέλαβον, καὶ καθελόντες ἐκείνους αὐτοὶ
τῆς πάσης Ἑλλάδος ἤδη ἀσφαλῶς ἡγήσεσθαι.   30

7 post ἐτελεύτα add. τοῦτο B   12 νομίζοντες suprascr. νομίσαντες B
13 post ἐλθεῖν add. ἂν B   14 post ἅμα add. ἡγούμενοι A C E F G M
19 ὀργῶντας B   20 post θέρος add. αὐτοὶ B   24 post εἰκὸς add.
ἢν B   25 τε] δ' B   26 διαλογιζόμενοι B   29 εἰ om. B

Εὐθὺς οὖν Ἆγις μὲν ὁ βασιλεὺς αὐτῶν ἐν τῷ χειμῶνι 3
τούτῳ ὁρμηθεὶς στρατῷ τινι ἐκ Δεκελείας τά τε τῶν ξυμ-
μάχων ἠργυρολόγησεν ἐς τὸ ναυτικὸν καὶ τραπόμενος ἐπὶ
τοῦ Μηλιῶς κόλπου Οἰταίων τε κατὰ τὴν παλαιὰν ἔχθραν
5 τῆς λείας τὴν πολλὴν ἀπολαβὼν χρήματα ἐπράξατο, καὶ
Ἀχαιοὺς τοὺς Φθιώτας καὶ τοὺς ἄλλους τοὺς ταύτῃ Θεσ-
σαλῶν ὑπηκόους μεμφομένων καὶ ἀκόντων τῶν Θεσσαλῶν
ὁμήρους τέ τινας ἠνάγκασε δοῦναι καὶ χρήματα, καὶ κατέθετο
τοὺς ὁμήρους ἐς Κόρινθον, ἔς τε τὴν ξυμμαχίαν ἐπειρᾶτο
10 προσάγειν.   Λακεδαιμόνιοι δὲ τὴν πρόσταξιν ταῖς πόλεσιν 2
ἑκατὸν νεῶν τῆς ναυπηγίας ἐποιοῦντο, καὶ ἑαυτοῖς μὲν καὶ
Βοιωτοῖς πέντε καὶ εἴκοσιν ἑκατέροις ἔταξαν, Φωκεῦσι δὲ
καὶ Λοκροῖς πέντε καὶ δέκα, καὶ Κορινθίοις πέντε καὶ δέκα,
Ἀρκάσι δὲ καὶ Πελληνεῦσι καὶ Σικυωνίοις δέκα, Μεγαρεῦσι
15 δὲ καὶ Τροιζηνίοις καὶ Ἐπιδαυρίοις καὶ Ἑρμιονεῦσι δέκα·
τά τε ἄλλα παρεσκευάζοντο ὡς εὐθὺς πρὸς τὸ ἔαρ ἐξόμενοι
τοῦ πολέμου.

Παρεσκευάζοντο δὲ καὶ Ἀθηναῖοι, ὥσπερ διενοήθησαν, 4
ἐν τῷ αὐτῷ χειμῶνι τούτῳ τήν τε ναυπηγίαν, ξύλα ξυμ-
20 πορισάμενοι, καὶ Σούνιον τειχίσαντες, ὅπως αὐτοῖς ἀσφάλεια
ταῖς σιταγωγοῖς ναυσὶν εἴη τοῦ περίπλου, καὶ τό τε ἐν τῇ
Λακωνικῇ τείχισμα ἐκλιπόντες ὃ ἐνῳκοδόμησαν παραπλέοντες
ἐς Σικελίαν, καὶ τἆλλα, εἴ πού τι ἐδόκει ἀχρεῖον ἀναλί-
σκεσθαι, ξυστελλόμενοι ἐς εὐτέλειαν, μάλιστα δὲ τὰ τῶν
25 ξυμμάχων διασκοποῦντες ὅπως μὴ σφῶν ἀποστήσονται.

Πρασσόντων δὲ ταῦτα ἀμφοτέρων καὶ ὄντων οὐδὲν ἄλλο 5
ἢ ὥσπερ ἀρχομένων ἐν κατασκευῇ τοῦ πολέμου, πρῶτοι
Εὐβοῆς ὡς Ἆγιν περὶ ἀποστάσεως τῶν Ἀθηναίων ἐπρε-
σβεύσαντο ἐν τῷ χειμῶνι τούτῳ. ὁ δὲ προσδεξάμενος τοὺς
30 λόγους αὐτῶν μεταπέμπεται ἐκ Λακεδαίμονος Ἀλκαμένη τὸν

7 μεμφομένους Β   τῶν Β : om. cett.   13 καὶ Κορινθίοις]
Κορινθίοις δὲ Β   14 Ἀρκάσι δὲ καὶ] καὶ Ἀρκάσι δέκα Β   19 αὑτῷ
Β : om. cett.   23 τἆλλα Β : τὰ ἄλλα cett.   τι που Β   post
ἀναλίσκεσθαι add. οἱ Β

Σθενελαΐδου καὶ Μέλανθον ἄρχοντας ὡς ἐς τὴν Εὔβοιαν· οἱ
δ' ἦλθον ἔχοντες τῶν νεοδαμωδῶν ὡς τριακοσίους, καὶ παρε-
2 σκεύαζεν αὐτοῖς τὴν διάβασιν. ἐν τούτῳ δὲ καὶ Λέσβιοι
ἦλθον βουλόμενοι καὶ αὐτοὶ ἀποστῆναι· καὶ ξυμπρασσόντων
αὐτοῖς τῶν Βοιωτῶν ἀναπείθεται Ἆγις ὥστε Εὐβοίας μὲν 5
πέρι ἐπισχεῖν, τοῖς δὲ Λεσβίοις παρεσκεύαζε τὴν ἀπόστασιν,
Ἀλκαμένη τε ἁρμοστὴν διδούς, ὃς ἐς Εὔβοιαν πλεῖν ἔμελλε,
3 καὶ δέκα μὲν Βοιωτοὶ ναῦς ὑπέσχοντο, δέκα δὲ Ἆγις. καὶ
ταῦτα ἄνευ τῆς Λακεδαιμονίων πόλεως ἐπράσσετο· ὁ γὰρ
Ἆγις, ὅσον χρόνον ἦν περὶ Δεκέλειαν ἔχων τὴν μεθ' ἑαυτοῦ 10
δύναμιν, κύριος ἦν καὶ ἀποστέλλειν εἴ ποί τινα ἐβούλετο
στρατιὰν καὶ ξυναγείρειν καὶ χρήματα πράσσειν. καὶ πολὺ
μᾶλλον ὡς εἰπεῖν κατὰ τοῦτον τὸν καιρὸν αὐτοῦ οἱ ξύμμαχοι
ὑπήκουον [ἢ] τῶν ἐν τῇ πόλει Λακεδαιμονίων· δύναμιν γὰρ
ἔχων αὐτὸς εὐθὺς ἑκασταχόσε δεινὸς παρῆν. 15
4 Καὶ ὁ μὲν τοῖς Λεσβίοις ἔπρασσε, Χῖοι δὲ καὶ Ἐρυθραῖοι
ἀποστῆναι καὶ αὐτοὶ ἑτοῖμοι ὄντες πρὸς μὲν Ἆγιν οὐκ ἐτρά-
ποντο, ἐς δὲ τὴν Λακεδαίμονα. καὶ παρὰ Τισσαφέρνους,
ὃς βασιλεῖ Δαρείῳ τῷ Ἀρταξέρξου στρατηγὸς ἦν τῶν κάτω,
5 πρεσβευτὴς ἅμα μετ' αὐτῶν παρῆν. ἐπήγετο γὰρ καὶ ὁ 20
Τισσαφέρνης τοὺς Πελοποννησίους καὶ ὑπισχνεῖτο τροφὴν
παρέξειν. ὑπὸ βασιλέως γὰρ νεωστὶ ἐτύγχανε πεπραγμέ-
νος τοὺς ἐκ τῆς ἑαυτοῦ ἀρχῆς φόρους, οὓς δι' Ἀθηναίους
ἀπὸ τῶν Ἑλληνίδων πόλεων οὐ δυνάμενος πράσσεσθαι ἐπω-
φείλησεν· τούς τε οὖν φόρους μᾶλλον ἐνόμιζε κομιεῖσθαι 25
κακώσας τοὺς Ἀθηναίους, καὶ ἅμα βασιλεῖ ξυμμάχους Λακε-
δαιμονίους ποιήσειν, καὶ Ἀμόργην τὸν Πισσούθνου υἱὸν
νόθον, ἀφεστῶτα περὶ Καρίαν, ὥσπερ αὐτῷ προσέταξε
βασιλεύς, ἢ ζῶντα ἄξειν ἢ ἀποκτενεῖν.

2 post ὡς add. ἐς B   7 δς] ὡς B   10 μετ' αὐτοῦ B
11 που B   14 ἢ non legit Schol.   15 αὐτὸς om. B   εὐθὺς
B: om. cett.   21 post ὑπισχνεῖτο add. ἱκανὴν B   25 μᾶλλον
om. A E F M   28 post ἀφεστῶτα add. τὰ B   29 ἀποκτενεῖν
Reiske : ἀποκτεῖναι B : ἀποκτείνειν cett.

Οἱ μὲν οὖν Χῖοι καὶ Τισσαφέρνης κοινῇ κατὰ τὸ αὐτὸ 6
ἔπρασσον, Καλλίγειτος δὲ ὁ Λαοφῶντος Μεγαρεὺς καὶ
Τιμαγόρας ὁ Ἀθηναγόρου Κυζικηνός, φυγάδες τῆς ἑαυτῶν
ἀμφότεροι παρὰ Φαρναβάζῳ τῷ Φαρνάκου κατοικοῦντες,
5 ἀφικνοῦνται περὶ τὸν αὐτὸν καιρὸν ἐς τὴν Λακεδαίμονα
πέμψαντος Φαρναβάζου, ὅπως ναῦς κομίσειαν ἐς τὸν Ἑλ-
λήσποντον· καὶ αὐτός, εἰ δύναιτο, ἅπερ ὁ Τισσαφέρνης
προυθυμεῖτο, τάς τε ἐν τῇ ἑαυτοῦ ἀρχῇ πόλεις ἀποστήσειε
τῶν Ἀθηναίων διὰ τοὺς φόρους καὶ ἀφ᾽ ἑαυτοῦ βασιλεῖ τὴν
10 ξυμμαχίαν τῶν Λακεδαιμονίων ποιήσειεν.

Πρασσόντων δὲ ταῦτα χωρὶς ἑκατέρων, τῶν τε ἀπὸ τοῦ 2
Φαρναβάζου καὶ τῶν ἀπὸ τοῦ Τισσαφέρνους, πολλὴ ἅμιλλα
ἐγίγνετο τῶν ἐν τῇ Λακεδαίμονι, ὅπως οἱ μὲν ἐς τὴν Ἰωνίαν
καὶ Χίον, οἱ δ᾽ ἐς τὸν Ἑλλήσποντον πρότερον ναῦς καὶ
15 στρατιὰν πείσουσι πέμπειν. οἱ μέντοι Λακεδαιμόνιοι τὰ 3
τῶν Χίων καὶ Τισσαφέρνους παρὰ πολὺ προσεδέξαντο μᾶλ-
λον· ξυνέπρασσε γὰρ αὐτοῖς καὶ Ἀλκιβιάδης, Ἐνδίῳ ἐφορεύ-
οντι πατρικὸς ἐς τὰ μάλιστα ξένος ὤν, ὅθεν καὶ τοὔνομα
Λακωνικὸν ἡ οἰκία αὐτῶν κατὰ τὴν ξενίαν ἔσχεν· Ἔνδιος
20 γὰρ Ἀλκιβιάδου ἐκαλεῖτο. ὅμως δ᾽ οἱ Λακεδαιμόνιοι πρῶτον 4
κατάσκοπον ἐς τὴν Χίον πέμψαντες Φρῦνιν ἄνδρα περίοικον,
εἰ αἵ τε νῆες αὐτοῖς εἰσὶν ὅσασπερ ἔλεγον καὶ τἆλλα εἰ ἡ
πόλις ἱκανή ἐστι πρὸς τὴν λεγομένην δόξαν, ἀπαγγείλαντος
αὐτοῖς ὡς εἴη ταῦτα ἀληθῆ ἅπερ ἤκουον, τούς τε Χίους καὶ
25 τοὺς Ἐρυθραίους εὐθὺς ξυμμάχους ἐποιήσαντο καὶ τεσσαρά-
κοντα ναῦς ἐψηφίσαντο αὐτοῖς πέμπειν, ὡς ἐκεῖ οὐκ ἔλασσον
ἢ ἑξήκοντα ἀφ᾽ ὧν οἱ Χῖοι ἔλεγον ὑπαρχουσῶν. καὶ τὸ 5
μὲν πρῶτον δέκα τούτων αὐτοὶ ἔμελλον πέμψειν, καὶ Μελαγ-
χρίδαν, ὃς αὐτοῖς ναύαρχος ἦν· ἔπειτα σεισμοῦ γενομένου
30 ἀντὶ τοῦ Μελαγχρίδου Χαλκιδέα ἔπεμπον καὶ ἀντὶ τῶν δέκα

4 Φαρνάκου B M : Φαρναβάκου cett.   5 περὶ] ὑπὲρ B   15 πείσωσι
B suprascr. G¹   18 post πατρικὸς add. καὶ B   20 Ἀλκιβιάδης
A E F(G) M   21 Φρῦ]νιν ... 27 ἔλ[εγον Π²⁴   22 τᾶλλα] τὰ ἄλλα
A C E F G M   εἰ B : om. cett. [Π²⁴]   28 αὐτοῖς B C   πέμψειν B :
πέμπειν cett.

νεῶν πέντε παρεσκευάζοντο ἐν τῇ Λακωνικῇ. καὶ ὁ χειμὼν
ἐτελεύτα καὶ ἑνὸς δέον εἰκοστὸν ἔτος τῷ πολέμῳ ἐτελεύτα
τῷδε ὃν Θουκυδίδης ξυνέγραψεν.

7 Ἅμα δὲ τῷ ἦρι τοῦ ἐπιγιγνομένου θέρους εὐθὺς ἐπει-
γομένων τῶν Χίων ἀποστεῖλαι τὰς ναῦς καὶ δεδιότων μὴ 5
οἱ Ἀθηναῖοι τὰ πρασσόμενα αἴσθωνται (πάντες γὰρ κρύφα
αὐτῶν ἐπρεσβεύοντο), ἀποπέμπουσιν οἱ Λακεδαιμόνιοι ἐς
Κόρινθον ἄνδρας Σπαρτιάτας τρεῖς, ὅπως ἀπὸ τῆς ἑτέρας
θαλάσσης ὡς τάχιστα ἐπὶ τὴν πρὸς Ἀθήνας ὑπερενεγκόντες
τὰς ναῦς τὸν Ἰσθμὸν κελεύσωσι πλεῖν ἐς Χίον πάσας, καὶ 10
ἃς ὁ Ἆγις παρεσκεύαζεν ἐς τὴν Λέσβον καὶ τὰς ἄλλας·
ἦσαν δὲ αἱ ξύμπασαι τῶν ξυμμαχίδων νῆες αὐτόθι μιᾶς
8 δέουσαι τεσσαράκοντα. ὁ μὲν οὖν Καλλίγειτος καὶ Τιμα-
γόρας ὑπὲρ τοῦ Φαρναβάζου οὐκ ἐκοινοῦντο τὸν στόλον ἐς
τὴν Χίον, οὐδὲ τὰ χρήματα ἐδίδοσαν ἃ ἦλθον ἔχοντες ἐς 15
τὴν ἀποστολὴν πέντε καὶ εἴκοσι τάλαντα, ἀλλ᾽ ὕστερον ἐφ᾽
2 ἑαυτῶν διενοοῦντο ἄλλῳ στόλῳ πλεῖν· ὁ δὲ Ἆγις ἐπειδὴ
ἑώρα τοὺς Λακεδαιμονίους ἐς τὴν Χίον πρῶτον ὡρμημένους,
οὐδ᾽ αὐτὸς ἄλλο τι ἐγίγνωσκεν, ἀλλὰ ξυνελθόντες ἐς Κόριν-
θον οἱ ξύμμαχοι ἐβουλεύοντο, καὶ ἔδοξε πρῶτον ἐς Χίον 20
αὐτοῖς πλεῖν ἄρχοντα ἔχοντας Χαλκιδέα, ὃς ἐν τῇ Λακωνικῇ
τὰς πέντε ναῦς παρεσκεύαζεν, ἔπειτα ἐς Λέσβον καὶ Ἀλ-
καμένη ἄρχοντα, ὅνπερ καὶ Ἆγις διενοεῖτο, τὸ τελευταῖον
δὲ ἐς τὸν Ἑλλήσποντον ἀφικέσθαι (προσετέτακτο δὲ ἐς
3 αὐτὸν ἄρχων Κλέαρχος ὁ Ῥαμφίου), διαφέρειν δὲ τὸν Ἰσθμὸν 25
τὰς ἡμισείας τῶν νεῶν πρῶτον, καὶ εὐθὺς ταύτας ἀποπλεῖν,
ὅπως μὴ οἱ Ἀθηναῖοι πρὸς τὰς ἀφορμωμένας μᾶλλον τὸν
4 νοῦν ἔχωσιν ἢ τὰς ὕστερον ἐπιδιαφερομένας. καὶ γὰρ τὸν

2 δέοντος A B   4 ἅμα δὲ τῷ ἦρι τοῦ B : τοῦ δ᾽ cett. γρ. B
8 ἄνδρας Σπαρτιάτας ἐς Κόρινθον A C E F G M   12 τῶν ξυμμαχίδων
secl. Stahl   ξυμμαχίδων B : ξυμμαχικῶν cett.   14 ἐκοινοῦντο
M : ἐκοινωνοῦντο cett.   21 αὐτοὺς C G   22 παρεσκεύασε(ν)
C E F G M   23 τὸ om. B   26 ἡμισείας F : ἡμισέας A : ἡμίσεας
cett. (in ras. B)   27 ἀφορμωμέ]νας incipit Π¹⁷   τὸν νοῦν μᾶλλον
B Π¹⁷   28 ἐπιδιαφερομένας B : διαφερομένας cett. [Π¹⁷]

πλοῦν ταύτῃ ἐκ τοῦ προφανοῦς ἐποιοῦντο, καταφρονήσαντες
τῶν Ἀθηναίων ἀδυνασίαν, ὅτι ναυτικὸν οὐδὲν αὐτῶν πολύ
πω ἐφαίνετο. ὡς δὲ ἔδοξεν αὐτοῖς, καὶ διεκόμισαν εὐθὺς
μίαν καὶ εἴκοσι ναῦς. οἱ δὲ Κορίνθιοι, ἐπειγομένων αὐτῶν τὸν 9
5 πλοῦν, οὐ προυθυμήθησαν ξυμπλεῖν πρὶν τὰ Ἴσθμια, ἃ τότε
ἦν, διεορτάσωσιν. Ἆγις δὲ αὐτοῖς ἑτοῖμος ἦν ἐκείνους μὲν
μὴ λύειν δὴ τὰς Ἰσθμιάδας σπονδάς, ἑαυτοῦ δὲ τὸν στόλον
ἴδιον ποιήσασθαι. οὐ ξυγχωρούντων δὲ τῶν Κορινθίων, 2
ἀλλὰ διατριβῆς ἐγγιγνομένης, οἱ Ἀθηναῖοι ᾐσθάνοντο τὰ
10 τῶν Χίων μᾶλλον, καὶ πέμψαντες ἕνα τῶν στρατηγῶν
Ἀριστοκράτη ἐπῃτιῶντο αὐτούς, καὶ ἀρνουμένων τῶν Χίων
τὸ πιστὸν ναῦς σφίσι ξυμπέμπειν ἐκέλευον ἐς τὸ ξυμμαχικόν·
οἱ δ᾽ ἔπεμψαν ἑπτά. αἴτιον δ᾽ ἐγένετο τῆς ἀποστολῆς τῶν 3
νεῶν οἱ μὲν πολλοὶ τῶν Χίων οὐκ εἰδότες τὰ πρασσόμενα,
15 οἱ δὲ ὀλίγοι καὶ ξυνειδότες τό τε πλῆθος οὐ βουλόμενοί πω
πολέμιον ἔχειν, πρίν τι καὶ ἰσχυρὸν λάβωσι, καὶ τοὺς
Πελοποννησίους οὐκέτι προσδεχόμενοι ἥξειν, ὅτι διέτριβον.
Ἐν δὲ τούτῳ τὰ Ἴσθμια ἐγίγνετο, καὶ οἱ Ἀθηναῖοι 10
(ἐπηγγέλθησαν γάρ) ἐθεώρουν ἐς αὐτά, καὶ κατάδηλα μᾶλλον
20 αὐτοῖς τὰ τῶν Χίων ἐφάνη. καὶ ἐπειδὴ ἀνεχώρησαν, παρε-
σκευάζοντο εὐθὺς ὅπως μὴ λήσουσιν αὐτοὺς αἱ νῆες ἐκ τῶν
Κεγχρειῶν ἀφορμηθεῖσαι. οἱ δὲ μετὰ τὴν ἑορτὴν ἀνήγοντο 2
μιᾷ καὶ εἴκοσι ναυσὶν ἐς τὴν Χίον, ἄρχοντα Ἀλκαμένη
ἔχοντες. καὶ αὐτοῖς οἱ Ἀθηναῖοι τὸ πρῶτον ἴσαις ναυσὶ
25 προσπλεύσαντες ὑπῆγον ἐς τὸ πέλαγος. ὡς δ᾽ ἐπὶ πολὺ οὐκ
ἐπηκολούθησαν οἱ Πελοποννήσιοι, ἀλλ᾽ ἀπετράποντο, ἐπαν-
εχώρησαν καὶ οἱ Ἀθηναῖοι· τὰς γὰρ τῶν Χίων ἑπτὰ ναῦς
ἐν τῷ ἀριθμῷ μετὰ σφῶν ἔχοντες οὐ πιστὰς ἐνόμιζον, ἀλλ᾽ 3
ὕστερον ἄλλας προσπληρώσαντες ἐς ἑπτὰ καὶ τριάκοντα

9 γιγνομένης Β[Π¹⁷]   ᾐσθάνοντο Β: ᾔσθοντο cett. suprascr. Β[Π¹⁷]
10, 11 μᾶλλον... αὐτούς om. Β[Π¹⁷]   12 τὸ πιστὸν secl. Classen
[Π¹⁷]   13 ἔπεμπον Μ[Π¹⁷]   15 καὶ Β: om. cett.[Π¹⁷]   19 post
γάρ add. αἱ σπονδαί ΒΠ¹⁷   21 λήσωσιν ΑΒGM   24 ἴσαις τὸ
πρῶτον Π¹⁷   25 ὑπῆγον ΒΠ¹⁷ Schol.: ἐπῆγον cett.   οὐκ ante ἐπὶ
γρ. Π¹⁷   29 ἐς Π¹⁷: om. cett.

παραπλέοντας αὐτοὺς καταδιώκουσιν ἐς Σπείραιον τῆς Κορινθίας· ἔστι δὲ λιμὴν ἐρῆμος καὶ ἔσχατος πρὸς τὰ μεθόρια τῆς Ἐπιδαυρίας. καὶ μίαν μὲν ναῦν ἀπολλύασι μετέωρον οἱ Πελοποννήσιοι, τὰς δὲ ἄλλας ξυναγαγόντες ὁρμίζουσιν.

4 καὶ προσβαλόντων τῶν Ἀθηναίων καὶ κατὰ θάλασσαν ταῖς 5 ναυσὶ καὶ ἐς τὴν γῆν ἀποβάντων θόρυβός τε ἐγένετο πολὺς καὶ ἄτακτος, καὶ τῶν τε νεῶν τὰς πλείους κατατραυματίζουσιν ἐν τῇ γῇ οἱ Ἀθηναῖοι καὶ τὸν ἄρχοντα Ἀλκαμένη ἀπο-
11 κτείνουσιν· καὶ αὐτῶν τινὲς ἀπέθανον. διακριθέντες δὲ πρὸς μὲν τὰς πολεμίας ναῦς ἐπέταξαν ἐφορμεῖν ἱκανάς, ταῖς δὲ 10 λοιπαῖς ἐς τὸ νησίδιον ὁρμίζονται ἐν ᾧ οὐ πολὺ ἀπέχοντι ἐστρατοπεδεύοντο, καὶ ἐς τὰς Ἀθήνας ἐπὶ βοήθειαν ἔπεμπον.

2 παρῆσαν γὰρ καὶ τοῖς Πελοποννησίοις τῇ ὑστεραίᾳ οἵ τε Κορίνθιοι βοηθοῦντες ἐπὶ τὰς ναῦς καὶ οὐ πολλῷ ὕστερον καὶ οἱ ἄλλοι πρόσχωροι. καὶ ὁρῶντες τὴν φυλακὴν ἐν 15 χωρίῳ ἐρήμῳ ἐπίπονον οὖσαν ἠπόρουν, καὶ ἐπενόησαν μὲν κατακαῦσαι τὰς ναῦς, ἔπειτα δὲ ἔδοξεν αὐτοῖς ἀνελκύσαι καὶ τῷ πεζῷ προσκαθημένους φυλακὴν ἔχειν, ἕως ἄν τις παρατύχῃ διαφυγὴ ἐπιτηδεία. ἔπεμψε δ' αὐτοῖς καὶ Ἆγις
3 αἰσθόμενος ταῦτα ἄνδρα Σπαρτιάτην Θέρμωνα. τοῖς δὲ 20 Λακεδαιμονίοις πρῶτον μὲν ἠγγέλθη ὅτι αἱ νῆες ἀνηγμέναι εἰσὶν ἐκ τοῦ Ἰσθμοῦ (εἴρητο γάρ, ὅταν γένηται τοῦτο, Ἀλκαμένει ὑπὸ τῶν ἐφόρων ἱππέα πέμψαι), καὶ εὐθὺς τὰς παρὰ σφῶν πέντε ναῦς καὶ Χαλκιδέα ἄρχοντα καὶ Ἀλκιβιάδην μετ' αὐτοῦ ἐβούλοντο πέμπειν· ἔπειτα ὡρμημένων 25 αὐτῶν τὰ περὶ τὴν ἐν τῷ Σπειραίῳ τῶν νεῶν καταφυγὴν ἠγγέλθη, καὶ ἀθυμήσαντες, ὅτι πρῶτον ἁπτόμενοι τοῦ Ἰωνικοῦ πολέμου ἔπταισαν, τὰς ναῦς τὰς ἐκ τῆς ἑαυτῶν οὐκέτι διενοοῦντο πέμπειν, ἀλλὰ καί τινας προανηγμένας μετα-
12 καλεῖν. γνοὺς δὲ ὁ Ἀλκιβιάδης πείθει αὖθις Ἔνδιον καὶ 30 τοὺς ἄλλους ἐφόρους μὴ ἀποκνῆσαι τὸν πλοῦν, λέγων ὅτι

---

1 Σπείραιον O. Müller ǀ Π¹⁷ : Πειραιὸν codd. (ut semper)   5 προσ-
βαλλόντων C [Π¹⁷]   11 τὸ] τι Stahl [Π¹⁷]   17 αὐτοῖς ἔδοξεν ǀ Π¹⁷
19 ἔπεμ]ψε desinit Π¹⁷   23 Ἀλκαμένη A B M (-ει ex ι C)   25
ἐβουλεύοντο suprascr. ἐβούλοντο B

212

φθήσονταί τε πλεύσαντες πρὶν τὴν τῶν νεῶν ξυμφορὰν Χίους
αἰσθέσθαι, καὶ αὐτὸς ὅταν προσβάλῃ Ἰωνίᾳ, ῥᾳδίως πείσειν
τὰς πόλεις ἀφίστασθαι τήν τε τῶν Ἀθηναίων λέγων ἀσθένειαν
καὶ τὴν τῶν Λακεδαιμονίων προθυμίαν· πιστότερος γὰρ ἄλ-
5 λων φανεῖσθαι. Ἐνδίῳ τε αὐτῷ ἰδίᾳ ἔλεγε καλὸν εἶναι δι' 2
ἐκείνου ἀποστῆσαί τε Ἰωνίαν καὶ βασιλέα ξύμμαχον ποιῆσαι
Λακεδαιμονίοις, καὶ μὴ Ἄγιδος τὸ ἀγώνισμα τοῦτο γενέσθαι·
ἐτύγχανε γὰρ τῷ Ἄγιδι αὐτὸς διάφορος ὤν. καὶ ὁ μὲν 3
πείσας τούς τε ἄλλους ἐφόρους καὶ Ἔνδιον ἀνήγετο ταῖς
10 πέντε ναυσὶ μετὰ Χαλκιδέως τοῦ Λακεδαιμονίου, καὶ διὰ
τάχους τὸν πλοῦν ἐποιοῦντο.

Ἀνεκομίζοντο δὲ ὑπὸ τὸν αὐτὸν χρονον τοῦτον καὶ αἱ 13
ἀπὸ τῆς Σικελίας Πελοποννησίων ἑκκαίδεκα νῆες αἱ μετὰ
Γυλίππου ξυνδιαπολεμήσασαι· καὶ περὶ τὴν Λευκάδα ἀπο-
15 ληφθεῖσαι καὶ κοπεῖσαι ὑπὸ τῶν Ἀττικῶν ἑπτὰ καὶ εἴκοσι
νεῶν, ὧν ἦρχεν Ἱπποκλῆς Μενίππου φυλακὴν ἔχων τῶν
ἀπὸ τῆς Σικελίας νεῶν, αἱ λοιπαὶ πλὴν μιᾶς διαφυγοῦσαι
τοὺς Ἀθηναίους κατέπλευσαν ἐς τὴν Κόρινθον.

Ὁ δὲ Χαλκιδεὺς καὶ ὁ Ἀλκιβιάδης πλέοντες ὅσοις τε 14
20 ἐπιτύχοιεν ξυνελάμβανον τοῦ μὴ ἐξάγγελτοι γενέσθαι, καὶ
προσβαλόντες πρῶτον Κωρύκῳ τῆς ἠπείρου καὶ ἀφέντες
ἐνταῦθα αὐτοὺς αὐτοὶ μὲν προξυγγενόμενοι τῶν ξυμπρασσόν-
των Χίων τισὶ καὶ κελευόντων καταπλεῖν μὴ προειπόντας
ἐς τὴν πόλιν, ἀφικνοῦνται αἰφνίδιοι τοῖς Χίοις. καὶ οἱ μὲν 2
25 πολλοὶ ἐν θαύματι ἦσαν καὶ ἐκπλήξει· τοῖς δ' ὀλίγοις παρε-
σκεύαστο ὥστε βουλήν [τε] τυχεῖν ξυλλεγομένην, καὶ γενο-
μένων λόγων ἀπό τε τοῦ Χαλκιδέως καὶ Ἀλκιβιάδου ὡς
ἄλλαι [τε] νῆες πολλαὶ προσπλέουσι καὶ τὰ περὶ τῆς πολιορ-

1 τε Β: om. cett.   post πρὶν add. ἡ Β   νεῶν] Ἀθηναίων Β
2 ὅταν] ὅτι, ἣν Β   πείσει Β   3 τῶν Β Μ: om. cett.   ἀσθένειαν
λέγων Β   4 πιστότερος Β: πιστότεροι C: πιστότερον cett.
12 αὐτὸν om. Ε Μ   αἱ om. Α Β F   14 ξυνδιαπολεμήσασαι Β:
ξυμπολεμήσασαι cett.   Λευκάδα Μ: Λευκαδίαν cett.   ἀπολειφθεῖσαι
Α Β Μ   26 τε secl. Krüger   γενομένων Β: λεγομένων cett.
28 τε secl. Krüger

κίας τῶν ἐν τῷ Σπειραίῳ νεῶν οὐ δηλωσάντων, ἀφίστανται
3 Χῖοι καὶ αὖθις Ἐρυθραῖοι Ἀθηναίων. καὶ μετὰ ταῦτα τρισὶ
ναυσὶ πλεύσαντες καὶ Κλαζομενὰς ἀφιστᾶσιν. διαβάντες
τε εὐθὺς οἱ Κλαζομένιοι ἐς τὴν ἤπειρον τὴν Πολίχναν ἐτεί-
χιζον, εἴ τι δέοι, σφίσιν αὐτοῖς ἐκ τῆς νησῖδος ἐν ᾗ οἰκοῦσι 5
πρὸς ἀναχώρησιν. καὶ οἱ μὲν ἀφεστῶτες ἐν τειχισμῷ τε
15 πάντες ἦσαν καὶ παρασκευῇ πολέμου· ἐς δὲ τὰς Ἀθήνας
ταχὺ ἀγγελία τῆς Χίου ἀφικνεῖται· καὶ νομίσαντες μέγαν
ἤδη καὶ σαφῆ τὸν κίνδυνον σφᾶς περιεστάναι, καὶ τοὺς
λοιποὺς ξυμμάχους οὐκ ἐθελήσειν τῆς μεγίστης πόλεως 10
μεθεστηκυίας ἡσυχάζειν, τά τε χίλια τάλαντα, ὧν διὰ παντὸς
τοῦ πολέμου ἐγλίχοντο μὴ ἅψασθαι, εὐθὺς ἔλυσαν τὰς ἐπι-
κειμένας ζημίας τῷ εἰπόντι ἢ ἐπιψηφίσαντι ὑπὸ τῆς παρού-
σης ἐκπλήξεως, καὶ ἐψηφίσαντο κινεῖν καὶ ναῦς πληροῦν
οὐκ ὀλίγας, τῶν τε ἐν τῷ Σπειραίῳ ἐφορμουσῶν τὰς μὲν 15
ὀκτὼ ἤδη πέμπειν, αἳ ἀπολιποῦσαι τὴν φυλακὴν τὰς μετὰ
Χαλκιδέως διώξασαι καὶ οὐ καταλαβοῦσαι ἀνεκεχωρήκεσαν
(ἦρχε δὲ αὐτῶν Στρομβιχίδης Διοτίμου), ἄλλας δὲ οὐ πολὺ
ὕστερον βοηθεῖν δώδεκα μετὰ Θρασυκλέους, ἀπολιπούσας
2 καὶ ταύτας τὴν ἐφόρμησιν. τάς τε τῶν Χίων ἑπτὰ ναῦς, 20
αἳ αὐτοῖς ξυνεπολιόρκουν τὰς ἐν τῷ Σπειραίῳ, ἀπαγαγόντες
τοὺς μὲν δούλους ἐξ αὐτῶν ἠλευθέρωσαν, τοὺς δ' ἐλευθέρους
κατέδησαν. ἑτέρας δὲ ⟨δέκα⟩ ἀντὶ πασῶν τῶν ἀπελθουσῶν
νεῶν ἐς τὴν ἐφόρμησιν τῶν Πελοποννησίων διὰ τάχους
πληρώσαντες ἀντέπεμψαν καὶ ἄλλας διενοοῦντο τριάκοντα 25
πληροῦν. καὶ πολλὴ ἦν ἡ προθυμία καὶ ὀλίγον ἐπράσσετο
οὐδὲν ἐς τὴν βοήθειαν τὴν ἐπὶ τὴν Χίον.
16 Ἐν δὲ τούτῳ Στρομβιχίδης ταῖς ὀκτὼ ναυσὶν ἀφικνεῖται
ἐς Σάμον, καὶ προσλαβὼν Σαμίαν μίαν ἔπλευσεν ἐς Τέων
καὶ ἡσυχάζειν ἠξίου αὐτούς. ἐκ δὲ τῆς Χίου ἐς τὴν Τέων 30

4 τε B: δὲ cett.   οἱ Κλαζομένιοι εὐθὺς A C E F G M   6 πάντες
ἐν τειχισμῷ (om. τε) A C E F G M   11 ἀφεστηκυίας B   15 οὐκ B:
μὴ cett.   23 δέκα add. Stahl   26 ἢ B M : om. cett.   27 τὴν]
τῶν M   ἐπὶ τὴν om. A E F M γρ. B G   Χίον] Χίων A M γρ. B G

καὶ ὁ Χαλκιδεὺς μετὰ τριῶν καὶ εἴκοσι νεῶν ἐπέπλει καὶ
ὁ πεζὸς ἅμα ὁ τῶν Κλαζομενίων καὶ Ἐρυθραίων παρήει.
προαισθόμενος δὲ ὁ Στρομβιχίδης ἐξανήγετο καὶ μετεωρισθεὶς 2
ἐν τῷ πελάγει ὡς ἑώρα τὰς ναῦς πολλὰς τὰς ἀπὸ τῆς Χίου,
5 φυγὴν ἐποιεῖτο ἐπὶ τῆς Σάμου· αἱ δὲ ἐδίωκον. τὸν δὲ 3
πεζὸν οἱ Τήιοι τὸ πρῶτον οὐκ ἐσδεχόμενοι, ὡς ἔφυγον οἱ
Ἀθηναῖοι, ἐσηγάγοντο. καὶ ἐπέσχον μὲν οἱ πεζοὶ καὶ
Χαλκιδέα ἐκ τῆς διώξεως περιμένοντες· ὡς δὲ ἐχρόνιζε,
καθῄρουν αὐτοί τε τὸ τεῖχος ὃ ἀνῳκοδόμησαν οἱ Ἀθηναῖοι
10 τῆς Τηίων πόλεως τὸ πρὸς ἤπειρον, ξυγκαθῄρουν δὲ αὐτοῖς
καὶ τῶν βαρβάρων ἐπελθόντες οὐ πολλοί, ὧν ἦρχε Στάγης
ὕπαρχος Τισσαφέρνους. Χαλκιδεὺς δὲ καὶ Ἀλκιβιάδης ὡς 17
κατεδίωξαν ἐς Σάμον Στρομβιχίδην, ἐκ μὲν τῶν ἐκ Πελο-
ποννήσου νεῶν τοὺς ναύτας ὁπλίσαντες ἐν Χίῳ καταλιμ-
15 πάνουσιν, ἀντιπληρώσαντες δὲ ταύτας τε ἐκ Χίου καὶ ἄλλας
εἴκοσιν ἔπλεον ἐς Μίλητον ὡς ἀποστήσοντες· ἐβούλετο 2
γὰρ ὁ Ἀλκιβιάδης, ὢν ἐπιτήδειος τοῖς προεστῶσι τῶν
Μιλησίων, φθάσαι τάς τε ἀπὸ τῆς Πελοποννήσου ναῦς
προσαγαγόμενος αὐτοὺς καὶ τοῖς Χίοις καὶ ἑαυτῷ καὶ Χαλ-
20 κιδεῖ καὶ τῷ ἀποστείλαντι Ἐνδίῳ, ὥσπερ ὑπέσχετο, τὸ
ἀγώνισμα προσθεῖναι, ὅτι πλείστας τῶν πόλεων μετὰ τῆς
Χίων δυνάμεως καὶ Χαλκιδέως ἀποστήσας. λαθόντες οὖν 3
τὸ πλεῖστον τοῦ πλοῦ καὶ φθάσαντες οὐ πολὺ τόν τε Στρομ-
βιχίδην καὶ τὸν Θρασυκλέα, ὃς ἔτυχεν ἐκ τῶν Ἀθηνῶν
25 δώδεκα ναυσὶν ἄρτι παρὼν καὶ ξυνδιώκων, ἀφιστᾶσι τὴν
Μίλητον. καὶ οἱ Ἀθηναῖοι κατὰ πόδας μιᾶς δεούσαις εἴκοσι
ναυσὶν ἐπιπλεύσαντες, ὡς αὐτοὺς οὐκ ἐδέχοντο οἱ Μιλήσιοι,
ἐν Λάδῃ τῇ ἐπικειμένῃ νήσῳ ἐφώρμουν. καὶ ἡ πρὸς βασιλέα 4
ξυμμαχία Λακεδαιμονίοις ἡ πρώτη Μιλησίων εὐθὺς ἀπο-
30 στάντων διὰ Τισσαφέρνους καὶ Χαλκιδέως ἐγένετο ἥδε.

2 ὁ τῶν B : καὶ ὁ cett. γρ. B·   3 ἐξανήγετο B : προανήγετο cett.
γρ. B   7 πεζοὶ B : πολλοὶ cett.   9 τε B : om. cett.   ἐνῳκοδόμη-
σαν Dobree   10 τὸ B : om. cett.   11 Στάγης B : ὁ Τάγης vel similia
cett. γρ. B   18 τε om. B   26 δεούσης G M   30 ἐγεγένητο B

18　'Ἐπὶ τοῖσδε ξυμμαχίαν ἐποιήσαντο πρὸς βασιλέα καὶ
Τισσαφέρνην Λακεδαιμόνιοι καὶ οἱ ξύμμαχοι. ὁπόσην χώ-
ραν καὶ πόλεις βασιλεὺς ἔχει καὶ οἱ πατέρες οἱ βασιλέως
εἶχον, βασιλέως ἔστω· καὶ ἐκ τούτων τῶν πόλεων ὁπόσα
'Ἀθηναίοις ἐφοίτα χρήματα ἢ ἄλλο τι, κωλυόντων κοινῇ 5
βασιλεὺς καὶ Λακεδαιμόνιοι καὶ οἱ ξύμμαχοι ὅπως μήτε
2 χρήματα λαμβάνωσιν 'Ἀθηναῖοι μήτε ἄλλο μηδέν. καὶ τὸν
πόλεμον τὸν πρὸς 'Ἀθηναίους κοινῇ πολεμούντων βασιλεὺς
καὶ Λακεδαιμόνιοι καὶ οἱ ξύμμαχοι· καὶ κατάλυσιν τοῦ
πολέμου πρὸς 'Ἀθηναίους μὴ ἐξέστω ποιεῖσθαι, ἢν μὴ 10
ἀμφοτέροις δοκῇ, βασιλεῖ καὶ Λακεδαιμονίοις καὶ τοῖς ξυμ-
3 μάχοις. ἢν δέ τινες ἀφιστῶνται ἀπὸ βασιλέως, πολέμιοι
ὄντων καὶ Λακεδαιμονίοις καὶ τοῖς ξυμμάχοις· καὶ ἤν τινες
ἀφιστῶνται ἀπὸ Λακεδαιμονίων καὶ τῶν ξυμμάχων, πολέμιοι
ὄντων βασιλεῖ κατὰ ταὐτά.'　　　　　　　　　　　　15

19　Ἡ μὲν ξυμμαχία αὕτη ἐγένετο· μετὰ δὲ ταῦτα οἱ Χῖοι
εὐθὺς δέκα ἑτέρας πληρώσαντες ναῦς ἔπλευσαν ἐς Ἄναια,
βουλόμενοι περί τε τῶν ἐν Μιλήτῳ πυθέσθαι καὶ τὰς πόλεις
2 ἅμα ἀφιστάναι. καὶ ἐλθούσης παρὰ Χαλκιδέως ἀγγελίας
αὐτοῖς ἀποπλεῖν πάλιν, καὶ ὅτι 'Ἀμόργης παρέσται κατὰ 20
γῆν στρατιᾷ, ἔπλευσαν ἐς Διὸς ἱερόν· καὶ καθορῶσιν ἐκκαί-
δεκα ναῦς, ἃς ὕστερον ἔτι Θρασυκλέους Διομέδων ἔχων ἀπ'
3 'Ἀθηνῶν προσέπλει. καὶ ὡς εἶδον, ἔφευγον μιᾷ μὲν νηὶ
ἐς Ἔφεσον, αἱ δὲ λοιπαὶ ἐπὶ τῆς Τέω. καὶ τέσσ ιρας μὲν
κενὰς οἱ 'Ἀθηναῖοι λαμβάνουσι τῶν ἀνδρῶν ἐς τὴν γῆν 25
φθασάντων· αἱ δ' ἄλλαι ἐς τὴν Τηίων πόλιν καταφεύγουσιν.
4 καὶ οἱ μὲν 'Ἀθηναῖοι ἐπὶ τῆς Σάμου ἀπέπλευσαν, οἱ δὲ
Χῖοι ταῖς λοιπαῖς ναυσὶν ἀναγαγόμενοι καὶ ὁ πεζὸς μετ'
αὐτῶν Λέβεδον ἀπέστησαν καὶ αὖθις Αἰράς. καὶ μετὰ τοῦτο
ἕκαστοι ἐπ' οἴκου ἀπεκομίσθησαν, καὶ ὁ πεζὸς καὶ αἱ νῆες. 30
20　Ὑπὸ δὲ τοὺς αὐτοὺς χρόνους αἱ ἐν τῷ Σπειραίῳ εἴκοσι

10 post πολέμου add. τοὺς B, τοῦ Classen　　15 κατὰ ταῦτα cum
sequentibus coniungit B　　ταὐτά recc.: ταῦτα codd.　　16 ταῦτα]
τοῦτο B (γρ. ταῦτα)　　20 καὶ non vertit Valla, sccl. Poppo

νῆες τῶν Πελοποννησίων, καταδιωχθεῖσαι τότε καὶ ἐφορ-
μούμεναι ἴσῳ ἀριθμῷ ὑπὸ Ἀθηναίων, ἐπέκπλουν ποιησά-
μεναι αἰφνίδιον καὶ κρατήσασαι ναυμαχίᾳ τέσσαράς τε ναῦς
λαμβάνουσι τῶν Ἀθηναίων καὶ ἀποπλεύσασαι ἐς Κεγχρειὰς
5 τὸν ἐς τὴν Χίον καὶ τὴν Ἰωνίαν πλοῦν αὖθις παρεσκευά-
ζοντο. καὶ ναύαρχος αὐτοῖς ἐκ Λακεδαίμονος Ἀστύοχος
ἐπῆλθεν, ᾧπερ ἐγίγνετο ἤδη πᾶσα ἡ ναυαρχία.

Ἀναχωρήσαντος δὲ τοῦ ἐκ τῆς Τέω πεζοῦ καὶ Τισ- 2
σαφέρνης αὐτὸς στρατιᾷ παραγενόμενος καὶ ἐπικαθελὼν τὸ
10 ἐν τῇ Τέῳ τεῖχος, εἴ τι ὑπελείφθη, ἀνεχώρησεν. καὶ
Διομέδων ἀπελθόντος αὐτοῦ οὐ πολὺ ὕστερον δέκα ναυσὶν
Ἀθηναίων ἀφικόμενος ἐσπείσατο Τηΐοις ὥστε δέχεσθαι καὶ
σφᾶς. καὶ παραπλεύσας ἐπὶ Αἰρὰς καὶ προσβαλών, ὡς
οὐκ ἐλάμβανε τὴν πόλιν, ἀπέπλευσεν.

15 Ἐγένετο δὲ κατὰ τὸν χρόνον τοῦτον καὶ ἡ ἐν Σάμῳ 21
ἐπανάστασις ὑπὸ τοῦ δήμου τοῖς δυνατοῖς μετὰ Ἀθηναίων,
οἳ ἔτυχον ἐν τρισὶ ναυσὶ παρόντες. καὶ ὁ δῆμος ὁ Σαμίων
ἐς διακοσίους μέν τινας τοὺς πάντας τῶν δυνατωτάτων
ἀπέκτεινε, τετρακοσίους δὲ φυγῇ ζημιώσαντες καὶ αὐτοὶ
20 τὴν γῆν αὐτῶν καὶ οἰκίας νειμάμενοι, Ἀθηναίων τε σφίσιν
αὐτονομίαν μετὰ ταῦτα ὡς βεβαίοις ἤδη ψηφισαμένων, τὰ
λοιπὰ διῴκουν τὴν πόλιν, καὶ τοῖς γεωμόροις μετεδίδοσαν
οὔτε ἄλλου οὐδενὸς οὔτε ἐκδοῦναι οὐδ' ἀγαγέσθαι παρ'
ἐκείνων οὐδ' ἐς ἐκείνους οὐδενὶ ἔτι τοῦ δήμου ἐξῆν.

25 Μετὰ δὲ ταῦτα τοῦ αὐτοῦ θέρους οἱ Χῖοι, ὥσπερ ἤρξαντο, 22
οὐδὲν ἀπολείποντες προθυμίας, ἄνευ τε Πελοποννησίων
πλήθει παρόντες ἀποστῆσαι τὰς πόλεις καὶ βουλόμενοι ἅμα
ὡς πλείστους σφίσι ξυγκινδυνεύειν, στρατεύονται αὐτοί τε
τρισκαίδεκα ναυσὶν ἐπὶ τὴν Λέσβον, ὥσπερ εἴρητο ὑπὸ τῶν
30 Λακεδαιμονίων δεύτερον ἐπ' αὐτὴν ἰέναι καὶ ἐκεῖθεν ἐπὶ
τὸν Ἑλλήσποντον, καὶ ὁ πεζὸς ἅμα Πελοποννησίων τε τῶν

2 ποιησάμενοι B   7 ναυμαχία B   16 ὑπὸ om. F   18 δυνατω-
τάτων B : δυνατῶν cett.   20 post νειμάμενοι add. κατεῖχον B
23 οὐδ' Bekker : οὔτε codd.

παρόντων καὶ τῶν αὐτόθεν ξυμμάχων παρῄει ἐπὶ Κλαζο-
μενῶν τε καὶ Κύμης· ἦρχε δ' αὐτοῦ Εὐάλας Σπαρτιάτης,
2 τῶν δὲ νεῶν Δεινιάδας περίοικος. καὶ αἱ μὲν νῆες κατα-
πλεύσασαι Μήθυμναν πρῶτον ἀφιστᾶσι, καὶ καταλείπονται
τέσσαρες νῆες ἐν αὐτῇ· καὶ αὖθις αἱ λοιπαὶ Μυτιλήνην 5
ἀφιστᾶσιν.

23   Ἀστύοχος δὲ ὁ Λακεδαιμόνιος ναύαρχος τέσσαρσι ναυσίν,
ὥσπερ ὥρμητο, πλέων ἐκ τῶν Κεγχρειῶν ἀφικνεῖται ἐς
Χίον. καὶ τρίτην ἡμέραν αὐτοῦ ἥκοντος αἱ Ἀττικαὶ νῆες
πέντε καὶ εἴκοσιν ἔπλεον ἐς Λέσβον, ὧν ἦρχε Λέων καὶ 10
Διομέδων· Λέων γὰρ ὕστερον δέκα ναυσὶ προσεβοήθησεν
2 ἐκ τῶν Ἀθηνῶν. ἀναγαγόμενος δὲ καὶ ὁ Ἀστύοχος τῇ
αὐτῇ ἡμέρᾳ ἐς ὀψὲ καὶ προσλαβὼν Χίαν ναῦν μίαν ἔπλει
ἐς τὴν Λέσβον, ὅπως ὠφελοίη, εἴ τι δύναιτο. καὶ ἀφι-
κνεῖται ἐς τὴν Πύρραν, ἐκεῖθεν δὲ τῇ ὑστεραίᾳ ἐς Ἔρεσον, 15
ἔνθα πυνθάνεται ὅτι ἡ Μυτιλήνη ὑπὸ τῶν Ἀθηναίων αὐτο-
3 βοεὶ ἑάλωκεν· οἱ γὰρ Ἀθηναῖοι ὥσπερ ἔπλεον ἀπροσδόκητοι
κατασχόντες ἐς τὸν λιμένα τῶν τε Χίων νεῶν ἐκράτησαν
καὶ ἀποβάντες τοὺς ἀντιστάντας μάχῃ νικήσαντες τὴν
4 πόλιν ἔσχον. ἃ πυνθανόμενος ὁ Ἀστύοχος τῶν τε Ἐρε- 20
σίων καὶ τῶν ἐκ τῆς Μηθύμνης μετ' Εὐβούλου Χίων νεῶν,
αἳ τότε καταλειφθεῖσαι καὶ ὡς ἡ Μυτιλήνη ἑάλω φεύγουσαι
περιέτυχον αὐτῷ τρεῖς (μία γὰρ ἑάλω ὑπὸ τῶν Ἀθηναίων),
οὐκέτι ἐπὶ τὴν Μυτιλήνην ὥρμησεν, ἀλλὰ τὴν Ἔρεσον
ἀποστήσας καὶ ὁπλίσας, καὶ τοὺς ἀπὸ τῶν ἑαυτοῦ νεῶν 25
ὁπλίτας πεζῇ παραπέμπει ἐπὶ τὴν Ἄντισσαν καὶ Μήθυμναν
ἄρχοντα Ἐτεόνικον προστάξας· καὶ αὐτὸς ταῖς τε μεθ'
ἑαυτοῦ ναυσὶ καὶ ταῖς τρισὶ ταῖς Χίαις παρέπλει, ἐλπίζων
τοὺς Μηθυμναίους θαρσήσειν τε ἰδόντας σφᾶς καὶ ἐμμενεῖν

2 Εὐάδας suprascr. Εὐάλας B   4-6 καὶ . . . ἀφιστᾶσιν B : om.
cett.   13 ναῦν μίαν A¹CG : μίαν ναῦν B : ναυμαχίαν cett. γρ. BG
16 ἀπὸ AEF   17 ἑάλω B   20 Ἐρεσίων incipit Π²⁴   25 καὶ
ὁπλίσας om. Π²⁴   26 ὁπλίσας, opinor, habuit Π²⁴   παραπέμπει B :
παρέπλει cett. [Π²⁴]   27 τε om. Π²⁴   27, 28 ἄρχοντα . . . παρέπλει
om. M   28 post παρέπλει add. ἐπὶ τὴν Ἄντισσαν καὶ Μήθυμναν
ACEFG   29 ἐμμενεῖν GM : ἐμμένειν cett.

τῇ ἀποστάσει. ὡς δὲ αὐτῷ τὰ ἐν τῇ Λέσβῳ πάντα ἠναν- 5
τιοῦτο, ἀπέπλευσε τὸν ἑαυτοῦ στρατὸν πεζὸν ἀναλαβὼν
ἐς τὴν Χίον. ἀπεκομίσθη δὲ πάλιν κατὰ πόλεις καὶ ὁ τῶν
ξυμμάχων πεζός, ὃς ἐπὶ τὸν Ἑλλήσποντον ἐμέλλησεν ἱέναι.
5 καὶ ἀπὸ τῶν ἐν Κεγχρειᾷ ξυμμαχίδων Πελοποννησίων νεῶν
ἀφικνοῦνται αὐτοῖς ἓξ μετὰ ταῦτα ἐς τὴν Χίον. οἱ δὲ 6
Ἀθηναῖοι τά τ' ἐν τῇ Λέσβῳ πάλιν κατεστήσαντο καὶ
πλεύσαντες ἐξ αὐτῆς Κλαζομενίων τὴν ἐν τῇ ἠπείρῳ Πολί-
χναν τειχιζομένην ἑλόντες διεκόμισαν πάλιν αὐτοὺς ἐς τὴν
10 ἐν τῇ νήσῳ πόλιν, πλὴν τῶν αἰτίων τῆς ἀποστάσεως·
οὗτοι δὲ ἐς Δαφνοῦντα ἀπῆλθον. καὶ αὖθις Κλαζομεναὶ
προσεχώρησαν Ἀθηναίοις.

Τοῦ δ' αὐτοῦ θέρους οἵ τ' ἐπὶ Μιλήτῳ Ἀθηναῖοι ταῖς 24
εἴκοσι ναυσὶν ἐν τῇ Λάδῃ ἐφορμοῦντες ἀπόβασιν ποιησά-
15 μενοι ἐς Πάνορμον τῆς Μιλησίας Χαλκιδέα τε τὸν Λακε-
δαιμόνιον ἄρχοντα μετ' ὀλίγων παραβοηθήσαντα ἀποκτεί-
νουσι καὶ τροπαῖον τρίτῃ ἡμέρᾳ ὕστερον διαπλεύσαντες
ἔστησαν, ὃ οἱ Μιλήσιοι ὡς οὐ μετὰ κράτους τῆς γῆς σταθὲν
ἀνεῖλον· καὶ Λέων καὶ Διομέδων ἔχοντες τὰς ἐκ Λέσβου 2
20 Ἀθηναίων ναῦς, ἔκ τε Οἰνουσσῶν τῶν πρὸ Χίου νήσων
καὶ ἐκ Σιδούσσης καὶ ἐκ Πτελεοῦ, ἃ ἐν τῇ Ἐρυθραίᾳ εἶχον
τείχη, καὶ ἐκ τῆς Λέσβου ὁρμώμενοι τὸν πρὸς τοὺς Χίους
πόλεμον ἀπὸ τῶν νεῶν ἐποιοῦντο· εἶχον δ' ἐπιβάτας τῶν
ὁπλιτῶν ἐκ καταλόγου ἀναγκαστούς. καὶ ἔν τε Καρδαμύλῃ 3
25 ἀποβάντες καὶ ἐν Βολίσκῳ τοὺς προσβοηθήσαντας τῶν
Χίων μάχῃ νικήσαντες καὶ πολλοὺς διαφθείραντες ἀνάστατα
ἐποίησαν τὰ ταύτῃ χωρία, καὶ ἐν Φάναις αὖθις ἄλλῃ μάχῃ
ἐνίκησαν καὶ τρίτῃ ἐν Λευκωνίῳ. καὶ μετὰ τοῦτο οἱ μὲν
Χῖοι ἤδη οὐκέτι ἐπεξῇσαν, οἱ δὲ τὴν χώραν καλῶς κατε-
30 σκευασμένην καὶ ἀπαθῆ οὖσαν ἀπὸ τῶν Μηδικῶν μέχρι
τότε διεπόρθησαν. Χῖοι γὰρ μόνοι μετὰ Λακεδαιμονίους 4

2 πεζὸν B : om. cett. Π¹⁴ 3 τῶν ξυμμάχων Π²⁴ : ἀπὸ τῶν νεῶν
codd. 19 post ἐκ add. τῆς B 21 alt. ἐκ om. Π²⁴ 22 post
τείχη add. ἀπῆραν B καὶ ἐκ τῆς Λέσβου secl. Classen 25 Βολίσκῳ
B : [Βο]λίσῳ Π²⁴ : Βολίσσῳ cett. γρ. B τῶν om. Π²⁴ 26 νική-
σαντες] κρατήσαντες Π²⁴ 29 ἤδη post τοῦτο (28) habet Π²⁴

ὧν ἐγὼ ᾐσθόμην ηὐδαιμόνησάν τε ἅμα καὶ ἐσωφρόνησαν,
καὶ ὅσῳ ἐπεδίδου ἡ πόλις αὐτοῖς ἐπὶ τὸ μεῖζον, τόσῳ δὲ
5 καὶ ἐκοσμοῦντο ἐχυρώτερον. καὶ οὐδ' αὐτὴν τὴν ἀπόστασιν,
εἰ τοῦτο δοκοῦσι παρὰ τὸ ἀσφαλέστερον πρᾶξαι, πρότερον
ἐτόλμησαν ποιήσασθαι ἢ μετὰ πολλῶν τε καὶ ἀγαθῶν 5
ξυμμάχων ἔμελλον ξυγκινδυνεύσειν καὶ τοὺς Ἀθηναίους
ᾐσθάνοντο οὐδ' αὐτοὺς ἀντιλέγοντας ἔτι μετὰ τὴν Σικελικὴν
ξυμφορὰν ὡς οὐ πάνυ πόνηρα σφῶν [βεβαίως] τὰ πράγματα
εἴη· εἰ δέ τι ἐν τοῖς ἀνθρωπείοις τοῦ βίου παραλόγοις
ἐσφάλησαν, μετὰ πολλῶν οἷς ταὐτὰ ἔδοξε, τὰ τῶν Ἀθη- 10
ναίων ταχὺ ξυναναιρεθήσεσθαι, τὴν ἁμαρτίαν ξυνέγνωσαν.
6 εἰργομένοις οὖν αὐτοῖς τῆς θαλάσσης καὶ κατὰ γῆν πορθου-
μένοις ἐνεχείρησάν τινες πρὸς Ἀθηναίους ἀγαγεῖν τὴν
πόλιν· οὓς αἰσθόμενοι οἱ ἄρχοντες αὐτοὶ μὲν ἡσύχασαν,
Ἀστύοχον δὲ ἐξ Ἐρυθρῶν τὸν ναύαρχον μετὰ τεσσάρων 15
νεῶν, αἳ παρῆσαν αὐτῷ, κομίσαντες ἐσκόπουν ὅπως μετριώ-
τατα ἢ ὁμήρων λήψει ἢ ἄλλῳ τῳ τρόπῳ καταπαύσουσι τὴν
ἐπιβουλήν. καὶ οἱ μὲν ταῦτα ἔπρασσον.

25 Ἐκ δὲ τῶν Ἀθηνῶν τοῦ αὐτοῦ θέρους τελευτῶντος χίλιοι
ὁπλῖται Ἀθηναίων καὶ πεντακόσιοι καὶ χίλιοι Ἀργείων 20
(τοὺς γὰρ πεντακοσίους τῶν Ἀργείων ψιλοὺς ὄντας ὥπλισαν
οἱ Ἀθηναῖοι) καὶ χίλιοι τῶν ξυμμάχων ναυσὶ δυοῖν δεούσαις
πεντήκοντα, ὧν ἦσαν καὶ ὁπλιταγωγοί, Φρυνίχου καὶ Ὀνο-
μακλέους καὶ Σκιρωνίδου στρατηγούντων κατέπλευσαν ἐς
Σάμον, καὶ διαβάντες ἐς Μίλητον ἐστρατοπεδεύσαντο. 25
2 Μιλήσιοι δὲ ἐξελθόντες αὐτοί τε, ὀκτακόσιοι ὁπλῖται, καὶ
οἱ μετὰ Χαλκιδέως ἐλθόντες Πελοποννήσιοι καὶ Τισσα-
φέρνους τι [ξενικὸν] ἐπικουρικόν, καὶ αὐτὸς Τισσαφέρνης
παρὼν καὶ ἡ ἵππος αὐτοῦ, ξυνέβαλον τοῖς Ἀθηναίοις καὶ

1 ὧν om. Π²⁴   ηὐδαιμόνησάν τε Β Π²⁴: εὐδαιμονήσαντες cett. (-ησ-) F
2 τόσῳ δὲ Jones: τοσῷδε Β: τόσῳ cett. Π²⁴   4 εἰ] ἐς Β   ἀσφαλέστατον
Β Π²⁴   6 post ξυμμάχων add. μεθ' ὧν Β   ξυγκινδυνεύσειν Bekker:
ξυγκινδυνεύειν Β: κινδυνεύσειν cett. (-εῦ- C) Π²⁴   8 βεβαίως om. Π²⁴:
seclusi   10 τὰ om. Β   11 ξυναναιρεθήσεσθαι Β ! Π²⁴: ξυναιρε-
θήσεσθαι cett.   12 γοῦν Β: δ' οὖν Bekker [Π²⁴]   τῆς om. Π²⁴
13 post πρὸς add. τοὺς Β Π²⁴   14 οὗ Stahl [Π²⁴]   19 τελευτῶν[τος
desinit Π²⁴   28 ξενικὸν secl. Schäfer

τοῖς ξυμμάχοις. καὶ οἱ μὲν Ἀργεῖοι τῷ σφετέρῳ αὐτῶν 3
κέρᾳ προεξάξαντες καὶ καταφρονήσαντες, ὡς ἐπ᾽ Ἰωνάς τε
καὶ οὐ δεξομένους ἀτακτότερον χωροῦντες, νικῶνται ὑπὸ
τῶν Μιλησίων καὶ διαφθείρονται αὐτῶν ὀλίγῳ ἐλάσσους
5 τριακοσίων ἀνδρῶν· Ἀθηναῖοι δὲ τούς τε Πελοποννησίους 4
πρώτους νικήσαντες καὶ τοὺς βαρβάρους καὶ τὸν ἄλλον
ὄχλον ὠσάμενοι, τοῖς Μιλησίοις οὐ ξυμμείξαντες, ἀλλ᾽
ὑποχωρησάντων αὐτῶν ἀπὸ τῆς τῶν Ἀργείων τροπῆς ἐς
τὴν πόλιν ὡς ἑώρων τὸ ἄλλο σφῶν ἡσσώμενον, πρὸς αὐτὴν
10 τὴν πόλιν τῶν Μιλησίων κρατοῦντες ἤδη τὰ ὅπλα τίθενται.
καὶ ξυνέβη ἐν τῇ μάχῃ ταύτῃ τοὺς Ἴωνας ἀμφοτέρωθεν 5
τῶν Δωριῶν κρατῆσαι· τούς τε γὰρ κατὰ σφᾶς Πελοποννη-
σίους οἱ Ἀθηναῖοι ἐνίκων καὶ τοὺς Ἀργείους οἱ Μιλήσιοι.
στήσαντες δὲ τροπαῖον τὸν περιτειχισμὸν ἰσθμώδους ὄντος
15 τοῦ χωρίου οἱ Ἀθηναῖοι παρεσκευάζοντο, νομίζοντες, εἰ
προσαγάγοιντο Μίλητον, ῥᾳδίως ἂν σφίσι καὶ τἆλλα προσ-
χωρῆσαι. ἐν τούτῳ δὲ περὶ δείλην ἤδη ὀψίαν ἀγγέλλεται 26
αὐτοῖς τὰς ἀπὸ Πελοποννήσου καὶ Σικελίας πέντε καὶ
πεντήκοντα ναῦς ὅσον οὐ παρεῖναι. τῶν τε γὰρ Σικελιωτῶν,
20 Ἑρμοκράτους τοῦ Συρακοσίου μάλιστα ἐνάγοντος ξυνεπιλα-
βέσθαι καὶ τῆς ὑπολοίπου Ἀθηναίων καταλύσεως, εἴκοσι
νῆες Συρακοσίων ἦλθον καὶ Σελινούντιαι δύο, αἵ τε ἐκ
Πελοποννήσου, ἃς παρεσκευάζοντο, ἑτοῖμαι ἤδη οὖσαι· καὶ
Θηριμένει τῷ Λακεδαιμονίῳ ξυναμφότεραι ὡς Ἀστύοχον
25 τὸν ναύαρχον προσταχθεῖσαι κομίσαι, κατέπλευσαν ἐς Λέρον
πρῶτον τὴν πρὸ Μιλήτου νῆσον· ἔπειτα ἐκεῖθεν αἰσθόμενοι 2
ἐπὶ Μιλήτῳ ὄντας Ἀθηναίους ἐς τὸν Ἰασικὸν κόλπον πρό-
τερον πλεύσαντες ἐβούλοντο εἰδέναι τὰ περὶ τῆς Μιλήτου.

1 τοῖς Β : om. cett. 2 προεξαίξαντες (sic) Β : προεξάρξαντες C G :
προεξάξαντες cett. suprascr. Β 4 ὀλίγῳ Β : ὀλίγοι cett. 11 ἀμφο-
τέρωθεν Β : ἀμφοτέρων cett. 16 τὰ ἄλλα A C E F M προσχωρῆσαι
(sic, in rasura) G : προσχωρήσειν cett. 18 Σικελίας καὶ Πελοποννήσου
Β 21 καὶ Β et, ut videtur, Schol. : om. cett. 23 ἕτοιμοι Β
24 Θηριμένει Haase : Θηραμένει codd. (et sic 36, 1, sed alibi -ι- codd.
praeter B C G) ξυναμφότεροι Β 25 Λέρον Β : Ἐλεὸν vel similia
cett. 27 Ἀσιακὸν Β

3 ἐλθόντος δὲ Ἀλκιβιάδου ἵππῳ ἐς Τειχιοῦσσαν τῆς Μιλη-
σίας, οἵπερ τοῦ κόλπου πλεύσαντες ηὐλίσαντο, πυνθάνονται
τὰ περὶ τῆς μάχης (παρῆν γὰρ ὁ Ἀλκιβιάδης καὶ ξυνεμάχετο
τοῖς Μιλησίοις καὶ Τισσαφέρνει), καὶ αὐτοῖς παρῄνει, εἰ
μὴ βούλονται τά τε ἐν Ἰωνίᾳ καὶ τὰ ξύμπαντα πράγματα 5
διολέσαι, ὡς τάχιστα βοηθεῖν Μιλήτῳ καὶ μὴ περιιδεῖν
27 ἀποτειχισθεῖσαν. καὶ οἱ μὲν ἅμα τῇ ἔῳ ἔμελλον βοηθήσειν·
Φρύνιχος δὲ ὁ τῶν Ἀθηναίων στρατηγός, ὡς ἀπὸ τῆς
Λέρου ἐπύθετο τὰ τῶν νεῶν σαφῶς, βουλομένων τῶν ξυν-
αρχόντων ὑπομείναντας διαναυμαχεῖν, οὐκ ἔφη οὔτ' αὐτὸς 10
ποιήσειν τοῦτο οὔτ' ἐκείνοις οὐδ' ἄλλῳ οὐδενὶ ἐς δύναμιν
2 ἐπιτρέψειν. ὅπου γὰρ [ἔξεστιν] ἐν ὑστέρῳ σαφῶς εἰδότας
πρὸς ὁπόσας τε ναῦς πολεμίας καὶ ὅσαις πρὸς αὐτὰς ταῖς
σφετέραις ἱκανῶς καὶ καθ' ἡσυχίαν παρασκευασαμένοις ἔσται
ἀγωνίσασθαι, οὐδέποτε τῷ αἰσχρῷ ὀνείδει εἴξας ἀλόγως 15
3 διακινδυνεύσειν. οὐ γὰρ αἰσχρὸν εἶναι Ἀθηναίους ναυτικῷ
μετὰ καιροῦ ὑποχωρῆσαι, ἀλλὰ καὶ μετὰ ὁτουοῦν τρόπου
αἴσχιον ξυμβήσεσθαι ἢν ἡσσηθῶσιν· καὶ τὴν πόλιν οὐ
μόνον τῷ αἰσχρῷ, ἀλλὰ καὶ τῷ μεγίστῳ κινδύνῳ περιπίπτειν,
ἣ μόλις ἐπὶ ταῖς γεγενημέναις ξυμφοραῖς ἐνδέχεσθαι μετὰ 20
βεβαίου παρασκευῆς καθ' ἑκουσίαν, ἢ πάνυ γε ἀνάγκῃ,
προτέρᾳ ποι ἐπιχειρεῖν, ἦ που δὴ μὴ βιαζομένῃ γε πρὸς
4 αὐθαιρέτους κινδύνους ἰέναι. ὡς τάχιστα δὲ ἐκέλευε τούς τε
τραυματίας ἀναλαβόντας καὶ τὸν πεζὸν καὶ τῶν σκευῶν ὅσα
ἦλθον ἔχοντες, ἃ δ' ἐκ τῆς πολεμίας εἰλήφασι καταλιπόντας 25
ὅπως κοῦφαι ὦσιν αἱ νῆες, ἀποπλεῖν ἐς Σάμον, κἀκεῖθεν
ἤδη ξυναγαγόντας πάσας τὰς ναῦς τοὺς ἐπίπλους, ἤν που
5 καιρὸς ᾖ, ποιεῖσθαι. ὡς δὲ ἔπεισε, καὶ ἔδρασε ταῦτα· καὶ

2 οἵπερ] οὗ ὑπὲρ Β   9 Λέρου Β : Δέρου cett. suprascr. Β   11 οὐδ'
Bekker : οὔτ' codd.   12 ἔξεστιν secl. Dobree   14 παρεσκευ-
ασμένοις ἐξέσται Β   15 post ἀγωνίσασθαι add. ὅποι τε βούλονται Β
ὀνείδει secl. Krüger   ἀλόγως] ὀλίγῳ Β   17 καιρὸν Α (corr. Α¹)
E F M   18 post πόλιν add. ἂν Dobree   20 μόλις recc. : μόγις
codd.   21 καθ' ἑκουσίαν om. C   ἀνάγκῃ om. Β   22 ποι] που
Β : om. M   ἦ που Lindau : ποῦ codd.   24 τῶν πεζῶν C G
28 ᾖ Β : εἴη cett. marg. Β

222

ἔδοξεν οὐκ ἐν τῷ αὐτίκα μᾶλλον ἢ ὕστερον, οὐκ ἐς τοῦτο
μόνον, ἀλλὰ καὶ ἐς ὅσα ἄλλα Φρύνιχος κατέστη, οὐκ
ἀξύνετος εἶναι. καὶ οἱ μὲν Ἀθηναῖοι ἀφ᾽ ἑσπέρας εὐθὺς 6
τούτῳ τῷ τρόπῳ ἀτελεῖ τῇ νίκῃ ἀπὸ τῆς Μιλήτου ἀνέστησαν,
5 καὶ οἱ Ἀργεῖοι κατὰ τάχος καὶ πρὸς ὀργὴν τῆς ξυμφορᾶς
ἀπέπλευσαν ἐκ τῆς Σάμου ἐπ᾽ οἴκου· οἱ δὲ Πελοποννήσιοι 28
ἅμα τῇ ἕῳ ἐκ τῆς Τειχιούσσης ἄραντες ἐπικατάγονται, καὶ
μείναντες ἡμέραν μίαν τῇ ὑστεραίᾳ καὶ τὰς Χίας ναῦς
προσλαβόντες τὰς μετὰ Χαλκιδέως τὸ πρῶτον ξυγκατα-
10 διωχθείσας ἐβούλοντο πλεῦσαι ἐπὶ τὰ σκεύη ἃ ἐξείλοντο
ἐς Τειχιοῦσσαν πάλιν. καὶ ὡς ἦλθον, Τισσαφέρνης τῷ 2
πεζῷ παρελθὼν πείθει αὐτοὺς ἐπὶ Ἴασον, ἐν ᾗ Ἀμόργης
πολέμιος ὢν κατεῖχε, πλεῦσαι. καὶ προσβαλόντες τῇ Ἰάσῳ
αἰφνίδιοι καὶ οὐ προσδεχομένων ἀλλ᾽ ἢ Ἀττικὰς τὰς ναῦς
15 εἶναι αἱροῦσιν· καὶ μάλιστα ἐν τῷ ἔργῳ οἱ Συρακόσιοι
ἐπῃνέθησαν. καὶ τόν τε Ἀμόργην ζῶντα λαβόντες, Πισ- 3
σούθνου νόθον υἱόν, ἀφεστῶτα δὲ βασιλέως, παραδιδόασιν
οἱ Πελοποννήσιοι Τισσαφέρνει ἀπαγαγεῖν, εἰ βούλεται,
βασιλεῖ, ὥσπερ αὐτῷ προσέταξε, καὶ τὴν Ἴασον διεπόρθησαν
20 καὶ χρήματα πάνυ πολλὰ ἡ στρατιὰ ἔλαβεν· παλαιόπλουτον
γὰρ ἦν τὸ χωρίον. τούς τ᾽ ἐπικούρους τοὺς περὶ τὸν 4
Ἀμόργην παρὰ σφᾶς αὐτοὺς κομίσαντες καὶ οὐκ ἀδικήσαντες
ξυνέταξαν, ὅτι ἦσαν οἱ πλεῖστοι ἐκ Πελοποννήσου· τό τε
πόλισμα Τισσαφέρνει παραδόντες καὶ τὰ ἀνδράποδα πάντα
25 καὶ δοῦλα καὶ ἐλεύθερα, ὧν καθ᾽ ἕκαστον στατῆρα Δαρεικὸν
παρ᾽ αὐτοῦ ξυνέβησαν λαβεῖν, ἔπειτα ἀνεχώρησαν ἐς τὴν
Μίλητον. καὶ Πεδάριτόν τε τὸν Λέοντος ἐς τὴν Χίον 5
ἄρχοντα Λακεδαιμονίων πεμψάντων ἀποστέλλουσι πεζῇ
μέχρι Ἐρυθρῶν ἔχοντα τὸ παρὰ Ἀμόργου ἐπικουρικόν, καὶ
30 ἐς τὴν Μίλητον αὐτοῦ Φίλιππον καθιστᾶσιν. καὶ τὸ θέρος
ἐτελεύτα.

14 τὰς B : om. cett.   16 Πισσούθνου ... βασιλέως secl. Herwer-
den   22 post Ἀμόργην add. τὸν Πισσούθνου B

29   Τοῦ δ' ἐπιγιγνομένου χειμῶνος, ἐπειδὴ τὴν Ἴασον κατε-
στήσατο ὁ Τισσαφέρνης ἐς φυλακήν, παρῆλθεν ἐς τὴν
Μίλητον, καὶ μηνὸς μὲν τροφήν, ὥσπερ ὑπέστη ἐν τῇ
Λακεδαίμονι, ἐς δραχμὴν Ἀττικὴν ἑκάστῳ πάσαις ταῖς
ναυσὶ διέδωκε, τοῦ δὲ λοιποῦ χρόνου ἐβούλετο τριώβολον 5
διδόναι, ἕως ἂν βασιλέα ἐπέρηται· ἢν δὲ κελεύῃ, δώσειν
2 ἔφη ἐντελῆ τὴν δραχμήν. Ἑρμοκράτους δὲ ἀντειπόντος
τοῦ Συρακοσίου στρατηγοῦ (ὁ γὰρ Θηριμένης οὐ ναύαρχος
ὤν, ἀλλ' Ἀστυόχῳ παραδοῦναι τὰς ναῦς ξυμπλέων μαλακὸς
ἦν περὶ τοῦ μισθοῦ) ὅμως δὲ παρὰ πέντε ναῦς πλέον ἀνδρὶ 10
ἑκάστῳ ἢ τρεῖς ὀβολοὶ ὡμολογήθησαν. ἐς γὰρ πέντε ναῦς
καὶ πεντήκοντα τριάκοντα τάλαντα ἐδίδου τοῦ μηνός· καὶ
τοῖς ἄλλοις, ὅσῳ πλείους νῆες ἦσαν τούτου τοῦ ἀριθμοῦ, κατὰ
τὸν αὐτὸν λόγον τοῦτον ἐδίδοτο.

30   Τοῦ δ' αὐτοῦ χειμῶνος τοῖς ἐν τῇ Σάμῳ Ἀθηναίοις 15
προσαφιγμέναι γὰρ ἦσαν καὶ οἴκοθεν ἄλλαι νῆες πέντε καὶ
τριάκοντα καὶ στρατηγοὶ Χαρμῖνος καὶ Στρομβιχίδης καὶ
Εὐκτήμων, καὶ τὰς ἀπὸ Χίου καὶ τὰς ἄλλας πάσας ξυναγα-
γόντες ἐβούλοντο διακληρωσάμενοι ἐπὶ μὲν τῇ Μιλήτῳ τῷ
ναυτικῷ ἐφορμεῖν, πρὸς δὲ τὴν Χίον καὶ ναυτικὸν καὶ πεζὸν 20
2 πέμψαι. καὶ ἐποίησαν οὕτως· Στρομβιχίδης μὲν γὰρ καὶ
Ὀνομακλῆς καὶ Εὐκτήμων τριάκοντα ναῦς ἔχοντες καὶ τῶν
ἐς Μίλητον ἐλθόντων χιλίων ὁπλιτῶν μέρος ἄγοντες ἐν
ναυσὶν ὁπλιταγωγοῖς ἐπὶ Χίον λαχόντες ἔπλεον, οἱ δ'
ἄλλοι ἐν Σάμῳ μένοντες τέσσαρσι καὶ ἑβδομήκοντα ναυσὶν 25
ἐθαλασσοκράτουν καὶ ἐπίπλους τῇ Μιλήτῳ ἐποιοῦντο.

31   Ὁ δ' Ἀστύοχος ὡς τότε ἐν τῇ Χίῳ ἔτυχε διὰ τὴν προ-
δοσίαν τοὺς ὁμήρους καταλεγόμενος τούτου μὲν ἐπέσχεν,

2 ἐς secl. Herwerden   6 ἔφη δώσειν ACEFGM   8 οὐ]
οὐκέτι B : om. M   12 τριάκοντα Meibom : τρία codd. (om. B)
15 οἱ . . . Ἀθηναῖοι B   16 προσαφιγμέναι AB   18 post ἀπὸ
add. τῆς M   πάσας καὶ τὰς ἄλλας ACEFGM   23 ἄγοντες
Krüger : ἀπολιπόντες B : ἀγαγόντες cett. γρ. B   ἐν om. B (habet
γρ. B)   24 λαβόντες B   26 ἐπίπλους Krüger (tentavit Bekker):
ἐπίπλουν codd.

ἐπειδὴ ᾔσθετο τάς τε μετὰ Θηριμένους ναῦς ἡκούσας καὶ
τὰ περὶ τὴν ξυμμαχίαν βελτίω ὄντα, λαβὼν δὲ ναῦς τάς τε
Πελοποννησίων δέκα καὶ Χίας δέκα ἀνάγεται, καὶ προσβαλὼν 2
Πτελεῷ καὶ οὐχ ἑλὼν παρέπλευσεν ἐπὶ Κλαζομενὰς καὶ
5 ἐκέλευεν αὐτῶν τοὺς τὰ Ἀθηναίων φρονοῦντας ἀνοικίζεσθαι
ἐς τὸν Δαφνοῦντα καὶ προσχωρεῖν σφίσιν· ξυνεκέλευε δὲ
καὶ Τάμως Ἰωνίας ὕπαρχος ὤν. ὡς δ' οὐκ ἐσήκουον, 3
προσβολὴν ποιησάμενος τῇ πόλει οὔσῃ ἀτειχίστῳ καὶ οὐ
δυνάμενος ἑλεῖν, ἀπέπλευσεν ἀνέμῳ μεγάλῳ αὐτὸς μὲν ἐς
10 Φώκαιαν καὶ Κύμην, αἱ δὲ ἄλλαι νῆες κατῆραν ἐς τὰς
ἐπικειμένας ταῖς Κλαζομεναῖς νήσους, Μαραθοῦσσαν καὶ
Πήλην καὶ Δρυμοῦσσαν. καὶ ὅσα ὑπεξέκειτο αὐτόθι τῶν 4
Κλαζομενίων, ἡμέρας ἐμμείναντες διὰ τοὺς ἀνέμους ὀκτὼ
τὰ μὲν διήρπασαν καὶ ἀνήλωσαν, τὰ δὲ ἐσβαλόμενοι ἀπέ-
15 πλευσαν ἐς Φώκαιαν καὶ Κύμην ὡς Ἀστύοχον. ὄντος 32
δ' αὐτοῦ ἐνταῦθα Λεσβίων ἀφικνοῦνται πρέσβεις βουλόμενοι
αὖθις ἀποστῆναι· καὶ αὐτὸν μὲν πείθουσιν, ὡς δ' οἵ τε
Κορίνθιοι καὶ οἱ ἄλλοι ξύμμαχοι ἀπρόθυμοι ἦσαν διὰ τὸ
πρότερον σφάλμα, ἄρας ἔπλει ἐπὶ τῆς Χίου. καὶ χει-
20 μασθεισῶν τῶν νεῶν ὕστερον ἀφικνοῦνται ἄλλαι ἄλλοθεν
ἐς τὴν Χίον. καὶ μετὰ τοῦτο Πεδάριτος, τότε παριὼν πεζῇ 2
ἐκ τῆς Μιλήτου, γενόμενος ἐν Ἐρυθραῖς διαπεραιοῦται
αὐτός τε καὶ ἡ στρατιὰ ἐς Χίον· ὑπῆρχον δὲ αὐτῷ καὶ ἐκ
τῶν πέντε νεῶν στρατιῶται ὑπὸ Χαλκιδέως ἐς πεντακοσίους
25 ξὺν ὅπλοις καταλειφθέντες. ἐπαγγελλομένων δέ τινων 3
Λεσβίων τὴν ἀπόστασιν, προσφέρει τῷ τε Πεδαρίτῳ καὶ
τοῖς Χίοις ὁ Ἀστύοχος τὸν λόγον ὡς χρὴ παραγενομένους
ταῖς ναυσὶν ἀποστῆσαι τὴν Λέσβον· ἢ γὰρ ξυμμάχους
πλείους σφᾶς ἕξειν, ἢ τοὺς Ἀθηναίους, ἥν τι σφάλλωνται,

5 ἐκέλευσεν A F M   8 προσβολὴν Cobet : ἐσβολὴν codd.
14 ἐσβαλλόμενοι B   16 πρέσβεις ἀφικνοῦνται A C E F G M
17 αὖθις B : om. cett.   19 post χειμασθεισῶν add. καὶ πλανηθει-
σῶν B   20 ἄλλοι B   24 Χαλκιδέως B : Χαλκιδέως ὡς E: Χαλκιδέων
ὡς cett.   27 ὁ B : om. cett.   τὸν B : om. cett.   29 σφεῖς Bekker

225

κακώσειν. οἱ δ' οὐκ ἐσήκουον, οὐδὲ τὰς ναῦς ὁ Πεδάριτος
33 ἔφη τῶν Χίων αὐτῷ προήσειν. κἀκεῖνος λαβὼν τάς τε
τῶν Κορινθίων πέντε καὶ ἕκτην Μεγαρίδα καὶ μίαν Ἑρ-
μιονίδα καὶ ἃς αὐτὸς Λακωνικὰς ἔχων ἦλθεν, ἔπλει ἐπὶ
τῆς Μιλήτου πρὸς τὴν ναυαρχίαν, πολλὰ ἀπειλήσας τοῖς 5
2 Χίοις ἦ μὴν μὴ ἐπιβοηθήσειν, ἤν τι δέωνται. καὶ προσ-
βαλὼν Κωρύκῳ τῆς Ἐρυθραίας ἐνηυλίσατο. οἱ δ' ἀπὸ τῆς
Σάμου Ἀθηναῖοι ἐπὶ τὴν Χίον πλέοντες τῇ στρατιᾷ καὶ
αὐτοὶ ἐκ τοῦ ἐπὶ θάτερα λόφου διείργοντο καὶ καθωρμίσαντο
3 καὶ ἐλελήθεσαν ἀλλήλους. ἐλθούσης δὲ παρὰ Πεδαρίτου 10
ὑπὸ νύκτα ἐπιστολῆς ὡς Ἐρυθραίων ἄνδρες αἰχμάλωτοι ἐκ
Σάμου ἐπὶ προδοσίᾳ ἐς Ἐρυθρὰς ἥκουσιν ἀφειμένοι, ἀν-
άγεται ὁ Ἀστύοχος εὐθὺς ἐς τὰς Ἐρυθρὰς πάλιν, καὶ παρὰ
τοσοῦτον ἐγένετο αὐτῷ μὴ περιπεσεῖν τοῖς Ἀθηναίοις.
4 διαπλεύσας δὲ καὶ ὁ Πεδάριτος πρὸς αὐτόν, καὶ ἀναζητή- 15
σαντες τὰ περὶ τῶν δοκούντων προδιδόναι, ὡς ηὗρον ἅπαν
ἐπὶ σωτηρίᾳ τῶν ἀνθρώπων ἐκ τῆς Σάμου προφασισθέν,
ἀπολύσαντες τῆς αἰτίας ἀπέπλευσαν ὁ μὲν ἐς τὴν Χίον,
ὁ δὲ ἐς τὴν Μίλητον ἐκομίσθη, ὥσπερ διενοεῖτο.

34   Ἐν τούτῳ δὲ καὶ ἡ τῶν Ἀθηναίων στρατιὰ ταῖς ναυσὶν 20
ἐκ τοῦ Κωρύκου περιπλέουσα κατ' Ἀργῖνον ἐπιτυγχάνει
τρισὶ ναυσὶ τῶν Χίων μακραῖς, καὶ ὡς εἶδον, ἐδίωκον· καὶ
χειμών τε μέγας ἐπιγίγνεται καὶ αἱ μὲν τῶν Χίων μόλις
καταφεύγουσιν ἐς τὸν λιμένα, αἱ δὲ τῶν Ἀθηναίων αἱ μὲν
μάλιστα ὁρμήσασαι τρεῖς διαφθείρονται καὶ ἐκπίπτουσι πρὸς 25
τὴν πόλιν τῶν Χίων, καὶ ἄνδρες οἱ μὲν ἁλίσκονται, οἱ δ'
ἀποθνήσκουσιν, αἱ δ' ἄλλαι καταφεύγουσιν ἐς τὸν ὑπὸ
τῷ Μίμαντι λιμένα Φοινικοῦντα καλούμενον. ἐντεῦθεν δ'

ὕστερον ἐς τὴν Λέσβον καθορμισάμενοι παρεσκευάζοντο ἐς
τὸν τειχισμόν.

Ἐκ δὲ τῆς Πελοποννήσου τοῦ αὐτοῦ χειμῶνος Ἱππο- 35
κράτης ὁ Λακεδαιμόνιος ἐκπλεύσας δέκα μὲν Θουρίαις ναυσίν,
5 ὧν ἦρχε Δωριεὺς ὁ Διαγόρου τρίτος αὐτός, μιᾷ δὲ Λακωνικῇ,
μιᾷ δὲ Συρακοσίᾳ, καταπλεῖ ἐς Κνίδον· ἡ δ' ἀφειστήκει
ἤδη ὑπὸ Τισσαφέρνους. καὶ αὐτοὺς οἱ ἐν τῇ Μιλήτῳ, ὡς 2
ᾔσθοντο, ἐκέλευον ταῖς μὲν ἡμισείαις τῶν νεῶν Κνίδον
φυλάσσειν, ταῖς δὲ περὶ Τριόπιον οὔσαις τὰς ἀπ' Αἰγύπτου
10 ὁλκάδας προσβαλλούσας ξυλλαμβάνειν· ἔστι δὲ τὸ Τριόπιον
ἄκρα τῆς Κνιδίας προύχουσα, Ἀπόλλωνος ἱερόν. πυθό- 3
μενοι δὲ οἱ Ἀθηναῖοι καὶ πλεύσαντες ἐκ τῆς Σάμου λαμ-
βάνουσι τὰς ἐπὶ τῷ Τριοπίῳ φρουρούσας ἓξ ναῦς· οἱ δ'
ἄνδρες ἀποφεύγουσιν ἐξ αὐτῶν. καὶ μετὰ τοῦτο ἐς τὴν
15 Κνίδον καταπλεύσαντες καὶ προσβαλόντες τῇ πόλει ἀτει-
χίστῳ οὔσῃ ὀλίγου εἷλον. τῇ δ' ὑστεραίᾳ αὖθις προσ- 4
έβαλλον, καὶ ὡς ἄμεινον φαρξαμένων αὐτῶν ὑπὸ νύκτα καὶ
ἐπεσελθόντων αὐτοῖς τῶν ἀπὸ τοῦ Τριοπίου ἐκ τῶν νεῶν
διαφυγόντων οὐκέθ' ὁμοίως ἔβλαπτον, ἀπελθόντες καὶ
20 δῃώσαντες τὴν τῶν Κνιδίων γῆν ἐς τὴν Σάμον ἀπέπλευσαν.

Ὑπὸ δὲ τὸν αὐτὸν χρόνον Ἀστυόχου ἥκοντος ἐς τὴν 36
Μίλητον ἐπὶ τὸ ναυτικὸν οἱ Πελοποννήσιοι εὐπόρως ἔτι
εἶχον ἅπαντα τὰ κατὰ τὸ στρατόπεδον· καὶ γὰρ μισθὸς
ἐδίδοτο ἀρκούντως καὶ τὰ ἐκ τῆς Ἰάσου μεγάλα χρήματα
25 διαρπασθέντα ὑπῆν τοῖς στρατιώταις, οἵ τε Μιλήσιοι προ-
θύμως τὰ τοῦ πολέμου ἔφερον. πρὸς δὲ τὸν Τισσαφέρνην 2
ἐδόκουν ὅμως τοῖς Πελοποννησίοις αἱ πρῶται ξυνθῆκαι αἱ
πρὸς Χαλκιδέα γενόμεναι ἐνδεεῖς εἶναι καὶ οὐ πρὸς σφῶν
μᾶλλον, καὶ ἄλλας ἔτι Θηριμένους παρόντος ἐποίουν· καὶ
30 εἰσὶν αἵδε.

Ξυνθῆκαι Λακεδαιμονίων καὶ τῶν ξυμμάχων πρὸς βα- 37

7 ὑπὸ Paulmier : ἀπὸ codd.   10 προσβαλούσας B C G   13 τῷ
B : om. cett.   19 ἀπελθόντες B : ἐπελθόντες cett.   21 ἐς B :
ὡς cett.   29 ἔτι B : ἐπὶ cett.

σιλέα Δαρεῖον καὶ τοὺς παῖδας τοὺς βασιλέως καὶ Τισσα-
2 φέρνην, σπονδὰς εἶναι καὶ φιλίαν κατὰ τάδε. ὁπόση χώρα
καὶ πόλεις βασιλέως εἰσὶ Δαρείου ἢ τοῦ πατρὸς ἦσαν ἢ
τῶν προγόνων, ἐπὶ ταύτας μὴ ἰέναι ἐπὶ πολέμῳ μηδὲ κακῷ
μηδενὶ μήτε Λακεδαιμονίους μήτε τοὺς ξυμμάχους τοὺς 5
Λακεδαιμονίων, μηδὲ φόρους πράσσεσθαι ἐκ τῶν πόλεων
τούτων μήτε Λακεδαιμονίους μήτε τοὺς ξυμμάχους τοὺς
Λακεδαιμονίων· μηδὲ Δαρεῖον βασιλέα μηδὲ ὧν βασιλεὺς
ἄρχει ἐπὶ Λακεδαιμονίους μηδὲ τοὺς ξυμμάχους ἰέναι ἐπὶ
3 πολέμῳ μηδὲ κακῷ μηδενί. ἢν δέ τι δέωνται Λακεδαιμόνιοι 10
ἢ οἱ ξύμμαχοι βασιλέως ἢ βασιλεὺς Λακεδαιμονίων ἢ τῶν
ξυμμάχων, ὅτι ἂν πείθωσιν ἀλλήλους, τοῦτο ποιοῦσι καλῶς
4 ἔχειν. τὸν δὲ πόλεμον τὸν πρὸς Ἀθηναίους καὶ τοὺς
ξυμμάχους κοινῇ ἀμφοτέρους πολεμεῖν· ἢν δὲ κατάλυσιν
ποιῶνται, κοινῇ ἀμφοτέρους ποιεῖσθαι. ὁπόση δ' ἂν στρατιὰ 15
ἐν τῇ χώρᾳ τῇ βασιλέως ᾖ μεταπεμψαμένου βασιλέως,
5 τὴν δαπάνην βασιλέα παρέχειν. ἢν δέ τις τῶν πόλεων
ὁπόσαι ξυνέθεντο βασιλεῖ ἐπὶ τὴν βασιλέως ἴῃ χώραν, τοὺς
ἄλλους κωλύειν καὶ ἀμύνειν βασιλεῖ κατὰ τὸ δυνατόν· καὶ
ἤν τις τῶν ἐν τῇ βασιλέως χώρᾳ ἢ ὅσης βασιλεὺς ἄρχει 20
ἐπὶ τὴν Λακεδαιμονίων ἴῃ ἢ τῶν ξυμμάχων, βασιλεὺς
κωλυέτω καὶ ἀμυνέτω κατὰ τὸ δυνατόν.'

38 Μετὰ δὲ ταύτας τὰς ξυνθήκας Θηριμένης μὲν παραδοὺς
2 Ἀστυόχῳ τὰς ναῦς ἀποπλέων ἐν κέλητι ἀφανίζεται, οἱ
δ' ἐκ τῆς Λέσβου Ἀθηναῖοι ἤδη διαβεβηκότες ἐς τὴν Χίον 25
τῇ στρατιᾷ καὶ κρατοῦντες καὶ γῆς καὶ θαλάσσης Δελφίνιον
ἐτείχιζον, χωρίον ἄλλως τε ἐκ γῆς καρτερὸν καὶ λιμένας
3 ἔχον καὶ τῆς τῶν Χίων πόλεως οὐ πολὺ ἀπέχον. οἱ δὲ
Χῖοι ἐν πολλαῖς ταῖς πρὶν μάχαις πεπληγμένοι, καὶ ἄλλως

1 τοὺς Bekker : τοῦ codd.   6 μηδὲ Bekker : μήτε codd.   7, 8 Λακε-
δαιμονίους . . . prius μηδὲ om. B   7 τοὺς recc. : τῶν codd.   8 μήτε
B   post ὧν add. ὁ A C E F G   9 μηδὲ] μήτε B   10 post δέωνται
add. οἱ B   11 post ξύμμαχοι add. οἱ M   23 δὲ om. B   μὲν om.
C   25 ἐς B : om. cett.   26 alterum καὶ B : om. cett.   ante γῆς
add. τῆς C   27 post ἐκ add. τῆς B

ἐν σφίσιν αὐτοῖς οὐ πάνυ εὖ διακείμενοι, ἀλλὰ καὶ τῶν
μετὰ Τυδέως τοῦ Ἴωνος ἤδη ὑπὸ Πεδαρίτου ἐπ᾽ ἀττικισμῷ
τεθνεώτων καὶ τῆς ἄλλης πόλεως κατ᾽ ἀνάγκην ἐς ὀλίγους
κατεχομένης ὑπόπτως διακείμενοι ἀλλήλοις ἡσύχαζον, καὶ
5 οὔτ᾽ αὐτοὶ διὰ ταῦτα οὔθ᾽ οἱ μετὰ Πεδαρίτου ἐπίκουροι
ἀξιόμαχοι αὐτοῖς ἐφαίνοντο. ἐς μέντοι τὴν Μίλητον ἔπεμ- 4
πον κελεύοντες σφίσι τὸν Ἀστύοχον βοηθεῖν· ὡς δ᾽ οὐκ
ἐσήκουεν, ἐπιστέλλει περὶ αὐτοῦ ἐς τὴν Λακεδαίμονα ὁ
Πεδάριτος ὡς ἀδικοῦντος. καὶ τὰ μὲν ἐν τῇ Χίῳ ἐς τοῦτο 5
10 καθειστήκει τοῖς Ἀθηναίοις· αἱ δ᾽ ἐκ τῆς Σάμου νῆες
αὐτοῖς ἐπίπλους μὲν ἐποιοῦντο ταῖς ἐν τῇ Μιλήτῳ, ἐπεὶ
δὲ μὴ ἀντανάγοιεν, ἀναχωροῦντες πάλιν ἐς τὴν Σάμον
ἡσύχαζον.

Ἐκ δὲ τῆς Πελοποννήσου ἐν τῷ αὐτῷ χειμῶνι αἱ τῷ 39
15 Φαρναβάζῳ [ὑπὸ] Καλλιγείτου τοῦ Μεγαρέως καὶ Τιμαγόρου
τοῦ Κυζικηνοῦ πρασσόντων παρασκευασθεῖσαι ὑπὸ Λακε-
δαιμονίων ἑπτὰ καὶ εἴκοσι νῆες ἄρασαι ἔπλεον ἐπὶ Ἰωνίας
περὶ ἡλίου τροπάς, καὶ ἄρχων ἐπέπλει αὐτῶν Ἀντισθένης
Σπαρτιάτης. ξυνέπεμψαν δὲ οἱ Λακεδαιμόνιοι καὶ ἕνδεκα 2
20 ἄνδρας Σπαρτιατῶν ξυμβούλους Ἀστυόχῳ, ὧν εἷς ἦν Λίχας
ὁ Ἀρκεσιλάου· καὶ εἴρητο αὐτοῖς ἐς Μίλητον ἀφικομένους
τῶν τε ἄλλων ξυνεπιμέλεσθαι ᾗ μέλλει ἄριστα ἕξειν, καὶ
τὰς ναῦς ταύτας ἢ αὐτὰς ἢ πλείους ἢ καὶ ἐλάσσους ἐς τὸν
Ἑλλήσποντον ὡς Φαρνάβαζον, ἢν δοκῇ, ἀποπέμπειν, Κλέ-
25 αρχον τὸν Ῥαμφίου, ὃς ξυνέπλει, ἄρχοντα προστάξαντας,
καὶ Ἀστύοχον, ἢν δοκῇ τοῖς ἕνδεκα ἀνδράσι, παύειν τῆς
ναυαρχίας, Ἀντισθένη δὲ καθιστάναι· πρὸς γὰρ τὰς τοῦ
Πεδαρίτου ἐπιστολὰς ὑπώπτευον αὐτόν. πλέουσαι οὖν αἱ 3
νῆες ἀπὸ Μαλέας πελάγιαι Μήλῳ προσέβαλον, καὶ περιτυ-
30 χόντες ναυσὶ δέκα Ἀθηναίων τὰς τρεῖς λαμβάνουσι κενὰς

3 ὀλίγους Dobree : ὀλίγον codd.   8 δ om. B   11 τῇ] τῷ
B   ἐπειδὴ B   12 ἀποχωροῦντες B   15 ὑπὸ secl. Stahl (om.
recc.)   18 ἐπέπλει B : ἔπλει cett.   27 ναυμαχίας B   29 πλαγίαι
vel πλάγιαι A B   προσέβαλλον B   30 κενὰς om. B

καὶ κατακαίουσιν. μετὰ δὲ τοῦτο δεδιότες μὴ αἱ διαφυγοῦσαι
τῶν Ἀθηναίων ἐκ τῆς Μήλου νῆες, ὅπερ ἐγένετο, μηνύσωσι
τοῖς ἐν τῇ Σάμῳ τὸν ἐπίπλουν αὐτῶν, πρὸς τὴν Κρήτην
πλεύσαντες καὶ πλείω τὸν πλοῦν διὰ φυλακῆς ποιησάμενοι
4 ἐς τὴν Καῦνον τῆς Ἀσίας κατῆραν. ἐντεῦθεν δὴ ὡς ἐν 5
ἀσφαλεῖ ὄντες ἀγγελίαν ἔπεμπον ἐπὶ τὰς ἐν τῇ Μιλήτῳ
ναῦς τοῦ ξυμπαρακομισθῆναι.

40 Οἱ δὲ Χῖοι καὶ Πεδάριτος κατὰ τὸν αὐτὸν χρόνον οὐδὲν
ἧσσον, καίπερ διαμέλλοντα, τὸν Ἀστύοχον πέμποντες ἀγ-
γέλους ἠξίουν σφίσι πολιορκουμένοις βοηθῆσαι ἁπάσαις 10
ταῖς ναυσὶ καὶ μὴ περιιδεῖν τὴν μεγίστην τῶν ἐν Ἰωνίᾳ
ξυμμαχίδων πόλεων ἔκ τε θαλάσσης εἰργομένην καὶ κατὰ
2 γῆν λῃστείαις πορθουμένην. οἱ γὰρ οἰκέται τοῖς Χίοις
πολλοὶ ὄντες καὶ μιᾷ γε πόλει πλὴν Λακεδαιμονίων πλεῖ-
στοι γενόμενοι καὶ ἅμα διὰ τὸ πλῆθος χαλεπωτέρως ἐν 15
ταῖς ἀδικίαις κολαζόμενοι, ὡς ἡ στρατιὰ τῶν Ἀθηναίων
βεβαίως ἔδοξε μετὰ τείχους ἱδρῦσθαι, εὐθὺς αὐτομολίᾳ τε
ἐχώρησαν οἱ πολλοὶ πρὸς αὐτοὺς καὶ τὰ πλεῖστα κακὰ
3 ἐπιστάμενοι τὴν χώραν οὗτοι ἔδρασαν. ἔφασαν οὖν χρῆναι
οἱ Χῖοι, ἕως ἔτι ἐλπὶς καὶ δυνατὸν κωλῦσαι, τειχιζομένου 20
τοῦ Δελφινίου καὶ ἀτελοῦς ὄντος καὶ στρατοπέδῳ καὶ
ναυσὶν ἐρύματος μείζονος προσπεριβαλλομένου, βοηθῆσαι
σφίσιν. ὁ δὲ Ἀστύοχος καίπερ οὐ διανοούμενος διὰ τὴν
τότε ἀπειλήν, ὡς ἑώρα καὶ τοὺς ξυμμάχους προθύμους ὄντας,
41 ὥρμητο ἐς τὸ βοηθεῖν. ἐν τούτῳ δὲ ἐκ τῆς Καύνου παρα- 25
γίγνεται ἀγγελία ὅτι αἱ ἑπτὰ καὶ εἴκοσι νῆες καὶ οἱ τῶν
Λακεδαιμονίων ξύμβουλοι πάρεισιν· καὶ νομίσας πάντα
ὕστερα εἶναι τἆλλα πρὸς τὸ ναῦς τε, ὅπως θαλασσοκρατοῖεν
μᾶλλον, τοσαύτας ξυμπαρακομίσαι, καὶ τοὺς Λακεδαιμονίους,
οἳ ἧκον κατάσκοποι αὐτοῦ, ἀσφαλῶς περαιωθῆναι, εὐθὺς 30

1 αἱ om. B   3 Σάμῳ B : νήσῳ cett. γρ. B   5 κατῆραν B :
κατῆ(ι)ρον cett.   6 Μιλήτῳ' νήσῳ B   7 post ναῦς add. χάριν B
9 πέμψαντες B : πέμποντας A C E F   10 βοηθήσειν C G   18 ἐχώ-
ρησαν οἱ ἐχρήσαντο C C (ἐχώρησαν suprascr. G¹)   28 τἆλλα B :
τὰ ἄλλα cett.
230

ἀφεὶς τὸ ἐς τὴν Χίον ἔπλει ἐς τὴν Καῦνον. καὶ ἐς Κῶν 2
τὴν Μεροπίδα ἐν τῷ παράπλῳ ἀποβὰς τήν τε πόλιν ἀτεί-
χιστον οὖσαν καὶ ὑπὸ σεισμοῦ, ὃς αὐτοῖς ἔτυχε μέγιστός
γε δὴ ὧν μεμνήμεθα γενόμενος, ξυμπεπτωκυῖαν ἐκπορθεῖ,
5 τῶν ἀνθρώπων ἐς τὰ ὄρη πεφευγότων, καὶ τὴν χώραν κατα-
δρομαῖς λείαν ἐποιεῖτο, πλὴν τῶν ἐλευθέρων· τούτους δὲ
ἀφίει. ἐκ δὲ τῆς Κῶ ἀφικόμενος ἐς τὴν Κνίδον νυκτὸς 3
ἀναγκάζεται ὑπὸ τῶν Κνιδίων παραινούντων μὴ ἐκβιβάσαι
τοὺς ναύτας, ἀλλ᾽ ὥσπερ εἶχε πλεῖν εὐθὺς ἐπὶ τὰς τῶν
10 Ἀθηναίων ναῦς εἴκοσιν, ἃς ἔχων Χαρμῖνος εἷς τῶν ἐκ
Σάμου στρατηγῶν ἐφύλασσε ταύτας τὰς ἑπτὰ καὶ εἴκοσι
ναῦς ἐκ τῆς Πελοποννήσου προσπλεούσας, ἐφ᾽ ἅσπερ καὶ
ὁ Ἀστύοχος παρέπλει. ἐπύθοντο δὲ οἱ ἐν τῇ Σάμῳ ἐκ τῆς 4
Μήλου τὸν ἐπίπλουν αὐτῶν, καὶ ἡ φυλακὴ τῷ Χαρμίνῳ
15 περὶ τὴν Σύμην καὶ Χάλκην καὶ Ῥόδον καὶ περὶ τὴν Λυκίαν
ἦν· ἤδη γὰρ ᾐσθάνετο καὶ ἐν τῇ Καύνῳ οὔσας αὐτάς. ἐπ- 42
έπλει οὖν ὥσπερ εἶχε πρὸς τὴν Σύμην ὁ Ἀστύοχος πρὶν
ἔκπυστος γενέσθαι, εἴ πως περιλάβοι που μετεώρους τὰς
ναῦς. καὶ αὐτῷ ὑετός τε καὶ τὰ ἐκ τοῦ οὐρανοῦ ξυννέφελα
20 ὄντα πλάνησιν τῶν νεῶν ἐν τῷ σκότει καὶ ταραχὴν παρέσχεν.
καὶ ἅμα τῇ ἕῳ διεσπασμένου τοῦ ναυτικοῦ καὶ τοῦ μὲν 2
φανεροῦ ἤδη ὄντος τοῖς Ἀθηναίοις τοῦ εὐωνύμου κέρως,
τοῦ δὲ ἄλλου περὶ τὴν νῆσον ἔτι πλανωμένου, ἐπανάγονται
κατὰ τάχος ὁ Χαρμῖνος καὶ οἱ Ἀθηναῖοι ἐλάσσοσιν ἢ ταῖς
25 εἴκοσι ναυσί, νομίσαντες ἅσπερ ἐφύλασσον ναῦς τὰς ἀπὸ
τῆς Καύνου ταύτας εἶναι. καὶ προσπεσόντες εὐθὺς κατέ- 3
δυσάν τε τρεῖς καὶ κατετραυμάτισαν ἄλλας, καὶ ἐν τῷ ἔργῳ
ἐπεκράτουν, μέχρι οὗ ἐπεφάνησαν αὐτοῖς παρὰ δόξαν αἱ
πλείους τῶν νεῶν καὶ πανταχόθεν ἀπεκλῄοντο. ἔπειτα δὲ 4
30 ἐς φυγὴν καταστάντες ἐξ μὲν ναῦς ἀπολλύασι, ταῖς δὲ
λοιπαῖς καταφεύγουσιν ἐς τὴν Τευτλοῦσσαν νῆσον, ἐντεῦθεν

4 ἐπόρθει B   14 Μήλου a : Μιλήτου codd.   22 ὄντος ἤδη B
31 Τευτλοῦσσαν Steph. Byz. : Τεύγλουσσαν vel Τέγλουσσαν codd.

231

δὲ ἐς Ἁλικαρνασσόν. μετὰ δὲ τοῦτο οἱ μὲν Πελοποννήσιοι
ἐς Κνίδον κατάραντες καὶ ξυμμιγεισῶν τῶν ἐκ τῆς Καύνου
ἑπτὰ καὶ εἴκοσι νεῶν αὐτοῖς ξυμπάσαις πλεύσαντες καὶ
τροπαῖον ἐν τῇ Σύμῃ στήσαντες πάλιν ἐς τὴν Κνίδον
43 καθωρμίσαντο· οἱ δὲ Ἀθηναῖοι ταῖς ἐκ τῆς Σάμου ναυσὶ 5
πάσαις, ὡς ᾔσθοντο τὰ τῆς ναυμαχίας, πλεύσαντες ἐς τὴν
Σύμην καὶ ἐπὶ μὲν τὸ ἐν τῇ Κνίδῳ ναυτικὸν οὐχ ὁρμήσαντες,
οὐδ᾽ ἐκεῖνοι ἐπ᾽ ἐκείνους, λαβόντες δὲ τὰ ἐν τῇ Σύμῃ σκεύη
τῶν νεῶν καὶ Λωρύμοις τοῖς ἐν τῇ ἠπείρῳ προσβαλόντες
ἀπέπλευσαν ἐς τὴν Σάμον. 10

2 Ἅπασαι δ᾽ ἤδη οὖσαι ἅμα ἐν τῇ Κνίδῳ αἱ τῶν Πελο-
ποννησίων νῆες ἐπεσκευάζοντό τε εἴ τι ἔδει καὶ πρὸς τὸν
Τισσαφέρνην (παρεγένετο γάρ) λόγους ἐποιοῦντο οἱ ἕνδεκα
ἄνδρες τῶν Λακεδαιμονίων περί τε τῶν ἤδη πεπραγμένων,
εἴ τι μὴ ἤρεσκεν αὐτοῖς, καὶ περὶ τοῦ μέλλοντος πολέμου, 15
ὅτῳ τρόπῳ ἄριστα καὶ ξυμφορώτατα ἀμφοτέροις πολεμήσε-
3 ται. μάλιστα δὲ ὁ Λίχας ἐσκόπει τὰ ποιούμενα, καὶ τὰς
σπονδὰς οὐδετέρας, οὔτε τὰς Χαλκιδέως οὔτε τὰς Θηρι-
μένους, ἔφη καλῶς ξυγκεῖσθαι, ἀλλὰ δεινὸν εἶναι εἰ χώρας
ὅσης βασιλεὺς καὶ οἱ πρόγονοι ἦρξαν πρότερον, ταύτης καὶ 20
νῦν ἀξιώσει κρατεῖν· ἐνεῖναι γὰρ καὶ νήσους ἀπάσας πάλιν
δουλεύειν καὶ Θεσσαλίαν καὶ Λοκροὺς καὶ τὰ μέχρι Βοιω-
τῶν, καὶ ἀντ᾽ ἐλευθερίας ἂν Μηδικὴν ἀρχὴν τοῖς Ἕλλησι
4 τοὺς Λακεδαιμονίους περιθεῖναι. ἑτέρας οὖν ἐκέλευε βελ-
τίους σπένδεσθαι, ἢ ταύταις γε οὐ χρήσεσθαι, οὐδὲ τῆς 25
τροφῆς ἐπὶ τούτοις δεῖσθαι οὐδέν. ἀγανακτῶν δὲ ὁ μὲν
Τισσαφέρνης ἀπεχώρησεν ἀπ᾽ αὐτῶν δι᾽ ὀργῆς καὶ ἄπρακτος,
44 οἱ δ᾽ ἐς τὴν Ῥόδον ἐπικηρυκευομένων ἀπὸ τῶν δυνατωτάτων
ἀνδρῶν τὴν γνώμην εἶχον πλεῖν, ἐλπίζοντες νῆσόν τε οὐκ

---

7 ὁρμήσαντες a : ὁρμίσαντες codd.   9 προσβαλόντες] προσπλεύ-
σαντες Β : προσλαβόντες Μ   11 ἅμα Β : om. cett.   13 γὰρ
post λόγους habent A E F   14 τε Β : δὲ cett. (in Gerasum)   18 οὔτε
τὰς Χαλκιδέως Β : om. cett.   20 ὅσης ; ἧς A E F suprascr. G
21 ἐνεῖναι Bekker : ἐνῆν codd.   25 post σπένδεσθαι add. ξυνθήκας Β
28 ἐπικηρυκευόμενοι Β

ἀδύνατον καὶ ναυβατῶν πλήθει καὶ πεζῷ προσάξεσθαι, καὶ
ἅμα ἡγούμενοι αὐτοὶ ἀπὸ τῆς ὑπαρχούσης ξυμμαχίας δυνατοὶ
ἔσεσθαι Τισσαφέρνην μὴ αἰτοῦντες χρήματα τρέφειν τὰς
ναῦς. πλεύσαντες οὖν εὐθὺς ἐν τῷ αὐτῷ χειμῶνι ἐκ τῆς 2
5 Κνίδου καὶ προσβαλόντες Καμείρῳ τῆς Ῥοδίας πρῶτον
ναυσὶ τέσσαρσι καὶ ἐνενήκοντα ἐξεφόβησαν μὲν τοὺς πολ-
λοὺς οὐκ εἰδότας τὰ πρασσόμενα, καὶ ἔφευγον, ἄλλως τε
καὶ ἀτειχίστου οὔσης τῆς πόλεως· εἶτα ξυγκαλέσαντες οἱ
Λακεδαιμόνιοι τούτους τε καὶ τοὺς ἐκ τοῖν δυοῖν πολέοιν,
10 Λίνδου καὶ Ἰηλυσοῦ, Ῥοδίους ἔπεισαν ἀποστῆναι Ἀθηναίων·
καὶ προσεχώρησε Ῥόδος Πελοποννησίοις. οἱ δὲ Ἀθηναῖοι 3
κατὰ τὸν καιρὸν τοῦτον ταῖς ἐκ τῆς Σάμου ναυσὶν αἰσθό-
μενοι ἔπλευσαν μὲν βουλόμενοι φθάσαι καὶ ἐπεφάνησαν
πελάγιοι, ὑστερήσαντες δὲ οὐ πολλῷ τὸ μὲν παραχρῆμα
15 ἀπέπλευσαν ἐς Χάλκην, ἐντεῦθεν δ' ἐς Σάμον, ὕστερον δὲ
ἐκ τῆς Χάλκης καὶ ἐκ τῆς Κῶ [καὶ ἐκ τῆς Σάμου] τοὺς
ἐπίπλους ποιούμενοι ἐπὶ τὴν Ῥόδον ἐπολέμουν. οἱ δὲ 4
χρήματα μὲν ἐξέλεξαν ἐς δύο καὶ τριάκοντα τάλαντα οἱ
Πελοποννήσιοι παρὰ τῶν Ῥοδίων, τὰ δ' ἄλλα ἡσύχαζον
20 ἡμέρας ὀγδοήκοντα, ἀνελκύσαντες τὰς ναῦς.

Ἐν δὲ τούτῳ καὶ ἔτι πρότερον, πρὶν ἐς τὴν Ῥόδον αὐτοὺς 45
ἀναστῆναι, τάδε ἐπράσσετο. Ἀλκιβιάδης μετὰ τὸν Χαλ-
κιδέως θάνατον καὶ τὴν ἐν Μιλήτῳ μάχην τοῖς Πελοπον-
νησίοις ὕποπτος ὤν, καὶ ἀπ' αὐτῶν ἀφικομένης ἐπιστολῆς
25 πρὸς Ἀστύοχον ἐκ Λακεδαίμονος ὥστ' ἀποκτεῖναι (ἦν γὰρ
καὶ τῷ Ἄγιδι ἐχθρὸς καὶ ἄλλως ἄπιστος ἐφαίνετο), πρῶτον
μὲν ὑποχωρεῖ δείσας παρὰ Τισσαφέρνην, ἔπειτα ἐκάκου
πρὸς αὐτὸν ὅσον ἐδύνατο μάλιστα τῶν Πελοποννησίων τὰ
πράγματα, καὶ διδάσκαλος πάντων γιγνόμενος τήν τε 2
30 μισθοφορὰν ξυνέτεμεν, ἀντὶ δραχμῆς Ἀττικῆς ὥστε τριώ-

5 πρῶτον B: πρὸς τὴν cett.: πρώτη (sic) a   7 ἔφυγον B
10 post Λίνδου (διιήλου A E F ? M) add. τε A C E F G M   13 ἐπέ-
πλευσαν B   ἐπεφάνησαν B: ἐφάνησαν cett.   16 καὶ . . . Σάμου
secl. Classen   22 post Ἀλκιβιάδης add. τε B   24 ἐπ' C
26 prius καὶ B: om. cett.
233

βολον καὶ τοῦτο μὴ ξυνεχῶς δίδοσθαι, λέγειν κελεύων τὸν
Τισσαφέρνην πρὸς αὐτοὺς ὡς Ἀθηναῖοι ἐκ πλέονος χρόνου
ἐπιστήμονες ὄντες τοῦ ναυτικοῦ τριώβολον τοῖς ἑαυτῶν
διδόασιν, οὐ τοσοῦτον πενίᾳ ὅσον ἵνα αὐτῶν μὴ οἱ ναῦται
ἐκ περιουσίας ὑβρίζοντες οἱ μὲν τὰ σώματα χείρω ἔχωσι 5
δαπανῶντες ἐς τοιαῦτα ἀφ' ὧν ἡ ἀσθένεια ξυμβαίνει, οἱ δὲ
τὰς ναῦς ἀπολείπωσιν οὐχ ὑπολιπόντες ἐς ὁμηρείαν τὸν
3 προσοφειλόμενον μισθόν· καὶ τοὺς τριηράρχους καὶ τοὺς
στρατηγοὺς τῶν πόλεων ἐδίδασκεν [ὥστε] δόντα χρήματα
αὐτὸν πεῖσαι, ὥστε ξυγχωρῆσαι ταῦτα ἑαυτῷ πλὴν τῶν 10
Συρακοσίων· τούτων δὲ Ἑρμοκράτης ἠναντιοῦτο μόνος ὑπὲρ
4 τοῦ παντὸς ξυμμαχικοῦ. τάς τε πόλεις δεομένας χρημάτων
ἀπήλασεν αὐτὸς ἀντιλέγων ὑπὲρ τοῦ Τισσαφέρνους ὡς οἱ
μὲν Χῖοι ἀναίσχυντοι εἶεν πλουσιώτατοι ὄντες τῶν Ἑλ-
λήνων, ἐπικουρίᾳ δ' ὅμως σῳζόμενοι ἀξιοῦσι καὶ τοῖς σώμασι 15
καὶ τοῖς χρήμασιν ἄλλους ὑπὲρ τῆς ἐκείνων ἐλευθερίας
5 κινδυνεύειν· τὰς δ' ἄλλας πόλεις ἔφη ἀδικεῖν, αἳ ἐς Ἀθη-
ναίους πρότερον ἢ ἀποστῆναι ἀνήλουν, εἰ μὴ καὶ νῦν καὶ
τοσαῦτα καὶ ἔτι πλείω ὑπὲρ σφῶν αὐτῶν ἐθελήσουσιν ἐσ-
6 φέρειν. τόν τε Τισσαφέρνην ἀπέφαινε νῦν μέν, τοῖς ἰδίοις 20
χρήμασι πολεμοῦντα, εἰκότως φειδόμενον, ἢν δέ ποτε τροφὴ
καταβῇ παρὰ βασιλέως, ἐντελῆ αὐτοῖς ἀποδώσειν τὸν
46 μισθὸν καὶ τὰς πόλεις τὰ εἰκότα ὠφελήσειν. παρῄνει δὲ
καὶ τῷ Τισσαφέρνει μὴ ἄγαν ἐπείγεσθαι τὸν πόλεμον
διαλῦσαι, μηδὲ βουληθῆναι κομίσαντα ἢ ναῦς Φοινίσσας 25
ἅσπερ παρεσκευάζετο ἢ Ἕλλησι πλέοσι μισθὸν πορίζοντα
τοῖς αὐτοῖς τῆς τε γῆς καὶ τῆς θαλάσσης τὸ κράτος δοῦναι,
ἔχειν δ' ἀμφοτέρους ἐᾶν δίχα τὴν ἀρχήν, καὶ βασιλεῖ

4 post διδόασιν lacunam statuit Stahl   7 ἀπολείπωσιν οὐχ ὑπο-
λιπόντες B : ἀπολιπόντες cett.   9 ὥστε secl. Reiske   10 ὥστε
om. B   11 post Ἑρμοκράτης add. στρατηγὸς ὢν B, τε cett.   μόνος
om. B   12 παντὸς B : ξύμπαντος cett.   16 τῆς om. Λ C E F M
17 κινδυνεῦσαι B (suprascr. -εύειν)   18 ἢ B : om. cett.   alterum
καὶ om. C   24 τῷ καὶ B   διαλύσαι τὸν πόλεμον B   26 ἢ
Ἕλλησι B : μελλήσει cett.

ἐξεῖναι αἰεὶ ἐπὶ τοὺς αὐτῷ λυπηροὺς τοὺς ἑτέρους ἐπάγειν.
γενομένης δ' ἂν καθ' ἓν τῆς ἐς γῆν καὶ θάλασσαν ἀρχῆς 2
ἀπορεῖν ἂν αὐτὸν οἷς τοὺς κρατοῦντας ξυγκαθαιρήσει, ἢν
μὴ αὐτὸς βούληται μεγάλῃ δαπάνῃ καὶ κινδύνῳ ἀναστάς
5 ποτε διαγωνίσασθαι. εὐτελέστερα δὲ τάδ' εἶναι, βραχεῖ
μορίῳ τῆς δαπάνης καὶ ἅμα μετὰ τῆς ἑαυτοῦ ἀσφαλείας
αὐτοὺς περὶ ἑαυτοὺς τοὺς Ἕλληνας κατατρῖψαι. ἐπιτη- 3
δειοτέρους τε ἔφη τοὺς Ἀθηναίους εἶναι κοινωνοὺς αὐτῷ
τῆς ἀρχῆς· ἧσσον γὰρ τῶν κατὰ γῆν ἐφίεσθαι, τὸν λόγον
10 τε ξυμφορώτατον καὶ τὸ ἔργον ἔχοντας πολεμεῖν· τοὺς μὲν
γὰρ ξυγκαταδουλοῦν ἂν σφίσι τε αὐτοῖς τὸ τῆς θαλάσσης
μέρος καὶ ἐκείνῳ ὅσοι ἐν τῇ βασιλέως Ἕλληνες οἰκοῦσι,
τοὺς δὲ τοὐναντίον ἐλευθερώσοντας ἥκειν, καὶ οὐκ εἰκὸς
εἶναι Λακεδαιμονίους ἀπὸ μὲν σφῶν τῶν Ἑλλήνων ἐλευθε-
15 ροῦν νῦν τοὺς Ἕλληνας, ἀπὸ δ' ἐκείνων [τῶν βαρβάρων],
ἢν μή ποτε αὐτοὺς μὴ ἐξέλωσι, μὴ ἐλευθερῶσαι. τρίβειν 4
οὖν ἐκέλευε πρῶτον ἀμφοτέρους, καὶ ἀποτεμόμενον ὡς
μέγιστα ἀπὸ τῶν Ἀθηναίων ἔπειτ' ἤδη τοὺς Πελοποννη-
σίους ἀπαλλάξαι ἐκ τῆς χώρας. καὶ διενοεῖτο τὸ πλέον 5
20 οὕτως ὁ Τισσαφέρνης, ὅσα γε ἀπὸ τῶν ποιουμένων ἦν
εἰκάσαι. τῷ γὰρ Ἀλκιβιάδῃ διὰ ταῦτα ὡς εὖ περὶ τούτων
παραινοῦντι προσθεὶς ἑαυτὸν ἐς πίστιν τήν τε τροφὴν
κακῶς ἐπόριζε τοῖς Πελοποννησίοις καὶ ναυμαχεῖν οὐκ εἴα,
ἀλλὰ καὶ τὰς Φοινίσσας φάσκων ναῦς ἥξειν καὶ ἐκ περιόν-
25 τος ἀγωνιεῖσθαι ἔφθειρε τὰ πράγματα καὶ τὴν ἀκμὴν τοῦ
ναυτικοῦ αὐτῶν ἀφείλετο γενομένην καὶ πάνυ ἰσχυράν, τά
τε ἄλλα καταφανέστερον ἢ ὥστε λανθάνειν οὐ προθύμως
ξυνεπολέμει.

1 ἀεὶ (sic) B : om. cett.   αὐτῷ Duker : αὐτοὺς C : αὐτοῦ cett.
3 ξυγκαθαιρήσειν B   5 τάδ' εἶναι Classen. Madvig: τὰ δεινὰ codd.
6 αὐτοῦ B   7 αὐτοὺς B   8 εἶναι om. B   11 τε om. B
12 ἐκείνῳ (sic) C : ἐκεῖνο A E F : ἐκεῖνοι M : ἐκεῖνος B : ἐκείνων G
14 τῶν Ἑλλήνων secl. Valckenaer   15 τῶν βαρβάρων om. B
16 alterum μὴ secl. Madvig: πῃ Tucker   24 ναῦς φάσκων
A C E F G M   ἥκειν B   28 ξυνεπολέμει B : om. cett.

47 Ὁ δὲ Ἀλκιβιάδης ταῦτα ἅμα μὲν τῷ Τισσαφέρνει καὶ [τῷ] βασιλεῖ, ὢν παρ᾽ ἐκείνοις, ἄριστα εἶναι νομίζων παρῄνει, ἅμα δὲ τὴν ἑαυτοῦ κάθοδον ἐς τὴν πατρίδα ἐπιθεραπεύων, εἰδώς, εἰ μὴ διαφθερεῖ αὐτήν, ὅτι ἔσται ποτὲ αὐτῷ πείσαντι κατελθεῖν· πεῖσαι δ᾽ ἂν ἐνόμιζε μάλιστα ἐκ τοῦ 5 τοιούτου, εἰ Τισσαφέρνης φαίνοιτο αὐτῷ ἐπιτήδειος ὤν·
2 ὅπερ καὶ ἐγένετο. ἐπειδὴ γὰρ ᾔσθοντο αὐτὸν ἰσχύοντα παρ᾽ αὐτῷ οἱ ἐν τῇ Σάμῳ Ἀθηναίων στρατιῶται, τὰ μὲν καὶ Ἀλκιβιάδου προσπέμψαντος λόγους ἐς τοὺς δυνατωτάτους αὐτῶν ἄνδρας ὥστε μνησθῆναι περὶ αὐτοῦ ἐς τοὺς 10 βελτίστους τῶν ἀνθρώπων ὅτι ἐπ᾽ ὀλιγαρχίᾳ βούλεται καὶ οὐ πονηρίᾳ οὐδὲ δημοκρατίᾳ τῇ αὐτὸν ἐκβαλούσῃ κατελθὼν καὶ παρασχὼν Τισσαφέρνην φίλον αὐτοῖς ξυμπολιτεύειν, τὸ δὲ πλέον καὶ ἀπὸ σφῶν αὐτῶν οἱ ἐν τῇ Σάμῳ τριήραρχοί τε τῶν Ἀθηναίων καὶ δυνατώτατοι ὥρμηντο ἐς τὸ καταλῦσαι 15
48 τὴν δημοκρατίαν. καὶ ἐκινήθη πρότερον ἐν τῷ στρατοπέδῳ τοῦτο καὶ ἐς τὴν πόλιν ἐντεῦθεν ὕστερον ἦλθεν. τῷ τε Ἀλκιβιάδῃ διαβάντες τινὲς ἐκ τῆς Σάμου ἐς λόγους ἦλθον, καὶ ὑποτείνοντος αὐτοῦ Τισσαφέρνην μὲν πρῶτον, ἔπειτα δὲ καὶ βασιλέα φίλον ποιήσειν, εἰ μὴ δημοκρατοῖντο (οὕτω 20 γὰρ ἂν πιστεῦσαι μᾶλλον βασιλέα), πολλὰς ἐλπίδας εἶχον αὐτοί θ᾽ ἑαυτοῖς οἱ δυνατώτατοι τῶν πολιτῶν τὰ πράγματα, οἵπερ καὶ ταλαιπωροῦνται μάλιστα, ἐς ἑαυτοὺς περιποιήσειν
2 καὶ τῶν πολεμίων ἐπικρατήσειν. ἔς τε τὴν Σάμον ἐλθόντες ξυνίστασάν τε τῶν ἀνθρώπων τοὺς ἐπιτηδείους ἐς ξυνω- 25 μοσίαν καὶ ἐς τοὺς πολλοὺς φανερῶς ἔλεγον ὅτι βασιλεὺς σφίσι φίλος ἔσοιτο καὶ χρήματα παρέξοι Ἀλκιβιάδου τε
3 κατελθόντος καὶ μὴ δημοκρατουμένων. καὶ ὁ μὲν ὄχλος, εἰ καί τι παραυτίκα ἤχθετο τοῖς πρασσομένοις, διὰ τὸ

2 τῷ om. recc.   9 προπέμψαντος B   12 αὐτὸν B : ἑαυτὸν cett.
17 τοῦτο B : τούτῳ ι) cett.   ἦλθεν B : om. cett.   19 post αὐτοῦ
add. καὶ A C E F G M   22 θ᾽ ἑαυτοῖς B : τε αὐτοῖς cett.   δυνα-
τώτατοι B : δυνατοὶ cett.   23 αὐτοὺς B F   26 ἐς B : om.
cett.

236

εὔπορον τῆς ἐλπίδος τοῦ παρὰ βασιλέως μισθοῦ ἡσύχαζεν·
οἱ δὲ ξυνιστάντες τὴν ὀλιγαρχίαν, ἐπειδὴ τῷ πλήθει ἐκοί-
νωσαν, αὖθις κἂν σφίσιν αὐτοῖς καὶ τοῦ ἑταιρικοῦ τῷ πλέονι
τὰ ἀπὸ τοῦ Ἀλκιβιάδου ἐσκόπουν. καὶ τοῖς μὲν ἄλλοις 4
5 ἐφαίνετο εὔπορα καὶ πιστά, Φρυνίχῳ δὲ στρατηγῷ ἔτι ὄντι
οὐδὲν ἤρεσκεν, ἀλλ' ὅ τε Ἀλκιβιάδης, ὅπερ καὶ ἦν, οὐδὲν
μᾶλλον ὀλιγαρχίας ἢ δημοκρατίας δεῖσθαι ἐδόκει αὐτῷ οὐδ'
ἄλλο τι σκοπεῖσθαι ἢ ὅτῳ τρόπῳ ἐκ τοῦ παρόντος κόσμου
τὴν πόλιν μεταστήσας ὑπὸ τῶν ἑταίρων παρακληθεὶς κάτεισι,
10 σφίσι δὲ περιοπτέον εἶναι τοῦτο μάλιστα, ὅπως μὴ στασιά-
σωσιν· [τῷ] βασιλεῖ τε οὐκ εὔπορον εἶναι καὶ Πελοπον-
νησίων ἤδη ὁμοίως ἐν τῇ θαλάσσῃ ὄντων καὶ πόλεις ἐχόντων
ἐν τῇ αὐτοῦ ἀρχῇ οὐ τὰς ἐλαχίστας, Ἀθηναίοις προσθέμενον,
οἷς οὐ πιστεύει, πράγματα ἔχειν, ἐξὸν Πελοποννησίους, ὑφ'
15 ὧν κακὸν οὐδέν πω πέπονθε, φίλους ποιήσασθαι. τάς τε 5
ξυμμαχίδας πόλεις, αἷς ὑπεσχῆσθαι δὴ σφᾶς ὀλιγαρχίαν,
ὅτι δὴ καὶ αὐτοὶ οὐ δημοκρατήσονται, εὖ εἰδέναι ἔφη ὅτι
οὐδὲν μᾶλλον σφίσιν οὔθ' αἱ ἀφεστηκυῖαι προσχωρήσονται
οὔθ' αἱ ὑπάρχουσαι βεβαιότεραι ἔσονται· οὐ γὰρ βουλή-
20 σεσθαι αὐτοὺς μετ' ὀλιγαρχίας ἢ δημοκρατίας δουλεύειν
μᾶλλον ἢ μεθ' ὁποτέρου ἂν τύχωσι τούτων ἐλευθέρους εἶναι·
τούς τε καλοὺς κἀγαθοὺς ὀνομαζομένους οὐκ ἐλάσσω αὐτοὺς 6
νομίζειν σφίσι πράγματα παρέξειν τοῦ δήμου, ποριστὰς
ὄντας καὶ ἐσηγητὰς τῶν κακῶν τῷ δήμῳ, ἐξ ὧν τὰ πλείω
25 αὐτοὺς ὠφελεῖσθαι· καὶ τὸ μὲν ἐπ' ἐκείνοις εἶναι καὶ
ἄκριτοι ἂν καὶ βιαιότερον ἀποθνήσκειν, τὸν δὲ δῆμον σφῶν
τε καταφυγὴν εἶναι καὶ ἐκείνων σωφρονιστήν. καὶ ταῦτα 7
παρ' αὐτῶν τῶν ἔργων ἐπισταμένας τὰς πόλεις σαφῶς αὐτὸς

1 παρὰ B : om. cett.   2 ἐκοινώνησαν A B F M   3 κἂν Dobree :
καὶ codd.   6 post ἦν add. καὶ A C E F (G) M   7 οὐδ' B : ἢ
cett.   9 ἑτέρων A C E F   10 post δὲ add. οὐ B   11 τῷ
secl. Dobree   βασιλεῖ τε recc.: τε βασιλεῖ B : βασιλεῖ cett.   13 οὐ
τὰς B : οὐκ cett.   15 οὐδὲν κακὸν G M   πω B : om. cett.
16 ὑποσχήσεσθαι Böhme   21 τούτου C G   23 νομίσειν C G
25 ἐκείνους A E F   26 βεβαιότερον B

237

εἰδέναι ὅτι οὕτω νομίζουσιν. οὔκουν ἑαυτῷ γε ἦν ἀπ'
Ἀλκιβιάδου καὶ ἐν τῷ παρόντι πρασσομένων ἀρέσκειν
49 οὐδέν. οἱ δὲ ξυλλεγέντες τῶν ἐν τῇ ξυνωμοσίᾳ, ὥσπερ καὶ
τὸ πρῶτον αὐτοῖς ἐδόκει, τά τε παρόντα ἐδέχοντο καὶ ἐς
τὰς Ἀθήνας πρέσβεις Πείσανδρον καὶ ἄλλους παρεσκευά- 5
ζοντο πέμπειν, ὅπως περί τε τῆς τοῦ Ἀλκιβιάδου καθόδου
πράσσοιεν καὶ τῆς τοῦ ἐκεῖ δήμου καταλύσεως καὶ τὸν
50 Τισσαφέρνην φίλον τοῖς Ἀθηναίοις ποιήσειαν. γνοὺς δὲ
ὁ Φρύνιχος ὅτι ἔσοιτο περὶ τῆς τοῦ Ἀλκιβιάδου καθόδου
λόγος καὶ ὅτι Ἀθηναῖοι ἐνδέξονται αὐτήν, δείσας πρὸς τὴν 10
ἐναντίωσιν τῶν ὑφ' αὑτοῦ λεχθέντων μή, ἢν κατέλθῃ, ὡς
2 κωλυτὴν ὄντα κακῶς δρᾷ, τρέπεται ἐπὶ τοιόνδε τι. πέμπει
ὡς τὸν Ἀστύοχον τὸν Λακεδαιμονίων ναύαρχον ἔτι ὄντα
τότε περὶ τὴν Μίλητον κρύφα ἐπιστείλας ὅτι Ἀλκιβιάδης
αὐτῶν τὰ πράγματα φθείρει Τισσαφέρνην Ἀθηναίοις φίλον 15
ποιῶν, καὶ τἆλλα πάντα σαφῶς ἐγγράψας· ξυγγνώμην δὲ
εἶναι ἑαυτῷ περὶ ἀνδρὸς πολεμίου καὶ μετὰ τοῦ τῆς πόλεως
3 ἀξυμφόρου κακόν τι βουλεύειν. ὁ δὲ Ἀστύοχος τὸν μὲν
Ἀλκιβιάδην ἄλλως τε καὶ οὐκέτι ὁμοίως ἐς χεῖρας ἰόντα
οὐδὲ διενοεῖτο τιμωρεῖσθαι, ἀνελθὼν δὲ παρ' αὐτὸν ἐς Μα- 20
γνησίαν καὶ παρὰ Τισσαφέρνην ἅμα λέγει τε αὐτοῖς τὰ
ἐπισταλέντα ἐκ τῆς Σάμου καὶ γίγνεται αὐτὸς μηνυτής,
προσέθηκέ τε, ὡς ἐλέγετο, ἐπὶ ἰδίοις κέρδεσι Τισσαφέρνει
ἑαυτὸν καὶ περὶ τούτων καὶ περὶ τῶν ἄλλων κοινοῦσθαι·
διόπερ καὶ [περὶ] τῆς μισθοφορᾶς οὐκ ἐντελοῦς οὔσης μαλα- 25
4 κωτέρως ἀνθήπτετο. ὁ δὲ Ἀλκιβιάδης εὐθὺς πέμπει κατὰ
Φρυνίχου γράμματα ἐς τὴν Σάμον πρὸς τοὺς ἐν τέλει ὄντας
5 οἷα δέδρακε, καὶ ἀξιῶν αὐτὸν ἀποθνῄσκειν. θορυβούμενος
δὲ ὁ Φρύνιχος καὶ πάνυ ἐν τῷ μεγίστῳ κινδύνῳ ὢν διὰ τὸ

3 ξυνωμοσίᾳ Haacke : ξυμμαχίᾳ codd.   11 λεχθέντων ὑφ' αὑτοῦ
ΑCEFGM   13 alterum τὸν Β : τῶν cett.   τότε ὄντα Β
16 πάντα Β : om. cett.   17 αὑτῷ Β   τοῦ om. C   20 ἀπελ-
θὼν CG   αὐτῶν CFM   21 λέγει] ἀγγέλλει (G) M   22 αὐτὸς
ΕΜ : αὐτοῖς cett.   24 κοινοῦσθαι Β : om. cett. (non legit Schol., ut
videtur)   25 περὶ om. Β   26 πέμπει εὐθὺς CG

μήνυμα ἀποστέλλει αὖθις πρὸς τὸν Ἀστύοχον, τά τε. πρό-
τερα μεμφόμενος ὅτι οὐ καλῶς ἐκρύφθη καὶ νῦν ὅτι ὅλον
τὸ στράτευμα τὸ τῶν Ἀθηναίων ἑτοῖμος εἴη τὸ ἐν τῇ Σάμῳ
παρασχεῖν αὐτοῖς διαφθεῖραι, γράψας καθ' ἕκαστα, ἀτειχίστου
5 οὔσης Σάμου, ᾧ ἂν τρόπῳ αὐτὰ πράξειε, καὶ ὅτι ἀνεπίφθονόν
οἱ ἤδη εἴη περὶ τῆς ψυχῆς δι' ἐκείνους κινδυνεύοντι καὶ
τοῦτο καὶ ἄλλο πᾶν δρᾶσαι μᾶλλον ἢ ὑπὸ τῶν ἐχθίστων
αὐτὸν διαφθαρῆναι. ὁ δὲ Ἀστύοχος μηνύει καὶ ταῦτα τῷ
Ἀλκιβιάδῃ. καὶ ὡς προῃσθετο αὐτὸν ὁ Φρύνιχος ἀδι- 51
10 κοῦντα καὶ ὅσον οὐ παροῦσαν ἀπὸ τοῦ Ἀλκιβιάδου περὶ
τούτων ἐπιστολήν, αὐτὸς προφθάσας τῷ στρατεύματι ἐξάγ-
γελος γίγνεται ὡς οἱ πολέμιοι μέλλουσιν ἀτειχίστου οὔσης
τῆς Σάμου καὶ ἅμα τῶν νεῶν οὐ πασῶν ἔνδον ὁρμουσῶν
ἐπιθήσεσθαι τῷ στρατοπέδῳ, καὶ ταῦτα σαφῶς πεπυσμένος
15 εἴη, καὶ χρῆναι τειχίζειν τε Σάμον ὡς τάχιστα καὶ τἆλλα
ἐν φυλακῇ ἔχειν· ἐστρατήγει δὲ καὶ κύριος ἦν αὐτὸς πράσ-
σων ταῦτα. καὶ οἱ μὲν τὸν τειχισμόν τε παρεσκευάζοντο 2
καὶ ἐκ τοῦ τοιούτου, καὶ ὡς μέλλουσα, Σάμος θᾶσσον
ἐτειχίσθη· αἱ δὲ παρὰ τοῦ Ἀλκιβιάδου ἐπιστολαὶ οὐ πολὺ
20 ὕστερον ἦκον ὅτι προδίδοταί τε τὸ στράτευμα ὑπὸ Φρυνίχου
καὶ οἱ πολέμιοι μέλλουσιν ἐπιθήσεσθαι. δόξας δὲ ὁ Ἀλκι- 3
βιάδης οὐ πιστὸς εἶναι, ἀλλὰ τὰ ἀπὸ τῶν πολεμίων προειδὼς
τῷ Φρυνίχῳ ὡς ξυνειδότι κατ' ἔχθραν ἀνατιθέναι, οὐδὲν
ἔβλαψεν αὐτόν, ἀλλὰ καὶ ξυνεμαρτύρησε μᾶλλον ταὐτὰ
25 ἐσαγγείλας.
Μετὰ δὲ τοῦτο Ἀλκιβιάδης μὲν Τισσαφέρνην παρε- 52
σκεύαζε καὶ ἀνέπειθεν ὅπως φίλος ἔσται τοῖς Ἀθηναίοις,
δεδιότα μὲν τοὺς Πελοποννησίους, ὅτι πλέοσι ναυσὶ τῶν
Ἀθηναίων παρῆσαν, βουλόμενον δὲ ὅμως, εἰ δύναιτό πως,
30 πεισθῆναι, ἄλλως τε καὶ ἐπειδὴ τὴν ἐν τῇ Κνίδῳ διαφορὰν
περὶ τῶν Θηριμένους σπονδῶν ᾔσθετο τῶν Πελοποννησίων

2 alterum ὅτι om. B   5 post οὔσης add. τῆς M   14 πεπεισμένος B
20 παραδίδοταί C G !   24 ταῦτα Heilmann : ταῦτα codd.   25 ἐξαγ-
γείλας C G : ἀπαγγείλας A E F M   28 Πελ]ο[ποννησίους incipit Π⁹⁴
30 πιστευθῆναι C G

239

(ἤδη γὰρ κατὰ τοῦτον τὸν καιρὸν ἐν τῇ Ῥόδῳ ὄντων αὐτῶν
ἐγεγένητο)· ἐν ᾗ τὸν τοῦ Ἀλκιβιάδου λόγον πρότερον εἰρη-
μένον περὶ τοῦ ἐλευθεροῦν τοὺς Λακεδαιμονίους τὰς ἁπάσας
πόλεις ἐπηλήθευσεν ὁ Λίχας, οὐ φάσκων ἀνεκτὸν εἶναι
ξυγκεῖσθαι κρατεῖν βασιλέα τῶν πόλεων ὧν ποτὲ καὶ πρό- 5
τερον ἢ αὐτὸς ἢ οἱ πατέρες ἦρχον. καὶ ὁ μὲν Ἀλκιβιάδης,
ἅτε περὶ μεγάλων ἀγωνιζόμενος, προθύμως τὸν Τισσαφέρνην
53 θεραπεύων προσέκειτο· οἱ δὲ μετὰ τοῦ Πεισάνδρου πρέσβεις
τῶν Ἀθηναίων ἀποσταλέντες ἐκ τῆς Σάμου ἀφικόμενοι ἐς
τὰς Ἀθήνας λόγους ἐποιοῦντο ἐν τῷ δήμῳ κεφαλαιοῦντες 10
ἐκ πολλῶν, μάλιστα δὲ ὡς ἐξείη αὐτοῖς Ἀλκιβιάδην κατα-
γαγοῦσι καὶ μὴ τὸν αὐτὸν τρόπον δημοκρατουμένοις βασιλέα
2 τε ξύμμαχον ἔχειν καὶ Πελοποννησίων περιγενέσθαι. ἀντι-
λεγόντων δὲ πολλῶν καὶ ἄλλων περὶ τῆς δημοκρατίας καὶ
τῶν Ἀλκιβιάδου ἅμα ἐχθρῶν διαβοώντων ὡς δεινὸν εἴη 15
εἰ τοὺς νόμους βιασάμενος κάτεισι, καὶ Εὐμολπιδῶν καὶ
Κηρύκων περὶ τῶν μυστικῶν δι' ἅπερ ἔφυγε μαρτυρομένων
καὶ ἐπιθειαζόντων μὴ κατάγειν, ὁ Πείσανδρος παρελθὼν
πρὸς πολλὴν ἀντιλογίαν καὶ σχετλιασμὸν ἠρώτα ἕνα ἕκαστον
παράγων τῶν ἀντιλεγόντων, εἴ τινα ἐλπίδα ἔχει σωτηρίας 20
τῇ πόλει, Πελοποννησίων ναῦς τε οὐκ ἐλάσσους σφῶν ἐν
τῇ θαλάσσῃ ἀντιπρῴρους ἐχόντων καὶ πόλεις ξυμμαχίδας
πλείους, βασιλέως τε αὐτοῖς καὶ Τισσαφέρνους χρήματα
παρεχόντων, σφίσι τε οὐκέτι ὄντων, εἰ μή τις πείσει
3 βασιλέα μεταστῆναι παρὰ σφᾶς. ὁπότε δὲ μὴ φαῖεν ἐρω- 25
τώμενοι, ἐνταῦθα δὴ σαφῶς ἔλεγεν αὐτοῖς ὅτι ' τοῦτο τοίνυν
οὐκ ἔστιν ἡμῖν γενέσθαι, εἰ μὴ πολιτεύσομέν τε σωφρονέσ-
τερον καὶ ἐς ὀλίγους μᾶλλον τὰς ἀρχὰς ποιήσομεν, ἵνα
πιστεύῃ ἡμῖν βασιλεύς, καὶ μὴ περὶ πολιτείας τὸ πλέον

1 αὐτῶν Β Μ Π²⁴ : αὐτῷ cett.   3 ἁπάσας τὰς Α Ε F M   6 ὁ μὲν]
μὲν δὴ ὁ C [Π²⁴]   7 τῷ Τισσαφέρνει C G [Π²⁴]   9 post Σάμου add.
καὶ Α Β Ε F M [Π²⁴]   11 κατάγουσι C G [Π²⁴]   19 post ἕκαστον
add. αὐτῶν Α Ε F G M   20 εἴ τινα Β : ἥντινα vel ἥν τινα cett. [Π²⁴]
25 δὲ G M Π²⁴ : δὴ cett.   26 ἐνταῦ[θ]α desinit Π²⁴   δὴ] ἤδη Β
27 ἡμῖν recc. : ὑμῖν codd.   28 τὰς ἀρχὰς ποιήσομεν C   ποιήσομεν
recc. : ποιήσαιμεν codd.   29 μὴ] μὴν Α Β Ε F M

βουλεύσομεν ἐν τῷ παρόντι ἢ περὶ σωτηρίας (ὕστερον γὰρ
ἐξέσται ἡμῖν καὶ μεταθέσθαι, ἢν μή τι ἀρέσκῃ), Ἀλκιβιάδην
τε κατάξομεν, ὃς μόνος τῶν νῦν οἷός τε τοῦτο κατεργάσασθαι.'
ὁ δὲ δῆμος τὸ μὲν πρῶτον ἀκούων χαλεπῶς ἔφερε τὸ περὶ 54
5 τῆς ὀλιγαρχίας· σαφῶς δὲ διδασκόμενος ὑπὸ τοῦ Πεισάν-
δρου μὴ εἶναι ἄλλην σωτηρίαν, δείσας καὶ ἅμα ἐπελπίζων
ὡς καὶ μεταβαλεῖται, ἐνέδωκεν. καὶ ἐψηφίσαντο πλεύ- 2
σαντα τὸν Πείσανδρον καὶ δέκα ἄνδρας μετ' αὐτοῦ πράσσειν
ὅπῃ [ἂν] αὐτοῖς δοκοίη ἄριστα ἕξειν τά τε πρὸς τὸν Τισ-
10 σαφέρνην καὶ τὸν Ἀλκιβιάδην. ἅμα τε διαβαλόντος καὶ 3
Φρύνιχον τοῦ Πεισάνδρου παρέλυσεν ὁ δῆμος τῆς ἀρχῆς
καὶ τὸν ξυνάρχοντα Σκιρωνίδην, ἀντέπεμψαν δὲ στρατηγοὺς
ἐπὶ τὰς ναῦς Διομέδοντα καὶ Λέοντα. τὸν δὲ Φρύνιχον ὁ
Πείσανδρος φάσκων Ἴασον προδοῦναι καὶ Ἀμόργην διέ-
15 βαλεν, οὐ νομίζων ἐπιτήδειον εἶναι τοῖς πρὸς τὸν Ἀλκιβιάδην
πρασσομένοις. καὶ ὁ μὲν Πείσανδρος τάς τε ξυνωμοσίας 4
αἵπερ ἐτύγχανον πρότερον ἐν τῇ πόλει οὖσαι ἐπὶ δίκαις
καὶ ἀρχαῖς, ἁπάσας ἐπελθὼν καὶ παρακελευσάμενος ὅπως
ξυστραφέντες καὶ κοινῇ βουλευσάμενοι καταλύσουσι τὸν
20 δῆμον, καὶ τἆλλα παρασκευάσας ἐπὶ τοῖς παροῦσιν ὥστε
μηκέτι διαμέλλεσθαι, αὐτὸς μετὰ τῶν δέκα ἀνδρῶν τὸν
πλοῦν ὡς τὸν Τισσαφέρνην ποιεῖται.

Ὁ δὲ Λέων καὶ ὁ Διομέδων ἐν τῷ αὐτῷ χειμῶνι ἀφι- 55
γμένοι ἤδη ἐπὶ τὰς τῶν Ἀθηναίων ναῦς ἐπίπλουν τῇ Ῥόδῳ
25 ἐποιήσαντο. καὶ τὰς μὲν ναῦς καταλαμβάνουσιν ἀνειλκυ-
σμένας τῶν Πελοποννησίων, ἐς δὲ τὴν γῆν ἀπόβασίν τινα
ποιησάμενοι καὶ τοὺς προσβοηθήσαντας Ῥοδίων νικήσαντες
μάχῃ ἀπεχώρησαν ἐς τὴν Χάλκην, καὶ τὸν πόλεμον ἐντεῦθεν
μᾶλλον ⟨ἢ⟩ ἐκ τῆς Κῶ ἐποιοῦντο· εὐφυλακτότερα γὰρ αὐτοῖς
30 ἐγίγνετο, εἴ ποι ἀπαίροι τὸ τῶν Πελοποννησίων ναυτικόν.

1 βουλεύσομεν B : βουλεύωμεν C ?G : ἐβουλεύσαμεν cett. (-σομεν E)
6 καὶ ... 16 Πε[ίσανδρος Π²⁴ ἐλπίζων C G [Π²⁴]   9 ἂν om. C [Π²⁴]
11 ὁ δῆμος om. C ?Π²⁴   12 Σκιρωνίδην A C (G) Π²⁴ : Κιρωνίδην cett.
19 καταλύσωσι A B M   23 alterum ὁ om. A B E F   29 ἢ add.
Paulmier   30 του A B E F Schol.

2 Ἦλθε δ' ἐς τὴν Ῥόδον καὶ Ξενοφαντίδας Λάκων παρὰ
Πεδαρίτου ἐκ Χίου, λέγων ὅτι τὸ τεῖχος τῶν Ἀθηναίων
ἤδη ἐπιτετέλεσται, καὶ εἰ μὴ βοηθήσουσι πάσαις ταῖς
ναυσίν, ἀπολεῖται τὰ ἐν Χίῳ πράγματα. οἱ δὲ διενοοῦντο
3 βοηθήσειν. ἐν τούτῳ δὲ ὁ Πεδάριτος αὐτός τε καὶ τὸ 5
περὶ αὐτὸν ἐπικουρικὸν ἔχων καὶ τοὺς Χίους πανστρατιᾷ
προσβαλὼν τῶν Ἀθηναίων τῷ περὶ τὰς ναῦς ἐρύματι αἱρεῖ
τέ τι αὐτοῦ καὶ νεῶν τινῶν ἀνειλκυσμένων ἐκράτησεν·
ἐπεκβοηθησάντων δὲ τῶν Ἀθηναίων καὶ τρεψαμένων τοὺς
Χίους πρώτους νικᾶται καὶ τὸ ἄλλο τὸ περὶ τὸν Πεδάριτον, 10
καὶ αὐτὸς ἀποθνῄσκει καὶ τῶν Χίων πολλοὶ καὶ ὅπλα
ἐλήφθη πολλά.

56 Μετὰ δὲ ταῦτα οἱ μὲν Χῖοι ἔκ τε γῆς καὶ θαλάσσης ἔτι
μᾶλλον ἢ πρότερον ἐπολιορκοῦντο καὶ ὁ λιμὸς αὐτόθι ἦν
μέγας· οἱ δὲ περὶ τὸν Πείσανδρον Ἀθηναίων πρέσβεις 15
ἀφικόμενοι ὡς τὸν Τισσαφέρνην λόγους ποιοῦνται περὶ τῆς
2 ὁμολογίας. Ἀλκιβιάδης δέ (οὐ γὰρ αὐτῷ πάνυ τὰ ἀπὸ
Τισσαφέρνους βέβαια ἦν, φοβουμένου τοὺς Πελοποννη-
σίους μᾶλλον καὶ ἔτι βουλομένου, καθάπερ καὶ ὑπ' ἐκείνου
ἐδιδάσκετο, τρίβειν ἀμφοτέρους) τρέπεται ἐπὶ τοιόνδε εἶδος 20
ὥστε τὸν Τισσαφέρνην ὡς μέγιστα αἰτοῦντα παρὰ τῶν
3 Ἀθηναίων μὴ ξυμβῆναι. δοκεῖ δέ μοι καὶ ὁ Τισσαφέρνης
τὸ αὐτὸ βουληθῆναι, αὐτὸς μὲν διὰ τὸ δέος, ὁ δὲ Ἀλκι-
βιάδης, ἐπειδὴ ἑώρα ἐκεῖνον καὶ ὡς οὐ ξυμβησείοντα, δοκεῖν
τοῖς Ἀθηναίοις ἐβούλετο μὴ ἀδύνατος εἶναι πεῖσαι, ἀλλ' 25
ὡς πεπεισμένῳ Τισσαφέρνει καὶ βουλομένῳ προσχωρῆσαι
4 τοὺς Ἀθηναίους μὴ ἱκανὰ διδόναι. ᾔτει γὰρ τοσαῦτα
ὑπερβάλλων ὁ Ἀλκιβιάδης, λέγων αὐτὸς ὑπὲρ παρόντος
τοῦ Τισσαφέρνους, ὥστε τὸ τῶν Ἀθηναίων, καίπερ ἐπὶ
πολὺ ὅτι αἰτοίη ξυγχωρούντων, ὅμως αἴτιον γενέσθαι· 30

6 αὐτὸν Stephanus : αὐτὸν codd.   12 πολλὰ ἐλήφθη B   13 οἱ μὲν
Χῖοι (μὲν om. A E F) post θαλάσσης habent A E F M   18 φοβουμένῳ
C E F G (corr. G¹) M   24 ξυμβησείοντα Pierson : ξυμβασείοντα vel
similia codd.   29 τοῦ om. A B E F M   τὸ B : om. cett.

242

Ἰωνίαν τε γὰρ πᾶσαν ἠξίου δίδοσθαι καὶ αὖθις νήσους τε
τὰς ἐπικειμένας καὶ ἄλλα, οἷς οὐκ ἐναντιουμένων τῶν Ἀθη-
ναίων τέλος ἐν τῇ τρίτῃ ἤδη ξυνόδῳ, δείσας μὴ πάνυ
φωραθῇ ἀδύνατος ὤν, ναῦς ἠξίου ἐᾶν βασιλέα ποιεῖσθαι
5 καὶ παραπλεῖν τὴν ἑαυτοῦ γῆν ὅπῃ ἂν καὶ ὅσαις ἂν βούλη-
ται. ἐνταῦθα δὴ οὐκέτι ... ἀλλ' ἄπορα νομίσαντες οἱ
Ἀθηναῖοι καὶ ὑπὸ τοῦ Ἀλκιβιάδου ἐξηπατῆσθαι, δι' ὀργῆς
ἀπελθόντες κομίζονται ἐς τὴν Σάμον.

Τισσαφέρνης δὲ εὐθὺς μετὰ ταῦτα καὶ ἐν τῷ αὐτῷ χει- 57
10 μῶνι παρέρχεται ἐς τὴν Καῦνον, βουλόμενος τοὺς Πελο-
ποννησίους πάλιν τε κομίσαι ἐς τὴν Μίλητον καὶ ξυνθήκας
ἔτι ἄλλας ποιησάμενος, ἃς ἂν δύνηται, τροφήν τε παρέχειν
καὶ μὴ παντάπασιν ἐκπεπολεμῶσθαι, δεδιὼς μή, ἢν ἀπορῶσι
πολλαῖς ναυσὶ τῆς τροφῆς, ἢ τοῖς Ἀθηναίοις ἀναγκασθέντες
15 ναυμαχεῖν ἡσσηθῶσιν ἢ κενωθεισῶν τῶν νεῶν ἄνευ ἑαυτοῦ
γένηται τοῖς Ἀθηναίοις ἃ βούλονται. ἔτι δὲ ἐφοβεῖτο
μάλιστα μὴ τῆς τροφῆς ζητήσει πορθήσωσι τὴν ἤπειρον.
πάντων οὖν τούτων λογισμῷ καὶ προνοίᾳ, ὥσπερ ἐβούλετο 2
ἐπανισοῦν τοὺς Ἕλληνας πρὸς ἀλλήλους, μεταπεμψάμενος
20 οὖν τοὺς Πελοποννησίους τροφήν τε αὐτοῖς δίδωσι καὶ
σπονδὰς τρίτας τάσδε σπένδεται.

Τρίτῳ καὶ δεκάτῳ ἔτει Δαρείου βασιλεύοντος, ἐφο- 58
ρεύοντος δὲ Ἀλεξιππίδα ἐν Λακεδαίμονι, ξυνθῆκαι ἐγένοντο
ἐν Μαιάνδρου πεδίῳ Λακεδαιμονίων καὶ τῶν ξυμμάχων
25 πρὸς Τισσαφέρνην καὶ Ἱεραμένη καὶ τοὺς Φαρνάκου παῖδας
περὶ τῶν βασιλέως πραγμάτων καὶ Λακεδαιμονίων καὶ τῶν
ξυμμάχων. χώραν τὴν βασιλέως, ὅση τῆς Ἀσίας ἐστί, 2
βασιλέως εἶναι· καὶ περὶ τῆς χώρας τῆς ἑαυτοῦ βουλευέτω
βασιλεὺς ὅπως βούλεται. Λακεδαιμονίους δὲ καὶ τοὺς 3

1 ἠξίου recc. (postulavit Valla): ἠξίουν codd. 2 τἄλλα A B E F M
5 ἑαυτῶν C 6 post οὐκέτι add. τι A B E F G M post οὐκέτι pauca
excidisse censebat Jones ἀλλ' om. B: ἀλλ' ἢ Lindau 12 ποιη-
σόμενος A B E F M 13 ἐκπεπολεμῶσθαι B M : ἐκπεπολεμῆσθαι
A C¹ E F : ἐκπεπολεμεῖσθαι C G ἢν om. A B 21 τάσδε τρίτας
G M 26 post prius καὶ add. τῶν B 28 βουλευέτω] βασιλευέτω B C

ξυμμάχους μὴ ἰέναι ἐπὶ χώραν τὴν βασιλέως ἐπὶ κακῷ
μηδενί, μηδὲ βασιλέα ἐπὶ τὴν Λακεδαιμονίων χώραν μηδὲ
4 τῶν ξυμμάχων ἐπὶ κακῷ μηδενί. ἢν δέ τις Λακεδαιμονίων
ἢ τῶν ξυμμάχων ἐπὶ κακῷ ἴῃ ἐπὶ τὴν βασιλέως χώραν,
Λακεδαιμονίους καὶ τοὺς ξυμμάχους κωλύειν· καὶ ἤν τις ἐκ 5
τῆς βασιλέως ἴῃ ἐπὶ κακῷ ἐπὶ Λακεδαιμονίους ἢ τοὺς ξυμ-
5 μάχους, βασιλεὺς κωλυέτω. τροφὴν δὲ ταῖς ναυσὶ ταῖς
νῦν παρούσαις Τισσαφέρνην παρέχειν κατὰ τὰ ξυγκείμενα
6 μέχρι ἂν αἱ νῆες αἱ βασιλέως ἔλθωσιν· Λακεδαιμονίους
δὲ καὶ τοὺς ξυμμάχους, ἐπὴν αἱ βασιλέως νῆες ἀφίκωνται, 10
τὰς ἑαυτῶν ναῦς, ἢν βούλωνται, τρέφειν ἐφ' ἑαυτοῖς εἶναι.
ἢν δὲ παρὰ Τισσαφέρνους λαμβάνειν ἐθέλωσι τὴν τροφήν,
Τισσαφέρνην παρέχειν, Λακεδαιμονίους δὲ καὶ τοὺς ξυμ-
μάχους τελευτῶντος τοῦ πολέμου τὰ χρήματα Τισσαφέρνει
7 ἀποδοῦναι ὁπόσα ἂν λάβωσιν. ἐπὴν δὲ αἱ βασιλέως νῆες 15
ἀφίκωνται, αἵ τε Λακεδαιμονίων νῆες καὶ αἱ τῶν ξυμμάχων
καὶ αἱ βασιλέως κοινῇ τὸν πόλεμον πολεμούντων καθ' ὅτι
ἂν Τισσαφέρνει δοκῇ καὶ Λακεδαιμονίοις καὶ τοῖς ξυμμά-
χοις. ἢν δὲ καταλύειν βούλωνται πρὸς Ἀθηναίους, ἐν
ὁμοίῳ καταλύεσθαι.' 20

59 Αἱ μὲν σπονδαὶ αὗται ἐγένοντο, καὶ μετὰ ταῦτα παρε-
σκευάζετο Τισσαφέρνης τάς τε Φοινίσσας ναῦς ἄξων, ὥσπερ
εἴρητο, καὶ τἆλλα ὅσαπερ ὑπέσχετο, καὶ ἐβούλετο παρα-
60 σκευαζόμενος γοῦν δῆλος εἶναι· Βοιωτοὶ δὲ τελευτῶντος
ἤδη τοῦ χειμῶνος Ὠρωπὸν εἷλον προδοσίᾳ, Ἀθηναίων ἐμ- 25
φρουρούντων. ξυνέπραξαν δὲ Ἐρετριῶν τε ἄνδρες καὶ
αὐτῶν Ὠρωπίων, ἐπιβουλεύοντες ἀπόστασιν τῆς Εὐβοίας·
ἐπὶ γὰρ τῇ Ἐρετρίᾳ τὸ χωρίον ὂν ἀδύνατα ἦν Ἀθηναίων
ἐχόντων μὴ οὐ μεγάλα βλάπτειν καὶ Ἐρέτριαν καὶ τὴν

2 χώραν om. C (G)   4 post χώραν add. τοὺς δὲ Μ, τοὺς
A C E F (G)   12 ἐθέλωσι λαμβάνειν G   13 post ξυμμάχους add.
κωλύειν A B E F   19 πρὸς Ἀθηναίους] τοῖς Ἀθηναίοις A E F M
suprascr. G, marg. B   post πρὸς add. τοὺς G   21 τοιαῦται B
ταῦτας B   24 γοῦν B C : οὖν cett.   28 ὂν] ὃ A E F M

ἄλλην Εὔβοιαν. ἔχοντες οὖν ἤδη τὸν Ὠρωπὸν ἀφικνοῦνται 2
ἐς Ῥόδον οἱ Ἐρετριῆς, ἐπικαλούμενοι ἐς τὴν Εὔβοιαν τοὺς
Πελοποννησίους. οἱ δὲ πρὸς τὴν τῆς Χίου κακουμένης
βοήθειαν μᾶλλον ὥρμηντο, καὶ ἄραντες πάσαις ταῖς ναυσὶν
5 ἐκ τῆς Ῥόδου ἔπλεον. καὶ γενόμενοι περὶ τὸ Τριόπιον 3
καθορῶσι τὰς τῶν Ἀθηναίων ναῦς πελαγίας ἀπὸ τῆς Χάλκης
πλεούσας· καὶ ὡς οὐδέτεροι ἀλλήλοις ἐπέπλεον, ἀφικνοῦνται
οἱ μὲν ἐς τὴν Σάμον, οἱ δὲ ἐς τὴν Μίλητον, καὶ ἑώρων
οὐκέτι ἄνευ ναυμαχίας οἷόν τε εἶναι ἐς τὴν Χίον βοηθῆσαι.
10 καὶ ὁ χειμὼν ἐτελεύτα οὗτος, καὶ εἰκοστὸν ἔτος τῷ πολέμῳ
ἐτελεύτα τῷδε ὃν Θουκυδίδης ξυνέγραψεν.

Τοῦ δ᾽ ἐπιγιγνομένου θέρους ἅμα τῷ ἦρι εὐθὺς ἀρχομένῳ 61
Δερκυλίδας τε ἀνὴρ Σπαρτιάτης στρατιὰν ἔχων· οὐ πολλὴν
παρεπέμφθη πεζῇ ἐφ᾽ Ἑλλησπόντου Ἄβυδον ἀποστήσων
15 (εἰσὶ δὲ Μιλησίων ἄποικοι), καὶ οἱ Χῖοι, ἐν ὅσῳ αὐτοῖς ὁ
Ἀστύοχος ἠπόρει ὅπως βοηθήσοι, ναυμαχῆσαι πιεζόμενοι τῇ
πολιορκίᾳ ἠναγκάσθησαν. ἔτυχον δὲ ἔτι ἐν Ῥόδῳ ὄντος 2
Ἀστυόχου ἐκ τῆς Μιλήτου Λεοντά τε ἄνδρα Σπαρτιάτην,
ὃς Ἀντισθένει ἐπιβάτης ξυνεξῆλθε, τοῦτον κεκομισμένοι
20 μετὰ τὸν Πεδαρίτου θάνατον ἄρχοντα καὶ ναῦς δώδεκα, αἳ
ἔτυχον φύλακες Μιλήτου οὖσαι, ὧν ἦσαν Θούριαι πέντε
καὶ Συρακόσιαι τέσσαρες καὶ μία Ἀναῖτις καὶ μία Μιλησία
καὶ Λέοντος μία. ἐπεξελθόντων δὲ τῶν Χίων πανδημεὶ 3
καὶ καταλαβόντων τι ἐρυμνὸν χωρίον καὶ τῶν νεῶν αὐτοῖς
25 ἅμα ἓξ καὶ τριάκοντα ἐπὶ τὰς τῶν Ἀθηναίων δύο καὶ τριά-
κοντα ἀναγαγομένων ἐναυμάχησαν· καὶ καρτερᾶς γενομένης
ναυμαχίας οὐκ ἔλασσον ἔχοντες ἐν τῷ ἔργῳ οἱ Χῖοι καὶ οἱ
ξύμμαχοι (ἤδη γὰρ καὶ ὀψὲ ἦν) ἀνεχώρησαν ἐς τὴν πόλιν.
μετὰ δὲ τοῦτο εὐθὺς τοῦ Δερκυλίδου πεζῇ ἐκ τῆς Μιλήτου 62

5 τὸ om. B   10 ἐτελεύτα τῷ πολέμῳ A C E F G M   14 ἐφ᾽
B C : ἐς cett.   Ἑλλησπόντου B : Ἑλ λήσποντον cett.   19 post
Ἀντισθένει add. στρατηγοῦ E (corr. E¹), ἀντὶ στρατηγοῦ C   ξυνῆλθε
A B F (G) M   τοῦτον om. C.   20 δέκα B   26 ἀναγομένων C G
27 σχόντες B   prius οἱ om. B

παρεξελθόντος Ἀβυδος ἐν τῷ Ἑλλησπόντῳ ἀφίσταται πρὸς
Δερκυλίδαν καὶ Φαρνάβαζον, καὶ Λάμψακος δυοῖν ἡμέραιν
2 ὕστεροι. Στρομβιχίδης δὲ ἐκ τῆς Χίου πυθόμενος κατὰ
τάχος βοηθήσας ναυσὶν Ἀθηναίων τέσσαρσι καὶ εἴκοσιν,
ὧν καὶ στρατιώτιδες ἦσαν ὁπλίτας ἄγουσαι, ἐπεξελθόντων 5
τῶν Λαμψακηνῶν μάχῃ κρατήσας καὶ αὐτοβοεὶ Λάμψακον
ἀτείχιστον οὖσαν ἑλών, καὶ σκεύη μὲν καὶ ἀνδράποδα
ἁρπαγὴν ποιησάμενος, τοὺς δ' ἐλευθέρους πάλιν κατοικίσας,
3 ἐπ' Ἄβυδον ἦλθεν. καὶ ὡς οὔτε προσεχώρουν οὔτε προσ-
βάλλων ἐδύνατο ἑλεῖν, ἐς τὸ ἀντιπέρας τῆς Ἀβύδου 10
ἀποπλεύσας Σηστὸν πόλιν τῆς Χερσονήσου, ἥν ποτε
Μῆδοι εἶχον, καθίστατο φρούριον καὶ φυλακὴν τοῦ παντὸς
Ἑλλησπόντου.

63 Ἐν τούτῳ δὲ οἱ Χῖοί τε θαλασσοκράτορες μᾶλλον ἐγέ-
νοντο καὶ οἱ ἐν τῇ Μιλήτῳ καὶ ὁ Ἀστύοχος πυθόμενος τὰ 15
περὶ τῆς ναυμαχίας καὶ τὸν Στρομβιχίδην καὶ τὰς ναῦς
2 ἀπεληλυθότα ἐθάρσησεν. καὶ παραπλεύσας δυοῖν νεοῖν
Ἀστύοχος ἐς Χίον κομίζει αὐτόθεν τὰς ναῦς καὶ ξυμπάσαις
ἤδη ἐπίπλουν ποιεῖται ἐπὶ τὴν Σάμον· καὶ ὡς αὐτῷ διὰ τὸ
ἀλλήλοις ὑπόπτως ἔχειν οὐκ ἀντανήγοντο, ἀπέπλευσε πάλιν 20
ἐς τὴν Μίλητον.

3 Ὑπὸ γὰρ τοῦτον τὸν χρόνον καὶ ἔτι πρότερον ἡ ἐν ταῖς
Ἀθήναις δημοκρατία κατελέλυτο. ἐπειδὴ γὰρ οἱ περὶ τὸν
Πείσανδρον πρέσβεις παρὰ τοῦ Τισσαφέρνους ἐς τὴν Σάμον
ἦλθον, τά τε ἐν αὐτῷ τῷ στρατεύματι ἔτι βεβαιότερον 25
κατέλαβον καὶ αὐτῶν τῶν Σαμίων προυτρέψαντο τοὺς
δυνατωτάτους ὥστε πειρᾶσθαι μετὰ σφῶν ὀλιγαρχηθῆναι,
καίπερ ἐπαναστάντας αὐτοὺς ἀλλήλοις ἵνα μὴ ὀλιγαρχῶνται·

8 κατοικήσας CEFM   9 προσβάλλων Β : προσβαλὼν cett.
11 πότε (sic) Β : τότε cett.   14 ἐν τούτῳ δὲ om. Β   16 τῆς
ναυμαχίας Β : τὴν ναυμαχίαν cett.   23 κατελύετο C   25 ἔτι
om. C   26 αὐτῶν om. M   προυτρέψαντο Β : προυτρεψάντων
EFM : προτρεψάντων AG : προτρέψαντος C   27 δυνατωτάτους Β :
δυνατοὺς cett.   ὥσπερ Β   28 ἐπαναστάντας ΒC : ἐπαναστάντες
cett.   αὐτοὺς ΒC : αὐτοὶ GM¹ : αὐτοῖς cett.

246

καὶ ἐν σφίσιν αὐτοῖς ἅμα οἱ ἐν τῇ Σάμῳ τῶν Ἀθηναίων 4
κοινολογούμενοι ἐσκέψαντο Ἀλκιβιάδην μέν, ἐπειδήπερ οὐ
βούλεται, ἐᾶν (καὶ γὰρ οὐκ ἐπιτήδειον αὐτὸν εἶναι ἐς ὀλι-
γαρχίαν ἐλθεῖν), αὐτοὺς δὲ ἐπὶ σφῶν αὐτῶν, ὡς ἤδη καὶ
5 κινδυνεύοντας, ὁρᾶν ὅτῳ τρόπῳ μὴ ἀνεθήσεται τὰ πράγματα,
καὶ τὰ τοῦ πολέμου ἅμα ἀντέχειν καὶ ἐσφέρειν αὐτοὺς ἐκ
τῶν ἰδίων οἴκων προθύμως χρήματα καὶ ἤν τι ἄλλο δέῃ, ὡς
οὐκέτι ἄλλοις ἢ σφίσιν αὐτοῖς ταλαιπωροῦντας. παρακε- 64
λευσάμενοι οὖν τοιαῦτα τὸν μὲν Πείσανδρον εὐθὺς τότε καὶ
10 τῶν πρέσβεων τοὺς ἡμίσεις ἀπέστελλον ἐπ' οἴκου πράξοντας
τἀκεῖ, καὶ εἴρητο αὐτοῖς τῶν ὑπηκόων πόλεων αἷς ἂν προσ-
σχῶσιν ὀλιγαρχίαν καθιστάναι· τοὺς δ' ἡμίσεις ἐς τἆλλα
τὰ ὑπήκοα χωρία ἄλλους ἄλλη διέπεμπον, καὶ Διειτρέφη 2
ὄντα περὶ Χίον, ᾑρημένον δὲ ἐς τὰ ἐπὶ Θρᾴκης ἄρχειν,
15 ἀπέστελλον ἐπὶ τὴν ἀρχήν. καὶ ἀφικόμενος ἐς τὴν Θάσον
τὸν δῆμον κατέλυσεν. καὶ ἀπελθόντος αὐτοῦ οἱ Θάσιοι 3
δευτέρῳ μηνὶ μάλιστα τὴν πόλιν ἐτείχιζον, ὡς τῆς μὲν μετ'
Ἀθηναίων ἀριστοκρατίας οὐδὲν ἔτι προσδεόμενοι, τὴν δ'
ἀπὸ Λακεδαιμονίων ἐλευθερίαν ὁσημέραι προσδεχόμενοι·
20 καὶ γὰρ καὶ φυγὴ αὐτῶν ἔξω ἦν ὑπὸ τῶν Ἀθηναίων παρὰ 4
τοῖς Πελοποννησίοις, καὶ αὕτη μετὰ τῶν ἐν τῇ πόλει
ἐπιτηδείων κατὰ κράτος ἔπρασσε ναῦς τε κομίσαι καὶ τὴν
Θάσον ἀποστῆσαι. ξυνέβη οὖν αὐτοῖς μάλιστα ἃ ἐβού-
λοντο, τὴν πόλιν τε ἀκινδύνως ὀρθοῦσθαι καὶ τὸν ἐναν-
25 τιωσόμενον δῆμον καταλελύσθαι. περὶ μὲν οὖν τὴν 5
Θάσον τἀναντία τοῖς τὴν ὀλιγαρχίαν καθιστᾶσι τῶν
Ἀθηναίων ἐγένετο, δοκεῖν δέ μοι καὶ ἐν ἄλλοις πολλοῖς
τῶν ὑπηκόων· σωφροσύνην γὰρ λαβοῦσαι αἱ πόλεις καὶ
ἄδειαν τῶν πρασσομένων ἐχώρησαν ἐπὶ τὴν ἄντικρυς

10 πράξαντας A E F M   11 προσσχῶσιν Classen : προσχῶσιν Β :
προσίσχωσιν G : προσέσχωσι(ν) A E F : πρυΐσχωσιν M : ἴσχωσιν C
13 Διειτρέφη Stahl : Διωτρέφη vel Διωτρεφῆ(ν) codd.   14 ᾑρημένον Β :
εἰρημένον cett.   20 post φυγὴ add. τε Β   ἦν αὐτῶν ἔξω Β   21 αὐτὴ
BC   27 δοκεῖν Β : δοκεῖ cett.

ἐλευθερίαν τῆς ἀπὸ τῶν Ἀθηναίων ὑπούλου εὐνομίας οὐ
προτιμήσαντες.

65 Οἱ δὲ ἀμφὶ τὸν Πείσανδρον παραπλέοντές τε, ὥσπερ
ἐδέδοκτο, τοὺς δήμους ἐν ταῖς πόλεσι κατέλυον, καὶ ἅμα
ἔστιν ἀφ' ὧν χωρίων καὶ ὁπλίτας ἔχοντες σφίσιν αὐτοῖς 5
2 ξυμμάχους ἦλθον ἐς τὰς Ἀθήνας. καὶ καταλαμβάνουσι τὰ
πλεῖστα τοῖς ἑταίροις προειργασμένα. καὶ γὰρ Ἀνδροκλέα
τέ τινα τοῦ δήμου μάλιστα προεστῶτα ξυστάντες τινὲς τῶν
νεωτέρων κρύφα ἀποκτείνουσιν, ὅσπερ καὶ τὸν Ἀλκιβιάδην
οὐχ ἥκιστα ἐξήλασε, καὶ αὐτὸν κατ' ἀμφότερα, τῆς τε 10
δημαγωγίας ἕνεκα καὶ οἰόμενοι τῷ Ἀλκιβιάδῃ ὡς κατιόντι
καὶ τὸν Τισσαφέρνην φίλον ποιήσοντι χαριεῖσθαι, μᾶλλόν
τι διέφθειραν· καὶ ἄλλους τινὰς ἀνεπιτηδείους τῷ αὐτῷ
3 τρόπῳ κρύφα ἀνήλωσαν. λόγος τε ἐκ τοῦ φανεροῦ προείρ-
γαστο αὐτοῖς ὡς οὔτε μισθοφορητέον εἴη ἄλλους ἢ τοὺς 15
στρατευομένους οὔτε μεθεκτέον τῶν πραγμάτων πλέοσιν
ἢ πεντακισχιλίοις, καὶ τούτοις οἳ ἂν μάλιστα τοῖς τε
66 χρήμασι καὶ τοῖς σώμασιν ὠφελεῖν οἷοί τε ὦσιν. ἦν δὲ
τοῦτο εὐπρεπὲς πρὸς τοὺς πλείους, ἐπεὶ ἕξειν γε τὴν πόλιν
οἵπερ καὶ μεθίστασαν ἔμελλον. δῆμος μέντοι ὅμως ἔτι 20
καὶ βουλὴ ἡ ἀπὸ τοῦ κυάμου ξυνελέγετο· ἐβούλευον δὲ
οὐδὲν ὅτι μὴ τοῖς ξυνεστῶσι δοκοίη, ἀλλὰ καὶ οἱ λέγοντες
ἐκ τούτων ἦσαν καὶ τὰ ῥηθησόμενα πρότερον αὐτοῖς πρού-
2 σκεπτο. ἀντέλεγέ τε οὐδεὶς ἔτι τῶν ἄλλων, δεδιὼς καὶ
ὁρῶν πολὺ τὸ ξυνεστηκός· εἰ δέ τις καὶ ἀντείποι, εὐθὺς ἐκ 25
τρόπου τινὸς ἐπιτηδείου ἐτεθνήκει, καὶ τῶν δρασάντων οὔτε
ζήτησις οὔτ' εἰ ὑποπτεύοιντο δικαίωσις ἐγίγνετο, ἀλλ'
ἡσυχίαν εἶχεν ὁ δῆμος καὶ κατάπληξιν τοιαύτην ὥστε
κέρδος ὁ μὴ πάσχων τι βίαιον, εἰ καὶ σιγῴη, ἐνόμιζεν.

1 τῆς ἀπὸ τῶν Ἀθηναίων ὑπούλου εὐνομίας B (αὐτονομίας marg.) Schol.
(ὑπὸ), Dion. Hal.: τὴν ὑπὸ τῶν Ἀθηναίων ὑπουλον αὐτονομίαν cett.
(εὐνομίαν C)   5 αὐτοῖς G: αὑτοῖς B: αὐτοὺς cett.   6 ἧκον B
14 προσείργαστο A B E F M   17 τε om. C   20 μεθίστασαν B:
μεθιστάναι (vel -άναι) cett.   21 ἐβουλεύοντο A B E F M   23 πρού
σκεπτο Bauer : προυσκεπτετο codd.   24 καὶ om. C

καὶ τὸ ξυνεστηκὸς πολὺ πλέον ἡγούμενοι εἶναι ἢ ὅσον 3
ἐτύγχανεν ὂν ἡσσῶντο ταῖς γνώμαις, καὶ ἐξευρεῖν αὐτὸ
ἀδύνατοι ὄντες διὰ τὸ μέγεθος τῆς πόλεως καὶ διὰ τὴν
ἀλλήλων ἀγνωσίαν οὐκ εἶχον [αὐτοὶ ἐξευρεῖν]. κατὰ δὲ 4
5 ταὐτὸ τοῦτο καὶ προσολοφύρασθαί τινι ἀγανακτήσαντα,
ὥστε ἀμύνασθαι ἐπιβουλεύσαντα, ἀδύνατον ἦν· ἢ γὰρ
ἀγνῶτα ἂν ηὗρεν ᾧ ἐρεῖ ἢ γνώριμον ἄπιστον. ἀλλήλοις 5
γὰρ ἅπαντες ὑπόπτως προσῇσαν οἱ τοῦ δήμου, ὡς μετέ-
χοντά τινα τῶν γιγνομένων. ἐνῆσαν γὰρ καὶ οὓς οὐκ ἄν
10 ποτέ τις ᾤετο ἐς ὀλιγαρχίαν τραπέσθαι· καὶ τὸ ἄπιστον
οὗτοι μέγιστον πρὸς τοὺς πολλοὺς ἐποίησαν καὶ πλεῖστα
ἐς τὴν τῶν ὀλίγων ἀσφάλειαν ὠφέλησαν, βέβαιον τὴν
ἀπιστίαν τῷ δήμῳ πρὸς ἑαυτὸν καταστήσαντες.

Ἐν τούτῳ οὖν τῷ καιρῷ οἱ περὶ τὸν Πείσανδρον ἐλθόντες 67
15 εὐθὺς τῶν λοιπῶν εἴχοντο. καὶ πρῶτον μὲν τὸν δῆμον
ξυλλέξαντες εἶπον γνώμην δέκα ἄνδρας ἑλέσθαι ξυγγραφέας
αὐτοκράτορας, τούτους δὲ ξυγγράψαντας γνώμην ἐσενεγκεῖν
ἐς τὸν δῆμον ἐς ἡμέραν ῥητὴν καθ' ὅτι ἄριστα ἡ πόλις
οἰκήσεται· ἔπειτα ἐπειδὴ ἡ ἡμέρα ἐφῆκε, ξυνέκλησαν τὴν 2
20 ἐκκλησίαν ἐς τὸν Κολωνὸν (ἔστι δὲ ἱερὸν Ποσειδῶνος ἔξω
πόλεως ἀπέχον σταδίους μάλιστα δέκα), καὶ ἐσήνεγκαν οἱ
ξυγγραφῆς ἄλλο μὲν οὐδέν, αὐτὸ δὲ τοῦτο, ἐξεῖναι μὲν
Ἀθηναίων ἀνατεὶ εἰπεῖν γνώμην ἣν ἄν τις βούληται· ἢν δέ
τις τὸν εἰπόντα ἢ γράψηται παρανόμων ἢ ἄλλῳ τῳ τρόπῳ
25 βλάψῃ, μεγάλας ζημίας ἐπέθεσαν. ἐνταῦθα δὴ λαμπρῶς 3
ἐλέγετο ἤδη μήτε ἀρχὴν ἄρχειν μηδεμίαν ἔτι ἐκ τοῦ αὐτοῦ
κόσμου μήτε μισθοφορεῖν προέδρους τε ἑλέσθαι πέντε
ἄνδρας, τούτους δὲ ἑλέσθαι ἑκατὸν ἄνδρας, καὶ τῶν ἑκατὸν
ἕκαστον πρὸς ἑαυτὸν τρεῖς· ἐλθόντας δὲ αὐτοὺς τετρακοσίους

1 ὅσον om. C G   post ὅσον add. ἦν M   2 ὂν recc. : ὃ ἦν codd.
αὐτοὶ A B E F G M   3 alterum διὰ om. C G   4 αὐτοὶ ἐξευρεῖν
om. C G (ἐξευρεῖν marg. G¹) : αὐτὸ M   5 ταὐτὸ B : τὸ αὐτὸ cett.
6 ἀμύνεσθαι G M   7 ἂν om. B   19 ἢ G : om. cett.   ξυνέλεξαν
C γρ. M¹   23 ἀνατεὶ εἰπεῖν Sauppe : ἀνατρέπειν A C E F : ἀνειπεῖν
cett.   26 post μήτε add. καὶ B   ἄρχειν] ἔχειν B   27 τε] δ' B
29 ἑαυτῷ C G : ἑαυτῶν E F
249

ὄντας ἐς τὸ βουλευτήριον ἄρχειν ὅπῃ ἂν ἄριστα γιγνώ-
σκωσιν αὐτοκράτορας, καὶ τοὺς πεντακισχιλίους δὲ ξυλλέγειν
68 ὁπόταν αὐτοῖς δοκῇ. ἦν δὲ ὁ μὲν τὴν γνώμην ταύτην
εἰπὼν Πείσανδρος, καὶ τἆλλα ἐκ τοῦ προφανοῦς προθυμότατα
ξυγκαταλύσας τὸν δῆμον· ὁ μέντοι ἅπαν τὸ πρᾶγμα ξυνθεὶς 5
ὅτῳ τρόπῳ κατέστη ἐς τοῦτο καὶ ἐκ πλείστου ἐπιμεληθεὶς
Ἀντιφῶν ἦν ἀνὴρ Ἀθηναίων τῶν καθ' ἑαυτὸν ἀρετῇ τε
οὐδενὸς ὕστερος καὶ κράτιστος ἐνθυμηθῆναι γενόμενος καὶ
ἃ γνοίη εἰπεῖν, καὶ ἐς μὲν δῆμον οὐ παριὼν οὐδ' ἐς ἄλλον
ἀγῶνα ἑκούσιος οὐδένα, ἀλλ' ὑπόπτως τῷ πλήθει διὰ δόξαν 10
δεινότητος διακείμενος, τοὺς μέντοι ἀγωνιζομένους καὶ ἐν
δικαστηρίῳ καὶ ἐν δήμῳ πλεῖστα εἷς ἀνήρ, ὅστις ξυμβου-
2 λεύσαιτό τι, δυνάμενος ὠφελεῖν. καὶ αὐτός τε, ἐπειδὴ
†μετέστη ἡ δημοκρατία καὶ ἐς ἀγῶνας κατέστη† τὰ τῶν
τετρακοσίων ἐν ὑστέρῳ μεταπεσόντα ὑπὸ τοῦ δήμου ἐκα- 15
κοῦτο†, ἄριστα φαίνεται τῶν μέχρι ἐμοῦ ὑπὲρ αὐτῶν τούτων
αἰτιαθείς, ὡς ξυγκατέστησε, θανάτου δίκην ἀπολογησάμενος.
3 παρέσχε δὲ καὶ ὁ Φρύνιχος ἑαυτὸν πάντων διαφερόντως
προθυμότατον ἐς τὴν ὀλιγαρχίαν, δεδιὼς τὸν Ἀλκιβιάδην
καὶ ἐπιστάμενος εἰδότα αὐτὸν ὅσα ἐν τῇ Σάμῳ πρὸς τὸν 20
Ἀστύοχον ἔπραξε, νομίζων οὐκ ἄν ποτε αὐτὸν κατὰ τὸ
εἰκὸς ὑπ' ὀλιγαρχίας κατελθεῖν· πολύ τε πρὸς τὰ δεινά,
4 ἐπειδήπερ ὑπέστη, φερεγγυώτατος ἐφάνη. καὶ Θηραμένης
ὁ τοῦ Ἅγνωνος ἐν τοῖς ξυγκαταλύουσι τὸν δῆμον πρῶτος
ἦν, ἀνὴρ οὔτε εἰπεῖν οὔτε γνῶναι ἀδύνατος. ὥστε ἀπ' 25
ἀνδρῶν πολλῶν καὶ ξυνετῶν πραχθὲν τὸ ἔργον οὐκ ἀπεικότως
καίπερ μέγα ὂν προυχώρησεν· χαλεπὸν γὰρ ἦν τὸν Ἀθη-
ναίων δῆμον ἐπ' ἔτει ἑκατοστῷ μάλιστα ἐπειδὴ οἱ τύραννοι

1 γιγνώσκουσι(ν) Β(-κοσιν) C E F   5 πᾶν Β   6 κατέστη ἐς]
κατέστησε Β   7 τε B C : γε cett.   8 ὕστερος] δεύτερος Β   9 ἃ
γνοίη C G : ἃ ἂν γνοίη A B M   ἂν ἃ γνοίη Ε(ἀναγνοίη) F   10 ἑκού-
σιος B C : ἑκουσίως cett.   13 τε] δὲ Haacke : om. M   14 μετέστη
. . . κατέστη om. C G M   τὰ C G : μετὰ cett.   duas recensiones con-
flatas esse censebat Jones, μετέστη . . . κατέστη et τὰ τῶν . . . ἐκακοῦτο
17 ἀπολογησόμενος Β   18 ὁ Β : om. cett.   27 μέγιστον
marg. Β   28 ἐπ' om. C

κατελύθησαν ἐλευθερίας παῦσαι, καὶ οὐ μόνοι· μὴ ὑπήκοον
ὄντα, ἀλλὰ καὶ ὑπὲρ ἥμισυ τοῦ χρόνου τούτου αὐτὸν ἄλλων
ἄρχειν εἰωθότα.

Ἐπειδὴ δὲ ἡ ἐκκλησία οὐδενὸς ἀντειπόντος, ἀλλὰ κυρώ- 69
5 σασα ταῦτα διελύθη, τοὺς τετρακοσίους ἤδη ὕστερον τρόπῳ
τοιῷδε ἐς τὸ βουλευτήριον ἐσήγαγον. ἦσαν [δ'] Ἀθηναῖοι
πάντες αἰεὶ οἱ μὲν ἐπὶ τείχει, οἱ δ' ἐν τάξει, τῶν ἐν Δεκε-
λείᾳ πολεμίων ἕνεκα ἐφ' ὅπλοις· τῇ οὖν ἡμέρᾳ ἐκείνῃ 2
τοὺς μὲν μὴ ξυνειδότας εἴασαν ὥσπερ εἰώθεσαν ἀπελθεῖν,
10 τοῖς δ' ἐν τῇ ξυνωμοσίᾳ εἴρητο ἡσυχῇ μὴ ἐπ' αὐτοῖς τοῖς
ὅπλοις, ἀλλ' ἄπωθεν περιμένειν, καὶ ἤν τις ἐνιστῆται τοῖς
ποιουμένοις, λαβόντας τὰ ὅπλα μὴ ἐπιτρέπειν. ἦσαν δὲ 3
καὶ Ἄνδριοι καὶ Τήνιοι καὶ Καρυστίων τριακόσιοι καὶ Αἰ-
γινητῶν τῶν ἐποίκων, οὓς Ἀθηναῖοι ἔπεμψαν· οἰκήσοντας,
15 ἐπ' αὐτὸ τοῦτο ἥκοντες ἐν τοῖς ἑαυτῶν ὅπλοις, οἷς ταῦτα
προείρητο. τούτων δὲ διατεταγμένων οὕτως ἐλθόντες οἱ 4
τετρακόσιοι μετὰ ξιφιδίου ἀφανοῦς ἕκαστος, καὶ οἱ εἴκοσι
καὶ ἑκατὸν μετ' αὐτῶν ["Ελληνες] νεανίσκοι, οἷς ἐχρῶντο
εἴ τί που δέοι χειρουργεῖν, ἐπέστησαν τοῖς ἀπὸ τοῦ κυάμου
20 βουλευταῖς οὖσιν ἐν τῷ βουλευτηρίῳ καὶ εἶπον αὐτοῖς
ἐξιέναι λαβοῦσι τὸν μισθόν· ἔφερον δὲ αὐτοῖς τοῦ ὑπο-
λοίπου χρόνου παντὸς αὐτοὶ καὶ ἐξιοῦσιν ἐδίδοσαν. ·ὡς δὲ 70
τούτῳ τῷ τρόπῳ ἥ τε βουλὴ οὐδὲν ἀντειποῦσα ὑπεξῆλθε καὶ
οἱ ἄλλοι πολῖται οὐδὲν ἐνεωτέριζον, ἀλλ' ἡσύχαζον, οἱ [δὲ]
25 τετρακόσιοι ἐσελθόντες ἐς τὸ βουλευτήριον τότε μὲν πρυ-
τάνεις τε σφῶν αὐτῶν ἀπεκλήρωσαν καὶ ὅσα πρὸς τοὺς
θεοὺς εὐχαῖς καὶ θυσίαις καθιστάμενοι ἐς τὴν ἀρχὴν ἐχρή-
σαντο, ὕστερον δὲ πολὺ μεταλλάξαντες τῆς τοῦ δήμου

---

4 ἀλλὰ] ἅμα Wilamowitz-Möllendorff   5, 6 τρόπῳ τοιῷδε
ὕστερον ἤδη A C E F G M (τοιῷδε om. C G : add. G¹)   6 post ἦσαν
add. οἱ γρ. C δ' secl. Bekker   Ἀθηναίων C   8 εἵνεκα B   9 ὡς
A E F M   13 Αἰγινητῶν ... οἰκήσοντας om. M   14 post οὓς add.
οἱ A C E F G [M]   οἰκήσαντας B   15 ταὐτὰ Classen : τὰ αὐτὰ B :
ταῦτα cett.   18 post καὶ add. οἱ C   Ἕλληνες om. B C   19 που
τι (sic) B   22 δὲ] τε B   24 δὲ secl. Haacke   25 τριακόσιοι B
ἐλθόντες M

VIII. 70 ΘΟΥΚΥΔΙΔΟΥ

διοικήσεως (πλὴν τοὺς φεύγοντας οὐ κατῆγον τοῦ Ἀλκιβιάδου
2 ἕνεκα) τά τε ἄλλα ἔνεμον κατὰ κράτος τὴν πόλιν. καὶ ἄνδρας
τέ τινας ἀπέκτειναν οὐ πολλούς, οἳ ἐδόκουν ἐπιτήδειοι εἶναι
ὑπεξαιρεθῆναι, καὶ ἄλλους ἔδησαν, τοὺς δὲ καὶ μετεστή-
σαντο· πρός τε Ἆγιν τὸν Λακεδαιμονίων βασιλέα ὄντα ἐν 5
τῇ Δεκελείᾳ ἐπεκηρυκεύοντο, λέγοντες διαλλαγῆναι βούλεσθαι
καὶ εἰκὸς εἶναι αὐτὸν σφίσι καὶ οὐκέτι τῷ ἀπίστῳ δήμῳ μᾶλ-
71 λον ξυγχωρεῖν. ὁ δὲ νομίζων τὴν πόλιν οὐχ ἡσυχάζειν,
οὐδ' εὐθὺς οὕτω τὸν δῆμον τὴν παλαιὰν ἐλευθερίαν παραδώ-
σειν, εἴ τε στρατιὰν πολλὴν ἴδοι σφῶν, οὐκ ἂν ἡσυχάζειν, 10
οὐδ' ἐν τῷ παρόντι πάνυ τι πιστεύων μὴ οὐκέτι ταράσσεσθαι
αὐτούς, τοῖς μὲν ἀπὸ τῶν τετρακοσίων ἐλθοῦσιν οὐδὲν ξυμ-
βατικὸν ἀπεκρίνατο, προσμεταπεμψάμενος δὲ ἐκ Πελοπον-
νήσου στρατιὰν πολλὴν οὐ πολλῷ ὕστερον καὶ αὐτὸς τῇ
ἐκ τῆς Δεκελείας φρουρᾷ μετὰ τῶν ἐλθόντων κατέβη πρὸς 15
αὐτὰ τὰ τείχη τῶν Ἀθηναίων, ἐλπίσας ἢ ταραχθέντας
αὐτοὺς μᾶλλον ἂν χειρωθῆναι σφίσιν ᾗ βούλονται ἢ καὶ
αὐτοβοεὶ ἂν διὰ τὸν ἔνδοθέν τε καὶ ἔξωθεν κατὰ τὸ εἰκὸς
γενησόμενον θόρυβον· τῶν γὰρ μακρῶν τειχῶν διὰ τὴν
2 κατ' αὐτὰ ἐρημίαν λήψεως οὐκ ἂν ἁμαρτεῖν. ὡς δὲ προσ- 20
έμειξέ τε ἐγγὺς καὶ οἱ Ἀθηναῖοι τὰ μὲν ἔνδοθεν οὐδ' ὁπωσ-
τιοῦν ἐκίνησαν, τοὺς δὲ ἱππέας ἐκπέμψαντες καὶ μέρος
τι τῶν ὁπλιτῶν καὶ ψιλῶν καὶ τοξοτῶν ἄνδρας τε κατέ-
βαλον αὐτῶν διὰ τὸ ἐγγὺς προσελθεῖν καὶ ὅπλων τινῶν
καὶ νεκρῶν ἐκράτησαν, οὕτω δὴ γνοὺς ἀπήγαγε πάλιν τὴν 25
3 στρατιάν. καὶ αὐτὸς μὲν καὶ οἱ μετ' αὐτοῦ κατὰ χώραν
ἐν τῇ Δεκελείᾳ ἔμενον, τοὺς δ' ἐπελθόντας ὀλίγας τινὰς
ἡμέρας ἐν τῇ γῇ μείναντας ἀπέπεμψεν ἐπ' οἴκου. μετὰ
δὲ τοῦτο παρά τε τὸν Ἆγιν ἐπρεσβεύοντο οἱ τετρακόσιοι

1 post Ἀλκιβιάδου add. δὲ C (et in G erasum)   2 τε Classen :
δὲ codd.   κράτος om. B   4 τοὺς] οὓς B   μετέστησαν C
5 τὸν Ε Μ : τῶν cett.   post Λακεδαιμονίων add. τὸν B   7 αὐτὸν
Β C : αὑτοῖς cett.   8 τὴν ... ἡσυχάζειν secl. Dobree   9 οὔτ'
Dobree   10 ἡσυχάζειν Μ : ἡσυχάσειν cett. (ex ·σει factum f)
17 ᾗ] εἰ Α Β Ε F : ἢ Μ   19 γὰρ del. a   23 τε Β : om. cett.
κατέβαλλον C G   28 ἀπέπεμψαν C M

252

οὐδὲν ἧσσον, κἀκείνου μᾶλλον ἤδη προσδεχομένου καὶ
παραινοῦντος ἐκπέμπουσι καὶ ἐς τὴν Λακεδαίμονα περὶ
ξυμβάσεως πρέσβεις, βουλόμενοι διαλλαγῆναι.

Πέμπουσι δὲ καὶ ἐς τὴν Σάμον δέκα ἄνδρας παραμυθη- 72
5 σομένους τὸ στρατόπεδον καὶ διδάξοντας ὡς οὐκ ἐπὶ βλάβῃ
τῆς πόλεως καὶ τῶν πολιτῶν ἡ ὀλιγαρχία κατέστη, ἀλλ'
ἐπὶ σωτηρίᾳ τῶν ξυμπάντων πραγμάτων, πεντακισχίλιοί τε
ὅτι εἶεν καὶ οὐ τετρακόσιοι μόνον οἱ πράσσοντες· καίτοι οὐ
πώποτε Ἀθηναίους διὰ τὰς στρατείας καὶ τὴν ὑπερόριον
10 ἀσχολίαν ἐς οὐδὲν πρᾶγμα οὕτω μέγα ἐλθεῖν βουλεύσοντας
ἐν ᾧ πεντακισχιλίους ξυνελθεῖν. ἄλλα τ' ἐπιστείλαντες 2
τὰ πρέποντα εἰπεῖν ἀπέπεμψαν αὐτοὺς εὐθὺς μετὰ τὴν ἑαυ-
τῶν κατάστασιν, δείσαντες μή, ὅπερ ἐγένετο, ναυτικὸς ὄχλος
οὔτ' αὐτὸς μένειν ἐν τῷ ὀλιγαρχικῷ κόσμῳ ἐθέλῃ, σφᾶς τε
15 μὴ ἐκεῖθεν ἀρξαμένου τοῦ κακοῦ μεταστήσωσιν.

Ἐν γὰρ τῇ Σάμῳ ἐνεωτερίζετο ἤδη τὰ περὶ τὴν ὀλιγαρ- 73
χίαν, καὶ ξυνέβη τοιάδε γενέσθαι ὑπ' αὐτὸν τὸν χρόνον
τοῦτον ὅνπερ οἱ τετρακόσιοι ξυνίσταντο. οἱ γὰρ τότε τῶν 2
Σαμίων ἐπαναστάντες τοῖς δυνατοῖς καὶ ὄντες δῆμος μετα-
20 βαλλόμενοι αὖθις καὶ πεισθέντες ὑπό τε τοῦ Πεισάνδρου,
ὅτε ἦλθε, καὶ τῶν ἐν τῇ Σάμῳ ξυνεστώτων Ἀθηναίων ἐγέ-
νοντό τε ἐς τριακοσίους ξυνωμόται καὶ ἔμελλον τοῖς ἄλλοις
ὡς δήμῳ ὄντι ἐπιθήσεσθαι. καὶ Ὑπέρβολόν τέ τινα τῶν 3
Ἀθηναίων, μοχθηρὸν ἄνθρωπον, ὠστρακισμένον οὐ διὰ
25 δυνάμεως καὶ ἀξιώματος φόβον, ἀλλὰ διὰ πονηρίαν καὶ
αἰσχύνην τῆς πόλεως, ἀποκτείνουσι μετὰ Χαρμίνου τε ἑνὸς
τῶν στρατηγῶν καί τινων τῶν παρὰ σφίσιν Ἀθηναίων,
πίστιν διδόντες αὐτοῖς, καὶ ἄλλα μετ' αὐτῶν τοιαῦτα ξυν-
έπραξαν, τοῖς τε πλέοσιν ὥρμηντο ἐπιτίθεσθαι. οἱ δὲ αἰσθό- 4

1 κἀκείνου B : καὶ ἐκείνου cett. 2 καὶ om. B περὶ] παριὼν B
8 οὐ] οἱ B 9 στρατείας recc.: στρατιὰς codd. (-ᾶς F) ὑπερορίαν C G
11 ἄλλα τ' B : καὶ τἄλλα cett. 12 ἑαυτῶν B : αὐτῶν cett. 13 post
ἐγένετο add. ὁ Krüger 14 ἐθέλει A E F M : ἐθελῆσαι B 29
πλέουσιν B

μενοι τῶν τε στρατηγῶν Λέοντι καὶ Διομέδοντι (οὗτοι γὰρ
οὐχ ἑκόντες διὰ τὸ τιμᾶσθαι ὑπὸ τοῦ δήμου ἔφερον τὴν
ὀλιγαρχίαν) τὸ μέλλον σημαίνουσι καὶ Θρασυβούλῳ καὶ
Θρασύλῳ, τῷ μὲν τριηραρχοῦντι, τῷ δὲ ὁπλιτεύοντι, καὶ
ἄλλοις οἳ ἐδόκουν αἰεὶ μάλιστα ἐναντιοῦσθαι τοῖς ξυνεστῶ- 5
σιν· καὶ οὐκ ἠξίουν περιιδεῖν αὐτοὺς σφᾶς τε διαφθαρέντας
καὶ Σάμον Ἀθηναίοις ἀλλοτριωθεῖσαν, δι᾽ ἣν μόνον [μέχρι
5 νῦν] ἡ ἀρχὴ αὐτοῖς ἐς τοῦτο ξυνέμεινεν. οἱ δὲ ἀκούσαντες
τῶν τε στρατιωτῶν ἕνα ἕκαστον μετῇσαν μὴ ἐπιτρέπειν, καὶ
οὐχ ἥκιστα τοὺς Παράλους, ἄνδρας Ἀθηναίους τε καὶ ἐλευ- 10
θέρους πάντας ἐν τῇ νηὶ πλέοντας καὶ αἰεὶ δήποτε ὀλιγαρχίᾳ
καὶ μὴ παρούσῃ ἐπικειμένους· ὅ τε Λέων καὶ ὁ Διομέδων
αὐτοῖς ναῦς τινάς, ὁπότε ποι πλέοιεν, κατέλειπον φύλακας.
6 ὥστε ἐπειδὴ αὐτοῖς ἐπετίθεντο οἱ τριακόσιοι, βοηθησάντων
πάντων τούτων, μάλιστα δὲ τῶν Παράλων, περιεγένοντο οἱ 15
τῶν Σαμίων πλέονες, καὶ τριάκοντα μέν τινας ἀπέκτειναν
τῶν τριακοσίων, τρεῖς δὲ τοὺς αἰτιωτάτους φυγῇ ἐζημίωσαν·
τοῖς δ᾽ ἄλλοις οὐ μνησικακοῦντες δημοκρατούμενοι τὸ λοιπὸν
74 ξυνεπολίτευον. τὴν δὲ Πάραλον ναῦν καὶ Χαιρέαν ἐπ᾽
αὐτῆς τὸν Ἀρχεστράτου, ἄνδρα Ἀθηναῖον, γενόμενον ἐς τὴν 20
μετάστασιν πρόθυμον, ἀποπέμπουσιν οἵ τε Σάμιοι καὶ οἱ
στρατιῶται κατὰ τάχος ἐς τὰς Ἀθήνας ἀπαγγελοῦντα τὰ
γεγενημένα· οὐ γὰρ ᾔδεσάν πω τοὺς τετρακοσίους ἄρχοντας.
2 καὶ καταπλευσάντων αὐτῶν εὐθέως τῶν μὲν Παράλων τινὰς
οἱ τετρακόσιοι δύο ἢ τρεῖς ἔδησαν, τοὺς δὲ ἄλλους ἀφε- 25
λόμενοι τὴν ναῦν καὶ μετεμβιβάσαντες ἐς ἄλλην στρατιῶτιν
3 ναῦν ἔταξαν φρουρεῖν περὶ Εὔβοιαν. ὁ δὲ Χαιρέας εὐθὺς
διαλαθών πως, ὡς εἶδε τὰ παρόντα, πάλιν ἐς τὴν Σάμον
ἐλθὼν ἀγγέλλει τοῖς στρατιώταις ἐπὶ τὸ μεῖζον πάντα δει-
νώσας τὰ ἐκ τῶν Ἀθηνῶν, ὡς πληγαῖς τε πάντας ζημιοῦσι 30

2 οὐκ ἔχοντες A B E F   7 post ἣν add. νῦν B   μόνην recc.
μέχρι νῦν om. A B E F M   11 ἐν τῇ νηὶ πλέοντας fort. non legit
Schol.   13 κατέλειπον E F : κατέλιπον cett.   26 μετεκβιβά-
σαντες C G   30 Ἀθηνῶν G : Ἀθηναίων cett.

καὶ ἀντειπεῖν ἔστιν οὐδὲν πρὸς τοὺς ἔχοντας τὴν πολιτείαν,
καὶ ὅτι αὐτῶν καὶ γυναῖκες καὶ παῖδες ὑβρίζονται, καὶ δια-
νοοῦνται, ὁπόσοι ἐν Σάμῳ στρατεύονται μὴ ὄντες τῆς
σφετέρας γνώμης, τούτων πάντων τοὺς προσήκοντας λα-
5 βόντες εἴρξειν, ἵνα, ἢν μὴ ὑπακούσωσι, τεθνήκωσιν· καὶ
ἄλλα πολλὰ ἐπικαταψευδόμενος ἔλεγεν. οἱ δὲ ἀκούοντες 75
ἐπὶ τοὺς τὴν ὀλιγαρχίαν μάλιστα ποιήσαντας καὶ ἔτι τῶν
ἄλλων τοὺς μετασχόντας τὸ μὲν πρῶτον ὥρμησαν βάλλειν,
ἔπειτα μέντοι ὑπὸ τῶν διὰ μέσου κωλυθέντες καὶ διδαχθέν-
10 τες μὴ τῶν πολεμίων ἀντιπρώρων ἐγγὺς ἐφορμούντων ἀπο-
λέσωσι τὰ πράγματα, ἐπαύσαντο. μετὰ δὲ τοῦτο λαμπρῶς 2
ἤδη ἐς δημοκρατίαν βουλόμενοι μεταστῆσαι τὰ ἐν τῇ Σάμῳ
ὅ τε Θρασύβουλος ὁ τοῦ Λύκου καὶ Θράσυλος (οὗτοι γὰρ
μάλιστα προειστήκεσαν τῆς μεταβολῆς) ὥρκωσαν πάντας
15 τοὺς στρατιώτας τοὺς μεγίστους ὅρκους, καὶ αὐτοὺς τοὺς ἐκ
τῆς ὀλιγαρχίας μάλιστα, ἦ μὴν δημοκρατήσεσθαί τε καὶ
ὁμονοήσειν καὶ τὸν πρὸς Πελοποννησίους πόλεμον προ-
θύμως διοίσειν καὶ τοῖς τετρακοσίοις πολέμιοί τε ἔσεσθαι καὶ
οὐδὲν ἐπικηρυκεύσεσθαι. ξυνώμνυσαν δὲ καὶ Σαμίων πάν- 3
20 τες τὸν αὐτὸν ὅρκον οἱ ἐν τῇ ἡλικίᾳ, καὶ τὰ πράγματα πάντα
καὶ τὰ ἀποβησόμενα ἐκ τῶν κινδύνων ξυνεκοινώσαντο οἱ
στρατιῶται τοῖς Σαμίοις, νομίζοντες οὔτε ἐκείνοις ἀποστρο-
φὴν σωτηρίας οὔτε σφίσιν εἶναι, ἀλλ᾽, ἐάν τε οἱ τετρακόσιοι
κρατήσωσιν ἐάν τε οἱ ἐκ Μιλήτου πολέμιοι, διαφθαρήσεσθαι.
25 ἐς φιλονικίαν τε καθέστασαν τὸν χρόνον τοῦτον οἱ μὲν τὴν 76
πόλιν ἀναγκάζοντες δημοκρατεῖσθαι, οἱ δὲ τὸ στρατόπεδον
ὀλιγαρχεῖσθαι. ἐποίησαν δὲ καὶ ἐκκλησίαν εὐθὺς οἱ στρατιῶ- 2
ται, ἐν ᾗ τοὺς μὲν προτέρους στρατηγούς, καὶ εἴ τινα τῶν

τριηράρχων ὑπώπτευον, ἔπαυσαν, ἄλλους δὲ ἀνθείλοντο καὶ
τριηράρχους καὶ στρατηγούς, ὧν Θρασύβουλός τε καὶ Θρά-
3 συλος ὑπῆρχον. καὶ παραινέσεις ἄλλας τε ἐποιοῦντο ἐν
σφίσιν αὐτοῖς ἀνιστάμενοι καὶ ὡς οὐ δεῖ ἀθυμεῖν ὅτι ἡ
πόλις αὐτῶν ἀφέστηκεν· τοὺς γὰρ ἐλάσσους ἀπὸ σφῶν τῶν 5
4 πλεόνων καὶ ἐς πάντα πορικωτέρων μεθεστάναι. ἐχόντων
γὰρ σφῶν τὸ πᾶν ναυτικόν, τάς τε ἄλλας πόλεις ὧν ἄρχου-
σιν ἀναγκάσειν τὰ χρήματα ὁμοίως διδόναι καὶ εἰ ἐκεῖθεν
ὡρμῶντο (πόλιν τε γὰρ σφίσιν ὑπάρχειν Σάμον οὐκ ἀσθενῆ,
ἀλλ' ἣ παρ' ἐλάχιστον δὴ ἦλθε τὸ Ἀθηναίων κράτος τῆς 10
θαλάσσης, ὅτε ἐπολέμησεν, ἀφελέσθαι, τούς τε πολεμίους
ἐκ τοῦ αὐτοῦ χωρίου ἀμυνεῖσθαι οὗπερ καὶ πρότερον), καὶ
δυνατώτεροι εἶναι σφεῖς ἔχοντες τὰς ναῦς πορίζεσθαι τὰ
5 ἐπιτήδεια τῶν ἐν τῇ πόλει. καὶ δι' ἑαυτοὺς δὲ ἐν τῇ Σάμῳ
προκαθημένους καὶ πρότερον αὐτοὺς κρατεῖν τοῦ ἐς τὸν 15
Πειραιᾶ ἔσπλου, καὶ νῦν ἐς τοιοῦτον καταστήσονται μὴ
βουλομένων σφίσι πάλιν τὴν πολιτείαν ἀποδοῦναι, ὥστε
αὐτοὶ δυνατώτεροι εἶναι εἴργειν ἐκείνους τῆς θαλάσσης ἢ
6 ὑπ' ἐκείνων εἴργεσθαι. βραχύ τέ τι εἶναι καὶ οὐδενὸς ἄξιον
ὃ πρὸς τὸ περιγίγνεσθαι τῶν πολεμίων ἡ πόλις σφίσι 20
χρήσιμος ἦν, καὶ οὐδὲν ἀπολωλεκέναι, οἵ γε μήτε ἀργύριον
εἶχον ἔτι πέμπειν, ἀλλ' αὐτοὶ ἐπορίζοντο οἱ στρατιῶται,
μήτε βούλευμα χρηστόν, οὗπερ ἕνεκα πόλις στρατοπέδων
κρατεῖ· ἀλλὰ καὶ ἐν τούτοις τοὺς μὲν ἡμαρτηκέναι τοὺς
πατρίους νόμους καταλύσαντας, αὐτοὶ δὲ σῴζειν καὶ ἐκείνους 25
πειράσεσθαι προσαναγκάζειν, ὥστε οὐδὲ τούτους, οἵπερ ἂν

1 ὑπετόπευον A B E F (-τώπ-) 5 αὐτῶν Bekker : αὐτῶν codd.
6 πορικωτέρων] πορικώτεροι οἱ εὐπορώτεροι A B E F μεθιστάναι (vel
-ἀναι) A E F suprascr. G : καθιστάναι B : om. M 7 ἄλλας om. B
9 ὡρμῶντο B M suprascr. G : ὥρμηντο cett. 10 ἢ παρ'] ἤπερ B
δὴ ἦλθε B : διῆλθε C (et in G erasum) : ἦλθε cett. post τὸ add.
τῶν A E F G M 12 ἀμυνεῖσθαι B : ἀμύνεσθαι cett. 14 δὲ Haacke :
τε codd. 16 τοιοῦτον B : τοσοῦτο′ν) cett. καταστῆναι Classen
17 βουλόμενοι C 18 post αὐτοὶ codd. καὶ A C E F G M (etiam post
ὥστε) 19 ὑπ'] ἐπ' A B F 20 ᾧ A B E F M 21 γε] τε B
22 ἔτι εἶχον A C E F G M 25 πατρίους C : πατρῴους cett. αὐτοὶ
B : αὐτοὺς cett. 26 οἵπερ C : οὗπερ cett. (οὔπερ M)

βουλεύοιέν τι χρηστόν, παρὰ σφίσι χείρους εἶναι.   Ἀλκι- 7
βιάδην τε, ἢν αὐτῷ ἄδειάν τε καὶ κάθοδον ποιήσωσιν, ἄσμενον
τὴν παρὰ βασιλέως ξυμμαχίαν παρέξειν.   τό τε μέγιστον,
ἢν ἁπάντων σφάλλωνται, εἶναι αὐτοῖς τοσοῦτον ἔχουσι
5 ναυτικὸν πολλὰς τὰς ἀποχωρήσεις ἐν αἷς καὶ πόλεις καὶ
γῆν εὑρήσουσιν.   τοιαῦτα ἐν ἀλλήλοις ἐκκλησιάσαντες καὶ 77
παραθαρσύναντες σφᾶς αὐτοὺς καὶ τὰ τοῦ πολέμου παρε-
σκευάζοντο οὐδὲν ἧσσον.   οἱ δὲ ἀπὸ τῶν τετρακοσίων
πεμφθέντες ἐς τὴν Σάμον [οἱ δέκα πρεσβευταὶ] ὡς ταῦτα
10 ἐν τῇ Δήλῳ ἤδη ὄντες ᾐσθάνοντο, ἡσύχαζον αὐτοῦ.

Ὑπὸ δὲ τὸν χρόνον τοῦτον καὶ οἱ ἐν τῇ Μιλήτῳ τῶν 78
Πελοποννησίων ἐν τῷ ναυτικῷ στρατιῶται κατὰ σφᾶς αὐ-
τοὺς διεβόων ὡς ὑπό τε Ἀστυόχου καὶ Τισσαφέρνους
φθείρεται τὰ πράγματα, τοῦ μὲν οὐκ ἐθέλοντος οὔτε πρό-
15 τερον ναυμαχεῖν, ἕως ἔτι αὐτοί τε ἔρρωντο μᾶλλον καὶ τὸ
ναυτικὸν τῶν Ἀθηναίων ὀλίγον ἦν, οὔτε νῦν, ὅτε στασιάζειν
τε λέγονται καὶ αἱ νῆες αὐτῶν οὐδέπω ἐν τῷ αὐτῷ εἰσίν,
ἀλλὰ τὰς παρὰ Τισσαφέρνους Φοινίσσας ναῦς μένοντες,
ἄλλως ὄνομα καὶ οὐκ ἔργον, κινδυνεύσειν διατριβῆναι· τὸν
20 δ' αὖ Τισσαφέρνην τάς τε ναῦς ταύτας οὐ κομίζειν, καὶ
τροφὴν ὅτι οὐ ξυνεχῶς οὐδ' ἐντελῆ διδοὺς κακοῖ τὸ ναυτι-
κόν.   οὔκουν ἔφασαν χρῆναι μέλλειν ἔτι, ἀλλὰ διαναυμαχεῖν.
καὶ μάλιστα οἱ Συρακόσιοι ἐνῆγον.   αἰσθόμενοι δὲ οἱ ξύμ- 79
μαχοι καὶ ὁ Ἀστύοχος τὸν θροῦν, καὶ δόξαν αὐτοῖς ἀπὸ
25 ξυνόδου ὥστε διαναυμαχεῖν, ἐπειδὴ καὶ ἐσηγγέλλετο αὐτοῖς
ἡ ἐν τῇ Σάμῳ ταραχή, ἄραντες ταῖς ναυσὶ πάσαις οὔσαις
δώδεκα καὶ ἑκατὸν καὶ τοὺς Μιλησίους πεζῇ κελεύσαντες
ἐπὶ τῆς Μυκάλης παριέναι ἔπλεον ὡς πρὸς τὴν Μυκάλην.
οἱ δὲ Ἀθηναῖοι ταῖς ἐκ Σάμου ναυσὶ δυοῖν καὶ ὀγδοήκοντα, 2
30 αἳ ἔτυχον ἐν Γλαύκῃ τῆς Μυκάλης ὁρμοῦσαι (διέχει δὲ

5 πόλιν M suprascr. G   7 καὶ τὰ B (G) M : καὶ κατὰ C : κατὰ cett.
9 οἱ δέκα πρεσβευταὶ secl. Herwerden   10 αὐτοῦ om. C G   13 τε
B : om. cett.   19 κινδυνεύειν C   22 post χρῆναι add. μὴ B
ναυμαχεῖν B   28 ὡς] ἐς E : in F erasum : om. C   30 αἳ om.
γρ. B   ὁρμοῦντες γρ. B

ὀλίγον ταύτῃ ἡ Σάμος τῆς ἠπείρου πρὸς τὴν Μυκάλην), ὡς
εἶδον τὰς τῶν Πελοποννησίων ναῦς προσπλεούσας, ὑπεχώ-
ρησαν ἐς τὴν Σάμον, οὐ νομίσαντες τῷ πλήθει διακινδυνεῦσαι
3 περὶ τοῦ παντὸς ἱκανοὶ εἶναι. καὶ ἅμα (προῄσθοντο γὰρ
αὐτοὺς ἐκ τῆς Μιλήτου ναυμαχησείοντας) προσεδέχοντο καὶ 5
τὸν Στρομβιχίδην ἐκ τοῦ Ἑλλησπόντου σφίσι ταῖς ἐκ τῆς
Χίου ναυσὶν ἐπ᾽ Ἀβύδου ἀφικομέναις προσβοηθήσειν· πρου-
4 πέπεμπτο γὰρ αὐτῷ ἄγγελος. καὶ οἱ μὲν οὕτως ἐπὶ τῆς
Σάμου ἀνεχώρησαν, οἱ δὲ Πελοποννήσιοι καταπλεύσαντες
ἐπὶ τῆς Μυκάλης ἐστρατοπεδεύσαντο, καὶ τῶν Μιλησίων 10
5 καὶ τῶν πλησιοχώρων ὁ πεζός. καὶ τῇ ὑστεραίᾳ μελλόντων
αὐτῶν ἐπιπλεῖν τῇ Σάμῳ ἀγγέλλεται ὁ Στρομβιχίδης ταῖς
ἀπὸ τοῦ Ἑλλησπόντου ναυσὶν ἀφιγμένος· καὶ εὐθὺς ἀπέ-
6 πλεον πάλιν ἐπὶ τῆς Μιλήτου. οἱ δὲ Ἀθηναῖοι προσγενο-
μένων σφίσι τῶν νεῶν ἐπίπλουν αὐτοὶ ποιοῦνται τῇ Μιλήτῳ 15
ναυσὶν ὀκτὼ καὶ ἑκατὸν βουλόμενοι διαναυμαχῆσαι· καὶ
ὡς οὐδεὶς αὐτοῖς ἀντανήγετο, ἀπέπλευσαν πάλιν ἐς τὴν
Σάμον.

80   Ἐν δὲ τῷ αὐτῷ θέρει μετὰ τοῦτο εὐθὺς οἱ Πελοπον-
νήσιοι, ἐπειδὴ ἀθρόαις ταῖς ναυσὶν οὐκ ἀξιόμαχοι νομίσαντες 20
εἶναι οὐκ ἀντανήγοντο, ἀπορήσαντες ὁπόθεν τοσαύταις ναυσὶ
χρήματα ἕξουσιν, ἄλλως τε καὶ Τισσαφέρνους κακῶς δι-
δόντος, ἀποστέλλουσιν ὡς τὸν Φαρνάβαζον, ὥσπερ καὶ τὸ
πρῶτον ἐκ τῆς Πελοποννήσου προσετάχθη, Κλέαρχον τὸν
2 Ῥαμφίου ἔχοντα ναῦς τεσσαράκοντα. ἐπεκαλεῖτό τε γὰρ 25
αὐτοὺς ὁ Φαρνάβαζος καὶ τροφὴν ἑτοῖμος ἦν παρέχειν, καὶ
3 ἅμα καὶ τὸ Βυζάντιον ἐπεκηρυκεύετο αὐτοῖς ἀποστῆναι. καὶ
αἱ μὲν τῶν Πελοποννησίων αὗται νῆες ἀπάρασαι ἐς τὸ

1 post Μυκάλην add. καὶ A C E F G γρ. B   2 προσπλεούσας B :
ἐπιπλεούσας C E G : προσεπιπλεούσας A F : πρὸς ἐπιπλεούσας M   5 post
προσεδέχοντο add. δὲ A B E F G M   7 Ἄβυδον A B E F M   πρου-
πέπεμπτο Bauer : προύπεμπτο codd.   9 ἀπεχώρησαν B C G   πλεύ-
σαντες A B E F M   10 τῆς B : om. cett.   ἐστρατοπεδεύοντο C G
16 ναυμαχῆσαι B   19 τοῦ]το incipit Π³¹   20 ἀθρόοις A E F M
21 ἀντανηγάγοντο Classen   23 ὅσπερ B Π³¹ (sed corr.)   25 τε B :
om. cett. Π³¹   28 νῆες . . . . . ἀπάρασαι Π³¹

πέλαγος, ὅπως λάθοιεν ἐν τῷ πλῷ τοὺς Ἀθηναίους, χει-
μασθεῖσαι, καὶ αἱ μὲν Δήλου λαβόμεναι αἱ πλείους μετὰ
Κλεάρχου καὶ ὕστερον πάλιν ἐλθοῦσαι ἐς Μίλητον (Κλέαρχος
δὲ κατὰ γῆν αὖθις ἐς τὸν Ἑλλήσποντον κομισθεὶς ἦρχεν),
5 αἱ δὲ μετὰ Ἑλίξου τοῦ Μεγαρέως στρατηγοῦ δέκα ἐς τὸν
Ἑλλήσποντον διασωθεῖσαι Βυζάντιον ἀφιστᾶσιν. καὶ μετὰ 4
ταῦτα οἱ ἐκ τῆς Σάμου πέμπουσιν αἰσθόμενοι νεῶν βοήθειαν
καὶ φυλακὴν ἐς τὸν Ἑλλήσποντον, καί τις καὶ ναυμαχία
βραχεῖα γίγνεται πρὸ τοῦ Βυζαντίου ναυσὶν ὀκτὼ πρὸς ὀκτώ.

10 Οἱ δὲ προεστῶτες ἐν τῇ Σάμῳ καὶ μάλιστα Θρασύβουλος, 81
αἰεί γε τῆς αὐτῆς γνώμης ἐχόμενος, ἐπειδὴ μετέστησε τὰ
πράγματα, ὥστε κατάγειν Ἀλκιβιάδην, [καὶ] τέλος ἀπ'
ἐκκλησίας ἔπεισε τὸ πλῆθος τῶν στρατιωτῶν, καὶ ψηφισα-
μένων αὐτῶν Ἀλκιβιάδῃ κάθοδον καὶ ἄδειαν πλεύσας ὡς
15 τὸν Τισσαφέρνην κατῆγεν ἐς τὴν Σάμον τὸν Ἀλκιβιάδην,
νομίζων μόνην σωτηρίαν εἰ Τισσαφέρνην αὐτοῖς μεταστή-
σειεν ἀπὸ Πελοποννησίων. γενομένης δὲ ἐκκλησίας τήν τε 2
ἰδίαν ξυμφορὰν τῆς φυγῆς ἐπῃτιάσατο καὶ ἀνωλοφύρατο ὁ
Ἀλκιβιάδης, καὶ περὶ τῶν πολιτικῶν πολλὰ εἰπὼν ἐς ἐλ-
20 πίδας τε αὐτοὺς οὐ σμικρὰς τῶν μελλόντων καθίστη, καὶ
ὑπερβάλλων ἐμεγάλυνε τὴν ἑαυτοῦ δύναμιν παρὰ τῷ Τισσα-
φέρνει, ἵνα οἵ τε οἴκοι τὴν ὀλιγαρχίαν ἔχοντες φοβοῖντο
αὐτὸν καὶ μᾶλλον αἱ ξυνωμοσίαι διαλυθεῖεν καὶ οἱ ἐν τῇ
Σάμῳ τιμιώτερόν τε αὐτὸν ἄγοιεν καὶ αὐτοὶ ἐπὶ πλέον θαρ-
25 σοῖεν, οἵ τε πολέμιοι τῷ Τισσαφέρνει ὡς μάλιστα διαβάλ-
λοιντο καὶ [ἀπὸ] τῶν ὑπαρχουσῶν ἐλπίδων ἐκπίπτοιεν.
ὑπισχνεῖτο δ' οὖν τάδε μέγιστα ἐπικομπῶν ὁ Ἀλκιβιάδης, 3
ὡς Τισσαφέρνης αὐτῷ ὑπεδέξατο ἦ μήν, ἕως ἄν τι τῶν

ἑαυτοῦ λείπηται, ἢν Ἀθηναίοις πιστεύσῃ, μὴ ἀπορήσειν
αὐτοὺς τροφῆς, οὐδ' ἢν δέῃ τελευτῶντα τὴν ἑαυτοῦ στρωμνὴν
ἐξαργυρῶσαι, τάς τε ἐν Ἀσπένδῳ ἤδη οὔσας Φοινίκων ναῦς
κομιεῖν Ἀθηναίοις καὶ οὐ Πελοποννησίοις· πιστεῦσαι δ' ἂν
μόνως Ἀθηναίοις, εἰ σῶς αὐτὸς κατελθὼν αὐτῷ ἀναδέξαιτο. 5

82 οἱ δὲ ἀκούοντες ταῦτά τε καὶ ἄλλα πολλὰ στρατηγόν τε
αὐτὸν εὐθὺς εἵλοντο μετὰ τῶν προτέρων καὶ τὰ πράγματα
πάντα ἀνετίθεσαν, τήν τε παραυτίκα ἐλπίδα ἕκαστος τῆς τε
σωτηρίας καὶ τῆς τῶν τετρακοσίων τιμωρίας οὐδενὸς ἂν
ἠλλάξαντο, καὶ ἕτοιμοι ἤδη ἦσαν διὰ τὸ αὐτίκα τούς τε 10
παρόντας πολεμίους ἐκ τῶν λεχθέντων καταφρονεῖν καὶ πλεῖν
2 ἐπὶ τὸν Πειραιᾶ.   ὁ δὲ τὸ μὲν ἐπὶ τὸν Πειραιᾶ πλεῖν τοὺς
ἐγγυτέρω πολεμίους ὑπολιπόντας καὶ πάνυ διεκώλυσε, πολ-
λῶν ἐπειγομένων, τὰ δὲ τοῦ πολέμου πρῶτον ἔφη, ἐπειδὴ
καὶ στρατηγὸς ᾑρητο, πλεύσας ὡς Τισσαφέρνην πράξειν. 15
3 καὶ ἀπὸ ταύτης τῆς ἐκκλησίας εὐθὺς ᾤχετο, ἵνα δοκῇ πάντα
μετ' ἐκείνου κοινοῦσθαι, καὶ ἅμα βουλόμενος αὐτῷ τιμιώ-
τερός τε εἶναι καὶ ἐνδείκνυσθαι ὅτι καὶ στρατηγὸς ἤδη ᾑρηται
καὶ εὖ καὶ κακῶς οἷός τέ ἐστιν αὐτὸν [ἤδη] ποιεῖν.   ξυνέ-
βαινε δὲ τῷ Ἀλκιβιάδῃ τῷ μὲν Τισσαφέρνει τοὺς Ἀθηναίους 20
φοβεῖν, ἐκείνοις δὲ τὸν Τισσαφέρνην.

83   Οἱ δὲ Πελοποννήσιοι ἐν τῇ Μιλήτῳ πυνθανόμενοι τὴν
τοῦ Ἀλκιβιάδου κάθοδον, καὶ πρότερον τῷ Τισσαφέρνει
2 ἀπιστοῦντες πολλῷ δὴ μᾶλλον ἔτι διεβέβληντο.   ξυνηνέχθη
γὰρ αὐτοῖς κατὰ τὸν ἐπὶ τὴν Μίλητον τῶν Ἀθηναίων ἐπί- 25
πλουν, ὡς οὐκ ἠθέλησαν ἀνταναγαγόντες ναυμαχῆσαι, πολλῷ
ἐς τὴν μισθοδοσίαν τὸν Τισσαφέρνην ἀρρωστότερον γενό-

1 αὐτοῦ Β [Π²⁴]   λίπηται Π³¹ [Π²⁴]   πιστεύσῃ Β Π²⁴, ⁸¹ : πιστεύητε
Μ : πιστεύῃ cett. (ex -εύει C¹)   3 ἐξαργυρῶσαι Β : ἐξαργυρίσαι AEFM
οὔσας ἤδη Π⁸¹   5 μόνως desinit Π²⁴   σῶς M Schol., add. marg.
Π⁸¹ m. 2 : om. C † G Suidas : ὡς cett.   αὐτοὺς Β   αὐτῷ] αὐτοῖς ABEF
6 ἀκούοντες ΒC : ἀκούσαντες cett. [Π⁸¹]   9 ἂν ἠλλάξαντο C Π⁸¹ :
ἀντηλλάξαντο cett.   10 διὰ ΒCG : κατὰ cett. [Π⁸¹]   διὰ τὸ αὐτίκα
secl. Classen τούς] τό C [Π⁸¹]   11 λε]χθ[έντων desinit Π⁸¹   καὶ πλεῖν
Β : πλεῖν τε cett.   13 ὑπολείποντας CEF   15 εἴρητο AEF γρ. Β
16 post ἵνα add. δὲ AEFM   18 ἤδη om. G   19 ἤδη om. C
23 τοῦ Β : om. cett.   25 κατὰ Duker : καὶ codd. (om. Μ)   τῶν
om. C G

μενον καὶ ἐς τὰ μισεῖσθαι ὑπ' αὐτῶν πρότερον ἔτι τούτων
διὰ τὸν Ἀλκιβιάδην ἐπιδεδωκέναι. καὶ ξυνιστάμενοι κατ' 3
ἀλλήλους οἵάπερ καὶ πρότερον οἱ στρατιῶται ἀνελογίζοντο
καί τινες καὶ τῶν ἄλλων τῶν ἀξίων λόγου ἀνθρώπων καὶ
5 οὐ μόνον τὸ στρατιωτικόν, ὡς οὔτε μισθὸν ἐντελῆ πώποτε
λάβοιεν, τό τε διδόμενον βραχὺ καὶ οὐδὲ τοῦτο ξυνεχῶς·
καὶ εἰ μή τις ἢ διαναυμαχήσει ἢ ἀπαλλάξεται ὅθεν τροφὴν
ἕξει, ἀπολείψειν τοὺς ἀνθρώπους τὰς ναῦς· πάντων τε
Ἀστύοχον εἶναι αἴτιον ἐπιφέροντα ὀργὰς Τισσαφέρνει διὰ
10 ἴδια κέρδη. ὄντων δ' αὐτῶν ἐν τοιούτῳ ἀναλογισμῷ ξυνη- 84
νέχθη καὶ τοιόσδε τις θόρυβος περὶ τὸν Ἀστύοχον. τῶν γὰρ 2
Συρακοσίων καὶ Θουρίων ὅσῳ μάλιστα καὶ ἐλεύθεροι ἦσαν
τὸ πλῆθος οἱ ναῦται, τοσούτῳ καὶ θρασύτατα προσπεσόντες
τὸν μισθὸν ἀπήτουν. ὁ δὲ αὐθαδέστερόν τέ τι ἀπεκρίνατο
15 καὶ ἠπείλησε καὶ τῷ γε Δωριεῖ ξυναγορεύοντι τοῖς ἑαυτοῦ
ναύταις καὶ ἐπανήρατο τὴν βακτηρίαν. τὸ δὲ πλῆθος τῶν 3
στρατιωτῶν ὡς εἶδον, οἷα δὴ ναῦται, ὥρμησαν ἐκραγέντες
ἐπὶ τὸν Ἀστύοχον ὥστε βάλλειν· ὁ δὲ προϊδὼν καταφεύγει
ἐπὶ βωμόν τινα. οὐ μέντοι ἐβλήθη γε, ἀλλὰ διελύθησαν
20 ἀπ' ἀλλήλων. ἔλαβον δὲ καὶ τὸ ἐν τῇ Μιλήτῳ ἐνῳκοδομη- 4
μένον τοῦ Τισσαφέρνους φρούριον οἱ Μιλήσιοι λάθρᾳ ἐπι-
πεσόντες, καὶ τοὺς ἐνόντας φύλακας αὐτοῦ ἐκβάλλουσιν·
ξυνεδόκει δὲ καὶ τοῖς ἄλλοις ξυμμάχοις ταῦτα καὶ οὐχ ἥκιστα
τοῖς Συρακοσίοις. ὁ μέντοι Λίχας οὔτε ἠρέσκετο αὐτοῖς 5
25 ἔφη τε χρῆναι Τισσαφέρνει καὶ δουλεύειν Μιλησίους καὶ
τοὺς ἄλλους τοὺς ἐν τῇ βασιλέως τὰ μέτρια καὶ ἐπιθεραπεύειν,
ἕως ἂν τὸν πόλεμον εὖ θῶνται. οἱ δὲ Μιλήσιοι ὠργίζοντό
τε αὐτῷ καὶ διὰ ταῦτα καὶ δι' ἄλλα τοιουτότροπα καὶ νόσῳ

1 ἔτι C : εἰς ἔτι G M : εἰ ἔτι cett.   2 κατ' B : πρὸς cett.
4 alterum καὶ om. C E G   alterum τῶν om. M   ἀξιολόγων A B E F M
7 ἢ διαναυμαχήσει ; ἰδίᾳ ναυμαχήσει vel similia' A B E F   8 ἕξειν
A E F M : ἕξοι B   11 γὰρ] δὲ B   12 ἐλεύθεροι C G?   13 οἱ
ναῦται secl. Haacke   17 ἐκραγόντες E : ἐγκραγόντες C G   28 δι'
om. B   tertium καὶ om. C G

ὕστερον ἀποθανόντα αὐτὸν οὐκ εἴασαν θάψαι οὗ ἐβούλοντο
οἱ παρόντες τῶν Λακεδαιμονίων.

85 Κατὰ δὴ τοιαύτην διαφορὰν ὄντων αὐτοῖς τῶν πραγμάτων
πρός τε τὸν Ἀστύοχον καὶ τὸν Τισσαφέρνην Μίνδαρος διά-
δοχος τῆς Ἀστυόχου ναυαρχίας ἐκ Λακεδαίμονος ἐπῆλθε 5
καὶ παραλαμβάνει τὴν ἀρχήν· ὁ δὲ Ἀστύοχος ἀπέπλει.

2 ξυνέπεμψε δὲ καὶ Τισσαφέρνης αὐτῷ πρεσβευτὴν τῶν παρ'
ἑαυτοῦ, Γαυλίτην ὄνομα, Κᾶρα δίγλωσσον, κατηγορήσοντα
τῶν τε Μιλησίων περὶ τοῦ φρουρίου καὶ περὶ αὑτοῦ ἅμα
ἀπολογησόμενον, εἰδὼς τούς τε Μιλησίους πορευομένους ἐπὶ 10
καταβοῇ τῇ αὑτοῦ μάλιστα καὶ τὸν Ἑρμοκράτη μετ' αὐτῶν,
ὃς ἔμελλε τὸν Τισσαφέρνην ἀποφαίνειν φθείροντα τῶν
Πελοποννησίων τὰ πράγματα μετὰ Ἀλκιβιάδου καὶ ἐπαμ-
3 φοτερίζοντα. ἔχθρα δὲ πρὸς αὐτὸν ἦν αὐτῷ αἰεί ποτε περὶ
τοῦ μισθοῦ τῆς ἀποδόσεως· καὶ τὰ τελευταῖα φυγόντος ἐκ 15
Συρακουσῶν τοῦ Ἑρμοκράτους καὶ ἑτέρων ἡκόντων ἐπὶ τὰς
ναῦς τῶν Συρακοσίων ἐς τὴν Μίλητον στρατηγῶν, Ποτάμι-
δος καὶ Μύσκωνος καὶ Δημάρχου, ἐνέκειτο ὁ Τισσαφέρνης
φυγάδι ὄντι ἤδη τῷ Ἑρμοκράτει πολλῷ ἔτι μᾶλλον καὶ
κατηγόρει ἄλλα τε καὶ ὡς χρήματά ποτε αἰτήσας αὐτὸν καὶ 20
4 οὐ τυχὼν τὴν ἔχθραν οἱ προθοῖτο. ὁ μὲν οὖν Ἀστύοχος
καὶ οἱ Μιλήσιοι καὶ ὁ Ἑρμοκράτης ἀπέπλευσαν ἐς τὴν
Λακεδαίμονα. ὁ δὲ Ἀλκιβιάδης διεβεβήκει πάλιν ἤδη παρὰ
τοῦ Τισσαφέρνους ἐς τὴν Σάμον.

86 Καὶ οἱ ἐκ τῆς Δήλου ἀπὸ τῶν τετρακοσίων [πρεσβευταί], 25
οὓς τότε ἔπεμψαν παραμυθησομένους καὶ ἀναδιδάξοντας
τοὺς ἐν τῇ Σάμῳ, ἀφικνοῦνται παρόντος τοῦ Ἀλκιβιάδου,
2 καὶ ἐκκλησίας γενομένης λέγειν ἐπεχείρουν. οἱ δὲ στρα-
τιῶται τὸ μὲν πρῶτον οὐκ ἤθελον ἀκούειν, ἀλλ' ἀποκτείνειν

4 Τισσαφέρνην . . . Ἀστύοχον ordine inverso B   Μίανδρος A E F M
suprascr. G   5 ναυμαχίας B   8 κατηγορήσαντα A B F   9 περὶ]
ὑπὲρ B   αὐτοῦ Haacke : αὑτοῦ codd.   11 αὐτοῦ Haacke : ἑαυτοῦ B :
αὑτοῦ cett.   15 διαφυγόντος B   18 δ om. B   20 αὐτὸν
Bekker : ἑαυτὸν C : αὐτὸν cett.   22 δ om. B   25 πρεσβευταί
secl. Herwerden

ἐβόων τοὺς τὸν δῆμον καταλύοντας, ἔπειτα μέντοι μόλις
ἡσυχάσαντες ἤκουσαν. οἱ δ' ἀπήγγελλον ὡς οὔτε ἐπὶ 3
διαφθορᾷ τῆς πόλεως ἡ μετάστασις γίγνοιτο, ἀλλ' ἐπὶ
σωτηρίᾳ, οὔθ' ἵνα τοῖς πολεμίοις παραδοθῇ (ἐξεῖναι γάρ,
5 ὅτε ἐσέβαλον ἤδη σφῶν ἀρχόντων, τοῦτο ποιῆσαι), τῶν τε
πεντακισχιλίων ὅτι πάντες ἐν τῷ μέρει μεθέξουσιν, οἵ τε
οἰκεῖοι αὐτῶν οὔθ' ὑβρίζονται, ὥσπερ Χαιρέας διαβάλλων
ἀπήγγειλεν, οὔτε κακὸν ἔχουσιν οὐδέν, ἀλλ' ἐπὶ τοῖς σφετέ-
ροις αὐτῶν ἕκαστοι κατὰ χώραν μένουσιν. ἄλλα τε πολλὰ 4
10 εἰπόντων οὐδὲν μᾶλλον ἐσήκουον, ἀλλ' ἐχαλέπαινον καὶ
γνώμας ἄλλοι ἄλλας ἔλεγον, μάλιστα δὲ ἐπὶ τὸν Πειραιᾶ
πλεῖν. καὶ δοκεῖ Ἀλκιβιάδης πρῶτον τότε καὶ οὐδενὸς
ἔλασσον τὴν πόλιν ὠφελῆσαι· ὡρμημένων γὰρ τῶν ἐν
Σάμῳ Ἀθηναίων πλεῖν ἐπὶ σφᾶς αὐτούς, ἐν ᾗ σαφέστατα
15 Ἰωνίαν καὶ Ἑλλήσποντον εὐθὺς εἶχον οἱ πολέμιοι, κωλυ-
τὴς γενέσθαι. καὶ ἐν τῷ τότε ἄλλος μὲν οὐδ' ἂν εἷς 5
ἱκανὸς ἐγένετο κατασχεῖν τὸν ὄχλον, ἐκεῖνος δὲ τοῦ τ'
ἐπίπλου ἔπαυσε καὶ τοὺς ἰδίᾳ τοῖς πρέσβεσιν ὀργιζομένους
λοιδορῶν ἀπέτρεπεν. αὐτὸς δὲ ἀποκρινάμενος αὐτοῖς ἀπέ- 6
20 πεμπεν, ὅτι τοὺς μὲν πεντακισχιλίους οὐ κωλύοι ἄρχειν,
τοὺς μέντοι τετρακοσίους ἀπαλλάσσειν ἐκέλευεν αὐτοὺς
καὶ καθιστάναι τὴν βουλὴν ὥσπερ καὶ πρότερον, τοὺς πεντα-
κοσίους· εἰ δὲ ἐς εὐτέλειάν τι ξυντέτμηται ὥστε τοὺς
στρατευομένους μᾶλλον ἔχειν τροφήν, πάνυ ἐπαινεῖν. καὶ 7
25 τἆλλα ἐκέλευεν ἀντέχειν καὶ μηδὲν ἐνδιδόναι τοῖς πολεμίοις·
πρὸς μὲν γὰρ σφᾶς αὐτοὺς σῳζομένης τῆς πόλεως πολλὴν
ἐλπίδα εἶναι καὶ ξυμβῆναι, εἰ δὲ ἅπαξ τὸ ἕτερον σφαλή-
σεται, ἢ τὸ ἐν Σάμῳ ἢ ἐκεῖνοι, οὐδ' ὅτῳ διαλλαγήσεταί τις
ἔτι ἔσεσθαι.

1 μόγις B   3 γένοιτο C G : γί(γ)νεται A E F M suprascr. G¹
5 ἐσέβαλλον A E F M   8 ἀπήγγελλε(ν) C E G   12 δοκεῖ Classen
(videtur Valla) : ἐδόκει codd.   πρῶτον B : πρῶτος cett.   14 post
σαφέστατα add. ἂν Dobree   16 οὐδεὶς ἂν A B E F M   18 παύσας
A E F M   19 λοιδοριῶν Madvig   20 κωλύει E F G M : κωλύειν
A   21 ἐκέλευε(ν) ἀπαλλάσσειν A C E F G M (ἀπαλάσσειν C G M)
27 καὶ om. C M   28 κεῖνοι B : ἐκεῖνο C G

8 Παρῆσαν δὲ καὶ Ἀργείων πρέσβεις, ἐπαγγελλόμενοι τῷ
ἐν τῇ Σάμῳ τῶν Ἀθηναίων δήμῳ ὥστε βοηθεῖν· ὁ δὲ
Ἀλκιβιάδης ἐπαινέσας αὐτοὺς καὶ εἰπὼν ὅταν τις καλῇ
9 παρεῖναι οὕτως ἀπέπεμπεν. ἀφίκοντο δὲ οἱ Ἀργεῖοι μετὰ
τῶν Παράλων, οἳ τότε ἐτάχθησαν ἐν τῇ στρατιώτιδι νηὶ 5
ὑπὸ τῶν τετρακοσίων περιπλεῖν Εὔβοιαν, καὶ ἄγοντες Ἀθη-
ναίων ἐς Λακεδαίμονα ἀπὸ τῶν τετρακοσίων [πεμπτοὺς]
πρέσβεις, Λαισποδίαν καὶ Ἀριστοφῶντα καὶ Μελησίαν, [οἳ]
ἐπειδὴ ἐγένοντο πλέοντες κατ' Ἄργος, τοὺς μὲν πρέσβεις
ξυλλαβόντες τοῖς Ἀργείοις παρέδοσαν ὡς τῶν οὐχ ἥκιστα 10
καταλυσάντων τὸν δῆμον ὄντας, αὐτοὶ δὲ οὐκέτι ἐς τὰς
Ἀθήνας ἀφίκοντο, ἀλλ' ἄγοντες ἐκ τοῦ Ἄργους ἐς τὴν
Σάμον τοὺς πρέσβεις ἀφικνοῦνται ᾗπερ εἶχον τριήρει.

87 Τοῦ δ' αὐτοῦ θέρους Τισσαφέρνης, κατὰ τὸν καιρὸν
τοῦτον ἐν ᾧ μάλιστα διά τε τἆλλα καὶ διὰ τὴν Ἀλκιβιάδου 15
κάθοδον ἤχθοντο αὐτῷ οἱ Πελοποννήσιοι ὡς φανερῶς ἤδη
ἀττικίζοντι, βουλόμενος, ὡς ἐδόκει δή, ἀπολύεσθαι πρὸς
αὐτοὺς τὰς διαβολάς, παρεσκευάζετο πορεύεσθαι ἐπὶ τὰς
Φοινίσσας ναῦς ἐς Ἄσπενδον, καὶ τὸν Λίχαν ξυμπορεύεσθαι
ἐκέλευεν· τῇ δὲ στρατιᾷ προστάξειν ἔφη Τάμων ἑαυτοῦ 20
2 ὕπαρχον, ὥστε τροφὴν ἐν ὅσῳ ἂν αὐτὸς ἀπῇ διδόναι. λέ-
γεται δὲ οὐ κατὰ ταὐτό, οὐδὲ ῥᾴδιον εἰδέναι τίνι γνώμῃ
παρῆλθεν ἐς τὴν Ἄσπενδον καὶ παρελθὼν οὐκ ἤγαγε τὰς
3 ναῦς. ὅτι μὲν γὰρ αἱ Φοίνισσαι νῆες ἑπτὰ καὶ τεσσαρά-
κοντα καὶ ἑκατὸν μέχρι Ἀσπένδου ἀφίκοντο σαφές ἐστι, 25
διότι δὲ οὐκ ἦλθον πολλαχῇ εἰκάζεται. οἱ μὲν γὰρ ἵνα
διατρίβῃ ἀπελθών, ὥσπερ καὶ διενοήθη, τὰ τῶν Πελο-
ποννησίων (τροφὴν γοῦν οὐδὲν βέλτιον, ἀλλὰ καὶ χεῖρον
ὁ Τάμως, ᾧ προσετάχθη, παρεῖχεν), οἱ δὲ ἵνα τοὺς Φοίνικας
προαγαγὼν ἐς τὴν Ἄσπενδον ἐκχρηματίσαιτο ἀφείς (καὶ 30

7 πεμπτοὺς M Schol.: πέμπουσι cett. γρ. Schol.: secl. Bekker (om.
recc.)   8 Λαισπονδίαν A B E F M   Μελησίαν B: Μιλησίαν cett.
οἳ secl. Reiske   15 alterum διὰ B: om. cett.   17 δή] οἳ B: δεῖ
A E F   23 ἤγαγε B: ἤγε C: ἦγε cett.

264

γὰρ ὡς αὐτοῖς οὐδὲν ἔμελλε χρήσεσθαι), ἄλλοι δ' ὡς κατα-
βοῆς ἔνεκα τῆς ἐς Λακεδαίμονα, τοῦ λέγεσθαι ὡς οὐκ
ἀδικεῖ, ἀλλὰ καὶ σαφῶς οἴχεται ἐπὶ τὰς ναῦς ἀληθῶς
πεπληρωμένας. ἐμοὶ μέντοι δοκεῖ σαφέστατον εἶναι δια- 4
5 τριβῆς ἔνεκα καὶ ἀνοκωχῆς τῶν Ἑλληνικῶν τὸ ναυτικὸν
οὐκ ἀγαγεῖν, φθορᾶς μέν, ἐν ὅσῳ παρήει ἐκεῖσε καὶ διέ-
μελλεν, ἀνισώσεως δέ, ὅπως μηδετέροις προσθέμενος ἰσχυ-
ροτέρους ποιήσῃ, ἐπεί, εἴ γε ἐβουλήθη, διαπολεμῆσαι ⟨ἂν⟩
ἐπιφανὴς δήπου οὐκ ἐνδοιαστῶς· κομίσας γὰρ ἂν Λακεδαι-
10 μονίοις τὴν νίκην κατὰ τὸ εἰκὸς ἔδωκεν, οἵ γε καὶ ἐν τῷ
παρόντι ἀντιπάλως μᾶλλον ἢ ὑποδεεστέρως τῷ ναυτικῷ
ἀνθώρμουν. καταφωρᾷ δὲ μάλιστα καὶ ἣν εἶπε πρόφασιν 5
οὐ κομίσας τὰς ναῦς. ἔφη γὰρ αὐτὰς ἐλάσσους ἢ ὅσας
βασιλεὺς ἔταξε ξυλλεγῆναι· ὁ δὲ χάριν ἂν δήπου ἐν τούτῳ
15 μείζω ἔτι ἔσχεν, οὔτ' ἀναλώσας πολλὰ τῶν βασιλέως τά
τε αὐτὰ ἀπ' ἐλασσόνων πράξας. ἐς δ' οὖν τὴν Ἄσπενδον 6
ᾑτινιδὴ γνώμῃ ὁ Τισσαφέρνης ἀφικνεῖται καὶ τοῖς Φοίνιξι
ξυγγίγνεται· καὶ οἱ Πελοποννήσιοι ἔπεμψαν ὡς ἐπὶ τὰς
ναῦς κελεύσαντος αὐτοῦ Φίλιππον ἄνδρα Λακεδαιμόνιον δύο
20 τριήρεσιν. Ἀλκιβιάδης δὲ ἐπειδὴ καὶ τὸν Τισσαφέρνην 88
ᾔσθετο παριόντα ἐπὶ τῆς Ἀσπένδου, ἔπλει καὶ αὐτὸς λαβὼν
τρεῖς καὶ δέκα ναῦς, ὑποσχόμενος τοῖς ἐν τῇ Σάμῳ ἀσφαλῆ
καὶ μεγάλην χάριν (ἢ γὰρ αὐτὸς ἄξειν Ἀθηναίοις τὰς
Φοινίσσας ναῦς ἢ Πελοποννησίοις γε κωλύσειν ἐλθεῖν),
25 εἰδώς, ὡς εἰκός, ἐκ πλέονος τὴν Τισσαφέρνους γνώμην ὅτι
οὐκ ἄξειν ἔμελλε, καὶ βουλόμενος αὐτὸν τοῖς Πελοποννησίοις
ἐς τὴν ἑαυτοῦ καὶ Ἀθηναίων φιλίαν ὡς μάλιστα διαβάλλειν,
ὅπως μᾶλλον δι' αὐτὸ σφίσιν ἀναγκάζοιτο προσχωρεῖν.

2 post ἐς add. τὴν B   τοῦ Poppo : τῷ(ι) A B : τὸ cett.   4 δια-
τριβῆς B : τριβῆς cett.   7 μηδετέροις BM : μηδετέρους cett.
προσθεμένους A C E F : προθέμενος M   8 ἂν add. Dobree   9 ἐπι-
φανεὶς Reiske : ἐπιφανὲς C E G : περιφανὲς (in rasura) B : περὶ ἐπιφανὲς
vel similia cett.   ἐνδοιαστῶς M : ἐνδυαστῶς C G ? : ἐγγυαστῶς cett.
12 καταφωρᾷ E M : καταφωρᾶν A ? E¹ F : καταφοράν (in ras.) B : κατα-
φθορὰ (ex -ᾷ c) C G (·θ· erasum)   22 τρεῖς καὶ δέκα B : τρισκαίδεκα
cett.   27 ἑαυτοῦ B : αὐτοῦ cett.   28 αὐτὸν B

265

καὶ ὁ μὲν ἄρας εὐθὺ τῆς Φασήλιδος καὶ Καύνου ἄνω τὸν πλοῦν ἐποιεῖτο.

89 Οἱ δ' ἐκ τῆς Σάμου ἀπὸ τῶν τετρακοσίων πεμφθέντες πρέσβεις ἐπειδὴ ἀφικόμενοι ἐς τὰς Ἀθήνας ἀπήγγειλαν τὰ παρὰ τοῦ Ἀλκιβιάδου, ὡς κελεύει τε ἀντέχειν καὶ μηδὲν 5 ἐνδιδόναι τοῖς πολεμίοις, ἐλπίδας τε ὅτι πολλὰς ἔχει κἀκείνοις τὸ στράτευμα διαλλάξειν καὶ Πελοποννησίων περιέσεσθαι, ἀχθομένους καὶ πρότερον τοὺς πολλοὺς τῶν μετεχόντων τῆς ὀλιγαρχίας καὶ ἡδέως ἂν ἀπαλλαγέντας πῃ ἀσφαλῶς τοῦ πράγματος πολλῷ δὴ μᾶλλον ἐπέρρωσαν. 10
2 καὶ ξυνίσταντό τε ἤδη καὶ τὰ πράγματα διεμέμφοντο, ἔχοντες ἡγεμόνας τῶν πάνυ [στρατηγῶν] τῶν ἐν τῇ ὀλιγαρχίᾳ καὶ ἐν ἀρχαῖς ὄντων, οἷον Θηραμένη τε τὸν Ἅγνωνος καὶ Ἀριστοκράτη τὸν Σκελίου καὶ ἄλλους, οἳ μετέσχον μὲν ἐν τοῖς πρῶτοι τῶν πραγμάτων, φοβούμενοι δέ, ὡς ἔφασαν, 15 τό τε ἐν τῇ Σάμῳ στράτευμα καὶ τὸν Ἀλκιβιάδην σπουδῇ πάνυ, τούς τε ἐς τὴν Λακεδαίμονα πρεσβευομένους [ἔπεμπον], μή τι ἄνευ τῶν πλεόνων κακὸν δράσωσι τὴν πόλιν, οὐ τὸ †ἀπαλλαξείειν τοῦ ἄγαν ἐς ὀλίγους ἐλθεῖν, ἀλλὰ τοὺς πεντακισχιλίους ἔργῳ καὶ μὴ ὀνόματι χρῆναι ἀπο- 20
3 δεικνύναι καὶ τὴν πολιτείαν ἰσαιτέραν καθιστάναι. ἦν δὲ τοῦτο μὲν σχῆμα πολιτικὸν τοῦ λόγου αὐτοῖς, κατ' ἰδίας δὲ φιλοτιμίας οἱ πολλοὶ αὐτῶν τῷ τοιούτῳ προσέκειντο, ἐν ᾧπερ καὶ μάλιστα ὀλιγαρχία ἐκ δημοκρατίας γενομένη ἀπόλλυται· πάντες γὰρ αὐθημερὸν ἀξιοῦσιν οὐχ ὅπως ἴσοι, 25 ἀλλὰ καὶ πολὺ πρῶτος αὐτὸς ἕκαστος εἶναι· ἐκ δὲ δημοκρατίας αἱρέσεως γιγνομένης ῥᾷον τὰ ἀποβαίνοντα ὡς οὐκ

6 post ἔχει add. καὶ B   8 τοὺς πολλοὺς καὶ πρότερον B   12 στρατηγῶν secl. Classen   14 Σκελίου G : Σκελλίου e f M : σικελίου B C : σικελλίου cett.   15 τοῖς B : om. cett., non legit Schol.   πρῶτοι Bekker : πρώτοις codd.   δέ, ὡς] δ' ὡς B : ἀδεῶς A E F M   16 σπουδῇ πάνυ om. C M   17 τε om. B   ἔπεμπον om. C M, fort. non legit Schol.   18 δράσειαν B   19 τὸ] τῷ B   ἀπαλλαξείειν, ut videtur, legit Schol. (coniecit Abresch) : ἀπαλλάξειν codd.   21 ἰσαιτέραν] ἰσωτέραν M : ἐς ἑτέραν A B E F   22 post μὲν add. τὸ A E F G M   27 γενομένης G

266

ἀπὸ τῶν ὁμοίων ἐλασσούμενός τις φέρει. σαφέστατα δ' 4
αὐτοὺς ἐπῆρε τὰ ἐν τῇ Σάμῳ τοῦ Ἀλκιβιάδου ἰσχυρὰ
ὄντα καὶ ὅτι αὐτοῖς οὐκ ἐδόκει μόνιμον τὸ τῆς ὀλιγαρχίας
ἔσεσθαι· ἠγωνίζετο οὖν εἷς ἕκαστος αὐτὸς πρῶτος προστάτης
5 τοῦ δήμου γενέσθαι. οἱ δὲ τῶν τετρακοσίων μάλιστα 90
ἐναντίοι ὄντες τῷ τοιούτῳ εἴδει καὶ προεστῶτες Φρύνιχός
τε, ὃς καὶ στρατηγήσας ἐν τῇ Σάμῳ [ποτὲ] τῷ Ἀλκιβιάδῃ
τότε διηνέχθη, καὶ Ἀρίσταρχος, ἀνὴρ ἐν τοῖς μάλιστα καὶ
ἐκ πλείστου ἐναντίος τῷ δήμῳ, καὶ Πείσανδρος καὶ Ἀντιφῶν
10 καὶ ἄλλοι οἱ δυνατώτατοι, πρότερόν τε, ἐπεὶ τάχιστα κατέ-
στησαν καὶ ἐπειδὴ τὰ ἐν τῇ Σάμῳ σφῶν ἐς δημοκρατίαν
ἀπέστη, πρέσβεις τε ἀπέστελλον σφῶν ἐς τὴν Λακεδαίμονα
καὶ τὴν ὁμολογίαν προυθυμοῦντο καὶ τὸ ἐν τῇ Ἠετιωνείᾳ
καλουμένῃ τεῖχος ἐποιοῦντο, πολλῷ τε μᾶλλον ἔτι, ἐπειδὴ
15 καὶ οἱ ἐκ τῆς Σάμου πρέσβεις σφῶν ἦλθον, ὁρῶντες τούς
τε πολλοὺς καὶ σφῶν τοὺς δοκοῦντας πρότερον πιστοὺς
εἶναι μεταβαλλομένους. καὶ ἀπέστειλαν μὲν Ἀντιφῶντα 2
καὶ Φρύνιχον καὶ ἄλλους δέκα κατὰ τάχος, φοβούμενοι καὶ
τὰ αὐτοῦ καὶ τὰ ἐκ τῆς Σάμου, ἐπιστείλαντες παντὶ τρόπῳ
20 ὅστις καὶ ὁπωσοῦν ἀνεκτὸς ξυναλλαγῆναι πρὸς τοὺς Λακε-
δαιμονίους, ᾠκοδόμουν δὲ ἔτι προθυμότερον τὸ ἐν τῇ Ἠε- 3
τιωνείᾳ τεῖχος. ἦν δὲ τοῦ τείχους ἡ γνώμη αὕτη, ὡς ἔφη
Θηραμένης καὶ οἱ μετ' αὐτοῦ, οὐχ ἵνα τοὺς ἐν Σάμῳ, ἢν
βίᾳ ἐπιπλέωσι, μὴ δέξωνται ἐς τὸν Πειραιᾶ, ἀλλ' ἵνα τοὺς
25 πολεμίους μᾶλλον, ὅταν βούλωνται, καὶ ναυσὶ καὶ πεζῷ
δέξωνται. χηλὴ γάρ ἐστι τοῦ Πειραιῶς ἡ Ἠετιωνεία, καὶ 4
παρ' αὐτὴν εὐθὺς ὁ ἔσπλους ἐστίν. ἐτειχίζετο οὖν οὕτω
ξὺν τῷ πρότερον πρὸς ἤπειρον ὑπάρχοντι τείχει, ὥστε κα-
θεζομένων ἐς αὐτὸ ἀνθρώπων ὀλίγων ἄρχειν τοῦ ἔσπλου·

4 post ἕκαστος add. ὑπερβολὴν C E G   7 δ᾽] δ A B : δ E F
ποτὲ om. C   13 ὁμολογίαν B : ὀλιγαρχίαν cett. γρ. B   14 post ἔτι
add. καὶ B   23 ἐν᾽] ἐκ B   26 χηλὴ B M : χείλη cett.   ἡ B G :
om. cett.   27 ἐπίπλους A C E F (G)   29 αὐτὸ M : αὐτὸν cett.
post τοῦ add. τε A E F (G)   post ἔσπλου add. καὶ ἔκπλου Classen

ἐπ' αὐτὸν γὰρ τὸν ἐπὶ τῷ στόματι τοῦ λιμένος στενοῦ ὄντος
τὸν ἕτερον πύργον ἐτελεύτα τό τε παλαιὸν τὸ πρὸς ἤπειρον
καὶ τὸ ἐντὸς τὸ καινὸν τεῖχος τειχιζόμενον πρὸς θάλασσαν.
5 διῳκοδόμησαν δὲ καὶ στοάν, ἥπερ ἦν μεγίστη καὶ ἐγγύτατα
τούτου εὐθὺς ἐχομένη ἐν τῷ Πειραιεῖ, καὶ ἦρχον αὐτοὶ 5
αὐτῆς, ἐς ἣν καὶ τὸν σῖτον ἠνάγκαζον πάντας τὸν ὑπάρχοντά
τε καὶ τὸν ἐσπλέοντα ἐξαιρεῖσθαι καὶ ἐντεῦθεν προαιροῦντας
πωλεῖν.

91 Ταῦτ' οὖν ἐκ πλέονός τε ὁ Θηραμένης διεθρόει καὶ ἐπειδὴ
οἱ ἐκ τῆς Λακεδαίμονος πρέσβεις οὐδὲν πράξαντες ἀνεχώ- 10
ρησαν τοῖς ξύμπασι ξυμβατικόν, φάσκων κινδυνεύσειν τὸ
2 τεῖχος τοῦτο καὶ τὴν πόλιν διαφθεῖραι. ἅμα γὰρ καὶ ἐκ
τῆς Πελοποννήσου ἐτύγχανον Εὐβοέων ἐπικαλουμένων κατὰ
τὸν αὐτὸν χρόνον τοῦτον δύο καὶ τεσσαράκοντα νῆες, ὧν
ἦσαν καὶ ἐκ Τάραντος καὶ Λοκρῶν Ἰταλιώτιδες καὶ Σικε- 15
λικαί τινες, ὁρμοῦσαι ἤδη ἐπὶ Λᾷ τῆς Λακωνικῆς καὶ παρα-
σκευαζόμεναι τὸν ἐς τὴν Εὔβοιαν πλοῦν (ἦρχε δὲ αὐτῶν
Ἀγησανδρίδας Ἀγησάνδρου Σπαρτιάτης)· ἃς ἔφη Θηρα-
μένης οὐκ Εὐβοίᾳ μᾶλλον ἢ τοῖς τειχίζουσι τὴν Ἠετιωνείαν
προσπλεῖν, καὶ εἰ μή τις ἤδη φυλάξεται, λήσειν διαφθαρέν- 20
3 τας. ἦν δέ τι καὶ τοιοῦτον ἀπὸ τῶν τὴν κατηγορίαν ἐχόν-
των, καὶ οὐ πάνυ διαβολὴ μόνον τοῦ λόγου. ἐκεῖνοι γὰρ
μάλιστα μὲν ἐβούλοντο ὀλιγαρχούμενοι ἄρχειν καὶ τῶν
ξυμμάχων, εἰ δὲ μή, τάς τε ναῦς καὶ τὰ τείχη ἔχοντες
αὐτονομεῖσθαι, ἐξειργόμενοι δὲ καὶ τούτου μὴ οὖν ὑπὸ τοῦ 25
δήμου γε αὖθις γενομένου αὐτοὶ πρὸ τῶν ἄλλων μάλιστα
διαφθαρῆναι, ἀλλὰ καὶ τοὺς πολεμίους ἐσαγαγόμενοι ἄνευ

1 ἐπ'] ἐς Ullrich   3 τὸ καινὸν τὸ ἐντὸς τοῦ τείχους A C E F G M
(τοῦ om. C)   5 post ἦρχον add. ἂν A B E F¹, οἱ G M   6 ἐς ἣν
om. C   7 ἐσπλέοντα B : ἐπιπλέοντα cett.   9 τε B : χρόνου cett.
15 post καὶ alt. add. ἐκ A C E F G M   16 Λᾷ om. C G M. del.
E   18 Ἡγησανδρίδρας (sic) Ἡγησάνδρου C   22 διαβόλιμον ὂν
A B E F G   24 τε] γε Reiske (fort. legit Schol.), om. G   25 τοῦ
om. C   27 δι]αφθαρῆναι incipit Π¹   ἀλλὰ] ὥστε ἐβούλοντο M γρ. G

τειχῶν καὶ νεῶν ξυμβῆναι καὶ ὁπωσοῦν τὰ τῆς πόλεως
ἔχειν, εἰ τοῖς γε σώμασι σφῶν ἄδεια ἔσται. διόπερ καὶ 92
τὸ τεῖχος τοῦτο καὶ πυλίδας ἔχον καὶ ἐσόδους καὶ ἐπεσ-
αγωγὰς τῶν πολεμίων ἐτείχιζόν τε προθύμως καὶ φθῆναι
5 ἐβούλοντο ἐξεργασάμενοι. πρότερον μὲν οὖν κατ' ὀλίγους 2
τε καὶ κρύφα μᾶλλον τὰ λεγόμενα ἦν· ἐπειδὴ δὲ ὁ Φρύνιχος
ἥκων ἐκ τῆς ἐς Λακεδαίμονα πρεσβείας πληγεὶς ὑπ' ἀνδρὸς
τῶν περιπόλων τινὸς ἐξ ἐπιβουλῆς ἐν τῇ ἀγορᾷ πληθούσῃ
καὶ οὐ πολὺ ἀπὸ τοῦ βουλευτηρίου ἀπελθὼν ἀπέθανε παρα-
10 χρῆμα, καὶ ὁ μὲν πατάξας διέφυγεν, ὁ δὲ ξυνεργὸς Ἀργεῖος
ἄνθρωπος ληφθεὶς καὶ βασανιζόμενος ὑπὸ τῶν τετρακοσίων
οὐδενὸς ὄνομα τοῦ κελεύσαντος εἶπεν οὐδὲ ἄλλο τι ἢ ὅτι
εἰδείη πολλοὺς ἀνθρώπους καὶ ἐς τοῦ περιπολάρχου καὶ
ἄλλοσε κατ' οἰκίας ξυνιόντας, τότε δὴ οὐδενὸς γεγενημένου
15 ἀπ' αὐτοῦ νεωτέρου καὶ ὁ Θηραμένης ἤδη θρασύτερον καὶ
Ἀριστοκράτης καὶ ὅσοι ἄλλοι τῶν τετρακοσίων αὐτῶν καὶ
τῶν ἔξωθεν ἦσαν ὁμογνώμονες ἦσαν ἐπὶ τὰ πράγματα.
ἅμα γὰρ καὶ ἀπὸ τῆς Λᾶς αἱ νῆες ἤδη περιπεπλευκυῖαι καὶ 3
ὁρμισάμεναι ἐς τὴν Ἐπίδαυρον τὴν Αἴγιναν κατεδεδραμή-
20 κεσαν· καὶ οὐκ ἔφη ὁ Θηραμένης εἰκὸς εἶναι ἐπ' Εὔβοιαν
πλεούσας αὐτὰς ἐς Αἴγιναν κατακολπίσαι καὶ πάλιν ἐν
Ἐπιδαύρῳ ὁρμεῖν, εἰ μὴ παρακληθεῖσαι ἥκοιεν ἐφ' οἷσπερ
καὶ αὐτὸς αἰεὶ κατηγόρει· οὐκέτι οὖν οἷόν τε εἶναι ἡσυχάζειν.
τέλος δὲ πολλῶν καὶ στασιωτικῶν λόγων καὶ ὑποψιῶν 4
25 προσγενομένων καὶ ἔργῳ ἤδη ἥπτοντο τῶν πραγμάτων· οἱ
γὰρ ἐν τῷ Πειραιεῖ τὸ τῆς Ἠετιωνείας τεῖχος ὁπλῖται
οἰκοδομοῦντες, ἐν οἷς καὶ ὁ Ἀριστοκράτης ἦν ταξιαρχῶν
καὶ τὴν ἑαυτοῦ φυλὴν ἔχων, ξυλλαμβάνουσιν Ἀλεξικλέα
στρατηγὸν ὄντα ἐκ τῆς ὀλιγαρχίας καὶ μάλιστα πρὸς τοὺς

3 καὶ alt. om. C   καὶ tert. om. C [Π¹]   5 ἐξειργασμένοι Β
9 προελθὼν M   10 ἀπέφυγε Π¹   11 ληφθεὶς] ἐλήφθη Π¹   12 οὐδενὸς]
οὐδαμῶ[ς Π¹   ὄνομα τοῦ κελεύσαντος] κελεύσαντος ὀνόματος C : τοῦ om.
G ? Π¹   15 post alterum καὶ add. ὁ G M Π¹   18 Λᾶς] Λακεδαι-
μονίας G M   19 ὁρμησάμεναι C E F G   27 ὁ Β : om. cett. [Π¹]
28 φυλὴν C : φυλακὴν cett. [Π¹]

269

ἑταίρους τετραμμένον, καὶ ἐς οἰκίαν ἀγαγόντες εἶρξαν.
5 ξυνεπελάβοντο δὲ αὐτοῖς ἅμα καὶ ἄλλοι καὶ "Ερμων τις
τῶν περιπόλων τῶν Μουνιχίασι τεταγμένων ἄρχων· τὸ δὲ
6 μέγιστον, τῶν ὁπλιτῶν τὸ στῖφος ταῦτα ἐβούλετο. ὡς
δὲ ἐσηγγέλθη τοῖς τετρακοσίοις (ἔτυχον δὲ ἐν τῷ βου- 5
λευτηρίῳ ξυγκαθήμενοι), εὐθύς, πλὴν ὅσοις μὴ βουλομένοις
ταῦτ᾿ ἦν, ἑτοῖμοι ἦσαν ἐς τὰ ὅπλα ἰέναι καὶ τῷ Θηραμένει
καὶ τοῖς μετ᾿ αὐτοῦ ἠπείλουν. ὁ δὲ ἀπολογούμενος ἑτοῖμος
ἔφη εἶναι ξυναφαιρησόμενος ἰέναι ἤδη. καὶ παραλαβὼν
ἕνα τῶν στρατηγῶν ὃς ἦν αὐτῷ ὁμογνώμων ἐχώρει ἐς τὸν 10
Πειραιᾶ· ἐβοήθει δὲ καὶ ᾿Αρίσταρχος καὶ τῶν ἱππέων
7 νεανίσκοι. ἦν δὲ θόρυβος πολὺς καὶ ἐκπληκτικός· οἵ τε
γὰρ ἐν τῷ ἄστει ἤδη ᾤοντο τόν τε Πειραιᾶ κατειλῆφθαι καὶ
τὸν ξυνειλημμένον τεθνάναι, οἵ τε ἐν τῷ Πειραιεῖ τοὺς ἐκ
8 τοῦ ἄστεως ὅσον οὔπω ἐπὶ σφᾶς παρεῖναι. μόλις δὲ τῶν 15
τε πρεσβυτέρων διακωλυόντων τοὺς ἐν τῷ ἄστει διαθέοντας
καὶ ἐπὶ τὰ ὅπλα φερομένους καὶ Θουκυδίδου τοῦ Φαρσαλίου
τοῦ προξένου τῆς πόλεως παρόντος καὶ προθύμως ἐμποδών
τε ἑκάστοις γιγνομένου καὶ ἐπιβοωμένου μὴ ἐφεδρευόντων
ἐγγὺς τῶν πολεμίων ἀπολέσαι τὴν πατρίδα, ἡσύχασάν τε 20
9 καὶ σφῶν αὐτῶν ἀπέσχοντο. καὶ ὁ μὲν Θηραμένης ἐλθὼν
ἐς τὸν Πειραιᾶ (ἦν δὲ καὶ αὐτὸς στρατηγός), ὅσον καὶ ἀπὸ
βοῆς ἕνεκα, ὠργίζετο τοῖς ὁπλίταις· ὁ δὲ ᾿Αρίσταρχος καὶ
10 οἱ ἐναντίοι τῷ ἀληθεῖ ἐχαλέπαινον. οἱ δὲ ὁπλῖται ὁμόσε
τε ἐχώρουν οἱ πλεῖστοι τῷ ἔργῳ καὶ οὐ μετεμέλοντο, καὶ 25
τὸν Θηραμένη ἠρώτων εἰ δοκεῖ αὐτῷ ἐπ᾿ ἀγαθῷ τὸ τεῖχος
οἰκοδομεῖσθαι καὶ εἰ ἄμεινον εἶναι καθαιρεθέν. ὁ δέ, εἴπερ
καὶ ἐκείνοις δοκεῖ καθαιρεῖν, καὶ ἑαυτῷ ἔφη ξυνδοκεῖν. καὶ

1 ἑτέρους C G Π¹   τεταγμένον B M suprascr. G [Π¹]   2 ἅμα
αὐτοῖς C G : om. Π¹   2 sq. τῶν περιπόλων τις A C E F₍₋πόλλ₋₎ G M
(τινὸς) [Π¹]   3 ἄρχων B : ἀρχῶν cett.   4 στῖφος] πλῆθος B [Π¹]
ταῦτὰ Stephanus   ἐβουλεύετο C G Π¹   10 ὃς B Π¹ : ὅστις cett.
ὁμογνω[ώμων desinit Π¹   15 οὔπω] οὐκ C : οὔπω οὐκ G   μόλις
recc. : μόγις codd.   16 τε om. A B E F M   20 ἐγγὺς] ἔτι A B E F
22 alterum καὶ om. C G   24 ἀληθεῖ recc. (re vera Valla) : πλήθει
codd.

ἐντεῦθεν εὐθὺς ἀναβάντες οἵ τε ὁπλῖται καὶ πολλοὶ τῶν ἐκ
τοῦ Πειραιῶς ἀνθρώπων κατέσκαπτον τὸ τείχισμα. ἦν 11
δὲ πρὸς τὸν ὄχλον ἡ παράκλησις ὡς χρή, ὅστις τοὺς πεντα-
κισχιλίους βούλεται ἄρχειν ἀντὶ τῶν τετρακοσίων, ἰέναι
5 ἐπὶ τὸ ἔργον. ἐπεκρύπτοντο γὰρ ὅμως ἔτι τῶν πεντακισ-
χιλίων τῷ ὀνόματι, μὴ ἄντικρυς δῆμον ὅστις βούλεται ἄρχειν
ὀνομάζειν, φοβούμενοι μὴ τῷ ὄντι ὦσι καὶ πρός τινα εἰπών
τίς τι ἀγνοίᾳ σφαλῇ. καὶ οἱ τετρακόσιοι διὰ τοῦτο οὐκ
ἤθελον τοὺς πεντακισχιλίους οὔτε εἶναι οὔτε μὴ ὄντας δήλους
10 εἶναι, τὸ μὲν καταστῆσαι μετόχους τοσούτους ἄντικρυς ἂν
δῆμον ἡγούμενοι, τὸ δ' αὖ ἀφανὲς φόβον ἐς ἀλλήλους
παρέξειν.

Τῇ δ' ὑστεραίᾳ οἱ μὲν τετρακόσιοι ἐς τὸ βουλευτήριον 93
ὅμως καὶ τεθορυβημένοι ξυνελέγοντο· οἱ δ' ἐν τῷ Πειραιεῖ
15 ὁπλῖται τόν τε Ἀλεξικλέα ὃν ξυνέλαβον ἀφέντες καὶ τὸ
τείχισμα καθελόντες ἐς τὸ πρὸς τῇ Μουνιχίᾳ Διονυσιακὸν
θέατρον ἐλθόντες καὶ θέμενοι τὰ ὅπλα ἐξεκλησίασαν, καὶ
δόξαν αὐτοῖς εὐθὺς ἐχώρουν ἐς τὸ ἄστυ καὶ ἔθεντο αὖ ἐν τῷ
Ἀνακείῳ τὰ ὅπλα. ἐλθόντες δὲ ἀπὸ τῶν τετρακοσίων τινὲς 2
20 ᾑρημένοι πρὸς αὐτοὺς ἀνὴρ ἀνδρὶ διελέγοντό τε καὶ ἔπειθον
οὓς ἴδοιεν ἀνθρώπους ἐπιεικεῖς αὐτούς τε ἡσυχάζειν καὶ τοὺς
ἄλλους παρακατέχειν, λέγοντες τούς τε πεντακισχιλίους
ἀποφανεῖν, καὶ ἐκ τούτων ἐν μέρει ᾗ ἂν τοῖς πεντακισχιλίοις
δοκῇ τοὺς τετρακοσίους ἔσεσθαι, τέως δὲ τὴν πόλιν μηδενὶ
25 τρόπῳ διαφθείρειν μηδ' ἐς τοὺς πολεμίους ἀνῶσαι. τὸ δὲ 3
πᾶν πλῆθος τῶν ὁπλιτῶν ἀπὸ πολλῶν καὶ πρὸς πολλοὺς
λόγων γιγνομένων ἠπιώτερον ἦν ἢ πρότερον καὶ ἐφοβεῖτο
μάλιστα περὶ τοῦ παντὸς πολιτικοῦ· ξυνεχώρησάν τε ὥστε
ἐς ἡμέραν ῥητὴν ἐκκλησίαν ποιῆσαι ἐν τῷ Διονυσίῳ περὶ

7 εἰσὶ A E ? F M   10 ἂν secl. Krüger   16 post Διονυσιακὸν
add. τὸ (τῷ F) ἐν τῷ Πειραιεῖ (-αεῖ E) A B E F M γρ. G   17 ἐξε-
κλησίασαν recc. : ἐξεκκλησίασαν codd.   post ἐξεκλησίασαν add. τε
C E G M   18 αὖ C (sine acc.) E : αὐτοῦ G : om. cett.   24 τέως
om. B   τὴν δὲ B   25 φθείρειν B   28 παντὸς τοῦ M
29 τοῦ Διονύσου C

94 ὁμονοίας. ἐπειδὴ δὲ ἐπῆλθεν ἡ [ἐν Διονύσου] ἐκκλησία καὶ
ὅσον οὐ ξυνειλεγμένοι ἦσαν, ἀγγέλλονται αἱ δύο καὶ τεσ-
σαράκοντα νῆες καὶ ὁ Ἀγησανδρίδας ἀπὸ τῶν Μεγάρων τὴν
Σαλαμῖνα παραπλεῖν· καὶ πᾶς τις [τῶν πολλῶν ὁπλιτῶν]
αὐτὸ τοῦτο ἐνόμιζεν εἶναι τὸ πάλαι λεγόμενον ὑπὸ Θηρα- 5
μένους καὶ τῶν μετ᾽ αὐτοῦ, ὡς ἐς τὸ τείχισμα ἔπλεον αἱ νῆες,
2 καὶ χρησίμως ἐδόκει καταπεπτωκέναι. ὁ δὲ Ἀγησανδρίδας
τάχα μέν τι καὶ ἀπὸ ξυγκειμένου λόγου περί τε τὴν Ἐπί-
δαυρον καὶ ταύτῃ ἀνεστρέφετο, εἰκὸς δ᾽ αὐτὸν καὶ πρὸς τὸν
παρόντα στασιασμὸν τῶν Ἀθηναίων, δι᾽ ἐλπίδος ὡς κἂν ἐς 10
3 δέον παραγένοιτο, ταύτῃ ἀνέχειν. οἱ δ᾽ αὖ Ἀθηναῖοι, ὡς
ἠγγέλθη αὐτοῖς, εὐθὺς δρόμῳ ἐς τὸν Πειραιᾶ πανδημεὶ
ἐχώρουν, ὡς τοῦ ἰδίου πολέμου μείζονος [ἢ] ἀπὸ τῶν πολε-
μίων οὐχ ἑκάς, ἀλλὰ πρὸς τῷ λιμένι ὄντος. καὶ οἱ μὲν ἐς
τὰς παρούσας ναῦς ἐσέβαινον, οἱ δὲ ἄλλας καθεῖλκον, οἱ δέ 15
τινες ἐπὶ τὰ τείχη καὶ τὸ στόμα τοῦ λιμένος παρεβοήθουν.
95 αἱ δὲ τῶν Πελοποννησίων νῆες παραπλεύσασαι καὶ περι-
βαλοῦσαι Σούνιον ὁρμίζονται μεταξὺ Θορικοῦ τε καὶ Πρασιῶν,
2 ὕστερον δὲ ἀφικνοῦνται ἐς Ὠρωπόν. Ἀθηναῖοι δὲ κατὰ
τάχος καὶ ἀξυγκροτήτοις πληρώμασιν ἀναγκασθέντες χρή- 20
σασθαι, οἷα πόλεώς τε στασιαζούσης καὶ περὶ τοῦ μεγίστου
ἐν τάχει βουλόμενοι βοηθῆσαι (Εὔβοια γὰρ αὐτοῖς ἀποκεκλῃ-
μένης τῆς Ἀττικῆς πάντα ἦν), πέμπουσι Θυμοχάρη στρατη-
3 γὸν καὶ ναῦς ἐς Ἐρετρίαν, ὧν ἀφικομένων ξὺν ταῖς πρότερον
ἐν Εὐβοίᾳ οὔσαις ἓξ καὶ τριάκοντα ἐγένοντο. καὶ εὐθὺς 25
ναυμαχεῖν ἠναγκάζοντο· ὁ γὰρ Ἀγησανδρίδας ἀριστοποιη-
σάμενος ἐκ τοῦ Ὠρωποῦ ἀνήγαγε τὰς ναῦς· ἀπέχει δὲ μάλιστα

1 συνῆλθεν G M   ἐν Διονύσου secl. Goodhart (ἡ . . . ἐκκλησία secl.
Stahl)   ἐν Διονυσίῳ ἡ M γρ. G¹   Διονύσου] Διονύσῳ A E : Διονυσίῳ
F : τῷ Διονυσίῳ B   3 ἡγησανδρίδας (sic) C   τῶν oni. M   4 τῶν
. . . ὁπλιτῶν secl. Stahl   πολλῶν om. C   ὁπλιτῶν om. B (add.
γρ. B)   7 ἡγησανδρίδας C (et infra)   11 αὖ om. B: οὖν
Bekker   13 ἢ secl. Schol. : ἡ B   17 ὑπερβαλοῦσαι M suprascr.
G   22 βουλόμενοι ἐν τάχει A C E F G M   25 ἐς Εὔβοιαν A B
E F M   27 ἀνῆγε B   διέχει C G

ὁ Ὠρωπὸς τῆς τῶν Ἐρετριῶν πόλεως θαλάσσης μέτρον
ἑξήκοντα σταδίους. ὡς οὖν ἐπέπλει, εὐθὺς ἐπλήρουν καὶ οἱ 4
Ἀθηναῖοι τὰς ναῦς, οἰόμενοι σφίσι παρὰ ταῖς ναυσὶ τοὺς
στρατιώτας εἶναι· οἱ δὲ ἔτυχον οὐκ ἐκ τῆς ἀγορᾶς ἄριστον
5 ἐπισιτιζόμενοι (οὐδὲν γὰρ ἐπωλεῖτο ἀπὸ προνοίας τῶν Ἐρε-
τριῶν), ἀλλ᾽ ἐκ τῶν ἐπ᾽ ἔσχατα τοῦ ἄστεως οἰκιῶν, ὅπως
σχολῇ πληρουμένων φθάσειαν οἱ πολέμιοι προσπεσόντες καὶ
ἐξαναγκάσειαν τοὺς Ἀθηναίους οὕτως ὅπως τύχοιεν ἀνάγε-
σθαι. σημεῖον δὲ αὐτοῖς ἐς τὸν Ὠρωπὸν ἐκ τῆς Ἐρετρίας,
10 ὑπότε χρὴ ἀνάγεσθαι, ἤρθη. διὰ τοιαύτης δὴ παρασκευῆς 5
οἱ Ἀθηναῖοι ἀναγαγόμενοι καὶ ναυμαχήσαντες ὑπὲρ τοῦ
λιμένος τῶν Ἐρετριῶν ὀλίγον μέν τινα χρόνον ὅμως καὶ
ἀντέσχον, ἔπειτα ἐς φυγὴν τραπόμενοι καταδιώκονται ἐς τὴν
γῆν. καὶ ὅσοι μὲν αὐτῶν πρὸς τὴν πόλιν τῶν Ἐρετριῶν 6
15 ὡς φιλίαν καταφεύγουσι, χαλεπώτατα ἔπραξαν φονευόμενοι
ὑπ᾽ αὐτῶν· οἱ δὲ ἐς τὸ τείχισμα τὸ ἐν τῇ Ἐρετρίᾳ, ὃ εἶχον
αὐτοί, περιγίγνονται καὶ ὅσαι ἐς Χαλκίδα ἀφικνοῦνται τῶν
νεῶν. λαβόντες δὲ οἱ Πελοποννήσιοι δύο καὶ εἴκοσι ναῦς 7
τῶν Ἀθηναίων καὶ ἄνδρας τοὺς μὲν ἀποκτείναντες, τοὺς δὲ
20 ζωγρήσαντες τροπαῖον ἔστησαν. καὶ ὕστερον οὐ πολλῷ
Εὔβοιάν [τε] ἅπασαν ἀποστήσαντες πλὴν Ὠρεοῦ (ταύτην δὲ
αὐτοὶ Ἀθηναῖοι εἶχον) καὶ τἆλλα τὰ περὶ αὐτὴν καθίσταντο.

Τοῖς δὲ Ἀθηναίοις ὡς ἦλθε τὰ περὶ τὴν Εὔβοιαν γεγενη- 96
μένα, ἔκπληξις μεγίστη δὴ τῶν πρὶν παρέστη. οὔτε γὰρ ἡ
25 ἐν τῇ Σικελίᾳ ξυμφορά, καίπερ μεγάλη τότε δόξασα εἶναι,
οὔτε ἄλλο οὐδέν πω οὕτως ἐφόβησεν. ὅπου γὰρ στρατο- 2
πέδου τε τοῦ ἐν Σάμῳ ἀφεστηκότος ἄλλων τε νεῶν οὐκ
οὐσῶν οὐδὲ τῶν ἐσβησομένων αὐτῶν τε στασιαζόντων καὶ
ἄδηλον ὂν ὁπότε σφίσιν αὐτοῖς ξυρράξουσι, τοσαύτη ἡ ξυμ-

8 ἀναγκάσειαν A B F M   10 τοιαύτην . . . παρασκευὴν A C E F
11 ἀναγαγόμενοι B : ἀναγόμενοι cett.   13 ἐκτραπόμενοι B   16 οἱ]
qui Valla : οἱ codd.   τείχισμα B : ἐπιτείχισμα cett.   ἐν τῇ om. B
18 post δὲ add. καὶ A F G M γρ. B   20 οὐ πολλῷ ὕστερον A
(πολλῶν) C E F G M   21 τε Εὔβοιαν M   24 ἡ ἐν τῇ] τῇ ἐν B
25 τῇ . . . 28 τ[ῶ]ν Π²⁴   ξυμφορᾶ B C   [καὶ πε ριμεγάλη Π²⁴   26
οὐδέν] οὐδέ A E F M [Π²⁴]   28 τε om. A E F M

φορὰ ἐπεγεγένητο, ἐν ᾗ ναῦς τε καὶ τὸ μέγιστον Εὔβοιαν
ἀπωλωλέκεσαν, ἐξ ἧς πλείω ἢ τῆς Ἀττικῆς ὠφελοῦντο,
3 πῶς οὐκ εἰκότως ἠθύμουν; μάλιστα δ' αὐτοὺς καὶ δι' ἐγγυ-
τάτου ἐθορύβει, εἰ οἱ πολέμιοι τολμήσουσι νενικηκότες εὐθὺ
σφῶν ἐπὶ τὸν Πειραιᾶ ἐρῆμον ὄντα νεῶν πλεῖν· καὶ ὅσον 5
4 οὐκ ἤδη ἐνόμιζον αὐτοὺς παρεῖναι. ὅπερ ἄν, εἰ τολμηρό-
τεροι ἦσαν, ῥᾳδίως ἂν ἐποίησαν, καὶ ἢ διέστησαν ἂν ἔτι
μᾶλλον τὴν πόλιν ἐφορμοῦντες ἤ, εἰ ἐπολιόρκουν μένοντες,
καὶ τὰς ἀπ' Ἰωνίας ναῦς ἠνάγκασαν ἂν καίπερ πολεμίας
οὔσας τῇ ὀλιγαρχίᾳ τοῖς σφετέροις οἰκείοις καὶ τῇ ξυμπάσῃ 10
πόλει βοηθῆσαι· καὶ ἐν τούτῳ Ἑλλήσποντός τε ἂν ἦν αὐτοῖς
καὶ Ἰωνία καὶ αἱ νῆσοι καὶ τὰ μέχρι Εὐβοίας καὶ ὡς εἰπεῖν
5 ἡ Ἀθηναίων ἀρχὴ πᾶσα. ἀλλ' οὐκ ἐν τούτῳ μόνῳ Λακε-
δαιμόνιοι Ἀθηναίοις πάντων δὴ ξυμφορώτατοι προσπολε-
μῆσαι ἐγένοντο, ἀλλὰ καὶ ἐν ἄλλοις πολλοῖς· διάφοροι γὰρ 15
πλεῖστον ὄντες τὸν τρόπον, οἱ μὲν ὀξεῖς, οἱ δὲ βραδεῖς, καὶ οἱ
μὲν ἐπιχειρηταί, οἱ δὲ ἄτολμοι, ἄλλως τε καὶ ἐν ἀρχῇ ναυτικῇ
πλεῖστα ὠφέλουν. ἔδειξαν δὲ οἱ Συρακόσιοι· μάλιστα γὰρ
ὁμοιότροποι γενόμενοι ἄριστα καὶ προσεπολέμησαν.

97 Ἐπὶ δ' οὖν τοῖς ἠγγελμένοις οἱ Ἀθηναῖοι ναῦς τε εἴκοσιν 20
ὅμως ἐπλήρουν καὶ ἐκκλησίαν ξυνέλεγον, μίαν μὲν εὐθὺς
τότε πρῶτον ἐς τὴν Πύκνα καλουμένην, οὗπερ καὶ ἄλλοτε
εἰώθεσαν, ἐν ᾗπερ καὶ τοὺς τετρακοσίους καταπαύσαντες τοῖς
πεντακισχιλίοις ἐψηφίσαντο τὰ πράγματα παραδοῦναι (εἶναι
δὲ αὐτῶν ὁπόσοι καὶ ὅπλα παρέχονται) καὶ μισθὸν μηδένα 25
2 φέρειν μηδεμιᾷ ἀρχῇ· εἰ δὲ μή, ἐπάρατον ἐποιήσαντο. ἐγί-
γνοντο δὲ καὶ ἄλλαι ὕστερον πυκναὶ ἐκκλησίαι, ἀφ' ὧν καὶ
νομοθέτας καὶ τἆλλα ἐψηφίσαντο ἐς τὴν πολιτείαν. καὶ
οὐχ ἥκιστα δὴ τὸν πρῶτον χρόνον ἐπί γε ἐμοῦ Ἀθηναῖοι

4 εὐθὺ Lobeck : εὐθὺς codd. (-s in B erasum)   7 ἢ om. C   8 ἐφορ-
μοῦντες om. C   ἤ, εἰ⟩ εἰ C : ἢ cett.   12 Εὐβοίας⟩ Βοιωτίας B
(Εὐβοίας γρ. B)   17 ἐν B: om. cett.   ναυτικῇ ἀρχῇ A C E F G M
20 ἐπὶ δ'⟩ ἐπεὶ δ' C : ἐπειδὴ B   22 Πύκα B   οἶπερ Herwerden
25 ὁπόσοις B   prius καὶ om. B C E   26 fort. μηδεμιᾶς ἀρχῆς
Poppo   27 ὕστερον om. B   πυκναὶ⟩ ἐν Πυκνὶ Wecklein (Πυκνὶ
coniecerat Kühn)   28 τἆλλα B: τὰ ἄλλα cett.

φαίνονται εὖ πολιτεύσαντες· μετρία γὰρ ἥ τε ἐς τοὺς ὀλί-
γους καὶ τοὺς πολλοὺς ξύγκρασις ἐγένετο καὶ ἐκ πονήρων
τῶν πραγμάτων γενομένων τοῦτο πρῶτον ἀνήνεγκε τὴν πόλιν.
ἐψηφίσαντο δὲ καὶ 'Αλκιβιάδην καὶ ἄλλους μετ' αὐτοῦ 3
5 κατιέναι καὶ παρά τε ἐκεῖνον καὶ παρὰ τὸ ἐν Σάμῳ στρατό-
πεδον πέμψαντες διεκελεύοντο ἀνθάπτεσθαι τῶν πραγμάτων.

'Εν δὲ τῇ μεταβολῇ ταύτῃ εὐθὺς οἱ μὲν περὶ τὸν Πεί- 98
σανδρον καὶ 'Αλεξικλέα καὶ ὅσοι ἦσαν τῆς ὀλιγαρχίας μά-
λιστα ὑπεξέρχονται ἐς τὴν Δεκέλειαν· 'Αρίσταρχος δὲ αὐτῶν
10 μόνος (ἔτυχε γὰρ καὶ στρατηγῶν) λαβὼν κατὰ τάχος τοξότας
τινὰς τοὺς βαρβαρωτάτους ἐχώρει πρὸς τὴν Οἰνόην. ἦν δὲ 2
'Αθηναίων ἐν μεθορίοις τῆς Βοιωτίας τεῖχος, ἐπολιόρκουν δ'
αὐτὸ διὰ ξυμφορὰν σφίσιν ἐκ τῆς Οἰνόης γενομένην ἀνδρῶν
ἐκ Δεκελείας ἀναχωρούντων διαφθορᾶς οἱ Κορίνθιοι ἐθελοντ-
15 ηδόν, προσπαρακαλέσαντες τοὺς Βοιωτούς. κοινολογη- 3
σάμενος οὖν αὐτοῖς ὁ 'Αρίσταρχος ἀπατᾷ τοὺς ἐν τῇ Οἰνόῃ,
λέγων ὡς καὶ οἱ ἐν τῇ πόλει τἆλλα ξυμβεβήκασι Λακεδαι-
μονίοις, κἀκείνους δεῖ Βοιωτοῖς τὸ. χωρίον παραδοῦναι· ἐπὶ
τούτοις γὰρ ξυμβεβάσθαι. οἱ δὲ πιστεύσαντες ὡς ἀνδρὶ
20 στρατηγῷ καὶ οὐκ εἰδότες οὐδὲν διὰ τὸ πολιορκεῖσθαι ὑπό-
σπονδοι ἐξέρχονται. τούτῳ μὲν τῷ τρόπῳ Οἰνόην τε 4
ληφθεῖσαν Βοιωτοὶ κατέλαβον καὶ ἡ ἐν ταῖς 'Αθήναις
ὀλιγαρχία καὶ στάσις ἐπαύσατο.

'Υπὸ δὲ τοὺς αὐτοὺς χρόνους τοῦ θέρους τούτου καὶ οἱ ἐν 99
25 τῇ Μιλήτῳ Πελοποννήσιοι, ὡς τροφήν τε οὐδεὶς ἐδίδου τῶν
ὑπὸ Τισσαφέρνους τότε [ὅτε ἐπὶ τὴν "Ασπενδον παρῄει]
προσταχθέντων, καὶ αἱ Φοίνισσαι νῆες οὐδὲ ὁ Τισσαφέρνης
τέως που ἧκον, ὅ τε Φίλιππος ὁ ξυμπεμφθεὶς αὐτῷ ἐπε-
στάλκει Μινδάρῳ τῷ ναυάρχῳ καὶ ἄλλος 'Ιπποκράτης, ἀνὴρ

1 ἥ γε B: ἥδε Stahl 2 post prius καὶ add. ἐς B ἐγίγνετο B
6 διακελεύονται B 7, 8 εὐθὺς post μάλιστα habet B 15 προσ-
καλέσαντες CG 21 τε C: μὲν G: om. cett. 26 ὅτε...
παρῄει fort. non legit Schol., secl. Hude 28 τέως om. C ἀπε-
στάλκει B

Σπαρτιάτης καὶ ὢν ἐν Φασήλιδι, ὅτι οὔτε αἱ νῆες παρέσοιντο
πάντα τε ἀδικοῖτο ὑπὸ Τισσαφέρνους, Φαρνάβαζός τε
ἐπεκαλεῖτο αὐτοὺς καὶ ἦν πρόθυμος κομίσας τὰς ναῦς καὶ
αὐτὸς τὰς λοιπὰς ἔτι πόλεις τῆς ἑαυτοῦ ἀρχῆς ἀποστῆσαι
τῶν Ἀθηναίων, ὥσπερ καὶ ὁ Τισσαφέρνης, ἐλπίζων πλέον 5
τι σχήσειν ἀπ' αὐτοῦ, οὕτω δὴ ὁ Μίνδαρος πολλῷ κόσμῳ
καὶ ἀπὸ παραγγέλματος αἰφνιδίου, ὅπως λάθοι τοὺς ἐν
Σάμῳ, ἄρας ἀπὸ τῆς Μιλήτου ναυσὶ τρισὶ καὶ ἑβδομήκοντα
ἔπλει ἐπὶ τὸν Ἑλλήσποντον (πρότερον δὲ ἐν τῷ αὐτῷ θέρει
τῷδε ἑκκαίδεκα ἐς αὐτὸν νῆες ἐσέπλευσαν, αἳ καὶ τῆς Χερ- 10
σονήσου τι μέρος κατέδραμον)· χειμασθεὶς δὲ ἀνέμῳ καὶ
ἀναγκασθεὶς καταίρει ἐς τὴν Ἴκαρον, καὶ μείνας ἐν αὐτῇ
ὑπὸ ἀπλοίας πέντε ἢ ἓξ ἡμέρας ἀφικνεῖται ἐς τὴν Χίον.

100   Ὁ δὲ Θράσυλος ἐκ τῆς Σάμου, ἐπειδὴ ἐπύθετο αὐτὸν ἐκ
τῆς Μιλήτου ἀπηρκότα, ἔπλει καὶ αὐτὸς ναυσὶν εὐθὺς πέντε 15
καὶ πεντήκοντα, ἐπειγόμενος μὴ φθάσῃ ἐς τὸν Ἑλλήσπον-
2 τον ἐσπλεύσας. αἰσθόμενος δὲ ὅτι ἐν τῇ Χίῳ εἴη καὶ
νομίσας αὐτὸν καθέξειν αὐτοῦ, σκοποὺς μὲν κατεστήσατο
καὶ ἐν τῇ Λέσβῳ καὶ ἐν τῇ ἀντιπέρας ἠπείρῳ, εἰ ἄρα ποι
κινοῖντο αἱ νῆες, ὅπως μὴ λάθοιεν, αὐτὸς δὲ ἐς τὴν Μή- 20
θυμναν παραπλεύσας ἄλφιτά τε καὶ τἆλλα ἐπιτήδεια παρα-
σκευάζειν ἐκέλευεν ὡς, ἢν πλείων χρόνος γίγνηται, ἐκ τῆς
3 Λέσβου τοὺς ἐπίπλους τῇ Χίῳ ποιησόμενος. ἅμα δὲ
(Ἔρεσος γὰρ τῆς Λέσβου ἀφειστήκει) ἐβούλετο ἐπ' αὐτὴν
πλεύσας, εἰ δύναιτο, ἐξελεῖν. Μηθυμναίων γὰρ οὐχ οἱ 25
ἀδυνατώτατοι φυγάδες διακομίσαντες ἔκ τε τῆς Κύμης
προσεταιριστοὺς ὁπλίτας ὡς πεντήκοντα καὶ τῶν ἐκ τῆς
ἠπείρου μισθωσάμενοι, ξύμπασιν ὡς τριακοσίοις, Ἀναξάν-
δρου Θηβαίου κατὰ τὸ ξυγγενὲς ἡγουμένου, προσέβαλον

---

1 παρέσονται G: παραπέσοιντο M   3 κομίσασθαι G   10 ἐσέ-
πλευσαν recc.: ἀπέπλευσαν A: ἐπέπλευσαν cett.   αἱ B: om. cett.
19 ποι κινοῖντο! ἀποκινοῖντο c M   21 τἆλλα B: τὰ ἄλλα cett.
25 ἐξελθεῖν A B E F   26 τε om. A C E F   28 Ἀναξάρχου
C G   29 προσέβαλλον A E F (-βαλλ-) M

πρῶτον Μηθύμνῃ, καὶ ἀποκρουσθέντες τῆς πείρας διὰ τοὺς
ἐκ τῆς Μυτιλήνης Ἀθηναίων φρουροὺς προελθόντας αὖθις
ἔξω μάχῃ ἀπωσθέντες καὶ διὰ τοῦ ὄρους κομισθέντες ἀφι-
στᾶσι τὴν Ἔρεσον. πλεύσας οὖν ὁ Θράσυλος ἐπ᾽ αὐτὴν 4
5 πάσαις ταῖς ναυσὶ διενοεῖτο προσβολὴν ποιεῖσθαι· προ-
αφιγμένος δὲ αὐτόσε ἦν καὶ ὁ Θρασύβουλος πέντε ναυσὶν
ἐκ τῆς Σάμου, ὡς ἠγγέλθη αὐτοῖς ἡ τῶν φυγάδων αὕτη
διάβασις· ὑστερήσας δ᾽ ἐπὶ τὴν Ἔρεσον ἐφώρμει ἐλθών.
προσεγένοντο δὲ καὶ ἐκ τοῦ Ἑλλησπόντου τινὲς δύο νῆες 5
10 ἐπ᾽ οἴκου ἀνακομιζόμεναι καὶ Μηθυμναῖαι ⟨πέντε⟩· καὶ αἱ
πᾶσαι νῆες παρῆσαν ἑπτὰ καὶ ἑξήκοντα, ἀφ᾽ ὧν τῷ στρατεύ-
ματι παρεσκευάζοντο ὡς κατὰ κράτος μηχαναῖς τε καὶ παντὶ
τρόπῳ, ἢν δύνωνται, αἱρήσοντες τὴν Ἔρεσον.

Ὁ δὲ Μίνδαρος ἐν τούτῳ καὶ ἐκ τῆς Χίου τῶν Πελοπον- 101
15 νησίων αἱ νῆες ἐπισιτισάμεναι δυοῖν ἡμέραιν καὶ λαβόντες
παρὰ τῶν Χίων τρεῖς τεσσαρακοστὰς ἕκαστος Χίας τῇ
τρίτῃ διὰ ταχέων ἀπαίρουσιν ἐκ τῆς Χίου ⟨οὐ⟩ πελάγιαι, ἵνα
μὴ περιτύχωσι ταῖς ἐν τῇ Ἐρέσῳ ναυσίν, ἀλλὰ ἐν ἀριστερᾷ
τὴν Λέσβον ἔχοντες ἔπλεον ἐπὶ τὴν ἤπειρον. καὶ προσ- 2
20 βαλόντες τῆς Φωκαΐδος ἐς τὸν ἐν Καρτερίοις λιμένα καὶ
ἀριστοποιησάμενοι, παραπλεύσαντες τὴν Κυμαίαν δειπνο-
ποιοῦνται ἐν Ἀργινούσαις τῆς ἠπείρου, ἐν τῷ ἀντιπέρας τῆς
Μυτιλήνης. ἐντεῦθεν δὲ ἔτι πολλῆς νυκτὸς παραπλεύσαντες 3
καὶ ἀφικόμενοι τῆς ἠπείρου ἐς Ἁρματοῦντα καταντικρὺ Μη-
25 θύμνης, ἀριστοποιησάμενοι διὰ ταχέων παραπλεύσαντες
Λεκτὸν καὶ Λάρισαν καὶ Ἀμαξιτὸν καὶ τὰ ταύτῃ χωρία
ἀφικνοῦνται ἐς Ῥοίτειον ἤδη τοῦ Ἑλλησπόντου πρωίτερον

1 πρῶτον B : πρώτῃ cett.   5 πᾶσι B   6 δ om. C   7 ὡς B :
ὅτε cett.   8 ὑστερίσας C   10 post prius καὶ add. αἱ B   πέντε
add. Dobree   14 post καὶ add. αἱ C E M   15 αἱ B : om. cett.
δυοῖν Lobeck : δυσὶν codd.   ἡμέραιν Herwerden : ἡμέραις codd.
17 οὐ add. Haacke   21-23 δειπνοποιοῦνται . . . παραπλεύσαντες
om. M   21 δειπνοποιοῦνται C : περαιοῦνται cett.   22 τῆς
ἠπείρου secl. Krüger   23 post παραπλεύσαντες add. τὴν Κυμαίαν
A B E F G

μέσων νυκτῶν. εἰσὶ δ' αἱ τῶν νεῶν καὶ ἐς Σίγειον κατῆραν
καὶ ἄλλοσε τῶν ταύτῃ χωρίων.

102 Οἱ δὲ Ἀθηναῖοι ἐν τῇ Σηστῷ δυοῖν δεούσαις εἴκοσι ναυσὶν
ὄντες, ὡς αὐτοῖς οἵ τε φρυκτωροὶ ἐσήμαινον καὶ ᾐσθάνοντο τὰ
πυρὰ ἐξαίφνης πολλὰ ἐν τῇ πολεμίᾳ φανέντα, ἔγνωσαν ὅτι 5
ἐσπλέουσιν οἱ Πελοποννήσιοι. καὶ τῆς αὐτῆς ταύτης νυκτὸς
ὡς εἶχον τάχους ὑπομείξαντες τῇ Χερσονήσῳ παρέπλεον ἐπ'
Ἐλαιοῦντος, βουλόμενοι ἐκπλεῦσαι ἐς τὴν εὐρυχωρίαν τὰς
2 τῶν πολεμίων ναῦς. καὶ τὰς μὲν ἐν Ἀβύδῳ ἑκκαίδεκα ναῦς
ἔλαθον, προειρημένης φυλακῆς τῷ φιλίῳ ἐπίπλῳ, ὅπως αὐτῶν 10
ἀνακῶς ἕξουσιν, ἢν ἐκπλέωσιν· τὰς δὲ μετὰ τοῦ Μινδάρου ἅμα
τῇ ἕῳ κατιδόντες, τὴν δίωξιν εὐθὺς ποιουμένων οὐ φθάνουσι
πάσαις, ἀλλ' αἱ μὲν πλείους ἐπὶ τῆς Ἴμβρου καὶ Λήμνου
διέφυγον, τέσσαρες δὲ τῶν νεῶν αἱ ὕσταται πλέουσαι κατα-
3 λαμβάνονται παρὰ τὸν Ἐλαιοῦντα. καὶ μίαν μὲν ἐποκεί- 15
λασαν κατὰ τὸ ἱερὸν τοῦ Πρωτεσιλάου αὐτοῖς ἀνδράσι
λαμβάνουσι, δύο δὲ ἑτέρας ἄνευ τῶν ἀνδρῶν· τὴν δὲ μίαν
103 πρὸς τῇ Ἴμβρῳ κενὴν κατακαίουσιν. μετὰ δὲ τοῦτο ταῖς τε
ἐξ Ἀβύδου ξυμμιγείσαις καὶ ταῖς ἄλλαις ξυμπάσαις ἐξ καὶ
ὀγδοήκοντα πολιορκήσαντες Ἐλαιοῦντα ταύτην τὴν ἡμέραν, 20
ὡς οὐ προσεχώρει, ἀπέπλευσαν ἐς Ἀβυδον.

2 Οἱ δ' Ἀθηναῖοι ψευσθέντες τῶν σκοπῶν καὶ οὐκ ἂν
οἰόμενοι σφᾶς λαθεῖν τὸν παράπλουν τῶν πολεμίων νεῶν,
ἀλλὰ καθ' ἡσυχίαν τειχομαχοῦντες, ὡς ᾔσθοντο, εὐθὺς ἀπο-
λιπόντες τὴν Ἔρεσον κατὰ τάχος ἐβοήθουν ἐς τὸν Ἑλλή- 25
3 σποντον· καὶ δύο τε ναῦς τῶν Πελοποννησίων αἱροῦσιν, αἳ
πρὸς τὸ πέλαγος τότε θρασύτερον ἐν τῇ διώξει ἀπάρασαι
περιέπεσον αὐτοῖς, καὶ ἡμέρᾳ ὕστερον ἀφικόμενοι ὁρμίζονται
ἐς τὸν Ἐλαιοῦντα καὶ τὰς ἐκ τῆς Ἴμβρου ὅσαι κατέφυγον
κομίζονται καὶ ἐς τὴν ναυμαχίαν πέντε ἡμέρας παρεσκευά- 30

8, 9 τὰς . . . ναῦς secl. Dobree   12 ποιουμένων Haacke : ποιού-
μενοι codd. : ποιουμένας Classen   13 πάσαις Reiske : πάσας B :
πᾶσαι cett.   Ἴμβρου B : ἠπείρου cett.   15 παρὰ] περὶ Dobree
27 τότ]ε . . . 30 κ[ομίζονται Π²⁴   28 ἀφικόμεναι A E F ? G ? M Π³⁴

ζοντο. μετὰ δὲ τοῦτο ἐναυμάχουν τρόπῳ τοιῷδε. οἱ 104
'Αθηναῖοι παρέπλεον ἐπὶ κέρως ταξάμενοι παρ' αὐτὴν τὴν
γῆν ἐπὶ τῆς Σηστοῦ, οἱ δὲ Πελοποννήσιοι αἰσθόμενοι ἐκ τῆς
'Αβύδου ἀντανῆγον καὶ αὐτοί. καὶ ὡς ἔγνωσαν ναυμαχή- 2
5 σοντες, παρέτειναν τὸ κέρας οἱ μὲν 'Αθηναῖοι παρὰ τὴν
Χερσόνησον, ἀρξάμενοι ἀπὸ 'Ιδάκου μέχρι 'Αρριανῶν, νῆες
ἓξ καὶ ἑβδομήκοντα, οἱ δ' αὖ Πελοποννήσιοι ἀπὸ 'Αβύδου
μέχρι Δαρδάνου, νῆες ἓξ καὶ ὀγδοήκοντα. κέρας δὲ τοῖς 3
μὲν Πελοποννησίοις εἶχον τὸ μὲν δεξιὸν Συρακόσιοι, τὸ δ'
10 ἕτερον αὐτὸς Μίνδαρος καὶ τῶν νεῶν αἱ ἄριστα πλέουσαι,
'Αθηναίοις δὲ τὸ μὲν ἀριστερὸν Θράσυλος, ὁ δὲ Θρασύ-
βουλος τὸ δεξιόν· οἱ δὲ ἄλλοι στρατηγοὶ ὡς ἕκαστοι διε-
τάξαντο. ἐπειγομένων δὲ τῶν Πελοποννησίων πρότερόν τε 4
ξυμμεῖξαι, καὶ κατὰ μὲν τὸ δεξιὸν τῶν 'Αθηναίων ὑπερσχόντες
15 αὐτοὶ τῷ εὐωνύμῳ ἀποκλῇσαι τοῦ ἔξω αὐτοὺς ἔκπλου, εἰ
δύναιντο, κατὰ δὲ τὸ μέσον ἐξῶσαι πρὸς τὴν γῆν οὐχ ἑκὰς
οὖσαν, οἱ 'Αθηναῖοι γνόντες, ᾗ μὲν ἐβούλοντο ἀποφάρξασθαι
αὐτοὺς οἱ ἐναντίοι, ἀντεπεξῆγον καὶ περιεγίγνοντο τῷ πλῷ,
τὸ δ' εὐώνυμον αὐτοῖς ὑπερεβεβλήκει ἤδη τὴν ἄκραν ἣ 5
20 Κυνὸς σῆμα καλεῖται. τῷ δὲ μέσῳ, τοιούτου ξυμβαίνοντος,
ἀσθενέσι καὶ διεσπασμέναις ταῖς ναυσὶ καθίσταντο, ἄλλως
τε καὶ ἐλάσσοσι χρώμενοι τὸ πλῆθος καὶ τοῦ χωρίου τοῦ
περὶ τὸ Κυνὸς σῆμα ὀξεῖαν καὶ γωνιώδη τὴν περιβολὴν
ἔχοντος, ὥστε τὰ ἐν τῷ ἐπέκεινα αὐτοῦ γιγνόμενα μὴ κάτοπτα
25 εἶναι. προσπεσόντες οὖν οἱ Πελοποννήσιοι κατὰ τὸ μέσον 105
ἐξέωσάν τε ἐς τὸ ξηρὸν τὰς ναῦς τῶν 'Αθηναίων καὶ ἐς τὴν
γῆν ἐπεξέβησαν, τῷ ἔργῳ πολὺ περισχόντες. ἀμῦναι δὲ τῷ 2
μέσῳ οὔθ' οἱ περὶ τὸν Θρασύβουλον ἀπὸ τοῦ δεξιοῦ ὑπὸ
πλήθους τῶν ἐπικειμένων νεῶν ἐδύναντο οὔθ' οἱ περὶ τὸν
30 Θράσυλον ἀπὸ τοῦ εὐωνύμου (ἀφανές τε γὰρ ἦν διὰ τὴν

4 ναυμαχήσαντες CEFG (corr. G¹)   5 παρέτεινον C   7 ὀγ-
δοήκοντα CG   8 ἓξ καὶ ὀγδοήκοντα Arnold : ὀκτὼ καὶ ἐξήκοντα
codd. (om. C)   11 τὸ δὲ δεξιὸν Θρασύβουλος B   15 αὐτοῖς
AEFM

ἄκραν τὸ Κυνὸς σῆμα, καὶ ἅμα οἱ Συρακόσιοι καὶ οἱ ἄλλοι
οὐκ ἐλάσσους ἐπιτεταγμένοι εἶργον αὐτούς), πρὶν οἱ Πελοπον-
νήσιοι διὰ τὸ κρατήσαντες ἀδεῶς ἄλλοι ἄλλην ναῦν διώκειν
3 ἤρξαντο μέρει τινὶ σφῶν ἀτακτότεροι γενέσθαι. γνόντες δὲ
οἱ περὶ τὸν Θρασύβουλον τὰς ἐπὶ σφίσι ναῦς ἐπεχούσας 5
παυσάμενοι τῆς ἐπεξαγωγῆς ἤδη τοῦ κέρως καὶ ἐπαναστρέ-
ψαντες εὐθὺς ἠμύναντό τε καὶ τρέπουσι, καὶ τὰς κατὰ τὸ
νικῆσαν τῶν Πελοποννησίων μέρος ὑπολαβόντες πεπλανη-
μένας ἔκοπτόν τε καὶ ἐς φόβον τὰς πλείους ἀμαχεὶ καθί-
στασαν. οἵ τε Συρακόσιοι ἐτύγχανον καὶ αὐτοὶ ἤδη τοῖς 10
περὶ τὸν Θράσυλον ἐνδεδωκότες καὶ μᾶλλον ἐς φυγὴν
106 ὁρμήσαντες, ἐπειδὴ καὶ τοὺς ἄλλους ἑώρων. γεγενημένης
δὲ τῆς τροπῆς καὶ καταφυγόντων τῶν Πελοποννήσων πρὸς
τὸν Μείδιον μάλιστα ποταμὸν τὸ πρῶτον, ὕστερον δὲ ἐς
Ἄβυδον, ναῦς μὲν ὀλίγας ἔλαβον οἱ Ἀθηναῖοι (στενὸς γὰρ 15
ὢν ὁ Ἑλλήσποντος βραχείας τὰς ἀποφυγὰς τοῖς ἐναντίοις
παρεῖχε), τὴν μέντοι νίκην ταύτην τῆς ναυμαχίας ἐπικαιρο-
2 τάτην δὴ ἔσχον. φοβούμενοι γὰρ τέως τὸ τῶν Πελοπον-
νησίων ναυτικὸν διά τε τὰ κατὰ βραχὺ σφάλματα καὶ διὰ
τὴν ἐν τῇ Σικελίᾳ ξυμφοράν, ἀπηλλάγησαν τοῦ σφᾶς τε 20
αὐτοὺς καταμέμφεσθαι καὶ τοὺς πολεμίους ἔτι ἀξίους του ἐς
3 τὰ ναυτικὰ νομίζειν. ναῦς μέντοι τῶν ἐναντίων λαμβάνουσι
Χίας μὲν ὀκτώ, Κορινθίας δὲ πέντε, Ἀμπρακιώτιδας δὲ
δύο καὶ Βοιωτίας δύο, Λευκαδίων δὲ καὶ Λακεδαιμονίων καὶ
Συρακοσίων καὶ Πελληνέων μίαν ἑκάστων· αὐτοὶ δὲ πέντε 25
4 καὶ δέκα ναῦς ἀπολλύασιν. στήσαντες δὲ τροπαῖον ἐπὶ τῇ
ἄκρᾳ οὗ τὸ Κυνὸς σῆμα καὶ τὰ ναυάγια προσαγαγόμενοι καὶ
νεκροὺς τοῖς ἐναντίοις ὑποσπόνδους ἀποδόντες ἀπέστειλαν
5 καὶ ἐς τὰς Ἀθήνας τριήρη ἄγγελον τῆς νίκης. οἱ δὲ ἀφικο-

1 τὸ (τοῦ A E F) Κυνὸς σῆμα secl. Herwerden   3 διώκοντες
A B F M   7 ἠμύνοντό A C E F M   14 Μείδιον Πύδιον C (sine
acc.) G M   17 ταύτης c M   18 post φοβούμενοι add. τε B   21 τοῦ
Duker : τοῦ codd.   24 καὶ Βοιωτίας δύο om. B   27 προσαγόμενοι
A E F M

μένης τῆς νεὼς καὶ ἀνέλπιστον τὴν εὐτυχίαν ἀκούσαντες ἐπί
τε ταῖς περὶ τὴν Εὔβοιαν ἄρτι ξυμφοραῖς καὶ κατὰ τὴν στάσιν
γεγενημέναις πολὺ ἐπερρώσθησαν καὶ ἐνόμισαν σφίσιν ἔτι
δυνατὰ εἶναι τὰ πράγματα, ἢν προθύμως ἀντιλαμβάνωνται,
5 περιγενέσθαι.

Μετὰ δὲ τὴν ναυμαχίαν ἡμέρᾳ τετάρτῃ ὑπὸ σπουδῆς 107
ἐπισκευάσαντες τὰς ναῦς οἱ ἐν τῇ Σηστῷ Ἀθηναῖοι ἔπλεον
ἐπὶ Κύζικον ἀφεστηκυῖαν· καὶ κατιδόντες κατὰ Ἁρπάγιον
καὶ Πρίαπον τὰς ἀπὸ τοῦ Βυζαντίου ὀκτὼ ναῦς ὁρμούσας,
10 ἐπιπλεύσαντες καὶ μάχῃ κρατήσαντες τοὺς ἐν τῇ γῇ ἔλαβον
τὰς ναῦς. ἀφικόμενοι δὲ καὶ ἐπὶ τὴν Κύζικον ἀτεί-
χιστον οὖσαν προσηγάγοντο πάλιν· καὶ χρήματα ἀνέπραξαν.
ἔπλευσαν δὲ ἐν τούτῳ καὶ οἱ Πελοποννήσιοι ἐκ τῆς Ἀβύδου 2
ἐπὶ τὸν Ἐλαιοῦντα καὶ τῶν σφετέρων νεῶν τῶν αἰχμαλώτων
15 ὅσαι ἦσαν ὑγιεῖς ἐκομίσαντο (τὰς δὲ ἄλλας Ἐλαιούσιοι κατέ-
καυσαν), καὶ ἐς τὴν Εὔβοιαν ἀπέπεμψαν Ἱπποκράτη καὶ
Ἐπικλέα κομιοῦντας τὰς ἐκεῖθεν ναῦς.

Κατέπλευσε δὲ ὑπὸ τοὺς αὐτοὺς χρόνους τούτους καὶ ὁ 108
Ἀλκιβιάδης ταῖς τρισὶ καὶ δέκα ναυσὶν ἀπὸ τῆς Καύνου καὶ
20 Φασήλιδος ἐς τὴν Σάμον, ἀγγέλλων ὅτι τάς τε Φοινίσσας
ναῦς ἀποστρέψειε Πελοποννησίοις ὥστε μὴ ἐλθεῖν καὶ
τὸν Τισσαφέρνην ὅτι φίλον πεποιήκοι μᾶλλον Ἀθηναίοις
ἢ πρότερον. καὶ πληρώσας ναῦς ἐννέα πρὸς αἷς εἶχεν 2
Ἁλικαρνασσέας τε πολλὰ χρήματα ἐξέπραξε καὶ Κῶν ἐτεί-
25 χισεν. ταῦτα δὲ πράξας καὶ ἄρχοντα ἐν τῇ Κῷ καταστήσας
πρὸς τὸ μετόπωρον ἤδη ἐς τὴν Σάμον κατέπλευσεν.

Καὶ ὁ Τισσαφέρνης ἀπὸ τῆς Ἀσπένδου, ὡς ἐπύθετο τὰς 3
τῶν Πελοποννησίων ναῦς ἐκ τῆς Μιλήτου ἐς τὸν Ἑλλή-
σποντον πεπλευκυίας, ἀναζεύξας ἤλαννεν ἐπὶ τῆς Ἰωνίας.

7 τῇ om CFFGM ἐπέπλεον CG 8 post Κύζικον add.
καὶ B 20 τε om AEFM 21 ἀποτρέψειε CG! (rasura facta)
post ἀποστρέψειε add. τοῖς B 22 πεποιήκοι C : πεποιήκει cett.
μᾶλλον πεποιήκει GM 24 ἐτείχιζε ν) CG 25 δὲ om. B καὶ
B : om. cett. γρ. B ἄρχοντα B : ἄρχοντας cett. γρ. B 29 τοὺς
Ἴωνας C

4 ὄντων δὲ τῶν Πελοποννησίων ἐν τῷ Ἑλλησπόντῳ, Ἀντάν-
δριοι (εἰσὶ δὲ Αἰολῆς) παρακομισάμενοι ἐκ τῆς Ἀβύδου πεζῇ
διὰ τῆς Ἴδης τοῦ ὄρους ὁπλίτας ἐσηγάγοντο ἐς τὴν πόλιν,
ὑπὸ Ἀρσάκου τοῦ Πέρσου Τισσαφέρνους ὑπάρχου ἀδικού-
μενοι, ὅσπερ καὶ Δηλίους τοὺς Ἀτραμύττιον κατοικήσαντας 5
ὅτε ὑπ' Ἀθηναίων Δήλου καθάρσεως ἕνεκα ἀνέστησαν,
ἔχθραν προσποιησάμενος ἄδηλον καὶ ἐπαγγείλας στρατιὰν
αὐτῶν τοῖς βελτίστοις, ἐξαγαγὼν ὡς ἐπὶ φιλίᾳ καὶ ξυμμαχίᾳ,
τηρήσας ἀριστοποιουμένους καὶ περιστήσας τοὺς ἑαυτοῦ κατη-
5 κόντισεν.   φοβούμενοι οὖν αὐτὸν διὰ τοῦτο τὸ ἔργον μήποτε 10
καὶ περὶ σφᾶς τι παρανομήσῃ, καὶ ἄλλα ἐπιβάλλοντος αὐτοῦ
ἃ φέρειν οὐκ ἐδύναντο, ἐκβάλλουσι τοὺς φρουροὺς αὐτοῦ ἐκ
109 τῆς ἀκροπόλεως.   ὁ δὲ Τισσαφέρνης αἰσθόμενος καὶ τοῦτο
τῶν Πελοποννησίων τὸ ἔργον καὶ οὐ μόνον τὸ ἐν τῇ Μιλήτῳ
καὶ Κνίδῳ (καὶ ἐνταῦθα γὰρ αὐτοῦ ἐξεπεπτώκεσαν οἱ φρουροί), 15
διαβεβλῆσθαί τε νομίσας αὐτοῖς σφόδρα καὶ δείσας μὴ καὶ
ἄλλο τι ἔτι βλάπτωσι, καὶ ἅμα ἀχθόμενος εἰ Φαρνάβαζος ἐξ
ἐλάσσονος χρόνου καὶ δαπάνης δεξάμενος αὐτοὺς κατορθώσει
τι μᾶλλον τῶν πρὸς τοὺς Ἀθηναίους, πορεύεσθαι διενοεῖτο
πρὸς αὐτοὺς ἐπὶ τοῦ Ἑλλησπόντου, ὅπως μέμψηταί τε τῶν 20
περὶ τὴν Ἄντανδρον γεγενημένων καὶ τὰς διαβολὰς καὶ
περὶ τῶν Φοινισσῶν νεῶν καὶ τῶν ἄλλων ὡς εὐπρεπέστατα
ἀπολογήσηται.   καὶ ἀφικόμενος πρῶτον ἐς Ἔφεσον θυσίαν
2 ἐποιήσατο τῇ Ἀρτέμιδι. [ὅταν ὁ μετὰ τοῦτο τὸ θέρος
χειμὼν τελευτήσῃ, ἓν καὶ εἰκοστὸν ἔτος πληροῦται.]   25

5 οἰκήσαντας C G   7 στρατείαν Aem. Portus   11 ἄλλα]
ἅμα Stahl   14 τῇ om. B E M   16 αὐτοὺς A E F M
suprascr. G   20 τε] τι A B E F M   21 post διαβολὰς add.
ἀπώσηται M (ex Schol. interpretatione)   24, 25 ὅταν . . .
πληροῦται om. C (add. c)

INDEX NOMINVM

287

295

INDEX NOMINVM

305

INDEX NOMINVM

INDEX NOMINVM

317

Howard, Vernon

Pantomimes, Charades and
Skits

DATE	ISSUED TO
1-12-89	Judy Knelling

DATE	ISSUED TO